한울여성학강좌

한국 여성인권운동사

·

한국여성의전화 엮음

한울
아카데미

● 단체명 변경 관련 안내문

이 책의 본문에 등장하는 '한국여성의전화연합'은, 1983년 창립한 '한국여성의전화'가 1998년 한국여성의전화연합과 서울여성의전화로 분리된 이후 2008년까지 사용했던 명칭이며, 2009년 한국여성의전화연합과 서울여성의전화가 통합되면서 현재의 명칭인 '한국여성의전화'로 바뀌었음을 알려드립니다.

서문

여성인권의 이론과 실천을 위한 시론

21세기를 코앞에 둔 지금, 인권은 전인류의 화두가 되고 있다. 현재 인류는 탈냉전 이후에도 전쟁과 폭력, 증오, 끔찍한 인권 유린으로 고통받고 있다. 현실이 고통스러울수록 인권과 평화는 더욱 간절할 수밖에 없다. 인권이 이렇게 중요한 삶의 지표가 된 것은 그간 많은 사람들의 희생과 투쟁에 힘입은 것이기도 하다. 인권은 인류가 발견한 가장 희망적인 단어라는 말처럼, 인권 이슈의 대두는 인간답게 살기를 소망하는 인류 자신의 투쟁의 결과이다.

여성뿐만 아니라 소수 민족, 양심수, 노동자, 동성애자, 장애인, 제3세계 민중 등 모든 억압받는 사람들은 그 억압으로부터 해방되어야 할 이유를 인권 개념에서 찾고 있다. 그러나 현실에서는 사람은 사람답게 살 권리가 있다는 보편적 인권 개념이 모든 사람에게 똑같이 적용되지는 않는다. '여성주의는 여자도 인간이라는 급진적 믿음이다(Feminism is the radical notion that women are people)'라는 다소 냉소적인 표어는, 인간의 범주에서 여성은 제외되었다는 여성주의자들의 현실 인식을 담고 있다. 여성이 인간이라는 것이 당연한 사실이 아니고 왜 '급진적인 믿음'일 수밖에 없을까?

18세기 프랑스혁명 이후 발전해온 근대적 인권 개념은 개인주의와 보편주의를 철학적 기반으로 삼고 있다. 그러나 그간 인권의 보편적 성격은 개개인의 특성이 존중되는 방향으로 발전하기보다는 서구의 백인, 중산층, 이성애자, 비장애인 남성들의 이해를 '보편성'이라는 미명하에 모든 인간의 이해와 요구로 일반화했다는 데 큰 오류가 있다. 인권 혹은 민주주의의 개념을 둘러싼 특수성과 보편성 논쟁도 이에 연유한다. 여성인권을 보편화된 '인간'의 권리 개념으로는 보장할 수 없다는 인식이 서서히 생기기 시작했다. 이제까지 인간은 곧 남성을 의미했고 인권은 남성의 권리에 국한되었기 때문에, 인권에 대한 여성주의적 재해석 작업이 필요했던 것이다.

여성주의자들은 기존의 인권 개념이 성인지적 관점(gender perspective)을 간과했다고 비판하면서 여성의 권리 자체가 인간의 권리라고 주장해왔다(Women's rights are human rights). 그동안 인권 개념은 정치, 노동, 사법제도 등 주로 공적(公的)인 영역에서만 논의되어 왔다. 이는 인간세계를 공사(公私) 영역으로 인위적으로 나누어, 마치 정치나 권력 관계는 공적인 영역에서만 발생하는 것처럼 세계를 설명해온 남성중심적인 관점이 인권 개념에도 적용되었기 때문이다. 이제까지 우리 사회에서 인권 문제가 '양심수' 문제로 인식되었던 것은 바로 이런 맥락에서 기인한다.

공적인 영역에서 배제당한 여성들의 권리는 인권의 개념으로 보장될 수 없었다. 가정폭력이나 성폭력이 그 대표적인 예일 것이다. 구타당하는 여성이 폭력 상황을 벗어나는 것은 스스로의 인권을 지키는 행위인데도 가정을 파괴하는 것으로 인식된다. 공적 영역에만 초점을 맞춘 인권 개념에 의한다면, 여성이 폭력을 당하지 않을 권리는 인간의 권리가 아닌 것이다. 공적인 영역 중심의 인권 개념은 여성뿐 아니라 환자, 장애인, 동성애자, 어린이 등 사회적 주변인들의 권리를 보장하는 데 한계가 있다. 따라서 인권의 개념 적용을 공적인 영역으로만 국한해서는 안 된다.

어떤 의미에서 인류의 역사는 인권 개념 확대의 역사였다. 이는 곧 인간의 범주가 확대되는 과정이었다. 이제까지 여성, 흑인, 어린이, 노예는 인간이 아니라 남성지배계급의 사유물로서 매매되거나 학대의 대상이었다. 이렇듯 인권은 당위로서, 객관적으로 누구에게나 주어지는 것이 아니라 이해 당사자의 투쟁으로 새롭게 규정되고 확립되어가는 과정적인 의미인 것이다. 인권은 사실이기보다는 믿음이기 때문에, 투쟁하지 않으면 누릴 수도 없다.

여성의 인간적 권리에 대한 국제적인 인식이 고조된 것은 1975년 '세계여성의 해'와 '유엔 여성 10년(1976~85)' 선포를 통해서이다. 세계여성의 해와 유엔 여성 10년의 결합은 여성들의 관심 분야를 전세계적인 의제로 확산시켰다. 유엔 여성 10년은 여성인권 분야에 몇 가지 획기적인 발전을 가져왔다. 유엔여성발전기금(UNIFEM: United Nations Development Fund for Women) 설치와 국제여성연구훈련원(INSTRAW: International Research and Training Institute for the Advancement of Women) 및 여성차별철폐위원회(여성차별철폐협약 이행 모니터) 같은 여성 문제를 전담하는 유엔기구를 탄생시킨 것이다. 이 기구들은 유엔여성지위위원회(CSW)와 위원회 사무국인 여성향상국(DAW)과 함께 유엔에서 세계여성발전에 기여하고 있다. 1979년 12월 18일에는 유엔총회가 여성에 대한 모든 형태의 차별철폐협약(CEDAW: Convention of the Elimination of all forms of Discrimination Against Women)을 채택했다. 이 협약은 1981년 9월부터 효력이 발생, 비준국가 내에서 법적인 구속력을 가지게 되었다(한국은 1985년부터 국내법과 같은 효력발생).

여성운동가들은 1948년 제정된 '세계인권선언'이 모든 사람의 생명권, 자유권, 안전권을 말하고 있고 누구도 고문과 잔인하고 비인간적인 대접을 받아서는 안 된다고 주장하고 있지만 사실상, 여성은 전세계 모든 곳에서 여성이라는 이유로 여전히 폭력과 기아, 성적 학대, 경제적 착취의 대상이 되고 있다고 비판했다. 또 어느 집단보다도 여성에 대한 폭력이 가장 광범위하게 발생하고 있음에도 불구하고 이 문제는 국제인권 이슈에서 종종 제외되고 있었음을 강하게 비판하고 나섰다. 대부분의 인권 문서가 언어에서, 그 본질적 성격상 혹은 해석에서 여성의 권리침해 현실을 반영하고 있지 않음을 지적하고 기존의 인권 개념은 여성의 권리를 배제하므로 보편성을 상실하고 있다고 주장해왔다. 세계의 여성운동가들은 1993년 비엔나 세계인권회의를 앞두고 '여성에 대한 폭력'을 인권침해로 인정할 것을 요구하는 서명운동을 전세계 각국에서 전개했다.

1990년대에 이르러 여성운동의 성과로, 인권 문제는 점차 성적(gender) 관점을 통합하기 시작했다. 1993년 비엔나 세계인권회의에서 '여성인권'이라는 용어가 처음 쓰이기 시작했고 이 회의에서 한국의 정신대 문제가 국제인권운동의 주요 사안으로 대두되었다. 이 회의에서 채택된 비엔나 선언에 여성과 여아의 인권을 '양도할 수 없으며, 필수불가결하고 불가분한 보편적인 인권의 한 부분'으로 명시함으로써 여성인권이 보편적 인권의 핵심 부분임을 분명히했다. 여성인권의 내용도 차별과 폭력으로 나누어 기술하고 있다. 여성차별 항목에는, 정치, 경제, 사회, 문화 등 모든 생활 영역에서 여성이 완전하고도 동등하게 참여하는 것과 성(性)에 기반한 모든 차별을 철폐하는 것으로, 여성폭력 항목에는, 성에 입각한 각종 폭력과 성적 학대 및 착취는 인간의 존엄성과 가치를 위협하므로 철폐되어야 한다고 명시해두었다. 곧이어 열린 1995년 9월 베이징 세계여성대회를 통해 여성들은 '여성의 권리는 인권이다'를 선언하고 모든 여성과 소녀의 평등한 지위와 인권을 유엔 활동 전반에 주류로 통합시킬 것을 요구하고 나섰다. 이로써 여성들은 여성인권 문제를 세계인권 이슈의 중심적 과제로 설정하는 성과를 얻게 되었다. 이는 세계인권운동사의 큰 발전으로서 종종 '인권운동의 여성화'라고 표현되기도 한다.

오랫동안 유엔 인권위원회에서 활동해온 네델란드의 테오 반 보벤 (Theo Van Boven) 교수가 "인류 인권의 역사는 아우슈비츠를 기억하듯 한국의 정신대 문제를 기억할 것이다"라고 할 만큼 한국의 여성인권운동은 일본군 위안부 문제를 중심으로 국제 사회에서 큰 주목을 받고 있다. 국제 사회에서 일본군 위안부 문제는 민족, 국가, 계급, 인종 등 특정 정체성을 뛰어넘어 인권의 문제로서 보편성을 획득했다고 볼 수 있다. 정신대 문제가 피해여성 개인의 인권, 혹은 여성주의적 입장에서 조명되기보다는 민족주의적 관점이 강조되고 있는 한국 상황과는 다소 다른 모습이다. 어쨌든 여성인권운동은 국제인권 문제의 핵심적인 사안이 되었고, 여성인권 중에서도 특히 중점적으로 논의되는 것은 성폭력, 가정폭력 등 이제까지 비가시화되었던 여성에 대한 폭력 문제였다.

이 책은 한국 사회의 여성에 대한 폭력 문제를 여성인권의 관점에서 검토하고, 이를 통해 여성인권운동의 이론적·실천적 지평을 넓히고자 하는 의도에서 기획되었다. 이 책은 사단법인 한국여성의전화연합(이하 여성의전화) 창립 15주년 기념 사업의 일환으로 출간된 것이다. 1983년도에 창립된 여성의전화는 여성인권운동단체로서, 우리나라에서 최초로 여성에 대한 폭력 문제를 사회문제화하였다. 1997년 12월부터 작업을 시작하여 원래는 1998년에 15주년을 기념하여 출간하기로 했으나 조금 늦어져 기획된지 1년 7개월만에 책이 나오게 되었다.

최근 20여 년간 한국의 여성학과 여성운동은 비서구 사회에서 하나의 모델로 제시될 정도로 양적, 질적으로 비약적인 발전을 이루었다. 그러나 여성주의 연구분야 중 상대적으로 여성운동에 관한 연구는 다른 연구에 비해 활발하지 않다고 보인다. 그나마 이제까지 여성운동에 관한 연구는 주로 노동운동에 관한 연구가 주를 이루었고, 그 내용도 분석적이기보다는 운동상황의 기술에 그친 면이 없지 않았다. 이 책은 이러한 문제의식에서, 이제까지 한 번도 드러나지 않았고 기술되지 못했던 각 분야 여성운동의 성과를 1980∼90년대를 중심으로 연구해보고자 하였다.

인권의 개념이 포괄적인 만큼 여성인권의 개념도 포괄적이어서, 여성의 인간다운 삶을 위해 노력하는 모든 여성운동을 여성인권운동이라고 할 수 있을 것이다. 즉 노동, 문화, 환경, 교육 등 각 분야에서의 여성운동이 모두 여성인권운동인 것이다. 그러나 이 책에서는 성(sexuality), 여성의 몸, 폭력, 가족 문제를 다루는 여성인권운동만을 선정하였다. 이 책에 실린 (협의적 개념의) 성폭력추방운동, 아내구타추방운동, 정신대운동, 기지촌여성운동, 성매매추방운동, 장애여성운동, 여성동성애자(레즈비언)운동은 기존의 남성중심적 인권 개념에 문제를 제기하면서 인권 문제를 여성주의적으로 재해석하는 데 기여한 여성운동들이다. 이 운동들은 우리 사회에서 실제 운동이 진행되고 있고 또 여성주의적으로도 의미가 큼에도 불구하고 아직까지 한 번도 본격적으로 연구되거나 기술된 적이 없었다.

또한 이 여성운동들은 기존의 사회운동론의 시각과 정의(定義)에서 보면, 제대로 파악할 수 없는 것들이 많다. 기존의 사회운동의 개념, 방식, 주체의 조건은 지극히 남성중심적이어서 그러한 관점을 가지고 여성운동을 보면 이들 여성운동은 사회운동이 아니거나 주변적, 보조적인 것이 될 수밖에 없다. 관심 있는 독자라면 이 책에 실린 7개 분야의 여성운동을 분석하면서 새로운 사회운동이론 연구의 필요성을 느낄 것이다. 즉 기존의 남성중심적인 사회운동론을 이들 여성운동의 경험으로부터 다시 배워서 재규정, 재개념화해야 한다. 특히 장애여성, 여성동성애자, 기지촌여성운동은 우리 사회구조의 근본원리에 도전, 저항하는 것으로서 여성주의뿐만 아니라 학문 영역 전반에 걸쳐 많은 이론적 이슈를 제공하는 소중한 성과들이다. 이들의 운동사를 싣게 된 것을 매우 기쁘고 자랑스럽게 생각한다.

원래 이 책은 1부에 1980∼90년대를 중심으로 여성인권운동사를 싣고, 2부에서는 여성인권에 관한 이론적인 연구논문을 싣는 것으로 기획되었다. 그러나 여성인권에 관한 이론 연구에 선행 연구나 자료가 너무 없고 아직 개념틀도 발전하지 못했기 때문에 많은 어려움이 있었다. 결국 몇 번의 세미나와 워크숍을 가졌지만 이 연구는 뒤로 미루기로 하고 일단 1부 여성인권운동사만 우선 출간하기로 하였다. 그리고 이러한 국내 각 부분의 여성인권운동을 국제적인 흐름 속에서 조망한 논문으로 「여성관련 국제인권협약과 여성운동」을 추가하였다.

여성인권운동사 집필 원칙은 다음과 같다. 첫째, 되도록 연구와 현장 실천 활동을 병행하고 있는 연구자를 필자로 선정한다. 둘째, 활동사실, 사건의 나열, 상황에 대한 '객관적인' 서술보다는 당시 사회적 상황과 전체적인 여성운동의 흐름과 연관지어 분석적으로 기술한다. 셋째, 원고는 반드시 각자의 현장에서 집단적인 토론을 거쳐 수정하는 식으로 여러 차례 워크숍을 가진다.

재미있고 감동적이며, 사실에 충실하면서도 연구자의 관점이 강조되어야 하고 분석이 풍부해야 하며, 각각 운동의 특성이 잘 드러나고, 현장의 목소리가 생생하게 전달되어야 하고 쉽게 읽히면서도 새로운 이론적 쟁점을 제기해야 한다는 편집진의 '비현실적인' 요구는 필자들을 매우 고통스럽게 했다. 일단 필자들은 운동사를 집필하는 과정에서 선행 연구의 부재와 여성운동관련 자료의 빈곤과 부실함을 뼈저리게 느껴야 했다. 그간 여성운동단체들은 열악한 상황에서도 헌신적으로 운동을 전개해왔지만, 자신들의 활동을 알리거나 자료화, 역사화하는 데는 상대적으로 여력이 없었기 때문에 안타깝게도 여성운동은, 그들의 헌신적 활동이 우리 사회의 진보와 인간화에 많은 기여를 했음에도 불구하고 정당하게 평가받지 못해왔다.

여성운동관련 자료의 부재와 훼실, 미정리 상태는 매우 심각한 것이었다. 여성운동이 역사화, 이론화되지 못할 때 후대의 여성운동가들은 처음부터 다시 시작하게 된다. 선배들의 경험을 전수받지 못하므로 똑같은 어려움을 반복하게 되고 결국 그만큼 여성해방은 요원해질 수밖에 없다. 이제까지 여성운동에 관한 연구가 활발하지 못한 데에는 여러 가지 원인론이 있을 수 있으나, 여성운동상황이 제대로 문서로 보존되지 못한 것도 하나의 이유가 되리라 본다.

이 책의 필자들은 실비(實費)에도 못 미치는 원고료에도 불구하고 너무나 중요한 여성운동을 한다는 '사명감'으로 모든 자료를 일일이 찾고 확인하는 어려운 작업을 해냈다. 여성운동가를 인터뷰하는 과정에서 실제 현장의 열악한 상황에 놀라고 공감하면서 자원 활동을 하거나 후원회원을 모집해주는 등 연구과정 자체가 여성운동의 과정이었다. 운동사 연구는 다른 연구보다 몇 배의 수고와 노력, 시간이 드는 작업이었다. 당시 운동의 쟁점이 되었던 문제는 물론이고 사소해보이는 사실 하나도 증언하는 사람마다 내용이 다른 경우가 많았다. 여성운동단체에서 내는 자료들은 제작 연도와 필자가 없거나 가명인 경우도 상당수여서 그 문헌의 전후 상황을 고려하여 추정하는 방식으로 확인하였다. 한 가지 사실을 확인하는 데도 도서관, 단체, 언론 혹은 당시 활동가를 찾기 위해 지방까지 추적하는 등 하루가 걸리는 것이 다반사였다.

어떤 필자는 '신경이 끊어질 만큼 힘들었다'고 호소하고, 어떤 필자는 원고 마감 일주일 전 한밤중에 여러 차례 전화하여 '도저히 쓸 수 없다, 포기하겠다'고 하기도 했으며, 어떤 부분의 운동사는 필자가 4번 이상 바뀐 적도 있었다. 게다가 원고를 완성한 후에도 워크숍을 가질 때마다 매번 수정과정이 필요했으므로 필자들의 노고는 이루 말할 수 없었다. 이러한 과정을 겪다보니 여성운동 연구가 왜 어렵고, 연구자도 별로 없는지 이해가 되기도 했다. 혹자는 이 책이 나오기까지의 뒷 얘기, 스캔들(?)만 묶어도 하나의 재미있는 책이 될 것이라고 할 정도였다.

지식의 생산과정은 곧 권력이 생산되는 과정이다. 특히 운동사를 쓴다는 것은 운동단체뿐만 아니라 운동가들 간에 상당한 긴장과 갈등을 일으킬 여지를 가지고 있다. 필자들은 매우 신중할 수밖에 없고 스트레스를 많이 받았다. 물론 이 책 말고도 다양한 관점의 운동사 연구가 나와야 하고 또 나올 테지만, 어쨌든 '역사에 남는다'는 중압감은 어쩔 수 없는 것이었다. 더구나 구체적인 실명(實名)이 거론될 수밖에 없으므로 필자들은 여러 모로 고민이 많았다. 이제까지 대부분의 사회운동사처럼 개인의 경험은 빠진 채 거시적인 관점에서 사회경제적 구조를 중심으로 썼다면 덜 고민했을 문제들이 이 책의 필자들에게는 매우 고통스러운 문제가 되었다. 사례와 경험, 인터뷰 내용을 드러내는 데 있어 매순간 전후 맥락에 따라 고려, 판단하는 작업은 쉬운 일이 아니었다. 특히 개인의 활동을 평가하는 데 평형성의 문제, 피해자의 이름을 언급하는 부분은 많은 고민이 따랐다. 또 문장 한 줄, 단어 하나가 오해를 불러일으킬까봐 한 문장을 가지고 며칠을 고민하고 토론을 벌인 적도 있다.

처음에는 7개의 분야를 모두 아우를 수 있는 집필방법을 정하려고 했으나 이 역시 불가능함을 깨달았다. 각각 운동의 특성과 양태가 다르기 때문에 이런 식의 통일은 불필요한 것이었다. 여기 실린 7개의 연구논문들은 운동현장의 특성과 필자들의 입장에 따라 다른 스타일과 강조점을 가지고 있다. 비교적 운동의 흐름에 충실한 글이 있고 필자의 해석이 돋보이는 글이 있으며 억압받는 여성들의 상황을 상세히 기술하거나 주장하는 글도 있다.

역사는 '과거에 관해 쓴 것'이 아니라 현재 권력관계의 반영이다. 역사 쓰기 작업은 역사가의 것이 아니라 담론의 경합과정에 참여하는 모든 실천 주체들의 능동적인 참여를 요구한다. 여기 실린 이야기들은 어떤 의미에서 매우 부분적일 수밖에 없다. 이 책이 최초에 쓰여진 것이라는 점에서는 의미가 있으나, 여성인권운동사를 대표한다거나 '객관적인 사실'일 수는 없다고 본다. 특히 전반적으로 운동사들이 서울의 활동을 중심으로 서술된 것은 이 책의 큰 한계이다. 부디 다양한 입장에서 더 심화된 후속 연구가 활발하게 나와서 이 책의 단점을 보완해주길 바라며 여성운동사에 대한 연구자들의 관심을 촉구한다.

참고로 이 책에 실린 원고 중 이효재의 일본군 위안부 문제 진상규명을 위한 운동사는 역사비평사에서 1997년에 출판한 『일본군 위안부 문제의 진상』에 게재된 것을 출판사와 필자의 허락을 받아 다시 실은 것이다. 또한 여성동성애자운동사에 실린 필자와 그 글에 거론된 사람들의 이름은 가명임을 밝혀둔다. 이 책은 자료제공, 인터뷰 등으로 결정적인 도움을 준 많은 여성운동단체와 여성운동가들의 협력으로 가능했다. 구체적으로 도움을 준 사람들은 각 논문마다 언급하였는데 특히 여성운동단체 '또 하나의 문화'의 연구모임 여성과인권연구회(대표: 김은실, 김성례, 김현미)에서 열린 '여성인권과 평화 세미나'는 이 책을 기획하는 데 많은 도움이 되었다.

어려운 여건에서도 여성의전화의 까다로운 주문을 만족시켜준 필자 여러분들에게 뭐라고 감사해야 할지 모르겠다. 진심으로 감사와 경의를 표한다. 또한 이 책의 편집, 기획자로서 기획 단계에서부터 모든 원고의 수 차례에 걸친 마지막 윤문 작업과 사실 확인에 이르기까지 고생이 많았던 정희진 선생과 이 책이 나오는 데 물심양면으로 도움을 준 한국여성의전화연합 부회장이신 이현숙, 민경자, 박인혜 세 분과 이상덕 전서울여성의전화 회장에게도 감사의 말씀을 전한다.

1999년 여름
사단법인 한국여성의전화연합 회장 신혜수

차례

▎서문 3

1 성폭력추방운동사/ 민경자 • **17**

1. 들어가는 말 17
2. 성폭력운동과 사회변혁운동 20
3. 성별, 성 그리고 성폭력운동 37
4. 성폭력운동의 다양한 전개 84
5. 나오는 말 95

2 아내구타추방운동사/ 이현숙·정춘숙 • **106**

1. 시작하는 말 106
2. 아내구타추방운동의 형성과 경과 108
3. 아내구타추방운동의 주요 활동 112
4. 가정폭력추방운동의 성과와 과제 172
5. 맺음말 176

14

3 일본군 위안부 문제 해결을 위한 운동의 전개과정/ 이효재 • **181**

1. 머리말　181
2. 정신대운동의 조직화와 일본 민간단체와의 연대 형성　183
3. 진상규명을 위한 활동　191
4. 배상요구운동　197
5. 민족운동으로서의 정신대운동　212
6. 생존자 지원 활동　218
7. 대중 홍보 활동　223
8. 맺음말　235

4 한국 성매매추방운동사 '성 사고 팔기'의 정치사, 1970~98/ 민경자 • **239**

1. 들어가는 말　239
2. 기생관광 정책과 성매매반대운동　244
3. 성매매여성인권운동　263
4. 법 개정운동과 합법화논쟁　272
5. 성매매를 여성 문제로 바라보기　282
6. 성매매관련운동의 성과와 과제　291

5 죽어야 사는 여성들의 인권 한국 기지촌여성운동사, 1986~98/ 정희진 • **300**

1. 들어가며 300
2. 기지촌, 다시 나올 수 없는 곳 304
3. '현장'출신 기지촌여성운동가들 309
4. 두레방의 시작 313
5. 기지촌여성의 이야기 316
6. '기활': 기지촌여성운동과 학생운동 319
7. 빵과 허브: 탈매춘전업사업 324
8. 기지촌여성의 아메리칸 드림: 송종순 사건   330
9. 윤금이를 둘러싼 정치학 332
10. 기지촌여성운동의 미래 349

6 한국 레즈비언 인권운동사/ 이해솔 • **359**

1. 서론 359
2. 한국 레즈비언 커뮤니티의 생성과 발전과정 363
3. 한국 레즈비언 인권운동의 평가와 방향 모색 394
4. 결론에 대신하여 401

7   정상성에 도전하는 여성들 한국 장애여성운동사/ 김은정 • **404**

1. '장애여성'이라는 범주의 이해 406
2. 장애인운동 409
3. 장애여성운동 416
4. 현재의 이슈들과 움직임 431
5. 장애여성운동의 특수성 437
6. 장애여성운동의 한계와 과제 444
7. 맺음말 448

8   여성관련 국제인권협약과 여성운동/ 신혜수 • **452**

1. 머리말 452
2. 여성인권관련 국제협약의 개관 455
3. 1990년대 여성인권운동과 여성인권 국제기준의 확립 477
4. 여성인권보장을 위한 과제 494

▍한국여성의전화 발간자료 소개 503
▍한국여성의전화 소개 506

1
성폭력추방운동사*

민경자**

1. 들어가는 말

1990년대 들어 성폭력은 여성운동의 주요 이슈가 되었다. 특히 성폭

---

* 이 글이 나오기까지 많은 분들이 도움을 주셨다. 먼저 수 차례에 걸친 토론으로 글의 길잡이 노릇을 해주고 필요한 자료를 준비해준 이 책의 기획·편집자 정희진 씨에게 깊은 감사를 드린다. 또한 바쁘신 중에도 시간 내어 인터뷰에 응해주시고 관련 자료를 제공해준 전주의 성폭력예방치료센터 박상희 소장님, 한국성폭력상담소의 이미경 부소장님께도 감사드린다. 특히 이미경 부소장님은 여러 차례 이 글을 검토하고 많은 제안을 해주셨다. 이 밖에 인터뷰에 응해주신 한국성폭력상담소 최영애 소장님, 한국여성의전화연합 신혜수 회장님, 이현숙 부회장님과 한우섭 이사님, 한국여성의전화 전(前) 상담부장이셨던 박형옥 선생님, 여성학 박사이자 공동육아연구원 부소장이신 김정희 선생님 그리고 이화여대 여성학과 석사과정중인 김현영, 유정미, 조혜련, 박사과정중인 변혜정 씨께도 감사드린다. 끝으로 원고정리 작업을 도와준 청주여성의전화 배소영 회원, 한국여성의전화연합 김민아, 박진아 부장에게도 이 자리를 빌어 감사드린다.

** 1995년 한국여성의전화연합 청주지부(청주여성의전화)를 개소하면서 본격적으로 여성운동을 시작한 여성운동가이다. 현재는 충청남도 여성정책개발원 정책개발부장으로 활동하고 있다. 연세대를 졸업하였고 미국 북캐롤라이나 주립대학(채플힐)에서 사회학 박사학위(역사사회학 및 사회운동전공)를 받았다. 공저로 『성평등의 사회학』(한울, 1993)이 있다. 페미니스트로서 세상을 바꾸는 일에 관심이 있고, 사회변화를 가져오는 사람들의 행위에 관한 '역사 쓰기'를 하고 싶어 한다.

력추방운동(이하 성폭력운동)은 여성 문제를 우리 사회의 중심 문제로 부각시키고 여성운동단체가 주요한 사회세력으로 부상하는 데 결정적인 역할을 하였다. 이 글은 지난 15년간의 우리나라 '성폭력운동'의 흐름을 분석해보고, 그 과정에서 전체 여성운동의 흐름과 성폭력운동 간의 상호작용을 살펴보는 데 목적이 있다. 따라서 본 연구는 성폭력운동만이 아니라 1980~90년대 여성운동 전반에 대한 회고와 전망의 의미를 갖고 있다.

이 글에서 분석 기술하고자 하는 것은 '성폭력'이라고 불리는 일련의 현상들과 이에 대한 여성운동단체의 활동이다. 이 글에서는 여성학적 관점에서 성폭력으로 분류될 수 있는 모든 폭력이 분석 대상이 되지는 않는다. 즉 여성학적인 관점에서 볼 때 성폭력이지만, 독자적인 영역으로 간주되고 있는 일본군 위안부(정신대) 문제나 성매매 등은 포함하지 않는다. 왜냐하면 이런 현상들은 흔히 '성폭력'이라고 하는 현상과는 다른 문제를 가지고 있고 운동방식도 다르기 때문이다.

'성폭력'의 의미와 범주는 역사성을 갖는다. '성폭력'이 어떤 의미를 가지며 어떤 유형까지 포함하느냐는 정해진 것이 아니라 정치적으로 구성되는 것이며 따라서 개념 형성과정이 곧 운동의 과정이 된다. 1980년대부터 우리 사회에 등장한 성폭력 개념은 크게 두 가지로 나눌수 있다. 하나는 넓은 의미의 '여성에 대한 폭력(gender violence 혹은 violence against women)'으로서의 성폭력이고, 다른 하나는 좁은 의미의 '여성의 성에 대한 폭력(sexual violence)'으로서의 성폭력이다. 성폭력이 어떻게 개념화되는가 자체가 바로 운동의 내용이 되기 때문에 성폭력운동사는 그 의미와 범주의 변천사라고 할 수 있다.

이 글에서는 우리 사회에서 역사적 구성물로서의 성폭력이 대두되는 맥락과 그 맥락에서 성폭력이라는 용어가 갖는 구체적인 내용과 범주, 피해자의 정체성, 운동 주체 그리고 운동방법에 초점을 맞추어 성폭력운동의 흐름을 분석해보고자 한다.

협의의 성폭력이든 광의의 성폭력이든 가부장제 사회에서 성폭력은 여성의 삶에 대한 억압이며 따라서 여성의 인간다운 삶을 위해서 반드시 제거되어야 할 범죄이다. 이같은 의미에서 성폭력운동은 여성운동의 핵심이라고 할 수 있고 성폭력운동사는 여성운동사에서 중요한 비중을 차지한다고 할 수 있다.

이 글은 제3부로 구성된다. 제1부는 1980년대 상황과 당시의 민족민주운동과의 관계 속에서 성폭력운동이 어떻게 전개되었는지 살펴본다. 제2부에서는 1980년대 말부터 활성화되기 시작한 성담론과 결합한 성폭력운동의 새로운 흐름이 1990년대의 여성운동 전반의 변화 속에서 어떻게 발전되었는지 살펴보고, 제3부에서는 대학을 중심으로 1990년대 중반부터 형성되기 시작한 보다 급진적인 성폭력운동의 흐름을 알아본다.

연구의 과제가 성폭력운동의 주요 흐름을 포착하는 것이었기 때문에 수많은 성폭력 사건들과 이와 관련된 여성운동단체의 활동 중에서 크게 사회 이슈화되어 성폭력운동의 맥을 형성할 정도의 영향력 있는 사건, 활동을 위주로 분석하였다. 또한 오늘날 성폭력운동이 여성운동의 핵심으로 등장하기까지 전국의 크고 작은 많은 여성단체들의 열정적이고도 헌신적인 활동이 있었으나 이 글에서는 지방 여성운동단체의 모든 활동을 담지 못한 한계가 있다.[1]

이 글은 주로 문헌자료에 의존하였고 성폭력운동을 주도해온 단체의 관련자와의 인터뷰 내용을 적극적으로 참고하였다.

---

1) 처음에는 전국의 성폭력관련단체의 활동을 각주 처리를 통해서라도 모두 수록하려고 했었다. 그러나 성폭력 사건과 이에 대처한 활동이 워낙 방대하여 부득이 이런 식으로 한계를 지을 수밖에 없었다. 이 자리를 빌려 자료를 보내주시고 많은 격려를 보내주신 여러 단체와 특히 한국여성의전화연합 전지부에 감사드린다.

2. 성폭력운동과 사회변혁운동[2]

1) 성폭력운동의 시작

(1) 1980년대 정치상황과 성폭력

한국 사회에서 성폭력추방사는 (공적 영역에서의) 정치적 폭력을 비롯한 각종 사회폭력추방운동의 역사와 일정 부분 맥을 같이 하고 있다. 1980년대를 연 '서울의 봄'의 희망이 유신체제보다 더 가혹하고 정교한 군부의 등장으로 산산히 깨졌고 광주학살이라는 전대미문의 폭력은 우리 역사의 방향을 되돌려 놓았다. 폭압적인 정권 아래서 자행되는 각종 권력형 부정비리 사건과 성고문, 고문치사 등 공권력의 횡포와 더불어 국민의 일상적인 생활을 위협하는 각종 사회폭력이 난무하게 되었다. 이런 사회폭력 속에서 여성이 성적으로 유린당하는 사례가 급증하면서 성폭력 사건이 연이어 신문지상에 보도되었다.[3] 1989년까지도 성폭력 피해자 조사가 없어 성폭력의 실태를 정확히 알 수 없지만, 일반 범죄의 통계를 보면 강간사건이 1975년 2,794건에서 1987년 5,034건으로 80% 이상의 증가를 보이고 있다.

이는 발생한 강간사건 자체의 증가라기보다는 '드러난' 사건의 증가라고 보는 것이 타당하다. 1988년 사회 지표 조사에서 범죄 피해를 입고도 신고하지 않은 비율이 85%에 달한다는 보고가 있어 숨은 범죄가

---

2) 이 글에서 사용된 약칭은 다음과 같다. 성폭력특별법(성폭력 범죄의 처벌 및 피해자보호 등에 관한 법률), 성폭력운동(성폭력추방운동), 민민운동(민족민주운동), 여성의전화(한국여성의전화연합), 여연(한국여성단체연합), 성연구모임(이화여자대학교 법과대학 학생회 성연구모임), 여성연대회의(학내 성폭력 근절과 여성권 확보를 위한 여성 연대회의), 학칙 제정운동(성폭력 학칙 제정운동)

3) 예를 들면, 1984년 8월 한 달 동안 사무직 여성에 대한 성폭력 사건이 3건이나 신문에 발표되었다. 사장에게 성폭행당한 신입 여사원이 자살한 사건, 청주 공단내 한주 전자회사에서 영아 유기사건이 발생하자 이를 조사한다고 여직원을 벗겨놓고 조사한 사건, 체임 지불을 요구하는 여직원들을 폭행하고 여관으로 끌고가서 성적으로 폭행한 사건 등이다(≪베틀≫ 8: 8, 신문 스크랩).

얼마나 많은지 추측할 수 있다. 더구나 신고를 꺼리는 성범죄의 경우 실제 일어난 건수는 훨씬 많을 것으로 짐작된다(심영희, 1989: 139에서 재인용). 1990년 한국형사정책연구원의 조사에서는 성폭력 신고율은 2.2%, 같은 기관에서 1996년 서울지역 15~60세 여성 1,500명을 대상으로 한 조사에서는 심한 정도의 성폭력일 경우 신고율은 6.1%이고 가벼운 성폭력일 경우에는 1.8%였다(한국형사정책연구원, 1998: 115). 특히 인신매매가 성행하여 여성들이 대낮에 큰길에서도 납치되는 경우가 많아 여성들은 물론 온 국민들을 불안에 떨게 하였다.

이렇듯 사회가 무질서하고 국가에 의한 폭력이 난무하는 가운데 공권력에 의한 성폭력 사건들이 연이어 발생하였다. 반정부 활동과 관련하여 1984년 5월 광주참배학생 사건과 9월 경희대 여학생 사건이 일어났다. 또한 노동자 탄압의 일환으로 1986년 4월 장미경 사건과 6월 부천서 성고문 사건이 일어났다. 공권력에 의한 민간인 성폭력 사건으로는 1987년 8월에 발생한 전남 고흥 임신부 성폭행 사건과 1988년 12월의 강정순 사건을 들 수 있다.

또한 1980년대는 처음으로 학교와 교육시설에서의 성폭력 사건이 폭로되었고 여성단체가 이에 조직적으로 대응하였다. 고아원생에 대한 원장의 지속적인 강간과 고등학교 교사의 여학생 추행과 폭행이 파주 여자종합고등학교 사건(1987. 7), 영생애육원 사건(1988. 1), 벌교 상고 사건(1990. 6) 등으로 나타났다. 또한 나중에 영화화되기까지 한 변월수 사건(1988. 9), 철거과정에서 빈민 여성들에게 가해진 각종 성폭력 사건들, 정당한 노동권을 요구하고 노동착취와 부당해고에 저항하는 여성노동자에 가해진 잔인한 성적 폭행사건 등이 난무했다. 이러한 일련의 사건에 대응하여 성폭력추방운동을 전개한 여성운동세력의 노력으로 1980년대 말에는 성폭력에 대한 사회적 관심이 증대하였다.

(2) 한국여성의전화[4]와 성폭력운동의 시작

1983년에 개소한 '여성의전화'는 아내구타, 강간 등 여성에 대한 폭력 문제를 사회적 이슈로 삼은 최초의 여성운동단체이다(여성의전화 창립 배경에 대해서는 제2장의 이현숙의 글을 참조). 당시 성폭력이란 용어가 일반인에게 생소할 때, 여성의전화가 일상생활에서 여성에게 가해지는 각종 폭력을 '성폭력'으로 개념화하면서 스스로를 성폭력추 방운동단체로 규정하고 여성에 대한 각종 폭력에 저항하였다. 당시 여 성의전화가 쓴 용어는 '성의 폭력'이었다. 이 단체의 회지(1995년부터 회지 이름이 ≪여성의 눈≫으로 바뀜) ≪베틀≫ 2호(1983. 12. 10)의 권두언 '성의 인격화가 시급하다: 만연하는 성의 폭력과 파트너십의 미 래'라는 글에서 성 윤리의 이중구조, 성의 상품화 등 성의 불평등으로 인해 생긴 현상들을 '성의 폭력'으로 개념화했다.

여성의전화를 통해 여성에 대한 다양한 폭력이 접수되면서 성폭력 사건이 하나 둘씩 가시화되기 시작했다. 피해자들은 단지 자신의 피해 를 호소하는 것뿐만 아니라 해결을 위해 적극적으로 나서기 시작했다. 이에 여성의전화는 성폭력 문제를 해결하기 위해 일련의 작업을 시작 했다. 여성들에게 호신술을 가르쳤고[5] 증가하는 성폭력상담에 대한 대 응으로 내부의 소모임 형식으로 성폭력에 대한 연구토론을 진행했다. 그리하여 그동안 소모임을 통해 수렴된 성폭력 연구작업을 모아 간담 회를 개최하였다(1985. 9. 26).

이 간담회는 비록 규모는 작았지만 공식적으로 성폭력 문제를 거론

---

4) 이 단체의 공식 명칭은 1983년 개소부터 1997년까지는 '한국여성의전화'이고
98년 이후부터는 '한국여성의전화연합'이다. 서울에서 활동하고 있던 한국여
성의전화와 별개로 대구여성의전화(87년 창립), 광주여성의전화(90년 창립) 등
지역에서 여성의전화가 활발하게 활동하고 있었다. 각 지역에서 여성의전화의
수가 급증함에 따라 1998년 총회에서 '한국여성의전화연합'으로 명칭을 변경
했다. 현재는 19개 지부, 3개 지부 준비위, 1개 지회, 1개 지회 준비위가 활동
하고 있다. '한국여성의전화연합'은 명칭에서 보면 개별 조직의 연합체인 듯
하나 실체는 단일조직이고 다만 개별 지부가 지방자치시대에 걸맞는 지역운동
을 전개하는 것을 보장한다는 의미에서 '연합'이라고 칭한 것이다. 이 글에서
는 약칭으로 '여성의전화'라고 하겠다.
5) 1984년 12월 17일부터 10주간 국내 처음으로 여성들에게 자기방어 기술을
가르쳤다(≪베틀≫ 4: 6).

한 우리 사회의 최초의 회의였을 뿐 아니라 처음으로 성폭력에 대한 개념 정의를 다루었다는 점에서 역사적으로 의미 있는 회의였다. 이 모임에서는 상담 사례 발표와 참가자들의 경험담 교환이 있었고 성폭력이 생기게 된 사회경제적 배경, 원인 그리고 대처 방안 등이 발표되었다(≪베틀≫ 11: 6-8)

이 간담회에서는 성폭력 사례로 여자상업고등학교 출신에게 외모를 중시하는 기업 풍토, 직장 내 여성에 대한 물리적 폭력, 아내구타, 직장 내 성폭행 등을 제시하였다. 즉 성폭력을 광범위하게 정의하여 '성폭력은 여성에 대한 차별이 폭력적으로 나타난 것'으로 보고 이 범주에 여성을 경시하는 말, 여성에 대한 희롱, 강제적 성관계, 물리적 구타 등을 포함하였다(≪베틀≫ 11: 14) 성폭력에 대한 여성의전화의 이같은 인식은 여러 가지 자료집을 통해 잘 드러나고 있다. 1985년에 개최한 인신매매를 고발하는 공개토론회의 자료집으로 「여성의전화 성폭력자료 1: 인신매매와 매춘여성」을 발간했고 1987년에 발간한 성폭력 자료집에는 결혼퇴직 강요, 강간, 생존권 탄압 수단으로서의 성폭력, 직장 내 성차별 사례, 공권력에 의한 성폭력 등을 포함시키고 있으며 1987년에는 아내구타 자료집인 「성폭력자료 3: 아내구타」를 발간했다. 또한 1990년에 나온 소식지의 기사 '성폭력, 어디까지 왔나'에 낙태를 포함시킴으로써 낙태까지도 성폭력으로 보았다(≪베틀≫ 49: 2).

이러한 개념은 1990년대 중반까지 지속되어 1995년부터 여성의전화 회지 ≪여성의 눈으로≫에 연재된 '한국여성의전화 운동사'에는 아내구타는 물론 여성에 대한 모든 폭력에 대한 저항운동을 성폭력운동으로 포함시키고 있다.[6] 이현숙은 성폭력 개념을 통상적으로 쓰여지는 '성기중심의 폭력'이라는 협의의 개념이 아닌 '남성과 여성의 힘의 불균형에서 비롯되는 다양한 폭력을 포괄하는 여성에 대한 폭력'으로 규

---

6) 필자는 이현숙과 남충지이며 이 운동사는 한국여성의전화의 소식지인 ≪여성의 눈으로≫ 창간호(1995. 10/11)부터 12호(1997. 9/10)까지 연재되었다. 참고문헌에 있는 이현숙, 남충지 참조.

정하고 있다. 이러한 광의의 성폭력 개념은 이 글 나중에 논의할 성폭력특별법 제정과정에서 도전을 받게 되었지만 여성의전화는 내부적으로 이 개념을 고수하고 있었다.[7]

여성의전화는 1983년부터 성폭력 상담을 시작하였다. 상담을 통해 성폭력 피해자들에게 잘못된 성폭력에 대한 통념을 일깨워 줌으로써 죄의식과 수치심을 없애는 데 큰 역할을 하였다. 또한 상담뿐만 아니라 사건 접수 및 사건 진상규명 작업과 가해자 구속, 피해자의 인권보호에 힘썼다. 1991년에 성폭력상담 전문기관임을 표방한 한국성폭력상담소와 성폭력예방치료센터(전주소재)가 생기기 전까지 성폭력 문제를 이슈로 한 여성운동단체는 여성의전화밖에 없었다.

아내구타, 강간 외에도 남편의 외도, 시집과의 갈등, 성 문제 등 전반적인 여성 문제를 상담받으면서 여성의전화는 여성주의 상담(feminist therapy)에 대한 고민을 시작했고, 여성주의 상담론 워크숍을 개최하였다(1988, 2~3) 정신분석학으로 대표되는 기존의 전통적인 상담이 여성의 경험을 여성의 입장에서 해석하지 못하고, 사회구조의 피해자인 여성 내담자(client)를 오히려 문제의 원인으로 지목하고 있는 점을 비판하였다. 여성주의 상담의 기본원리는 여성 문제를 개인의 문제로 귀속시키지 않고 여성이 처해 있는 사회적 조건과 연결시키는 것이다. 내담자에게 남성중심적인 사회환경에 적응하기보다는 의식화를 통해 자신의 위치를 자각하고 조건을 변화시켜나가도록 돕는 것이다. 또한 상담자와 내담자와의 관계가 자매애에 기초한 수평적 관계를 유지해야 한다는 점을 강조하였다(여성의전화, 1988).

여성의전화는 전화 상담을 시작한 지 만 4년이 되던 1987년에 쉼터

---

7) 여성의전화에 속해 있지 않은 학자들도 성폭력 특별법 제정과정에서 협의의 성폭력 개념이 채택될 때까지는 광의의 개념을 쓴 것으로 보인다. 예를 들면 심영희는 1989년의 성폭력 실태조사에 아내구타를 포함시키고 있다(심영희, 1989: 141).

(shelter house, 폭력 당한 여성을 위한 일시적 피난처)를 마련하여 우리나라 쉼터운동의 모델을 제시하였다. 당시 만 4년 동안 받은 총 12,000여 건의 상담 중 30%인 3,700여 건이 구타 상담이었다. 쉼터 개설 전 1년 동안 구타 문제로 면접 상담을 한 내담자 89명에게 실시한 조사에 의하면 응답자의 89%가 쉼터의 절실한 필요성을 이야기하였다. 쉼터는 구타당한 여성들을 피신시키고 상담하고 용기를 줄 뿐 아니라 여성들간의 유대를 형성하는 역할을 수행했다. 쉼터에는 구타당한 여성들뿐만 아니라 성폭력 피해자들도 머물렀다. 쉼터는 여성폭력에 대한 조직적인 저항으로서 상징적 의미가 크며 폭력으로 상처입은 여성들끼리 모여 폭력추방운동으로서의 여성운동을 벌일 수 있는 공간적 구심체로 성장하였다.[8] 여성의전화가 '쉼터'라는 말을 처음쓰면서 쉼터는 위기에 처한 여성을 위한 비상휴식처 내지는 긴급대피처라는 새로운 사회적 개념, 상징으로 자리잡게 되었다(이현숙, 1996b: 26).

2) 성폭력운동과 민족민주운동

전두환 정권은 민주화운동에 대한 탄압 수단으로 성폭력을 이용했다. 이러한 폭압적인 정치에 대항하여 사회단체의 민주화투쟁이 활발히 전개되었고 여성단체도 이에 적극적으로 합세하여 여성운동은 곧 민족민주운동(이하 민민운동)으로 자리잡게 되었다. 정치현안이나 노동 문제가 중시되면서 여성이 관련된 문제도 사회구조적인 문제로 해석되었고 여성이 성적으로 당하는 폭력의 문제도 구조적인 문제의 하나로 보게 된 것이다. 이러한 인식의 배경에는 당시 공권력에 의한 성폭력이 많았고 또 공권력을 배경으로 한 직장 내 여성에 대한 폭력이 난무했기 때문이다. 여성단체들은 연대하여 이러한 여성 문제를 민민운동의 한 과제로 인식하면서 대처해나갔고 여성에 대한 성적인 폭력도 같은 방식으로 다

---

8) '여성폭력에 대한 저항-쉼터: 쉼터의 의의와 한계'(《베틀》 19: 4) 참조

루어졌다. 이같은 '민민운동으로서의 성폭력운동' 방식은 공권력에 의한 성폭력 사건에 대항하는 여성운동단체의 대응 방식에서 잘 나타난다.

(1) 공권력에 의한 성폭력과 보편적 여성인권

여성단체가 처음으로 연대하여 대응한 공권력에 의한 성폭력 사건은 시위진압 전투경찰(전경)에 의한 경희대 여학생 성추행 사건이다. 1984년 9월 4일 전두환 대통령의 '매국적 방일 저지' 시위에 참가했던 경희대 여학생 3명이 청량리 경찰서로 연행되어 전경으로부터 알몸으로 희롱과 추행을 당했다. 이를 알게 된 여성단체들은 성적 폭력에 대한 대항으로는 처음으로 연대하여 11월 21일에 '여대생추행사건 대책협의회'(회장 박영숙)를 구성하여 기자회견과 성명서, 결의문 등을 발표하였다. 이 협의회는 '시위를 했다는 이유로 연행된 여학생들을 시민을 보호해야 할 경찰이 추행을 한 데 대해서 경악을 금치 못한다'고 항의하며 이 사건을 '여성에 대한 극단적 형태의 인권탄압이며 공권력에 의한 야만적인 폭행사건'으로 규정했다. 경찰은 오히려 진상조사위원회의 임원들을 허위사실 유포혐의로 지명 수배했고 여성단체는 지명수배금지, 공개사과, 국회의 진상조사단파견, 폭행경찰 사법처리를 요구했다. 그러나 정작 피해당사자들은 경찰의 회유와 협박으로 사건을 중단시켰다. 여성단체들은 비록 이 사건의 가해자들을 사법처리하지 못했지만 이 사건을 계기로 성폭력을 사회에 널리 홍보하였다(이현숙, 1992: 279-281, ≪베틀≫ 6: 11) 한국여성단체연합(이하 여연)도 1985년 3.8여성대회에서 성이 '민주화운동에 대한 탄압 수단으로 이용'된 사실을 중점적으로 부각하며 공권력의 횡포를 규탄했다.

그런데 당시 사용된 '인권' 개념은 여성의 특수한 이해와 요구가 고려되지 않은 추상적이고 보편적인 개념이었다.[9] 이런 일반적인 의미에서의 '여성인권' 개념은 90년대 들어와서 여성의 성(sexuality)에 대한 관심이

---

9) 여성인권 개념은 여성 문제를 보는 관점에 따라 달라진다. 강선미와 야마시다 영애(1993: 54)의 각주 4와 5를 참조.

부각되고 여성 문제의 독자성이 강조될 때까지 사용되었다. 이 때 '인권'의 개념은 여성운동단체가 남성단체에 협조를 요청할 때나 정부를 대상으로 운동을 전개할 때 대중적 호소력을 갖기 위해 사용된 것이다.

이러한 인권 개념의 몰성성(gender blindness)은 당시 여성노동자, 여성운동가에게 가해진 성폭력을 남성에 의한 것이 아니라, 공권력에 의한 것으로만 개념을 규정하게 하였다. 그 한 사례는 경기도 성남경찰서에서 일어난 장미경 사건이다. 장미경은 1986년 4월 25일과 26일 양일간 성남서에서 5명의 형사들에게 갖은 물리적 폭행과 더불어 '앞가슴을 잘라 버리겠다'는 등의 성적인 폭언을 당했다. 당시 여성운동은 이 사건을 기층 여성의 생존권 문제로 인식하여 기층 여성의 생존권을 수호하기 위해 만든 상설기구 '여성단체연합 생존권대책위원회'를 중심으로 항의 농성했다. 여성들의 성적 수치심을 이용하여 여성 앞에서 바지를 내림으로써 여성노동자들의 집회를 해산시키는 행위도 여성노동자들의 생존권 침해로만 인식할 뿐 가부장제하의 여성억압 현상으로는 보지 않았던 것이다.

성폭력에 대한 이러한 인식은 1986년 권인숙 씨 성고문 사건에 대한 여성단체의 관점과 성폭력 피해 여성의 사건 인식을 통해서도 분명하게 나타난다. 당시 1985년 2. 12 총선 이후 야권과 재야 민주화세력이 개헌투쟁을 전개함에 따라 전두환 정권은 위기를 맞고 있었다. 개헌 정국을 타개하기 위해 전두환 정권은 민주화세력과 생존권 투쟁을 하고 있는 민중세력을 용공, 폭력세력으로 몰아 가혹하게 탄압했다. 고문을 통해 각종 공안 사건을 조작하고 정권유지를 위해 발악을 하던 이 때 노동운동과 성폭력운동에 불을 붙인 사건이 터지고 말았다. 1986년 6월 6일 대학생 위장취업 혐의로 연행된 권인숙이라는 여대생이 부천경찰서에서 조사를 받던 중 성고문을 당한 사실이 알려지게 된 것이다. 권인숙은 피해자이면서도 '혁명을 위해서는 성도 도구화하는 극렬 좌경세력의 행동대원'으로 매도당한 채 공문서 위조범으로 오히려 재판을 받게 되었다.

여성단체연합 생존권대책위원회는 이 사건을 성폭력 및 여성 문제로 인식하기보다는 '현장에서 민족민주운동을 하던 여성들에게 가해지는 고문과 성적 폭행'으로 인식하며 이에 대한 항의 및 규탄 농성을 하였다(≪베틀≫ 15: 11). 26개 여성단체가 '여성단체연합 성고문대책위원회'를 결성하여 홍보 전단을 배포하고 부천경찰서를 항의 방문하는 등 적극적인 활동을 전개했다. 그 후 공동대책위로 확대하여 이 사건을 '군사독재정권의 폭력성으로 인한 사건'으로 규정하고 '고문, 성고문 용공조작 범국민 폭로대회'를 개최하였으며 고문경찰을 기소하였다(부천경찰서 성고문 공동대책위원회, 1987). 여성의전화도 '…참된 민주화를 요구하는 2천만 여성의 분노…'라는 관점으로 이 사건을 인식하였다(여성의전화, 1987: 55). 8월에 열린 '여성해방과 성고문'이라는 주제의 '여성인권대회'에서는 고문과 성폭력의 종식을 위해 무엇보다도 민주화가 실현되어야 함을 역설했고 민주화 실현을 위해 여성단체는 민민운동에 더욱 더 전진할 것을 결의했다. 이렇듯 여성운동 단체를 포함한 민민운동권에서는 이 사건을 계급모순의 반영으로만 보고 계급모순과 함께 나타난 성 모순의 결과라고는 보지 않았다.

이 사건은 여성 문제가 아닌 탄압 받는 민중의 문제로 의미화되었다. 이 사건에 대한 대응 활동이 '여성들이 반(反) 군사독재 투쟁에 이미 발을 들여놓게 된 계기'(이미경, 1998: 23)로 진행되었기 때문에 많은 남성 주도의 민주운동단체들이 '한마음'이 되어 함께 투쟁해나갈 수 있었다. 이 사건은 민주세력이 결집하는 계기가 되었던 것이다.

권인숙은 두번째 공판의 진술에서 '자신이 겪고 있는 이 힘든 노력이 이 땅에서 고문을 없애는 데 힘이 되기를 바란다'고 말하며 자신의 정체성을 '여성'보다는 '노동자'로 또 '탄압받는 민중'으로 자리매김했다. '노동자'로서 그녀는 자신의 성고문 경험을 공권력의 노동탄압으로 규정하며 성폭력당한 여성의 문제로 보지 못했다(조주현, 1996). 권인숙이 제1차 한국여성대회에서 '1986년 여성운동인물'로 선정된 것은 당시 여성운동단체가 실천하고 있던 '여성운동'의 성격을 잘 말해준다고 하겠다.

(2) 성폭력에 대한 민족민주운동적 접근

성폭력에 대한 민민운동적 시각은 파주 여자종합고등학교에서 일어난 교사에 의한 학생 성폭력 사건에서도 잘 나타난다. 학생들이 학내 민주화요구 투쟁을 하는 중에 피해 여학생들이 성폭력 사건을 폭로하였고 1987년 7월 10일 고려대 사범대생 3명이 여성의전화에 이 사건을 알렸다. 족벌체제와 영리위주로 운영되는 학교에서 학생들과 평교사들은 오랫동안 재단의 비리와 비민주적이고 비교육적인 학교운영으로 고통을 받아왔다. 이들의 불만은 교사 2명의 강제 해직을 계기로 7월 1일 전교생이 학내 민주화를 요구하며 학내 시위를 시작하기에 이르렀다. 학교측의 무자비한 폭력 대응에도 학생들은 요구사항을 내걸며 시위를 계속했고 농성과정에서 여학생 8명이 체육 교사에게 성폭력을 당했던 사실이 폭로되었다(≪베틀≫ 22: 4-6)

이에 여성의전화와 여성사회연구회 그리고 인권단체 및 사회단체가 합세하여 '파주여종고사태공대위'를 결성하였고 학생들도 성폭력 교사를 포함해 폭력 교사를 고발하는 등 적극적인 활동을 전개했다. 이 과정에서 학생들은 교육부의 기만적 행동, 사복경찰과 전경들의 폭력을 경험했다.[10]

이 사건을 계기로 학내 비리와 학내 성폭력의 심각성이 사회에 드러나게 되었다. 그런데 사건을 이해하고 해결하는 과정에서 '성폭력' 부분보다는 '학내 비리'가 더 크게 부각되었으며 성폭력의 문제는 '여성' 문제가 아닌 학내 비리의 한 부분으로 인식되었다. 이 사건을 처음 상담받고 사건해결에 적극적으로 활동한 여성의전화도 이 사건에 대한 평가와 앞으로의 과제 설정에 있어서 같은 입장을 갖고 있었다. 즉 여

---

10) 공대위는 '파주여종고 학생에 대한 각목 폭행과 성폭행을 규탄한다'라는 성명서를 발표하였고 학생들은 경기도 교육위원회의 재단측 비호와 경찰의 학생과 학부모에 대한 위협에도 불구하고 단식농성, 교육부 장관 면담요구 시위, 철야 농성을 감행했고 공대위는 지원 농성을 하였다. 학생들의 끈질긴 노력으로 결국 이사장, 교장, 폭력 교직원 6명을 퇴진시켰고 학생대표 직선제 선출을 쟁취했다. 학생들은 8월 19일에, 공대위는 8월 20일에 농성을 풀었다.

학생에 대한 교사의 성폭력 사건을 교육현장의 타락, 반민주적 비인간
적 여성교육의 실상을 단적으로 보여준 사례로 보았다. 그리고 앞으로
의 과제로 '이번 사태를 계기로 우리의 자녀와 형제들이 참다운 교육
을 받을 수 있도록 한국교육의 현실을 정확히 진단하고, 그 해결을 위
한 노력을 게을리 하지 말아야 할 것'을 주장하고 있다. 사건을 폭로한
여학생들은 '성을 통한 여성억압 철폐'의 초석이 아닌 '교육의 민주화
와 인간적 사회, 민주적인 사회를 이룩하는 데 초석'이 된 것으로 인식
되었다(≪베틀≫ 22: 6). 교사에 의한 학생 성폭력이 '여성'의 문제가
아닌 제도 교육의 문제로 인식되었던 것이다. 이 밖에 1990년대 초까
지 민주화 과정에서 일어난 여성에 대한 성적인 폭력 사건들도 이와
같은 맥락에서 이해되고 그에 대한 해결 방안이 모색되었다.

2년여 동안 여성에 대한 폭력 문제가 발생할 때마다 여성운동단체들
은 연대투쟁을 통해 만났다. 그들은 각종 여성폭력에 대한 대책위 활
동을 해오면서[11] 상설적인 공동투쟁조직의 필요성을 느끼게 되었다.
이에 기존에 모였던 여성운동단체들이 중심이 되어 1987년에 한국여
성단체연합(이하 여연)이 공식적으로 출범하게 되었다. 1987년 6월항
쟁 이후 다양한 사회운동이 전개되었고 시민적인 자율의 공간이 확대
되었으며 공간이 확대됨에 따라 운동의 가능성은 점점 더 커지게 되었
다(이시재, 1992). 이러한 국면에서 여성운동단체도 활성화되어 1987
년에 여연이 창립되기에 이른 것이다.

당시 초대 회장이던 이우정은 ≪민주여성≫ 창간사 「올바른 여성운
동의 정립을 위해」에서 '올바른 여성운동은 남성과 동등한 권리를 획
득하는 것만이 목적이 될 수 없고 오히려 제반 여성의 억압적인 현실
을 만들어내는 사회구조 자체의 변혁을 목적으로 해야 한다'고 주장하
였다. 여성이 해방되기 위해서는 '모든 억압과 착취가 근절되고 모든

---

11) '25세 여성 조기정년제 철폐를 위한 여성단체 연합회'(1985. 7), '여성단체연
   합 생존권 대책 위원회'(1986. 3), 'KBS시청료거부운동 여성연합'(1986. 3) 등
   이 있다.

계층의 사람들이 모든 결정과정에 동등하게 참여하고 책임지는 공동체 건설을 위해 노력해야' 하기 때문에 '여성운동은 민족의 자주화를 이룩하기 위한 반외세 투쟁, 정치적인 억압으로부터 민주주의와 남녀평등을 쟁취하기 위한 민주화 투쟁, 인간답게 살 권리를 쟁취하려는 생존권 확보 투쟁으로 굳건히 자리를 잡아야' 한다고 역설하고 있다. 초창기 여연의 주 목적은 군사독재에 대한 투쟁과 기층 민중여성의 생존권 투쟁에 있었던 것이다(이미경, 1998: 23)

당시 여연은 민주화를 통해 국민의 기본적 자유, 기본적 인권, 생존권을 확보하는 것이 '진정한' 운동이라고 보았고 여성의 모든 문제-성폭력을 포함하여-가 이 안에서 해결될 것으로 보았다.12) 그리하여 여성운동의 독자성이나 여성문제 자체보다는 사회전체의 구조적인 측면에서의 변혁운동에 활동의 우선순위를 두었다.

창립 때부터 성폭력추방운동을 표방한 여성의전화도 여성에 대한 성폭력추방운동뿐만 아니라 여성이 관련된 민주화 운동, 노동운동에 힘을 쏟았다. 당시 여성단체가 많지 않은 상황에서 여성의전화는 거의 모든 여성 문제 사안에 참여할 수밖에 없었다. 기층 여성들의 생존권 투쟁과 연대하여 성도섬유 해고노동자를 위한 톰보이 불매운동(1985), '25세 여성 조기정년제철폐 운동'(1985~86), 회사 내 비리를 폭로하여 상사와 동료 직원으로부터 폭력과 폭언을 당한 'TV징수원 박성혜 씨 직장 내 폭행 사건'(1985~86), 왜곡 편파 보도를 일삼은 KBS에 항의하는 'KBS시청료거부 운동'(1986), 대한투자신탁 직원 주소녀 씨의 결혼퇴직 강요 사건(1987), 교육민주화를 위한 입장 선언(1986) 등 노동운동과 민주화운동을 적극적으로 주도하였다. 여성의전화도 성폭력 문제의 원인을 당시의 다른 여성단체의 경우처럼 '구조적으로' 접근하

---

12) 여연의 활동에 대하여 이미경(1998)을 참조. 조주현도 여성 정체성의 정치학을 1980~90년대 한국 여성운동을 중심으로 분석하면서 당시 여연의 이같은 성격을 지적한다(조주현, 1996: 143-151). 조혜정(1993)도 여연에 의해 작성된 3개의 텍스트를 통해 1980년대 여연의 성격을 분석하고 있다.

여 한국의 종속경제와 매판자본 때문이라고 보았다(≪베틀≫ 11: 7-8). 이러한 기조는 여성의전화 창립 5주년 기념 공개토론회 '여성해방과 성폭력'에서도 잘 드러나고 있다. 이 토론회는 '성폭력 해결을 위해 남성을 적으로 삼아 싸워나가는 것이 아니라 여성억압의 근본적 모순구조, 한국 사회의 제반 모순구조에 대한 인식 속에서 그것의 변화를 위해 여성을 의식화, 조직화해야 한다'고 결론을 내렸다(≪베틀≫ 29: 5).

여성의전화는 상담을 통해 수없이 많은 여성들의 고통을 듣고 있었지만 '여성 개인의 고통스런 문제의 뿌리가 가해남성들의 폭력성 때문이 아니라 바로 사회 전체의 구조에 문제가 있음'을 강조하였고, 이러한 인식을 기반으로 여성 문제 상담이 이루어질 때, 상담은 운동으로서 소기의 목적을 달성할 수 있다고 주장하였다.13) 당시 여성의전화는 여성 문제의 근원적인 해결을 위해서는 성 모순의 해결이 아니라 계급과 민족 모순의 해결이 선행되어야 한다고 인식하고 있었던 것이다. 그러나 당시 이같은 관점은 주로 여성의전화 지도부 및 실무자들의 의견이었고 일반 상담원들의 입장은 달랐다. 이렇듯 한 조직 내에서 두 가지 접근이 공존하게 되면서 여성의전화의 성격에 대해서 서로 다른 해석이 내려졌다.

(3) 경찰에 의한 민간인 성폭력과 성폭력운동의 변화

1980년대 말에 일어난 다음의 두 사건은 기존의 성폭력 담론을 변화시키는 계기가 되었다. 이 때부터 여성운동권은 성폭력을 성별적(性別的) 관점에서 고민하게 되었다. 부천서 성고문 사건이 일으킨 사회적 물의에도 불구하고 공권력에 의한 성폭력은 멈추지 않았고 더구나 그 대상이 소위 운동권이나 노동자에 한정되지 않고 민간인에게까지 확대되었다. 경찰에 의한 민간인 성폭력 사건 2건이 거의 동시에 여성운동 단체에 접수되었는데, 하나는 대구의 다방 종업원인 29세의 강정순 씨가 파출소 경찰관 2명에게 윤간당한 사건이고 다른 하나는 전라남도

---

13) 당시 상담부장이었던 한우섭과의 인터뷰에서.

고흥군에 사는 어부의 아내가 임신한 몸으로 순경에게 강간당하고 자살한 사건이다. 고흥군 어부 아내 강간 사건이(1987. 8 발생) 대구 윤간 사건보다(1988. 12 발생) 먼저 발생했으나 여성운동단체에 먼저 접수되어 사회문제화된 것은 대구 윤간 사건이었다.

1988년 12월 5일 밤 10시 50분경 대구에서 강정순(29세)이라는 대림다방 종업원이 귀가길에 경찰관 1명에 의해 파출소로 끌려가 모욕과 협박을 당한 후 파출소 내 취사장에서 박승근 순경(28세)과 김정부 경장(45세)에게 윤간당하고 성병까지 옮은 사건이 발생하였다. 강정순은 고소장을 제출하였으나 오히려 무고죄와 간통죄로 구속되었다. 대구지역에서 대책위가 구성되어 '경찰에 의한 여성인권유린 규탄대회'가 열렸고 여연도 성명서 발표, 치안본부 항의방문, 가두행진 및 가두홍보 등 조직적인 대응을 했다. 이런 여성운동단체의 노력으로 강정순은 무고죄에 대해서는 무죄를 선고받았으나, 두 경관은 무혐의로 처리되었고 수사는 종결되었다. 1992년 2월 19일 여연는 '대구 강정순 씨 윤간 사건' 무혐의 처분에 대한 입장을 밝히는 기자회견을 통해 사법부의 인식의 한계와 공권력의 횡포를 규탄했다. 대책위는 3년간의 투쟁과정에서 절감했던 검찰의 안이한 태도와 현행법의 한계로 인해 항소를 포기했다.

1989년 1월 16일 전남 고흥에 사는 전용순은 성폭행을 당하고 자살한 아내의 명예회복과 가해자 처벌을 도와달라고 한국교회협의회 인권위원회를 찾았다. 그의 아내 신명심은 당시 임신 7개월의 몸으로 1987년 8월 전남 고흥군 경찰서 포두 지서 첨도 출장소의 경장으로 파견된 김봉환에게 강간을 당했다. 출산 후 아내로부터 그 사건을 전해들은 남편은 김봉환에게 피해를 당한 주민들과 함께 고흥경찰서장, 순천지청장 앞으로 진정서와 고소장을 냈다. 그러나 검찰과 경찰은 김봉환을 비호하며 다른 곳으로 발령을 내고 이 사건을 간통 사건으로 몰고 헛소문을 퍼트려 이들 부부를 곤혹스럽게 했다. 그러다 고소가 기각되자 피해자 신명심은 농약을 먹고 자살했다. 부인의 억울한 죽음 앞에 남편은 끝까지 싸울 것을 결심하고 가족들과 함께 인권단체를 찾게 되었다. 마침내 1989년 1월 30일 광주, 순천, 여수를 중심으로 11개 지역의 인권단체들이 '가정파괴범 김봉환 순경 강간 사건 공동대책위원회'(이하 공대위)를 결성하고 다각적인 활동을 전개했다.[14] 남편 전용순과 그의 가족 그리고 인권단체들의 끈질긴 노력으로 김봉환은 면직(3. 31)되고 끝내 구속되었다(4. 4).

1988년 말부터 1992년 2월까지 지속된 강정순 사건과 1987년 8월부터 1989년 4월까지 지속된 고흥군 임신부 강간 사건은 여성운동가들에게 성폭력에 대한 새로운 인식변화를 가져다 준 계기가 되었다. 여성운동단체는 이 사건이 공권력의 비도덕성과 폭력성을 반영하고 있다고 주장하였다. 폭력으로부터 여성을 보호해야 할 경찰이 오히려 여성을 폭행하였고 검찰과 경찰이 가해자인 경찰을 두둔하였으며 사건을 은폐하고 그 책임을 피해자에게 전가한 점을 비판하였다. 여연은 이 사건에서 진실을 은폐하는 검찰의 행태를 주시하며 이를 '한 마디로 억압적, 권위주의적 군사통치문화 그 자체요, 군사독재정권의 기본 속성'으로 규정하고 '이 사건을 통해 모든 여성 문제가 사회 구조적 원인에서 출발하며 정치적 문제임을 다시 확인'하였다(≪민주여성≫ 8: 26) 이렇듯 이 두 사건의 처리과정에서도 성폭력 문제를 민민운동의 과제로 설정하는 입장이 고수되었다. 그러나 이 사건들은 우리 사회에 유포된 강간에 대한 잘못된 통념에 주목하게 함으로써 성을 매개로 한 '여성'의 문제에 관심을 집중시키게 한 계기가 되었다.

그동안 일어난 성폭력 사건에서 뚜렷이 부각되지 않았던 피해 여성의 고통, 여성의 이분화와 성의 이중규범이 전면에 드러나 사회적으로 공론화되면서, 피해자 비난 논리가 비판받게 된 것이다. 강정순 사건의 경우 이혼여성과 소위 '직업여성'(이 경우 다방종업원)에 대한 사회적 편견이

---

14) 공대위는 가해자 처벌은 물론 여성인권유린을 묵인, 조장하는 현정권의 비도덕성을 규탄하며 기자회견(2. 1), 규탄대회(2. 28)를 갖고 검찰의 공정수사와 김봉환의 구속을 촉구했다. 공대위와 가족들은 광주전남여성회 사무실에서 3월 16일 부터 22일까지 철야농성을 벌였다. 3월 28일에는 순천 YMCA와 순천대학생과 연합하여 순천지검에서 항의시위를 벌였다.

재판과정에 불리하게 작용, 오히려 그녀가 무고죄로 고소당했다. 이는 이미 강정순 스스로도 예견하고 있었다. 자신의 직업이 줄 수 있는 사회적 편견으로 인해 승산이 없을 것이라고 생각하여 혼자 고통을 감내하려고 했던 것이다(≪민주여성≫ 7: 21). 이 사건은 '보호할 가치가 있는 정조'만을 보호한다는 사법부의 여성차별적인 성인식을 반영한 사건으로서 성폭력관련법 제정의 필요성에 대한 사회적 공감대가 형성되는 계기가 되었다.15) 고흥군 임산부 강간 사건도 피해자가 간통죄으로 몰리고 고소는 기각되었다. 이 결과 앞에서 피해자의 자살은 여성에게 불리한 남성중심적 성 문화에 대한 항거인 동시에 절망의 표현이기도 했다.

피해자가 '운동의 주체'로 나서기 시작한 것도 이 사건이 계기가 되었다. 물론 우리 사회에서 성폭력 피해자가 최초로 자신의 모습을 드러낸 것은 부천서 사건의 피해자 권인숙이었다. 그러나 앞서 언급했듯이 권인숙의 행동은 노동자로서의 정체성을 갖고 민중탄압퇴치라는 운동 차원에서 이루어진 면이 크기 때문에 권인숙을 성폭력당한 '여성'으로서의 강정순과 같은 차원에서 분석하기는 힘들다. 강정순 사건은 대구지역의 보수성에도 불구하고 피해자인 여성이 수치심을 딛고 일어난 사건으로 큰 의미가 있다.16) 강정순은 '성범죄의 피해자는 부끄러움으로 항상 입을 다물고 있어야만 한다는 일은 있을 수가 없다고 생각합니다. … 짐승 같은 두 인간에게 철퇴가 가해져야 한다고 생각했습니다'(≪베틀≫ 45: 13). '이제는 신문 지상이나 텔레비전에도 용기 있게 얼굴을 보이겠다'17)고 말함으로써 성폭력의 피해자를 주눅들게 하는 사회적 강간, 제2의 강간(second rape)에 항의했다. 고흥군 임신부 성폭력 사건의 경우에도 남편이 주위의 편견에 굴하지 않고 부인과 자신의 명예를 걸고 투쟁함으로써, 피해자 가족이 당하는 고통을 극복하는 모습을 보여주었으며

---

15) 강정순 사건 대책위는 1991년 4월부터 가해 경찰 구속과 성폭력 특별법 제정을 촉구하는 서명운동을 전국적으로 벌여 6천여 명의 서명을 받았다(≪민주여성≫ 11: 47).

16) 강정순은 1989년 10월 30일 여연이 선정하는 '올해의 인물상'을 수상했다.

17) 1989년 7월 22일 출감 후 가진 간담회에서(≪민주여성≫ 8: 43).

성폭력을 '가정파괴'로 인식하는 우리 사회의 통념에 경종을 울렸다.

3) 소결

1980년대는 민주화투쟁과 노동운동을 탄압하는 수단으로서 성폭력이 개념화되면서, 공권력에 의한 성폭력 사건들이 주로 제기되었다. 이러한 상황에서 성폭력은 노동운동 탄압과 민주화운동 탄압으로 여겨졌고 '여성' 개인에 대한 탄압으로 여겨지기는 힘들었다. 여성문제는 계급문제와 민족문제의 하위 개념으로 인식되었고 사회문화적·역사적 원인과 성격을 가진 독자적인 모순으로 인식되지 않았다. 당시 여성운동은 여성 문제만이 아니라 민중생존권 투쟁과 노동 문제 그리고 통일 문제까지도 아울러야 하고 여성의 문제는 바로 민족, 민주, 민중이라는 거대 담론 속에서 의미가 있다고 보았다. 당시 여성단체들은 공권력에 의한 성폭력을 비판하면서 탄압의 수단으로 성을 도구화한 것만을 비난했지 탄압의 수단으로 성이 사용되게 된 배경―가부장제의 성 모순―에 대해서는 비판하지 못했다. '성적 탄압'의 배경이 되는 정조 관념, 성의 이중 구조, 군대 문화의 반(反)여성성에 대해서는 언급하지 못했던 것이다. 여성과 남성의 불평등을 제도화된 사회적 모순으로 파악하는 성별 정치학의 시각은 부재했던 것이다.

여성의전화는 '성폭력' 범주에 각종 성차별, 낙태 등까지 포함시켜 여성에 대한 모든 폭력을 지칭하는 개념으로 사용했다. 이러한 개념 정의는 양성간의 불평등한 권력 관계를 상정하는 성인지적 관점(gender perspective)을 반영한다고 할 수 있으나 이러한 관점이 진지하게 논의되지 않았다. 성인지적 관점의 개념 정의에도 불구하고 이론적 논의의 결여로 인해, 실제 문제가 된 사건에 대한 원인규명과 근본적인 해결책 제시에서는 여성적 관점이 아닌 계급 관점과 민족 관점이 부각되었던 것이다.

성폭력이 일어날 때마다 여성운동단체들은 '여성인권 침해'로 규탄했으나 이 때 사용한 '인권' 개념은 여성의 특수한 사회적 위치를 고려하

지 않고, 또 사적 영역에서의 여성의 억압에 대한 고려 없이 이루어진
보편적인 개념이었다. 결국 민민운동의 하나로 진행된 여성에 대한 성적
폭력에 대한 저항운동에 '여성 주체'는 없었던 것이다. 여기에는 1980년
대 여러 여성 단체가 조직되었지만 여성주의 이론(feminist theory)를 다
루는 체계적인 조직체는 없었다는 것도 한 이유가 될 수 있겠다.

이같은 한계에도 불구하고 1980년대 성폭력운동이 일어날 수 있었던
데는 여성의전화에 의해 이루어진 상담의 역할이 매우 컸다고 본다. 쉴
새 없이 걸려오는 상담전화를 통해 여성들이 사적 및 공적 영역에서 겪는
각종 차별과 폭력이 노출되기 시작했다. 여성의전화는 상담 사례를 근거
로 이제까지 철저히 비가시화된 성폭력이 사실은 매우 시급한 사회적 문
제임을 제기했다. 성폭력 피해 여성들이 남성들로 구성된 공적 기관에 피
해 사실을 호소하기는 힘들다. 여성의전화는 피해 여성이 비난에 대한 두
려움 없이 피해 사실을 털어놓을 수 있는 유일한 공간이었다. 이제까지
숱한 여성들이 당해왔던 성폭력이 비로소 '성관계'가 아닌 '범죄'로 폭로
되기 시작했다. 상담은 성폭력운동을 이끌어내는 중요한 견인차였다.

3. 성별, 성 그리고 성폭력운동

1980년대 말 90년대 초에 이르러 성폭력운동은 그 전과 다른 양상
을 띠게 된다. 성폭력운동이 민주화운동의 일환으로서가 아니라 성폭
력을 가능하게 하는 남성중심적인 섹슈얼리티의 문제로, 일상적인 여
성억압의 문제로 대두되기 시작한 것이다. 이러한 변화는 우리 사회에
서 여성의 성(sexuality)을 여성주의적 시각에서 해석하게 되면서 가능
했다. 우리나라 여성운동의 성격변화를 유도했다는 의미에서 또 운동
과 이론이 접목되는 계기를 마련했다는 점에서 여성운동사에서 중요한
의미를 지닌다고 할 수 있다.

이같은 배경에는 1980년대 말 사회주의권의 몰락과 이에 영향을 받

은 우리나라 사회운동권의 변화 그리고 여성운동권의 변화를 들 수 있다. 1980년대 여성운동은 크게 두 줄기가 있었다고 볼 수 있다. 하나는 '진보적 (남성) 사회운동 단체들'과 연대하는 여연중심의 여성운동이고 다른 하나는 당시 크게 성장하지는 못했지만 또 하나의 문화를 중심으로 여성문제의 독자성을 강조하는 여성운동 그룹이다(조주현, 1996: 140; 조혜정, 1993). 전자는 앞서 언급한 대로 계급투쟁을 통해 여성문제를 해결하고자 하였으며 여성 문제를 노동 문제와 통일 문제의 부차적인 것으로 상정하고 있었고, 후자는 가부장제 모순의 독자적 체계를 강조하며 여성운동의 독자성을 주장하였다. 전자의 운동 주체는 여성 노동자와 여성 농민이고 후자의 운동 주체는 남성과 대비된 '여성 전반'이다. 그러나 1990년대 초부터 그간 민민운동에 충실한 여성운동이 여성의 정체성에 입각한 여성운동으로 변화하기 시작했다.[18] 여성문제의 독자성에 대한 강조는 여성들이 주로 속해 있는 사적이고 일상적인 삶의 영역이 불평등과 권력의 장이라는 획기적인 인식의 변화를 전제로 한다. 따라서 사적 영역에서 여성에게 가해지는 폭력에 저항하는 성폭력운동은, 1990년대 여성운동의 방향성에 큰 영향을 미쳤다.

　노동운동, 민주화운동과 연관성이 없는 성폭력이 사회적으로 이슈화되기 시작했고 성폭력운동의 초점도 크게 바뀌었다. 성폭력이 '여성의 성(sexuality)에 대한 폭력'으로 인식되면서 '성적 자율권의 침해'로 개념화되었다. 이에 따라 성폭력운동은 다양한 형태의 성폭력을 드러내면서 이러한 폭력을 가능하게 하는 가부장적인 성 문화의 변화를 모색하게 되었다. 이는 궁극적으로는 양성간의 불평등한 권력 관계를 문제삼는 여성운동의 본령에 도달하는 것이었다. 성폭력운동의 이같은 발전은 여성학에서 성 담론의 발전과 여러 성폭력 상담소들의 피해자 지원 활동, 그리고 성폭력 사건에 기민하게 연대 활동을 벌인 여성운동단체의 노력으로 가능했다.

---

　18) 조주현에 의하면 여연은 1980년대에는 '여성'을 '여성 노동자'로 규정하다가 1990년대에 와서 '여성'을 '여성 전반'으로 재규정했다(조주현, 1996: 142-143).

1) 성별(gender) 문제로서 성폭력 인식하기

1980년대 말에는 부녀자 인신매매와 강도, 강간 그리고 가정주부를 가족이 보는 앞에서 성폭행한 소위 '가정파괴범' 같은 사건들이 사회 전체를 공포로 몰아갔다. 이런 와중에 여성운동단체는 노동 문제나 민주화운동과 아무 연관이 없는 '여성 문제'[19]로서의 성폭력 사건을 접하게 된다. 바로 영생애육원 사건과 변월수 사건이 그것이다.

(1) 영생애육원 사건과 여성의 성에 대한 폭력

파주 여종고 사태가 해결된 지 몇 달 후 1988년 1월 여성의전화는 충남 온양에 있는 복지기관 '영생애육원'에서 자원봉사로 일하고 있는 '애지'라는 대학생 서클로부터 한통의 편지를 받았다. 전도사 정기섭(당시 38세)이 초등학교 5학년에서 중학교 2학년까지의 여자 원생들을 성추행한 사실과 더불어 원생들에 대한 비인간적인 대우를 폭로했다. 이 편지에 의하면 정기섭은 안마를 시키다가 여원생들의 바지를 벗기고 성관계를 하려고 시도했고 여원생들의 성기 부분을 손전등으로 비춰 본다거나, 여원생이 목욕하는 도중에 들어와 성기를 만진다거나, 자신의 성기를 주무르라고 강요하는 등 추행을 일삼았다고 한다(≪베틀≫ 26: 6-7). 여성의전화는 온양의 인권위원회와 대학생 봉사연합서클과 함께 대책위원회를 구성하여 적극 대응하였다. 진상 조사중에 원장이 1984년에 당시 중학교 1학년 여학생을 강간한 사실이 밝혀지고 재정상의 비리 의혹도 제기되었다. 대책위의 적극적인 활동으로 정기섭은 구속되어 2년 징역을 선고받았으나 원장의 성폭행 사건은 피해자가 직접 고소하지 않는 한 구속할 수 없는 법의 한계로 인해 처벌을 받지 않고 해임되

---

19) '여성'이라는 범주는 여성을 제2의 성으로 규정하는 가부장제 문화 속에서 특정한 상징작용을 통해 여성들에게 어떠한 공통적 체험을 하게 한다(장필화, 1996: 186) 따라서 '여성' 문제는 여성이 가부장제 문화에서 공통적으로 경험하는 문제이다.

는 것으로 사건은 종결되었다.[20] 이 사건을 통해 복지시설의 비리가 폭로되었고 그 안에서 일어나고 있는 어린이, 특히 여자 어린이의 인권 현실이 여실히 드러났다.

이 사건은 상담을 통해 여성들의 일상적인 삶의 애환을 고민해오던 여성단체가 노동 문제, 민주화 문제와 독립적이면서 공권력이 개입되지 않은 여성의 성에 대한 폭력 문제에 접근한 최초의 사건으로 의미가 있다.

(2) 변월수 사건과 정당방위 논쟁

변월수 사건은[21] 1988년 9월 10일 한밤 중 귀가길에 변월수라는 평범한 주부가 달려드는 강간범의 혀를 잘라 자신을 방어한 사건이다. 이 사건은 성폭력의 위기에 처한 여성이 취할 수 있는 '정당'한 자기방어가 무엇인가에 대한 논쟁을 일으켰다. 변월수는 피해자임에도 불구하고 가해 남성의 혀를 손상시켰다는 이유로 구속, 기소되었고 '과잉방어'로 징역 1년이 구형되었다. 여성운동단체의 비난에도 불구하고 사법부는 '정당방위로서 인정될 수 없는 지나친 행위'했다며 변월수에게 징역 6월에 집행유예 1년을 선고했다.[22]

비록 여성운동단체의 투쟁으로 무죄판결을 받아내긴 했지만 이 사건은 성폭력 사건의 처리과정에서 나타나는 성차별성을 여실히 드러내었다. 성폭력 가해자측의 변호사가 변월수가 사건 당일 먹은 술의 양, 동서와의 불화 등을 계속 거론하면서 그를 부도덕한 여자로 몰아세웠다. 폭행당할 때 가해자의 손이 음부에 들어온 것과 무릎으로 옆구리를 구타당한 것 등 행위의 순서가 왜 진술 때마다 바뀌냐고 검사가 호통을

---

20) 여성의전화는 이 사건을 규탄하는 성명서를 시내 곳곳, 각 언론사, 각 정당, 및 충남지역 곳곳에 배포하여 사회적으로 여론화시켰다. 이 사건은 ≪베틀≫ 27호에서 29호까지 연재되어 있다.

21) 이 사건의 진행과정에 대해서는 ≪베틀≫(34: 8)에 있는 사건일지를 참조.

22) 여성단체연합은 이에 즉각적인 저항을 했다. 여성의전화도 9월 20일 '정당방위도 죄인가'라는 여성폭력추방을 위한 긴급 시민대토론회를 열었다.

치는 등 '피해자가 죄인으로 취급되는' 성폭력 사건의 재판과정의 전형적 모습을 보여주었다(「재판참관기」, 《베틀》 34: 6-7). 재판과정에서 가해자측 변호사와 검사로부터 온갖 수모를 겪어야 했던 성폭력 피해자 변월수는 재판장께 드리는 글에서 '차라리 제가 그날밤에 그 놈들에게 당하고 죽었더라면 이렇게 고통스럽게 살아가진 않았을 텐데…'라며 괴로워 하였다(「재판장께 드리는 글」, 《베틀》 34: 7). 최후진술에서 변월수는 다음과 같이 항변하였다. '이 사건이 일어난 후에도 우리 동네에서 강간 사건이 수없이 일어났습니다. 재판장님! 보호받을 정조는 무엇이고 보호받지 못할 정조는 무엇인지 밝혀주시고, 이 법정에서 최고의 형을 내려주시기 바랍니다'(《베틀》 35: 4)

이 사건은 1심 판결에서 여성에 대한 사법부의 편견과 여성의 인권보다 남성의 혀를 더 중시하는 사법부의 태도를 여실히 드러냈다. 2심 판결에서는 무죄판결을 받아냄으로써 재판과정에서 논란이 되었던 피해 여성의 음주 상태, 식당경영 사실, 밤늦은 시간에 혼자 다닌 점 등이 성폭력을 합리화할 수 없다는 사실을 분명히 하였다. 이 사건은 여성의 자위권을 법적으로 인정한 점에서 의미가 있다고 본다.[23]

이 사건이 영화화되면서(김유진 감독의 <단지 그대가 여자라는 이유만으로>) 여성의전화는 시나리오 작성에 참여하기도 하였다. 또한 이 사건은 피해자와 여성운동가 간의 신뢰 관계를 보여준 좋은 사례였다. 변월수 씨는 항소공판일 바로 전날 걱정으로 한잠도 못 자면서도 '힘써주신 여성의전화 식구들을 집으로 모셔와 우리가 사는 모습도 보여드리고 밤중에 보쌈 김치를 담그고 떡쌀을 담가' 놓을 정도로 여성운동단체에 애정을 갖게 되었다. 변월수는 '건강이 회복되면 저와 같은 처지의 여성들을 돕고 싶어요'라고 말하기도 했다. 이러한 연대는 성폭력운동의 중요한 성과라고 할 수 있다(《베틀》 35: 4).

---

23) 변호인단은 12월 14일 제출한 항소 이유서에서 이 사건에 대한 판결은 이 나라 여성의 인권 수준을 가늠하는 시금석이요, 이정표가 될 것이라고 주장했다 (《베틀》 34: 4-5).

이러한 성과에도 불구하고 이 사건은 기존의 성폭력 담론을 근본적으로 문제 제기하는 데는 한계가 있었다. 변호인단과 여성운동단체들은 변월수의 자기 방어가 '자신의 목숨보다 더 귀한 정절을 지키기 위한 것'임을 강조하는 모순에 빠진다. 재판과정에서 피해자를 가장 고통스럽게 한 것이 바로 정조 이데올로기인데도 불구하고 여성운동단체는 유교적 정절의 개념에 입각하여 사법부에 선처를 요청하였던 것이다(심영희, 1996: 212). 이러한 여성운동단체의 논리는 보수적인 사법부와 대중을 상대로 하기에는 아직 그 영향력이 미흡했다는 것을 반증하는 것이기도 했다.

(3) 여성학의 성폭력 연구

성폭력에 대한 여성주의적 접근은 '여성학운동' 덕분에 가능했다. 1983년 이화여대에 여성학 석사과정이 개설되면서 이화여대 여성학과를 중심으로 성 연구가 활성화되었다. 1980년대 말부터 성(sexuality) 관련 논문이 등장했고 1989년에는 강간에 관련한 석사논문이 3편이나 나오게 되었다(김선영, 박선미, 이명선).

강간에 관한 3편의 논문은 그간 학계에서 공식적으로 언급을 회피해왔던 '강간'을 공론화하고 강간이 결코 '특수한 사건'이 아니라 여성의 삶을 위협하는 일상이며 그 피해가 일생에 걸쳐 있을 만큼 심각하다는 것을 보여주었다. 이 논문들은 '성폭력'이라는 용어를 쓰지는 않았지만 당시 우리 사회에 드러나기 시작한 각종 성폭력 사건들을 이해하고 해석하는 데 이론적 바탕을 제공했고 성폭력 연구를 촉발시켰다.

한국여성학회는 '한국여성학의 보편성과 특수성'이라는 주제로 5회에 걸쳐 학술대회를 개최했는데 1989년 제5회 학술대회에서 '성(sexuality)연구' 논문 5편이 발표되었다.[24] 1991년에는 또 하나의 문화

---

24) 「현대서양철학에서의 성」(황필호), 「성(sexuality)에 관련한 여성해방론의 이해와 문제」(장필화), 「성 일탈과 여성」(이영자), 「성폭력의 실태와 법적 통제」(심영희), 「여성노동과 성적 통제」(조순경 외)

가 사랑과 성에 관한 담론의 포문을 열었다(또 하나의 문화, 1991a; 1991b). 또 하나의 문화의 책, 『새로 쓰는 사랑이야기』와 『새로 쓰는 성 이야기』는 성폭력 상담을 받는 여성단체 회원들에게, 실제 내담자들에게 많은 도움을 주었다. 이렇듯 성(sexuality)에 관한 관심이 높아지고 이에 관한 연구가 많아지면서 성폭력에 대한 접근이 성 개념을 통해 이루어지기 시작했다.[25]

2) 성폭력관련여성단체의 정치학: 한국여성의전화와 한국성폭력상담소

1980년대에는 여성의전화가 성폭력운동을 전담하다시피 했다. 그러나 여성의전화 역시 1980년대의 시대적 상황에서 자유롭지 못했다. 여성운동과 민주화운동을 병행하면서 활동의 과부하로 인해 성폭력운동의 전문성을 담보하는 데에는 한계가 있었다. 이러한 상황에서 1991년 성폭력 전문상담소를 표방한 한국성폭력상담소가 탄생했다.

(1) 한국여성의전화의 확대와 성폭력운동

여성의전화는 당시 민민운동과 여성운동이라는 두 가지 과제를 모두 수행해야 했다. 여성의전화에 대한 성격 규정은 외부에서는 물론 내부에서도 계속 논쟁적이었다.

1980년대 여성의전화는 아내구타, 성폭력 등 가족과 성이라는 사적 영역에서의 여성에 대한 폭력 문제를 다루었지만, 사적인 영역이 권력의 장이라는 확고한 자각과 선언을 명시하지 않았다. 오히려 대외적으로는 공적 영역에서의 여성에 대한 폭력에 운동 역량을 결집시켰다. 상

---

25) 성(sexuality)은 생물학적 성이나 성교를 뜻하는 성(sex)과 성 역할 혹은 기질을 뜻하는 사회문화적 구성물로서의 성(gender)과는 구별되는 개념으로서 성적 욕망, 성행위의 실천, 그리고 정체성 등을 포함하며 '성', '성성', 혹은 '성활동' 등으로 다양하게 번역되고 있다. 이 논문에서는 용어의 혼동을 피하기 위하여 원어를 괄호 안에 넣어 '성(sexuality)'으로 쓰기로 한다.

담원들은 여성의전화가 당시 노동 문제와 민주화 문제에 몰두하여 상담을 통해 들어오는 성 문제를 비롯한 '여성 문제'에 조직적인 역량을 집중하지 못하는 것을 안타깝게 생각했다. 초창기부터 1989년까지 자원상담원과 상담부장으로 활동했던 박형옥에 의하면, 1980년대 여성의전화 상담은 '운동을 방어하는 수단'이었으며 상담원과 실무 운동가들의 이원화, 괴리가 늘 문제였다고 한다. 이러한 한계에도 불구하고 여성의전화는 당시 유일하게 여성들이 사적 공간에서 겪는 문제를 상담하며 여성들의 고통을 직접 듣고 고민하는 단체였다. 이런 점에서 여성의전화는 독자적인 여성 문제에 초점을 맞추었던 또 하나의 '여성주의적 단체'로 여겨졌다(조혜정, 1993: 12). 따라서 여성의전화는 당시 민민운동적인 여성운동을 하고 있는 여성단체와 남성운동권으로부터 '또 하나의 문화'와 함께 '부르주아 중산층 단체'라는 비난을 받기도 했다. 그러나 한편 여성의전화는 '워낙 불쌍한 여자들'의 문제를 다루었을 뿐만 아니라 실제로 노동운동도 적극적으로 펼쳤기에 상대적으로 또 하나의 문화보다는 그런 비난을 피해갈 수 있었다(정희진 외, 1998: 9).

1990년대 들어 여성의전화는 여성폭력과 여성인권 문제에 집중하고 있다. 현재 여성의전화는 19개의 지부 중 15개 지부가 성폭력상담소를 부설체로 운영하고 있다. 단일 여성운동단체로는 유일하게 전국적 차원에서 성폭력운동을 전개하고 있는 셈이다.

(2) 한국성폭력상담소의 창립과 성폭력운동의 발전

1990년 여름, 남성중심적인 사회에서 억압받고 소외당하고 있는 여성들을 위해 실질적으로 무슨 일을 할 수 있을까를 고민하던 이대 여성학과 석사과정 졸업생들과 교수들은 사회문제로 대두된 성폭력 피해 여성들을 돕기 위한 '강간위기센터(가칭)'를 설립하기로 의견을 모으고 자료수집 등 기초 작업에 착수했다(≪나눔터≫ 1: 2). 최영애를 중심으로 당시 이화여대 여성학과에서 성문제로 석사논문을 썼던 이미경, 정경자, 김선영, 박선미, 이명선이 준비위원회를 꾸렸고 장필화(이화여대 여성학과), 조형(이화여대 사회학과) 등 대학에서 여성학을 가르쳤던 교수들이 헌신적으로 참여했고 여성의전화에서 활동했던 박형옥도 합류했다. 최영애는 1991년부터 현재까지(1999. 4) 소장직을 맡아 애쓰고 있다. 이후 자문위원구성, 상담교육, 기금마련 수익사업 전개, 세미나 등을 거쳐 1991년 4월 한국성폭력상담소가 개소하였다.

한국성폭력상담소는 여성학이론의 실천적 장으로 시작되었고 여성 전체의 문제로서 성폭력에 접근하였다. 이러한 접근을 통해 한국성폭력상담소는 당시 계층별로 이해를 달리했던 여성운동에 새로운 활력을 불어넣었다(한국성폭력상담소, 1995c: 5). 한국성폭력상담소의 탄생은 여성학과 여성운동의 결합에 관한 모범적인 모델을 제공한 것이었다. 성폭력상담소는 여성학운동이자 일종의 지식인 운동으로서, 여성학자 뿐만 아니라 '현실 참여'를 고민하는 다른 지식인 집단에도 귀감이 될 만한 것이었다. 이는 최초로 여성학을 대학이라는 학문 분야의 '제도권'에 입성시킨 이화여대 여성학과의 성과이기도 하다.

한국성폭력상담소는 '여성에 대한 폭력'으로의 광의의 성폭력 개념이 아닌 '성적인 폭력'이라는 좁은 의미의 개념을 채택하고 이 문제에 집중하였다. 한국성폭력상담소의 성폭력 개념은 강간뿐 아니라 추행, 성적 희롱, 성기 노출, 어린이 성추행, 윤간, 아내강간, 강도강간을 포괄하고 있다. 여기에는 성폭력에 대한 막연한 불안감이나 공포뿐만 아니라 그것으로 인한 행동제약도 간접적인 성폭력으로 포함했다(한국성폭력상담소, 1996e: 5).

한국성폭력상담소가 개소할 1991년만 해도 '성폭력'이라는 용어가 생소하고 사용이 금기시되어 왔기 때문에 단체 이름으로 인한 어려움도 많았다. 예를 들면, 많은 사람들이 상담소의 필요성에 대해서는 공감하지만 끔찍한 장면이 연상되는 '성폭력'을 다루는 단체를 선뜻 후원하려고 하지 않았던 것이다. 어떤 사람은 상담소의 명칭을 바꾸면 후원하겠다고 하기도 했다(최영애 소장과의 인터뷰에서). 상담소 명의로 된 통장을 가지고 은행에 돈을 찾으러 갔는데 아무리 기다려도 부르지 않기에 담당 은행원에게 물어보았더니 '성폭력이라고 큰 소리로 말할 수 없잖 아요'라고 말했다는 에피소드가 있을 정도로 성폭력이라는 용어에 대한 사회적 인지도는 낮았다(≪나눔터≫ 1: 2). 그럼에도 불구하고 개소하기 전부터 상담전화가 하루에도 15~20건씩 오더니 개소 1년도 안 된 연말 까지 1,279건의 상담전화가 걸려 왔다(≪나눔터≫ 1: 2, 3: 2). 상담 건수 는 그 다음 해(1992)에는 1,555건,[26] 1993년에는 1,765건(≪나눔터≫ 10: 4)등 해마다 증가하였다. 이는 그만큼 우리 사회에 성폭력 문제가 심 각하고 성폭력 전문상담소에 대한 사회적 욕구가 크다는 것을 반영한다.

한국성폭력상담소는 24시간 운영하는 성폭력 피해자 위기 센터를 국내 처음으로 1993년 12월에 개소하였다. 그 전에 여성의전화에서 운 영하는 쉼터가 있었으나 24시간 체제는 아니었다. 1994년 9월에는 성 폭력 피해 여성을 위한 피난처인 열림터를 개설하여 성폭력 전문상담 소로서 면모를 갖추었다.[27]

한국성폭력상담소는 상담 활동과 성폭력 사건 재판 지원 활동 이외 에도 개소 첫 해부터 당시 우리 사회를 경악하게 했던 어린이 성폭행 피해자 김부남 구명운동, 학생과 직장여성 대상 성교육 및 성폭력 예 방과 대처 방안에 대한 특강 실시, 어린이 성폭행 세미나 개최, 성폭력 특별법 제정 추진위원회 활동 등 성폭력운동을 활발히 전개했다. 이어 서 근친 성폭행의 피해자 김보은과 김진관 구명운동, 데이트 성폭행 세미나, 직장 내 성폭행 세미나, 호신술 강의 등 성폭력 피해자의 인권 과 성폭력 예방을 위해 적극적으로 활동했다. 또한 성폭력문제연구소 를 개소하여(1997. 7) 성폭력과 관련하여 정책, 의료, 법, 문화, 심리, 상담 등 각 부문별로 보다 체계적이고 구체적인 이론적 틀과 실질적인 대안을 마련하기 위한 연구작업을 병행하고 있다. 여성주의상담과 여

---

26) 1991년 4월부터 1992년 12월까지의 상담총계 2,834건(≪나눔터≫ 6: 4)에 서 1991년 총계인 1,279건을 뺀 수.

27) 위기센터의 기능과 구성, 그리고 위기 상담 사례분석은 한국성폭력상담소 (1993a; 1995c)를 참조. 또 열림터의 필요성과 역할 그리고 활동평가에 대해 서는 한국성폭력상담소(1994c; 1995d)를 참조.

성학을 기초로 한국성폭력상담소는 성폭력을 '여성' 문제로 정착시키고 성폭력운동의 전문성 제고에 결정적인 역할을 하였다.

여성의전화와 한국성폭력상담소는 경쟁과 협조 관계를 유지하면서 1990년대 중반부터 생기기 시작한 지방의 성폭력 상담소들과 더불어 성폭력운동을 1990년대 여성운동의 중심적 이슈로 제기했다.

3) 성폭력 문제의 대중적 확산

(1) 김부남 사건과 어린이 성폭력

일반인에게 성폭력의 심각성을 알리면서 대중적 관심을 불러일으킨 김부남 사건은 1991년 1월 전북 남원에서 일어났다.[28] 31세의 김부남이라는 주부가 21년 전, 당시 9세의 어린 나이에 이웃 아저씨 송백권(당시 35세, 피살될 때는 55세)에게 강간당하고 그 사실을 아무에게도 말하지 못한 채 살다가 가해자를 살해한 사건이다.

처음 몇 줄 기사로 신문에 보도될 당시에는 아무도 이 사건을 주목하지 않았다. 여연중심의 여성운동은 그 때까지도 아직 노동 문제, 정치 문제에 몰두하고 있었고 지역의 남성중심적인 사회단체는 이 문제를 단순한 살인사건으로 여겼다. 지역에서 이제 막 활동을 시작한 여성운동단체들은 처음부터 '사람 죽인 사건'에 연루되는 것을 망설였다. 그러나 전북지역에서 오랫동안 민주화운동과 여성운동을 하다 얼마 전부터 목회를 시작한 박상희 목사(당시 전북인권선교협의회 여성위원회 위원장)가 이 일을 '인권 문제'로 인식해 전북지역의 11개 여성 및 인권단체와 대학교 여학생회를 묶어 '성폭력 피해자 김부남 사건 대책위원회'를 구성하고 활동을 전개하였다(4. 10). 2월 중순까지 아무 움직임이 없었는데 여성신문사의 박혜숙 기자가 박상희 목사에게 전북여성이 이 문제를 사건화시켜야 한다고 촉구한 것이 계기가 되었던 것이다. 박상희

---

28) 사건의 개요에 대해서는 '성폭력 피해자 김부남 사건 대책위 활동일지' 및 배금자(1995: 233-242) 참고.

목사는 당시 미미하지만 막 태동된 기독평화여성회와 지역 여성단체를 설득하고 김부남 가족으로부터 모든 일을 일임한다는 각서까지 받고 활동을 시작했다. 대책위를 중심으로 김부남 사건 진상조사 및 대외홍보, 석방을 위한 노력, 성폭력관련특별법 제정촉구 활동 등을 전개했다. 대책위의 활동이 ≪조선일보≫에 보도되면서(6월) 전국의 언론은 물론 일본, 미국, 독일의 신문기자까지 전주 골짜기의 작은 교회로 몰려들기 시작했고 이 사건은 전국은 물론 세계적으로 크게 여론화되었다. 전주지역 여성운동단체 및 인권단체의 노력으로 피해자이자 '가해자'인 김부남은 1심에서 징역 2년 6개월, 집행유예 3년과 치료 감호를 선고받았다. 여성단체는 무죄를 주장했으나 이에 만족할 수밖에 없었다.

이 사건은 어릴 때 겪은 성폭행의 상처가 21년이라는 세월이 지나도 가시지 않고 결국 '살인'으로 귀결될 정도로 심각하다는 것을 적나라하게 드러냄으로써 어린이 성폭력 문제를 전국민에게 알리는 계기가 되었다.

김부남은 피해 당시(9세)에는 그냥 지나쳤으나 성에 눈을 뜨면서 성폭행 사실을 기억하고 분노에 빠지기 시작했다.[29] 김부남은 성폭행 경험으로 첫번째 결혼이 파경에 이르고 '경계성 인격장애, 정신분열증세(강간쇼크증후군)'를 보였다. 수감중에도 이 증상이 나타나 면회시 계속 중얼거리며 외면한 채 눈을 맞추지 않았고[30] 일곱번째 면회에서야 겨우 대화가 가능했다. 아들과 남편에 대한 심한 거부감, 결혼생활에 대한 공포와 혐오를 보였고[31] 재판받을 때도 남자를 피해 구석으로 가서 혼자 앉을 정도였다. 1심 3차 공판의 피고인 최후 진술에서 김부남은 그동안의 침묵을 깨고 '나는 짐승을 죽인 것이지 사람을 죽인 것이 아니다'라는, 성폭력운동사에 길이 남을 말을 함으로써 어린이 성폭력 피해의 심각성을 극명하게 보여주었다. 재판과정에서 김부남은 송백권을 죽였다는 사실을 기억하지 못하기도 했지만 후련해했고, 1심 2차

---

29) '성폭력피해자 김부남사건 대책위 활동일지' 5월 22일 면회과정에서 나타난다.
30) '성폭력피해자 김부남사건 대책위 활동일지' 5월 22일 면회과정에서 나타난다.
31) '성폭력피해자 김부남사건 대책위 활동일지' 6월 11일 면회과정에서 나타난다.

공판 때는 살인을 후회하느냐는 질문에 후회스럽지 않다고 대답했다.

그는 또 '외상 후 스트레스성 장애'라는 강간후유증을 보였다. 사건 발생 2년 3개월만에 치료 감호소를 퇴원해서 쉼터에서 친정어머니와 함께 생활하면서 잘못 걸려온 전화가 남자 목소리면 그냥 끊어버리고, 예배중 가슴이 답답하다고 하며 갑자기 벌떡 일어나 밖으로 나가곤 했다.(김부남 후원회, 1993: 8) 이런 김부남을 보면서 담당 변호사는 '한 여성의 크나큰 불행과 마주 대면하고 있다는 느낌에 가슴이 막혔다. 무어라 할 것인가, 말할 수 없는 분노가 치밀었다'라고 토로하면서 이 사건을 성폭행당한 여성의 불행을 총체적으로 보여주는 사례로 지적했다(전봉호, 1991).

이 사건은 여론의 힘으로 이긴 사건[32]인 동시에 여성단체의 헌신적인 노력이 빛을 발한 사건이다. 당시 여성운동가들은 '깡패'라는 소리를 들을 정도로 정열적으로 투쟁했다. 박상희 목사는 김부남 항소심에서 항소가 기각되자 판사에게 대들다가 의자에 앉은 채로 들려나와 '법정 소란죄'로 구속되기도 했다.

그러나 이 사건의 대중적 설득력은 '불쌍한 여자에 대한 인간적인 배려'였다. 박상희 목사가 전북인권선교협의회에 도움을 요청할 때도 '여자 문제로 보지 말고 인권 문제로 보라'로 설득했다. 이같은 논리는 성폭력은 인권 문제가 아니라는 것을 암묵적으로 전제하고 있다.

또한 다른 사건에서와 마찬가지로 이 사건에서도 대책위는 김부남의 무죄를 증명하기 위해 '정상참작 논리'에 의존하면서 살인 당시 김부남이 '제 정신이 아님'을 주장하였다. 이 사건이 전국적인 지지를 얻은 것은 김부남이 성폭력을 당할 당시 비규범적인 여성(술집여자, 운동권 여자, 행실이 모범적이지 않은 여자 등)이 아닌 힘없는 어린이였기 때문이기도 하다. 피해자가 어린이라는 사실은 성폭력 피해자에게 쏟아지는 비난을 차단할 수 있었고, 모성과 부성을 자극했다. 이러한 대중의 반응 역시 성폭력에 대한 사회적 편견을 일정 정도 반영하는 것이

---

32) ≪전북여성의전화 소식지≫ 4호.

라고 볼 수 있다. '순결한' 여성에 대한 성폭력만을 '진정한 성폭력'으로 인정하는 남성중심적 성문화의 틀을 벗어나지 못하고 있는 것이다.

김부남 사건이 마무리 되기 전에, 10년 전 성폭행을 당한 이후 정신질환과 실어증세 등 심한 정신적 후유증에 시달리던 한 여성이 자살했다(1991. 9. 7). 또 김부남 사건 판결이 보도된 날, 불량배 7명에게 3일 동안 집단성폭행을 당한 여고 2년생이 극도의 정신분열증세로 정신과 치료 도중 스스로 자살한 사건이 발생했다. 같은 해 7월 김천에서 6세 여아에게 전치 2주의 상처를 입힌 강간 사건이 발생했지만 검찰은 '피해 어린이의 증언에 대해 인지 능력은 인정하나 입증할 만한 증거가 없다'는 이유로 범인을 불구속 처리하였다. 이렇듯 집단화, 저연령화, 극악화된 성폭력 사건이 드러나면서 성폭력 피해자에 대한 사회적인 관심과 보호를 담보하고 그리고 성폭력 범죄를 피해자의 입장에서 다룰 법 마련이 시급한 과제로 등장했다(≪베틀≫ 56: 15). 김부남 사건 직후 6개월 동안 한국성폭력상담소의 통계에 의하면 8월 이후 사건이 여론화되면서 어린이 성폭행에 대한 상담이 특히 증가하여 9월 말까지 전체 성폭행 상담건수 418건 중 123건이 어린이 성폭행이었다(≪나눔터≫ 2: 2). 이 사건은 성폭력특별법 제정을 촉구하는 중요한 계기가 되었다.

성폭력특별법 제정을 위해 결성된 추진위원회는 1991년 8월 23일 김부남 사건 1심 선고 공판을 앞두고 김부남의 무죄 선고를 촉구하는 성명서를 통해 이러한 살인 사건은 성폭력에 대한 법적·사회적 해결책이 없기 때문에 일어난 것이라고 주장하였다. 또한 만약 성폭력 피해 여성들의 고통을 방관한다면 제2, 제3의 김부남이 나올 것이라고 경고하며 성폭력특별법 제정과 함께 피해여성들을 위한 국가적 대책을 요구하였다(성폭력특별법제정추진위원회, 1991).

(2) 김보은, 김진관 사건과 근친 성폭력

김부남 사건이 일어난 지 1년 만에 충주에서 12년간 자신을 성폭행해온 의붓아버지를 살해한 사건이 발생했다(1992. 1. 17).[33] 김보은이

7살 때 엄마는 재혼을 했다. 의붓아버지가 된 김영오는 김보은을 9살 때부터 상습적으로 성폭행하기 시작, 12살 이후에는 거의 매일 성폭행을 했다. 김보은은 아버지의 병적인 성도착증과 잔인함을 견디다 못해 애인 김진관과 상의하게 되었고, 김진관은 김영오에게 보은이를 놓아달라고 사정했으나 오히려 죽여버리겠다는 욕설과 협박을 받고 살인을 저지르게 되었다.

이 사건은 대표적인 숨은 강간 사건 중의 하나인 가정 내 근친 성폭행을 우리 사회에 처음으로 드러내면서 성폭력특별법 제정을 촉구하는 계기가 되었다. 이 사건에 변호사들도 대거 참여하면서 법조계가 여성문제에 관심을 갖게 된 사건이기도 했다. 김부남 사건의 경우와 마찬가지로 많은 변호사들이 자진하여 사건을 맡아주었다. 이들은 불쌍한 피해자들에 대한 동정에서가 아니라 '미움받아 마땅한 것, 그리고 증오받아 마땅한 것에 대한 처절한 분노'로 사건을 맡았고 그 과정에서 '인간으로서의 분노가 변호사로서의 직업정신을 압도함'을 경험했다(배금자, 1995: 14, 242).

이 사건은 또한 여러 계층의 사람들이 하나가 되어 승리를 이끌어낸 사례로서 의미가 있다. 가해자이자 피해자인 김진관과 그의 가족들, 변호사, 여성단체, 그리고 대학생들의 연대투쟁이 이 사건을 고등법원 판례상 살인 사건에 대해 집행유예가 선고된 첫 사례로 만들었다. 특히 김진관의 가족이 보여준 태도는 많은 사람들에게 감명을 주었다. 이 사건을 한국성폭력상담소에 처음으로 상담의뢰한 사람은 바로 김진관의 아버지였다. 김진관의 부모는 사건 진행과정에서 아들을 살인자로 만든 보은이를 원망하는 말을 단 한 번도 한 적이 없고 오히려 보은이를 가엾게 여기고 보호하려 해서 주위 사람들에게 큰 감명을 주었다.

---

33) 사건의 개요와 일지에 대해서 한국성폭력상담소(1993a: 26-29), 김보은, 김진관 사건 공동대책위(1992), 조주현(1993), 《민주여성》(13: 53), 《나눔터》(6: 6)를 참조. 또한 사건의 경위와 사건의 배후에 있었던 많은 알려지지 않은 이야기들이 배금자(1995: 242-289)에 상세히 기술되어 있다.

이 사건은 한국성폭력상담소의 전문성이 매우 돋보인 사건이었다. 한국성폭력상담소는 이 사건을 통해 강간 사건 중에서도 가장 깊숙이 숨어 있던 근친 강간을 최초로 사회 문제화하였다. 한국성폭력상담소는 김진관 아버지의 상담 의뢰를 받고, 사안의 심각성에 비추어볼 때 여러 단체가 연대하여 대응해야 할 문제라고 판단하여 여성의전화와 한국여성민우회 등 다른 여성단체들과 함께 '김보은, 김진관 사건 공동 대책위원회'를 꾸렸고 이후 대학생들이 적극적으로 결합하였다. 이러한 노력에 힘입어 1심 선고(김진관 징역 7년, 김보은 징역 4년)를 깨고 항소심에서 김진관 징역 5년 , 김보은 징역 3년, 집행유예 5년이 선고되었다. 상고가 기각됨으로써 항소심 판결이 확정되었으나 1993년 3월 대통령 특별사면에서 김보은은 형 선고 실효사면 및 복권이 이루어졌고, 김진관은 잔여 형기의 1/2이 감형되었다.

다양한 삶들이 참여한 만큼, 이 사건은 여러 가지 담론을 불러일으켰다. 법, 의료계, 여성계, 학생들의 담론과 증인 및 피고인 자신들의 담론이 있었다. 이 담론들간에 그리고 이 담론들을 통해 이 사건의 의미를 확보하기 위한 권력 관계가 형성되었다. 이 사건은 담론들간의 충돌과 대립과정을 통해 여성의 성의 의미가 권력 관계를 통해 구성된다는 것을 보여주었다. 우리 사회에서 그렇게 형성된 여성의 성과 그에 대한 저항 담론의 전략이 무엇이며 그 한계와 가능성이 무엇인지를 보여준 사건으로서 의미가 있다(조주현, 1993: 93). 또한 이 사건이 성폭력운동사에서 갖는 의미는 성폭력 피해자에 대한 '정당방위' 논쟁이 재연되어 일정 부분 성과를 얻어낸 점과 이 사건을 계기로 대학생이 성폭력운동의 주체로 형성되기 시작했다는 데 있다.

이 사건은 변월수 사건과는 양상이 다른 성폭력 피해자에 대한 '정당방위' 논쟁을 불러일으키면서 여성에게 불리한 남성중심적인 법과 법조계의 태도를 드러내고 비판하는 계기도 되었다. 앞의 강정순 사건, 변월수 사건, 또 김부남 사건에서 보았듯이 성폭력 피해자들은 그 사실을 폭로하고 개인의 힘으로 문제를 해결하려고 하다가 오히려 더 피해를 보거나(무고나 간통으로 몰리거나, 혹은 사회적 강간 등의 형태로) '현행법'상으로 가해자(살인자)가 된다. 김보은 역시 12년 동안 아버지의 엽기적인 강간으로 정신적·육체적 억압과 고통을 당해왔으나 '인간답게 살겠다고 발버둥친 행위의 결과로 묶여 있는 몸이 되고' 만 것이다(최일숙, 1992: 7-8).

검찰은 김보은이 애인이 생기자 변심한 것으로 보고 이 사건을 아버지와 성관계를 맺어온 불륜 사건으로 몰고 갔다. 시민들은 김보은의 어머니가 어떤 여자 이길래 딸의 강간을 막지 못했는가 의아해하며, 남편이 무서워 딸을 희생시킨 '이기적인 어머니' 혹은 '모성을 버린 비정한 어머니'로 매도했다. 이 살인은 '성폭력 사건'이 아닌 '불륜 관계'의 빗나간 결과로 혹은 '피하려면 피할 수도 있었던 사건'으로 인식되었다. 결국 1심 판결에서 김보은, 김진관의 행위가 아버지의 엽기적인 성폭행에 대한 정당방위라는 변호인들의 주장은 반영되지 못했다. 담당 판사는 정당방위로 볼 수 없는 이유로서 이들이 살인을 '계획'했고 김영오가 반항할 수 없는 상태에서 살인한 것을 들고 있다.

아버지 김영오의 딸에 대한 성적 학대는 일반인의 상상을 초월한 것이었다. 엄마를 비롯한 가족들은 김보은이 성폭행을 당하고 있다는 것을 알고 있었으나 아무도 말리지 못했다(김영오의 잔인한 행동에 대해서는 최일숙, 1992: 7-8 참조). 이 사건의 뒤에는 성폭행뿐 아니라 무자비한 가정폭력이 있었음도 간과해서는 안 된다. 폭력으로 온 식구를 꼼짝못하게 하고 검찰의 위세를 이용해 가족들로 하여금 자신의 행동을 외부에 알리지 못하도록 하였다. 김영오는 검찰의 고위 공무원(검찰 서기관으로 충주지청 서무과장)이었다. 식구들은 극도의 공포 상태에 있었다. 딸을 보호하지 못한 보은이 어머니에 대해 쏟아진 사회적 비난은 '어머니는 자식을 위해서 목숨까지 버려야 한다'는 여성에 대한 또 하나의 억압이 반영된 것으로 볼 수 있다. 그러나 사건을 여론화하는 과정에서 가정폭력 문제는 크게 드러나지 못했다(이 책 제2장의 이현숙의 글 참조).

이들의 살인이 '정당방위'로 인정되지 않은 것은 그만큼 성폭력, 그

것도 근친강간은 남성들에게 이해되기 힘들다는 것을 보여준다. 특히 이 사건은 피해 당사자인 김보은뿐 아니라 애인이 직접 가해자를 살해했기 때문에 정당방위 논쟁은 복잡한 양상을 띠게 되었다. 당시 여성운동단체와 변호인단은 집안에 도둑이 침입했을 때 온 식구가 정당방위에 나선다는 논리로 김진관의 행동 역시 정당방위라고 주장하였다.

이 사건을 계기로 대학생들이 성폭력 문제 해결을 위한 대대적인 연대를 형성하여 성폭력운동의 주체로 등장하게 되었다. 공판 때마다 대학생들이 법정 밖에서 투쟁을 벌였고 이들의 지지는 재판 결과에 지대한 영향을 끼쳤다. 대학생들은 이 사건이 대학생 연인들이 가해자가 된 사건으로서 '사랑하는 여자(김보은)를 위해 살인까지 하게 된 남자(김진관)의 사랑'이 표출된 사건이라는 점에서 자신들의 일로 받아들이게 된 듯하다. 대학생들은 이 사건을 시(詩)로 표현하고 있다.[34]

> 진관아
> 사랑이 아름다운 것은
> 사람이 아름답기 때문이라지?
> 매일같이 발가벗기우고
> 아버지에게 강간당하는 내가
> 아름답니?
>
> (중략)
>
> 믿고 싶지 않았다
> 너에게서 그 얘길 처음 들었을 때
> 차라리 거짓말이었으면 싶었다
> 너를 만난 첫 순간의 고운 감동이
> 칼날처럼 다시 떠올랐고
> 내 무릎에 떨군 너의 눈물에
> 몸을 베인 듯 떨어야 했다.

---

34) 천안지역 문학동아리 협의회 창작단, 「목숨만큼 절실한 사랑이라면」, 김보은, 김진관 사건 공동대책위, 2-3쪽.

못 마시는 술을 부어 마시며
어째서 너일 수밖에 없는지
어째서 이런 고통과 함께 너를 만나야 하는지
미친듯이 되물었다
그러고도 너를 사랑할 수밖에 없는 자신을 알고
스무살 넘어 처음으로
담벼락에 주저앉아 울어야 했다.

대학생들은 보은, 진관 두 사람을 '우리 친구'로 인식하고 이들이 당한 성폭력을 '우리 모두의 삶을 파괴하는 행위'이며 특히 '여성 모두'의 문제로 규정하고 구명운동을 벌였다. 각 대학의 여학생회가 주축이 된 김보은·김진관 구명운동은 성폭력추방운동으로 확산되었다. 성폭력의 원인이 가부장제와 퇴폐향락 문화에 있다고 판단한 각 대학교 총학생회는 사회 전반의 퇴폐적 성문화를 일소하기 위한 서명운동, 공청회, 모의재판, 영화상영을 통한 캠페인을 전개했고, 일일찻집 등으로 기금을 마련했다. 이에 전대협까지 가세하여 대학별로 학내와 가두에서 서명운동을 벌이고 담당 판검사에게 올바른 판단을 촉구하는 탄원서를 보내기도 했다.35) 이러한 운동은 이후 서울대 조교 성희롱 사건과 연세대 한총련 성추행 사건에 대한 대학생들의 연대투쟁, 그리고 대학 내 성폭력 학칙제정 운동으로 이어지는 우리나라 대학생 성폭력운동의 출발점이 되었다.

4) 성폭력에 대한 법적·제도적 장치 마련: 성폭력특별법 제정 및 개정운동

(1) 법 제정을 위한 조직적 활동

법 제정 운동은 여성의전화에서 시작되었다. 여성의전화는 1983년 성폭력상담을 처음 시작했을 때부터 법 제정의 필요성을 절감하였다. 그러던 중 가정폭력으로 피신해온 여성들을 쉼터에서 보호하였는데,

---

35) ≪중앙일보≫(1992. 4. 29. 20면), 김보은, 김진관 사건 공동대책위(1992: 36).

구타 남편이 여성의전화를 인신매매단으로 경찰에 신고하여 여성의전
화 상근자들이 경찰에 연행되는 사건이 발생했다(1991. 1. 21, 이 책
이현숙의 글 참조). 이 사건을 계기로 국가가 당연히 해야 할 여성폭력
추방을 여성단체들이 하고 있음에도 불구하고 국가로부터 법적 보호를
받지 못하는 현실에 울분을 느낀 여성운동가들은 법적·제도적 장치 마
련을 생각하게 되었다(남충지, 1997a: 35-37). 이 후 '성폭력관련법 공
청회'를 개최하여(1991. 4. 18) 현행법으로는 도저히 성폭력 문제의 해
결을 바랄 수 없다고 주장하였다. 이 공청회는 성폭력관련법 제정의
필요성을 공식적으로 제기한 첫번째 회의였다.

공청회(1991. 4)에서 제기된 현행 성폭력관련법의 문제는 첫째, 성폭
력관련법들이 형법, 폭력행위 등 처벌에 관한 법률, 특정범죄 가중 처
벌 등에 관한 법률, 형사소송법, 윤락행위 등 방지법 등에 분산되어 이
법들 사이의 연속성이 없고 법적 실효성을 찾기가 어렵다는 데 있다.
둘째, 강간, 준강간, 강제추행, 준강제 추행, 위력·위계에 의한 간음, 의
제강간 등을 '정조에 관한 죄'로 규정하고 있는 점과 '강간' 규정이 협
소한 점, 강간죄의 규정이 애매모호하고 피해자에게 불리한 점, 성폭력
범죄의 연속성을 무시한 결과 '작은 성폭력'들(예를 들면 성희롱 등)이
법의 규제를 받지 않고 있다는 점이다. 셋째, 절차에 관한 문제로서 성
폭력 피해자를 보호한다는 미명 아래 강도 강간과 윤간을 제외한 성폭
력의 경우 제3자는 신고할 수 없고 오직 피해 당사자만이 신고할 수
있게 한 점(친고죄 규정), 피해자의 인권이 보장되지 않는 재판과정의
문제, 사건발생 6개월 이내에 고소해야 하는 공소시효의 문제점, 16세
이하의 어린이의 진술을 증거로 채택하지 않고 있는 점 등이다(손덕수,
1992: 4-9).36) 당시 김부남 사건이 언론을 통해 전국에 알려지면서 성
폭력 문제에 대한 사회적 관심의 확대와 여성운동세력의 문제제기로

---

36) ≪민주여성≫(11: 47)과 ≪베틀≫(53: 9)에 공청회 내용이 있다. 이 밖에 당
   시 성폭력관련법의 문제점과 개선방향에 대해 이종걸(1992)과 여성의전화
   (1992a) 참고.

사회적 공감대를 형성할 수 있었다.

여성의전화가 개최한 공청회를 시발점으로 하여 성폭력특별법 제정을 위한 모임이 진행되었다. '성폭력입법을 위한 연대회의'가 발전적으로 해체되어 '성폭력특별법제정추진위원회'로 전환하였고 이 추진위를 중심으로 본격적인 법 제정 작업에 돌입하였다. 법 제정을 촉구하기 위해 여성단체는 대중의식화 작업을 치열하게 전개하였는데 이는 김부남 사건과 시기적으로 맞물려 더욱 효과적으로 진행되었다. 추진위는 성폭력특별법 제정을 보다 효율적으로 촉진하기 위해 여연 산하특별위원회로 결합하여 여러 차례의 모임을 거쳐 1992년 3월 19일 '성폭력특별법제정추진특별위원회'(이하 '성특위')로 이름을 바꾸고 성폭력특별법 제정을 위한 본격적인 작업에 들어간다.37) 성특위 위원장인 최영애 한국성폭력상담소 소장은(처음에는 위원장이 당시 여성의전화 부회장 신혜수였다가 후에 최영애로 바뀐다) 성폭력 문제 전문가로서 이후 입법운동 전과정에서 맹활약하였다. 여연에서는 당시 사무국장이었던 나영희가 땀을 흘렸다.

(2) 성폭력의 개념과 범주에 대한 논쟁

성폭력의 개념과 범주는 법 제정 운동의 방향성을 설정하는 데 매우 중요한 문제였다. 이에 따라 어떤 행위가 법의 적용 대상이 되는가가 정해지기 때문이다. 여성의전화는 아내구타와 아내강간도 성폭력에 포함되어야 한다고 주장했다(여성의전화, 1991). 성폭력관련법 입법을 위한 공청회(1991. 4. 18)에서 '성폭력의 실태와 문제점'을 발표한 한우섭(여성의전화)과 당시 민중당 여성위원이었고 현재는 한국여성단체연

___

37) 특별법 시안 마련 및 입법청원, 성폭력특별법 제정관련 공개토론회, 정당 초청 공개토론회, 공동결의대회 개최, 각 정당 대표 및 정부 각 부처 그리고 정무 제2장관실에 성폭력 예방 및 대책에 관한 공개질의서 송부, 서명운동, 홍보물 출판 및 판매, 관계인사 면담, 기자회견 등의 활동을 전개했다. 이러한 활동을 통해 성폭력 근절을 위한 정책 대안과 구체적 방침, 실천 지침을 제시하였고 성폭력 추방에 대한 대중의 요구를 사회적으로 증폭시켰다.

합 상임대표인 지은희는 '여성학적 관점에서 본 성폭력의 증대 원인과 해결을 위한 정책방향' 발제에서 강간, 인신매매, 아내구타를 성폭력에 포함시켰다. 이종걸 변호사도 '성폭력 행위에 관련된 현행법의 한계와 보완책' 발제에서 성폭력을 '성을 매개로 이루어지는 넓은 의미의 폭력'으로 개념 규정을 하며 성폭력에 아내에 대한 폭행을 포함시키고 있다(이종걸, 1991).

성특위가 개최한 '정당인 초청 간담회'(1991. 9. 9)에서도 아내구타를 중심으로 한 가정 내 성폭력 범죄와 강간을 중심으로 한 가정 외 성폭력 범죄에 대한 발제가 이루어졌다. 이 날 토론회에서 아내구타가 성폭력의 범주에 들어가는지에 대한 문제가 제기되었다(남충지, 1997a: 39). 한편으로 국회에 제출한 '성폭력특별법 제정을 위한 청원서'에는 가정폭력을 포함시켰다. 이렇듯 성폭력의 개념과 범주에 대해서 혼란이 생기기 시작했다. 여성의전화는 '여성에게 가해지는 유형, 무형의 폭력'을 성폭력이라고 규정하고 강간, 강제 추행 등의 협소한 의미의 성폭력뿐 아니라 인신매매, 성매매(매매춘), 아내구타 그리고 성차별적인 제도와 여러 현상들을 포괄하는 것으로 단체의 입장을 정리했다(신윤옥, 1991: 2).[38] 그러나 '성폭력추방운동을 위한 정책토론회'에서 이러한 개념과 범주 설정은 도전을 받게 되었다. 내부 워크숍형식으로 진행된 정책토론회(1992. 2. 12)에서 여성의전화의 입장을 대변한 당시 신혜수 부회장은 성폭력을 여성에 대한 폭력(violence against women 혹은 gender violence)으로 개념 정의하며 성폭력에 힘의 불균형에서 나타나는 여성에 대한 각종 폭력 현상을 포함시켰다. 이에 대해 한국 성폭력상담소와 여연을 비롯한 성특위는 아내구타를 성폭력 범주에 포함시키는 데서 발생하는 문제를 지적하며 아내구타를 제외한 협의의 개념, 즉 성적인 폭력(sexual violence)으로서의 성폭력 개념이 법 제정을 이루어내는 데 더 현실적이라고 주장하였고 여성의전화도 이러한

---

38) 앞의 2절 1)항의 '(2) 한국여성의전화와 성폭력운동의 시작' 참조.

현실 앞에서 한 발 양보하지 않을 수 없었다.39)

그러나 이런 합의가 전문가들의 동의를 끌어내지는 못했다. 조주현은 아내구타와 근친 성학대, 강간, 추행, 성희롱 등이 모두 성별간의 권력 차에 의한 폭력이라는 점에서 아내구타를 성폭력의 한 예로 보고 있다. 따라서 그는 성폭력특별법과 가정폭력방지법은 궁극적으로 '여성에 대한 폭력방지법' 하나로 통합되어야 한다고 주장하였다(조주현, 1997a: 53-54). 여성의전화의 입장 또한 이와 같았다. 여하튼 법 제정을 앞두고 열린 성폭력 개념에 대한 공식적인 토론회에서 여성운동단체들은 성폭력을 협의의 개념, 즉 성적인 폭력(sexual violence)으로 정의하기로 합의했다. 따라서 제정될 성폭력특별법은 여성에 대한 모든 폭력을 다루는 것이 아니고 성적인 함의를 갖는 폭력만을 처벌대상으로 하게 되었다.

(3) 법 제정과 개정

성특위에서는 성폭력을 '성적 자기결정 침해의 죄'로 규정하고, 그동안 흩어져 있던 법령을 통합, 일원화시켜 '성폭력 대책에 관한 특별법 (안)'을 제출하였다(1992. 7. 3).40) 성특위의 법안은 성폭력 범죄의 유형을 행위별, 대상별 주체에 따라서 세분화하고 성폭력의 범죄 구성요건을 넓혀 '성적 자기결정 침해의 죄' 조항을 신설하고 고소기간을 폐지하며 친고죄를 폐지할 것 등을 골자로 하였다. 그러나 여성운동단체의 노력에도 불구하고 이 법안을 처리하기로 예정되었던 정기 국회가

---

39) 신혜수(당시 여성의전화 부회장)와의 인터뷰에서. 한국성폭력상담소의 입장에 대해서는 김정희(1992)를 참조. 또한 이러한 결정 후 여성의전화의 입장에 대해서 신윤옥(1992: 6-7)을 참조. 성폭력관련형사법 개정에 대해서는 최은순 (1993: 99-106), 심영희(1995: 82-89)를 참조.

40) 이 밖에 일부 조항을 반의사 불벌죄(反意思 不罰罪)로 규정하고 성폭력 대책에 관한 국가나 지방자치단체의 책무 조항 및 민간사회단체의 활성화를 보장하며 성폭력특별위원회를 국무총리 산하에 설치할 것을 포함하고 있다. 또 성폭력 피해자보호시설 및 성폭력 가해자 교화시설 설치, 가정법원 산하에 조사관 제도 도입, 재정신청제도 도입, 및 수사, 재판과정과 병원치료시 피해자보호 조치와 피해자에 대한 배상 판결제도 도입이 포함되어 있다.

대통령 선거로 인해 공전되면서 입법화에 실패하였다.[41] 대선 후 새 정부가 들어서고 나서야 공식적으로 이 법안이 정부 차원에서 다시 논의되었다. 이런 과정을 지켜보고 있던 성특위와 전국의 여성운동단체는 1993년에도 성폭력특별법 제정과 성폭력추방운동을 지속적으로 전개했다. 김영삼 대통령과 법제사법위원회 및 관계기관에 '성폭력특별법'의 조속한 제정에 관한 촉구 공문 및 공개 질의서를 보냈고 시위, 공청회, 법안 제출, 면담, 홍보 활동 등을 벌였다. 그 밖에 '성폭력 추방 모범시민과의 만남'(1993. 3. 12), 성폭력특별법 제정을 위한 74개 범여성, 사회단체 공동기자회견(1993. 5. 21) 및 '올바른 성폭력특별법 제정과 성폭력 추방을 위한 문화제'(1993. 7. 9), '친고죄 존폐에 관한 공청회'(1993. 10. 28) 등을 열었다.

1992년과 1993년은 전국이 성폭력추방운동의 열기로 가득찼다. 여연회원단체의 주관으로 1992년 여성주간 행사가 '성폭력 없는 사회를 위하여'라는 주제로 열려서 성폭력의 심각성을 사회적으로 널리 알리고, 피해자보호중심의 성폭력특별법 제정을 촉구하였다. 이 밖에 강연, 연극, 법 제정을 위한 공동결의, 호신술 강좌, 가두서명, 그림 전시 등의 행사가 다채롭게 진행되었다.

이 과정에서 세 건의 성폭력 사건이 여론화되면서 성폭력 추방과 특별법 제정에 박차를 가하게 되었다. 1992년 10월에 일어난 기지촌여성 윤금이 살해사건(이 책 정희진의 글 참조), 1993년 2월에 일어난 도곡동 청소년 성폭력 사건, 1993년 10월에 일어난 서울대 조교 성희롱 사건이다. 도곡동 청소년 성폭력 사건은 10대 성폭력 사건의 심각성을 드러냈으며 여성운동단체는 이 사건의 여론화를 통해 성폭력 추방을 위해 성폭력특별법의 제정이 얼마나 시급한가를 주장했다. 여연 성특위는 1993년 3월 12일 도곡동 청소년 성폭력 사건 기자회견 '성폭력 추방 모범시민과의 만남'을 통해 여중생 딸을 성폭행한 10대 남자들을 추적해 직접 붙잡

---

41) 1992년 7월부터 이 법이 통과된 1993년 12월까지의 과정이 이상덕(1997: 54-68)에 잘 분석되어 있다.

은 아버지에게 모범시민상을 수여했다. 서울대 조교 성희롱 사건 또한 성폭력특별법 제정운동에 긍정적인 영향을 주었다(이상덕, 1997: 58).[42]

여성운동단체와 정치권과의 치열한 밀고 당기기를 통해 우여곡절 끝에 1993년 12월 17일 국회에서 드디어 '성폭력 범죄의 처벌 및 피해자보호 등에 관한 법률'이 통과되어 1994년 4월 1일부터 시행되었다.

이 법은 기존의 형법 및 특정범죄가중처벌법 등 법률에 규정된 성폭력 범죄 외에도 친족에 의한 강간, 장애인에 대한 준강간, 업무상 위력 등에 의한 추행, 공중밀집장소에서의 추행, 통신매체를 이용한 음란죄를 새롭게 규정하고 있어 다양한 성폭력 범죄에 대한 법적 대응이 가능하게 되었다. 여성운동단체들은 입법과정에서 아내강간을 성폭력특별법에 포함시키자고 했다. 그러나 남성 국회의원들의 반대로 이들의 주장은 관철되지 못했다. 결혼 관계에서 강제적 성교를 강간이라고 보지 않는 것은 아내의 성을 남편의 재산으로 보는 가부장제의 관습을 반영하는 것이다. 여성의 성을 남성의 재산으로 보는 상황에서 여성의 인권에 대한 논의는 전개되기 어렵다. 이런 의미에서 아내강간은 성폭력운동은 물론 여성인권운동 전반에 핵심적인 이슈라고 볼 수 있다.

또한 성폭력특별법은 국가 및 지방자치단체로 하여금 성폭력 범죄를 예방하고 피해자를 보호하기 위해 상담소와 보호시설의 설치, 경비보조 등의 지원을 하도록 하였고 가해자 처벌규정에 있어서도 형벌제도 외의 보호관찰, 보호감호제도를 도입하였다. 피해자보호 절차에 있어서 피해자의 신원과 사생활 비밀 누설 금지, 심리의 비공개제도 조항의 마련은 대단히 큰 성과라고 할 수 있다. 그러나 이러한 성과에도 불구하고 성특위는 법이 제정되자마자 성명서를 내고 문제점을 지적하였다.

첫째, 개념 규정에 있어서 여전히 '정조에 관한 죄'를 적용하고 있고

---

42) 성특위는 이 사건에 대처하기 위해 결성된 '서울대 조교 성희롱 사건 공동대책위원회'에 참여하여 '서울대 조교 성희롱 사건 공동대책위원회' 결성 및 기자회견(1993. 10. 19), 서울대 조교 성희롱 사건 손해배상청구소송 제1차 재판과 거리홍보(1993. 11. 23), 직장 내 성희롱 문제에 대한 토론회(1993. 12. 7) 등을 통해 성폭력의 심각성을 홍보하고 올바른 법 제정의 당위성을 주장했다.

둘째, 친고죄의 전면 폐지가 이루어지지 않았으며 셋째, 성폭력의 범죄 구성요건에 있어서 여전히 피해자의 행동 여부에 초점이 맞추어지고 있고 넷째, 범죄 유형에서 다양한 유형의 성폭력이 배제되어 있고 다섯째, 수사, 재판과정에서의 피해자보호 조치가 미흡하며, 여섯째, 법 집행과정, 성폭력상담소와 보호시설 설치 및 운영, 국가의 책무이행 여부에 대해 감시, 감독을 하는 '성폭력특별위원회'와 같은 책임자적인 기관이 설치되지 않은 점을 지적하였다.43)

여성관련법이 늘 그러하듯이 새로 제정된 성폭력특별법도 피해 여성들과의 경험을 통해 여성계가 작성한 시안의 주요 부분이 거의 받아들여지지 않았고, 전반적으로 성폭력에 대한 기존의 통념과 법 관행에서 크게 벗어나지 못하고 있어 여성운동단체는 실망을 감추지 못했다. 따라서 이 법은 제정과 동시에 개정 운동의 운명을 맞을 수밖에 없었다. 이러한 상황에서 여성운동단체는 한편으로는 새로 제정된 법을 홍보하고 다른 한편으로는 개정의 필요성을 알리는 데 주력하였다(한국성폭력상담소, 1996c).

여성단체의 개정 요구 내용을 기반으로 각 당에서 발의한 개정법률안은 1997년 7월 국회 법제사법위원회에서 심의되었고 임시국회 본회의에서 의결되어 성폭력특별법 제1차 개정이 이루어지게 되었다(1997. 7. 30). 개정된 법의 주요내용은, 첫째, 13세 미만의 미성년자에 대한 성폭력 가중처벌과 친고죄 폐지, 둘째, 친족의 범위를 4촌 이내의 혈족과 2촌 이내의 인척으로 확장, 셋째, 장애인의 범위를 정신장애까지 확대, 넷째, 수사과정에서 피해자와 신뢰 관계에 있는 자 동석 가능, 다섯째, 18세 미만을 보호하고 있는 자가 성폭력 사실을 알았을 때 신고의 의무화, 여섯째, 증거 보전의 특례조항 신설, 일곱째, 피해자의 신원

---

43) 여연, 성특위, 「성폭력범죄의 처벌 및 피해자보호 등에 관한 법률에 대한 여성계의 입장」(여연, ≪제8차 정기총회 보고서≫ 1993. 12. 20; 69-71). 이 외에 새로 제정된 법의 문제점을 지적한 글로서 최영애(1994: 8-9), 이종걸(1994: 41)을 참조.

과 사생활 비밀누설 금지 조항에 벌칙규정 신설 등이다.[44]

개정된 성폭력특별법 역시 몇 가지 긍정적인 변화에도 불구하고 여성운동단체가 주장해온 핵심적인 조항이 누락되어 있어 또 다른 개정이 요구되고 있다. 더 개정되어야 할 점은, ① 성폭력의 정의조항을 신설하여 성폭력의 정의를 '동의하지 않는 성을 침해한 범죄'로 정의해야 하고, ② 성희롱에 관한 규제를 신설해야 하며, ③ 친고죄를 완전히 폐지하고, ④ 친고죄의 고소기간을 연장해야 하며, ⑤ 피해자의 신원과 사생활 비밀누설 금지 적용 대상을 확대해야 하고, ⑥ 피해자에 대한 구조가 명시되어야 한다(≪여연 소식≫ 9: 4-6).

여성운동계의 이러한 요구는 현재로서는 받아들여지지 않고 있다. 다만 1998년 12월에 특별법 중 일부를 개정하여 최근 물의를 빚고 있는 '몰래 카메라' 피해를 방지하고자 하였다. 특별법의 '통신매체 이용 음란' 조항을 '카메라 등 이용 촬영'으로 개정하여 성적 욕망을 유발하거나 만족시킬 목적으로 건조물, 선박, 항공기 등에 카메라, 비디오 등을 설치하여 촬영한 자를 처벌하도록 하였다.

지금까지 살펴본 성폭력특별법 제정과 개정에서 끊임없이 제기되는 문제는 성폭력 범죄의 규정과 친고죄의 문제이다. 여성운동세력은 성폭력 범죄를 '성적 자기 결정권의 침해죄'로 할 것과 친고죄 조항의 전면 폐지를 주장하고 있다. 이 두 이슈 모두 순결 이데올로기와 연결되어 있는 문제로서 우리 사회에서 성의 이중 규범이 얼마나 극복되기 어려운가를 보여준다. 친고죄 고수를 주장하는 사람들은 친고죄가 오히려 피해자의 인권을 보호한다고 주장한다. 그러나 이같은 주장은 성폭력 범죄를 더욱 은폐시킬 뿐이며 바로 이러한 은폐성이 성폭력을 부추기는 핵심적인 내용임을 간과한 것이다.

---

44) 「성폭력범죄의 처벌 및 피해자보호 등에 관한 법률 개정안의 주요 내용과 해설」[≪여연 소식≫(9: 4-6)], 장윤경(1997a: 3-4)을 참조. 한국성폭력상담소는 성폭력에 관한 법률지침서를 발간하여 새로이 개정된 법을 홍보하였다(한국성폭력상담소, 1997b).

(4) 법 제정의 의의

성폭력특별법 제정은 일반인들의 성폭력에 대한 인식을 변화시키고 성폭력이 사회적 범죄라는 인식을 확산시켰으며 고소율을 높임으로써 성폭력을 추방하는 데 크게 기여하였다. 법 제정을 통해 '성폭력'이라는 용어가 일상화된 것도 여성에 대한 폭력을 추방하는 데 매우 중요한 발전이라고 할 수 있다. 또한 이 법은 국가가 여성단체의 활동을 인정하고 지원하도록 한 최초의 법으로서 여성운동의 발전에 기여하였다. 이러한 성과는 여성의 이해와 집단 행동이 국가의 성격을 바꿀 수 있다는 것을 보여준 좋은 예라고 할 수 있다(이재경, 1993: 24). 성폭력특별법은 성폭력 추방이나 피해자의 보호 차원뿐만 아니라 가부장적 문화와 인식을 광범위하게 변화시킨다는 차원에서도 대단히 큰 의미가 있다.

그동안 여성운동세력이 주장해온 성적 자기 결정권 침해로서의 성폭력 범죄의 규정은 중요한 의미를 지닌다. 성폭력 피해자를 가장 괴롭히는 이데올로기는 '성폭력＝성관계'라는 등식이다. 피해여성들이 오히려 비난의 대상이 되며, 당사자들 스스로가 더럽혀진 여자라는 수치심과 자책감에 빠진다. 따라서 성폭력은 범죄로서 드러나기 힘들었고 이는 성폭력 범죄가 손쉬운 완전범죄가 되는 가장 큰 이유였다. 라디카 쿠마라스와미(Radhika Coomaraswamy, UN 여성에 대한 폭력에 대한 특별보고관)는 이런 문제가 국내법은 물론 국제법에서도 나타난다고 보고했다. 즉 '순결'이나 '처녀'의 개념이 법에 들어감으로써 범죄자의 성적 공격이 피해자의 도덕관과 연결되어 피해자로 하여금 수치심을 느끼게 하고 집단에 의해 '더럽다', '망쳤다'로 인식되어 피해여성이 자신들에게 일어난 범죄를 보고하거나 거론할 수 없게 된다는 것이다. 그는 또 이런 것들이 모두 일상 속에 만연한 '초남성주의 문화' 때문이라고 덧붙였다(보벤, 1998: 20에서 재인용).

가족들이 보는 앞에서 주부를 성폭행한 사건이 '가정파괴'로 인식되는 것도 주부가 성폭행당하면 가족을 유지할 수 없을 정도로 '망쳐진 여자'라는 전제를 깔고 있는 것이다. 따라서 이런 문제를 해결하기 위해 1차적으로 척결되어야 하는 것은 위의 등식을 받쳐주는 정조 이데올로기이며 이를 기본으로 하고 있는 법의 성범죄 규정이다.

'정조에 관한 죄'는 1995년 형법 개정시 '강간과 추행의 죄'로 바뀌었다. 그러나 이러한 변화에도 불구하고 법에서 성폭력이 실제로 무엇을 침해하는 범죄이며 또한 어떠한 윤리적 기준에서 판단, 통제되어야 하는지 등의 문제를 회피하고 있기 때문에 우리 사회에서 강간은 피해여성에 대한 범죄라기보다는 '보호해야 할 정조'를 가진 여성에 대한 범죄로 규정되고 있는 실정이다(변혜정, 1999: 304). 또한 성폭력 사건에서 여성은 아직도 정조를 빼앗긴 여자, 유린당한 천진한 소녀의 이미지로 존재할 뿐 여성 역시 남성과 마찬가지로 민주사회의 당당한 성원이며 시민권을 가진 주체라는 관점은 전혀 반영되지 않고 있다(배은경, 1997: 56).

성폭력을 성적 자기 결정권의 침해죄로 규정하는 것이 중요한 이유는 이 개념이 여성을 성적 대상이 아닌 주체로 설정하고 여성도 스스로를 표현하고 주장하도록 교육을 받아야 한다고 가정함으로써 가부장제에 대한 도전이 되기 때문이다. 또한 여성의 성적 자율권에 대한 요구는 시민권, 인권 개념이 사적인 영역에서도 적용되어야 함을 주장하기 때문이다. 이는 기존에 공적 영역에서만 논의되어 왔던 남성중심적인 인권 개념에 대한 도전이 된다.

친고죄 조항이 유지되는 것은 흔히 말하는 '피해자보호'를 위한 것이 아니라 오히려 법이 정절 이데올로기에 기초하고 있기 때문이다. 성폭력특별법의 제정과 두 번의 개정으로 미성년자가 피해자일 경우 이 조항이 수정되었으나 성인의 경우에는 아직도 그대로 적용되고 있는 실정이다. 특별법의 목적이 피해자보호뿐 아니라 형법 등 기존의 법률로 처벌할 수 없는 비도덕적, 반인륜적 범죄를 처벌하고 성폭력범죄에 대한 일반 예방적 효과를 도모하는 것이기 때문에, 친고죄 규정은 특별법의 입법 취지에도 부합되지 않는다. 오히려 성폭력범죄를 친고죄로 규정하여 제3자가 신고할 수 없게 하는 것보다는 비친고죄 내지는 반의사 불벌죄로 규정하는 것이 바람직하다고 주장하고 있다. 최소한 반의사 불벌죄로 규정하게 되면 노출을 꺼려하는 피해자나 가족의 약점을 이용하는 문제 등은 개선될 수 있다고 보았다(이백수, 1996: 70-71). 친고죄를 폐지해 피해자가 신고하지 않아도 가해자가 처벌받을 수 있게 하면, 만약 피해자가 처벌을 원하지 않는 경우 처벌받지 않을 수 있게 함으로써 성적 자기 결정권의 인정 아래 피해 여성의 선택을 존중할 수 있기 때문이다(변혜정, 1999: 314). 피해자를 보호하면서도 정조 이데올로기의 함정에 빠지지 않고, 피해여성의 결정권을 존중하는 방향으로 이 문제는 해결되어야 할 것이다.

또 한 가지 염려되는 것은 법 제정으로 인해 여성운동이 '제도화(in-stitutionalized)'되는 경향이 있는데, 여성운동이 세력화, 대중화되지 않은 상태에서의 제도화는 위험하다는 것이다. 성폭력특별법이 만들어지면서 상담소는 인간의 존엄성 회복을 위한 투쟁보다는 법에 맞추어 사건을 해결하려는 경향이 커지고 있어 운동성이 축소되는 것이 아니냐는 지적이 있다.45)

5) 성폭력 범주의 확대: 직장 및 학교에서의 성폭력

1990년대 초까지 성폭력운동은 주로 '강제적인 성교'에 집중되었다. 영생애육원 사건처럼 어린 원생에 대한 성추행이나 공권력에 의한 강간, 극단적인 성폭력 사건들이 주로 노출되고 사회화되었다. 그러나 '가벼운' 성추행이나 성희롱, 일반 어린이에 대한 성추행, 교사에 의한 성추행 등은 크게 문제시되지 않았다. 또한 종래에는 모르는 사람이나 인격적으로 명백히 문제가 있는 사람(포악한 의붓아버지나 아이들을 돈을 버는 수단으로만 삼는 시설장 등)에 의한 성폭력만이 문제시되었다. 직장 상사나 동료, 학교 선생님 등 '정상인'에 의해 일상적으로 일어나는 성폭력은 드러나지 않았던 것이다. 그런데 점차 이제까지 직장

---

45) 박상희 성폭력예방치료센터소장과의 인터뷰에서. 그는 법이 만들어지고 나서 성폭력운동에 '투쟁성'과 '감동'이 급격히 줄었다고 안타까워했다.

과 학교에서 '재미'삼아 또는 '교육'이라는 이름으로 합리화되던 성폭력들이 문제시되기 시작했다.

(1) 성희롱 및 직장 내 성폭력의 사회문제화

① 서울대 조교 성희롱 사건

1993년 8월 24일 서울대학교에 대자보가 붙었다. 이 대학 교수가 자신의 지위를 이용하여 여러 해에 걸쳐 여학생들과 고용된 조교들을 성적으로 괴롭혔으며 이를 거부하자 해고했다는 내용이었다. 쓴 사람은 피해 당사자인 화학과 우○○ 조교였다. 우 조교는 출근 초기 2~3주간 동안 집중적으로 교수의 성적인 접근에 시달렸다. 교육 과정에서 일어난 불필요한 신체 접근, 데이트 제의, 민망스러운 호의 등이 부담감을 넘어 불쾌감으로 다가왔고 그래서 그가 단호히 거절하자 신정휴 교수는 감정적으로 돌변하여 갑작스런 출근정지 통보를 보내 그를 해고시켰다.

우 조교는 '자신의 명예훼손을 감내하여 다른 성희롱 피해를 막기 위해서라도 진실을 밝혀야 한다는 의미에서' 대자보를 게재했다. 곧 서울대총학생회와 여성문제동아리협의회, 대학원자치회협의회로 구성된 진상조사단에 의해 진상이 밝혀지면서 신 교수에 대한 공개사과와 자진 사퇴요구가 이어졌다. 이 사건이 언론에 보도되자 신 교수는 우 조교를 명예훼손으로 고소하였고 이에 우 조교는 신 교수를 비롯하여 대학 총장과 국가를 상대로 손해배상청구소송을 제기했다(1993. 10. 18). 다음날 한국여성단체연합 성특위와 서울대총학생회, 서울대대학원자치회협의회로 구성된 '서울대조교성희롱사건공동대책위원회'(이하 공대위)가 결성되었다. 공대위는 '성희롱 죄 법률소송 제1호, 서울대 교수 성희롱 죄로 법정에 서다'라는 제목의 유인물을 제작 배포하며 가두시위를 하였고 토론회와 공청회 등을 통해 직장 내 성희롱 문제를 사회 전면에 드러냈다.[46]

---

46) '직장 내 성희롱 실태와 대책'이라는 토론회를 개최하고 직장 내 성희롱 실태 설문조사 결과를 발표하였다. 이 토론회에서는 현장에서 일어나는 직장 내

성희롱 피해 조교는 1차 재판에서 승소하여 3천만 원의 배상판결을 받게 되었다(1994. 4). 그러나 항소심 판결에서 원심이 파기되고 패소하였다(1995. 7). 이에 여성운동단체는 분노를 금치 못하고 지속적인 투쟁을 전개했고[47] 마침내 상고심에서 대법원은 피해 조교의 손을 들어주어 신 교수에 대해 개인 차원의 배상을 판결했다. 그러나 성희롱을 방조한 기관에 대한 책임은 인정하지 않고 서울대 측과 국가의 책임에 대해서는 기각 판결을 내렸다.[48] 이 사건은 현재 고등법원에 계류중이다. 이 사건은 여러 가지 면에서 성폭력운동사에 커다란 발자국을 남겼다. 그 의미를 몇 가지만 살펴보자.

이 사건은 직장 내 성희롱의 전형을 보여주었다. 신 교수는 우 조교를 컴퓨터 키보드 앞에 앉혀 놓고 등 뒤에 서서 가슴을 우 조교의 등에 대고 포옹하는 자세를 취하면서 속삭이듯 말을 했고, 자신의 팔을 우 조교의 신체 부위에 접촉시켜 만지작거렸고, 이야기 도중 우 조교의 등을 쓰다듬거나, 땋은 머리를 만지작거리면서 머리 끝을 잡아당기는 등 상대방의 의사에 반하여 신체를 접촉, 포옹하는 등의 행동을 했다. 이 밖에도 '실험실 사람들 모르게 나와 단둘이서만 넥타이 매고 가는 곳에서 입방식을 하자'는 등의 성적 불쾌감을 불러일으키는 언동을 했고 상대방의 거절에도 불구하고 지속적으로 데이트를 강요했다. 그는 성적 요구에 대한 거절을 이유로 정상적인 업무수행을 방해했으며

성희롱문제가 발표되었고 고용 차별로서의 성희롱과 조직적 대응에 대한 발제가 있었다(1993. 12). 공대위는 또 '직장 내 성폭력 예방과 대책을 위한 공청회'를 개최하여 정부(노동부, 정무제2장관실,) 경제계, 노동계, 여성계가 함께 성희롱 문제를 같이 풀어보는 계기를 마련했다(1994. 6. 27).

47) 1995년 7월 25일 한국여성민우회는 우 조교 항소심 선고공판, 판결에 대한 기자회견 및 성명서를 발표했다. 공대위는 7월 26~28일까지 3일간 부당한 판결에 항의하는 침묵 시위를 벌이고 8월 2일 기독교 연합회관에서 '성희롱 판결에 대한 평석회 및 여성, 시민 규탄대회'를 열어 전문가들로부터 판결의 문제점에 대한 의견을 듣고 각 단체의 입장을 발표하고 공동결의문을 채택 낭독했다. ≪민주여성≫ 19호 35-43쪽에 항소심 판결의 문제점과 성명서가 게재되어 있다.

48) 이 판결의 문제점에 대해서 최영애·이원숙(1998)을 참조.

자신의 요구를 거절한 데 대한 보복으로 출근중지 명령 및 실질적 해임조치를 내렸다. 이는 성희롱 범죄의 전형적인 진행과정이다.[49]

성희롱의 양상뿐만 아니라 이런 행위가 일어나게 된 맥락에 있어서도 이 사건은 직장 내 성희롱의 전형을 보여주고 있다. 즉 신 교수는 우 조교의 직무상의 상사이자 실질적인 임면권자로서 우 조교는 신 교수에게 완전히 종속된 상태이고 도제(徒弟) 관계가 남아 있는 대학에서 이런 종속 관계는 더욱 강할 수밖에 없었다.[50]

사건에 대한 남성들의 저항은 엄청났다. 성희롱을 '직장생활을 원만히 하기 위해 있을 수 있는 일'로 보는 일반의 통념이 재판과정에서 그대로 나타났으며(1차 재판, 11. 23)[51] 이 사건이 나면서 '사제지간의 다정한 정이 없어지고 인간애가 사라지고 있다'고 '개탄'했다.[52] 1심에서 3천만 원 배상판결이 났을 때 남성들은 '여자 옆에 가려면 3천만 원 준비해라'라고 빈정거리며 노골적으로 불만을 드러냈다. 언론보도도 마찬가지였다.[53] 성희롱을 여성의 인권(노동권 포함)을 침해하는 범죄로 보기보다 개인적인 문제, 장난 등으로 보면서 이를 문제삼는 여성들을 이 사회의 '부적응아'로 취급하였다(≪나눔터≫ 12: 8-9). 남성들의 저항은 자발적인 신 교수 후원회의 결성에서도 잘 나타나 있다.

이러한 여론을 반영하듯이 2심에서는 우 조교에게 패소판결을 내렸다. 박용상 판사는 남녀 관계를 '대립'이 아닌 '화합'의 차원에서 생각하는 '일반 평균인'의 입장에서 볼 때 그런 정도의 행위는 악의가 없었

---

49) 서울대 조교 성희롱 사건 공동대책위원회, 1994, 「손해배상청구소송 소장(요약)」, 66-70쪽 참조.
50) 서울대 조교 성희롱 사건 공동대책위원회, 1994, 「손해배상청구소송 소장(요약)」, 65쪽 참조.
51) 서울대 조교 성희롱 사건 공동대책위원회, 1994, 「손해배상소송 담당재판부 앞으로 보낸 공개질의서」, 81-83쪽 참조.
52) 서울대 조교 성희롱 사건 공동대책위원회, 1994, 「중앙일보사 및 정규웅 논설위원께 드리는 공개항의 및 질의문」, 87-88쪽 참조.
53) 6대 일간지에 게재된 이 사건에 대한 보도일지가 서울대 조교 성희롱 사건 공동대책위원회(1994: 95-97)에 있다. 문경란은 이 사건 보도가 언론의 여성 문제인식을 잘 보여준 대표적인 사례라고 지적했다(문경란, 1994: 39).

고 성적인 의도가 분명하지 않기 때문에 문제삼을 수 없다고 하였다.[54]
여성운동가들은 이에 대해, '일반 평균인'의 입장과 피해여성의 입장
중 어느 것이 더 이 사건을 객관적으로 판단하기에 적합한 것인지 되
물었다. 여성의 경험은 남성과 다르고 따라서 시각도 다르기 때문에,
성희롱 상황과 관련된 남녀의 경험 및 평가가 크게 다를 수밖에 없다
고 전제하고, 성희롱으로 인해 고통을 당하는 쪽은 여성이기 때문에
보다 객관적인 판단과 평가를 할 수 있는 주체는 피해자인 여성일 수
밖에 없다고 주장했다.[55] 박용상 판사는 성희롱 가해자 신정휴 교수와
함께 1996년 여연이 주최한 제12회 3·8여성대회에서 여성운동 걸림돌
5명 중 1명으로 선정되기도 하였다.

박용상 판사와 여성운동단체의 대립은 우리 사회의 남녀의 성별 권력
관계를 그대로 보여주는 것이었다. 남성중심적인 관점에서 여성 문제를
'일반화'시키려는 입장에 여성운동가들은 저항하였다. 박용상 판사의
판결은 이 사회를 대변하는 남성의 입장을 반영한다. 여기에서 여성의
이해와 요구는 철저히 배제된다. 이러한 관점에서는 성희롱이 은근히
또는 호의를 가장하면서 자행되고 있다는 사실은 은폐될 수밖에 없다.
또한 직장 내 성희롱이 여성들의 성적인 안정성에 대한 침해이며 노동
시장에서 여성들을 배제하는 주요한 방법이라는 점은 간과되고 있다.

우 조교 편을 든 대법원의 판결은 성희롱에 대한 사법부, 일반인 모
두가 지닌 전통적인 시각을 뒤집음으로써 은폐된 여성에 대한 폭력을
가시화하여 문제시하는 데 크게 기여하였다고 볼 수 있다. 이 판결은
여성의 입장을 존중하였고, 성희롱이 성립하는 데 상대방의 거부가 반
드시 필요한 것은 아니라는 점과 언어적·시각적 성희롱도 문제가 된다
는 점을 분명히 했다.[56] 또한 신체접촉과 성적인 언동으로 성적인 굴

---

54) 서울고등법원(1995. 7. 25). 우조교 사건 항소심 「판결문」, 사건번호 94나
15358.
55) 조순경, 「우조교 사건에 관한 의견서」, 94나15358, 조주현(1996: 156)에서
재인용.
56) 승소 축하연에서 이은영이 지적했다. 최영애·이원숙(1998)을 참조.

욕감과 혐오감을 느끼게 하는 것은 명백한 인격권의 침해라고 판결함으로써 성희롱이 피해자의 입장에서 판단되어야 함을 공식적으로 인정한 것이다. 공대위가 지적한 대로 이 사건의 판결은 수많은 여성들에게 여성인권이 법의 개입을 통해 재정립될 수 있다는 희망을 보여주었다는 점에서 의미가 있다고 하겠다.57)

결국 이 사건은 '여성 자신의 느낌'이 존중받아야 함을 깨닫게 한 사건으로 의미가 있다. 즉 이 사건으로 여성들은 자신의 관점에서 상황을 규정할 수 있고 자신의 정체성을 주체로서 주장할 수 있다는 것을 깨닫게 된 것이다.58) 수없이 많은 성희롱이 자행되고 있지만 아무도 이를 문제시하지 않는 상황에서 우 조교의 공개적인 문제제기는 결과 여부를 떠나 그 자체만으로도 성폭력운동사에 중요한 의미를 지니고 있다.

이 사건 이전과 이후에도 직장 내 성폭력은 무수히 많았고 그 중 몇몇은 사건화되기도 하였다.59) 전국의 주요 상담소에 접수된 직장 내의 성폭력 사건만도 상당수에 이른다. 그러나 이제까지 무수히 많은 직장 내 성폭력들은 '분위기 살리기', '재미' 혹은 '예뻐함' 등의 허울로 은폐되어 왔다. 이 사건을 여론화하기 위해 공대위가 주최한 '직장 내 성희롱 실태와 대책'이라는 주제의 토론회(1993. 12. 7)를 계기로 직장 내 성희롱 실태조사와 토론회 등이 활발히 진행되었다. 또한 이 사건은 대학 내 성폭력을 가시화하는 데 기여하였다. 공대위는 서울대 여성 문제 동아리협의회와 함께 학내 성폭력에 관한 공청회를 개최하였다(1994. 10. 5). 서울대 학생들을 대상으로 한 설문조사에 따르면 대

---

57) 서울대 조교 성희롱 사건 공동대책위원회, 1994, 「손해배상소송 담당재판부 앞으로 보낸 공개질의서」, 83쪽 참조.

58) 심영희는 이 사건을 자기 결정권 원칙이 발전 강화한 예로 보고 있다(심영희, 1996: 210).

59) 가장 대표적인 사례는 전북 정읍 태인여중의 교장에 의한 김조은 교사 성폭행사건이다. 이 사건은 직장에서의 위계를 이용해 자행된 전형적인 직장 내 성폭력 사건이었다. 성폭행 가해자인 교장이 결백을 주장하며 자살한 사건으로, 이기기 힘든 사건이었는데 성폭력예방치료센터(전주 소재)에서 적극적으로 대응하여 마침내 이긴 사건이다.

학이 성희롱의 예외 지역이 아님을 알 수 있다. 이 공청회를 통해 학내 성폭력의 특징과 교수와 제자 사이, 그리고 학생들 사이에서 일어나는 성폭력의 유형과 사례 등이 발표되었다(서울대조교성희롱사건공동대책 위원회, 서울대여성문제동아리협의회, 1994).

끝으로 이 사건은 사법사상 시민의 사법참여 및 소송지원 운동에서도 획기적이며 모범적인 사례가 되었으며 여성학자들과 여성운동단체들 사이의 협력과 공동대응의 모델을 제시했다고 하겠다. 또한 우리나라는 외국과는 달리 당시 현행법으로는 직장 내 성희롱을 규제하기가 힘들고 친고죄와 강제성 판단의 문제와 맞물려 직장 내 고용, 지휘, 감독 관계를 이용한 성희롱에 대한 형사적 처벌 규정이 미비하다는 점이 드러났다. 이 사건을 계기로 현행법의 한계와 그 대안으로서 올바른 성폭력특별법 제정과 직장 내 성폭력 근절을 위한 제도적 대책 마련을 촉구하게 되었다.

② 성희롱의 사회문제화와 직장내성희롱운동

그동안 여성들을 성가시게 하고, 때로는 분노를 일으켜 직장을 떠나게 하는 다양한 형태의 성희롱은 여성들이 당연히 받아들여야 하는 '자연스러운' 남녀 관계 혹은 직장문화의 일부로 여겨졌다. 서울대 조교 성희롱 사건을 계기로 여성운동단체들은 직장 내 성희롱을 추방하기 위해 직장 내 성희롱 실태조사[60] 및 집중토론, 교육활동, 거리 캠페인 등 다각적인 노력을 기울였다.[61] 특히 남녀고용평등을 위한 교수모임에서 서울대 성희롱 사건을 계기로 '직장 내 성희롱, 어떻게 볼 것인가'라는 토론회를 개최하여 직장 내 성희롱에 대해 심도 있는 이론적 논의를 전개했다(1994. 11. 9). 이 토론에서 학자들은, 성희롱은 공식적인 위계구조와 일상적인 권력 관계(가부장적 권력)의 이중구조 속에서 일어나는 것이며, 성희롱이 앞으로 더 명백하게 고용상의 성차별적 성

---

60) 예를 들면 한국여성민우회는 1993년 12월, 충북여성민우회는 1994년 5월, 대구여성회는 1994년 11월에 실태조사를 한 바 있다.
61) 한국여성민우회 사무직 여성부(1995. 4)

격을 띠면서 그 정도가 심해질 것이라고 염려했다.

또한 여성운동단체들은 직장 내 성폭력을 홍보, 예방하기 위한 자료 집과 비디오를 제작 보급하였고 성희롱 대응지침서를 발간하기도 하였다.[62] 이 사건이 여론화되면서 성희롱 추방을 위한 시민연대가 만들어지기도 했다.[63]

직장내성희롱운동은 직장내성희롱금지조항신설운동으로도 나타났다. 1987년에 제정되고 1989년과 1995년에 개정이 이루어진 남녀고용평등법에는 '직장 내 성희롱' 조항이 빠져 있었다. 그리하여 여성운동단체와 노동관련단체들이 이 조항의 삽입을 위해 공대위를 구성하고 각종 실태조사, 서명운동, 언론홍보 등을 전개했다.[64] 이러한 활동과 성희롱퇴치운동의 여론화로 인해 단체협약에 성희롱 금지조항을 명시하는 기업(쌍용투자증권, 금호그룹, 데이콤 등)들도 등장했다. 또한 1996

---

62) 한국성폭력상담소는 성폭력 자료집인 「건강한 일터, 자유로운 여성: 직장 내 성폭행 예방 및 대책」(1995a, 11)을 발간하고 여상졸업반 학생, 예비 직장인, 남녀 직장인을 대상으로 직장 내 성희롱예방 비디오 <건강한 일터, 자유로운 여성>(1995b)을 제작보급함으로써 직장 내 성희롱을 여론화하는 데 크게 기여하였다. 사무직 여성운동을 하고 있는 한국여성민우회도 1994년 4월에 사무직 여성부에서 '직장 내 성희롱 대책사업'을 전개하여 직장 내 성희롱 상담은 물론, '이것이 직장 내 성희롱이다'라는 집중토론을 벌여 현장의 소리, 신문 모니터 보고, 개념, 유형, 대책에 관한 주제발표를 했으며 성희롱 대응지침서 3천 부를 발간하여 판매하였다[한국여성민우회의 직장내성희롱추방운동에 대해서는 한국여성민우회(1997d: 30, 39-41)를 참조]. 그 밖에 BPW(전문직여성클럽)도 성희롱대책 활동에 참여할 것을 결의하였고 각 지방클럽에 성희롱대책 활동경과, 이사회 결의사항, 및 관련 자료를 보냈으며 지방클럽들이 성희롱대책 활동에 나서도록 지원할 것을 결의했다(1995. 9).

63) 이 사건의 2심 원고패소 판결에 항의하는 법원 앞 시위를 기점으로 시민단체의 참여를 확대하여 성희롱추방운동을 확산시켜야 한다는 필요성이 논의되었다. 이에 따라 여연, 여협, 서울 YWCA, BPW, 가정법률상담소, 경실련 등 27개 여성 시민단체가 '성희롱 대책 시민연대'를 결성하였다. 또한 여성계, 학계, 법조계를 중심으로 한 각 사회단체들이 모여 '성희롱 문제를 걱정하는 시민모임'을 결성하였다. 이 모임에서는 공정한 판결 그리고 고용주와 국가책임의무를 명시할 것을 요구하는 의견서를 제출하여 재판부에 제출하였다(≪나눔터≫ 13호).

64) 여연 ≪10차 총회보고서≫ 50쪽.

년부터 국회에 계류중이던 남녀고용평등법이 개정되어 간접차별금지와
더불어 직장 내 성희롱 사업주 책임을 명문화하게 되었다(1998. 12)(여
성특별위원회, 1999).

이와 더불어 '남녀차별금지 및 구제에 관한 법률'(약칭 남녀차별금지
법)이 제정되어 직장 내 성희롱을 규제할 수 있게 되었다. 이 법에 의
해 대통령직속 여성특별위원회에 남녀차별개선위원회가 설치되었고 이
위원회를 통해 성차별적인 행위를 한 공공기관이나 사업주를 대상으로
시정권고, 시정명령, 고발, 직권 조사 등이 이루어지게 되었다. 공공기
관이나 기업에서 일어나고 있는 다양한 남녀차별 및 성희롱이 제재를
받게 되었다. 남녀차별금지법은 성희롱을 '업무, 고용 기타 관계에서
공공기관의 종사자, 사용자 또는 근로자가 그 지위를 이용하거나 업무
등과 관련하여 성적 언동 등으로 성적 굴욕감 또는 혐오감을 느끼게
하거나 성적언동 기타요구 등에 대한 불응을 이유로 고용상의 불이익
을 주는 것'으로 정의하고 있다.[65] 이 법은 처음으로 성희롱을 공식적
으로 정의하고 성희롱을 남녀차별의 한 방법으로 인식했다는 점에서
의의가 있다고 하겠다.

(2) 교사에 의한 성폭력의 사회문제화

성희롱 및 직장 내 성폭력과 함께 1990년대에 가시화된 성폭력으로
교사에 의한 성폭력을 들 수 있다. 교사에 의한 성폭력은 교사와 학생
이라는 불평등한 권력 관계 속에서 일어나는 은폐된 범죄 중의 하나로
1980년대에 이미 학교와 시설에서의 성폭력이 여론화된 적이 있다. 교
사에 의한 학생 성폭력은 1990년대 초에도 잇달아 일어났고 특히 1996
년에 서울, 광주, 인천, 청주 등을 중심으로 집중적으로 폭로되기 시작
하였다. 이 중에서 학교 성폭력을 사회 공론화하는 데 크게 기여한 사
건은 1996년 서울 신양중학교 교장에 의한 여중생 성추행 사건이다.

---

65) 남녀차별금지및구제에관한법률(1999. 7. 1 시행) 제2조 제2호.

신양중학교 황 교장은 여학생들을 훈계한다며 가슴을 추행하는 등 성폭력을 자행했고 여연은 이 사건에 대처하기 위해 민주노총 서울지부, 전국교직원노동조합과 함께 '황수연 교장 구속수사와 학교 내 성폭력 근절을 위한 공대위'를 구성하였다. 공대위에서는 그동안 소문으로만 전해지던 학교 내 성폭력 사례를 모아 기자회견을 하고 성폭력 추방을 위한 서울시민 결의대회를 열어 신양중학교 성폭력 피해사례 증언 등을 통해 학교 성폭력의 심각성을 홍보하였다. 결의대회에 앞서 시민과 함께 걸개그림 '성폭력 없는 나라에서 살고 싶어요'를 제작하여 대중의 참여를 촉구하고, 거리행진을 통해 공대위의 주장을 담은 유인물을 시민들에게 나누어주기도 하였다. 이러한 여성단체와 시민사회단체의 노력에도 불구하고 검찰은 가해자 황수연 교장에게 무혐의 처분을 내렸고 공대위는 이에 즉각적인 항의를 표시하고 재수사를 촉구하였다(≪여성의눈으로≫ 6: 52). 이 사건을 계기로 교사에 의한 제자 성폭력 사건이 부각되어 사회적으로 공론화되기에 이르렀다.[66] 이후에도 광주에서 교사에 의한 학생 성추행 사건이 일어나 광주전남 여성문제특별위원회 주최로 결성된 대책위의 적극적인 활동으로 성추행 교사들을 인사 조치한 바 있다.[67]

그동안 학교 성폭력에 대처해온 여성운동단체들은 학교 성폭력이 해결되기 어려운 이유로 학교당국과 교육청의 사건 축소와 학부모들의 사건해결의지 결여를 지적하였다. 또한 학교 성폭력의 진상조차 밝히는 것을 힘들게 하는 교육자 특유의 위선 또한 문제로 지적되었다(≪전북여성의전화≫ 8호). 여성운동단체들은 교사에 의한 학생 성폭력이 심각한 지경에 이르렀음을 사회여론화하고 성폭력특별법의 친고죄 조항 폐

---

66) 한국성폭력상담소는 이 사건을 계기로 교사, 강사에 의한 제자 성폭력의 실태와 사례를 모아 소식지에 게재하였다(≪나눔터≫ 19: 5-7). 여성의전화도 1997년 '교사 교수에 의한 학생 성폭력의 실태와 대책 토론회'를 개최하여 학교 내 성폭력문제를 여론화하였다(여성의전화, 1997a).

67) 광주여성회소식지(5: 7)에 사건 경과와 학생들로부터 녹취한 성추행 내용이 게재되어 있다.

지를 촉구하였다. 또한 제도교육에서 성교육의 필요성을 강조하였다.

1996년과 97년도에 학교 성폭력이 이렇듯 집중적으로 폭로되고 여론화된 것은 성폭력추방운동의 대중적 확산과 성폭력특별법제정운동 등에 기인한 것으로 보인다. 어쨌든 1990년대 중반부터 폭로되기 시작한 교사에 의한 학생 성폭력과 이에 대한 여성단체의 저항은 성폭력운동의 폭을 넓히는 또 하나의 계기가 되었다.

6) 상담 및 교육을 통한 성폭력운동

(1) 성폭력상담 및 쉼터운동

앞서 말한 대로 1980년대 성폭력운동은 여성상담을 통해 여성운동을 하는 여성의전화가 주도했고, 1990년대 들어서는 기존의 단체와 더불어 한국성폭력상담소 등 새로이 등장한 성폭력상담소들이 성폭력운동을 이끌어갔다. 상담은 여성운동가들이 대중과 만나면서 그들의 여성으로서 받는 고통을 직접 들을 수 있는 현장이다(여성상담론에 대해서는 이 책 이현숙의 글 참조).

1990년대에 와서 성폭력상담 전문기관이 많이 생겼는데 가장 큰 상담소는 한국성폭력상담소, 여성의전화 부설 성폭력상담소, 김부남후원회를 모태로 창립된 성폭력예방치료센터, 한국여성민우회 부설 가족과 성상담소 등 이다. 성폭력상담소의 수는 단기간에 급증하여 1997년 9월 23개소에서 98년 10월 보건복지부 2차 직무교육 당시 40개가 되었다. 99년 4월 현재는 44개소이다. 또한 성폭력 피해자를 전문적으로 보호하는 시설로는 서울에 있는 한국성폭력상담소의 열림터, 샤론의 집 그리고 부산에 있는 제2여성의 집이 보건복지부에 등록되어 있고 그 밖에 수원, 대전과 전주(디딤터)에도 있다.

상담소를 통한 성폭력운동은 1990년대 중후반에 와서 더욱 활성화되었다. 이는 1994년 4월부터 시행에 들어간 성폭력특별법 제3장 제23조 2항에 의해 상담소에 대한 정부의 재정지원이 가능해졌고 이런 조건으로 인해 성폭력상담소가 빠른 속도로 증가했기 때문이다.

또 이 법에 의해 한국성폭력상담소, 여성의전화, 한국여성민우회 부설 가족과성상담소, 성폭력예방치료센터 등이 보건복지부의 성폭력 전문상 담원 위탁교육 기관으로 지정받아 상담원 교육을 실시했다. 상담소의 증 가와 인지도의 상승은 은폐되었던 성폭력을 드러내는 데 크게 기여하여 상담건수의 증가로 이어졌다. 상담건수는 1995년 2,902건, 96년 7,921 건 그리고 97년에는 12,540건으로 급격한 증가추세에 있음을 알 수 있 다.68) 성폭력운동은 피해여성과 상담운동을 하는 여성들의 합작이라고 할 수 있다.69) 상담을 요청한 피해여성들은 단지 피해자로 머물지 않고 남성중심적인 우리 사회의 성문화를 직접 드러내어 고발하였고, 여성(운 동가)들에게 여성의 경험이 여성주의 인식론의 기반임을 일깨워주었다.

성폭력피해 상담이 증가함에 따라 상담의 중요성은 더욱 커졌고 따 라서 상담의 질을 높이고자 하는 노력도 뒤따랐다(한국성폭력상담소, 19 97e, 1998b: 한국여성의전화, 1998). 또한 상담을 통해 가해자를 처벌하는 경우가 늘어났고 그럼으로써 피해자의 고통이 사회적으로 인 정받으며 성폭력에 대한 사회적 편견은 줄어드는 효과를 거두었다.

한국성폭력상담소, 성폭력예방치료센터, 부산여성의전화 등 몇몇 상 담소가 24시간 위기상담센터를 개소하고 성폭력 피해 여성들이 일시적 으로 쉴 수 있는 일시보호시설을 갖추고 피해자를 돕고 있다. 그 밖에 도 성폭력전문상담소에서는 효율적인 성폭력 상담을 위한 프로그램을 마련하고 있는데 예를 들면, 부산성폭력상담소는 보호관찰소의 위탁으 로 4명에게 청소년 성폭력 가해자 교정프로그램 '해오름 교실'을 실시 하고 있으며 한국성폭력상담소는 통신을 이용해 성폭력에 대한 정보를 제공하고 상담도 받고 있다.70)

---

68) '제1회 여성복지상담원대회, 제30회 여성복지세미나' 성폭력상담, 보호시설 분과 결과보고에서(보건복지부, 한국여성복지연합회, 1998: 144)
69) 이 글을 위한 '성폭력운동사 워크숍'(1999. 1. 30)에서 한국성폭력상담소 이 미경 부소장의 말이다.
70) 한국성폭력상담소는 천리안, 유니텔 등에 성폭력 문제에 관한 IP(information

성폭력상담을 하는 여성단체는 상담으로만 끝나는 것이 아니라 상담을 신고로 유도하여 가해자를 처벌하는 쪽으로 활동을 하고 있다. 내담자가 원할 경우 경찰에 동행해주고 진술서를 쓴다거나 법적 절차를 밟는 것을 도와준다. 또 탄원서를 제출하고 가족상담까지 하며 필요한 경우 지역사회에서 서명을 받거나 연대를 결성하여 지원하기도 한다. 전국에 40여 개 정도 되는 성폭력상담소가 이런 활동을 하고 있다. 이렇듯 인권사안을 처리하는 과정에서 여성단체는 지역의 관계기관과 협조 관계를 유지해야 하는데 이를 원활하게 하기 위해 지역의 연계망을 구축하는 활동을 하고 있다.

상담소가 증가하면서 피해자들이 쉽게 다가갈 수 있는 통로가 많아진 반면 상담의 질적인 면이 우려되기도 한다. 특히 성폭력 문제가 여성 문제의 핵심인 만큼 상담도 여성주의적 관점에서 여성운동의 일환으로 이루어져야 하는데 현재 개설되고 있는 상담소 중에는 여성운동단체의 부설체도 아니고 여성운동의 정체성도 갖고 있지 않은 경우가 많다.71) 또한 정부의 재정적 지원 가능성 때문에 성폭력상담소가 개소되는 상황에서 과연 성폭력상담이 어느 정도 여성주의적으로 이루어지고 있는지에 대한 점검이 시급한 과제가 되고 있다. 또한 상담소들이 운영을 위해서 정부에 의존하는 경향이 있어 비정부기구로서의 독립성과 자율성을 훼손할 위험이 있고 정부지원을 둘러싸고 상담소간의 불필요한 경쟁이 자칫 상담의 질을 저하시킬 위험도 있다.72)

---

provider)를 개설하고 '성폭력 뿌리째 흔들기[go stoprape]'를 이용해 PC상담을 받고 있다.

71) 이원숙은 영국과 미국에서 성폭력위기전화가 페미니스트 모델에 의해 시작되었음을 보여주고 있다(이원숙, 1997; 1998). 이원숙에 의하면 성폭력상담소에는 세 가지 유형(전형적 페미니스트 모델, 수정 페미니스트 모델, 사회복지서비스 모델)이 있는데 우리나라의 성폭력상담소 중에는 전형적 페미니스트 모델을 채택하고 있는 상담소는 없는 것 같고 대체로 나머지 두 개 모델이 주류를 이루고 있는 것으로 보인다고 한다(이원숙, 1998: 12).

72) 전국의 성폭력상담소들이 한자리에 모이는 보건복지부 주최 성폭력상담원 직무교육에 모인 상담소 관계자들은 상담의 질적인 향상을 위한 토론보다는

(2) 성폭력 예방운동

① 사회여론화 운동

성폭력을 예방하기 위해 여성단체들은 각종 홍보사업을 전개했는데 주로 성폭력 추방 캠페인, 올바른 성문화 정착을 위한 토론회, 강연회, 심포지엄 등이 그것이다. 앞서 언급한 대로 이러한 여론화 작업은 김부남 사건, 김보은 사건 그리고 성폭력특별법 제정 및 개정, 서울대 조교 성희롱 사건 때 이미 전국적으로 이루어졌다.

성폭력 추방을 위한 거리 캠페인은 1996~97년에 거의 전국적으로 이루어졌다. 1996년에 포항여성회와 지역의 시민사회단체, 전주여성의전화, 천안여성의전화 등이 거리 캠페인을 전개했다. 1997년에는 부산, 시흥, 성남에 있는 여성의전화 지부, 광주여성회 등이 거리 캠페인을 전개했다. 성폭력예방치료센터는 성폭력추방결의대회 '온가족걷기대회'를 500여 명의 인원이 참가한 가운데 진행했다. 또 대학로에서 한국여성민우회 부설 가족과 성상담소 주최로 성폭력예방을 위한 '내 몸의 주인은 나 되기' 캠페인을 벌였고 약 800여 명이 '내 몸의 주인은 나' 서명을 했다.

성폭력을 예방하고 올바른 성문화를 창출하기 위한 토론회 및 심포지엄이 한국성폭력상담소(1997f) 및 지방의 광주여성회, 대구여성회, 대구여성의전화, 청주여성의전화, 천안여성의전화 등 전국의 여성운동단체를 중심으로 개최되었다. 특히 한국성폭력상담소는 1997년 11월 24일에서 12월 5일까지 2주 동안 유니텔과 협력하여 사이버토론회를 진행하였다. 이 토론회에서는 성폭력과 관련된 왜곡된 통념들과 성폭력 사건 수사 및 제도상의 문제점에 관하여 네티즌, 대선 후보, 변호사 등 각계 각층이 참여하여 열띤 토론을 벌였다. 토론회와 더불어 많은 여성단체들이 사회적 문제로 제기되고 있는 청소년의 성폭력과 성폭력에 대한 의식과 실태를 파악하고 이를 기초 자료로 청소년 성폭력예방을 위한 대책을 수립하고자 지역 차원의 실태조사를 했다.

정부의 상담소 지원 문제에 더 관심을 갖고 있었다.

② 성폭력 예방교육

여성운동단체들은 성폭력예방교육에 주력해왔다. 전국의 여성운동단체들은 학교의 요청으로, 지방자치단체의 사업의 일환으로, 자원봉사 차원에서 유치원생으로부터 여대생과 부모에 이르기까지 다양한 집단을 대상으로 성폭력예방 교육을 하고 있다. 성폭력을 의식하지 않더라도 10대 청소년들의 임신 출산 문제가 대두되면서 성교육에 대한 사회적 요구는 커지고 있고 이에 부응하여 여성운동단체는 청소년을 대상으로 다양한 성교육 프로그램을 개발하여 실시하고 있다. 아직 제도교육에서 성교육이 자리잡지 못하였기 때문에 여성운동단체가 성교육을 거의 전담하고 있는 실정이다.

여성운동단체는 사회적으로 불리한 위치에 있어 성폭력의 피해자가 되기 쉬운 큰 집단－모자세대 자녀, 소녀소년가장, 저소득층 지역의 아이들, 소년원의 아이들, 영세민 자녀 등－에 특별히 관심을 가지고 성교육을 실시했으며 특히 여학생들을 위한 성교육을 전문화하여 실시하고 있다.[73] 성폭력예방교육은 유치원생과 초등학생들을 대상으로는 인형극의 형태로 이루어지고 있고 한편으로는 호신술의 형태로도 이루어지고 있다.[74] 이렇듯 여성운동단체의 활발한 활동으로 이제 성(폭력예방)교육은 여성운동단체의 중요한 사업으로 자리잡아가고 있다. 1998년에 여연에서 회원단체를 대상으로 교육사업을 조사했는데 성교육이 단연 압도적이었다.

1990년대 초만 해도 우리 사회에서는 성교육에 대한 사회적 합의가 없었다. 성을 공적 영역에서 다룬다는 것에 대한 거부감과 성교육을 시킴으로써 오히려 자극하는 역효과를 가져오거나 학업을 등한시할 것

---

73) 한국여성의전화에서 시작한 '딸들을 위한 캠프'가 그것이다. 남성중심의 사회에서 자칫하면 기죽어 살기 쉬운 청소녀들에게 능동적이고 당당하게 자랄 수 있도록 프로그램을 마련해 여학생들에게 자신의 몸은 스스로 지킨다는 인식을 심어주고 있다.
74) 여성예술단 '오름'의 성폭력예방 인형극 <하늘이의 비밀>이 전국적으로 공연되고 있다. 호신술교육에 대하여 성폭력예방치료센터(1996)를 참조.

이라는 논리가 지배적이었다. 그러나 성폭력 문제가 사회 문제로 크게 부각되고 특히 청소녀들의 성폭력 피해사례와 이로 인한 임신과 영아 유기 사례가 사회문제화되면서 성교육의 필요성과 정당성이 어느 정도 설득력을 얻을 수 있게 되었다. 성교육이 활성화된 것은 남성중심적인 기존의 성 윤리가 성폭력의 원인이라고 주장한 성폭력운동의 성과이기도 하다.[75]

다년간 성교육 경험을 쌓아온 여성운동단체는 성폭력예방교육을 활성화하고 보다 효율적으로 실시하기 위하여 교육자료와 기구개발에 힘썼다. 교육자료로 성교육 교재, 성폭력예방 지침서 및 성폭력 유형별 자료집을 발간하고 비디오를 제작했다.[76] 여성운동단체는 성폭력예방교육이 제도교육 속에서 이루어져야 한다고 주장하며 이를 조속히 실시하도록 하기 위하여 다각도의 노력을 기울였다. 학교에서 현재 실시하고 있는 성교육의 방향과 내용을 검토하고 대안을 제시하는 자리를 마련하여 양호교사 및 상담교사들을 대상으로 올바른 성교육을 위한 교사간담회 혹은 교사 포럼, 그리고 학교 성교육의 제도적 정착을 위한 토론회를 열었다(제주여민회, 1996; 한국여성민우회, 1996a; 한국여성단체연합, 19 96; 여성의전화, 1997b). 1998년에는 5개 여성단체(한국성폭력상담

---

75) 최근 성교육을 대중화시키고 성을 공식적인 담론의 장으로 이끄는 데 결정적인 역할을 했다고 평가받는 구성애와 주간 ≪내일신문≫의 공헌도 빼뜨릴 수 없다. 구성애는 여성단체 성교육에도 자주 참가하는 단골 강사이다. 그의 성교육에 대해서는 한국 사회의 성문화와 관련하여, 동성애자 등 성적 소수자들의 입장과 여성학적 입장에서 다양한 평가가 있을 수 있다고 생각한다. 그러나 이 글에서는 지면 관계상 적극적으로는 다루지 않겠다.

76) 광주여성의전화가 1992년에 '자라는 우리 배우는 성'이라는 교재를 발간하였고 인천여성의전화에서도 성교육 강사팀의 1996년 1년간의 공동연구와 학습을 모아 초급(학습자료), 중급(강의안) 자료집을 제작하여 성교육 자료집 제작사업에 좋은 모델이 되고 있다. '내일신문 성상담소'도 청소년과 예비직장인 대상 성교육 자료집을 만들었고 성폭력예방치료센터(1997), 한국여성민우회(1996b, 1997a), 한국여성의전화(1993, 1997c)도 성교육 교재와 성폭력예방 비디오를 만들었다. 그러나 다른 어느 단체보다도 가장 활발하게 성폭력예방 자료를 만든 단체는 한국성폭력상담소이다. 한국성폭력상담소에서 나온 자료에 대해서는 참고문헌 참조.

소, 여연, 한국여성민우회 부설 가족과 성상담소, 한국여성사회교육원, 한국여성의전화연합)와 2개 교육관련단체(인간교육실현학부모연대, 참교육을 위한 전국학부모회)가 보건복지부에 청소년에 대한 성교육 및 성폭력예방에 필요한 교육에 관한 시행령 제정을 건의하는 건의문을 제출하였다. '학교 성교육의 제도적인 정착을 위한 건의문'에서 여성단체는 청소년들이 각종 유해환경에 적절히 대처하고 건전한 성의식을 갖도록 하며 어린이와 청소년에 대한 성폭력을 예방하고 책임 있는 성행동 능력을 키우기 위해서 체계적이고 지속적인 성교육이 학교 안에서 이루어져야 한다고 주장하며 교육부에 학교 성교육을 제도화하는 데 적극 나설 것을 촉구했다(「여연 11차 정기총회」: 79쪽).

7) 소결

1990년대 성폭력운동의 주요 흐름은 성폭력을 '노동탄압'이나 '민주화탄압'이 아닌 성별(gender)간의 권력 관계로 인해 발생하는 '여성의 성(sexuality)에 대한 침해'로 규정하고 있다. 또한 성폭력을 성관계로 보는 기존의 관념에서 벗어나 권력 관계로 인식하도록 함으로써 성폭력 사건에 늘 따라다니는 피해자 비난과 피해자들에 대한 사회적 강간을 차단하고, 성폭력은 개인적인 문제가 아니라 양성의 불평등을 전제로 유지되면서 이를 지속적으로 만들어내고 있는 가부장제의 문제라는 것을 분명히 하였다. 이는 1980년대 성폭력운동과 비교할 때 대단한 변화라고 할 수 있다.

1990년대를 관통하는 이 흐름이 여성운동 전체에 미친 영향은 대단히 크다. 성폭력은 여성 문제를 남녀의 권력 관계로 파악할 수 있는 가장 설득력 있는 여성억압 사례였다. 성폭력 사건을 통해 여성(운동가)들은 여성과 남성의 경험과 시각이 다를 수밖에 없다는 것을 깨닫게 되었다. 성폭력은 여성운동이 1980년대와 달리 남성중심적인 민주화운동 세력으로부터 독자성을 가질 수 있도록 하는 인식론적 근거가 되었다.

무엇보다도 중요한 것은 다양한 여성운동단체들이 여성에 대한 성적인 폭력을 성별 정치학(gender)의 문제로 인식하고, 사안별 연대 투쟁을 벌이는 과정에서 '여성 전반'의 정체성이 구성되었다는 점이다. 나아가 민족과 국가를 넘어 국제적으로 '여성'의 이름으로 연대하게 된 것이다(조주현, 1996: 154). 성폭력운동의 활성화는 (계급, 민족 등이 아닌) 여성의 정체성에 입각한 여성운동을 활성화시켜 여성운동 전반에 변화를 가져왔다. 성폭력은 여성 체험의 공통성을 확인시킨 것이다(장필화, 1996).

이 흐름은 '정치'의 개념과 '공사 영역'의 개념에 변화를 가져왔다. 성폭력운동을 통해 개인적 차원의 경험이 사회화되었고, 개인 문제의 정치화는 기존의 공적 정치 개념에 변화를 가져왔다. 사적인 영역에서 일어나는 개인간의 폭력 사건이 사실은 그 개인들이 속해 있는 집단의 권력 관계를 반영하는 것이고 따라서 이런 권력 관계에 대한 조명 없이 사건에 대한 이해는 물론 해결도 불가능하다는 것이 밝혀지게 된 것이다. 이런 의미에서 1990년대 성폭력운동은 '개인적인 것은 정치적인 것이다'라는 급진적 페미니스트의 논지를 우리 사회에서 실천하는 과정이었다고 할 수 있다. 또한 성폭력특별법운동을 통해 여성운동이 남성중심적인 국가 권력의 성격을 바꿀 수 있다는 것도 보여주었다. 여성운동의 힘을 바탕으로 국가와의 협상을 통해 여성에게 불리한 법, 제도를 바꿀 수 있고 피해 여성들을 보호할 사회적 장치를 마련할 수 있다는 것을 경험함으로써 여성운동에 하나의 대안을 제시한 셈이다.

끝으로 1990년대 여성운동단체중심의 성폭력운동은 개인 여성운동가, 여성운동단체, 피해자 그리고 변호인 등 운동 주체들의 집단적인 연대를 공고히 하는 계기가 되었다. 우선 사건이 일어날 때마다 관계되는 모든 단체들이 모여 대책위를 구성하였고 이런 연대활동을 통하여 여성운동단체간의, 여성운동단체와 지역 사회단체 간의 연대가 형성되는 계기가 마련되었다. 여성운동단체들은 저임금과 열악한 활동환경에서 헌신적으로 활동했다. 이러한 헌신적인 투쟁을 통하여 여성단체에 대한 사회적 신뢰가 형성되기 시작했으며 사건 해결을 통해 여성운동단체의 영향력이 증대되었다. 또한 피해여성과 여성운동가 사이에 유대감과 자매애가 형성되어 '여성연대' 구축에 전망을 제시했다. 사건해결 과정에서 많은 변호사들이 여성문제의 특수함을 깨닫고 어떻게 대처해야 하는가를 배우는 계기가 되었다. 성폭력 문제의 법적인 해결은 여성운동세력의 지지와 투쟁 없이는 어렵다는 것이었고 이 과정에서 변호사들은 자연스럽게 여성운동가가 되었다. 성폭력운동은 변호사뿐만 아니라 경찰, 의료인, 공무원, 사회복지사들에게 여성문제를 제기했고 우리 사회 전반에 여성주의적 시각을 제공했다. 특히 현재 충북 옥천경찰서장으로 재직하고 있는 우리나라 최초의 여성경찰서장 김강자는 사건 해결, 피해자보호 등 여성단체 활동에 실질적이고도 헌신적인 많은 도움을 주었다.

그러나 성폭력운동단체의 조직이 커지고 재정규모가 커지면서 여성문제에 대한 감수성, 기민성, 운동성이 줄어들 위험이 커지고 있다. 법이 마련되고 국가가 여성운동단체를 협상의 상대로 보게 되었다고 해서 성폭력이 줄어드는 것은 아니다. 기존의 운동조직과 방식으로 효율적으로 대처할 수 없을 만큼 성폭력은 점점 더 교묘해지고 다양해지고 있으며 우리 삶의 '일상'이 되고 있다. 기존 단체가 접근하기 어려운 틈새를 공략하는 보다 급진적이고 다차원적인 운동 방식이 요구되고 있다.

4. 성폭력운동의 다양한 전개

1) 대학 내 성폭력운동과 1990년대 여학생운동

1990년대 여성운동단체가 전개한 성폭력운동이 대중화, 제도화되고 있는 동안 대학을 중심으로 새로운 성폭력운동이 태동하고 있었다. 이 새로운 흐름과 함께 90년대 성폭력운동은 새로운 국면에 접어든다.

(1) 성폭력운동의 급진적 대안

1990년대 중반에 새롭게 형성되기 시작한 대학교중심의 성폭력운동은 내용과 방법에 있어서 90년대 여성운동단체나 1980년대 학생운동 세력이 참여했던 성폭력운동과는 다른 양상을 보인다. 먼저 '성폭력' 개념에 대한 보다 급진적인 논의가 진행되었다. 종래 사용되던 여성의 성(sexuality)에 대한 침해로서의 성폭력 개념이 그대로 유지되기는 하였지만 이 개념이 실제적 차원에서만이 아니고 상징적인 차원으로까지 확장되었으며 '여성의 성적 자율권의 침해'가 '여성권의 침해'로 확장·강조되었다.

또한 운동의 대상이 일상적인 문제들로 확대되었다. '누구나 이야기하는, 그러나 아무도 말하지 않는 것들'로서의 성폭력이 운동의 대상이 되고 있다(돌꽃모임, 1998: 1). 여성을 억압하는 권력은 개인의 삶 바깥에 따로 존재하는 것이 아니라 개인들의 삶 구석구석에 산재해 있기 때문에 성폭력은 찾아야 할 '특수한 사건'이 아니라 차라리 우리 삶의 일상이라는 것이다. 대학을 중심으로 일어난 성폭력운동의 새로운 흐름은 일상 자체가 정치의 장이라는 인식하에 일상화된 성폭력에 시비 걸기를 시작했다. '일상에 시비 걸기' 위해서는 방법도 기존의 운동과 다를 수밖에 없는데, 기존의 여성운동단체가 조직적이며 통일된 방식을 취했다면 대학 내 성폭력운동은 개별적이고 비조직적이다. 이는 '제도'와 투쟁하기 위해서는 운동 주체의 규모나 권위가 큰 것이 유리하지만, '일상'에 도전하기 위해서는 기동력 있고 기민한 개체들이 더 효율적이기 때문이다. 조직을 갖춘 운동단체가 감지할 수 없는 '틈새'를 재빠르게 공격하기 위해서는 큰 몸집과 '조직'은 오히려 부담이 된다.

(2) 대학 내 성폭력운동의 배경

1990년대 사회주의권이 몰락하자 학생운동권이 변화하기 시작하였다. 즉 사회일반에서의 경향과 마찬가지로 1980년대에 치열하게 민족민주운동을 하던 남성중심의 학생운동권도 좌표를 잃고 흔들렸다. 학

생들은 빠르게 개별화, 개인주의화되어 갔고 거대담론이 무너지면서 그
자리를 그간 '민족'과 '계급' 모순에 환원되어 독립적으로 거론되지 못
했던 사회적 이슈가 대치하기 시작했다. 1980년대 말부터 부각되기 시
작한 성담론과 성폭력 등의 이슈가 대학생들에게도 중요하게 다가왔다.
　대학에서는 여학생들을 중심으로 여성운동의 새로운 흐름이 형성되
고 있었다. 1990년대 중반부터 대학 내에 새로운 흐름들이 등장하기 시
작했다. 진보세력을 자처하는 학생운동권도 철저히 남성중심적이어서
여성 문제를 진지하게 다루지 않으며, 다룰 의지나 능력도 없음을 비판
하면서 독자적인 여성운동을 전개하는 세력이 등장하기 시작한 것이다.
　1990년대 중반 게이 지식인에 의해 제기된 성 정치의 영향과 대학 내
에서 발생한 각종 성폭력 사건이 사회문제화(대표적으로 이화여대에서
의 고대생 난동사건)된 것도 대학 내 여성운동세력에게 영향을 미쳤다.
재미와 로맨스, 깽판으로 위장한 성폭력, 공권력에 의한 진압과정에서
의 성추행, '스승'에 의한 성폭력, 성폭력적인 미팅 제안, 통신 공간에
서의 성폭력, 심지어 운동권 내에서의 성폭력 등 각양 각색의 성폭력이
대학을 '없는 것이 없는 성폭력의 박물관'으로 만들었다[학내 성폭력
근절과 여성권 확보를 위한 여성연대회의(이하 여성연대회의), 1997].
　특히 남자 운동권 학생에 의한 성폭력 사건과 이에 대한 기존 학생
운동권의 태도는 대학 내 여성운동세력의 여성주의적 시각을 더욱 확
고하게 하였다. 가해자에게 책임을 묻기보다 '운동권 망신론' 등을 내
세워 사건을 은폐하려는 이들의 태도는, 남성들은 여성 문제에 있어서
진보와 보수세력 간에 별 차이가 없음을 보여주었다. 1998년 고려대와
성균관대 총학생회장이 성폭력 사건으로 회장직을 사퇴했을 때도 마찬
가지였다(김현영, 1998: 54). 진보진영이 남녀 관계와 성의식에 있어서
얼마나 가부장적인지를 확인함으로써 여학생들은 학내 성폭력운동의
필요성을 더욱 절감하게 되었고 운동에서 더 급진적이 되었다.

2) 성폭력 개념의 확장와 급진적 성폭력운동

(1) 고대생 집단 성폭력 사건과 성폭력 개념의 확장

1985년 이화여대 대동제가 외부인에게 개방된 이래 12년간 고대생을 비롯한 타대학의 남학생들의 난동이 지속되었고 이화여대는 이에 대해 끊임없이 문제제기를 해왔다. 그러던 중 1996년 이화여대 대동제 마지막 날 오후 6시경 폐막제가 진행되는 중에 500여 명의 고대생들이 고무장갑을 끼고 호루라기를 불며 이화광장을 점거하고 집단 난동을 부리는 사건이 발생했다. 한 학생이 '운동장!'을 외치자 순식간에 많은 학생들이 행사가 진행중인 운동장으로 떼지어 진입했다. '지킴이'로 구성된 몇몇 이화대학 학생들이 저지했지만 이들은 기차놀이 대형으로 무작정 돌진하였다. 운동장을 가로질러 뛰어다니며 이화여대생들을 밀치고 넘어뜨렸다. 이 과정에서 많은 이화여대생들이 찰과상을 입거나 멍이 드는 부상을 입었다. 이 대학 약학과 3학년 여학생이 고대생에 의해 머리채를 잡히고 가슴 위쪽 부분을 폭행당했고, 학보사 기자는 고대생이 사다리를 밀치는 바람에 사다리에서 떨어지기도 했다. 난동 속에서 수많은 이화인들이 육체적, 심리적 피해를 입었다. 대동제 폐막제는 순식간에 아수라장이 되었다.[77]

이 사건은 '폭력'과 관련하여 학생들의 징계 문제를 놓고 두 학교 관계자들을 곤란하게 만들었고 이대쪽이 단순 '폭력 사건'이 아닌 '성폭력 사건'으로 성토하며 언론에 보도함으로써 두 학교간의 감정싸움으로 비화되기도 하였다. 이대생들은 이 사건을 '성폭력'으로 규정하며 고대생들을 성폭력범으로 비난하였고, 고대생들은 기껏 양보해야 '깽판'이지 어떻게 '성폭력'이냐고 반박했다. 이 사건을 명백한 '집단 성폭력'이라고 규정한 여성운동가들은 사건을 정확히 규정하는 것은 '상황에 대한 정치적 분석인 동시에 정치적 실천까지도 강제하는 것이기 때문'에

---

77) 이화여성위원회(1997a: 70, 1997b: 16-22). 이 사건의 후속조치에 대해서는 여성연대회의(1998: 47-48)를 참조.

이 사건이 '깽판, 놀이'인지 '성폭력'인지 규정하는 것은 대단히 중요하다고 주장하며 이 사건의 정치적 의미를 강조했다(김지혜, 1996: 107). 장필화는 이 사건을 성폭력 문화의 대표적인 예로 보았다. 폭력이 익명성으로 포장되거나 은폐될 때, 폭력을 행사하는 사람은 이후에 더 큰 폭력을 행사하거나, 죄의식을 느끼지 못한다. '무리'라는 익명성을 방패로 한 집단 폭력사태와 아내구타가 그 좋은 예이다(장필화, 1996a).

이 사건에 대한 규정을 둘러싸고 성폭력 개념 논쟁이 불붙었고 성폭력 개념이 확장되는 계기가 되었다. 그러면 어떤 의미에서 이 사건이 '성폭력'인가? 고대생들의 행동은 종래 우리가 성폭력의 성립 요건이라고 생각했던 성적인 행동은 아니다. 광의의 성폭력 개념을 사용하여 음담패설 등 언어폭력을 성폭력으로 본다해도, 우르르 몰려다니고 기차놀이를 한 것을 성폭력으로 볼 수 있느냐는 문제가 제기될 수 있다.

이 사건을 '성폭력'으로 규정하고 있는 이화여대 학생들에 의하면 고대생들이 이대에 올 수 있었던 것은 이대가 여성들만의 공간이기 때문이다. 또 고대생들이 용감할 수 있었던 것은 그들(남성)이 이대(여성들의 공간)에서 구타나 성폭력 등으로 여성을 무력화시킬 수 있다는 자신감이 전제되어 있기 때문이다. 즉 고대생들의 이대에서의 난동은 그 장소가 여성들만의 공간이고 그 여성이 남성(고대)보다 물리적인 면에서나 사회적인 면에서 약자이기 때문에 가능했다는 것이다. 이런 난동을 통해 고대생은 남성성을 과시하고 남성 정체성을 확인한다. 상징적 의미에서 고대생들의 난동은 이대 캠퍼스라는 물리적 공간에 대한 침해라기보다 '이화인'이라는 정체성과 여성들의 공간에 대한 침해이다. 고대생들의 집단 난동으로 이화라는 공간을 구성하고 있는 여성들은 육체적 피해뿐 아니라 심리적 위압감과 불안감을 갖게 된다. 이런 맥락에서, 이 사건은 '물리적, 사회·정치적 권력의 우위를 점하고 있는 남성집단이 여성으로 구성된 집단에게 가한 의도성 짙은 위협행위이며 폭력행위'인 것이며 따라서 강간을 '모든 남성들이 모든 여성들을 공포의 상태에 있게 하기 위한 위협'이라고 본 브라운밀러 식의 정의에 의해 이 행위는 명백한 집단 성폭력인 것이다(브라운밀러, 1975: 18, 이화여성위원회, 1997a: 72). 즉 성적(sexual)인 의미에서의 구체적인 폭력행위가 없고 피해자들이 느낀 모욕과 분노가 '여성으로서의 모욕'이지 '성적 모욕'이라고 보기 힘든 이 사건이, 상징적인 차원에서 성폭력이 될 수 있다는 것이다. 이 사건은 어떤 행위가 실제로 성적인 폭력을 행사하지 않았더라도 은유로서 성폭력일 수 있다는 것을 밝힘으로써 성폭력에 대한 이해를 높이는 데 기여했다. 또한 평화시에 '놀이' 차원에서 진행되는 남성들의 일상적인 폭력문화에 우리 사회가 얼마나 관대하며, 무감한지도 보여주었다. 남성들의 폭력문화에서 끔찍한 성폭력은 갑자기 일어나는 것이 아니고 바로 이러한 일상적 폭력의 연속선상에서 일어나고 있다.

이 사건은 '들꽃모임'이라는 소규모 게릴라 여성운동그룹이 만들어지는 계기가 되었다. 이 사건이 났을 때 이화대학 학생들이 대책모임으로 제안한 서울지역 각 대학의 여성운동 단위의 결합체가 바로 '들꽃모임'의 시발이다. 들꽃모임은 소규모 비조직적인 성폭력운동의 대안을 제시함으로써 대학생 성폭력운동체들의 하나의 모델이 되었다(이화여성위원회, 1997b: 44-45).

(2) 공권력에 의한 성폭력을 보는 새로운 관점

고대생 집단 성폭력 사건이 일어난 지 두 달 뒤인 1996년 8월 연세대 한총련사태 진압과정에서 시위참가 여대생이 성추행을 당한 사건이 발생했다.[78] 전경들이 학생들을 연행하는 과정에서 여학생들의 가슴을 주무르고 엉덩이를 만지는 등의 성추행과 성적인 폭언을 자행했던 것이다.

지나가는 애들 순서대로 가슴을 덥석 잡아가지고 뜯고 … 옆에 있던 딴 사람은 엉덩이를 전문적으로 만지는 사람 따로 있었구요 … 전경들이 계속 이야기하는 게 가슴이야기, 몸매이야기, '얼굴 좀 들어봐라!' … 전경들이 얘기를 하는 게

---

78) 한총련 강제진압사태는 헬기 12대, 전경 84중대 1만여 명이 동원되어 학생 3,239명을 비롯 총 5,601명이 연행된 전쟁을 방불케 하는 사건이었다.

'사수대 애들한테 맨날 몸 대주지 않냐?' … 그 애가 울었더니 그 애를 곤봉으로 때리고 그런 식으로 계속 욕설이 되고 그랬어요(여성연대회의, 1997: 48-49).

성추행 사건 제보 후 여연은 다각적인 대처 활동을 전개했으나[79] 이러한 노력에도 불구하고 무혐의 처리되었다. 여연은 다른 인권단체와 함께 규탄대회를 가졌고(4. 3) 6월 5일 서울고등검찰청에 항고장을 접수했으나 결국 항고가 기각되어 법적 대응을 더 이상 할 수 없게 되었다. 여연은 성명을 통해, 정부가 1995년 북경여성대회에서 전쟁중에 발생한 여성에 대한 성적인 폭력은 분명히 범죄 행위임을 확인한 것과 일본에 의해 자행된 성폭력에 대해(정신대 문제) 정부가 법적 배상을 요구해온 사실을 상기시키면서 표리부동한 정부의 정책을 비난했다(여연, 11차 정기총회 보고서: 109-110).

여연은 이 사건을 민주화세력을 탄압하는 공권력의 횡포라기보다는 전쟁중에 일어나는 성폭력과 같은 성격으로 보았다. 피해자인 여대생들 또한 민주화탄압에 분노하는 것이 아니라 '성추행당했다'는 것과 '인간 이하의 대접을 받았다'는 것에 분노하고 있었다(여성연대회의, 1997: 48-49). 여대생들은 이 사건의 원인을 '비윤리적인 전경'이 아닌 '남성중심사회'에서 찾아야 한다고 주장했다(성연구모임, 1997a: 12). 이 사건은 여성을 남성의 소유물로 보면서 '보호해야 할 정조'와 '보호하지 않아도 될 정조'로 구분하고 있는 가부장제를 배경으로 하고 있다. 당시 한총련 시위에 가담한 여학생들은 집에 얌전히 앉지 않고 '빨갱이 운동'에 가담한 '보호받지 않아도 될 정조'로 간주되었던 것이다. 또한 정부가 한총련을 이적 단체로 규정하였기 때문에 한총련의 남학

---

79) 회원단체와 함께 성추행 진상조사 및 책임자 처벌을 요구하는 서명운동, 진상조사 기자회견(9. 13), 공권력에 의한 여학생 성추행 사건의 진상규명과 책임자 처벌에 관한 건의문 제출(9. 20), 성추행 진상조사를 촉구하는 피켓시위(10. 15), 연세대 종합관 진압경찰, 현장진압 책임자, 총지휘자인 박일룡 경찰청장에 대한 고소 고발장 접수(11. 21) 등 적극적인 대처를 했다. 또 1997년 2월 26일에는 검찰에 공정수사 촉구서를 제출하였다(여연, 인권운동사랑방, 전국연합 공동제출).

생들은 공권력의 적이었고, 여학생들은 '적들의 여자'였다. 전쟁중에 여성에게 가해지는 성폭력도 이와 같은 논리인 것이다.

이 사건을 계기로 대학 내 성폭력운동 세력간의 연대가 형성되었다. 9개 학교의 여성운동 단위가 연대하여 '공권력에 의한 성폭력 대책위'를 구성하였다. 이 대책위를 중심으로 공권력에 의한 성폭력 대토론회, 서명운동, 문화제 등이 전개되었다. 대책위가 모태가 되어 학내 성폭력의 심각성과 각 학교별 대응의 어려움을 들어 '학내 성폭력 근절과 여성권 확보를 위한 여성연대회의'(이하 여성연대회의)를 구성하게 되었다.

(3) 대학 내 성폭력과 성폭력학칙제정운동

1990년대 후반부터 대학 내 성폭력 사건이 적극적으로 문제화되기 시작했다.[80] 1996년 국민대에서 교수와 대학원생이 성폭행으로 맞고소한 사건이 있었고, 성균관대에서는 1997년 3월 자취방에서 남학생이 여학생을 성폭행한 사건이 있었다. 1997년 5월 28일 검찰은, 지도교수의 성희롱 문제로 총장에게 진정서를 제출한 제자를 명예훼손 혐의로 고소한 서울대 약대 구양모 교수를 무고 혐의로 전격 구속했다. 현직 교수가 성희롱 사건과 관련해 구속된 것은 처음이었다. 학교 내 성폭력 문제의 공론화와 더불어 이에 대처하는 움직임이 여러 방향에서 진행되었다.

구양모 교수 사건으로 인해 서울대에서는 교수 집단의 자정 움직임으로 교수협의회 차원에서 윤리위원회 구성이나 윤리장전 제정 주장이 있었다. 또 1997년 3월 성균관대생의 성폭행 사건을 계기로 성균관대 교수 10명이 4월 중순에 재발방지를 위해 성폭력대책위원회를 구성했다. 서울대는 학생생활연구소를 통해 '성적 괴롭힘에 대한 정책안'을 마련하고, 교내에서 발생한 성 문제를 조사할 진상조사위원회 구성을 논의했으며 최초로(1997. 9) 「성적 괴롭힘 예방 지침서」를 3만5천부 제작하여 교직원과 학생들에게 배포하였다. 성균관대는 성폭력 문제와

---

80) 성폭력사례모음이 여성연대회의(1998: 44-48)와 성연구모임(1997: 16-18)에 있다.

예방에 대한 교양강좌를 개설하기도 했다. 전북대의 경우 여학생들의 제안을 학교측이 긍정적으로 받아들여, 성상담소를 설치하여 기존의 학생상담소와는 별도의 공간과 인력을 배치해 운영함으로써 전문성과 비밀보장에 주력했다(1997. 4). 동아대도 기존의 학내 성폭력상담소에 성폭력신고센터를 설치, 운영하도록 했으며 학생들의 의견을 반영하여 최초로(1997. 4) 대학 내 성폭력 가해자에 대한 처벌과 성폭력예방을 목적으로 대학 내 성폭력 규정을 학칙에 도입하여 성범죄를 저지른 사람—학생, 교직원, 교수—은 정도에 따라 파면, 제적, 직위해제, 감봉, 벌금, 공개사과 등의 처벌을 받게 했다.

학내 성폭력이 학생들의 학업에 지장을 주고 심지어는 학교생활을 포기하게까지 하기 때문에 학생들은 '피해자의 입장에서, 여성의 입장에서, 학생들의 입장에서'라는 학칙을 제정할 것을 주장하고 있다.

3) 일상화된 성폭력에 시비 걸기

대학을 중심으로 성폭력운동을 전개하고 있는 여성운동가들은 성폭력이 우리의 삶 곳곳에 퍼져 있는 일상이라고 인식하고 있다. 따라서 그들은 일상에서 여성을 배제시키는 모든 것들을 문제삼고 '시비 걸기' 시작했다(여성연대회의, 1997: 19-49). 이들이 갖고 있는 소위 '운동'에 대한 생각은 다음의 글에서 잘 나타나 있다.

일상의 불편함에 돌을 던지는 일은 매우 즐거운 일이다. 능력이 탁월하지 않아도, 거창한 단체이름을 갖고 있지 않아도, 심지어는 돈이 많지 않아도 할 수 있는 일들이 아주 많다(시간은 좀 필요하다). 꼭 유일하고 폼나는 해결책으로 세상을 놀래키지 않아도 된다. 문제를 해결해야 한다고 내가 생각하는 해결의 실마리는 이것이라고 말하면 된다. 누구나 알고 있는 불편함에 대해 아무도 말하지 않는 것이란 얼마나 답답한 일인지…. 차라리 조금 썰렁해질 것을 각오하더라도 목소리 톤을 조금 높여서 말했으면 좋겠다. 이 세상의 구원자가 나여야 한다는 소명의식따위도 필요없다. 단지 죽이 맞는 친구 몇 명만 있다면…'(돌꽃모임, 1998: 1).

이들은 기존의 조직적이고 체계적인 운동방식보다 비조직적이고 개별적인 운동방식을 취하고 있다. 이러한 새로운 운동방식은 1990년대 중반 이후 새로운 운동주체의 등장과 함께 가능했다. 90년대 중반부터 서울의 몇몇 대학가를 중심으로 소수의 대학생, 직장여성, 자영업자 등이 스스로를 '여성'으로 또 '페미니스트'로서 강하게 동일시하면서 소모임 형태로 활동하고 있다. 이들은 소위 '게릴라' 운동가들인데 '게릴라식 운동'이란 모습을 드러내지 않고 갑자기 나타나 문제제기를 하고 사라지는 것이다.

집회방식으로 풀 수 없는 사건이나 사례 등에 신속하게 대처하고 일상적으로 일어나는 '사소한' 문제를 운동의 대상으로 삼는다. 이들 '게릴라' 성폭력운동가들은 성폭력이 자행되고 있는 철거지역이나 지하철에 나타나 성폭력 추방을 위한 퍼포먼스를 하고 사라지곤 했다.

1997년 9월 30일 성동구 행당동 1-2 재개발지구에서 재개발조합이 고용한 철거반원이 철거과정에서 부녀자를 성폭행한 사건이 벌어졌다 (≪여연 소식≫ 11: 30-31).[81] 이 사건에 대해 여연은 여성의 성을 강제철거의 도구로 사용하고 있는 재개발조합을 비판하며 진상조사와 관련자 처벌 및 피해보상을 요구하는 성명서를 발표했다. 여성연대회의는 여연과 함께 공대위를 구성하고 규탄 및 책임자 처벌을 위한 집회를 개최하여 철거과정에서의 성추행 사례를 발표하고 철거폭력과 성추행 추방 기원 퍼포먼스를 했다.[82]

게릴라성폭력운동가들은 지하철 내에 만연해 있는 성폭력을 추방하는 일에도 앞장섰다. 이들을 일본에서 실시하고 있는 지하철 성추행 경고방송에서 힌트를 얻어 지하철 성폭력추방운동을 계획했다. 운동이

---

81) 강제철거과정에서 여성에 대한 성폭력이 일어난 것은 이번이 처음이 아니다. 1994년 4월 29일 하왕 2-1 재개발지역철거반 폭력배의 성추행 사건과 1995년 5월 2일 '봉천 7-1 재개발지구 내 철거반원들의 세입자 주부에 대한 성추행 사건이 있었다.

82) 여연, ≪제12차 정기총회 보고서≫(160-162), 여성연대회의(1998: 9).

효율적으로 진행되기 위해 기존의 여성단체의 도움이 필요하다고 생각
해 한국여성민우회와 함께 일을 추진하게 되었다. 한국여성민우회 여
성노동센터와 돌꽃모임은 우선 1997년 12월에 지하철 내 성폭력 실태
를 파악하기 위해 공동으로 설문지를 제작, 배포하였다. 다음해 1월에
1000여 부를 수거하여 분석한 결과 지하철 여승객 75% 이상이 성추
행 경험이 있는 것으로 나타났다. 이 자료를 근거로 지하철공사에 경고
방송을 요구했고 서명작업을 통해 지하철공사의 강력한 성추행방지노
력－광고방송, 스티커, 포스터, 지하철수사대 확대, 비상벨 설치 등－을
요구했다. 특히 방송을 통해 성추행은 범죄라는 것을 명시하는 것이 중
요하다고 생각하여 강력히 요구했다. 이 요구를 관철시키기 위하여 돌
꽃모임은 신촌역과 이대역, 그레이스 백화점, 시청역, 을지로역에서 퍼
포먼스와 피켓팅을 벌였다. 지하철 공사는 언론의 홍보와 이러한 여성
단체의 압력으로 방송을 실시했으나 방송문안이 ‘성추행’이라는 용어
가 빠진 채 애매모호한 상태이고 홍보물에도 법적 처벌조항이 기재되
지 않았다.83) 이에 경제정의실천시민연합, 서울 YMCA, 참여연대, 여
연이 공동으로 ‘지하철 성추행방지 대책수립을 위한 공개요구서’를 발
표하여 서울시와 서울특별시 지하철공사로 하여금 ‘성추행은 인권을
침해하는 범죄행위’라는 문귀를 방송할 것과 지하철 출입문에 성추행
을 예방하는 내용의 스티커를 부착할 것, 그리고 현재 안내방송을 담
당하고 있는 승무원이 보다 적극적으로 방송에 임할 수 있도록 성폭력
교육을 실시할 것을 요구했다(1998. 4).84)

지하철 성추행방지운동은 공공장소에서의 여성에 대한 성추행에 대
한 경고를 공개적으로 함으로써 그런 행위가 더 이상 묵과되지 않는
범죄라는 것을 사회적으로 분명히하는 효과를 가져왔다.

---

83) 박봉정숙, 「성추행 빠진 지하철 성추행 방지방송 앙꼬 없는 찐빵이다」(《평등》
    10: 39).
84) 활동보고가 《여연 소식》(13: 24)과 돌꽃모임(1998)에 있다.

4) 소결

성폭력운동은 다양한 방식으로 진행되고 있다. 1990년대 중반에 대학을 중심으로 형성되기 시작한 성폭력운동은 기존의 성폭력운동과 차이를 보이고 있다. 기존의 운동이 사건이나 제도에 초점을 맞추었다면 새로이 생겨나는 급진적 운동은 '일상'이나 '문화'에 초점을 맞추고 있다. 또 기존의 운동이 이성애 제도를 전제한 상태에서 이루어졌다면 이들은 이성애 제도 자체에 대한 문제의식을 가지고 있다. 이성애 제도는 가부장제를 유지시키는 주요 장치라고 인식하면서 성폭력은 그것의 필연적 결과로 본다. 이들의 활동은 점차 제도화되어 가고 있는 1990년대 여성운동단체의 성폭력운동과는 다른 질적인 변화를 의미한다. 성폭력이 성별정치학의 문제로 등장한 지 얼마 되지 않아 여성주의로 무장한 여학생들에 의해 그 내용과 방법에서 급진적인 발전을 보게 된 것이다.

5. 나오는 말

이제까지 15년에 걸친 우리나라 성폭력운동의 발자취를 더듬어 보았다. 그 발자취를 거슬러 따라가면서 우리는 많은 사람들을 만났다. 한편에는 범죄를 저지르고도 당당한 성폭력 가해자들, 그들을 옹호하는 권위적인 변호사, 검찰, 경찰 그리고 판사가 있고 다른 한편에는 분노하는 피해자들, 이들의 가족과 친구, 이들을 돕고 있는 변호사들 그리고 여성운동단체 소속의 운동가들과 막 등장하기 시작한 게릴라 투사들이 있다.

성폭력운동은 여성운동의 어떤 분야보다도 활발하게 진행되었다. 비록 1980년대 민족민주운동의 시대에 독자적인 운동으로 발전하지는 못하였지만 90년대에 와서는 성과 성폭력이 사회적으로 주요한 이슈로 등장하게 되었고 성폭력운동이 여성운동 전반을 주도할 정도로 활발히 전개되었다. 성폭력운동이 오늘에 이르기까지 가장 큰 공헌을 한 집단이 있는데, 바로 개인의 고통을 극복하고 용기 있는 '드러내기(coming out)'를 하여 피해사실을 말하기 시작한 피해자들이다. 이들의 용기가 없었다면 성폭력운동은 이렇듯 성공적으로 이루어지지 못 했을 것이다. 또 사건이 날 때마다 마치 자기 일처럼 현장에 달려가 싸우고 시위하고 농성한 '이름 없는' 여성단체의 회원들과 실무자들도 큰 공헌을 했다. 이들의 헌신과 정열이 없었다면 성폭력운동은 존재하지 않았을 것이다.

이제 우리 사회에서 성폭력은 더 이상 개인의 문제가 아니라 가부장적 사회구조의 문제로 인식되고 있다. 또한 세계 여성인권운동의 흐름이 소개되기 시작하면서 성폭력에 여성인권 개념이 들어가기 시작했고, 성폭력은 성차별에 바탕을 둔 여성인권의 침해로 부각되었다.

1990년대 초만 해도 '성폭력'이라는 용어는 입에 올리기조차 힘들었는데 이제는 일상적인 사회 문제가 되었다. 사법연수생들이 여성운동단체에 와서 교육받는다거나 대학에서 NGO(비정부 기구, non-governmental organization)활동에 관심을 갖기 시작했다거나 직장에서 연 1회 강의(직장 내 성희롱)가 의무화되었다는 것은 성폭력운동이 이제 제도권 안에서 자리를 잡았다는 것을 의미한다. 또한 성폭력운동은 타학문(상담학, 간호학, 사회복지학, 교육학, 심리학, 가정학, 사회학, 신학, 법학, 의학 등)에 성인지적(gender perspective), 여성주의적인 관점을 도입시켰다. 여성운동이 학술 영역에 변화를 가져온 것이다. 특히 1980년대, 여성의전화가 성폭력을 다룬 최초의 여성단체로서 국가가 당연히 해야 할 일을 대신했음에도 불구하고 '재야 단체'라며 기관원이 상주하는 등 탄압을 받았던 것에 비해, 한국성폭력상담소는 90년대 상대적으로 확장된 시민사회 공간에서 경찰, 공무원, 법조계, 학계에 많은 영향을 미쳤다. 지방의 성폭력운동단체들도 마찬가지로 지역사회 전반에 큰 영향을 미쳤다. 이는 성폭력 여성운동단체들이 전문성을 가진 NGO로서 어떻게 사회변화에 기여하는가를 보여주는 좋은 사례라고 생각한다.

그러나 이러한 발전에도 불구하고 아직도 문제시되지 않은 성폭력들이 많이 있다. 부부 사이에 일어나는 강간은 가족을 신성시하는 문화 속에서 문제시되지 않고 있고, 성매매여성에 대한 강간은 거론조차 되지 않고 있는 실정이다. 앞으로의 성폭력운동은 성매매여성, 동성애여성, 장애여성, 외국여성노동자, 탈북여성 등 주변화된 여성집단에게도 관심을 기울여 이중삼중의 억압구조에 있는 여성들의 인권 문제에 관심을 기울여야 할 것이다. 또한 정보화시대에 점점 심각하게 대두되고 있는 가상공간에서의 성폭력에 대해서도 앞으로 여성운동단체에서 특별히 관심을 가지고 대처해 나가야 할 것이다. 성폭력운동은 가족 문제, 성산업의 문제 등과 맞물려 더욱 복잡한 양상을 띠게 될 것이고 이에 효율적으로 대처하기 위해 다양한 방법을 개발해야 하며 보다 급진적이 되지 않을 수 없게 되었다. 여성에게 가해지는 폭력이 다양해지고 있는 현실에서 그 폭력을 포괄할 수 있는 개념이 필요한데 현재 성폭력이라는 용어가 성적인 폭력(sexual violence)을 지칭하는 데 한정되어 있어 앞으로 여성에 대한 다양한 형태의 폭력에 대처하기 위한 운동을 전개하기 위해서 개념 정의에 변화가 있어야 한다고 본다. 지금이야말로 법제정과정에서 논란이 되었던 성폭력의 개념이 다시 논의되어야 할 시점이 아닌가 한다. 협의의 성폭력 개념이 법을 만들고 여성에 대한 성적인 폭력을 사회적으로 이슈화하는 데 대단히 효율적이었다는 것을 인정하지만 성에 대한 폭력과 성차별로 인한 각종 여성에 대한 폭력을 아울러 포괄할 수 있는 개념을 개발하는 것이 앞으로의 과제로 남아 있다.

여태까지의 성폭력운동은 '여성 전반의 정체성'에 기초하여 전개되었다. 그러나 사회가 집단의 정체성을 강조하기보다는 개인의 등장을 강화시킨다면 피해자 여성으로서의 '여성 전반의 정체성' 개념은 더 이상의 유효한 효과를 거두기가 힘들 것이다. 따라서 앞으로 그 정체성이 주도함으로써 부딪치게 될 제한과 억압의 효과들을 제거해 나가는 해체작업도 성폭력운동이 수행해야 할 앞으로의 과제이다(조주현, 1996: 158). 그것은 곧 여성인권 개념의 발전과도 깊은 연관이 있기 때문이다.

참고문헌

강선미·야마시다 영애. 1993, 「천황제 국가와 성폭력: 군위안부 문제에 관한
　　여성학적 시론」, ≪한국여성학≫ 9집, 한국여성학회
고길섶. 1998, 『게릴라: 소수문화들의 정치학』, 문화과학사
광주여성의전화. 1992, 『자라는 우리 배우는 성』, 여성신문사
구성애. 1998, 『아우성』, 석탑
김보은·김진관 사건 공동대책위. 1992, 「이제, 더이상 침묵할 수 없다」, 김보
　　은·김진관 사건 자료집.
김부남 후원회. 1993, 「김부남의 107일」, 김부남 후원회, ≪성폭력피해자 김
　　부남소식≫.
김선영. 1989, 『강간에 대한 통념의 수용에 관한 연구』, 이대 여성학과 석사
　　학위 청구논문.
김정희. 1992, 「성폭력관련 개념의 정리를 위하여」, 성폭력 대책 특별위원회
　　(가칭) 내부 워크숍 자료.
김지혜. 1996, 「여성문화에 대한 처벌과 남성성의 획득」, 이대교지편집위원
　　회 ≪이화≫ 55호 가을호.
김현영. 1998, 「내면화된 지배질서, 성별화된 위계질서」, 서울대학교 교지편
　　집위원회, ≪관악≫ 18호.
남충지. 1997a, 「성폭력 특별법 제정을 위한 운동들」, 한국여성의전화 성폭력
　　추방운동사 7, ≪여성의눈으로≫ 10호.
＿＿＿. 1997b, 「넋은 살아 연꽃으로 피거라」, 한국여성의전화 성폭력추방운
　　동사 8, ≪여성의눈으로≫ 12호.
돌꽃모임. 1998, ≪카라오라: 지하철 성추행편≫.
또 하나의 문화. 1991a, 『새로 쓰는 사랑 이야기』, 또 하나의 문화.
＿＿＿. 1991b, 『새로 쓰는 성 이야기』, 또 하나의 문화.
문경란. 1994, 「성폭력과 언론보도」 한국성폭력상담소, '성폭력 해결을 위한
　　진단과 전망', 세계성폭력추방주간 기념 심포지엄(1994년 11월 22일).
박상희. 1993, 「김부남을 떠나보내며」, 김부남 후원회, ≪성폭력피해자 김부
　　남소식≫.
박선미. 1989, 『강간범죄의 재판과정에 나타나는 성차별적 선택성에 관한 연
　　구』, 이대 여성학과 석사학위 청구논문.
박진영. 1996, 「개가 된 날의 오후: 이대 대동제 난동 사건에 대하여」, ≪석순≫

제13집.

배금자. 1995, 『이의 있습니다』, 문예당.

배은경. 1997, 「성폭력 문제를 통해 본 여성의 시민권」, ≪여성과사회≫ 8호.

변혜정. 1999, 「성폭력 의미 구성과 여성의 차이」, 한국성폭력상담소(엮음), 『섹슈얼리티강의』, 동녘.

보건복지부 성폭력분과. 1998, 1998년 「제2차 성폭력분과 직무교육」.

보건복지부 한국여성복지연합회. 1998, 「여성복지」.

보벤, 테오 반. 1998, 「군사적 분쟁시 여성의 인권」, '아시아의 여성인권: 무력갈등과 성폭력', 세계인권선언50주년 기념 국제 세미나, 국회일본군 '위안부' 문제 연구모임·한국여성의전화·한국정신대문제대책협의회·에베르트재단·미국친우봉사회.

부천경찰서 성고문 공동대책위원회. 1987, 「성명서: 권양은 무조건 석방되어야 한다」, 여성의전화 성폭력 자료집.

브라운밀러, 수잔. 1975, 『성폭력의 역사』(1990), 일월서각.

서울고등법원. 1995, 「우조교 사건 항소심 판결문」(1995. 7. 25) 사건번호 94나15358.

서울대조교 성희롱사건 공동대책위원회. 1994, 「침묵에서 외침으로」, 성희롱사건 자료집.

서울대조교 성희롱사건 공동대책위원회·서울대 여성문제동아리협의회. 1994, 「학내 성폭력의 개념과 대책」, 학내 성폭력에 관한 공청회 자료집.

성폭력예방치료센터. 1996, 「성폭력 예방을 위한 생활 호신술」.

_____. 1997, 「아, 내가 그렇게 태어난 거로군요」.

성폭력특별법제정추진위원회. 1991, 「김부남씨 사건을 보는 우리의 입장」, 성명서(1991.8.23).

성폭력피해자 김부남사건 대책위. 1991, 「성폭력피해자 김부남사건 대책위 활동일지」.

손덕수. 1992, 「현행 성폭력관련법 무엇이 문제인가」, 한국여성단체연합 성폭력특별법제정추진특별위원회.

신교수 퇴진과 성폭력 학칙제정을 위한 공동대책위원회. 1998, 「성폭력 학칙 공청회」.

신윤옥. 1991, 「물리적인 폭력과 성관계에 의한 폭력」, ≪베틀≫ 56: 2, 한국여성의전화.

_____. 1992, 「특집: 성폭력 특별법 제정추진 특별위원회」, ≪베틀≫ 62:

6-7, 한국여성의전화.

심영희. 1989, 「성폭력의 실태와 법적 통계: 성폭력의 연속선 개념에 입각하여」, ≪한국여성학≫ 제5집, 한국여성학회.

_____. 1994, 「성희롱, 왜 권력의 문제인가」, '직장 내 성희롱, 어떻게 볼 것인가?: 서울대 성희롱 사건을 계기로', 남녀고용평등을 위한 교수모임.

_____. 1995, 「몸의 권리와 성관련법의 개선안: 권력과 성의 관계를 중심으로」, ≪한국여성학≫ 11집, 한국여성학회.

_____. 1996, 「한국 성담론의 지속과 변동: 유교적 담론과 페미니즘 담론을 중심으로」, ≪여성연구≫ 51호, 한국여성개발원.

_____. 1998, 『위험사회와 성폭력』, 나남출판.

여성특별위원회. 1999, 「남녀차별금지 및 구제에 관한 법률」.

윤세정. 1999, 「온라인 성폭력에 대한 여성학적 접근: 여성의 PC통신 채팅경험을 중심으로」, 이화여자대학교 대학원 석사학위 청구논문.

이경미. 1997, 「여성의 육체적 쾌락은 복원될 것인가?」, ≪여성과사회≫ 8호.

이명선. 1989, 「강간에 대한 여성학적 접근: 피해여성의 사례를 중심으로」, 이화여자대학교 대학원 석사학위 청구논문.

이미경. 1998, 「여성운동과 민주화운동: 여연 10년사」, 한국여성단체연합(엮음), 『열린희망: 한국여성단체연합 10년사』, 동덕여자대학교 한국여성연구소

이백수. 1996, 「성폭력특별법의 문제점 및 개정방향」, 성폭력특별법 적용실태와 개정방안, 한국성폭력상담소.

이상덕. 1997, 「성폭력특별법 입법과정에 대한 분석적 연구」, 중앙대학교 사회개발대학원 사회복지학과 석사논문.

이시재. 1992, 「90년대 한국 사회와 사회운동의 방향」, 한국사회학회 한국정치학회(편), 『한국의 국가와 시민사회』, 한울.

이원숙. 1997, 「국외 성폭력상담소의 역사적 변천과정」, 한국성폭력상담소 부설 성폭력문제연구소 개소기념 세미나 '국내 외 성폭력 연구동향 및 지원체계'.

_____. 1998, 「성폭력상담소의 앞으로의 발전방향」, 1998년 제2차 성폭력분과 직무교육 자료집.

이재경. 1993, 「국가와 성통제: 성관련법과 정책을 중심으로」, ≪한국여성학≫ 제9집.

이종걸. 1991, 「성폭력 행위에 관련된 현행법의 한계와 보완책」, 한국여성의전화, 성폭력관련법 입법을 위한 공청회 자료집.

_____. 1992, 「성폭력관련법의 문제점과 그 개선방향」, 한국여성단체연합, ≪민주여성≫ 12호

_____. 1994, 「'성폭력규제 및 피해자보호에 관한 법률'의 미비점은 무엇인가」, 한국여성단체연합, ≪민주여성≫ 16호.

이현숙. 1992, 『한국교회여성연합회 25년사』, 한국교회여성연합회.

_____. 1995, 「성폭력 추방의 새 장을 열다: 아내구타를 '사회적 범죄'로 폭로」, 한국여성의전화 성폭력추방운동사 1, ≪여성의눈으로≫ 1호.

_____. 1996a, 「여성연대로 구체적 대응활동 펴: 84년 여대생 추행사건에서 85년 성폭력간담회까지」, 한국여성의전화 성폭력추방운동사 2, ≪여성의눈으로≫ 2호.

_____. 1996b, 「성폭력 대항을 위한 새로운 실험: 86년 여성문제고발창구에서 87년 쉼터개설까지」, 한국여성의전화 성폭력추방운동사 3, ≪여성의눈으로≫ 4호.

_____. 1996c, 「성폭력 추방을 위한 법정투쟁을 시작하며: 88년 영생애육원 사건부터 강정순사건까지」, 한국여성의전화 성폭력추방운동사 4, ≪여성의눈으로≫ 5호.

_____. 1996d, 「성을 유린하는 국가정책에 대항하여: 관광정책과 여성」, 한국여성의전화 성폭력추방운동사 5, ≪여성의눈으로≫ 6호.

_____. 1996e, 「성폭력추방운동의 대안 찾기를 위한 또 다른 시도들: 88년 여성상담론 모색에서 89년 으뜸주부 선발대회 폐지운동까지」, 한국여성의전화 성폭력추방운동사 6, ≪여성의눈으로≫ 7호.

이화여성위원회. 1997a, 「제2회 페미니즘 문화제 자료집」.

_____. 1997b, 「3차성징: 이화를 고민한다」.

_____. 1998, 「내 몸에 손대지 마」, 이화성폭력 근절주간 자료집.

이화여자대학교 법과대학 여학생회 성연구모임. 1997, 성폭력학교: 일상화된 성폭력에 시비 걸기, 이로부터 확보되는 성적 자기결정권.

_____. 1997a, 「공권력에 의한 성폭력」, 성폭력학교: 일상화된 성폭력에 시비 걸기, 이로부터 확보되는 성적 자기결정권.

_____. 1997b, 「학내 여성운동을 돌아본다」, 성폭력학교: 일상화된 성폭력에 시비 걸기, 이로부터 확보되는 성적 자기결정권.

장윤경. 1997a, 「새 옷을 입은 성폭력특별법」, 한국성폭력상담소, ≪나눔터≫ 24호.

_____. 1997b, 「학칙제정이 필요하다」, 학내 성폭력 근절과 여성권 확보를

위한 여성 연대회의, 『대학=성폭력 박물관』.

장필화. 1996, 「여성체험의 공통성」, ≪철학과 현실≫ 겨울호, 철학문화연구소.

_____. 1996a. 6. 13, 「고대생 집단행동은 성폭력 문화」, ≪한겨레신문≫.

전봉호. 1991, 「김부남 사건의 변호를 마치고」, ≪나눔터≫ 2호.

정희진·유정미·장진. 1998, 「여성운동가들의 갈등분석을 통한 한국 여성운동
    의 고찰」, 미출간 리포트.

제주여민회. 1996, 「바람직한 학교 성교육을 위한 토론회」.

조순경. 1989, 「여성노동과 성적통제」, ≪한국여성학≫ 제5집, 한국여성학회.

_____. 1994, 「성희롱, 왜 고용상의 성차별인가?」, 남녀고용평등을 위한 교
    수모임, '직장 내 성희롱, 어떻게 볼 것인가?: 서울대 성희롱 사건을
    계기로'.

_____. 1999, 「남녀고용평등법의 직장 내 성희롱 예방 지침안의 문제와 과
    제」, 한국노동연구원, 직장 내 성희롱에 관한 공청회.

조주현. 1993, 「근친강간에 나타난 성과 권력: 김보은 사건을 중심으로」, ≪한
    국여성학≫ 제9집, 한국여성학회.

_____. 1996, 「여성 정체성의 정치학: 80~90년대 한국의 여성운동을 중심
    으로」, ≪한국여성학≫ 제12권 1호.

_____. 1997a, 「국내 성폭력관련 연구의 동향」, 한국성폭력상담소 부설 성폭력
    문제연구소 개소기념 세미나, '국내외 성폭력 연구동향 및 지원체계'.

_____. 1997b, 「성, 여성주의, 윤리」, ≪한국여성학≫ 제13권 2호, 한국여성
    학회.

최영애. 1994, 「성폭력범죄의 처벌 및 피해자보호 등에 관한 법률: 그 내용과
    문제점」, 한국성폭력상담소, ≪나눔터≫ 10호.

최영애·이원숙. 1998, 「서울대 우조교 사건 대법원 승소에 부쳐」, 한국성폭력
    상담소, ≪나눔터≫ 26호.

최은순. 1993, 「여성과 형사법」, 법과 사회 이론연구회(편) ≪법과 사회≫ 8
    호, 창작과비평사.

최일숙. 1992, 「1992년 3월 28일 구형공판에서의 문건」, 92년 5월 김보은,
    김진관 사건 공동대책위 자료집, 『이제, 더 이상 침묵할 수 없다』.

필자불명. 1998, 「여성운동의 새로운 세상: 페미니즘 진영의 게릴라들」, 성균
    관대학교 정정헌 편집위원회, ≪정정헌≫ 27호.

학내 성폭력 근절과 여성권 확보를 위한 여성 연대회의. 1997, 『대학=성폭
    력 박물관』.

_____. 1997a, 「성폭력은 사회적 폭력이다」, 『대학=성폭력 박물관』.

_____. 1997b, 「일상이 되어버린 성폭력에 대한 소고」, 『대학=성폭력 박물관』.

_____. 1997c, 「성폭력 박물관: 사례백서」, 『대학=성폭력 박물관』.

_____. 1997d, 「성폭력에 대한 논의는 여성의 언어로 재구성되어야 한다」, 『대학=성폭력 박물관』.

_____. 1997e, 「여성의 성적 자율권과 관련한 법」, 『대학=성폭력 박물관』.

_____. 1997f, 「학내 성폭력 사건에 대한 성명서」, 『대학=성폭력 박물관』.

_____. 1998, 성폭력근절을 위한 학칙제정 공청회 자료집.

_____. 1998a, 「성폭력 학칙제정운동의 의의성에 대하여」, 성폭력근절을 위한 학칙제정 공청회 자료집.

_____. 1998b, 「성폭력 학칙제정운동의 방향성 모색에 대한 제언」, 성폭력근절을 위한 학칙제정 공청회 자료집.

_____. 1998c, 「학내 성폭력 근절을 위한 학칙제정운동에 관한 공동성명서」, 성폭력근절을 위한 학칙제정 공청회 자료집.

한국성폭력상담소. 1991a, 「성폭력이란 무엇인가」.

_____. 1991b, 「어린이 성폭행 세미나 자료집」.

_____. 1991c, 「자라나는 아이들을 위하여: 어린이 성폭행 예방과 대책」.

_____. 1992a, 「직장 내 성폭행 세미나 자료집」.

_____. 1992b, 「데이트 강간 세미나 자료집」.

_____. 1993a, 「위기센터와 우리의 역할」.

_____. 1993b, 「한국성폭력상담소 개소 2주년 기념 자료집」.

_____. 1994a, 「성폭력 해결을 위한 진단과 전망: 세계성폭력추방주간 기념 심포지엄」.

_____. 1994b, <내 몸은 내가 지켜요>, 어린이 성폭력 예방을 위한 비디오.

_____. 1994c, 「열림터 개설식」.

_____. 1995a, 「건강한 일터, 자유로운 여성: 직장 내 성폭행 예방 및 대책」.

_____. 1995b <건강한 일터 자유로운 여성>, 직장 내 성희롱 예방비디오.

_____. 1995c, 「함께하는 위기센터를 위하여」.

_____. 1995d, 「내일을 여는 열림터: 열림터 개설 1주년 기념 세미나」.

_____. 1996a, 「안전하게 자라는 우리 아이들」, 어린이 성폭력 예방 지침서: 부모와 교사용.

_____. 1996b, 「성폭력에 대해 알아야 할 몇 가지 것들」.

_____. 1996c, 「성폭력특별법 적용실태와 개정방안」.

_____. 1996d, 「안전한 어린이, 건강한 서울」, 어린이 성폭력 예방 및 대책 마련을 위한 세미나.

_____. 1996e, 「성폭력이란 무엇인가」, 교육자료 1.

_____. 1997a, 「건강한 성 만들기」, 중학생 성교육 지침서.

_____. 1997b, 「성폭력에 관한 법률지침서」.

_____. 1997c, 「성폭력에 관한 의료지침서」.

_____. 1997d, 「국내외 성폭력 연구동향 및 지원체계」.

_____. 1997e, 「성폭력 전문상담 교육자료집」.

_____. 1997f, 「성문화와 성폭력에 미치는 음란물의 영향」, 건강한 청소년 성문화 창출을 위한 서울시민 대토론회 자료집.

_____. 1998a, 「당당하고 자유롭게 일하는 여성」, 영업직 여성을 위한 성폭력 예방 지침서.

_____. 1998b, 「성폭력전문상담원 워크숍 자료집」.

_____. 1998c, <너 무슨 생각하고 있니?>, 청소년 성폭력예방 비디오.

한국여성단체연합. 1996, 「올바른 성교육 정착을 위한 전문가 정책 토론회」.

한국여성단체연합·성폭력특별법제정추진특별위원회. 1993, 「'성폭력범죄의 처벌 및 피해자보호 등에 관한 법률'에 대한 여성계의 입장」, 한국여성단체연합, 제8차 정기총회 보고서.

한국여성민우회. 1996a, 「학교 성교육 어떻게 할 것인가?」.

_____. 1996b, 「내 몸의 주인은 나」.

_____. 1997a, 「두근두근 상담실」.

_____. 1997b, 「성폭력 치유 프로그램의 실제과정」.

_____. 1997c, 「남녀 청소년 성의식 및 성폭력 실태조사」.

_____. 1997d, 「한국여성민우회10년사」.

한국여성의전화연합. 1985, 「인신매매와 매춘여성」, 여성의전화 성폭력자료 1

_____. 1987, 「성폭력자료집」.

_____. 1988, 「여성상담사례집」, 개원 5주년 기념 자료집.

_____. 1991, 「성폭력관련법 입법을 위한 공청회 자료집」.

_____. 1992a, 「현행 성폭력특별법안 무엇이 문제인가」.

_____. 1992b, 「성폭력 없는 사회를 위하여 2: 아내구타, 아내에 대한 성적 학대, 아내강간」.

_____. 1993, <성폭력 그 사슬을 끊고> 비디오

_____. 1997a, 「교사, 교수에 의한 학생 성폭력의 실태와 대책 토론회」.

_____. 1997b, 「청소년 성폭력 예방과 성교육에 관한 교사 워크숍」.

_____. 1997c, 「안전한 사회, 건강한 아이들: 부모와 함께 보는 어린이 성폭력 예방을 위한 지침서」.

_____. 1998, 「성폭력상담 전문교육」.

한국형사정책연구원. 1998, 「성폭력 실태와 원인에 관한 연구 2」.

≪나눔터≫, 한국성폭력상담소

≪민주여성≫, 한국여성단체연합

≪베틀≫, 한국여성의전화

≪여성의눈으로≫, 한국여성의전화(연합)

≪열린세상≫, 성폭력예방치료센터

≪평등≫, 한국여성민우회 고용평등추진본부

≪한국여성단체연합 소식≫, 한국여성단체연합

한국여성단체연합 정기총회 보고서

한국여성민우회 총회 보고서

한국여성의전화 전국 지부 소식지

기타 여성운동단체와 성폭력상담소의 기관지 및 총회자료.

Cho. H. J. 1993, "The Women Question in the Minjok: Minju Movement: A Discourse Analysis of A New Women's Movement in. 1980's Korea," Hyoung Cho & Pil-Wha Chang(eds.), *Gender Division of Labor in Korea*, Ewha woman's University. Press.

Cho Hyoung & Pil-wha, Chang(eds). 1993, *Gender Division of Labor in Korea*, Ewha Woman's University Press.

Kim Soon Kyung. 1993, "The Limits and Possibilities of the Women's Movement in Korea," Hyoung Cho & Pil-wha Chang(eds), *Gender Division of Labor in Korea*, Ewha Woman's University Press.

2
아내구타추방운동사

이현숙* · 정춘숙**

1. 시작하는 말

한국 사회에서 아내 구타문제를 비롯한 '여성에 대한 폭력'(violence against women)문제는 오랫동안 은폐되어 왔다. 여성에 대한 폭력은 범죄가 아니었으며, 더 더욱 인권의 문제로 간주되지도 않아 왔다. 그러나 1983년부터 작은 무리의 여성들이 나타나 아내구타는 '추방되어야 할 사회악'이라는 목소리를 내기 시작했다. 그로부터 15년이 흘렀다. 그렇다면 지난 15년간 이 작은 목소리는 우리 사회에 어떤 반향을

---

* 여성신학자이자 오랫동안 평화운동, 여성운동을 해온 여성운동가이다. 한국신학대학과 이화여대 기독교학과 대학원을 졸업하였고 영국 셀리옥(Selly Oak) 대학에서 1년간 수학했다. 크리스천 아카데미에서 여성교육 담당자로 일했으며 한신대 등에서 대학 강사로 활동했다. 『한국교회여성연합회 25년사』를 비롯해 2권의 저서가 있다. 1983년 한국여성의전화 창립 발기인이었으며 1986년부터 1988년까지 공동대표를 지냈다. 현재는 한국여성의전화연합 수석 부회장이며 평화를 만드는 여성회 공동대표로 활동하고 있다. 여성복지, 군사주의와 여성, 평화 문제에 관심이 많다. 오랫동안 여성운동을 해온 여성들의 이야기를 글로 쓰고 싶어한다.
** 단국대학교와 중앙대학교 사회개발대학원을 마쳤으며 현재 서울여성의전화 사무국장으로 일하고 있다.

불러일으킨 것일까.

이 글은 이런 질문 아래 아내구타추방운동의 발자취를 추적해 본 것이다. 이를 위해 첫 부분에서 아내구타추방운동의 형성 배경과 운동의 경과를 살펴보았고 둘째 부분에서는 아내구타추방운동의 주요활동들을 살펴보았다. 셋째 부분에서는 지난 15년 동안 전개된 아내구타추방운동의 성과와 앞으로의 과제를 짚어 보았다.

이 글에서는 아내구타(또는 아내학대)와 가정폭력을 같은 개념으로 사용했다. 가정폭력이 가족 내에서 벌어지는 모든 폭력(아동, 노인에 대한 폭력 등)을 포괄하는 용어지만 여기서는 아내구타가 가정폭력의 한 유형이라는 점에서 편의상 가정폭력방지법 제정 후부터는 같은 개념으로 사용했다. 또한 여성의전화 명칭은 1990년대부터 전국 지역에 지부가 조직됨에 따라 1998년 후부터는 한국여성의전화연합으로 변경되지만 여기서는 여성의전화로 사용했다. 아내구타추방운동은 서울에서 조직된 한국여성의전화가 처음 시작했고, 주도적으로 이 운동을 이끌어왔기 때문에 여성의전화 활동을 중심으로 기술했다. 이 글은 주로 서울의 활동을 중심으로 기술하고 있어서 지역운동단체들의 노력을 충분히 담지 못한 한계가 있다. 이 글은 아내구타추방운동의 성장 경로를 하나의 이야기로 묶어내는 데 역점을 두었고, 활동의 성과에 시선을 두고 있다. 따라서 이제까지 진행된 아내구타추방운동의 한계는 충분히 드러나지 못했다. 이것은 다음 연구자들의 몫이 될 것이다.

이 글은 집단 토론과 여러 동료들의 참여로 쓰여졌다. 서울여성의전화 이문자 회장, 이상덕 전(前) 여성의전화연합 부회장, 김경애 동덕여대 여성학과 교수, 박인혜 여성의전화연합 부회장, 한우섭 전 여성의전화 사무국장, 대구여성의전화 최은숙 사무국장, 홍승희 전 여성의전화 교육부장, 전 여성의전화 상담국 차장 정희진 선생(이화여대 여성학과 석사과정), 전 여성의전화 홍보부장이었던 박혜경 선생(이화여대 여성학과 박사과정), 전 한국여성단체연합 정책부장 조영희 선생(평화를 만드는 여성회 정책기획위원) 한국여성의전화연합 김민아 부장 등 여러 자매

들과의 공동 생산물이다. 이 분들께 따뜻한 감사를 드린다. 또한 이 글에
는 이름이 드러나지 않은 수많은 참여자들이 있다. 용기를 가지고 자신
의 피해를 보고해준 수많은 피해여성들은 물론이고 열정적으로 이 운동
을 이끌어 온 상담원들, 후원자들, 지식인들, 전문가들 그리고 무엇보다
도 열악한 조건을 뚫고 온몸을 바쳐 일해온 활동가의 헌신이 베어 있다.

2. 아내구타추방운동의 형성과 경과

한국 사회에서 '매맞는 아내' 또는 '아내구타' 문제가 본격적으로
여성들의 관심 영역으로 들어서게 된 것은 1983년 6월부터이다. 아내
구타 문제를 여성운동의 과제로 세우고 활동을 준비하던 1980~83년
의 정치적 상황은 1980년 광주항쟁을 통해 민중의 저항을 진압한 신
군부가 미국의 후원을 받으면서 새로운 군부독재체제를 공고화하기
위한 노력을 기울일 때였다. 따라서 신군부는 일차적으로 1970년대까
지 축적되어 온 민중운동의 역량을 약화시키는 작업으로 민주화운동
세력에 대한 체포, 구금, 활동 제한 등 탄압으로 일관해, 70년대의 민
주노조들을 비롯한 민족민주운동 조직들이 대부분 해체되고 한국 사
회는 '운동의 잠복기 및 침체기'로 들어갔던 시기였다. 이 시기를 통
해 사회운동세력은 1980년대 운동의 전망과 과제, 방법을 둘러싼 다
양한 논쟁을 벌이면서 80년대 사회운동의 새로운 방향을 모색하고 있
었다. 운동의 침체기는 1983년 말까지 계속되었다(조희연, 1990). 이
당시 여성운동계는 '체제 순응적'인 여성단체들이 태반이었고, 이 외
에 사회민주화운동과 연대하던 한국교회여성연합회, 한국여성유권자연
맹, 한국여신학자협의회가 활동하고 있었을 뿐 아직 이렇다할 진보적
여성운동단체가 형성되지 않던 시기였다.
이 시기 아내구타 문제를 심각한 여성 문제로 포착한 사람들은 당시
한국 크리스천 아카데미 여성사회(부서 이름) 교육담당자들(이화수,[1]

이현숙, 이계경[2], 김희선[3])과 크리스천 아카데미의 여성사회교육을 받은 30~40대의 젊은 여성들과 주부들이었다. 이들은 1975년 유엔의 '세계여성의 해' 선포를 계기로 크리스천 아카데미가 실시한 여성문제 의식화 교육을 받은 여성들로서 새로운 여성운동을 꿈꾸고 있던 이들이었다. 1980년대 초 삼엄한 정치적 상황 속에서 성적 불평등의 문제를 운동과제로 세우고 독자적인 여성운동을 만들어내고자 했던 이 여성들의 시도는 당시 민족민주운동이 설정한 긴급한 과제와는 사뭇 동떨어진 것이었다. 그러나 여성들은 사회민주화운동과 함께 여성억압에 대한 독자적인 대항운동이 필요하며 남녀 관계의 민주화 없는 사회민주화는 공허한 것이라는 논리 위에 '민족민주운동'과는 별개의 운동을 형성시켜나가고자 했다.

이들은 대체로 중산층 여성들로서 자신들의 한계를 일정하게 인정하면서, 1970년대 중반에 구성된 '여성의 인간화'[4]를 여성운동의 기반으로 삼고 소박하게 대중여성들의 일상생활 속에서 벌어지는 여성억압의 문제를 부각시켜 새로운 여성운동을 만들어내고자 했다. 아내구타 문제의 발굴은 이런 고민에서 찾아진 산물이었으며 이것은 당시 폭압적인 정치적 상황에서도 무리없이 성장할 조건을 갖추고 있었다. 그러나 억압과 차별을 거부하고 여성들의 기본적 자유와 인권을 확보하려는 여성운동은 결국 국민의 기본적 자유와 인권을 억압하는 폭력적인 군사정권에 대한 저항을 안으로 품고 출발한 셈이었다.

---

1) 당시 크리스천 아카데미 부원장이었고 현재는 크리스천 아카데미 원장이며 아주대학 교수로 재직중이다.
2) 여성의전화 초대총무 역임, 창립기의 토대를 닦았다. 현 여성신문사 사장이다.
3) 이계경 총무에 이어 여성의전화 원장과 상임대표 역임, 여성의전화 성장과 발전의 견인차 역할을 했다.
4) 1975년 1월에 크리스천 아카데미 주최로 열린 대화모임 '한국여성운동의 이념과 방향' 참가자들은 「여성인간선언문」을 발표하고 "우리의 운동은 문화개혁, 인간해방의 운동이다. … (이는) 단순한 '지위향상운동'이 아닌 일체의 주종 사상, 억압제도를 거부하고 여성의 인간화와 전체가 해방된 공동체사회를 지향하는 운동의 일환이다"라고 새로운 여성운동의 좌표를 표명했다.

이렇게 시작된 아내구타추방운동은 피해여성들에 대한 치유 및 인간성 회복을 돕는 상담활동과 동시에 구타 문제 해결로서의 대(對)사회운동을 전개한다는 데 기본방향을 두게 되었다. 그리고 아내구타 문제에 대한 실태조사를 한국 사회에서 최초로 실시하여 아내구타추방운동이 필요한 실질적 근거를 확보해 두었다. 운동방법으로는 일반여성들이 용이하게 접근할 수 있는 전화상담 방식을 택하고 남녀전문가들과 여성활동가들로 운영진과 자문단을 조직5)한 후, 1983년 6월 11일 '여성의전화' 개원식을 가졌다. 이 당시 우리 사회에는 기독교계가 세운 '생명의전화'가 처음 설치되었을 뿐 오늘날과 같은 전화상담소는 전무하던 때였다. 그리고 6월 13일 부터 두 대의 전화로 여성의전화 상담활동을 시작했다. 1년 후 여성의전화운동의 방향은 이렇게 정리되었다.

여성의전화는 여성들에게 비인간적인 삶을 강요하는 모든 제도나 관습, 관념이나 사고방식을 없애고 남녀간에 인간의 존엄성을 바탕으로 하는 평등한 인격 관계를 수립함으로써 정의롭고 평화로운 가정과 사회를 이룩하는 데 기여함을 목적으로 한다.

그러나 여성의전화가 아내구타추방운동을 벌이며 첫 6개월을 보내고 난 뒤, 정치지형과 사회운동의 판도는 급격한 변화를 보였다. 1983년 말부터 미국과 신군부는 80년 초의 체제 정비와 권력의 공고화를 끝내고, 보다 견고한 체제안정화를 기하기 위해 유화정책으로 기조를 바꾸게 되었다. 이에 따라 민주화운동 진영은 3년간의 잠복기를 깨고 나와 군사정권에 대한 공세적 실천을 확대, 각 부문운동으로 조직적 형태를 갖춰나가며 활기를 띠기 시작했다. 이런 운동 기류 속에서 여성의전화는 며칠 후에 조직된 여성평우회와 함께 1984년부터 정치투쟁에 참여하게 되었다. 이들은 교회여성조직들과 함께 '여대생추행대책위원회' 연대구조를 만들고 시위 참가 여학생들에게 성폭력을 자행

5) 여성의전화 초기에 이인호, 정희경, 박인덕, 김주숙, 손덕수, 이영자 교수 등이 이 운동의 주요 지도력으로 활동했다.

한 공권력에 대해 정치투쟁을 펴나갔다. 이후 여성의전화는 진보적 여성단체들과 함께 85년 제1회 여성대회 연대집회를 열고 '민족, 민주, 민중과 함께 하는 85여성운동선언'을 내놓게 된다. 이 당시 진보적 여성대회에 참석한 여성단체들은 교회여성단체들과 청년단체, 기층 여성단체를 빼고 나면 중간층 여성단체로는 여성의전화를 비롯하여 여성평우회, 또 하나의 문화, 주부아카데미협회가 전부였다.

민주화투쟁이 점차 격렬해지면서 여성의전화는 사회민주화운동세력과의 연대활동에 보다 더 큰 힘을 싣기 시작했다. 이런 활동방향의 변화는 아내구타 상담을 위해 모여들었던 상담원들을 심각한 혼란에 빠뜨렸다. 혼란이 커지면서 85년을 계기로 여성의전화 내부에는 '여성의전화가 상담소냐, 정치활동단체냐, 여성운동단체냐'는 등 자기정체성을 분명히 하라는 상담원들의 요구와 여성운동단체로서의 정체성을 재정립해야 한다는 실무 상근자들의 요구가 동시에 일어나기 시작했다. 이 당시 진보적 청년 여성운동가들은 아내구타추방운동이나 성폭력추방운동을 '반동적인 운동'으로 간주하는 경향까지 보이고 있었다.

이런 상황 속에서 여성의전화는 1986년 여성의전화운동에 대한 내부 토론에 들어갔다. 여기서 독자적 여성운동단체로서(이미경, 1986) 가정폭력, 성폭력, 사회폭력을 투쟁 대상으로 중간층 여성들이 벌이는 평화운동단체(김주숙, 1986)로서의 성격이 논의되었다. 여성의전화는 결국 오랜 논의 끝에 87년 9월 13일 총회를 열고 회원중심의 운동체로 조직 개편을 단행, 여성운동단체로서의 자기정체성을 분명하게 되었다. 이날 여성의전화는 여성의전화 운동 과제를 "가정폭력, 성폭력, 성차별적 이데올로기 등 당면한 여성억압 현실의 극복, 여성노동권의 확보, 민중생존권의 획득, 자주적인 통일민주사회의 실현 등으로 내걸었다. 이런 변화 속에서 1985년 이후 80년대 말까지 여성의전화는 보다 적극적으로 민족민주운동과 연대하는 한편 당시 빈번하게 발생했던 성폭력추방운동에 더 큰 힘을 쏟았다. 따라서 이 시기 아내구타추방운동은 일상적으로 진행되면서 쉼터를 설립하는 등의 발전을 꾀하지만 전반적으로 소강 상태에 머물게 되었다.

 1990년대 문민정부가 출범하고 사회적으로 가정폭력에 관련된 강력 사건들이 터져 나오기 시작했다. 여성의전화는 1980년대 경험을 토대로 성폭력특별법 제정운동을 추진하는 동시에 가정폭력방지법 제정운동을 전국적으로 펴나갔다. 그 결실로 1997년에는 가정폭력방지법을 제정하였다. 1994년 여성의전화가 사단법인체가 되고 창립 15주년이 되는 1998년, 지부를 아우르는 전국 본부의 성격을 가진 <한국여성의전화연합>으로 재출범했다(1999년 현재 19개 지부, 3개의 지부준비위 활동). 그리고 1998년 세계인권선언 50주년을 계기로 아내구타추방운동과 성폭력근절운동을 여성인권운동으로 심화, 발전시키며 여성들의 인권을 보장할 국가인권기구 설치 요구운동을 벌이고 있다.

3. 아내구타추방운동의 주요 활동

1) 피해여성 지원 활동과 사회적 문제제기

 여성의전화는 1983년 6월 11일 개원식에서 각 계층별 여성 708명을 대상으로 실시한 우리나라 최초의 아내구타 실태조사결과를 발표했다. 결과는 실로 놀랄 만한 것이었는데, 708명 중 299명(42.2%)이 결혼 후 남편에게 구타당한 일이 있다고 대답했다. 이 수치는 이후 한국형사정책연구원의 조사(1992)와도 거의 일치한다. 구타의 형태는 '손으로 아무데나 때린다'(29.7%), '뺨을 주로 때린다'(17.2%), '발길질한다'(10.5%), '몽둥이와 칼 등 기물로 마구 때린다'(2.1%), '발가벗겨 때린다'(1.4%), '담배불로 지진다'(1.1%), 기타(1.8%)로 나타났다. 상처가 어느 정도였느냐는 질문에 대해서 응답자들은 '멍이 들었다'(30.5%), '속으로 골병이 들었다'(14.1%), '머리칼이 빠지거나, 피가 나거나 이가 빠졌다' (12.4%), '병원치료를 받을 정도였다'(3.0%), 기타(5.9%)순으로 대답했다. 그러나 남편의 이런 폭력에 대해 대부분 피해여성들은 '이혼하고 싶으나 아이들 때문에 참고 산다'고 응답하거나 '있을 수 있는 일'이라고 생각할 뿐이었다(이화수, 1984: 3-7).

이를 증명하듯, 6월 13일부터 전화 2대의 상담창구가 열리자 전화통은 불이 났다. 상담 보름여 동안 541건의 사건이 봇물 터지듯 쏟아져 들었다. 이중 절반이 구타당하는 아내로부터 걸려온 전화였다. 전화상담은 익명성이 보장되고 특별히 이동하지 않고도 안방에서 손쉽게 이용할 수 있는 용이성 때문에 개별 가정에 고립되어 있던 피해 여성들을 힘들이지 않고 불러냈다. 여기에 언론의 홍보가 적극적으로 이루어지면서, 구타당한 아내들의 호소는 홍수처럼 밀려들었다. 구타당하는 여성들의 호소가 예상을 넘어서자 여성의전화 관계자들은 물론이고 보도진도, 피해자 자신들도 사회도 모두 놀라워했다.

그들의 호소내용은 더욱 놀라웠다. 평생을 맞고 살았다고 울먹이면서 '그래도 그런 남편이 밥은 먹여 주지 않느냐'며 다행스러워 하는 여성, '맞고 사느니 차라리 죽고 싶지만 자식과 친정 부모님 때문에 그렇게 할 수도 없다'고 펑펑 우는 여성들, '이렇게 맞고 사는 것이 다 팔자소관'이라며 체념하는 여성들, '내가 생각해도 남편 비위 하나 못 맞춰서 이런 꼴을 당한다'며 모든 잘못을 자기 자신에게 돌리는 여성들, '이런 전화를 하다가 남편에게 들키면 나는 죽는 날'이라며 극도의 공포감을 보이는 여성, '차라리 남편이 교통사고라도 나서 죽었으면 싶어요'라며 극도의 적대감을 보이는 여성, '때리고 나면 그 다음 며칠은 또 엄청나게 잘해줘요, 알고 보면 남편도 불쌍해요. 그이는 나 없이는 못살아요'라며 남편을 동정하는 여성, '매를 맞아도 도망갈 곳이 없어요'라며 절망감을 보이는 여성 등 그들의 이야기는 매우 비참했다. 피해자 여성들은 특히 수치심, 죄책감, 공포감에 시달렸고 낮은 자존감을 보였다. 그리고 어떤 탈출구도 없는 자기 현실에 대해 심한 좌절감과 고립감을 보였다. 목이 메어 자기표현도 제대로 못하는 여성들의 하소연이 쌓이면서 사무실에는 상담원들의 한숨과 분노가 차오르기 시작했다. 여성들의 참담한 현실은 이를 듣는 여성들에게 분노를 일으켰고 이를 바꾸겠다는 의지를 불러일으켰다.

지금까지 가정에서 짓밟히는 이들의 인권은 어느 누구도 말하는 이가 없었다. 1970년대 이후 민중의 인권옹호 시대가 열렸지만 하루하루 남편의 폭력에 시달리며 생존해 가고 있는 민중들(아내)의 인권은 사회의 시선이 가닿지도 않고 민중의 인권을 옹호하는 운동에서도 제외된 채 남아 있었다. 폭력을 본질로 삼는 군사독재에 항거하는 거대한 민주화운동이 일어났지만 이를 가정에서 일어나고 있는 폭력이나 가부장의 독재와 연결시켜 생각하는 이는 아무도 없었다. 당시 상담원 여성들은 "하루하루 남편의 매질에 시달리며 사는 여성들의 현실을 폭로하는 일, 피해자 여성들의 인간다운 삶을 회복해내는 일, 그리고 가정 안의 폭력과 독재를 근절시키고 가정의 민주화(평화)를 이루는 일"이야말로 여성들이 담지해야 할 여성운동의 과제이며 민주화운동의 과제라고 확신했다. 가정의 민주화와 사회의 민주화가 함께 이루어질 때라야 이 땅에 참다운 민주공동체가 이루어진다는 여성들의 신념은 구타 피해자들의 호소 앞에서 더 탄탄히 다져졌다.

(1) 피해자 지원 활동

① 여성주의 상담활동

여성의전화는 우선적으로 공포와 불안감, 죄책감, 수치심, 적개심, 고립감에 사로잡힌 여성들을 정서적으로 지원하고 치료하는 일, 무참히 짓밟히고 파괴된 여성들의 인간적 자존감과 자신감을 회복시키는 상담활동에 노력을 집중했다. 잔인한 육체적 공격과 정신적 고문은 대개 주기적으로, 지속적으로 일어나고 피해 여성들에게 헤아릴 수 없는 고통과 상처를 입혔다. 피해자 여성들은 계속되는 남편의 폭력으로 인해 신체적 상처뿐 아니라 심리적으로 '학습된 무기력'을 경험함으로써 자신의 행위와 기대를 통제할 수 없으며 자신의 능력으로는 어떤 변화도 이루어낼 수 없다는 생각에 사로잡히는 경우가 많았다.

대체로 전통적인 여성윤리는 여성들에게 열등감과 낮은 자존감을 갖게 했다. 이같은 부정적 의식은 지속적으로 구타를 당할 경우 더 강화되는 것이 일반적이었다. 구타당하는 아내들의 마지막 모습은 인간으로서 가져야 하는 최소한의 자존감마저 박탈당하는 것이었다. 피해 여성들의 대부분이 처음 구타당했을 때 '창피했고' '죽고 싶을 정도로 굴욕적인' 느낌을 받았다고 토로했다. 피해 여성들은 자존심의 저하(주체성의 상실, 무기력, 자아개념의 혼란), 판단력의 상실(수치심, 당혹감), 불안감(초조, 공포, 분노, 체념의 정서혼합), 적대감, 죄책감(맞을 짓을 해서 맞았다는 사회통념 수용), 독립심 상실(자결능력 상실, 눈치 봄), 사회생활 부적응(이웃과 친구로부터 고립, 소외), 행동장애(자살기도, 자해, 살인), 정신·신체 장애(우울증, 불안이 다양한 신체증상 유발: 불면증, 두통, 소화불량, 가슴답답증, 가슴앓이, 얼굴 달아오름, 가슴 두근거림) 등에 시달리는 경우가 많았다(차준구, 1987).

유엔의 자료에 따르면 경우에 따라서는 여성의 육체적·정신적 건강이 영원히 손상을 입거나 회복이 불가능해질 수도 있으며 어떤 경우는 치명적인 결과를 초래할 수도 있다. 임산부인 경우 특별히 더 위험하고, 학대받는 여성들이 자살을 기도하는 경우가 그렇지 않은 여성들에 비해 12배나 더 많으며, 어떤 여성들은 그들의 건강과 행복에 재앙을 가져다주는 알콜과 약품남용에 의지하게 되는 경우도 있을 만큼(유엔, 1993) 아내구타 피해상황은 끔찍한 것이었다. 따라서 피해여성들이 불안과 공포로부터 그리고 고립감으로부터 벗어나도록 정서적으로 지원하며 인간으로서의 자존감을 회복하도록 돕는 일은 무엇보다 긴급했다. 매질이나 당하는 '못난이 의식'(열등감)에서 벗어나는 일, 그리고 매를 거부할 수 있는 당당한 인간으로, 자기확신과 당당함을 가진 주체적 개인으로 일어서게 만드는 일이 중요했다. 여성의전화는 이런 작업을 위해 '여성주의 상담'원칙을 세우고 개인상담(전화상담, 면접상담)과 집단상담(자조 그룹, 쉼터)을 비롯한 상담 지원체계를 갖춰 나갔다.

아내구타추방운동에서 상담활동은 매우 독특한 위치를 가지고 출발했다. 여성의전화는 상담을 전통적 의미의 상담 개념 밖으로 끌어내 여성운동의 다양한 활동 중 하나로 위치시키고자 했다. 아내구타 문제를 남성중심사회에서 기인한 억압체제로 간주하고 이를 근절하고 추방하는 것을 운동과제로 선택했기 때문이었다. 따라서 여성의전화는 내담자를 '문제 있는 개인'으로 보는 전통 상담과는 달리 '피해자 여성', '생존자' 등으로 보았고, 문제의 원인을 개인에 두기보다 남성중심적인 사회에 두었다. 이 때문에 피해자의 여성 문제 의식 고양과 자신감의 회복을 상담의 주요 목표로 설정했다.

여성들로 하여금 아내구타 문제를 개인의 문제로 보지 않고 여성 전반이 겪는 차별과 억압의 맥락에서 파악하도록 하며 문제해결에는 사회변화가 꼭 필요하다는 인식을 할 수 있도록 돕고자 했다. 또한 아내구타 문제를 공동으로 해결하기 위한 많은 지지집단이 있음을 인식시키고자 했다. 뿐만 아니라 전문가와 비전문가 사이의 불평등한 권위구조 속에서의 이루어지는 기존의 상담과는 달리 남성우위 사회 속에 사는 동일한 피해자, 저항자라는 동지적 입장에서 여성들을 지원하고자 했다.

그러나 개원 초기에는 한국 사회에 이렇다 할 여성중심 상담이론이 전무했던 때여서 이와 같은 분명한 문제인식에도 불구하고 상담론을 교육하는 데 적지 않은 어려움을 겪어야 했다. 전통상담론에 대한 비판적 시각은 있었지만 대안적 상담론이 준비되지 않은 상태여서 어떻게 상담을 이끌어가야할지 궁색한 처지에 놓이곤 했다. 이런 난관을 해결하기 위해 여성의전화는 상담원 교육과정에 여성학 이론 강의를 집중적으로 배치했다. 가부장제 사회에 대한 비판적 안목을 갖게 한 후 상담학 강의를 듣게 했다. 그리고 기존의 상담학 이론에 대한 토론을 벌인 후 여성들 나름의 상담론을 개발해내고자 했다. 이런 노력은 때로 강의에 나온 일부 강의자들로부터 상당한 거부감을 불러일으켰다. 여성의전화 내부에서도 '상담을 운동과 혼동해서는 안 된다', '상담기법 훈련에 더 많은 시간을 배치해야 한다'는 주장이 제기되기도 했다.

여성의전화가 여성중심 상담론을 둘러싸고 내연을 계속하던 얼마 후 여성학계에는 여성주의 상담론에 대한 서구의 담론들이 소개되기 시작했다. 여성의전화는 이런 자료들을 중심으로 여성학자, 심리학자, 교육학자, 노동상담가 등을 초청해 연구모임을 꾸리기 시작했다. 1988년 2월부터 3월 사이에 가진 '여성의전화 상담론 워크숍'이 첫 시도였다. 여기서 ① 여성운동론, ② 여성운동에서 상담의 의의, ③ 여성상담의 이론, ④ 상담의 실제(노동상담, 민중교육에서의 상담) 등 그동안 제기되었던 질문들을 본격적으로 다루었다.

이 워크숍에서는 요컨대 프로이트 이론에 토대를 둔 전통 상담의 오류를 비판하고 대안을 모색했다. 전통상담은 개인 문제를 사회적, 역사적, 경제적 맥락에서 떼어놓고 유아기의 심리적 갈등이나 무의식의 소산 그리고 행동의 비정상성으로 본다는 점에서 문제가 있었다. 사회적으로 억압된 여성들의 심리가 여성의 시각에서 규명되지 못하고 기득권자인 남성(의사, 임상심리학자)들에 의해 해석되고 그 결론이 역으로 주입될 때 환자의 문제가 근본적으로 해결될 가능성은 희박하다는 것이다. 전통 상담이 내담자를 '문제 있는 개인'으로 보는 데 반해 여성상담은 내담자 개인과 그를 둘러싼 사회 전반을 문제시한다는 점이 제기되었다. 따라서 기존의 상담이론이 개인이 변화해 사회에 적용할 것을 요구하는 데 비해 여성상담은 개인들이 함께 사회를 변화시키도록 노력할 것을 권유하게 된다는 점, 상담자와 내담자와의 관계도 자매애에 기초한 수평적, 동료적 관계를 유지한다는 점 등을 지적, 여성상담의 초보적 기본 방향을 정리했다. 여전은 이 논의를 1988년 6월 개원 5주년 때 「여성상담 사례집」에 함께 묶어 내놓았다.

여성상담론은 새로운 패러다임 모색과정이었다. 따라서 이 활동은 지속적으로 수행해야 할 어려운 과제였다. 1994년 여성의전화는 '여성상담 심포지엄'을 개최하여 이를 한 단계 진전시켰다. 이 심포지엄에서 '여성중심 상담에 대한 이론적 배경과 방법론(김영애)' 그리고 '여성주의 상담과 여성주의 정체성 발달에 관한 연구(박애선)', '성차별 문화와 종교적 관점에서 본 여성상담'(윤종모), '여성성과 남성성 원리에 의한 쉼터상담'(김명희)을 다루었다.

1994년 '여성상담 심포지엄'에서는 전통적인 상담에서 대부분의 상담자들이 남성이기 때문에 여성 억압적일 수 있음을 지적했다. 따라서 여성중심 상담에서 상담자는 의식화된 여성이어야 하며 자신의 가치관을 내담자에게 분명히 밝힐 수 있어야 하고, 여성운동에 참여하고 자신의 삶을 극대화하는 방향으로 사는 사람이어야 한다는 것이 제시되었다(김영애, 1995). 방법론으로는 1960~70년대 서구의 여성운동에서 여성의 의식화 방법으로 쓰였던 의식향상훈련[Consciousness-Raising(CR) Training]방법이 소개되고(정소영, 1995) 이를 통해 가부장제 사회의 성별 분업과 남녀 사이의 권력구조에 대한 분석이 포함되어야 한다는 사실이 보다 강조되었다. 이처럼 피해자 여성의 의식화와 사회의 변화를 촉구하는 서구의 여성상담론은 이미 여성의전화가 쌓아온 경험에 대해 확신을 주었다.

조금 더 발전된 연구는 1995년에 여성의전화가 한국여성개발원과 공동주최로 2박 3일 동안 전국의 여성복지 공무원 100여 명을 대상으로 개최한 '여성상담과 여성복지' 세미나를 통해 나타났다. 여기서는 보다 세밀한 분석에 기초해 성폭력, 아내구타 등 분야별로 여성주의 상담론을 제기했다. 여기서 여성의전화는 여성상담이 곧 여성운동이라는 신념을 가지게 되었다. 이때 또 하나의문화에서 미국의 페미니스트 심리상담가 미리엄 그린스펀의 '우리 속에 숨어 있는 힘: 여성주의 심리상담'을 번역, 출판하여 큰 힘이 되었다.

1998년에 여성의전화는 창립 15주년을 맞아 국제여성주의상담론 워크숍도 시도했다. 보다 심화된 여성주의 상담이론과 방법론의 체계화, 그에 따른 프로그램 기획을 모색하기 위해 아시아태평양지역 여성들과 함께 '페미니스트 카운셀링 워크숍'(APWLD, 개최)을 한국에서 주관했다. 이번 워크숍에서는 여성주의 상담의 현재, 아시아에서의 이론 적용 시의 한계와 문제, 여성주의 상담과 여성인권운동 등을 주제로 각국의 상담 현황과 문제점을 살펴보았다. 이런 노력들은 아시아지역 안에서 시도되고 있는 여성주의 상담론에 대한 정보를 교환함으로써 보다 체계적인 한국여성상담론 모색을 자극하는 계기가 되었다.

여성의전화가 시도한 여성주의 상담론 모색은 한국 사회에서 최초로 개척된 활동이었다. 이는 기존의 상담소나 이후 사회 전반에 확대된 여성에 대한 상담 활동에 새로운 방향을 제시했다는 점에서 큰 기여를 했다.

② 쉼터활동

상담활동에 이어 여성의전화가 시작한 지원 활동은 피해자 여성들에게 피난처를 제공하는 일이었다.[6] 여성의전화는 전화상담에 이어 곧 면접상담을 시작했는데 이때 맞닥뜨린 광경은 너무나 충격적이었다. 당시 한 달에 평균 50여 명씩 찾아오는 내담자들의 구타 피해 정도는 차마 눈뜨고 보기 어려운 지경이었다. 거의 모든 사람이 온몸에 피멍이 든 것은 물론이고 목발을 짚고 온다든가, 목뼈를 다쳐 깁스를 하는 경우도 상당수였다. 예리하게 찔린 자국, 혁대로 맞은 자국, 화상 입은 상처, 전선 등으로 목 졸린 자국, 담뱃불로 지진 자국, 이빨이 부러진 경우, 안구가 함몰되고 머리카락이 없는 경우도 흔했다. 심한 경우 질 속에 각목과 맥주병을 넣어 제대로 걷지도 못하는 경우도 있었다. 여성의전화는 면접상담에서 개인들이 당하는 폭력피해 정도를 처음으로 눈으로 확인했다.

여성의전화는 곧 이들을 위한 피난처 마련 계획을 세우고 대규모 연말 만찬모임을 여는 등 적극적으로 재원 마련 활동을 폈다. 폭력을 당하는 여성들에게 가장 시급한 지원은 무엇보다도 위기를 피할 수 있는 긴급피난처였다. 당시 한국 사회 어디에도 이들을 도울 지원 체계는 아무 것도 없었다. 남편의 구타로 생명의 위협을 받아도 이들이 호소하고 도움을 받을 사법적, 의료적, 사회복지적 지원 체계는 전무하다시피 했다. 여성의전화는 피난처 대신 쉼터(shelter house)라는 말을 사용했다. 지금은 일반화되었지만 '쉼터'라는 용어는 여성의전화가 처음 사

---

6) 여성의전화, 「쉼터보고서 1」(1992a) 참조.

용한 말이었다. 여성의전화는 개원 초기부터 여성 보호소의 운영을 비롯하여 피해여성들을 위한 사법적, 의료적, 사회복지적, 인권보호적 지원 체계의 필요성을 주장해왔다(김희선, 신은혜, 권명희, 1984).

▶ 쉼터마련

1987년 3월 14일 여성의전화는 서교동으로 사무실을 옮기면서 사무실 한쪽 방을 피해여성들을 위한 쉼터로 열었다. 재정은 다 마련되지 않았는데 피해자들의 사정이 너무 다급해서 더 이상 미룰 수가 없었다. 이렇게 초라하게 열린 쉼터는 한국 사회에서 위기에 처한 여성들에게 열린 최초의 비상 대피소가 되었다. 첫 내담자는 두 아이를 데리고 온 여성이었는데 온몸이 담뱃불로 짓이겨져 있었다. 자신의 이야기를 털어놓는 내담자도 울고, 처참한 상처를 본 사무실 상담원과 활동가들도 모두 울었다.

사무실 한쪽에 마련한 쉼터는 매우 협소했고 공개된 장소여서 얼마 가지 않아 피해자들의 안전을 보장할 수 없는 문제가 발생했다. 내담자 남편이 문 밖을 지키고 있는 일이 생기기 시작했고, 이에 겁에 질린 한 내담자가 담을 넘어 다른 집을 통해 피신하는 사건이 발생했다. 여성의전화는 이후 적은 돈으로 전세방을 구해 여기 저기 쉼터를 옮겨 다녀야 했다. 장소가 좁으니 내담자들이 데리고 오는 어린 자녀를 받는 일은 꿈도 꿀 수 없었다. 1990년에는 구타 남편이 쉼터에 온 아내를 내놓으라며 협박하고 마침내는 여성의전화를 인신매매단이라고 경찰에 고발하는 사건까지 발생했다. 경찰이 사무실에 난입해 활동가들과 상담원들을 위협하고 상근자 세 명을 경찰서로 데려가 거칠게 조사하는 어처구니없는 일을 당하기도 했다. 이 때 경찰은 구타 남편을 '선생님'이라고 대접하는 반면 여성의전화 활동가들에게는 고압적인 자세로 일관하면서 범죄자 취급을 했다.

이런 열악한 상황에서 첫 2년 동안은 21명만 겨우 쉼터를 이용할 수 있었다. 쉼터 이용 희망자가 계속 느는 가운데 수용인원 8명의 공간을 마련하고 운영비 마련을 위해 고투하고 있을 무렵 여성의전화는 독일 여성재단으로부터 지원금을 받아 15평짜리 다세대 주택을 마련하는 행운을 얻게 되었다(1991년 3월). 이 공간은 12명까지 이용이 가능했다. 쉼터 이용기간도 20일에서 30일로 늘리고 미취학 아동도 함께 머물 수 있게 되었다. 1990년도에 52명이던 이용자가 91년도엔 73명으로 30% 증가현상을 보였다. 쉼터는 한국 사회에서 1992년 자매복지회관에 쉼터가 마련되기까지[7] 여성폭력 피해자(성폭력 피해자도 이용)를 위한 유일한 공간이었다.

▶ 쉼터 운영과 그 효과

여성의전화 쉼터 운영의 목적은 ① 피해여성에게 긴급피난처를 제공하고, ② 피해자들의 신체적·정신적 안정과 치유 공간을 제공하는 것, ③ 지속적인 상담을 통해 자신의 피해의식과 상처를 극복하고 주체적인 삶을 살 수 있도록 돕는 것, ④ 법률, 의료, 취업에 대한 조언과 지원 및 알선 활동을 통해 여성의 홀로서기를 돕는 것에 두었다. 이 밖에 피해자들에게 정치적인 사고와 행동을 위한 토대로서의 역할도(김혜선, 1997) 기대되었다. 쉼터 이용자는 해마다 증가했는데 결혼한 지 10년 이하의 내담자들이 가장 많았고 전업 주부들이 가장 높은 비율을 차지했다. 그리고 쉼터 이용자의 50% 이상이 4주 이상 진단서를 발부받았다. 쉼터 이용자 중 59%의 여성은 쉼터 이용 후 귀가했다. 대부분의 여성들은 극심한 구타에도 불구하고 폭력 가정에 계속 머무르는 이유를 보복에 대한 두려움, 경제적 독립의 어려움("밥과 매를 바꾸며 산다"고 했다), 자녀 양육문제(아이를 떠나 살 용기가 없고 폭력 남편은 아이를 아내에 대한 무기로 이용), 친정 부모형제들에 대한 고려, 남편

---

7) 자매복지회관은 보건복지부가 운영하는 기관으로, 1967년부터 미혼모와 성매매여성들의 보호시설로 운영되었으나 점차 이용자 수가 줄자, 1992년 정부는 이를 일시 쉼터로 지정하게 된다. 이는 국가에서 처음으로 매맞는 여성들을 위한 시설을 설치한 것이다(이문자와의 인터뷰에서).

에 대한 동정심, 이혼녀에 대한 사회적 냉대 등으로 꼽았다.

쉼터 피해자들을 위한 활동으로 집단상담에 비중을 두었다. 1990년 도부터는 쉼터에 전문상담 간사를 배치, 보다 효과적인 집단상담을 실시했다. 집단상담은 자신의 피해와 상담 체험 이야기 나누기, 아내구타에 대한 강의 듣기, 영화 보기, 토론하기, 나는 누구인가 말하기, 여성문제 비디오나 영화보기 등의 순서로 진행했다. 이 과정은 놀라운 힘을 발휘했다. 구타당하는 아내들의 집단상담은 아내학대 문제 해결에 매우 유효했는데 집단상담은 남편의 구타로 상처받은 같은 처지의 여성들이 함께 만나 이야기함으로써 고립감과 폭력에 대한 두려움을 해소하는 한편 자신감을 기르고 상호 지원체제를 형성, 피해여성들의 목소리를 하나로 묶어낼 수 있었다. '자신의 억압의 경험을 낱낱이 표현하고 인간으로서의 존엄을 유지하기 위한 다양한 저항 형태를 공동으로 개발해낼 수 있는(조혜정, 1993)' 장점이 있었다. 이들은 구타 남편들의 공통된 특성을 발견하고 놀라며, 같은 피해자로서 동료의식을 가지기도 하고, 선배 참가자는 후배들에 대한 지도력도 키워갔다. 요컨대 피해여성들이 상호간의 만남과 집단상담을 통해 문제상황을 객관화하는 능력, 비판의식, 자신감 등을 키우며 자신의 고통을 여성 공통의 문제로 인식하게 되고 여성끼리의 결속을 도모하게 되었다. 두드러진 장점은 지속적인 만남과 집단상담을 통해 피해여성들이 점차 자신감을 회복, 구타상황에 강력하게 대응하게 되고 구타남편들에게는 압력을 행사하게 된다는 점이었다. 한마디로 구타가 '내 잘못이 아니라는 점, 나만 당하는 고통이 아니라는 점'은 이들에게 근본적인 인식변화를 가능하게 했다.

피해여성들은 1주간에서 1개월간, 또는 그 이상 쉼터에 머물면서 집단상담과 개인상담을 통해 적지 않은 변화를 나타냈다. 가장 큰 변화는 남편의 폭력 자제와 여성의 강력한 대응이라는 태도 변화였다.[8] 남

---

8) 한 내담자는 11일간 쉼터에 머물며 상담을 받은 후 남편의 간청과 자식들의 애원으로 한 번만 더 기회를 주기로 하고 집으로 돌아갔다. 그러나 그는 집으로 돌아가기 전, 재산에 가압류를 해놓았으며 다시는 구타하

편의 자제와 여성의 강력한 대응이라는 태도 변화는 쉼터에서의 거주
가 큰 영향을 미친 것으로 확인되었다. 쉼터를 이용하고 집에 돌아가
는 것이 반드시 남편의 폭력이 근절되었음을 의미하는 것은 아니라 해
도 전반적으로 일정한 변화를 일으키는 효과가 있다는 것이 사실로 나
타났다. 이제까지 집을 못 나갈 것이라고 믿었던 아내가 갑작스럽게
가출함으로써 구타 남편은 매맞는 아내를 지원하는 사회적 체계(쉼터)
가 있음을 알게 되고, 자신이 폭력을 행사하면 아내는 언제든지 나갈
수 있다는 사실과 이제까지 참기만 하던 아내가 달라질 수 있다는 것
을 인식하는 계기를 만들어 준 것이다. 이는 때리는 남편에게 아내가
언제 떠날지 모른다는 불안감을 야기시킴으로써 남편이 폭력을 자제할
가능성을 열어둔다. 여성의 경우에도, 언제든 폭력상황을 벗어나 찾아
갈 수 있는 공간이 있고 자신들을 지원하는 든든한 사회적 '빽'이 있다
는 사실 때문에 보다 자신감을 가지고 위기상황에 대처할 수 있게 된
다는 점이다. 전반적으로 쉼터 이용자들이 겪는 변화의 내용을 보면
여성문제에 대한 인식, 결혼관, 이성관의 변화, 삶에 대한 긍정적이고
자립적 의지의 신장, 자신의 삶에 대한 객관적 성찰능력 등이다.

  그러나 최초의 피난처인 쉼터는 취약한 재정구조와 사회지원 체계
부족으로 여성이 폭력남편으로 벗어나 독립하는 데 필요한 경제적 지
원 활동과 취업지원 활동에는 크게 기여하지 못하고 말았다. 또한 쉼
터 이용자들의 자녀를 위한 탁아시설도 제공하지 못했다. 우리 사회의
취약한 사회지원체계의 결핍은 여성들이 다시 폭력남편에게 되돌아갈
수밖에 없는 주요한 이유의 하나이기도 했다.

지 않겠다는 남편의 각서도 받아 놓았다. 이를 어겼을 때, 재산은 물론
자식에 대한 권리도 모두 포기한다는 약속을 받아 공증까지 해두는 치
밀함을 보였다. 귀가 후 베틀 모임(쉼터 이용 여성들의 후속모임)에 참석
한 이 여성은 '귀가 후 여러 번 구타당할 것 같은 불안한 상황이 있었으
나 예전처럼 두렵지 않다'고 했다. 이젠 도와줄 곳이 있다는 생각에 마
음 든든하며 남편도 강하게 변한 자신의 모습에 놀라고 있다는 것이다.
여성의전화가 없었으면 자기는 '지금쯤 죽었을지도 모르고 살아 있더
라도 완전한 바보가 되었을 것'이라고 했다(여성의전화, 1992a: 58).

▶ 사회적 의미와 영향

한국 사회에 처음 설립된 쉼터는 그 작은 공간과 기능에도 불구하고 그것이 갖고 있는 사회적 의미와 영향은 결코 작은 것이 아니었다. 우선 쉼터는 그 존재만으로도 한국 사회에 아내구타 문제가 심각하다는 사회적 암시와 함께 아내구타 문제가 사회적으로 다루어지고 있다는 강력한 메시지를 전달하는 역할을 했다. 특히 구타자들에게 쉼터는 피해여성들에 대한 조직적인 여성단체가 있다는 것, 피해자들이 언제라도 집을 나올 수 있고 거기서 구체적인 대항 능력을 배워갈 수 있다는 강력한 압력으로 작용했다. 피해여성들에게는 어딘가에 갈 곳이 있으며 자신들을 지원하는 집단이 있다는 메시지를 전함으로써 절망에서 벗어나게 하고 안도하게 만드는 구조적 기능을 한다는 점이다(이문자와의 인터뷰에서).

둘째로는 쉼터를 통해 구타당한 여성들의 신체적, 정신적, 심리적 피해 정도가 속속들이 노출됨으로써 아내구타 문제가 부부간의 사랑싸움 정도로 일어나는 '사소한 문제'가 아닌 '폭력 범죄'라는 사실을 입증해내는 기능을 담당했다. 쉼터의 이런 기능은 이후 가정폭력방지법 제정이 꼭 필요한 이유와 근거를 마련해주었다.

셋째로는 국가로 하여금 '매맞는 여성들을 위한 시설'을 설치하게 만드는 데 영향을 미쳤다는 점이다. 1992년 정부는 보건복지부 산하 자매복지회관을 구타여성을 위한 일시 쉼터로 전환시켰다. 이는 국가로 하여금 '매맞는 여성들을 위한 시설의 필요성'을 인정하게 만들었다는 점에서 큰 의미가 있는 것이었다. 이런 변화는 90년대 다른 사회영역에서도 나타났는데 많은 복지시설들 안에 쉼터들이 속속 마련되었다. 이런 변화 속에서 1998년 가정폭력방지법이 시행되자 자치단체별로 쉼터 설치와 운영이 점차 늘어나고 있다.

넷째 '쉼터'는 이제 한국 사회가 일반적으로 사용하는 언어로 자리 잡게 되고 하나의 사회제도로 정착되었다는 점이다. '쉼터'라는 사회제도와 언어 또는 개념을 창안해낸 셈이다.

다섯째, 쉼터를 통해 여성주의 집단상담과 개인 심층상담론, 여성복지론 등이 개발되고 있다는 점이다. 쉼터라는 현장은 상담학자들과 상담원들 그리고 복지학 연구자들로 하여금 여성주의 상담론과 여성주의 복지론을 연구하도록 자극하는 촉매제 역할을 했다. 특히 여성의전화 운동가 관계자들은 이후 상담학, 심리학, 복지학, 여성학 석사과정에 진학해 현장 경험을 토대로 한 연구물을 남겼다. 1997년 10월 쉼터 10주년을 맞아 <여성운동과 사회복지> 심포지엄을 개최하고 이 성과를 책으로 출판하였다(나남, 1998). 1998년 12월에는 <여성복지시설의 평가 지표 개발 연구발표회>를 가졌다.

여성의전화는 쉼터 7주년을 맞아 쉼터 이용자들의 문집, 『쉼터이야기』를 단행본으로 출판하는 등 쉼터관련 책자와 쉼터 이용자들의 사례집 그리고 복지관련 책자들을 계속 출간해 여성주의적 쉼터운영의 방향과 모델을 제시하고 있다(이 책의 한국여성의전화 발간도서목록 참조). 또한 여성의전화는 쉼터 설치를 확대하는 노력을 하고 있다. 현재 여성의전화 쉼터는 서울과 부산(1990), 전주(1999)에 마련되어 있다.

▶ 자조 그룹과 사후 지원 활동

여성의전화는 1986년 8월부터 구타당하는 여성들의 자조(自助)그룹인 <위기여성 모임>(이 모임은 후에 이름을 베틀모임으로 바꾸었다)을 조직하고 집단상담과 사후 지원 활동을 실시했다. 위기여성모임은 여성의전화 면접상담을 받은 피해여성들과 87년 이후로는 쉼터를 다녀간 피해여성들로 구성된 후속 지원(follow up) 프로그램이었다. 새로운 실험이었다. 이것은 면접이나 쉼터 이용 후, 가정으로 돌아간 여성이건 홀로 서기를 한 여성이건 지속적으로 개인 상담과 동시에 집단상담이 필요하다는 피해여성들의 요구와 이들을 아내구타추방운동의 주체로 육성하겠다는 운동적 고려에서 비롯되었다.[9] 구타당하는 여성들이 언제나 남편의 폭력에 노출되어 있는 현실을 고려할 때 안전의 문제에서

---

9) 서구에서는 실제로 강간당한 여성들의 모임이 강간추방운동체로 발전한 예가 있다.

부터, 의료, 사회복지, 양육의 문제에 이르기까지 복합적인 특성을 가지고 있어서 사후 지원 활동이 반드시 필요했다. 또한 피해여성들을 구타 피해자(victim)에서 구타 현실을 바꾸는 사회 변혁자(activist)로 정치세력화하는 과제도 필요했다.

이 모임은 매달 1회 모이면서 단오장터 같은 여성의전화 행사에도 참여해 소속감도 키워갔다. 새로 취업하는 여성들이 늘어나면서 모임은 때로 탄력을 잃기도 했으나 현재 쉼터의 후속 지원 프로그램으로, 또한 자조그룹 형태로 중요하게 자리잡아가고 있다. 여성의전화는 이후속 상담을 통해 장기적으로는 피해자들이 운영하는 자조집단을 형성하여 자기 강화(empowerment)와 자립의 효과도 거두게 한다는 희망을 가지고 있다(이문자 쉼터 원장과의 인터뷰). 후속지원 활동은 피해여성들의 위기대처능력을 강화시키고 피해자 상호간에 지원적 연대망을 갖게 한다는 점에서도 매우 중요한 기능을 담당하고 있다.

③ 의료와 법률 지원 활동

여성의전화는 의료, 법률지원 체계를 조직하는 일도 상담활동과 함께 진행했다. 피해 여성들은 ① 적당한 직업을 찾을 수 없는 점, ② 탈출 시 아이를 동반할 수 없는 점, ③ 충분한 의료 지원을 받을 수 없는 점, ④ 법적 지원을 받을 수 없는 점 등을 가장 큰 애로로 지적했다. 실제로 피해자들을 상담하다 보면 피해여성에 대한 의료적 치료와 법률적 지원이 반드시 필요했다. 매맞는 여성들은 치료뿐 아니라 병원에 가서 진단서를 떼려고 할 때도 많은 어려움을 겪었다. 이혼소송을 제기하려면 최소한 3주 이상의 진단서가 필요했는데, 의사들은 자기가 불려 다니는 것이 싫어서 상처가 심해도 3주 미만의 진단서를 발급하는 것이 현실이어서 여성들이 이혼소송하는 데 어려움을 겪는 일이 많았다. 또한 병원이나 변호사 사무실을 이용하는 일은 적지 않은 재정과 전문적인 지원과 인력이 뒤따르는 일이었다.

따라서 의사(일반의사, 치과의사, 정신과 의사, 한의사 등)와 변호사들과 긴밀한 협력체제를 갖추는 것은 필수적이었다. 이 작업엔 남녀를 불문한 각계 각층의 참여가 중요했다. 여성의전화는 여성문제에 대한 전반적 이해를 가졌다고 판단되는 개방적이고 진취적이고 헌신적인 인사들을 동원했다. 의료진으로는 여성의전화 이사로 참여한 정신과 의사(김광일)들과 일반 의사들이 무료로, 때로는 낮은 의료 수가로 여성의전화가 의뢰한 피해자들을 치료해주었다. 의료기관으로서 가정폭력 문제를 다루는 곳은 한 두 곳에 불과하고 대부분의 의료기관의 개입은 매우 부족하고 미온적이고 병리학적 접근을 벗어나지 못하는 실정이어서 의료 지원 체계를 갖추는 것도 매우 중요했다.

　법률적 지원은 한층 더 수요가 커서 1995년부터는 아예 지원팀을 구성했다. 1995년 3월 3일 '여성평화를 위한 변호사모임'(위원장 박인제 변호사, 총무 이종걸 변호사)을 결성했다. 93년 이후 매주 1회, 월요일 저녁마다, 무료법률상담에 참가해 오던 변호사들과 여성 문제에 관심이 있는 전국의 변호사 44명이 참여했다. 대부분 가사사건을 비롯해 여성인권이 침해된 사건을 담당하는 이들이었다. 여성의전화는 면접상담을 통해 법률구조가 필요하다고 인정되는 사람을 이 모임에 연결해주고, 이들은 경제 사정이 어려운 내담자들에게 낮은 수임료로 변호사를 선임할 수 있게 도왔다. 무료법률구조가 필요한 경우에는 상담변호사와 운영위원장, 여성의전화가 함께 결정했다. 그동안 해오던 매주 월요일 오후 무료법률상담은 그대로 진행했다(≪베틀≫ 제84호). 여성들이 여성중심의 법률적 도움을 받는 것이 매우 어려운 상황이어서 여성들을 지원하는 변호사모임은 매우 선진적인 일로 받아들여졌다.

　'여성평화를 위한 변호사모임'은 이후 무료법률상담를 비롯해 가정폭력방지법 입법 과정에서 중추적인 역할을 담당했다. 피해여성들에 대한 법률지원이나 의료지원은 늘 많은 인력이 필요했다. 피해자를 병원으로 인도하거나 이혼, 별거, 상속, 친자관계 문제를 둘러싼 법정싸움이 벌어질 경우 피해자들과 함께 경찰이나 법정을 드나들어야 하는 일은 한정된 실무자들만으로는 감당하기 어려울 만큼 늘어났다. 특히 사회, 경제적 약자인 여성들은 법에 대해 무지하거나 법을 두려워해 자신의 권리를 포기하거나 잃게 되는 경우가 많은 상황이어서 피해자들에 대한 법률지원은 무엇보다도 중요했다. 특히 법정에서 구타 남편을 만나는 일은 이들에게 너무나 두려운 일이었다.

상담을 통해 여성들이 법률소비자로서 당당하게 자신들의 권리를 찾을 수 있도록 도울 필요가 있다는 인식이 커지자 여성의전화는 내부 토론을 거쳐 이들을 지원하는 별도의 팀을 꾸렸다. 이것이 1995년 9월 16일에 결성된 '법정 평등실현을 위한 모임'이었다. 남녀 대학생 및 일반인 20여 명이 자원활동가로 참여, 여성과 관련된 재판을 모니터하고 피해 여성들을 지원하기 위해 여성관련법을 비롯하여 고소 및 재판과정, 소장작성 등 8회에 걸친 법률실무교육을 거친 후 활동에 들어갔다. 이들은 내담자와 병원과 경찰서, 이혼 재판정에 동행해 재판수속에 필요한 일들을 도왔다. 이런 과정에서 때로는 내담자의 남편에게 봉변을 당하는 일을 겪기도 하지만 '여성평화를 위한 변호사모임'과 연계하여 변호사들의 지원하에 법정을 모니터하고 토론회를 거치면서 활동 영역에 대한 지식과 정보를 넓혀나갔다.

이들은 그들의 활동경험을 토대로 이혼에 관한 법률안내서인, 『아는 것이 힘이다』라는 책자를 발간하는 등 의욕적으로 활동을 벌였다. 그러나 이 모임은 자원봉사체제여서 구성원이 정해진 시간에만 활동, 내담자가 원하는 시간에 제대로 지원할 수 없는 한계를 가지고 있었다. 처음 시도된 이 모임은 피해자에 대한 지원뿐 아니라 여성의전화에 청년층과 남성 회원들이 참여할 수 있는 창구를 열었다는 점에서 그리고 청년층 자원봉사활동의 새로운 영역을 개척했다는 점에서 특별한 의미가 있었다. 이들의 참여는 여성의전화 활동에 새로운 활기를 불어넣었다.

(2) 사회적 문제제기

여성의전화는 여성의 인간성 회복 활동을 벌이는 동시에 아내구타를 허용해온 사회 전반의 의식과 태도를 변화시키기 위한 사회의식 변혁

활동을 전개했다. 사회 전체가 아내학대를 있을 수 있는 관행으로 간주해온 만큼 구타문제 해결은 아내학대에 대한 사회적 의식과 태도를 변화시키고, 아내 학대를 범죄로 규정하도록 만들어야 했다. 아내학대 문제가 해결되기 위해서는 아내학대를 보는 사회적 인식의 총체적 변화가 있어야 했다.

여성의전화 초기, 사회 전반에는 매맞는 아내에 대해 여전히 '가정 일은 가정 안에서 해결하라'거나 '때릴 만한 이유가 있다'는 주장이 강한 설득력을 얻고 있었다. 이런 사회 분위기 속에서 아내구타 문제를 폭력 범죄로 사회문제화하기 위한 사회의식 변혁 활동은 크게 두 측면에서 진행되었다. 첫째, 사회 전반이 아내구타 실태와 심각성을 인식하게 만드는 작업 둘째, 아내구타를 보는 사회적 고정관념을 해체시키는 일과 여성을 차별하는 사회 전반의 의식을 바꾸는 작업이었다. 특정한 사회현상이 사회 문제로 인식되기 위해서는, 어느 정도 지속적이고 반복적으로 일어나는 문제 상황이 존재해야 하고 동시에 그러한 상황을 문제로 인지할 수 있는 가치판단이 있어야 한다. 사회문제에 대한 정의는 객관적 상황뿐 아니라 가치판단에 의한 선택의 문제를 내포하며 또한 그 선택의 원리는 권력 관계와 밀접한 관계를 맺기 때문이다.

① 폭력범죄로 사회문제화

아내구타 현상이 널리 퍼져 있음에도 불구하고 우리 사회는 여전히 가정이 사랑의 공간일 뿐 아니라 폭력의 공간이 될 수도 있다는 사실을 인정하려 들지 않았다. 아내구타 현상을 몇몇 '팔자 사나운' 여자들에게 국한된 그늘진 가족들만의 이야기라고 생각하는 많은 사람들에게 여성의전화는 아내구타가 사회 각계 각층에 일반화된 현상임을 알리고 설득해야 했다. 아내구타의 발생빈도와 문제의 심각성을 밝혀내는 작업은 매년 아내구타 상담통계와 피해 정도를 분석 발표하는 일, 각종 연구결과와 정부기구의 조사결과를 수집 발표하는 작업 등으로 이루어졌다.

1983년 여성의전화가 실시한 한국 최초의 조사결과(42.2%가 구타를 경험했다고 응답), 매년 발표하는 상담분석 보고(아내구타 상담이 총상담건수의 40% 이상), 1992년 한국형사정책연구원에 조사결과(45.8%가 폭력을 경험한 여성), 1992년 보건복지부 조사통계(남편으로부터 폭언을 포함한 학대를 경험한 여성이 전체의 61%, 신체적 학대를 경험한 여성은 30.2%), 1998년 1월 연세대 김재엽 교수가 실시한 전국조사결과(한국가정에서의 부부폭력 발생율이 31.4%) 등을 통해 아내구타 현상이 만연된 현실임을 입증해나갔다(Korea Woman's Associations United, 1998).

여성의전화는 발생 빈도뿐 아니라 그 피해 정도도 일반의 범죄 수준을 넘어서고 있음을 밝혀 나갔다. 특히 아내구타는 일반 사회폭력과는 달리 반복적, 주기적으로 발생한다는 점에서 폭력의 강도가 훨씬 심각하다는 점을 특별히 강조했다. 여성의전화 쉼터 이용자 143명 중 주 1~2회 이상 구타당하는 비율이 무려 42%에 달하고 있으며 매일 맞는 여성도 15.4%나 되었다. 구타의 유형도 무차별 구타, 흉기 사용, 나체 상태의 구타, 담배불로 지지기 등 심각한 실정인데 여성의전화가 접수한 상담사례 중에는 머리를 빡빡 삭발당한 경우, 질에 이물질을 삽입당한 경우, 추운 겨울 나체로 내쫓긴 경우, 강제 문신을 당한 경우, 남편이 몸에 휘발유를 뿌리고 불을 지른 경우 등 끔찍한 경우도 적지 않았다. 부산여성의전화 쉼터 이용자 조사에서는 '눈 주위가 멍들고 부었다'가 55.7%, '온몸이 멍들었다'가 45.7%, '머리를 맞아 정신을 잃었다'가 22.9%, '고막이 터졌다'가 12.9%, '갈비뼈가 부러졌다'가 8.6%, '담배불로 지졌다'가 7.1%, '다리가 부러졌다'가 1.4%, 기타 코뼈 골절, 치아 골절, 허리 골절이 11%로 나타났다(이상덕, 1996: 2-5). 이 밖에도 여성의전화는 아내구타 문제가 장기간에 걸친 반복적 폭력이기 때문에 피해자들의 신체적 손상 이외에 그에 따른 정신적, 심리적 피해, 남편의 폭력이 자식에게 학습, 세대간 전수됨으로써 소위 비행 청소년을 만들어내는 심각한 현실, 그리고 종국에는 구타자를 살해하는 강력 범죄로 발전하는 실태 등을 드러냈다.

세계 여성들은 이미 여성에 대한 육체적 잔인함과 정신적 고문은 대개 정기적으로 일어나고 희생자와 그 가족, 사회 전체에 헤아릴 수 없는 고통과 상처를 입히게 된다는 점을 밝힌 바 있다. 여성들이 무참히 깨어지고 짓밟히면서 겪게 되는 자존심 상실과 무력감은 자녀들에게까지 전달되기도 한다. 자녀들이 어머니를 보호하려다 덩달아 아버지의 학대 대상이 되기도 한다. 피해여성의 의료처치, 희생자를 위한 상담, 학대받는 여성들의 복지제도, 예방조치의 도입이라는 측면에서 이 문제를 처리하는 데 드는 사회의 경제적 비용도 막대하다. 더 큰 악영향은 가정폭력이 여성에 대한 정치적, 경제적, 사회적 차별현상을 더 강화시키고 심화시키고 있다는 사실이다(유엔, 1993).

아내구타 피해자가 가해자를 살해함으로써 피해자가 가해자가 되는 사건들이 1990년대 들어 빈번하게 발생했다. 구타 남편을 살해한 남희순, 이형자 사건 등, 구타 아버지를 살해한 전말석(가명, 당시 17세)사건, 구타 상습범 사위를 살해한 이상희 할머니 사건 등이 연속적으로 발생했다. 여성의전화 상담과 실태폭로, 계속되는 구타자 살해사건들은 가족 내 억압과 불평등의 현실을 드러냄으로써 '사랑이 충만한 안식처로서의 가족 개념이 사회적 현실이기보다는 사회가 가지고 있는 이상(ideal)'이라는 사실을 알려내고자 했다. 이를 통해 가정도 사회와 마찬가지로 인권 유린이라는 불의가 발생하는 곳이며 따라서 사회적 정의의 원리를 적용(이재경, 1995), 아내구타를 폭력 범죄로 인정하고 사회가 피해자의 인권보호에 나서야 한다는 사실을 주장했다.

② 여성주의적 문제제기

여성의전화는 아내구타 발생의 심각성을 홍보하고 입증해내는 작업과 동시에 가정폭력이 '사소한 일'로 간주되는 이유, 아내학대의 사회적 뿌리를 들추어 내고 이를 해체시키는 작업에 몰두했다. 여성주의적 관점에서 아내학대에 관한 사회 일반의 통념을 해체하고 아내학대를 정당화하는 사회의 가부장적 고정관념을 문제삼고 나섰다.

아내구타 문제를 둘러싼 대표적인 고정 관념들은 '부부싸움은 칼로 물베기다'라는 통념과 '맞을 짓을 했으니까 맞는다'라는 믿음, '북어와 마누라는 사흘에 한 번 때려야 맛이 난다'라는 가학적 의식과 '내 마누라 내 마음대로 하는데 무슨 상관이냐'는 남성들의 아내 소유의식, '가정사는 가정에서 해결하라'는 등이다. 여성의전화는 기존의 가치체계가 여성의 경험을 반영하지 못하는 남성중심적 해석이라 반박하고 여성의 경험을 사회적으로 드러내면서 그 반대 논리로 사회를 설득하고자 했다.

우선 '부부싸움은 칼로 물베기'라는 고정관념을 반박하고 나섰다. 부부싸움은 칼로 물베기가 아니라 '칼로 살을 베는 싸움'이며 남성이 의도적, 반복적으로 여성을 구타하는 '일방적인' 폭력이라는 사실을 강조했다.

'맞을 짓을 했으니까 맞는다'라는 생각에도 맞섰다. 이런 통념은 기본적으로 폭력을 문제해결 수단으로 삼아, 폭력에는 이유가 있다는 원인론을 퍼뜨림으로써 결국 폭력의 필요성을 강조하는 시각이었다. 남성은 맞을 짓을 해도 여성에게 맞지 않았다. 또한 이는 법치국가에서 허용되지 않는 믿음이었다. 법치국가는 개인이 저지른 잘못에 대해 개인이 형벌을 내리는 행위를 금하고 있으며 남에게 1주 정도의 상해를 입어도 피해자가 벌을 내리지 않고 사법기관이 판단하고 처벌을 내린다. 실제로 여성들의 이야기를 들어보면, 남성들은 '맞을 짓을 해서 때리는' 것이 아니라 일방적인 분풀이와 통제방식의 하나로 아내구타를 택하고 있었다.

'내 마누라 내 마음대로'의 주장에 대해서는 여성은 옛날처럼 노예와 같은 남편의 소유물이 아니라 남편이 가정 밖에서 노동을 하는 동안, 아내는 가정 안과 밖에서 노동을 하며 가정을 공동으로 경영하는 공동의 가정경영자이며 다른 생각과 의견을 가질 수 있는 독립적이고, 주체적인 하나의 인격체, 존경받을 권리를 가진 존엄한 인간이라고 주장했다. '집안일은 집안에서 해결하라'는 일반의 주장에 대해서는 청소년 가출이나 쓰레기 문제가 사회 문제인 것처럼 가정 내 폭력 역시 사회 문제의 하나라고 맞섰다(이영자, 1994). 여성들의 출산에 대해서는 국가가 간섭하고(가족계획), 가정 내 상속이나 호주의 권리에 대해서는 국가가 세세히 법으로 규정해놓으면서도 가정 안에서 벌어지는 인권 유린에 대해서 국가가 불간섭주의를 표방한 것은 일관성이 없다는 것이다. 이는 사적 영역에 대한 국가의 불간섭주의가 실제로는 얼마나 남성들의 이익에 따라 선택된 것이고 임의적인 것인가를 잘 보여주는 것이었다. 가정폭력에 대한 불간섭주의는 사실상 가정에서 남성 가장의 가부장적 특권을 보호하는 조치로서 불평등한 가족간의 권력 관계와 폭력적인 가정을 영속시키는 처사에 지나지 않는 것이라고 비판했다.

고정 관념에 대한 저항과 함께 여성의전화는 아내구타를 사회 문제로 보지 못하게 만들고 여성의 부당한 현실을 암묵적으로 정당화하는 기본 가치체계로서 가부장제 이데올로기를 문제삼았다. '남성에 대한 여성의 종속'으로 인해 아내구타 현상이 존재한다고 보기 때문이었다. 이런 관점에서 특별히 성별 분업과 부부간의 권력 관계, 폭력, 사랑 등을 여성주의적 분석 대상으로 삼았다. 이런 분석과 논의는 상담원 교육, 개원기념 행사 세미나, 이슈별 세미나, 회보, 상담 통계 보고, 각종 성명서 등에 두루 반영되었다. 이런 논의는 여성의전화에 관련된 여성학자, 사회학자, 여성운동가, 실무자, 상담원들에 의해 제기되고 주장되었다.

우선 남녀간의 역할을 철저히 위계적으로 분리시키는 성별 분업(남편은 생계노동, 아내는 가사노동)이 당연하고 공평한 현상으로 간주된다는 사실에 대한 분석이 많은 부분을 차지했다. 여성의 자리를 가정으로 한정시키는 이러한 이데올로기는, 매맞는 여성이 폭력 가정을 떠나게 하지 못하게 했다. 이는 이미 남성의 폭력으로 가정이 파괴되었음에도 불구하고 오히려 거꾸로 아내가 폭력 가정을 떠난 것을 가정파괴로 인식하게 했다.

부부간의 권력 관계 분석도 중요하게 다루어졌다. '성의 정치학'이라는 서구 여성학자들의 분석을 차용, 인간 심성 안에 그리고 남녀 인간 관계 안에 침윤된 권력구조를 밝혀냄으로써 남녀 관계를 더 이상 낭만적 세계로만 파악하지 않고 권력의 관계로 파악, '사적인 것은 정치적이다'라는 기치를 내걸고 사적 부부 관계가 정치적 관계임을 주장했다

(손덕수, 1987).

여성에 대한 폭력에 대해서는 여자들이 사회적 지위나 권력에서 차별적 위치에 있기 때문에 발생하는 것이며 '여성에 대한 남성의 통제 방식으로 사용된다'는 브라운 밀러(1976)의 주장이나, '폭력은 성의 정치학에서 불평등한 권력 관계를 유지시키는 주요 기제'라는 케이트 밀레트의 주장들이 강조되었다. 국가가 여성을 경제적 의존상태로 방치함으로써, 또한 폭력상황에서 여성에 대한 국가의 보호를 기피함으로써 여성들이 폭력 남편에게 돌아갈 수밖에 없도록 만든다는 점도 누누이 지적되었다. 사랑에 대해서도 권력 관계와 분리된 사랑의 개념은 사랑을 외설로 만들고 상호파괴적 관계로 변화시킬 수 있다는 메리 데일리의 분석도 자주 거론되었다.

가부장제 이데올로기뿐만 아니라 폭력을 조장하는 환경적 요인으로 장기간의 군사독재 정치체제하에서의 군사문화, 폭력성을 미화시키는 거대한 매체산업에 대한 분석도 중요하게 다루어졌다(이영자, 1992). 여성의전화는 아내구타에 관한 사회의 의식과 태도를 바꾸기 위해 영화, '굴레를 벗고서(1989)'와 '아주 먼 내일'(1996)도 제작했다.

2) 가정폭력방지법 제정 운동과 법시행 감시활동

아내구타를 해결하기 위해서는 거시적으로는 가부장제 사회구조 및 문화의 변혁이 있어야 한다. 또한 아내구타를 사회적 범죄로 규정하고 가해자 처벌과 피해자를 보호하는 법률의 제정 및 경찰, 사회사업기관, 의료진, 가족 관계 등 제도화된 차원에서 변화가 일어나야 한다. 1990년대 들어 여성의전화는 이런 주장을 구체화하는 작업으로 가정폭력방지법 제정운동을 전개했다. 90년대는 직선제 선거에 의한 대통령 선출과 보통사람의 시대를 표방한 정부가 들어서면서 사회는 보다 유연성을 띠기 시작했다. 이런 변화 속에서 여성운동은 '여성에 대한 폭력' 추방을 주요 과제로 안고 법 제정운동에 전념했다. 여성의전화는 처음부터 피해자들의 처참한 상황과 맞닥뜨리면서 그들과 함께 경찰, 검찰, 법원을 드나들고 법을 운용하는 사람들의 고루한 여성관과 마주쳤다. 때로 구타남편과 경찰에게 인신매매단으로 몰려 연행당하고 조사를 받으면서 여성의전화는 법 제정의 필요성을 온몸으로 느꼈다.

(1) 법제정 운동
① 가정폭력관련 피해 구속자석방운동

1990년대는 어느 때보다도 가정폭력관련 사건이 빈번하게 발생했다. 특히 상습적인 구타 남편을 살해하거나 구타 아버지 또는 구타 사위를 살해하는 극단적인 형태의 사건이 가정 안에서 발생, 사회를 충격 속에 몰아넣었다. 사회가 아내구타 문제의 심각성을 외면하고 정부가 '범죄자'(구타 남편)에 대한 법적 제재를 외면하는 동안 가정 안의 폭력은 구타자 살해라는 극단적 형태로 발전하여 가정폭력 피해자를 '살인자'로 만들었다. 이 사건들은 대체로 평생 상습적인 구타에 시달리던 아내 또는 가족이 생명의 위협을 느끼거나 또는 더 이상 인내의 한계에 달해 우발적으로 구타자를 살해한 공통점을 지니고 있었다. 요컨대 정당방위적인 살인이었다. 일찍이 아내구타가 강력 범죄로 발전할 위험을 경고해온 여성의전화는 즉각 이 사건들을 접수하고 사건의 전말을 올바르게 파악, 경찰과 검찰의 남성중심적인 사건 해석과 사법처리에 대응하는 동시에 이 사건들의 기본 성격이 정당방위임을 주장했다.

▶ 구타남편 살해혐의로 구속된 남희순·이순심·김명희 구명운동

1991년 2월에 발생한 남희순(당시 32세) 사건은 여성의전화가 최초로 대대적으로 구명운동을 벌인 사건이었다. 당시 임신 4개월이었던 남희순은 사건 당일, 남편에게 폭력(옆구리와 배를 발로 차이고 머리채를 휘어잡힘)을 당해 장이 파열되고 아이를 사산했다(≪여성신문≫ 1991. 8. 23). 남희순은 10여 년간 남편의 구타에 시달려왔고 결혼해주지 않으면 친정 식구들을 몰살시키겠다는 협박 때문에 결혼한 경우

였다. 남희순은 극심한 구타에 못이겨 가출도 해보았지만 남편이 친
정을 협박하는 바람에 꼼짝없이 폭력을 감내하며 살았다(1991년 상담
노트 참조). 여성의전화는 사건 직후 병원에 입원중인 남희순을 면회,
결혼생활과 남편 및 그 자신의 성장배경에 대해 들었다. 남편은 아버
지가 어머니를 구타하는 집안에서 성장했고 남편 역시 심하게 매질을
당하며 자란 경우였다.

여성의전화는 남희순의 정당방위를 확신하고 다양한 형태로 구명운
동에 나섰다. 이에 힘입어 남희순은 1심에서 징역 3년을 선고받았으나
2심에서 집행유예 5년을 선고받고 풀려났다. 남희순 사건은 사회 전반
이 아내구타의 심각성을 인식하고 사회적 대책 마련의 시급성을 인식
하는 계기가 되었다(≪여성신문≫ 1991. 8. 23).

1993년에는 부산에서 14년 동안 남편에게 갖은 수모와 폭행을 당해
오다 또 다시 자신을 흉기로 위협하던 남편을 우발적으로 살해한 이형
자 사건(≪한겨레신문≫ 93. 6. 30)이 발생했다. 이 사건에 대한 재판
이 계속되던 중, 1994년 1월에는 남편의 잔인한 폭력(2시간이 넘게 망
치로 TV, 문갑 등 기물을 부수고 이순심을 방바닥에 넘어뜨리고 목을
졸랐다)에 시달리던 이순심(사건 당시 40세)이 남편을 우발적으로 살해
하는 사건이 또 다시 발생했다. 바로 사건 다음날, 여성의전화는 이순
심이 파출부로 일하던 집주인으로부터 제보를 받게 되고, 실무자들은
곧 과천경찰서에 갇힌 이순심을 면회하러 달려갔다. 이 사건은 이형자
사건이 아직 2심 계류중인 상태에서 다시 발생했기 때문에 언론의 취
재와 관심이 뜨겁게 집중되었다.

여성의전화는 수원여성의전화와 공동투쟁 계획을 세웠다. 이순심이
오랜 기간 동안 은폐된 가정폭력의 피해자였고 사건 당시 생명의 위협
을 받았다는 점에서 구명운동을 전개하기로 한 것이다. 곧 이순심 씨
석방을 위한 공동변호인단과 방청인단을 결성하는 등 대책활동에 나섰
다. 서울의 '여성평화를 위한 변호사' 모임과 수원 지역의 변호사 8명
으로 공동변호인단을 구성했다. 안양, 수원, 서울 등지의 17개 단체가

방청인단으로 참여했다. 방청인단은 편견과 왜곡 없는 공정한 재판이 되도록 재판을 모니터링하는 동시에 재판시 모두가 평화를 상징하는 보라색 리본을 가슴에 달고 방청, 재판부에 무언의 압력을 행사했다(1999. 1. 22. 이문자와의 인터뷰에서) 또 대규모 방청단을 조직하여 재판을 감시하기도 했다. 재판부에 정당방위와 무죄석방을 요구하는 탄원서도 제출했다. 이순심 석방운동은 그녀가 일을 다니던 사람들 사이에서도 활발하게 진행되었는데, 이웃들이 작성한 탄원서만도 20여 통이었으며, 이 중 한 탄원서(이순심이 파출부 일을 나가던 집 주인이 재판부에 제출한 것)가 《한겨레신문》(1994 3. 18) 국민기자석에 실리기도 했다. '그녀는 살인자로 태어난 것이 아니라 남편에 의해 살인자가 된 것이고 이 여인의 피눈물나는 과거의 행적과 그녀가 당했던 수모를 안다면 이 세상 어느 누가 결과만을 보고 이 여인에게 살인자라는 낙인을 찍을 수 있겠느냐'는 탄원서 내용은 재판에 유리한 사회여론을 불러일으켰다.

　방청인단과 공동변호인단의 열정적 지원 속에서 이순심은 1심에서 징역 4년을, 2심에서 징역 3년을 선고받았다. 무죄판결은 얻어내지 못했지만 구명운동의 성과는 달성된 셈이었다. 만기 출소 후 이순심은 여성의전화를 방문, 고마움을 나타내고 자신과 같이 매맞는 아내들을 위해 써달라며 후원금을 내놓았다. 이순심 사건이 발생한 1994년은 UN이 선포한 '세계 가정의 해'였다. 이순심 사건 발생 하루 전 부산에서는 아버지를 살해한 양모 양 사건도 일어나 사회는 다시 한번 가정폭력의 끔찍한 결과에 충격을 받았다. 여성의전화는 이순심 사건, 이형자 사건, 부산의 양모 양 사건을 계기로 가정폭력방지법 제정운동을 더 이상 늦출 수 없음을 인식, 1994년 5월에 가정폭력추방주간을 선포하고 가정폭력방지법 제정운동을 가동시켰다.

　1995년 3월에, 경기도 안산에서 또 다시 구타 남편을 살해한 사건이 발생했다. 결혼 후 18년 동안 남편의 잔인한 구타와 알콜중독, 의처증, 가학적이고 변태적인 성행위를 견디다 못한 김명희(당시 42세)가 남편 우인덕을 전깃줄로 목졸라 살해한 사건이었다. 김명희는 결혼 직후부터 사건 당일까지 남편의 학대에 시달려왔다. 아이들 앞에서 발가벗긴 채 혁대로 구타를 당하기도 하고 노골적으로 '창녀' 취급을 당하기도 했다. 남편을 살해하기 4일 전부터 이유 없는 남편의 구타가 시작되었다. 겁에 질린 작은 딸이 경찰에 신고, 경찰 2명이 현장에 나왔으나 간밤의 일로 엉망이 된 집안을 둘러보고 유리조각을 치워준 후 '부부싸움이니 관여 할 수 없다'며 그냥 돌아갔다. 사건은 이후 발생했다.

사건이 방송에 보도된 직후, 수원여성의전화는 안산경찰서로 김명희 씨를 면회했고 변호사를 선임했다. 이 사건은 95년 3월에 구타 아버지를 살해한 전말석(가명) 사건과 맞물리면서 또 다시 사회를 놀라게 했다. 이번에는 가정폭력의 문제가 시사잡지 ≪한겨레 21≫(1995. 4. 16)에 커버스토리로 실렸다. ≪한겨레 21≫ 인터뷰에서 담당변호사는 '피고인이 얼마나 잘못했나를 따지는 것이 아니라 우리 법의식이 얼마나 잘못된 것인가를 판단하는 장이 되어야 할 것'이라며 사건의 성격을 밝혔다. 수원여성의전화는 일주일에 한 번 김 씨를 면회, 힘을 주고 구명을 위한 서명운동을 전개했다. 재판 진행에서 김 씨의 큰딸, 당시 출동했던 경찰, 그리고 김 씨를 잘 아는 수녀 등이 증언에 나섰다. 김명희 사건은 경찰이 가정폭력에 대해 어떠한 태도를 취하고 있는가를 생생하게 보여준 사건이었다.

변호인과 여성의전화는 사건 전 출동했던 경찰의 무대책도 놓치지 않고 비판했다. 김명희는 1심에서 7년 선고를 받았으나 석방운동에 힘입어 2심에서 5년 집행유예를 받아 석방되었다. 2심 재판부는 '김 여인은 인간이 받을 수 있는 벌은 다 받았다고 보이며 이후는 하늘의 판결에 맡길 일'이라며 집행유예를 선고했다. 김명희 사건은 같은 달 발생한 전말석 사건, 6월에 발생한 최현옥 사건과 함께 가정폭력의 심각성을 사회에 알리고 이에 대한 사회적 대책을 촉구하게 만들었다. 이후에도 매맞는 아내들의 가해자 살해 사건은 계속 발생했다. 1996년 이옥자, 양명숙 사건, 97년 윤선화 사건에 이르기까지 가정폭력과 관련된 강력 사건이 꼬리를 물었다. 이런 사건들의 가해자들은 가정폭력의 실질적 피해자들인 경우가 대부분이었다. 사회와 정부가 무관심, 무대책으로 일관해온 결과였다. 여성의전화는 가정폭력에 대한 우리 사회의 무대책을 성토하고 이에 대한 법적·제도적 장치의 필요성을 주장하면서 가정폭력방지법 제정운동에 박차를 가했다.

▶ 구타 아버지를 살해한 전말석(가명) 석방운동

1995년 3월, 길거리에서 어머니를 구타하고 위협하던 아버지를 아들 전말석(가명, 17세)이 살해한 사건이 발생했다. 사건 당시 아버지는 별거 중이던 어머니를 불러내 구두발로 짓밟고 온몸을 마구 구타, 어머니 한 씨는 걸을 수조차 없는 상태였다. 사건 현장에서 전말석은 움직일 수조차 없는 어머니를 구타하고 있는 아버지를 순간적으로 살해했다. 어머니 한 씨는 결혼 초부터 18년 동안 계속 남편으로부터 구타를 당했으며 아들 전말석도 싸움을 말리는 과정에서, 또는 어머니와 아버지가 별거중인 상태에서 아버지에게 구타를 당했다. 어머니가 집을 나간 후 집안 살림을 도맡은 전말석에게 아버지는 나가라는 말과 함께 칼로 위협을 하기도 했다. 전말석은 국민학교 5학년 때 이미 옥상에서 뛰어내려 자살하고 싶은 충동을 느꼈다. 불안과 공포의 나날을 보냈지만 전말석은 어머니를 위로하고 모범생으로 학교생활을 하면서 학생회 간부로도 활동했다.

이 사건은 각 일간지에 보도되었다. 당시 언론은 '또 다른 아버지 살해' 등의 제목을 달며 사건 당사자를 패륜아로 몰아갔다. 여성의전화는 사건을 접한 후 인천 중부경찰서를 방문, 피고인을 접견하고 사건 경위를 파악했다. 어머니 한 씨도 면접상담했다. 어머니 한 씨는 진작에 이혼하지 못했던 것을 가슴을 치며 후회했다. 전말석의 어머니와 삼촌이 증인으로 출두, 아들의 구명을 호소했고 여성의전화는 5,000명이 서명한 구명 탄원서를 재판부에 제출했다. 당시 호프집 주인도 증인으로 출두, 사건 당시 전말석 아버지의 폭력 행위를 증언했다. 전말석은 1심에서 징역 7년, 2심에서 징역 5년을 선고받았다. 이 사건에는 고려대 법대생들이 참관, 재판을 모니터링하고 학내에서 구명운동을 전개하기도 했다.

이 사건은 당사자가 아닌 자녀가 아버지를 살해했다 하여 중형이 선고되었다. 재판부는 폭력 가정의 자녀들도 폭력 당사자들이며 피해자 어머니와 같은 심리상태라는 사실을 간과하고 있었다. 이 사건은 가정폭력방지법의 필요성을 한층 부각시켰다.

▶ 아내구타 사위를 살해한 이상희 할머니 석방운동

1996년 5월에는, 장모(이상희 할머니)가 자신의 딸을 지속적으로 괴롭혀 온 동거남 사위를 우발적으로 살해한 사건이 발생했다. 4년 동안 딸 정미숙은 죽은 동거남으로부터 온갖 폭력, 폭언에 시달렸다. 죽은 동거남은 정미숙의 허벅지를 칼로 찌르기도 하고 목을 조르는 등 인간으로서는 견딜 수 없는 폭력을 휘둘렀다. 그는 사건 발생 전 15일간 매일 폭력을 휘두르며 정미숙과 이상희 할머니를 괴롭혔다. 사건 당일엔 술을 마시며 정미숙의 외삼촌을 칼로 위협하고 장모인 이상희 할머니에게 "딸 팔아 얼마나 잘 사냐"며 정미숙 씨의 딸 혜명(가명)이도 가만두지 않겠다고 협박, 이에 격분한 이상희 할머니가 우발적으로 사위를 살해하게 되었다.

이 사건 역시 사건이 발생하기 전 동네 주민이 관할 소래파출소에 여러 차례 신고했다. 그러나 경찰은 오지도 않을 뿐 더러 출동해서 구타자를 연행해 간다고 해도 곧 석방시켜서 오히려 구타자가 더 폭력을 휘두르게 만들었다. 처음에는 딸이 죄를 자청해 구속되었다. 사건 후 이를 괴로워하던 이상희 할머니는 여성의전화에 전화를 걸어 상담을 요청했다. 자신이 사위를 살해했는데 아무도 믿어주지 않는다며 도와달라는 것이었다. 여성의전화는 할머니를 면접하여 사실을 확인한 후 변호사와 협의하고 대책 활동에 들어갔다. 이런 노력으로 딸이 풀려나고 이상희 할머니가 상해치사 혐의로 대신 구속 수감되었다. 5월 '가정의 달'에 이상희 할머니가 구속되자 각 언론사는 이를 대서특필했다. 모든 일간지가 '살인범 자청한 70대 모정' 등의 제목으로 연일 이상희 할머니 사건을 다루었고, 이상희 할머니 구명운동과 함께 관련법 제정이 시급하다는 특집 기사들도 실었다. 각 방송사도 이상희 할머니 사건을 최고의 이슈로 다루어 전국은 이상희 할머니 사건으로 들끓었다.

여성의전화는 이상희 할머니 석방운동과 함께 이미 진행시키고 있던 가정폭력방지법 제정의 필요성을 집중적으로 홍보해나갔다. 5월 9일에는 광명경찰서 앞에서 이상희 할머니의 조속한 석방을 촉구하고 가정폭력 피해신고를 외면한 경찰의 직무 유기에 항의하는 집회를 가졌다 (《한겨레》 1996. 5. 10). 정미숙 가족들은 그동안 구타 사건을 여러 차례 광명경찰서에 신고했으나 경찰은 한 번도 출동한 일이 없었다. 집회 후 여성의전화는 광명경찰서장을 면담, 이후 가정폭력 사건에 적극 대처하겠다는 약속도 받아냈다. 5월 16일에는 이상희 할머니 석방을 위한 긴급 공청회를 개최, 가정폭력에 대한 경찰의 대응에 대해 집중 토론했다. 이날 긴급 공청회에서는 가정폭력에 대한 경찰의 대응과정과 처리과정의 문제점을 분석하고 그동안 발생했던 가정폭력 사건들을 분석하여 경찰의 적극적 개입의 필요성을 주장했다. 사건 직전 3번이나 신고했지만 경찰의 도움을 받지 못한 채 사건이 발생하고 만 김명희 사건, 맨발로 뛰어나가 여러 차례 경찰에 도움을 요청했지만 관할이 아니라는 이유로 거절당했던 전말석 사건의 담당경찰들이 집중적으로 비판을 받았다. 이번 공청회에는 정미숙도 참석 증언에 나서고 공청회 후에는 가정폭력 근절을 위한 거리행진도 가졌다. 공청회에 이어 5월 20일부터 4일간 이상희 할머니 구명 서명운동과 가정폭력방지법 제정 서명운동을 전개, 이상희 할머니 석방의 당위성과 가정폭력방지법 제정의 필요성을 대대적으로 홍보해나갔다.

수많은 여성단체들의 구명운동과 사회여론에 힘입어 이상희 할머니는 7월 5일 징역 2년 6월에 집행유예 4년형을 선고받고 풀려났다. 이 사건은 가정폭력방지법 제정의 필요성에 대한 사회적 합의를 이끌어내는 기폭제가 되었다. 사건을 통해 가정폭력의 범죄적 성격을 분명히 알려내고 가정폭력방지법 제정의 필요성을 전 사회적으로 알려낸 여성의전화 활동이 어느 때보다도 돋보인 사건이었다. 그러나 똑같은 성격

의 가정폭력 사건임에도 불구하고 아들이 아버지를 죽인 전말석 사건
은 '패륜아'로 매도된 반면, 사위를 살해한 사건은 '모정'으로 의미화
되었다. 우리 사회의 가족 이데올로기가 어떻게 가정폭력에 선택적으
로 적용되는지를 잘 보여준 사건이었다.

　가정폭력 피해 구속자 석방운동에는 사건들이 각 지역에서 발생함으
로써 지역 여성의전화는 이에 적극적으로 대응했다. 여성의전화 지부들
은 이 사건들을 인권사안으로 받아들여 법적 투쟁을 지원하고 나섰다.
이에 힘입어 구속자 중에는 실형을 받았지만 집행유예로 풀려나는 경우
도 있었다. 각 지역 여성의전화들은 재판 기간뿐만 아니라 실형을 받고
복역중인 사람들에 대한 지원 활동도 계속하고 있다. 구속자들에 대한
영치금 지급, 면회, 편지 쓰기 등의 활동을 하는가 하면 이들의 특별사
면 활동도 지속하고 있다. 이 결과 1998년에는 대통령 취임 특사로 2명
이 석방이 되고 대통령 취임 1주년에는 특사로 3명이 잔여 형기의 50%
를 감형받게 되었다. 이들이 석방된 후에는 이들의 사회 복귀와 가족 내
원만한 정착을 위한 프로그램을 지원하고 있다(박인혜와의 인터뷰에서).

　이상 가정폭력의 가해자를 살해한 피해여성들과 피해가족들에 대한
구명운동은 여성들의 연대로 사법계의 판결에 영향력을 행사하여 기존
의 형사법적 관행을 넘어선 판결을 이끌어냈다는 점에서 적지 않은 성
과를 거두었다.

　② 가정폭력방지법 제정운동
　▶ 통합적 '성폭력특별법' 제정운동과 성폭력 개념 논쟁

　1997년까지도 빈번하고 심각한 아내구타가 계속됨에도 불구하고 아
내구타에 관한 법이 따로 제정되지 않았다. '형법 제25장 상해와 폭행
의 죄' 규정과 '폭력행위 등 처벌에 관한 법률'이 있었으나 상해와 폭
행의 죄에는 존속에 대한 폭행은 규정되어 있지만 비속 및 아내에 대
한 폭행은 명시되어 있지 않았다. 폭력행위 등 처벌에 관한 법이 있어
도 법 집행 현실은 아내구타를 '부부싸움'으로 생각하고 국가 공권력

의 개입을 꺼렸다. 법이 없다는 것은 아내구타를 허락하는 조치나 마찬가지였다. 법이 따로 없다는 것은 일단 결혼하면 여성이 남성의 소유이고 남성이 어떻게 해도 좋다는 남성중심적·가부장적 시각을 반영한 것으로서 여성의 고통과 피해는 고려하지 않은 조치였다(심영희, 1995). 여성의전화는 이런 법 현실이 아내구타를 방조하고 있다는 인식 아래 개원 때부터 아내구타에 대한 법 제정의 필요성을 강조해왔다.

그러나 여성의전화가 본격적으로 '여성에 대한 폭력관련특별법' 논의를 제기한 것은 1991년 4월 18일 '성폭력(여성에 대한 폭력)특별법 입법을 위한 공청회'에서부터였다. 물론 이 때 사용한 성폭력의 개념은 '여성에 대한 폭력(gender violence)'의 줄인말로, 성관계중심의 성폭행(sexual violence)뿐 아니라 성희롱이나 아내구타를 포함하는 통합적 개념이었다. 이날 공청회에서 여성의전화는 구타 문제 및 성폭행 문제와 관련된 법 제정이 필요한 근거를 공식 제기했다. 구타 문제와 관련해서는 구타로 발생한 피해의 심각성, 자녀들의 폭력 학습문제, 구타 피해자에 대한 진단서 발급과 의료보험 혜택에 관련된 문제점, 경찰 개입의 필요성, 피해자를 위한 상담과 쉼터 시설 등의 사회복지제도의 필요성, 구타남편에 대한 처벌의 필요성 등을 들어 법 제정의 긴급성을 역설했다. 강간을 비롯한 성폭행 문제와 관련해서는, 현행 형법에 규정된 친고죄의 문제, 6개월의 고소 기간, 낮은 기소율 등을 지적하면서 특별법 입법의 필요성을 강조했다(한우섭, 1991). 법조인 측에서는 가정 내 범죄에 대한 새로운 형법의 필요성을 역설, 가처분(격리 명령, 보호 명령, 자격형), 성폭력 특별위원회, 가정형사 문제 조사관 제도 도입, 가정원 신설 등을 제안했다(이종걸, 1991).

공청회에 이어 여성의전화는 본격적으로 법 제정운동에 착수했다. 이를 연대운동으로 추진하기 위해 7월에 대구여성회, 김부남 대책위원회, 한국성폭력상담소(1991년 창립) 등과 연대회의를 가지고, 8월에는 이들과 함께 '성폭력특별법 제정추진위원회(추진위)'를 결성했다. 추진위는 1차 단계로 9월 정기국회에 대(對) 정부 질의 및 해당 상임위에 청원서를 제출한다는 목표를 세우고, 이를 위한 준비로 9월 9일 정당인 초청간담회를 개최했다. 정당인 초청간담회에서는 여성의전화가 가정폭력 범죄의 실태, 특성, 법적 처리과정의 문제점, 현행법의 한계 등을 지적, 가정폭력 범죄를 위한 새로운 법규정과 형벌제도 신설의 필요성을 제시했다. 또한 한국성폭력상담소가 현행 성폭력관련법의 여성 정조 보호법익을 새 법에서는 여성의 성적 자결권 또는 신체의 자유 보호법익으로 바꾸어야 하는 문제점 등 현행법의 한계를 지적했다. 이날 간담회에 참석한 정당인과 국회의원(야당의 박영숙 의원, 여당의 이옥순 여성국장)들은 성폭력특별법 제정에 공감을 나타냈다. 주요 일간지들은 이날의 간담회 내용을 '성폭력특별법 제정 서둘러야'(≪한겨레신문≫ 1991. 9. 12), '성폭력특별법 제정 급하다'(≪중앙일보≫ 1991. 9. 10) '성폭력특별법 추진: 정치권 긍정 반응'(≪경향≫ 1991. 1. 10) 등으로 보도했다. 추진위는 1991년 10월 31일자로 가정폭력을 포함한 '성폭력특별법 제정을 위한 청원서'를 이날 간담회에 참석했던 박영숙 의원을 소개의원으로 국회에 제출했다. 이로써 성폭력특별법 제정 활동은 국회 차원의 입법논의과정으로 한발 진입하게 되었다.

'성폭력특별법 제정을 위한 청원서'를 국회에 제출한 추진위는 이를 효과적으로 추진하기 위해 기존의 추진위를 해체하고 1992년 1월, 한국여성단체연합(여연) 내 성폭력특별법제정추진특별위원회(성특위)를 구성, 전국적인 제정운동에 착수했다. 그러나 문제가 나타났다. 정당인 간담회에서 이미 불거져 나왔던 성폭력 개념을 둘러싼 논쟁이 공식제기되었다. 요컨대 '아내구타가 성폭력 개념에 포함될 수 있느냐?'는 것이 성폭력 개념 논쟁이었다. 여성의전화는 성폭력을 '여성에 대한 폭력'의 의미로서, 아내구타를 포함한 포괄적인 개념(gender violence)으로 사용하고자 한 반면 한국성폭력상담소는 협의의 개념으로서 성관계 중심의 개념(sexual violence)으로 이 말을 사용하고자 했다.

여성의전화는 상담을 통해 여성에 대한 구타가 여성에 대한 강간으로 이어지고 또는 그 역으로 이어지는 여성에 대한 폭력의 연속성을 잘 알고 있었기 때문에 이번 특별법을 통합적인 성폭력특별법으로 제정하고자 노력했었다. 여성의전화는 상담 경험을 통해 아내구타는 대개 아내강간과 아내에 대한 성적 학대를 동반하며, 강간은 물리적 폭력을 동반한다고 주장하였다. 특히 당시 여성의전화는 (마구 때리는) 구타는 성폭력으로 보지 않으면서 (슬쩍 만지는) 성추행은 성폭력으로 보는 논리는 성립할 수 없다고 주장했다. 성폭력 개념을 광의의 성폭력(gender violence)으로 채택하면 강간을 성폭력의 전부로 생각하는 잘못된 통념을 바로 잡을 수 있으며 더 나아가 다양한 성적인 억압을 성폭력의 개념에 포함시킬 수 있기 때문이다. 또한 성폭력은 기본적으로 여성에 대한 폭력이지 성관계나 성적인 어떤 것이 아니다. 여성의전화는, 성폭력의 범주에 여성들이 가부장제 사회에서 경험하는 남성으로부터의 폭력적 위협, 감정적, 심리적 손상에서부터 성희롱, 성추행, 성관계에 대한 압력과 위협, 성적 모욕, 음란전화, (아내)구타, 성기 노출, 강간, 근친 강간 등이 포함(장필화, 1996)되어야 한다고 믿었다. 자신을 성폭행한 아버지를 살해한 김보은 사건의 경우 엄마가 딸을 보호하지 못했던 이유도 딸이 아버지와 가지는 성관계의 대가로, 자신에 대한 남편의 구타가 줄어들 것이라고 생각했기 때문이었다. 이 사건은 성폭력의 다양성과 연계성의 맥락을 잘 보여주는 사건이었다. 그러나 이 사건 진행과정에서 여성운동단체들은 아내구타 문제의 중요성을 부각시키지 못했고, 그로 인해 일반인들의 관심은 성적인 문제로만 집중되었다. 때문에 사람들은 김보은의 행동을 이해할 수 없다고 했고 그의 어머니 역시 피해자임에도 불구하고 오히려 비난을 받았다.

1993년 유엔이 채택한 '여성에 대한 모든 형태의 폭력 철폐 선언' 제1조에서도 여성에 대한 폭력은 '사적이거나 공적 영역에서 강제적이고 독단적으로 자유를 박탈하는 위협을 포함해 여성들에게 육체적·성적·심리적인 해악이나 고통을 주는 것'으로 정의되었다. 1995년 북경 여성대회가 내놓은 북경선언 행동강령에서도 여성에 대한 폭력은 다음과 같이 정의되어 있다.

　가) 가족 내에서 일어나는 신체적·성적·심리적 폭력(구타, 성적 학대, 강간,
　　생식기 절단, 착취 등)
　나) 지역사회에서 일어나는 신체적·성적·심리적 폭력(강간, 성희롱과 위협,
　　인신매매, 강제 매춘)
　다) 국가에 의해 자행되거나 묵인되고 있는 신체적·심리적·성적 폭력
　라) 무력분쟁하에서 일어나는 여성인권 침해(살상, 강간, 성적 노예화와 강
　　제 임신 등)
　마) 임신관련 폭력(강제 불임, 강제 낙태, 피임제의 강압적, 강제적 사용, 여
　　자 영아 살해, 성별 태아 살해)
　바) 특수 상황에 있는 여성에 대한 폭력(소수 민족, 토착민, 난민, 이주자,
　　장애자, 노인, 감금자, 빈곤 여성)

　새로 구성된 성특위는 곧 '성폭력추방운동을 위한 정책토론회'를 열
고 성폭력 개념 및 범주를 성폭력 개념(sexual violence, 강간, 성추행
등)으로 할 것이냐, 여성에 대한 폭력(gender violence, 남녀간의 힘의
불균형에서 오는 다양한 폭력: 강간, 아내구타, 살해, 강요된 성매매,
포르노 등)의 개념으로 할 것이냐를 토론했다. 아내구타가 여성폭력이
아니라 가정폭력으로 따로 분리될 경우 가정폭력이란 개념에는 아내구
타뿐만 아니라 아동학대, 노인학대, 장애인 학대가 포함되는데 이를 어
떻게 처리해야 하는가의 문제도 제기되었다. 결국 오랜 토론끝에 법
조항으로 연결되는 만큼 용어와 개념 정의가 명확한 것이 좋다는 데
합의하고 협의의 성관계중심의 성폭력(sexual violence) 개념으로 정리
(1992. 2)되었다. 그리고 가정폭력 중 아내강간, 아내에 대한 성적 학
대만 성폭력특별법에 포함시키기로 했다(1992. 5). 성폭력 개념에 대한
일반의 이해와 법 체계의 현실적 요구에 따라 가정폭력방지법을 따로
제정하기로 정리를 마쳤던 것이다. 성폭력특별법은 여성의전화가 이를
처음 제안한 지 3년여 만에 여성들의 줄기찬 노력에 힘입어(친고죄 등
미비한 조항을 안은 채) 1993년 12월 국회에서 통과되었다.
　결과적으로 여성에 대한 폭력관련법을 성폭력특별법과 가정폭력방지
법으로 분리 제정하게 됨으로써 여성에 대한 모든 형태의 폭력을 다루

지 못하는 결과를 낳았다. 성희롱 처벌 조항이 어느 법에서도 포괄되지 못한 것이 그 대표적 사례이다. 성희롱금지 조항은 1998년에 가서야 '남녀차별 금지 및 구제에 관한 법률'과 '남녀고용평등법 개정안'에 각각 포함되었다. 또 분리 제정의 결과 아내구타가 여성폭력이라기보다는 가정폭력 사안으로 인식되고 따라서 가정폭력방지법은 성 중립적인 성격을 가지게 되었다.

▶ 가정폭력방지법 제정 촉구 활동과 전국화

여성의전화는 한편으로 성폭력특별법 제정운동을 적극적으로 벌이면서 다른 한편으로는 가정폭력방지법 제정운동에 착수했다. 1992년 6월, 아내구타 공개토론회(주제: 매맞는 아내, 깨어진 삶)를 열고 처음으로 피해여성의 증언을 공개하여, 사회에 구타 피해 실태와 심각성을 생생하게 알렸다. 동시에 법제도 측면에서 아내구타를 지속시키는 요인들을 분석하고 가정폭력 문제를 다루는 현행 사법체계의 문제점, 대안적 법체계에 대한 논의도 가졌다. 특히 여기서는 대안으로 가정폭력에 대한 국가의 개입을 전통적인 형벌이나 보완처분 이외에도 원상 회복제도, 봉사 명령제도, 사회치료 교정 처분 등과 같은 완화된 형사조치들로 도입할 것을 제안했다(김일수, 1992: 47-51). 이 토론회에 이어 1993년 창립 10주년 행사로는 '매맞는 아내, 깨어진 삶'을 주제로 매맞는 아내들의 수기를 공모, 그해 7월 아내구타 수기『그는 때리지 않았다고 한다』(그린비출판사, 1993)라는 제목으로 단행본을 출판해 아내구타의 문제에 대한 사회의 인지도를 높여나갔다.

이 무렵 이미 지역에서 자생한 여성의전화들이 개별 단위로 아내구타추방운동을 벌이고 있었다. 여성의전화는 93년 11월부터 정기적으로 광주, 대구, 전북, 충북, 인천, 수원 지역의 여성의전화와 연대회의를 가지면서 1994년부터 법 제정운동을 본격 가동했다. 1994년은 마침 유엔이 정한 '세계 가정의 해'여서 여성의전화는 5월 6일~5월 13일을 가정폭력추방주간으로 설정하고 이 기간에 집중해서 전국적으로 다양한 행사를 벌였다. 이 행사에는 광주여성의전화, 대구여성의전화(애린회), 대구여성회, 전북여성의전화, 충북여성민우회, 인천여성의전화, 수원여성의전화(준), 한국아동학대예방협회, 한국여성의전화가 참여했다.

대구에서는 대구여성의전화와 대구여성회가 공동으로 가정폭력 영화제 및 토론회를 개최하고 특히 대구시 경찰청과 연계하여 가정폭력 신고접수와 상담을 실시했다. 충북여성민우회와 광주여성의전화는 각각 가정폭력 공개토론회를 개최했다. 서울에서는 가정폭력 사진전, 가해자를 살해한 혐의로 구속중인 이순심 씨 구명 서명운동, 가정폭력관련 영화제, 가정폭력 강연회, 가정폭력 공개토론회('아내구타, 아동학대, 깨어진 가족공동체')를 개최했다. 또한 이 행사기간을 가정폭력 신고기간으로 정하고, 서울지방경찰청 민원실의 도움으로 서울지역 500여 개 파출소에 가정폭력 신고기간 포스터를 부착하기도 했다. 탑골공원에서 가정폭력피해 사진전시회를 여는 첫날에 보따리를 든 한 여성이 진행팀을 찾아와 "저도 오늘 새벽에 집을 나왔어요. 갈 데도 없고 해서 이리로 그냥 왔는데…"라며 말을 다 잇지 못하고 울음을 터뜨려 이 여성을 여성의전화 쉼터로 안내했다. 이 행사 마지막에 '가정폭력방지법 제정을 위한 전국연대'도 결성했다.

1994년 한국여성의전화가 사단법인체가 되자 연대활동을 하던 각 지역의 여성의전화가 하나, 둘 한국여성의전화의 지부로 편입되었다. 여성의전화는 이런 힘을 바탕으로 한편으로 법안 준비활동에 착수하고 다른 한편으로는 1995년 10월~96년 3월까지를 가정폭력방지법 가시화의 시기로 정하고 96년 4월 총선을 겨냥한 법 제정 촉구활동을 폈다. 아내구타를 소재로 한 영화(이민용 감독의 <개 같은 날의 오후>)를 만든 영화제작사와 광고사인 제일기획, 한국여성의전화가 공동으로 영화가 개봉된 명보극장 앞에서 '한국여성의전화 가정폭력방지 기금마련 바자회'를 개최하기도 했다. '평등과 평화를 가꾸는 가족'이라는 주제로 노래 공모전도 가졌다. 서울과 부산에서 MBC가 후원하는 '가을음악회'도 열었고 '가정평화를 위한 시민 한마당'도 열었다. 1995년 11

월 25일~12월 10일 세계성폭력추방주간 동안에는 서울에서 가정폭력 방지법 제정 서명운동, 가정폭력방지법 기금마련을 위한 재즈 콘서트를 열었고 강화, 성남, 청주, 광주, 울산, 대구 등 전국 7개 지역의 여성의전화가 가정폭력방지법 입법을 위한 거리서명 운동을 전개했다.

이런 활동을 토대로 1996년 4월 총선 시기에는 각 당이 가정폭력방지법 제정을 여성정책 공약으로 채택하도록 만들었다. 동시에 한국여성단체연합, 서울지하철노동조합과 함께 가정폭력방지법 제정과 관련한 포스터를 제작, 4월 15일 일제히 각 지하철역에 부착했다. '신 가화만사성(新 家和萬事成)'이라는 제목으로 제작된 이 포스터는 가정폭력방지법 제정의 필요성을 쉽게 풀어쓴 것이어서 여러 기관에서 보내달라는 요청이 쇄도했다(≪여성의눈으로≫ 통권 제4호). 여성의전화가 가정폭력방지법 제정운동에 박차를 가하고 있는 가운데 1996년 4월 16일 자신의 딸을 지속적으로 구타해온 동거남을 살해한 이상희 할머니 사건이 발생했다. 여성의전화는 성명서 발표, 광명경찰서 항의 시위, 이상희 할머니 석방을 위한 긴급공청회 등을 통해 이상희 할머니 사건을 사회적 이슈로 부각시키면서 가정폭력방지법 제정의 필요성을 홍보해나갔다. 이 밖에도 '폭력 없는 가정, 폭력 없는 사회' 시민포럼을 대구여성의전화를 시작으로 서울, 창원, 청주, 수원 등에서 개최하고 어머니를 구타한 아버지를 살해한 전말석 사건을 소재로 가정폭력 교육용 슬라이드('아주 먼 내일')도 제작했다.

그러나 여성의전화중심으로 전개되던 가정폭력방지법 제정운동은 한국여성단체연합이 이를 96년 중점사업으로 채택하고 이 운동에 동참할 의지를 보임에 따라 여연 단위로 확대되었다. 여성의전화는 전국연대를 해소하고 여연에 가정폭력방지법 제정추진 특별위원회(특위)에 참여했다. 특위는 여연 소속 7개 단체(경남여성회, 대구여성회, 서울여성노동자회, 제주여민회, 충북여성민우회, 한국여성의전화, 한국여성민우회 부설 가족과 성 상담소)와 가톨릭 여성 쉼자리, 아동학대예방협회, 장애우권익문제연구소, 한국노인의전화, 한국성폭력상담소 등 12개 단체가 참여했다. 특위 위원장에 신혜수 한국여성의전화 회장, 법률시안 담당 전문가에는 여성의전화에서 활동하면서 법안을 준비해온 이종걸, 이찬진 변호사가 유임되었다. 사무국은 여연 사무국 내에 두고 간사단체는 한국여성의전화가 맡았다. 가정폭력방지법 제정추진을 위한 지역운동본부는 성남, 인천, 울산, 부산, 청주, 경남, 광주, 제주, 수원, 원주, 전주 11개 지역에서 결성되었다.

여연은 이 운동을 전 시민사회로 확대시키기 위해 가정폭력방지법 제정 추진 범국민운동본부(운동본부)도 발족시켰다. 경제정의실천시민연합, 민주사회를 위한 변호사모임, 민주화를 위한 전국교수협의회를 비롯하여 22개 단체가 참여했다. 각 지역에도 운동본부가 결성되었다. 인천이나 제주의 지역운동본부에서는 문화제 개최, 가정폭력 피해자 자녀에게 장학금 수여, 가족 발언, 가두서명, 가정폭력방지법 시안 설명회 등을 개최했고 이 밖에 지역본부에서도 서명운동, 국회의원에게 엽서보내기, 시민대회 등의 행사를 통해 시민들의 법 제정 지지를 이끌어내는 운동을 전개했다.

이러한 활동을 모아 범국민운동본부는 전국에서 9만여 명의 서명을 받아 민주당 이미경 의원의 소개로 1996년 10월 국회에 '가정폭력방지법(안)' 제정을 청원했다. 범국민운동본부는 국회에 법안을 청원함과 더불어 가정폭력방지법 제정 필요성에 대한 대국민 홍보를 위해 11월 9일 가정폭력방지법 제정을 위한 시민한마당을 개최했다. '가정폭력방지법 제정으로 평화로운 가정, 폭력 없는 사회를'이라는 34쪽 짜리 가정폭력의 실태와 가정폭력방지법의 주요 내용을 담은 소책자를 발간, 배포하기도 했다. 범국민운동본부에서는 그당시 3당의 대표(김대중, 김종필, 이홍구)를 차례로 만나 이번 법안을 조속히 제정해 줄 것을 요청했다. 그러나 1996년 안에 제정될 것이라고 생각했던 가정폭력방지법은 노동법, 안기부법 개혁파동 속에 96년 국회 회기를 넘기고 말았다.

1997년 가정폭력방지법 운동이 본격화하려는 즈음 여성의전화에는 매맞아 죽은 여성들에 대한 제보가 들어왔다. 남편의 구타로 인해 숨진

이판순 사건과 그 외에 언론에는 보도되지 않은 사건들이 접수되자 여성의전화와 범국민운동본부는 매맞아 죽은 여성들을 위한 위령제를 지냈다. 5월 21일 신한국당 앞에서 진행된 '매맞아 죽은 여자들을 위한 위령제'는 수많은 언론의 주목을 받았다. 이날 위령제는 TV방송 3사 뉴스 시간을 장식하면서 가정폭력방지법 제정을 촉구하는 사회적 분위기를 고조시켰다. 더구나 이 날 18년간 남편에게 구타를 당하다가 새벽에 남편을 살해한 윤선화 사건이 발생해 사회는 더 큰 충격을 받았다. 윤선화는 18년간 남편의 잔혹한 구타로 인해 이미 정신적으로 남편이 괴물로도 보이고 쥐로도 보이는 증세를 앓고 있었다(윤선화 사건 파일 중에서).

범국민운동본부는 1997년 7월 임시국회에서 가정폭력방지법을 제정하기 위해 신한국당사 앞에서 '가정폭력방지법 제정 촉구대회'를 개최하고, 국회의원들에게 가정폭력방지법 법안과 각 부문별 폭력의 실태를 담은 자료집도 발송하고, 법사위 위원들도 면담하는 등 필사의 노력을 기울였다. 그러나 범국민운동본부의 열망과 달리 97년 임시국회에 가정폭력방지법은 제정되지 않았다. 범국민운동본부는 국회에 가정폭력방지법 제정 지연에 대한 질의서 발송, 가정폭력방지법 공청회 개최 요구, 사회 저명인사들의 연명서 제출 등의 대응활동을 벌였다. 김수환, 강원용, 강문규, 이효재, 윤후정, 김찬국, 강영훈, 서영훈 등이 연명으로 가정폭력방지법 제정을 촉구했다. 이러한 범국민운동본부의 줄기찬 노력으로 1997년 11월 17, 18일에 가서야 '가정폭력범죄의 처벌 등에 관한특례법'과 '가정폭력방지 및 피해자보호 등에 관한 법률'이 각각 통과되었다.

③ 가정폭력 방지법 법안 준비활동

이미 언급한 대로 우리나라에는 아내구타에 관한 처벌법이 따로 마련되어 있지 않았다. 현행법 아래서 구타남편을 고발하려면 최소 3주 이상의 진단서가 첨부되어야 했다. 진단서를 발부받아서 남편을 고소했을 때도 대부분 몇 십만 원의 벌금형으로 관대한 처분을 받을 뿐이고 실형 선고가 되는 경우는 거의 없었다. 또 남편을 형사고발하면 함께 살기가 어려우므로 이혼을 각오해야만 했다. 그러나 대부분 전업주부가 많은 현실에서 여성의 경제적 독립의 어려움과 자녀와 헤어지기 어려운 어머니로서의 정서를 고려할 때 이혼소송의 제기나 형사고발은 사실상 불가능했다. 이런 점에서 아내구타관련법의 부재나 현행법상의 문제점을 고려할 때 아내구타를 다루는 법의 제정은 반드시 필요했다 (심영희, 1994). 그러나 한국 사회에는 아내구타가 부부싸움의 차원에 속하는 가정 내 사건이냐 아니면 아내의 정신적·육체적 건강이나 평안을 위협하는 범죄사건이냐를 구별할 수 있는 이론적 기준이나 실무적인 관행이 확립되어 있지 않았다. 따라서 구타당하는 여성들은 구타 남편의 피해자일 뿐 아니라 이러한 사회적·형사법적 관행의 이중적인 피해자들이었다. 이는 혼인과 가정생활은 개인의 존엄과 양성의 평등을 기초로 성립되고 유지되어야 하며 국가는 이를 보장한다는 헌법 제36조 1항의 규정에도 어긋나는 것이었다.

여성의전화는 이런 법적 현실을 비판하고 1991년부터 가정 내 범죄에 대한 새로운 형법의 필요성을 역설하면서 법안 마련에 관한 구체적 제안 활동을 해왔다. 1992년에는 가정폭력 범죄를 다루는 형법적 대응은 일반 범죄와는 다른 별도의 구성요건을 설정해야 한다고 제안했다. 또 법정형을 조절하고 형사 제재의 종류도 가해자의 교정을 돕는 제도라든가 피해자에게 입힌 손해를 가해자가 변상해주는 원상 회복제도 또는 죄 값을 치르는 봉사·명령제도 등을 도입해 전통적인 형벌 대신 당사자들 간의 갈등의 해결을 위해 국가가 개입해야 한다는 원칙을 제시한 바 있었다(김일수, 1992).

그러나 여성의전화가 보다 체계적인 법안준비 활동을 편 것은 1995년부터였다. 94년부터는 전국적인 법 제정 촉구 활동을 벌이다가 95년부터는 구체적인 법안 준비작업에 착수했다. 회원들과 지부의 의견을 수렴하는 작업을 시작으로 외국의 입법 예를 조사하는 작업을 진행하고, 여성의전화 내에 '가정폭력방지법 연구모임'도 조직해 토론을 벌여나갔다. 기존의 '여성평화를 위한 변호사모임'에서도 토론회를 가졌다.

이 모든 토론을 토대로 이찬진, 이종걸 변호사를 중심으로 법안준비소위원회도 구성하여 가정폭력방지법의 기본방향과 내용을 준비해나갔다.

그리고 1995년 7월에는 이 모든 준비활동을 중심으로 가정폭력방지법 전문가 워크숍을 가지고 가정폭력방지법(가안) 입법 방향에 대한 토론을 가졌다. 이날 제시된 방향은 ① 이 법의 보호법익은 학대당하는 이들의 인권보호법익만 아니라 가정의 평화와 안정을 국가가 보장하는 데 두어야 할 것, ② 가족 구성원의 개념 정의 확대, ③ 입법시 아내학대 문제와 함께 '아동학대', '노인학대'의 문제도 동일한 비중으로 다룰 것, ④ 가정폭력의 특수성을 고려해 '가정보호'라는 사회 복지적인 관점에서 국가 및 지방자치단체의 책임을 강조할 것, ⑤ 가정폭력에 대한 형사 사법적 대책은 기존의 실정법과는 다른 특수한 고려가 수반되어야 할 것, ⑥ 가정폭력에 관대한 국민 일반의 규범 의식을 개선하기 위한 국가 책임에 관한 구체적인 규정을 둘 것 등이었다. 96년 3월에는 이런 입법방향에 따라 이찬진, 이종걸 변호사가 마련한 법률시안(제5장 25조)을 놓고 전문가 간담회를 열었다.

1996년 한국여성단체연합(여연) 내 '가정폭력방지법제정추진 특별위원회'(가폭특위)가 결성되고 법안준비활동이 여연 단위로 넘어 간 후에도 여성의전화에서 법안을 준비해온 이찬진, 이종걸 두 변호사가 시안 작업을 계속 맡았다. 법률시안 소위원회에서 수많은 토의와 조율을 거친 후 전문가 간담회를 통해 법률안이 마련되어 갔다. 법률안의 내용에 특히 반영되었던 것은 폭력 남편을 고쳐서 같이 살고 싶어하는 피해자들의 요구와 희망을 고려, 가정 해체를 막으면서 가해자의 폭력행위를 교정할 수 있는 방안의 모색과 아동 및 노인에 대한 폭력을 포함시키는 문제, 장애인이 장애인이기 때문에 더욱 학대받는 현실의 문제, 전문가 특히 사회복지사의 도움을 개입시키는 문제 등이었다. 가정을 보호하고 가해자를 교정하도록 하기 위한 조치로는 경미한 폭력 사안에 대해 일반 형사사건으로 처리하지 않고 전과가 남지 않도록 하는 가정보호처분 제도를 두기로 했다. 이 점에 대해서는 가정법률상담소를 중심으로 여성계 일부에서 범죄행위에 대한 처벌을 강력하게 해야 하는 것이 아니냐는 반대의견이 있었다. 그러나 이 법이 처벌중심으로 만들어질 경우 이것이 활용되기보다는 사문화(死文化)될 위험이 더 크다는 의견이 지배적이었다. 아동 및 노인에 대한 폭력도 이 법에 포함시켰으나 우리나라 사회복지제도 현실상 충분한 배려는 주어지지 못했다. 장애인을 위해서도 의사소통을 위한 통역이나 보조인을 둘 수 있도록 하는 것 이외에 더 이상의 고려는 불가능했다. 사회복지사의 전문적인 개입도 현실적으로 불가능해 최소한의 선에서 포함시켰다(신혜수, 1997: 174).

96년 9월 24일에는 그동안 준비해온 가정폭력방지법 시안 최종 공청회를 범국민운동본부 주최로 개최했다. 가정폭력 현황과 가정폭력방지법 제정의 필요성에 대해 이상덕 한국여성의전화 상임 부회장의 발표가 있었고 가정폭력방지법 시안의 내용과 방향에 대해 이찬진 변호사의 발표, 가정폭력방지법에 따른 가정폭력사건에 따른 예시 등이 발표되었다. 토론자로 신한국당 권영자 여성위원장, 국민회의 신낙균 여성특별위원장, 민주당 이미경 의원이 참석했고 김종구 사당의원 원장과 신연식 전교조 정책위원장, 김재엽 연세대 사회복지학과 교수가 각계의 입장을 대표하여 토론자로 참석했다. 또한 가정폭력피해 당사자가 직접 나와 피해자가 원하는 가정폭력방지법에 대한 의견도 발표했다. 결국 이 날 토론은 위기가정에 사회와 국가가 개입하여, 가정의 해체를 억제하면서 가해자에 대해서는 형사처벌보다는 폭력성을 교정하는 방향으로, 피해자에 대해서는 국가가 사회복지서비스를 제공하며 국가와 지방자치단체에게는 가정폭력의 예방을 위한 정책적·법적·교육적 의무를 지게 함으로써 궁극적으로는 '건강한 가정'을 육성하는 데 기여하는 가정폭력특별법을 제정해야 한다는 데로 의견이 모아졌다.

범국민운동본부는 가정폭력방지법 내부 설명회까지 마친 후 10월 30일, 전체 제5장 50조로 구성된 법안을 85,505명(재미동포 포함)의 청원으로 '가정폭력방지법(안)'을 국회에 청원했다. 신한국당, 새정치국민회의, 자유민주연합의 세 정당에서도 각각 가정폭력방지법안을 제출하여 범국민운동본부 법안과 함께 4개의 법안이 국회에 상정되었다. 성폭력특별법 제정 때와는 다르게, 이번에는 각 당에서 여연이 마련한 초안을 참고하여 법안을 만들었으므로 법안의 내용이 기본적으로 모두 여성운동이 제안한 내용과 유사했다. 사실 각 정당들은 이 문제에 대해 전문성이 없었고 여성운동단체로부터 배워야 할 처지에 있었다. 다만 신한국당에서는 가정폭력 범죄의 처벌법과 피해자보호법을 분리하여 두 개의 법안으로 제출했다. 여연에서는 두 개의 법안이 함께 통과된다면 이를 구태여 반대하지 않기로 입장을 정했다. 그러나 가정폭력방지법은 96년 국회 회기를 넘기고 말았다.

1997년 하반기에 들어서 여연 가폭특위에서는 국회 법사위에 간담회와 공청회 개최를 요구, 국회 법사위 최연희 위원장 및 국회 법사위 전문위원 4명과 여연 측(신혜수, 이찬진, 김재엽, 남인순, 성민선, 이종걸, 김정열, 정춘숙) 인사가 함께 법안의 내용에 대해 축조 심의하는 기회를 갖고 여성들의 요구를 반영시키는 노력을 기울였다. 여기서는 여러 쟁점이 뜨겁게 제기되었는데 예컨대 시민단체가 가정폭력 사건 경찰 신고 후 사건 처리까지의 심의 기간을 3개월로 못박아 신속한 처리를 법제화하자고 주장한 반면, 법사위는 그것은 판사재량권 침해라며 '우선심의' 정도로 하자고 했다. 폭력남편들이 흔히 하는 아내의 몸수색을 폭력 범주에 포함시킬 것인가 말 것인가 하는 논쟁도 뜨거웠다. 의처증이 많은 폭력남편들은 아내가 외출하고 들어오면 몸수색을 하는 경우가 많았다. 여성운동가들은 이를 폭력의 범주에 포함시켜야 한다고 주장했고 국회 법사위에서는 '그런 것이 무슨 폭력이냐'는 입장을 보였다. 사건발생 후 가해자에 대한 임시조치가 있기까지 피해자여성의 안전을 어떻게 확보하느냐도 쟁점이 되었다. 이 논쟁들은 남성들과 상담경험을 가진 여성운동가들 사이의 인식 차이를 극명하게 보여주었다. 결국 이 쟁점들은 우선심의, 몸수색 포함이라는 쪽으로 가닥이 잡혔다.

법 제정 운동 기간에 여성의전화 사무실에는 '이 법은 인간의 자유를 제한하는 법이다[남성의 때릴 자유(?)를 제한하는 법이다]', '가만두지 않겠다', '가정을 파괴하는 법이다', 심지어는 '이젠 무슨 재미로 사나'라는 등 남성들의 항의 전화가 많았다. 우리 사회의 보수적 가족관과 아내구타를 당연시하는 인식을 다시 한번 확인할 수 있었다. 성폭력특별법 제정운동 때와 달리 아내구타 문제를 위한 법 제정 운동에는 선뜻 발벗고 나서는 남성 국회의원이 없었던 것도 아내구타 문제가 안고 있는 어려움을 잘 대변했다.

결국 제15대 정기국회에서 '가정폭력범죄의 처벌 등에 관한 특례법'과 '가정폭력방지 및 피해자보호 등에 관한 법률'이 각각 통과되었다. 성폭력특별법 제정에 비하면 이 법의 제정은 시간도 많이 걸렸고 대중의 저항도 많았다. 그런 만큼 가정폭력방지법 제정을 가장 기뻐한 사람들은 누구보다도 여성의전화 상담원들이었다. 이들은 지난 15년간 열악한 조건(각 상담실은 1평 남짓한 좁은 공간) 속에서도 끊임없이 걸려오는 매맞는 아내들의 호소를 들으면서 때로는 같이 울고, 분노하면서 아내구타를 우리 사회에 드러내는 데 결정적인 역할을 해왔다. 아내구타 상담은 대단히 힘든 노동이었다. 우울한 상담내용과 폭주하는 전화 호소를 감당하는 것은 고된 일이었다. 특히 서울여성의전화(장충동 소재) 경우, 당시 관할 을지전화국에서 항의가 올 정도로 상담전화는 언제나 폭주했다. 연결에 과부하가 걸린다며 전화량을 고려할 때 최소 전화 16대가 필요하다고 권고할 정도였다. 이렇게 고된 업무 속에서 이들은 기꺼이 자신의 시간과 정열을 자발적으로 나누며 최일선에서 묵묵히 대중적인 여성운동을 이끌어왔다. 가정폭력방지법의 제정은 이들의 숨은 노고와 헌신의 결실이었다.

(2) 법시행 감시 활동

① 가정폭력방지법 조기정착을 위한 홍보 활동

피해여성들의 끊임없는 호소와 15년여 동안 여성의전화가 벌여온 아내구타추방운동 그리고 범국민운동본부의 줄기찬 노력으로 가정폭력방지법은 마침내 '가정폭력범죄 처벌 등에 관한 특례법'과 '가정폭력피해자 방지 및 피해자보호에 관한 법률'로 나누어져 1997년 11월 18일에 제정되었다. 여연 가폭 특위에서는 그 다음날인 11월 19일 가정폭력방지법 제정 축하 잔치를 마련하고, 법 제정에 공헌이 많았던 외부 인사들에 대한 감사를 표시했다. 가정폭력방지법 제정으로 한국 사회는 커다란 변화를 맞게 되었다. '가정 내 문제'에 국가의 공권력이 개입할 수 있는 합법적 근거를 가지게 된 것이다. 그동안 인권의 사각지대에서 전혀 사회적 대책 없이 방치되어 있던 가정폭력의 희생자들에게 한줄기 희망의 빛이 생긴 것이다. '가정폭력방지법' 제정의 의미는 ① 가정폭력을 국가가 개입해야 할, 그리고 누구나 신고해야 할 사회적 범죄로 명시한 점, ② 따라서 가정폭력 가해자에 대한 법적 교정, 교화, 처벌이 가능해진 점 ③ 피해자에 대한 법적 보호 조치가 이루어진 점, ④ 국가와 지방자치단체가 가정폭력을 예방하고 방지하는 구체적 조치를 취하게 된 점, ⑤ 피해자, 행위자, 고발인, 신고인들의 신분이 보호받게 된 점 등이다. 가정폭력방지법의 제정으로 가정폭력에 대한 적극적인 사회적 통제와 지원이 가능하게 된 것이다.

그러나 '가정폭력범죄 처벌에 관한 특례법'은 처음 제안한 법의 구조와는 다르게 구성, 한계점을 가진 채 제정되었다. 가정폭력 피해자가 법원에 직접 가정보호 사건을 신청할 수 없게 함으로써 가정보호처분을 신청할 수 있는 다양한 길을 원천적으로 봉쇄했다. 또한 가정폭력 사건의 처리 시한을 두지 않고 단지 다른 쟁송(爭訟)에 우선 할 수 있다는 정도로만 남겨둠으로써 가정폭력 사건처리에 많은 시간이 걸리게 했고, 사건 처리가 지지부진하게 처리될 가능성을 남겨두었다. 가정폭력방지법의 보호법익이 지나치게 가정의 유지에 편중됨으로써 가족 개개인의 존경권이나 인권보호 측면이 강조되지 못하는 경향이 있었다.

가폭특위는 법 제정 이후 각 지역의 국민운동본부를 중심으로 가정폭력방지법 설명회를 개최했다. 시행령과 시행 규칙을 마련하는 작업을 위해 여연의 가폭특위를 1998년에도 계속 지속시키고, 동시에 법률이 발효되는 1998년 7월 1일까지 경찰, 의사, 교사, 사회복지사, 재판부, 일반국민 등에게 적극적인 교육, 홍보 활동을 벌여 법이 효과적으로 집행될 수 있는 기초를 다지는 데 노력을 기울였다.

특히 가정폭력방지법이 1998년 7월 1일부터 효력을 발생하게 되면서 여연 가정폭력방지법 제정추진 특위는 6월에 전국에 가정폭력방지법 제정에 대한 홍보를 집중했다. 7월 1일 가정폭력방지법이 발효되면서 언론매체들은 가정폭력의 심각성에 비추어 이러한 법이 제정된 것은 바람직한 일이지만 이 법이 전통적인 가족관계에 크게 영향을 주는 것이 아니냐는 우려의 목소리를 높였다. 더욱이 가정폭력방지법이 처음 적용된 사건이 며느리가 자신을 구타한 시부모를 고소한 사건이어서 언론은 이 법이 기존 가족의 '미풍양속'을 해치는 법이 아니냐는 쪽으로 여론을 몰아갔다.

6월 30일자 ≪조선일보≫도 '자녀를 때리면 접근금지 처분에 구속, 고개 숙이고 어깨 처진 가장'이라는 내용의 만평을 실었다. 서울여성의전화는 즉각 조선일보에 항의 공문을 보냈다. 6월 30일과 7월 1일을 기해 각 TV, 라디오, 신문은 마치 7월 1일이 되면 세상이 크게 변하는 듯이 가정폭력방지법의 파괴력에 대한 우려를 표명, 부정적 사회 여론을 만들어갔다. 그러나 현실은 오히려 법 제정 이전과 크게 달라진 것이 없었다. 가정폭력방지법에 대한 정부의 홍보는 매우 미미했고 시행에 따른 관계기관 교육이나 사전 준비도 매우 부족해서 가정폭력방지법의 실효성을 의심할 정도였다.

이와는 대조적으로 가정폭력방지법이 발효(1998. 7. 1)된 지 몇 달 후, SBS TV는 <그것이 알고 싶다>라는 프로그램에서 이 법의 효력이 어떻게 나타나고 있는지를 취재, 방송했다. 방송은 구타 남편들에게 이 법이 예상보다 더 큰 효력을 발휘하고 있는 현장을 생생하게 보도했다. 방송 취재에 응한 한 구타피해 여성은 이 법 때문에 남편의 구타가 사라졌다며 '도대체 누가 이런 법을 만들었으며 왜 진작 이런 법이 없었느냐'고 울먹이며 반문했다. 이 방송은 이 법이 습관화된 구타남편들에게 일정한 한계가 있다는 사실도 보도했지만 앞으로 여성들의 준엄한 감시가 있는 한 이 법이 사회변화를 이끌어 갈 것이 분명하다는 것을 암시하고 있었다. 여성의전화는 <그것이 알고 싶다> 제작팀을 1999년도 3. 8 여성대회에 디딤돌 수상자로 추천했다.

② 가정폭력 사건 처리 불만 신고센터 운영

법 제정 이후 가장 시급한 과제는 정부로 하여금 가정폭력방지법의 조기정착과 가정폭력예방 및 피해자보호사업의 활성화 작업을 서두르게 하여 특례법의 실효성을 확보하는 것이었다. 다시 말해 법률의 성공적인 정착을 위해서는 담당기관이 가정폭력도 사회폭력과 같은 차원에서 적극적으로 대처하게 만드는 일이 긴급했다. 이를 위해 여성의전화는 일차적으로 가정폭력방지법의 시행 과정을 감시하기로 하고 전국에 '가정폭력 사건처리 불만신고센터'를 설치, 운영했다. 서울을 비롯 강릉, 강화, 광주, 전주, 군산, 대구, 부산, 성남, 수원, 시흥, 안양, 울산, 익산, 인천, 창원, 천안, 청주, 광명의 18개 지역 지부와 서울여성의전화 강서/양천지회에 '가정폭력 사건처리 불만신고센터'(이하 신고센터)를 설치했다.

그리고 가정폭력방지법 시행 3개월이 지난 뒤 여성의전화는 18개 지역 신고센터에 신고된 내용과 처리 결과를 가지고 10월에 '가정폭력방지법 조기 정착을 위한 토론회'(10. 30)를 개최했다. 토론회는 '경제위기 속의 가정폭력 현황(박인혜)'과 '가정폭력 사건처리 불만신고센터 사례분석'(정춘숙)에 대한 주제 발제 후 '가정폭력방지법 조기 정착을 위한 대안'에 대한 패널토론으로 진행되었다. 이 자리에서 여성의전화 정춘숙은 총신고 건수 123건 중 102건이 경찰에 대한 불만신고 사항이었고 3건은 검찰에 관한 사항이었다고 발표, 경찰의 미숙한 사건처리가 법의 조기정착을 어렵게 하는 요소라고 지적했다. 특례법 시행 후에도 경찰의 무지와 홍보, 교육부족으로 가정폭력 피해여성이 아무런 구제를 받지 못하고 오히려 신고했다는 이유로 남편으로부터 더 매를 맞는 등 피해가 증대되는 예도 있다는 것이었다.

신고 중 가장 많은 내용이 경찰이 가정폭력 현장에 출동했으나 '가

정문제니 알아서 하라'며 그냥 가는 등 사건 처리가 미흡했다는 것이
었다. 두번째는 경찰관이 가해자를 연행했으나 피해자의 말보다 가해
자의 말을 듣고 가해자를 훈방한 경우, 세번째는 경찰이 피해자를 돕
기는커녕 피해자에게 모욕감을 주거나 협박을 하는 경우가 지적되었다.
어머니가 췌장이 파열될 정도로 심하게 구타당해서 경찰에 신고한 아
들에게 '아버지를 신고하는 호로자식이 어디 있느냐'면서 호통을 쳐 보
내 결국 이웃 아주머니가 신고해야 했던 경우가 그 대표적인 경우였다.

　토론회에는 경찰청 형사국 폭력계장(이만희), 법무부 여성정책담당
관(조희진), 보건복지부 가정복지과장(신현수), 그리고 이찬진 변호사
등이 참가해 현장에서의 실태를 보고하고 문제점 및 대안을 제시했다.
경찰관들에 대한 법률교육과 여성폭력에 관한 교육, 현장출동 조치 요
령, 특히 가정폭력 피해자의 특성을 이해하고 배려하는 수사, 전문적
인 상담요원의 확보, 상담소와 피해자보호시설의 양적 확충, 민관 협
력체계의 강화, 대국민 홍보강화, 예방 프로그램 개발, 체계적인 서비
스망의 구축, '여성 1366'의 확대 설치, 예산의 확보 등이 개선해야
할 과제로 토론되었다.

　가정폭력 사건처리 불만신고센터는 여성의전화가 가정폭력방지법 제
정 운동에서 그치지 않고 실제로 현실에서 법 적용 실태를 감시함으로
써 가정폭력방지법이 조기에 정착되고 가정폭력 피해자들이 이 법을
통해 실질적인 도움을 줄 수 있도록 하려는 구체적인 작업이었다. 신
고센터는 지역에 따라서는 여성의전화와 경찰서 간에 불편한 관계를
만들기도 했지만 또 다른 지역에서는 오히려 지역의 경찰서와 여성의
전화가 긴밀한 연계를 갖는 계기를 만들어 주기도 했다. 여성의전화에
서 '가정폭력 사건처리 불만신고센터'를 운영한다는 것이 홍보되자 각
경찰서는 가정폭력 사건처리에 좀더 신중을 기하는 태도를 보였다. 토
론회 이후 경찰청에서는 전 경찰 대상 시험에서 가정폭력방지법에 관
한 시험을 출제해, 경찰 각 개인이 이 법을 충분히 숙지하도록 하는 등
올바른 법 적용을 위해 노력을 기울였다. 대통령 직속 여성특별위원회

에서도 유관 기관 토론회 등을 개최해 가정폭력방지법이 실효를 거둘
수 있도록 하는데 기여했다.

③ 24시간 위기전화 '여성 1366' 설치

1997년 11월 18일 가정폭력방지법이 제정되자 보건복지부는 1998
년 1월 1일을 기해 서울을 비롯한 16개 광역시, 도에 국번 없는 상담
전화, '여성 1366'(1년 365일+하루 더 서비스라는 뜻으로 1366임)을
개통했다. 1366은 전국에서 112, 119처럼 국번없이 무료로 통화할 수
있는 전화다. '여성 1366'은 가정폭력 피해자, 성폭력 피해자, 인신매
매 피해여성, 가출여성, 미혼모, 직업안내 및 각종 상담희망 여성들을
대상으로 하는 여성복지 서비스 전달체계의 하나로서 마련된 것이었다.
여성복지서비스 전달체계란 사회복지서비스를 내담자(전화 이용자)에
게 전해주기 위해서 꾸며진 사회적 조직체이다. 요컨대 서비스 전달
업무를 실제로 집행하는 사회적 체계를 말한다(신은주, 1998: 16). 따
라서 '여성 1366'은 여성관련 사회복지시설 이용방법과 취업 훈련기관
안내 등 위기에 처한 여성들이 사회적 자원을 적절히 이용하도록 돕는
위기개입 전화로서의 성격을 가지고 있었다. 1998년 9월 현재, '여성
1366'은 전국 65개 지역(한국여성의전화연합 7개 지부를 비롯해 주야
상담 29개 지역, 주간만 18개 지역, 인접지역접속 18개 지역)으로 확
대되어 운영되고 있다(박수천, 1998: 5).

그러나 이 사업은 여성복지 서비스 전달체계에서 '여성 1366'이 차
지하는 위상 정립에 대한 합의가 이루어지지 않은 채로 설치되고 지역
적 확대가 이루어짐으로써 많은 문제를 내포하고 있었다. '여성 1366'
의 성격이 분명히 규정되지 않음으로써 이 전화가 가정 문제 종합상담
전화로 더 널리 사용되고 긴급구호체계로서의 기능을 다하지 못하는
결정적인 결함이라든가 또는 정부의 예산지원이 전혀 없는 상태에서
전적으로 자원봉사자 체제에 의존하며, 기존의 상담기관들이 자체 운
영비로 운영하게 만들어진 점, 경찰, 병원, 시설 등 관계기관간의 협력

체제 구축의 미비, 전화번호에 대한 국민의 낮은 인지도 등의 심각한 문제를 안고 있었다(신은주, 1998). 사실 이 법은 가정폭력방지법과의 직접적인 연관 속에서 만들어졌다기보다는, 전반적인 여성복지 서비스 체계로서 설치된 것이었다.

처음부터 서울지역의 '여성 1366'을 운영해온 서울여성의전화는 24시간 위기전화가 갖는 이런 한계에 주목하고 이를 개선하기 위한 토론회(1998, 9)를 가졌다. 실제로 민간이 운영하는 이 긴급전화가 위기여성들에게 효과적인 도움을 주는 긴급구호체계로서의 역할을 다할 수 있게 하기 위해서였다. 서울여성의전화는 이 날 모임을 통해 '여성 1366'의 현황과 문제점을 체계적으로 밝히고 '여성 1366'의 성격과 목표, 운영방법 등에 대한 여성주의적 제안과 주장을 폈다. 우선 여성의전화는 여성복지 서비스가 남녀평등의 관점을 분명히 반영해야 하며 '여성 1366'이 위기에 처한 여성들의 안전을 도모할 수 있는 긴급구호체계의 성격을 분명히 했다. 즉 '여성 1366'은 긴급전화의 성격으로 위기여성의 즉각적인 위험을 평가하여 법률기관이나 의료기관관련 정보를 제공하고 타 기관에 의뢰를 시도하는 최일선의 작업이 되도록 해야 한다는 것이다. 따라서 긴급전화의 제역할수행은 대안적인 지원처를 찾아 주고 피해여성이 당장에 취할 수 있는 행동과 지원처를 안내해주어야 한다는 것이다.

이를 위해서는 정부가 (여성발전기금을 활용해서라도) 예산지원 및 인력(전문상담원)지원을 취해야 한다는 것, '여성 1366'이 가정폭력 및 성폭력에 대한 위기개입 전화로서의 기능을 정립해야 한다는 것, 사례를 접수하고 서비스를 제공하는 데 있어 문제의 진단에서 차량지원 서비스, 의료서비스, 일시보호시설에의 의뢰 및 상담 등의 서비스의 전달 및 사후관리에 이르기까지 체계적으로 관리하는 전문상담원을 배치해야 한다는 것, 공공기관에서 운영하는 '여성 1366'은 민간기관에서 운영하는 것과는 다른 역할을 맡아야 한다는 것, '여성 1366'을 운영하는 기관이 전문적인 상담 및 일시 보호시설 프로그램을 제공할 수 있는가에 대한 평가작업과 이에 대한 예산지원을 해야한다는 것 등을 제시했다.

24시간 위기전화, '여성 1366'의 전국적인 설치는 아직 초보단계로서 많은 한계를 노정하고 있음이 사실이다. 그러나 정부가 위기여성들을 위한 24시간 긴급구호체제를 설치하게 했다는 점에서 '여성에 대한 폭력 추방운동'의 일보 진전임이 틀림없다. 앞으로 '여성 1366'에 대한 정부의 예산지원을 이끌어냄으로써, 그것이 위기여성들을 위한 긴급구호체계로서의 기능을 다하도록 하는 작업 또한 아내구타추방운동의 과제이다.

3) 경제위기와 가정폭력 대응 활동

(1) 경제위기와 가정폭력의 증가

1997년 말 한국이 경제위기에 봉착하면서 IMF 통치를 받게 되고 이에 따라 실업이 급격히 증가했다. 1998년 4월 현재, 실업자 수가 1백 50만(≪문화일보≫ 1998. 4. 9)에 이르자 여성의전화에는 경제위기로 구타가 심해졌다거나 구타상담이 늘었다는 보고가 접수되기 시작했다. 서울여성의전화는 구타상담 중 16.6%가 경제위기로 구타가 심해진 경우라고 보고했고 광주여성의전화는 98년 3월 말까지 실직, 부부갈등으로 상담한 건수가 519건으로 지난해 10~12월까지의 192건에 비해 무려 2.7배나 증가했다고 발표했다.

서울가정법원은 협의이혼신청이 1997년 11월 472건에서 98년 3월 784건으로 66%가 증가했다고 보고했다(≪동아일보≫ 1998. 4. 29). 한국여성민우회의 가족과 성상담소는 97년 한해 총상담 건(211건) 중 8%에 달하던 가정폭력 상담이, 98년 1월~4월 사이의 총상담 건(882) 중 2배에 가까운 15%로 늘어났다고 보고했다. 중앙일보(4. 27)를 비롯한 중앙일간지들은 가장들의 실직 화풀이로 가정폭력이 급증하고 있다는 기사를 중요하게 다루고 있었다. 보건복지부가 발표한 전국 1366 위기전화 상담통계(1998년 1~7월)를 보면 1월에 1,627건 접수되던 상담건수가 달마다 증가세를 보이면서 7월에는 4,908건으로 증가했는데 보건복지부는 7월의 상담급증이 실업의 증가와 관련이 있다고 결론지었다. 동시에 7월의 상담 중 가정폭력이 31.3%, 이혼 13.7%, 성폭력 4.9% 순으로 가정폭력이 가장 많아 경제위기로 가정폭력이 증가하고 있음을 보여 주었다.

물론 아내구타가 스트레스나 실업 때문에 일어나는 것은 아니지만, 경제위기시에는 여성들이 구타에 대응하는 것이 더욱 어려워진다. 경제위기 상황에서 여성들은 가정에서는 남편들의 화풀이 대상이 되고, 직장에서는 우선 해고 대상이 되는 위기에 내몰리고 있었다. 이런 현상과 함께 사회에는 여성의 위기와 고통을 증폭시키는 가부장적 보수담론까지 유포되고 있었다. 남성 가장들에게 일자리를 양보하라는 '여성 우선 해고'의 논리와 '위기 가정을 살리기 위해 주부도 소득활동을 해야 한다'는 모순적 요구, '실직한 가장의 기 살리기'를 위한 아내의 헌신에 대한 강조가 언론을 장식했다. '남성: 생계부양자/ 여성: 가사담당자'를 가정하는 성별 분업 이데올로기가 왜곡된 위기극복용 논리로 공공연히 사용되고 있었다. 경제적 위기 속에서 갈수록 더 큰 고통을 당하는 것은 여성, 아동, 노인 등 사회경제적인 약자들이었다.

(2) 대응들

IMF체제를 지나면서 가부장적 보수담론이 고개를 쳐들고 여성의 위기가 심화되자 여성단체들도 이에 대응하고 나섰다. 여성의전화는 경제위기가 급속히 진행되면서 가정 내 여성의 인권상황이 더 열악해지고 있는 현실에 주목, 1998년 8월 들어, 특별히 경제위기로 인해 고통당하는 여성들을 위해 'IMF 여성위기전화'를 전국 19개 지부에 따로 설치했다. 경제위기와 남편의 학대에 시달리는 여성을 돕는 동시에 경제위기가 여성의 위기로, 또한 가부장제 강화로 이어지는 현실을 사회적으로 부각시키고 이에 대한 대책을 사회적으로 모색하도록 유도하기 위해서였다.

IMF 위기전화에서는 경제위기가 남편의 구타와 외도, 부부갈등, 이혼의 직접적인 원인으로 작용하고 있음이 포착되었다(1998. 8. 10~10.

10). 실직이나 사업 부진을 아내 탓으로 돌리며 구타하는 경우, 사업 자금을 빌려오라거나 돈을 벌어오라는 이유로 구타하는 경우, 수입 감소로 시부모나 시집식구와의 갈등이 벌어지면서 구타하는 경우, 사업 부진, 실직, 부채를 이유로 가족을 방기하거나 일방적으로 이혼을 요구하는 경우, 사업부진을 이유로 자주 외박하면서 실제로는 외도를 하는 경우, 일 나가는 아내를 의심하는 의처증으로 괴롭히는 경우, 생활비를 주지 않는 경우, 주벽, 폭언이 증가하는 경우 등 경제위기로 남편이 받는 긴장과 압박감과 절망감은 고스란히 아내에 대한 학대와 폭력의 형태로 표출되었다(박인혜, 1998: 11-13).

경제위기로 인한 아내학대의 증가는 이혼, 주부의 가출 그리고 아동의 유기로 이어졌다. IMF 여성위기전화 운영은 때마침 시작된 IMF 여성위기극복을 위한 공공근로사업 등과 중첩되어 1999년 들어 다시 본래의 상담전화에 통합되고 말았다.

한국여성민우회의 가족과 성상담소는 1998년 5월에 토론회를 개최하고 경제위기와 가족해체 문제를 집중 조명했다. 경제위기가 가족에게 미치는 영향과 대책을 주제로 경제위기와 가족의 정신 건강, 경제위기와 부부갈등, 경제위기와 바람직한 가족관계 등을 토론했다. 가정 내에서 남성들은 경제적 무능력을 남성 가장의 무능력으로 인식해, 이를 수행하지 못할 경우 열등의식이 갈등으로 표출되고 심할 경우 폭력으로 노출된다는 것이다.

여성의전화도 IMF 위기전화 운영과 함께, 경제위기가 가부장제의 강화의 계기로 활용된다는 데 혐의를 두고 이를 규명해내는 작업으로 1998년 11월, '미디어와 여성'이란 주제의 심포지엄을 개최했다.

1998년 정부는 실업대책으로 공공근로사업을 전개했다. 여연은 이 사업이 남성중심으로 진행될 뿐, 여성들의 참여가 보장되고 있지 않다는 데 문제의식을 갖고 정부의 위탁을 받아 '저소득 아동생활지도 보조교사 공공근로사업'을 진행했다. 가정의 경제적 위기가 아내학대 등 여성의 위기를 증대시키는 점에 주목해온 여성의전화는 서울여성의전

화를 비롯하여 전국 11개 지부들이 공공근로사업을 진행시키도록 했
다. 이와 함께 세계화와 신자유주의 경제체제의 논리와 시장전략, 그리
고 그것이 여성인권에 미치는 영향 등에 대한 강의와 토론회도 가졌다.
이 밖에 수많은 여성단체들이 전국에서 '공공근로와 실직여성 겨울나
기 사업'을 벌여 국가적인 환란 상황에서 여성들의 최소한의 생존권을
지켜내는 데 일정한 역할을 담당했다. 여성단체들의 이런 대응은 IMF
라는 국가적 위기 상황에 발빠르게 대처하여 위기에 처한 여성들을 돕
고 경제위기로 인한 가부장제 강화라는 사회적 흐름의 파악과 여기에
대처하는 노력을 보였다는 점에서 의미가 있었다.

4) 인권운동으로서의 가정폭력 대응활동

구타당하는 여성의 인권회복에 중심을 두어온 아내구타추방운동은
1990년대 초부터 발전되기 시작한 국제여성인권운동에 힘입어 점차
인권운동으로 발전해나갔다. 특히 여성의전화는 회장 신혜수의 왕성한
국제활동으로 일찍이 1993년에 열린 비엔나 세계인권회의의 정보와
세계 여성들의 활동 정보를 공급받으며, 또한 1995년의 북경여성대회
가 '인권으로서의 여성의 권리'(women's rights as human rights) 개념
을 선언하면서 아내구타를 비롯한 여성에 대한 폭력추방운동을 인권운
동으로 자리매김해갔다. 국제여성인권운동에서는 크게 두 가지 발전을
이룩했는데 하나는 기존의 인권논의가 여성이 경험하는 인권침해나 인
권유린을 인권의 문제로 인식하지 못했다고 비판하고 아내구타, 강간,
인신매매 등 여성에 대한 폭력을 구금, 고문, 노예에 해당하는 인권문
제로 인식하기 시작한 것이다. 다른 하나는 기존의 인권 논의를 여성
에게 확대적용하는 것만으로는 충분하지 않다고 비판하고 '여성의 권
리 자체를 인권'(women's rights are human rights)으로 이해하게 된
것이다(신혜수, 1998).
1998년에 맞게 되는 유엔의 세계인권선언 50주년도 인권에 대한 여

성들의 관심을 확장시키는 계기가 되었다. 유엔 인권선언은 '모든 인간의 자유와 존엄성과 권리에 있어서의 평등(제1조)', 모든 인간의 생명권과 신체의 자유와 안전을 누릴 권리(제3조), 노예제도와 노예매매의 금지(제4조), 아무도 고문이나 가혹하고 비인도적이며 모욕적인 처우나 형벌을 받지 않을 권리(제5조), 등을 규정해놓았다. 그럼에도 불구하고 기존의 인권논의는 여성이 경험하는 폭력이나 강간, 인신매매, 차별 등의 인권침해나 인권유린을 인권 문제로 인식하지 못했다. 기존의 인권논의가 주로 공적영역에서 발생하는 인권 문제에 집중됨으로써 사적 영역에서 벌어지는 여성인권침해 현실은 인식권 바깥에 방치되어 있었던 것이다. 여성의전화는 이런 세계 조류 속에서 1990년대 중반 이후 여성에 대한 차별과 폭력의 문제를 인권의 관점에서 심화시켜나가고자 했다.

(1) 국가인권기구 설치 요구활동

여성의전화가 아내구타추방운동 등 여성에 대한 폭력추방운동을 인권운동으로 논의를 확장시켜갈 무렵, 정부는 1998년 유엔의 세계인권선언 50주년을 맞아 인권법을 제정하고 국민인권위원회를 설치하겠다고 발표했다. 국민인권위원회는 기존 국가기관의 인권보장 기능에 허점이 있는 부분, 즉 수사·형 집행기관의 인권침해나 정신병원 등 다수인 보호시설에서의 인권침해 행위를 감시, 보충하기 위한 기구이다. 유엔에서 국가인권기구 논의가 본격화된 것은 1978년이다. '인권보장 및 증진을 위한 국가인권기구의 지위와 역할에 관한 원칙'을 결의안으로 채택하면서부터다. 이 결의안에 따르면 '법률에 근거를 두고 정부에 의해 설립된 인권분야에서 특정 기능을 수행하는 기관'이라는 개념이 정의되었다. 한국에서 국가기관들에 의해 이루어지는 인권침해 행위를 효과적으로 막기 위한 인권기구 설치 논의는 1996년 김영삼 정부에서부터 검토되어 왔었다. 그러다가 김대중 정부가 인권법 제정과 국가인권기구 설치를 100대 국정과제로 내놓았던 것이다.

그러나 법무부는 철저하게 비공개로 법안을 준비, 사전에 민간단체나 전문가와 의견 조율 없이 단독으로 법안을 내놓았다. 이에 법률전문가들과 여성단체를 비롯한 민간단체들(29개 단체)은 1998년 9월 17일 '인권법 제정 및 국가인권기구 설치 민간단체 공동추진위(공추위)'를 결성, 법무부의 권위주의적 밀실 입법 추진을 비판하고 공개와 협의를 요청했다. 또한 인권이란 의미조차 일반인에게 제대로 인식되지 않을 정도로 인권탄압의 어두운 역사가 길고 짙었던 한국 사회에서 실제로 인권을 개선시키는 인권기구가 되기 위해서는 민간 특수법인이 아니라 독립성과 실효성을 갖는 독립적인 국가기구로 설립해야 한다고 주장했다. 따라서 법무부와 민간단체 간에 인권기구의 설립형태, 인권위원회 구성방식, 인권위 업무의 관할 범위, 인권위의 권한, 기존의 관련기구와의 업무 중복의 문제 등이 쟁점으로 떠올랐다.

국가인권기구의 설치는 사회·경제적 약자인 여성들의 인권을 강력히 보장하고 향상시키기 위해서도 반드시 필요한 조치였다. 특히 여성의 전화는 여성 피해자들이 수사기관에서 또 다시 이중의 정신적 폭력을 당한다는 통계 보고를 가지고 있었다. 또한 구타남편에 대한 수사를 의뢰하는 등 피해여성들에 대한 사법적 지원 활동을 하면서 경찰서 등 수사기관의 성차별적 관행을 직접적으로 체험하고 있는 터라 독립적인 국가인권기구의 설치 필요성을 절실히 느끼고 있었다. 공적 조사나 판단 권한을 가진 자의 90% 이상이 남성으로 구성되어 있는 현실에서, 여성에 대한 폭력이나 차별 피해를 당한 여성들이 수사·재판 과정에서 또 다시 남성 수사관이나 검찰 관계자들에 의해 성적 모욕이나 굴욕을 당하는 일이 자주 발생해왔다.

여성피해자들의 이런 이중적인 인권침해를 효과적으로 예방하고 사후 구제를 도모하기 위해서 그리고 가정폭력방지법이나 성폭력특별법이 포함하고 있지 않은 성희롱을 인권법으로 규제하기 위해서는 독립적인 국가인권기구가 필요했다. 또한 여성에 대한 차별 문제, 폭력 문제, 성희롱이 주요한 인권침해 행위임을 분명히 인식시키고 국민의 여성인권에 대한 이해와 관심을 확대하기 위해서도 필요한 일이었다. 여성폭력 사건을 직접 다루게 되는 경찰, 검찰, 사법부관련 부처의 공무원에 대한 인권교육 그리고 여성폭력을 발견하기 쉬운 위치에 있는 전문가 집단(의사, 약사, 간호사, 교사, 사회복지사, 상담소 직원 등)에게 여성인권에 대한 교육을 우선적으로 실시하고 여성인권보장 활동을 촉진시키기 위해서도 독립적인 국가인권기구의 설치가 필요했다(김엘림, 1998; 신혜수, 1998).

유엔 인권선언 50주년과 국가인권기구 설치를 둘러싼 갈등은 특히 여성의전화를 비롯한 여성인권회복운동에 관여해온 여성단체들의 '여성인권' 논의에 불을 붙이는 계기를 만들어 주었다. 1998년으로 창립 15주년을 맞게 된 여성의전화는 여성에 대한 폭력추방운동을 벌여온 자신들의 역할을 '인권 지킴이의 역할'로 규정하고 1998년 8월부터 본격적으로 '여성인권' 논의에 착수했다. 여성의전화 내부적으로 시작된 첫 논의는 '국가인권기구와 여성'이란 세미나였다. 이는 국내에 설립될 국가인권기구가 여성의 인권보장 및 향상을 위한 실질적 역할을 하도록 입법화과정에 힘을 싣기 위해서 그리고 전국 19개 지부와 본부 활동가들이 여성인권에 대한 보다 과학적인 의식과 정리된 개념을 갖게 하기 위해서(조유경, 1998) 마련된 것이었다.

9월에는 국회의원 일본군 위안부 문제 연구모임, 여성의전화연합, 한국정신대문제대책협의회, 에베르트 재단, 미국친우봉사회가 공동으로 '아시아의 여성인권: 무력갈등과 성폭력'이란 주제로 세계인권선언 50주년 국제세미나를 개최했다. 10월에는 한국여성단체연합이 '한국여성의 인권현실과 여성인권관련 국가기구' 토론회를 가진 데 이어 12월에는 한국여성개발원, 한국여성의전화연합이 '여성인권의 현황과 과제'라는 주제로 '여성과 인권' 세미나를 가졌다. 이런 다양한 논의들은 국가와 사회 전반에 대해 여성에 대한 차별, 폭력, 성희롱 등이 주요한 인권침해 행위임을 분명히 인식시키고 인권분야에 성관점을 주류화하며 여성인권 상황을 개선하기 위한 과제를 탐색하고 국가의 여성인권보장 책임을 분명히 수행할 수 있는 독립된 국가인권기구 설치의 필요성을 강력히 전달하려는 노력을 담고 있었다(이현숙, 1998).

이런 활동의 결과 한국여성단체연합을 비롯한 여성단체들은 공추위 활동을 통해 한국여성의 현실을 알려내고 공추위나 국민회의 법안에서 여성비율을 30%이상으로 확보하는 성과를 얻어냈다(노주희, 1998). 여성의 참여는 국가인권기구의 정책과 실행에 여성의 관점을 반영한다는 점에서 반드시 필요한 일이었다. 그러나 여전히 법무부와 민간단체 간의 다른 주장과 입장 차이로 인권기구 설립은 무성한 논의에만 머문 채 해를 넘겼다.

(2) 여성노인 인권보장 요구활동

여성과 인권에 관한 토론이 힘을 얻기 시작할 무렵 한국 사회에는 오랫동안 인권의 사각지대에 방치되었던 여성노인의 인권 문제가 불거져 나왔다. 이른 바 황혼기에 접어든 여성노인들의 이혼청구를 재판부가 가로막고 나선 사건(?)이 발생한 것이다. 이것은 황혼이혼을 불허한 재판부의 공공한 판결이었지만 이 판결이 여성노인들의 인권을 제한하고 있다는 점에서 분명 또 하나의 사건이었다. 이를 계기로 1999년 1월, 여성의 전화는 노인여성들의 인권 문제를 본격 제기하고 나섰다. 1999년 1월 6일, 서울고법 민사10부(재판장: 박인호 부장판사)는 이혼청구소송을 낸 김창자 할머니(1923년생)에 대해 원고패소판결을 내렸다. 판결의 요지는 피고의 경제적 학대와 가부장적 억압을 인정하더라도 두 사람 모두 고령인 점, 그동안의 혼인생활기간, 혼인할 당시의 가치기준, 남녀관계를 고려할 때 오히려 원고는 정신적 장애를 나타내는 피고를 돌보고 부양하여 할 의무가 있다고 판시했다. 이보다 앞서 1998년 9월 11일에는 서울 가정법원 가사합의3부(담당판사: 김선중 부장판사)가 이혼소송을 청구한 이시형 할머니에 대해 기각판결을 내렸으며 이에 항소한 이시형 할머니는 1999년 1월 26일 공판을 앞두고 있었다. 이시형 할머니의 경우도 기각 이유는 유사했다. "원고와 피고 사이에 형성된 갈등은 피고의 권위적 태도와 구속에 시달린 원고가 이를 벗어나 자유롭게 지내고 싶어하는 반면 피고는 종전과 다름없는 태도로 이를 제압하려고 하는 과정에서 야기된 일시적인 것일 뿐, 원·피고 사이의 혼인관계는 원·피고의 나이, 혼인기간, 생활양식 등을 고려할 때 파탄상태에까지 이르게 되었다고 보기는 어렵다는 이유였다. 요컨대 재판부는 나이도 고령이니 그냥 그런 상태로 '백년해로하시오'라는 판결을 내렸다. 여성노인들에 대한 이번 재판부의 판결이 단순히 개인의 문제를 넘어 중대한 인권침해라고 판단한 여성의전화는 1999년 1월 25일 여성신문사(사장 이계경)의 후원 아래 긴급 공청회를 열고 재판부의 판결에 대한 문제제기에 나섰다.

긴급공청회에서는 '여성노인의 이혼청구와 인권(Ⅰ, Ⅱ)(하승수 변호사, 최은희 변호사), 한국 여성노인의 삶과 생활주기 향상(서혜경 한국노인의전화 상임이사), 인권을 유린하는 법의 판결(이영자 가톨릭 대학 교수) 등의 주제가 다루어졌다. 또한 이시형 할머니와 김창자 할머니의 증언도 이루어졌다. 두 할머니는 암울하고 힘든 시대에 태어나 어떻게 봉건적이며 위압적인 남편의 폭행과 억압에 시달리며 살아왔는지, 그리고 어떻게 이혼을 청구하게 되었는지에 대한 배경을 생생하게 증언했다. 남편의 외도와 정신적인 학대, 남편으로부터 받는 최소한의 생활비마저 통제당하고 심지어는 자신의 노동으로 모은 재산까지도 남편의 명의로 되어 있어 재산권을 행사하지 못했던 사정들을 통해 여성노인들이 결혼생활에서 당하는 인권침해 문제가 얼마나 심각한가를 확인시켜 주었다.

이번 공청회에 참가한 하승수 변호사는 우선 여성노인의 이혼청구 문제는 기본적으로 여성인권의 차원에서 보아야 한다고 전제한 후, 남편의 부당한 대우에 고통받던 여성노인들이 이혼청구를 하는 것은 헌법 제10조가 보장하고 있는 인간의 존엄성과 행복추구권을 찾기 위한 정당한 노력으로 보아야 한다고 강조했다. 또한 재판상 이혼사유로 규정한 민법 제840조 2호(배우자가 악의로 다른 일방을 유기한 때), 제3호(배우자에 의한 심한 부당한 대우), 제6호(기타 혼인을 계속하기 어려운 중대한 사유)에 의거해 이번 사건은 이혼사유가 분명히 성립된다고 입장을 밝혔다. 그는 이번 사건이 유책배우자의 이혼청구도 아닌 사안에서 그리고 젊은 여성의 경우라면 충분히 혼인관계 파탄으로 볼 수 있는 사안에서, 유독 여성노인에 대해서만 이혼을 허용하지 않는다면 이것은 여성노인들로 하여금 남은 생애마저도 인간다운 삶을 누릴 권리를 포기하도록 강요하는 결과를 가져온다고 주장했다.

사회학자 이영자 교수는 이번 판결이 남성중심적인 가치판단을 내포한 것이며 기존의 결혼제도 속에서 여성이 감내해온 가부장적 억압의 실체를 전혀 이해하지 못하는 결과라고 재판부의 판결을 비판했다. 참가자들은 인고의 세월을 감당하다 지쳐 법에 구원을 요청해야 했던 할머니들에게 이번 판결은 무기형을 언도한 것이나 다름없다며 분노를 터뜨리기도 했다. 공청회에는 각계 지도자들이 참석하여 열띤 토론을 벌이고 향후 대응과제를 함께 모색했다. 사회적 긴급공청회를 마친 참가자들은 회의장을 빠져나와 종묘 공원에서 집회를 가지고 재판부의 남성중심적 판결에 항의하는 시위를 가졌다.

이시형 할머니와 김창자 할머니의 이혼청구소송은 현재 진행중이며 서울여성의전화가 진정서 보내기, 재판모니터활동 등의 적극적인 지원활동을 벌이고 있으며 여성신문사가 후원활동을 벌이고 있다. 한국여성단체연합은 이시형 할머니와 김창자 할머니에게 1999년 3·8여성대회 디딤돌 상을 수여했다.

4. 가정폭력추방운동의 성과와 과제

소수의 여성들이 가정 내, 여성에 대한 폭력에 주목하고 가정폭력추방운동(또는 아내구타추방운동)을 벌여온 지 15년이 경과한 오늘, 이 운동은 우리 사회에 어떤 변화를 일구어 냈으며 대중여성들의 삶에는 어떤 영향을 미친 것일까?

아내구타추방운동은 크게 다섯 영역에 변화를 끼쳤다고 할 수 있다. 첫째 아내학대에 관한 사회의 태도와 의식에, 둘째로는 사법체계에, 셋

째로는 피해자 여성들과 가족들에게, 넷째로는 여성운동분야에, 다섯째
로는 인권운동분야에 끼친 변화가 그것들이다. 가정폭력추방운동은 우
선 아내학대에 관한 사회 전반의 태도와 의식이란 측면에서 지난 15년
간 눈에 띄는 변화를 가져왔다. 아내구타가 법적 제제를 받는 범죄로
규정되었다는 사실이 사회 전반의 의식변화를 잘 대변해주고 있다. 가
정 내 여성에 대한 폭력이 점차 범죄로 인식될 뿐만 아니라 '사랑이
충만한 안식처'로서의 가족관념이 무너지고 여성들이 단순히 구타당하
는 남편의 피해자일뿐만 아니라 가부장적 사회의 피해자라는 구조적
문제인식이 확장되어나갔다. 이런 변화는, 여성들이 가정 안에 은폐된
여성에 대한 폭력의 문제를 정치적 의제로 발전시켜 얻어낸 성과물이
라는 점에서 큰 의미를 갖는다. 여성들이 대중여성의 사적인 생활세계
로 비집고 들어가 남편의 학대로 고통당하는 피해자 여성들의 감추어진
현실을 사회적 현실로 드러내고, 부부간의 사적이고 일상적인 삶의 영
역이 불평등과 권력의 장임을 주장, 개인적인 것이 곧 정치적인 것이라
는 정치학을 펼침으로써 우리 문화의 성의 정치학을 변화시켜나갔다는
점에서 일정 정도 사회의 진보를 이끌어냈다고 할 수 있을 것이다.

　둘째로 아내구타추방운동은 사법체계에 성적 관점을 도입하도록 하
는 변화를 만들어냈다. 한국 사회에는 1997년까지도 아내구타에 관한
법이 따로 제정되어 있지 않았다. 아내구타가 심각한 범죄적 상황에
이른 경우에도 그것이 범죄로서 형사법적 통제의 대상이 되지 못했다.
이런 법적 현실 때문에 여성은 인권의 사각지대에 방기되어 있었다.
이런 법체계는 일단 결혼하면 여성이 남성의 소유이고 남성이 어떻게
해도 좋다는 남성중심적, 가부장적 시각을 반영한 것으로서 여성의 고
통과 피해는 고려하고 있지 않은 조치였다. 따라서 여성들은 남편 폭
력의 희생자이면서 동시에 남성중심의 형사법적 관행의 이중적 피해자
들인 셈이었다. 여성들은 1997년 '가정폭력방지법 제정'을 성취시킴으
로써 이런 남성중심적 법 현실의 부당성을 알리고 사법체계에 성적 관
점(gender perspective)을 도입, 궤도를 수정하도록 하는 커다란 변화를

이끌어냈다. 가정폭력방지법(가폭법) 제정 후 경찰관들을 대상으로 가폭법에 관한 교육과 시험이 정착된 것도 적지 않은 성과이다.

셋째로는 가정폭력추방운동은 피해자 여성들과 가족들에게 적지 않은 영향을 끼쳤다고 할 수 있다. 구타피해를 전담하는 여성단체가 존재한다는 사실과 가정폭력특별법이 존재한다는 현실은 피해여성들에게는 저항의 원천이 되고 가해자들에게는 압력의 원천이 됨으로써 구타범죄가 더 이상 은폐되지 않는 사회적 변화를 이루어냈다. 피해여성들은 종래의 수치심에서 벗어나 자신의 피해상황을 관련단체와 경찰에 보고하고 도움을 요청하며 법에 호소하는 적극성을 띠게 되었으며 가족들도 가족 갈등을 드러냄으로써 해결을 찾아나서는 경향이 강해졌다는 것이다.

넷째로 아내구타추방운동은 여성운동에도 적지 않은 영향을 미쳤다고 볼 수 있다. 가정폭력추방운동이 열려 있는 대중여성운동을 개척해왔다는 점에서이다. 여성운동이 자칫 지식인 여성중심으로 흐르거나 상류계급여성들의 자선적인 활동으로 흐르기 쉬운 한계를 넘어서서 아내구타추방운동은 피해자 여성들과 중산층 여성들 그리고 지식인 여성들이 연대하여 여성억압의 현실을 정치화시켜 대중여성들의 삶의 조건을 바꾸어내는 연대적 대중여성운동을 열어왔다는 점이 그것이다. 또한 특정 계보 여성들 끼리끼리의 운동이 되기 쉬운 한계를 넘어 아내구타추방운동은 다양한 계층의 여성들, 다양한 배경을 가진 여성들이, 다양한 지역에서(전국적으로) 함께 어우러져 여성들의 고통의 현실을 해결해가는 열려 있는 대중여성운동으로 성장해왔다는 점도 주목할 만한 점이다. 한국여성의전화연합이 19개 지부를 가진 전국조직으로 빠르게 성장한 것도 바로 이 운동이 개척해온 대중참여적 성격을 반영하는 것이라고 할 수 있다.

다섯째로 아내구타의 문제를 인권 문제로 부각시켜 우리 사회 인권 분야에 성관점을 주류화하려는 운동으로 발전시켜간 점도 커다란 성과의 하나다. 여성의전화는 1998년 세계인권선언 50주년을 전후로 기존의 인권논의가 여성의 경험이나 인권침해나 인권유린을 인권의 문제로 인식하지 못한 오류를 지적, 국가와 사회 전반에 대해 여성에 대한 차별, 폭력, 성희롱 등이 주요한 인권침해행위임을 분명히 제기하고 나섰다. 동시에 국가의 여성인권보장 책임을 분명히 수행할 수 있는 독립된 국가인권기구 설치의 필요성을 강력히 요구하고 나선 점도 획기적 성과의 하나이다.

가정폭력추방운동은 이 밖의 영역에도 적지 않은 영향을 미쳤다. 가정폭력에 대한 학문적 연구의 계기를 촉발한 점도 그 중의 하나인데 아내구타문제가 대학원에서 학위논문의 주제가 되고, 관련 논문과 책이 출판되기 시작하면서 가정폭력은 학문의 한 연구영역으로 자리잡기 시작했다. 1980년대(1984년 이후)에 일곱 편에 불과하던 아내구타관련 석사논문이 90년대에는 30여 편으로 늘어날 정도로 아내구타 문제는 학문의 주요 주제로 자리매김되었다. 전통적인 상담방식과 상담론에 의문을 제기, '여성중심 상담론'의 모델을 개발하고 이에 대한 연구의 문을 열어 놓은 점도 중요한 성과의 하나이다. 아내구타추방운동 이후 여성주의 상담론에 대한 학계의 담론이 형성되고 이에 대한 많은 연구자와 연구논문이 나오게 되었다. 피해자 여성들을 위한 쉼터가 우리사회의 주요한 여성복지체제로 자리잡은 점도 빼놓을 수 없다.

아내구타추방운동은 이런 성과에도 불구하고 여전히 더 개선하고 발전시켜내야 할 과제를 안고 있다. 우선적으로는 가족가치에 대한 근본적인 문제제기이다. 아내구타 문제를 해결하고자 할 때 첨예하게 부딪치는 문제는 역시 가족주의 이데올로기였다. 구타는 구타당하는 아내들이 가정을 파괴하지 않으려 할수록 지속되는 특성 때문에 구타 문제의 해결은 기존의 가족주의 이데올로기나 제도에 대한 근원적 도전을 내포하고 있다. 더욱이 구타남편이 스스로 구타를 멈추는 경우가 별로 없기 때문에 구타의 종식은 아내가 가정을 떠나는 것이라고 말하는 아내구타 문제 전문가들의 조언은 불평등한 권력관계를 온존시키는 가족주의 이데올로기 및 제도의 해체와 긴밀한 연관을 맺고 있다. 이처럼 아내구타 문제는 우리 사회에 가족가치에 대한 근본적이고도 급진적인 질문을 던지고 있다. 그러나 사실 여성의전화를 비롯한 여성운동단체들은 이런 시각에서 아내구타운동을 전개하지 못했다. 이는 대중성을 고려한 전략적인 선택이기도 하고 반 아내구타운동이 이성애 제도를 전제로 진행되었기 때문에 실제적 해결(아내가 가족을 떠남)과 사회적 담론의 압력(절대로 가족은 지켜야 함) 사이에서 운동가들 스스로 갈등을 겪으며(정희진, 1999) 타협해온 것이다. 이런 점에서 앞으로는 대안적 가족제도에 대한 논의가 주요한 과제로 남겨진 셈이다.

이와 같이 가족가치에 대한 근본적인 문제제기와 더불어 앞으로 상담활동을 전문화하고 피해자에 대한 사회경제적 지원체계를 확대하는 문제, 쉼터를 피해자여성들과 자녀들의 사회복지센터로 종합화하는 문제, 가해자들에 대한 전문적인 교정프로그램을 개발하는 문제, 여성에 대한 폭력을 제거하는 데 관여하게 될 모든 인자들, 즉 피해자를 비롯해 교육관련자들과 경찰, 검찰, 판사, 공무원 등에 대한 인권교육을 실시하는 문제(희생자를 공정하게 대우하는 일, 여성에 대한 폭력의 성격을 이해하는 일, 여성의 존경받을 권리 등에 대해), 가정폭력방지법의 미비점을 개정하고 법의 집행을 효율적으로 보장하는 문제, 국가권력기구가 저지르는 여성인권침해를 방지할 수 있는 독립된 국가인권기구 설치를 요구하는 문제, 민주적인 가족문화를 육성하는 문제, 그리고 여성의 경제세력화를 도모하는 과제 등이 가로놓여 있다. 또한 상담원과 자원활동가들의 활동의 가치를 높이고 이들을 조직해 정치적 협상세력으로 성장시켜야 할 과제도 안고 있다.

5. 맺음말

지난 15년 동안, 가부장제의 두터운 벽을 힘겹게 밀고 밀어, 여성들은 마침내 여성에 대한 폭력을 범죄로, 인권유린으로 불법화시키며 세상을 일정 부분 바꾸어 왔다. 여성들은 보다 진보한 사회를 만들어냈을 뿐 아니라 진보한 사회를 열어가는 주요 세력으로 자신들을 성장시켜왔다.

목전에 와 있는 21세기에는 새로운 세상이 열릴 것이라고 기대한다. 그러나 이 또한 그 시대를 사는 구성인자들이 어떻게 판을 짜가느냐에 달려 있다. 현재 인류가 당면한 경제세계화는 여성의 인권현실을 어둡게 만들고 있다. 20 : 80의 사회로 특징지어지는 경제세계화(capitalist globalization) 속에서 여성들은 정리해고의 최우선 대상으로 밀려나고, 경제력을 상실한 주변부 여성들은 생존의 위기 속에 최저생계비보다 낮은 임금을 감수하며 사는 현실로 치닫고 있다. 컴퓨터와 로봇 기술의 발달도 광범한 여성노동자 예비군 형성을 가속화시키고 있다. 기업들은 생계가 유지되지 않는 수많은 여성들의 몸을 상품화해 이익을 챙기는 현대판 노예제를 확장시키고 있다는 우울한 지적들이 나돌고 있다. 여성의 열악한 경제적 지위가 여성에 대한 폭력을 증가시키고 사회적 지위를 약화시킨다는 사실은 두루 확인된 사실이다.

이 어두운 현실, 즉 여성에 대한 경제적 폭력을 어떻게 극복해갈 것인가 하는 과제가 21세기를 맞는 여성들의 손에 무겁게 놓여 있다. 이제 가정폭력추방운동은 여성에 대한 경제적 폭력추방운동으로 옮아가야 하는 시점에 와 있다. 경제세계화가 인간의 얼굴을 가지도록, 여성의 인권을 보장하고 민중의 삶을 풍요롭게 만들도록 물길을 바꾸는 데 그동안 축적한 여성들의 정치력을 행사해나가야 할 것이다.

참고문헌

김엘림. 1998, 「여성인권보장체계의 개선을 위한 검토」, 한국여성단체연합, 한국여성의 인권현실과 여성인권관련기구 토론회.
김영애. 1995, 「여성상담론」, 한국여성의전화, 『여성상담과 여성복지』.
김은실. 1996, 「시민사회와 여성운동」, 한국학술단체협의회 발표문(미간행 자료).

김인숙 외. 1997, 『여성운동과 사회복지』, 나남.

김일수. 1992, 「아내구타의 지속요인: 법제도」, 한국여성의전화, 한국여성의
    전화 개원 9주년 기념 아내구타 공개토론회 자료집.

김주숙 1986, 「여성의전화 설립취지에서 본 활동방향」(미간행 자료).

김혜선. 1997, 「매맞는 여성을 위한 피난처의 구조와 운영」, 한국여성의전화,
    매맞는 여성을 위한 피난처 모델 연구 토론회.

김희선. 1984, 한국여성의전화, ≪베틀≫ 4호.

노주희. 1998, 한국여성의전화, ≪여성의 눈으로≫ 통권 15호.

박수천. 1998, 「여성1366 설치배경 및 현황」, 서울여성의전화, 24시간 위기
    전화 '1366' 활성화를 위한 토론회.

박인혜. 1998, 「경제위기 속의 가정폭력 현황」, 한국여성의전화연합, 가정폭
    력방지법 조기정착을 위한 토론회.

서울여성의전화. 1998, 24시간 위기전화 '1366' 활성화를 위한 토론회.

손덕수. 1987, 「네 돌을 맞이하는 여성의전화를 돌아보며」, ≪베틀≫ 20호.

신은주. 1998, 「여성복지 전달체계 안에서의 '여성1366'의 위상과 전망」, 서
    울여성의전화, 24시간위기전화 '1366' 활성화를 위한 토론회.

신은혜. 1984, 「1983년 하반기 사례연구」, 한국여성의전화, 개원 1주년 기념
    보고서.

신혜수. 1997, 「여성인권운동」, 한국여성단체연합, 『열린 희망』.

_____. 1998, 「한국여성의 인권현실과 국가기구」, 한국여성단체연합, 한국여
    성의 인권현실과 여성인권관련기구 토론회.

심영희. 1995, 「권력·성: 몸의 권리와 성관련법의 개선안」, 한국여성학회, ≪한
    국여성학≫ 제11집.

유엔 엮음·장성자 옮김. 1993, 『여성: 2000년을 향한 도전』, 한국여성개발원.

가정폭력방지법 제정추진 범국민운동본부. 1996, 가정폭력방지법 시안공청회.

권명희. 1984, 「1984년 상반기 사례연구」, 한국여성의전화, 개원 1주년 기념
    보고서.

이미경. 1986, 「여성운동에서의 여성의전화 역할」(미간행 자료).

이상덕. 1996, 「가정폭력 현황과 가정폭력방지법 제정의 필요성」, 가정폭력
    방지법 제정추진 범국민운동본부, 가정폭력방지법시안 공청회 자료집.

이영자. 1994, 「아내구타: 가정파괴, 사회폭력 범죄로 접근」, 한국여성의전화,
    가정폭력방지법 추진을 위한 공개토론회 자료집.

이재경. 1995, 「정의의 관점에서 본 가족」, 한국여성학회, ≪한국여성학≫ 제

11집.

이종걸. 1991, 「성폭력 행위에 관련된 현행법의 한계와 보완책」, 한국여성의
전화, 성폭력관련법 입법을 위한 공청회 자료집.

이현숙. 1998, 「여성인권의 현황과 과제: 폭력의 측면」, 한국여성개발원, 한
국여성의전화, 『여성인권의 현황과 과제』.

이화수. 1984, 「아내구타 설문지 조사 보고」, 한국여성의전화 개원 1주년
기념보고서.

이효재. 1996, 「한국의 성폭력」, 사회과학원, ≪사상≫ 겨울호.

장필화. 1996, 「여성체험의 공통성」, 철학문화연구소, ≪철학과 현실≫ 겨울호.

정소영. 1995, 「여성의식 향상훈련」, 한국여성의전화, 『여성상담과 여성복지』.

정춘숙. 1998, 「가정폭력사건처리 불만신고센터 사례분석」, 한국여성의전화,
가정폭력방지법 조기정착을 위한 토론회.

정희진. 1999, 「아내구타와 제도화된 가족」(미간행 자료).

조유경. 1998, ≪여성의 눈으로≫ 통권 제14호.

조주현. 1996, 「여성정체성의 정치학: 80~90년대 한국의 여성운동을 중심으
로」, ≪한국여성학≫ 제12권 1호.

조형. 1992, 「가부장적 사회의 부부관계의 성격」, 여성한국사회연구소(편), 『한
국가족의 부부관계』, 사회문화연구소

조희연 편. 1990, 「80년대 한국 사회운동의 전개와 90년대의 발전 전망」, 『한
국사회운동사』, 죽산.

차준구. 1987, 「아내구타의 현황」, 김광일(편저), 『가정폭력』, 탐구당.

한국여성개발원. 1995, 「제4차 세계여성회의 북경선언 행동강령」.

한국여성단체연합 가정폭력방지법 제정추진 특별위원회. 1997, 「가정폭력범
죄의 처벌 등에 관한 특례법」, 가정폭력방지 및 피해자보호 등에 관한
법 해설집.

한국여성의전화(연합) 엮음. 1983, 「여성의전화 개원기념 자료집」.

_____. 1984, 「개원 1주년 기념보고서」.

_____. 1985a, 「상담원 사례집」.

_____. 1985b, 「개원 2주년 사례연구 보고서」.

_____. 1986, 「상담원 사례집 2」.

_____. 1987, 「개원 4주년 기념 보고서: 남녀결합의 불평등구조」.

_____. 1991, 「성폭력관련법 입법을 위한 공청회 자료」.

_____. 1992a, 「쉼터보고서 1」.

_____. 1992b, 「개원 9주년 기념 아내구타 공개토론회 자료집」.

_____. 1994, 「여성상담 심포지엄」.

_____. 1995a, 「전국여성상담전문가 워크숍」.

_____. 1995b, 「가정폭력방지법 전문가 워크숍」.

_____. 1996, 「폭력 없는 가정, 사회 만들기 시민포럼」.

_____. 1997a, 「매맞는 여성을 위한 피난처 모델 연구 토론회」.

_____. 1997b, 『여성운동과 사회운동』, 나남.

_____. 1998a, 「가정폭력방지법 조기정착을 위한 토론회」.

_____. 1998b, 「24시간 위기전화 '1366' 활성화를 위한 토론회」.

_____. 1998c, 「여성복지시설의 평가지표개발 연구발표회」.

_____. 1998d, 「아시아의 여성인권: 무력갈등과 성폭력」.

_____. 1998e, 「경제위기하에 나타난 여성의 역할」.

_____. 1999, 「하루를 살더라도 인간답게 살고 싶다」.

_____. 1983. 10~1995. 6, ≪베틀≫ 제1호~제87호.

_____. 1995. 10~1999. 4, ≪여성의눈으로≫ 제1호-제17호.

한국여성의전화연합·한국여성개발원. 1998, 「여성인권의 현황과 과제」.

한국여성학회. 1993, 「근친강간에 나타난 성과 권력: 김보은 사건을 중심으로」, 한국여성학회, ≪한국여성학≫ 제9집.

한우섭. 1991, 「성폭력의 실태와 문제점」, 한국여성의전화, 성폭력관련법 입법을 위한 공청회 자료집.

Cho. H. J. 1993, "The Women Question in the Minjok: Minju Movement: A Discourse Analysis of A New Women's Movement in 1980's Korea," Hyoung Cho & Pil-Wha Chang(eds.), *Gender Division of Labor in Korea*, Ewha woman's University. Press.

Korea Women's Associations United. 1998, *Korean Shadow Report*.

3
일본군 위안부 문제 해결을 위한
운동의 전개과정*

이효재**

1. 머리말

한국 민주화운동 과정에서 성장한 여성운동단체들은 1990년대에 들어와 '정신대' 문제를 여성운동의 주요 과제로 삼게 되었다. 일제 지배 아래 조선 여성들이 일본 황군의 성의 노예로 강요당한 '위안소' 제도의 만행에 대한 자각으로 분연하게 '정신대운동'을 시작했다. 일제에서 해방된 지 반 세기가 지난 지금에 와서야 우리가 이 문제를 제기하며 일본 정부에 해결을 주장하게 된 것은 민족적 수치가 아닐 수 없다. 그러나 그 만행의 잔악함과 범죄의 심각함을 인식한 입장에서는 반 세기가 아니라 한 세기가 지난 후라도 그대로 망각하고 역사의 뒤안길에 묻어버릴 수 없는 것이었다.

피해를 당한 생존자들이 오랫동안의 침묵을 깨고 폭로한 용감한 증

---

* 이 글은 『일본군 위안부 문제의 진상』(한국정신대문제대책협의회 진상조사연구위원회 편, 역사비평사, 1997)에 실렸던 글이다. 게재를 허락해준 역사비평사에 감사드린다. 이 글은 일본군 위안부 문제 해결을 위한 국내 여성운동의 과정을 연구한 것이고, 일본군 위안부운동의 국제연대활동은 위의 책 신혜수의 글(일본군 위안부 문제 해결을 위한 국제활동의 성과와 과제)을 참고할 것.
** 이화여대 사회학과 교수를 지냈고, 현 한국정신대문제대책협의회 명예대표이다.

언과 그들의 한맺힌 피해보상 요구를 진상규명에 대한 실증적 연구로
서 뒷받침하고 국제인권규약에 비추어 범죄의 성격을 규명하는 운동을
전개했다. 여성들의 짓밟힌 인권과 민족 차별 정책의 불의를 폭로하여
국내외에 알리며 피해자들의 인권과 명예회복을 위한 법적 배상을 요
구하고 있다.

　정신대 문제의 본질은 일본 황군의 '성 위안'을 위해 군사정부가 군
대 위안소를 제도화하여 식민지와 점령지에 있는 수많은 젊은 여성들
을 강제적으로 동원하여 전선으로 수송하며 체계적으로 성노예화를 강
요한 것이다. 따라서 국제인권규약과 국제법은 이것을 전쟁범죄 및 '인
도에 반하는 죄'로 단죄하고 있다. 그러므로 이 운동은 국가권력의 성
폭력적 성격을 규탄하는 여성운동으로서 아시아 지역의 피해국 여성들
이 참여하는 연대운동으로 발전했다. 그리고 한·일관계의 잘못된 역사
를 바로 세우기 위한 민족운동으로 부각되었다.

　이 문제 해결을 위해 일본 정부를 상대로 제기된 주장과 요구들은
국제 여론의 호응을 불러일으켰으며 시민단체, 인권단체 및 여성단체
들의 지지와 참여로써 국제인권운동의 과제로 발전한 것이다. 따라서
이 장에서는 이 문제가 국내 여성단체들에 의해 조직적으로 제기되어
국제연대운동의 과제로 발전하게 된 과정을 중심으로 설명하고 특히
정신대운동이 일본 정부에 요구한 군위안소제도의 설치와 운영 및 강
제당한 일본군 위안부들의 진상규명과 피해자들의 법적 배상에 대한
투쟁의 과정을 제시하려는 것이다. 더욱이 유엔 인권위원회를 상대로
인권단체들이 연대적으로 활동하여 일본 정부의 책임과 법적 배상의
의무로서 권고하게 되기까지의 과정을 설명하고자 한다.

　이 운동의 궁극적 목표와 과제는, 여성을 성노예로 만든 군부나 국
가권력의 만행이 다시는 인류 사회에서 재현되지 않도록 젊은 세대들
에게 그 진상을 알리며 교육하는 데 있다. 그러므로 그동안 전개해온
교육과 홍보 활동의 내용을 소개할 것이다. 그 위에 무엇보다 중요하
게 생각하는 것은, 개인적 불운과 수치심에 짓눌려 자신들의 피해를

한으로 품고 침묵을 지키며 외롭게 살아온 생존자들이 용기 있게 떨쳐 일어나 이 운동의 주체로서 참여하게 된 것이다. 이들의 가난한 생활기반을 안정시키며 고통을 나누고 위안하며 복지를 돕기 위한 활동과 정부의 특별법 제정 및 국민기금 모금 등의 사회적 운동의 성격을 제시하려는 것이다.

2. 정신대운동의 조직화와 일본 민간단체와의 연대 형성

한국정신대문제대책협의회를 조직한 것은 1990년 11월 16일이었다. 한국교회여성연합회의 선구적 역할에 여성해방운동을 주도해온 젊은 여성들의 조직적 힘이 합류한 것이었다.

한국교회여성연합회(이하 교회연)는 1970년대에 민주화운동과 수출산업에서 착취당하는 여성노동자들의 생존권투쟁을 지원하는 인권운동에 앞장섰다. 진보적인 여성 지도자들은 억압당하는 민주인사들과 노동자들의 인권 문제를 한편으로 하면서 외화 획득을 목적으로 한 기생관광을 장려하는 정책에 항의하며 기생관광의 실태를 조사했다. 그 결과 관광객의 70% 이상이 일본인임을 확인했으며 이것은 경제침략에 의한 현대판 '정신대'라는 의식을 갖기 시작했다. 그리고 1970년대 초기부터 국제평화운동에 참여하면서 일본에서 귀환한 원폭 피해자들의 참혹한 생활이 한·일 양 정부에 의해 무시당한 사실을 알게 되었다. 교회연은 이에 대한 대책을 한·일 양 정부에 호소하면서 이들의 치료비, 생계비, 자녀들의 장학금 등을 지원하는 활동을 해왔다.

교회연은 1988년 개최된 올림픽을 앞두고 국제 관광객의 증가에 따른 성매매 문제를 우려하여 아시아 지역 기독교 여성들이 참여하는 1987년 4월 '국제관광기생세미나'를 제주도에서 개최하기로 했다. 이 세미나를 위해 윤정옥 교수를 초빙하여 정신대 실상에 관한 첫 강의를 듣기로 했다. 윤정옥 교수는 이화여대 영문과에 재임하면서 자신이 일제의 정신대 강제동원의 위협 속에서 살아온 세대로서 피해자들의 실상에 대한 자료 수집에 부심해왔다. 1980년부터 오키나와를 비롯하여 해외의 일본군 위안소가 설치되었던 현장을 답사했다. 그리고 필자와 여러 차례 경험을 나누면서 그 문제의 심각성을 폭로할 기회를 기다렸다. 국제 세미나에서 윤정옥 교수의 강연은 참석한 아시아 여성들 특히 일본 기독교 여성들에게 큰 충격을 주었다.

뒤이어 교회연은 윤정옥 교수의 연구를 뒷받침하기 위해 '교회와 사회위원회' 산하에 '정신대문제연구위원회'를 설치했다. 그러나 정신대 문제에 대한 전문 연구의 필요성과 젊은 연구자들의 참여로 윤정옥 교수는 1990년 7월 '정신대연구회'를 조직해 교회연에서 독립시켰다.

그 해 5월 22일 노태우 대통령의 방일 계획을 알게 되자 교회연은 여성단체연합(이하 여연)과 전국여대생대표자협의회(이하 여대협)와 함께 정신대 문제 해결에 한국 정부가 적극적인 역할을 할 것을 촉구하는 입장을 기자회견을 통해 발표했다. 성명서에서 정부가 "자주적이고 대등한 대일 관계로 정립"할 것을 주장하면서 노대통령에게 일본 정부에 요구할 것을 다음과 같이 광범위하게 제기했다.

- 일본이 저지른 범죄행위에 대해 공식적으로 사죄하고 이를 문서화할 것
- 정신대에 대한 비열한 은폐를 중단하고 이에 대한 진상을 규명하고 사죄할 것
- 현 정권은 민족자주적 입장에서 정신대 문제 및 재일동포 지위 문제, 전쟁배상 문제를 책임지고 해결할 것

이것은 여성계가 식민지 지배에 의한 민족피해를 청산하지 못한 굴욕적 대일 외교를 비판하며 정신대의 실상을 규명하고 사죄와 보상을 요구하는 입장을 발표한 첫 계기가 되었다. 정신대 문제에 대한 관심이 대일 외교에 임하는 정부의 저자세를 비판하며 자주적 역할을 촉구

하는 대정부활동으로 드러나기 시작한 것이다. 노대통령은 방일중 일본군 위안부와 강제징용자 명단을 요구했으며 아키히토 일왕의 과거사에 대한 애매한 사과 발언이 있었다.

일본에서는 1990년 6월 6일 사회당의 모토오카 쇼지(本岡昭次) 참의원이 국회에서 강제연행과 '종군위안부' 문제에 대하여 처음으로 일본 정부의 책임을 질의했다. 모토오카 의원은 사회당 내의 재일 조선인, 한국인 인권에 관한 특별위원회 책임자이며 효고현(兵庫縣) 조선인 강제연행진상조사단 단장으로 활동해왔다. 그는 참의원 예산위원회에서 일본은 2차대전중 조선 반도에서 152만 명이 넘는 사람들을 강제연행했으며 젊은 여성들을 일본군의 '종군위안부'로 '사냥몰이'한 데 대해 책임 있는 조사, 사죄 및 보상을 제기했다. 답변에 나선 노동성 직업안정국장은 "징용의 대상 업무는 국가총동원법에 기초한 총동원 업무이며 … '종군위안부'에 관해서는 … 민간업자들이 한 것 같으며 이것의 실태에 대해서는 조사를 못한다"고 거절했다. 그 해 9월, 이 답변이 수록된 예산위원회 회의록 제19호가 우리 여성단체에 입수되어 분노를 자아냈다. 교회연과 여연의 지도층은 대책회의를 거듭하면서 한·일 양정부에 항의하는 공개서한을 작성하여 기자회견을 통해 발표했다. 그리고 그 직후 윤정옥, 이효재 등 6명이 일본대사관을 방문하여 직접 공개서한을 전달했다. 이것은 가이후 총리 앞으로 보낸 첫 서한으로 일본 정부에 대항하는 정신대운동의 주요 방향을 잘 표현하고 있다. "우리들은 귀 정부측의 이러한 답변 내용이 역사적 사실에 반하며, 또 전쟁을 일으키고 많은 희생을 낳게 한 전쟁 가해국의 정부로서 무책임한 발언"임을 항의했다. 그리고 다음과 같은 요구를 제시했다.

① 일본 정부는 조선인 여성들을 '종군위안부'로 강제연행한 사실을 인정할 것
② 그것에 대해 공식적으로 사죄할 것
③ 만행의 전모를 스스로 밝힐 것

④ 희생자들을 위하여 위령비를 세울 것

⑤ 생존자와 유족들에게 보상할 것

⑥ 이러한 잘못을 되풀이하지 않기 위해 역사교육에서 이 사실을 가
르칠 것

이렇게 함으로써만 일본은 이 죄로부터 해방되어 진정한 도의를 갖
춘 민주주의 국가로 되는 것입니다.

이 공개서한에는 교회연 소속 7개 단체와 여연의 24개 가맹단체, 그
리고 대한YWCA연합회를 비롯한 7개 여성단체가 서명했다. 그리고
한국 정부를 상대로 정부의 적극적인 대응과 조처를 강력하게 요구하
는 공개서한을 동시에 보냈다. 일본 정부에 전하는 공개서한은 10월
27일 교회연의 김혜원, 김경희, 윤영애 등이 오키나와에서 개최된 '태
평양전쟁 희생자 합동위령제'에 참여한 후 도쿄에 가서 사회당 참의원
시미즈 스미코(淸水澄子) 의원의 주선으로 9명의 일본 여성 국회의원
및 민간단체 지도자들과 간담회를 가진 후 일본 외무성을 방문하여 직
접 전달했다. 일본인들과의 연대활동은 이를 계기로 시작되었다.

공개서한에 대한 답신은 오지 않았다. 그래서 교회연, 여연 등의 단
체는 그 해 11월과 12월에 답신을 재촉하는 서한을 거듭 보냈다. 다음
해 3월, 3차로 재촉했으나 일본 정부는 끝내 답신을 보내오지 않았다.

이렇게 시작된 일본과의 연대활동 및 일본 정부를 상대로 한 투쟁
등에서 늘어나는 업무에 조직적으로 대응할 협의회의 필요성을 절감했
다. 따라서 교회연, 정신대연구회 그리고 여연 등이 중심이 되어 1990
년 11월 16일 한국정신대문제대책협의회(이하 정대협)를 발족했다. 공
동대표로 교회연 회장 박순금, 정신대연구회 회장 윤정옥, 여연 회장
이효재가 추대되었다.

24개 여성운동단체가 연합한 여성단체연합은 1987년 조직되었다.
1960~70년대에 우리나라는 자본 시장경제의 성장에 따라 권력과 금
력이 여성을 상품화하여 외화획득의 수단으로 삼았으며 노동시장과 가

정에서 성폭력 문제가 심각해지고 있었다. 더욱이 국가권력이 노동운동, 학생운동을 탄압하는 과정에서 성고문을 자행하여 여성계에 충격을 주었다. 1986년 부천경찰서 경찰관이 여대생에게 자행한 가혹한 성고문 사건은 국가권력의 성폭력적 성격을 여실히 나타냈다. 성을 상품화하는 자본의 구조적 모순과 국가의 폭력적 권력에 대항하여 여성해방을 요구해온 운동단체들은 사회개혁을 위한 여성 연대의 연합체로서 여연을 1987년에 조직했다. 이들은 정신대 문제 해결을 여성운동의 한 과제로 삼아 정대협의 활동을 조직적으로 전개하는 데 앞장서고 있다.

1991년 1월 8일의 가이후 수상 방한에 대해 정대협은 규탄과 반대를 표명하는 시위로 대응했다. 정대협의 6개 주장을 재천명하고 일본 정부의 성의 있는 답변을 요구하는 성명을 발표한 후 12시부터 탑골공원에서 규탄집회를 가졌다. 그리고 종로거리에서 시위행진을 했다. 이것은 그 이후 계속된 수많은 규탄시위·집회의 시작이었다. 그 해 12월 일본 정부는 가토 관방장관의 입을 통해 일본의 전쟁범죄와 식민지 지배의 피해에 대한 책임을 "일본 정부로서는 대처하기 곤란하다"는 말로 가볍게 대답했다. 정대협은 일본 정부의 무감각과 부도덕에 격분하여 새해(1992년)부터 매주 수요일 정기적인 시위를 시작하기로 결정했다.

1월 8일 추위에도 불구하고 정대협 회원들은 일본 정부가 굴복할 때까지 계속하자는 결의하에 첫 수요시위를 시작했다.

일본 정부의 무감각뿐만 아니라 한국 정부의 무책임이 우리를 안타깝게 했다. 정대협은 1991년 7월 한국 국회에 청원서를 제출했다. 첫째, 우리의 요구사항 6개항을 일본 정부에 공식적으로 요구할 것과 둘째, 정신대 희생자 실태조사위원회를 정부에 설치하고 진상조사를 실시할 것, 셋째, 독립기념관 내에 정신대 희생자를 위한 위령비 건립부지를 허용할 것 등이었다. 국회 외무통일위원회는 그 해 12월 13일, 이 청원서를 검토하기 위해 윤정옥 공동대표를 증언자로 참석시켰다.

1991년에는 정신대운동을 고조시켜갈 수 있는 중요한 계기들이 발생했다. 8월 14일 교회연에 자신이 정신대 피해자임을 밝히는 첫 생존자가

찾아왔다. 일본 정부가 정신대 관여 사실을 부인할 뿐 아니라 관련 자료
와 증거들을 은폐하고 파기한 상태에서 국내에서의 진상조사는 생존자
들의 출현과 증언을 고대할 수밖에 없었다. 그 당시 67세의 김학순 씨가
16세 때 강제로 구속당한 상태에서 당한 치욕적인 경험을 기자회견을
통해 처음으로 공개했다. "당시 당했던 일이 하도 기가 막히고 끔찍해
평생 가슴 속에만 묻어두고 살아왔지만 … 국민 모두가 과거를 잊은 채
일본에 매달리는 것을 보니 도저히 참을 수가 없다"는 것이었다. 그 해
12월 2일에는 대구에서 문옥주 할머니가 두번째로 그리고 김복선 할머
니가 뒤이어 나타나 증언을 했다. 이와 때를 같이하여 1992년 1월 11일
에는 일본에서 요시미 요시아키 교수가 결정적인 일본 군부의 문서를
발표했다. 일본 정부로서는 더 이상 책임을 부인할 수 없는 증거문서였
기 때문에 1월 16일 방한한 미야자와 수상은 한국 국회 연설에서 일본
정부의 관여를 시인하고 사과의 뜻을 표시했다. 노태우 대통령은 미야자
와와의 정상회담에서 정신대 문제를 포함한 과거사에 대해 일본 정부의
진상규명과 그 결과에 따른 응분의 조처를 취할 것을 강조했다. 그러나
미야자와 수상은 사과와 반성의 뜻을 표명하면서 사실을 조사하겠다는
약속 이외에 문제 해결을 위한 대책에는 언급이 없었다. 그때 한국 정부
는 소극적으로 관망해 오던 태도에서 정부 차원의 정신대 문제 실무대
책반을 구성하고 일본 정부에도 같은 기구를 설치할 것을 요구했다.

　이때를 전후하여 국내에서 생존자들의 신고가 잇달았다. 정대협은
신고전화를 설치하여 늘어나는 피해자들의 신고와 유족들의 문의를 받
아들이기에 분주했다. 따라서 정대협의 실행위원회는 교회연의 곁방살
이에서 독자적인 사무실 공간을 마련하지 않을 수 없었다. 피해자 신
고뿐만 아니라 일본 단체들과의 연대활동과 국내외적인 홍보 활동, 그
리고 운동의 방향을 체계적으로 기획하기 위해 조직의 강화가 필요했
다. 이때부터 실행위원회를 2주에 한 번씩 정기적으로 갖기로 하고 정
대협에 기획위원회, 국제협력위원회, 홍보위원회, 재정위원회, 할머니
복지위원회 등의 위원회를 두어 자원봉사자들에게 분담하고 전문화할

수 있는 조직을 갖추어 갔다.

미야자와 수상의 공식적인 시인과 사과에도 불구하고 일본 정부는 그 이후 문제 해결을 회피하며 우리의 요구에 진지한 대응을 보이지 않아 우리를 분노하게 했다. 정대협은 일본 정부에 효과적으로 압력을 가하기 위해서는 국제여성운동이나 유엔 인권위원회를 통해 국제 여론을 고조시킬 수밖에 없다고 판단했다. 필자는 2월 중 뉴욕 방문을 계획했다. 유엔 인권위원회에 민간단체로서 참여하는 방법을 알아보는 한편 국제적 연대활동 방안을 모색하기 위해서였다. 미국 방문중에는 LA, 워싱턴, 뉴욕 등 방문한 곳마다 교포사회에서 정신대에 관한 강연 요청이 있었다. 이것을 계기로 그 이후 3개 도시에서 교포단체들의 정신대문제대책협의회 지회를 조직하여 지금까지 긴밀하게 연대활동을 펴오고 있다.

뉴욕에서는 먼저 정대협 국제협력위원회 위원장 신혜수를 통해 소개받은 번치(Charlotte Bunch) 교수를 만났다. 럿거스(Rutgers) 대학 여성학 교수이며 국제여성인권운동에 앞장서온 그는 이 문제에 깊은 관심을 표명했다. 그는 유엔센터 주변에서 활약하는 영향력 있는 여성단체 지도자들을 소개해주는 한편, 유엔 인권위원회 뉴욕 상주 연락관과 홍보위원장에게 필자를 소개하면서 면담을 주선했다. 마침 뉴욕에서 미국교회협의회 인권위원회가 모임을 갖고 있어 이에 참여하여 정신대 문제의 심각성을 알리며 앞으로의 지원을 요청했다. 유엔 인권위원회의 분위기를 잘 아는 남성들은 정신대 문제는 2차대전중의 사건이며 유엔 인권선언이나 위원회가 조직, 선포되기 이전에 있었던 문제이기 때문에 받아들여질 가능성이 거의 없다는 것이었다. 그러나 필자가 만난 여성 지도자들은 문제제기의 타당성을 인정하면서 격려했다. 더욱이 유엔에 종사하는 여성들은 ≪뉴욕 타임즈≫ 보도를 통해 이미 알고 있었다면서 필자를 반갑게 맞아주었다. 성폭력 문제가 국제여성운동의 쟁점으로 떠오른 때이므로 정신대 문제를 제기하는 것이 시기적절하다는 것이었다. 인권위원회 뉴욕 연락관은 인권위원회 상대의 활동을 격려하면서 유엔 인권위원회에 참여할 수 있는 인권단체로서 노예와 인

신매매 문제를 전담하는 국제단체들을 소개해주었다. 귀국 후 정대협
에서는 그 해 2월부터 개최되는 인권위원회에 우리의 호소문과 관련 자
료를 우송했다. 그리고 5월에 개최될 인권위원회 산하 '현대판 노예제
실무회의'에 참여하는 민간단체에게 자료를 보내면서 문제제기를 부탁
했다. 그러나 유엔 인권위원회에서의 본격적 활동은 그 해 8월에 열린
인권소위원회에 세계교회협의회의 지원으로 참여함으로써 시작되었다.

국제연대활동에서 정대협은 점차로 일본 시민단체들과 재일동포 여
성들과 긴밀하게 연대하여 활동을 확대해갔다. 1990년부터 일본 내에
서는 '매매춘 문제에 대응하는 회', '조선인 '종군위안부'를 생각하는
모임', '종군위안부 문제 간담회' 등의 모임이 있다면서 윤정옥 교수를
초청하여 그들의 관심을 높여왔다. 그리고 일본 국회 내에서도 시미즈
스미코와 도이 다카코를 중심으로 사회당 여성의원 6명이 열심히 발언
하면서 "집중적으로 위안부 문제를 포함한 식민지지배와 전쟁책임에
대한 보상을 요구"해 오고 있었다(시미즈 스미코, 1992. 8). 1992년에
들어와서는 일본YWCA, 교회협의회 여성위원회, 기독교교풍회, 일본
부인회의 등 17개 단체들이 '행동 네트워크'를 조직하여 정대협과 연
대하는 활동을 전개했다. 여기에는 재일동포 여성들의 '우리 여성 네트
워크'도 참여하고 있다. 신고전화 설치를 위시하여 강연회, 연구회, 영
화상영 등 홍보 활동을 하는 한편, 그 해 8월에는 평화운동 시민단체
들과 함께 전후 책임을 생각하는 시민집회 등에서 전쟁책임을 국회에
서 결의할 것을 요구하는 소리를 높여갔다(다카하시 기쿠에, 1992. 8).
그리고 정대협의 6개 요구사항의 조기 실현을 촉구하는 서명운동을 오
키나와에서 홋카이도까지 전개했다. 이에 4만 명이 서명했으며 이것을
일본 정부에 제출했다(고순자, 1992. 8). 이렇게 한·일간에 민간 차원
의 연대활동이 긴밀하게 시작되었다.

3. 진상규명을 위한 활동

일본 정부가 일본군 위안부제도에 관여한 책임을 시인하게 되면서 국내에서는 정신대의 실상을 밝히라는 여론이 고조되었다. 우리 정부는 1992년 1월에 외무부 아주국장을 반장으로 17개 부처의 관련 과장들로 구성된 정신대 문제 실무대책반을 설치했다. 행정부 차원에서 실태를 파악하려는 기구로서 그 해 7월 31일 「일제하 군대 위안부 실태조사 중간보고서」를 간행했다. 이것은 군위안소의 설치, 위안부 모집, 수송방법, 배치, 위안소의 관리, 이동 등에 관한 체계적인 보고서로서 국내에서 처음 발간된 것이다. 그러나 보고서 내용은 관련 자료 발굴이나 전 총독부소속 행정관이나 경찰들의 증언을 얻어내지 못한 상태에서 이미 알려진 사실의 수준을 넘지 못했다. 더욱이 이 기구의 운영과 광범위한 조사를 위한 특별예산이 책정되지 않은 상태에서 행정관들의 졸속적인 조사 보고서 수준을 넘어서지 못했다.

이에 앞서 일본 정부에서는 7월 6일 「전시중의 '종군위안부'에 관한 조사보고」를 발표했다. 그것은 1차 보고서로서 진상조사를 계속한다는 것을 전제로 했다. 그러나 그 내용의 무성의함과 빈약함은 우리를 다시 실망시켰다. 그것은 위안부의 모집, 위안소의 설치, 경영, 감독 등의 제목을 나열했을 뿐 구체적인 내용에는 체계적 설명이 없었다. 그리고 여기에는 이미 민간 연구자들에 의해 밝혀진 것이나 피해자들의 증언조차도 수렴되지 않았다.

정대협은 이에 대한 '우리의 입장'을 즉각 발표했다. 즉 '군위안부'에 대한 일본군의 명령계통과 책임 소재, 모집방식, 모집의 규모와 범위, 위안소의 지역적 배치와 분포상황, 비인도적 경영실태, 패전 이후 위안부에 대한 귀환조치 상황, 그리고 관련 문서자료의 폐기 여부 등을 철저히 조사할 것을 요구했다. 정대협은 일본 정부의 조사내용이 정신대의 실상을 은폐하고 축소하려는, 반성이 없는 오만한 태도에 기인하므로 진상규명이 이 문제 해결의 최우선 과제이며 첫번째 요구임을 재천명했다. 우리와 연대해온 일본 내의 행동 네트워크도 즉시 성명을 발표하고 일본 정부의 무성의함과 자료 은폐를 신랄하게 비판했다. 강제연행에 관여한 노동성 및 경찰청의 자료가 전혀 공개되지 않은 것을 지적하면서 모든 관련 자료의 공개를 촉구했다.

일본 정부는 1차 보고서에 대한 일본 국내외의 비판과 불신적인 여론에 따라 그 해 12월부터 2차 조사를 실시한다고 공표했다. 그리고 1993년 8월 4일 2차 보고서를 발표했으며 이 보고서에서는 일본 군부가 위안소의 설치, 경영, 관리 및 위안부의 이송에 직·간접적으로 관여했다는 것을 나타냈다. 위안부 모집에 관해서는 "군의 요청을 받은 업자가 주로 이에 관여했는바, 그 경우에도 감언, 강압에 의하는 등 본인들의 의사에 반하여 모집한 사례가 많으며 더욱이 경찰과 헌병들이 직접 이에 가담한 일도 있음이 밝혀졌다"라고 했다. 일본 관방장관이 발표한 담화문에서는 "다수의 여성의 명예와 존엄에 깊은 상처를 입힌 문제이다. 정부는 … 상처를 입은 모든 분들에게 … 사과와 반성의 뜻을 말씀드리고자 한다." 그리고 "이러한 역사의 진실을 회피하지 않고 이를 역사의 교훈으로서 직시해나가고자 한다. … 같은 잘못을 결코 되풀이하지 않겠다는 결의를 다시 한번 표명한다"라고 1차 때와는 차이 있는 태도를 표명했다.

우리 외무부는 2차 보고서와 관련한 논평을 즉각 발표했다. 일본 정부의 "위안부 모집, 이송, 관리 등에 있어 전체적인 강제성을 인정하고 또한 위안부 피해자에 대한 사과와 반성의 뜻과 함께 이를 역사의 교훈으로 직시해 나가겠다는 등의 결의를 표명한 것"을 긍정적으로 평가하며 받아들였다. 그리고 조사의 미진한 부분을 앞으로 계속하여 진상을 밝힐 것을 기대한다는 정도로 대응했다. 모집의 강제성을 애매하게 시인한 점을 그대로 긍정적으로 받아들였으며 진상규명을 더욱 철저하게 요구하는 적극성이 없어 우리를 실망시켰다.

정대협은 1차 보고서보다 조사자료의 범위가 경찰청, 후생성, 노동성, 문부성 등으로 확대되었고 사실이 좀더 구체적인 점을 긍정적으로 시인했다. 그러나 전쟁범죄로서의 본질을 시인하지 않고 이에 대한 법

적 책임을 회피한 점, 강제성이 애매모호하게 제시된 점, 그리고 우리
가 요구하는 중요한 사실 부분 등이 규명되지 않은 점을 지적하고 항
의했다. 무엇보다도 이 보고서의 문제는 위안부의 성격이 국가 공권력
에 의해 폭력으로 강요된 성노예임을 인정하지 않았다는 점이다. 일본
의 성매매여성과 위안부들을 같은 범죄로 취급하여 설명하고 있는 것
이다. 그리고 동원된 위안부의 전체 수를 추산할 수 있는 근거자료가
없다는 이유로 배제했으며 위안부의 출신지를 언급하면서 "일본인을
제외하면 한반도 출신자가 많다"고 하여 한국 여성들이 80%나 되는
절대 다수를 차지한 사실을 축소·왜곡했다.

특히 우리가 문제삼은 것은 위안부 모집의 강제성을 애매하게 인정
하는 일본 정부의 입장이었다. 강제모집의 주체가 민간업자인 것으로
전제하고 군·관의 관여에 대해서는 관헌 등이 직접 가담한 것을 소수
사례 정도로 시인한 것이다. 군·관의 정책적 입장에 민간업자가 지원
한 것임을 은폐한 것이다. 일본군 수뇌부가 정책적으로 기획, 명령, 시
행한 제도인 데도 그 범죄의 책임자를 가릴 수 있는 명령체계에 대해
서는 전혀 언급하지 않았다. 우리는 일본 정부에 성의 있는 진상규명
을 다시 촉구하면서 계속적인 조사보고를 요구했다. 그리고 한국 정부
에 대해서는 일본 정부에 더욱 강경한 요구를 할 것을 주장했다.

정대협은 한·일 양 정부의 이러한 소극적 자세와 대응에 철저한 진
상조사를 기대할 수 없다고 생각하여 다음과 같은 대책을 세웠다. 첫
째, 유엔 인권위원회 소위원회에 이 문제를 위한 특별조사보고관을 임
명할 것을 요구하는 활동을 인권운동단체들의 지원으로 펴나갈 것, 두
번째로는 정대협 안에 사학자들을 중심으로 한 진상조사특별위원회를
구성할 것 등이다. 이러한 계획에 따라 신혜수 국제협력위원장은 유엔
인권위원회와 인권소위원회에서 더욱 적극적인 활동을 펴나갔다.

정신대 문제의 진상규명을 위한 조사를 가해자인 일본 정부에 기대
할 수는 없다. 일본 정부는 패전 당시 정신대를 비롯한 전쟁범죄의 증
거물과 자료들을 계획적으로 파괴했으며 지금도 은폐하고 있다. 한 반

도를 지배한 일본의 조선군 사령부와 총독부 경찰의 관련 문서, 자료들을 불살라 없앴다. 국내에서는 정신대의 실상을 증명할 수 있는 관공서의 문서들을 찾을 수 없으며 더욱이 강제모집에 관여한 친일 관민들의 자수나 증언이 나타나지 않고 있다. 그래서 정신대연구회는 신고해온 정신대 할머니들을 상대로 그들의 체험을 수록하기 위한 면접을 실시했다. 그 결과『강제로 끌려간 조선인 군위안부들』이라는 증언집 제1집을 1993년 2월에 출판할 수 있게 되었다. 연구자들은 피해자들로부터 "명확한 기억을 끌어내기 위하여 … 일본의 군대사, 전쟁사, 우리의 식민지사에 관한 자료를 참고하고, 그간에 발굴 보고된 위안부 관계 군문서 및 증언들을 세밀히 검토하면서 … 각각의 전 위안부를 10회 이상 면접하는 과정을 거쳤다." 이러한 어려운 과정을 거쳐 19명의 증언이 결과적으로 먼저 수록, 발행되었다. 면접조사는 계속 진행되고 있으며 그 결과들을 계속 발간할 예정이다.

일본에서는 1993년에 츄우(中央) 대학의 전쟁사 연구자인 요시미 교수를 위시하여 전후 문제를 올바르게 처리하기 위해 강제연행과 정신대 문제를 연구해온 민간 연구자들이 '일본의 전쟁책임자료센터'를 설치했다. 정대협은 이들과 밀접하게 협력하면서 진상규명을 위한 연구 부문에서 연대해오고 있다. 제2차 일본 정부의 보고서가 앞서 지적한 바와 같이 기대에 어긋난 데서 두 민간단체 사이에서는 "지금까지의 한·일의 연구 성과를 교환, 집약함과 동시에 진상규명을 위한 연구상의 문제의식과 조사방법에 대해 의견을 교환하고 조정하며, 보다 밀접한 연구체제를 확립하기 위해" 제1차 한·일합동연구회를 8월 9~10일 일본 도쿄에서 개최했다. 이러한 진상규명 활동을 위해 정대협에서는 강만길, 이만열, 강창일 교수 등 식민지 시대사를 연구하는 사학자들을 중심으로 정진성, 윤정옥 교수 등과 함께 진상규명연구위원회를 조직했다. 연구위원회는 제1차 한·일합동연구회 참가를 위한 준비를 전담했다.

한·일합동연구회에서는 '군위안부'에 대한 강제의 내용과 위안부 정책의 지휘·명령계통에 관한 연구 발표가 있었다. 이러한 문제에 대해

역사적 사실과 법적·이론적 측면 양 방향에서 검토하고 활발한 토론이
이루어졌다. 합동회의의 성과는 공동 기자회견을 통해 발표되었다. 그
리고 계속적인 조사연구의 과제로서 위안부 전체 규모의 추정, 패전
후 처리방식 및 위안부 모집에 대한 조선총독부, 경찰 자료 등의 발굴
등이 제기되었다. 국제적 인권 수준에 합당한 '군위안부' 문제 해결방
법에 관한 연구도 함께 발표되었다.

그 해 12월 18∼19일에는 서울에서 제2차 한·일합동연구회가 개최
되었다. 수유리 아카데미하우스에서 가진 이 회의에 일본측에서는 일
본의 전쟁책임자료센터에 참여하는 요시미 교수 외 여러 대학교수, 강
사 그리고 일본변호사협회의 도츠카 변호사를 포함한 3인의 변호사,
기타 연구자들 및 행동네트워크 회원 등 26명이 참여했다. 정대협에서
는 진상규명연구위원회의 강만길, 조동걸, 이만열, 강창일 위원들과 법
률전문위원회의 김찬규, 이장희 교수 및 배금자, 박원순 변호사 그리고
정신대연구회원, 정대협 실행위원 등 29명이 참석하여 더욱 광범위한
연구 발표와 토론이 있었다.

일본군 위안부의 생활실태에 관한 한·일 양측의 연구발표와 함께 이
문제의 역사학적 접근이라는 입장에서 발표한 강만길 교수와 요시미
교수의 연구가 관심을 끌었다. 강만길 교수는 일본에서 사용한 '종군위
안부' 명칭의 부당성을 지적하고 '성노예'가 구체적 사실에 부합하는
명칭이며 개념인 것으로 규정했다. 그리고 한국 사학계에서 정신대 문
제를 포함한 식민지 민중의 피해자에 대한 연구가 부진한 사실을 먼저
고백했다. 민족의 '피해의 역사' 연구에 앞서 민족해방운동사의 연구와
교육이 더 절실한 데서 '처녀공출'로 알려진 성노예의 사실을 연구하
는 것이 지금껏 지연되었음을 시인했다. 그리고 성노예 문제는 식민지
지배의 사회경제적 조건과 통치체제의 산물로 인정해야 함을 강조했다.
조선 여성의 성노예화는 동남아시아 지역의 점령지 여성들이 성노예로
동원된 사실과는 차별되는 식민지의 경제적·문화적 자원의 수탈, 노동
력의 강제동원과 성적 수탈의 사실로서 역사성을 지님을 지적했다.

이 분야 연구에서 가장 많은 사료 발굴과 체계적 업적을 보인 요시미 교수의 발표는 이 문제의 전모를 밝히는 데 더욱 실증적이었다. 군 위안소 설치 및 징집의 지휘·명령계통을 사례를 통해 규명하는 성과를 보였다. 박원순 변호사는 국제법적 입장에서 위안부 문제의 형사적 책임과 배상에 관해 발표했으며 이에 대해 한·일 변호사 및 국제법 학자들의 활발한 토론이 있었다. 토론과정에서 제기된 중요 쟁점은 일본 점령군이 인도네시아에서 포로로 수용된 네덜란드 여성들을 '군위안부'로 강요한 범죄를 연합군의 전쟁범죄 재판을 통해 처벌한 사실이었다. 바타비아(Batavia) 군사재판에서 그 지역의 위안소 설치 및 경영과 징집에 대해 일본군 책임자들을 처벌하는 과정에서 일본 정부는 가해자로서 그 재판 결과를 수락한 것이다. 백인 여성들에게 가해진 범죄의 처벌과는 달리, 지금까지 한국을 포함한 아시아 여성들에 대한 '군위안부' 범죄가 처벌되지 않았다는 것은 인종차별임을 지적하고 공감했다. 그리고 결론적으로 유엔 인권소위원회의 특별보고관 반 보벤(van Boven) 교수가 인권 침해를 당한 피해자들의 배상에 관한 연구 보고서에서 제기한 원칙과 범주가 정신대 문제 해결에 적용되어야 함을 확인했다. 즉 피해자들의 배상을 위해 진상조사가 최우선되어야 하며 이로써 파악된 객관적 사실을 토대로 배상을 포함하는 피해자의 원상 회복의 범위와 수준이 결정될 수 있으며 그리고 책임자의 형사처벌과 재발을 방지하는 조치 등이 정신대 피해자들이 요구할 수 있는 인권 회복의 배상원칙이 된다는 것을 분명히 결론지었다.

이 외에도 피해자들이 받은 신체적, 심리적 후유증을 전문적으로 파악해야 할 필요성이 제기되었으며 '군위안부' 피해자에 대한 효율적인 배상을 위해서는 국제중재재판제도의 이용가능성을 연구해야 한다는 법률가들의 문제제기가 있었다. 그리고 한·일 연구자들간에 일본군 위안부제도가 민족 말살정책에 기인하는 것인가, 식민정책이 민족성 말살인가, 민족 말살인가, 즉 민족 동화정책인가 민족 말살정책인가에 대한 첨예한 대립과 논쟁이 한·일간에 있었다. 민족 말살정책을 주장한 한국학자들의 입장에 민족 동화정책을 주장한 일본학자들은 실증적 뒷받침을 요구해왔고 민족 말살정책을 규명할 광범위한 실증적 연구의 필요성을 인식했다. 그리고 제기된 과제 중에는 위안부 정책의 피해국간 비교 연구 및 각 나라의 문화 차이, 식민지와 점령지에 대한 정책의 공통점과 차이점에 대한 비교 연구 등이 중요하게 인식되었다. 이러한 합동연구의 효율성과 성과에 비추어 앞으로도 합동연구회를 계속할 것을 공감했다.

4. 배상요구운동

배상 문제를 제기하라는 여성들의 주장에 한국 정부는 처음부터 소극적이었다. 1990년 10월 17일자로 보낸 공개서한에 대한 외무부의 답신에서 정신대의 실태파악에 관해서는 일본 정부에 노력을 촉구하지만 보상 문제는 1965년 한·일청구권협정 체결과 양국 정부간에 국제법상의 권리와 의무는 일단락된 사항이므로 정부 차원에서는 대일 보상 제기가 불가하다는 회답이었다. 배상운동은 아시아·태평양전쟁희생자유족회(이하 유족회)가 도쿄 지방재판소에 1991년 12월 6일 제소한 피해보상 청구소송에 정신대 피해자들이 참여하는 한편 정대협이 피해자들과 함께 일본 정부를 상대로 압력을 가하는 민간운동에서 시작되었다.

민간운동으로서 배상요구는 일본 정부를 상대로 성명서 및 공개질의서를 통해 압력을 가하는 방법을 사용함으로써 시작되었다. 1992년 1월 미야자와 수상이 일제 군 수뇌부가 위안소제도에 관여했다는 사실을 시인한 이후 적극적인 해결책을 전혀 제시하지 않는 데서 우리의 배상요구운동은 다양한 방법의 압력활동으로 활기를 띠게 되었다. 1992년 1월 첫 수요일부터 서울 주재 일본대사관 앞에서 정기 시위를 매주 실시하는 것을 위시하여 비정기적인 규탄집회와 시위를 국내 민간단체들과 연대하여 전개하거나 국제적 연대시위를 때때로 하고 있다. 그리고 일본 국회 및 정부 관계자 방문과 시위, 국내외적 공청회 및 증언 청취집회, 아시아여성연대회의 등을 통한 압력활동을 계속하고 있다. 배상운동은 어디까지나 일본의 범죄행위를 밝히고 이에 대한 법적 책임을 완수하게 함으로써 범죄에 대한 정당한 응징을 통해 이러한 범행을 재현되지 않게 하려는 데 목적이 있는 것이다. 따라서 범죄의 성격과 배상요구를 국제법과 관례에 비추어 분명하게 파악할 수 있는 전문 지식이 요구되며 전문가들의 자문과 지원을 받을 수 있는 법률전문위원회의 설치를 계획했다.

1992년 4월 22일 민주사회를 위한 변호사모임(이하 민변)과 공동으로 국제법 학자와 한·일관계 전문가들을 초청하여 '정신대 문제와 한·일 정부의 책임'이라는 주제로 공청회를 개최했다. 국제법 학자인 김찬규 교수는 '정신대 문제에 대한 국제법적 책임'이라는 주제로 발표했다. 국제법상으로 정신대 문제는 '노예적 혹사 및 그 밖의 비인도적 행위'로서 인도에 반하는 죄(Crime against Humanity)이며 기본적 인권에 대한 중요한 침해이며 동시에 강제매춘을 금하는 국제협정(1904년)을 위반하는 범죄로 단정했다. 이러한 심각한 범죄는 국제법상 소멸시효가 적용되지 않으며 국제강행규범의 위반이므로 일본 국내법상의 권리구제절차를 거쳐야 할 필요가 없다고 강조했다. 그리고 그는 1965년 한·일간에 체결한 조약에는 정신대 문제가 포함되어 있지 않으므로 일본 정부의 배상책임을 지적했다. 이러한 전문적 해석과 입장 정리에 따라 그 해 6월 7일에는 유족회와 공동으로 '전후 보상 실현을 위한 한·일 심포지엄'을 서울에서 개최했다.

국내에서는 민주당의 전후보상대책위원회 소속 박상천 의원과 이우정 의원이 참석하여 한국측 입장을 발표했으며, 일본에서는 사회당의 중의원인 오가자키 도미코(岡崎トミ子) 의원과 유족회의 보상 청구소송을 담당한 변호인단에서 다가키 겐이치(高木健一) 변호사가 참석하여 그들의 입장을 발표했다. 오가자키 의원은 전후 보상 실현을 위한 사회당의 활동을 소개하면서 "사죄와 보상은 함께 되는 것이다. 보상이 없는 사죄는 위선이다"라는 결의하에 일본 국회 내에 '대외 전후보상조사 특별위원

회' 설치 요구를 계획하고 있다고 했다. 그리고 사회당의 배상요구에 대한 일본 정부의 입장을 소개했다. 1965년 한·일간의 청구권 포기조약을 정신대 문제와 관련시켜 위안부는 이에 적용되지 않을 뿐만 아니라 "재산적 가치가 인정되지 않는, 즉 실태적 권리가 아닌 청구권은 이 법률의 대상이 안 되고 있다. … 이러한 청구권은 … 재판소에 소송을 제기해도 무방하다"는 것이 사회당의 입장이라는 것이다. 일본 정부는 개인의 권리를 인정하는 입장이지만 미야자와 수상은 피해보상소송이 제기된 데 대하여 방관하는 태도를 취하고 있다는 것이다. 그리고 일본 외무성의 입장은 "매우 애석한 일"이라고 말하면서도 개인 보상은 불가능하다는 거부의 태도라고 밝혔다. 이러한 일본 행정부의 부정적 입장을 비판하면서 사회당으로서는 한국을 위시한 아시아 피해국에 대한 전후 보상 문제를 올바르게 청산하기 위해 계속 노력할 것임을 강조했다.

다가키 변호사는 보상청구소송의 변호를 담당한 입장에서 '전후 보상'의 국제법적 성격을 강조했다. 2차대전 후의 전후 보상은 "단순히 승자에 의한 패자에 대한 조치가 아니라 국제질서에서 도의(道義)를 어떻게 회복하는가를 연구한 결과"라면서 독일의 나치 전범자 처벌이 국내법이 아닌 국제법에 근거했음을 설명했다. 즉 '평화에 대한 죄', '전쟁범죄', '인도에 반하는 죄' 등이다. 그리고 '인도에 반하는 죄'의 피해자 보상은 패전국의 의무인 국가적 배상과는 다르게 전승국에서도 전시중의 부정의가 있으면 보상이 있을 수 있다는 것이다. 그 예로서 미국, 캐나다가 2차대전중 일본계 사람들을 강제수용한 데 대해 1인당 2만 달러씩 보상을 실시한 것이다. 다가키 변호사는 더욱이 일본의 경우 포츠담선언으로 연합국에서 아시아에 대한 침략과 조선 인민의 노예상태의 원상회복, 즉 보상해야 할 의무를 받아들였다고 강조한다. 그럼에도 이 의무를 방치한 채 반 세기가 지났으며 지금이라도 보상을 요구할 수밖에 없으므로 '전후 보상'이라고 칭한다는 것이었다.

이 심포지엄을 통해 우리와 연대하는 일본 사회당과 전후 보상 문제를 해결하려는 시민단체의 입장 그리고 국제법적 근거를 어느 정도 이해할 수 있었다. 그리고 일본 정부의 부정적이며 회피적인 입장 등을 분명히 인식하는 데 도움이 되었다. 그러나 정대협이 유족회의 보상청구재판에 대해 어떠한 입장을 취할 것인가 그리고 한·일 기본조약이 정신대 문제 해결에 어떠한 걸림돌이 되고 있는지 등에 대한 전문가의 자문이 필요했다. 유족회의 보상청구는 2차대전중 강제징용된 군인·군속의 피해 보상을 중심으로 한 소송에 정신대 피해자를 포함시킨 것이다. 유족회측에서는 정신대의 배상운동이 분리되어 독자적으로 제기되고 해결될 가능성을 염려하여 불안을 표시했다. 정대협도 식민지 시대에 당한 민중 피해를 해결하는 데서 정신대 문제만을 분리시키려는 분열 조장 가능성을 염려하지 않을 수 없었다. 배상운동의 목적과 방법을 결정하는 데서 제기되는 모순을 고민하지 않을 수 없었다. 전후 보상에 관한 국제법상의 전문지식과 다양한 방법에 대하여 전문가들의 자문이 요구되었다.

법률전문위원인 김찬규 교수를 초청하여 정대협 실행위원들은 깊이 있는 논의를 장시간 가졌다. 정신대 문제를 가지고 배상을 요구하는 기본논리는 이 문제가 1965년의 청구권포기조약에 포함되어 있지 않다는 것이다. 유족회의 소송에 함께 묶일 경우 오히려 해결이 불가능하다는 것이다. 유족회의 보상청구소송은 정치적 선전효과는 있으나 법적인 승소 가능성은 없다는 해석이었다. 그리고 '군위안부' 문제에 대해 일본이 책임을 시인했지만 일본 국내법상 시효가 경과했다는 입장에 대해 김찬규 교수는 '전쟁범죄'에는 시효가 해당되지 않기 때문에 국제법상 그 책임을 회피할 수 없다는 것이었다. 그러므로 유엔 인권위원회를 상대로 한 로비활동에 주력할 것을 권했다.

그리고 민변의 안상운, 배금자 변호사와의 간담회에서 정신대의 보상 청구를 독자적으로 일본 재판소에 제기하여 여성 문제의 입장에서 부각시킬 수 있는 가능성을 논의했다. 일본 국내법에 근거하여 일본 법정에 제기하는 재판의 한계와 일본측의 장기적 지연전략에 대응할 수 있는 정대협의 재정 및 조직의 취약성을 현실적 문제로 고려하지 않을 수 없었다. 따라서 일본 내에서 배상소송의 가능성을 제외했으며 유족회

와의 관계는 사안에 따라 협력하고 후원하자는 방침을 세웠다. 결과적
으로 국제인권단체와 연대하여 유엔 인권위원회를 상대로 특별조사를
요구하는 방법으로 일본 정부에 압력을 가하는 데 주력하기로 했다.

정신대 문제를 유엔 인권소위원회에서 직접 제기하고 국제적 인권단
체들에게 동참을 호소하기 위해 1992년 8월 9일 필자는 신혜수, 정진
성 실행위원과 황금주 할머니와 함께 제네바로 갔다. 이러한 국제회의
참여가 처음인 우리 일행은 불안한 심정으로 도착했다. 다행히 세계교
회협의회(WCC) 인권위원회에서 재정적 지원뿐만 아니라 유엔회의에
비국가단체로서 참관하고 발언할 수 있는 WCC의 지위를 허용했다.
우리는 WCC의 자격으로 활동할 수 있었다. 더욱이 일본 인권 변호사
도츠카 씨의 자문과 협력으로 성과 있는 활동을 할 수 있었다.

도츠카 변호사의 소개로 우리 일행은 테오 반 보벤 교수를 만날 수
있었다. 그가 네덜란드 림버그 대학 국제법 학자이며 인권 문제 전문가
일 뿐만 아니라 유엔 인권소위원회 배상 문제 특별보고관임을 알게 되
었다. 우리는 인권소위원회에서 발언을 통해 이 문제에 대한 특별조사
를 간청하는 한편 여기에 참여한 인권운동단체들을 초청하여 할머니의
증언과 정신대 문제의 성격 그리고 우리의 요구 등을 설명하고, 외신 기
자들을 상대로 회견을 가짐으로써 국제여론을 위한 홍보 활동을 했다.

반 보벤 교수는 마침 인권과 자유침해 희생자들의 배상, 회복의 권
리 문제에 대한 연구를 수행하여 배상의 원칙, 방향 및 형태에 관한 보
고서를 제출하는 특별보고관이어서 정신대 문제에 특별한 관심을 나타
냈다. 우리의 한국 초청에 즉각 긍정적인 반응을 보였다.

국제인권규약과 인권침해에 대한 배상에 관한 전문가가 국내에 없으
므로 반 보벤 교수를 한국에 초청한다는 것은 매우 중요한 일이었다.
도츠카 변호사의 협력으로 그 해 12월, 초청 세미나를 계획하고 추진했
다. '국제인권협약과 강제 종군위안부 문제' 세미나를 12월 11∼13일 개
최하기로 정했다. 반 보벤 교수의 국내 체류 일정은 심포지엄의 주제강
연 외에 기자회견, 피해자 할머니들과의 간담회, 외무부 관계자와의 만

남, 야당 국회의원들과의 만찬 등으로 정했다. 이 심포지엄에는 마침 영국과 미국에서 일본의 전쟁범죄의 성격과 전후 보상에 관해 나치 전범에 의한 독일의 전후 보상을 비교 연구한 민변의 박원순 변호사가 귀국하여 일본의 전쟁 책임에 관한 발표가 있었다. 그리고 도츠카 변호사의 위안부 문제를 유엔을 통해 해결할 수 있는 방식에 대한 발표가 있었다.

반 보벤 교수는 「중대한 인권침해의 희생자에 대한 배상」이라는 제목으로 배상의 원칙, 방향 및 형태에 관해 발표했다. 그는 인권규약에 따라 인권과 자유를 침해당한 사람들이 적절한 배상을 받도록 보장할 의무가 국가측에 있으며 인권위원회는 국가가 침해를 배상하도록 적절한 조치를 취할 의무가 있다는 것을 강조했다. 인권침해를 당한 피해자 보상청구권은 국제법의 주체를 국가에 한정하는 고전적 테두리에서 벗어난 것이라고 했다. 국제인권법하에서 국가의 책임은 만인에 대한 의무로서 그 위반은 가해국의 관할하에 있던 개인에 대해서도 국가 책임이 생긴다는 것이다. 특히 "인권은 국가의 권리가 아니라 개개인의 권리이므로 국제적 의무의 침해로서 인권침해는 외교적 보호의 영역이 아니라 가해국의 피해자 개인에 대한 직접적인 의무로 되어 가해국은 피해자에 대하여 원상회복, 배상 등의 국가적인 의무를 부담해야 한다"고 설명했다. 따라서 그가 설명한 배상의 형태는 다음과 같이 요약할 수 있다. 진상을 조사할 것, 책임자로 판명된 사람들을 재판할 것 그리고 희생자들에게는 정신적 및 물질적인 총체적 배상을 할 것, 즉 건강, 의료지원, 고용, 주택, 교육, 토지 등이 포함되어야 하며 비물질적 보상은 희생자들의 도덕적·사회적 복지와 정의, 평화의 대의에 봉사하는 요소들을 포함해야 한다는 것 등이다.

이렇게 총체적인 배상으로 형태를 규정한 데서 물질적 측면만을 의미하는 보상(compensation)이 아니라 배상(reparation)의 개념인 것을 확인했다. 우리가 주장한 7개항(앞에서 제기한 6개항에 전범자 처벌을 요구하는 1개항을 추가한 것)의 요구조건이 총체적 배상 개념에 부합하는 것임이 전문적인 해석을 통해 뒷받침되었다. 따라서 우리의 배상

요구운동은 유족회가 제기한 보상청구소송과는 성격이 다른 포괄적인 방향의 인권운동이다. 그리하여 국제인권단체와 여성단체들과 긴밀한 관계를 유지하면서 국제적 민간운동으로 성격을 굳혀나갔다. 이러한 법률적 성격과 중대성을 홍보하기 위해 대한변호사협회 인권위원회와 공동으로 공청회를 개최했으며, 제2차 한·일합동연구회에서도 반 보벤 교수의 배상 원칙과 형태에 관한 연구결과를 한·일 변호사들이 논의하여 배상요구의 원칙과 방향을 확고하게 인식할 수 있었다. 정대협의 배상운동은 국제인권운동의 보편적 기준과 흐름에 부합한 것으로, 일본 정부와의 투쟁에 더욱 적극적일 수 있었다. 따라서 인권관련 국제법 학자와 변호사들로 구성된 법률전문위원회를 구성하여 김찬규 교수를 위원장으로 삼았다. 일본 정부에 대응하기 위해 정대협 기획위원회는 이들의 자문을 얻어 방침을 구체화해나갔다.

　배상운동은 그러나 일본 정부의 시인에도 불구하고 쉽게 해결될 수 있는 것이 아니었다. 김영삼 대통령이 취임한 후 이 문제 해결에 관심을 나타내기 시작했다. 1993년 3월 13일 김대통령은 일본 정부에 대해 철저한 진상규명을 요구했다. 그리고 생존 할머니들의 생활을 우리 정부가 지원하기로 하면서 정부 차원의 물질적 보상은 요구하지 않겠다는 입장을 밝혀 정대협은 의아해했다. 김 대통령의 이러한 발표는 역대 대통령의 소극성에 비추어 볼 때는 환영할 만한 것이었다. 일간 신문들도 사설을 통해 대체로 환영했다. 배상청구에 대한 국민들의 인식과 여론 중에서도 물질적 보상에 대한 것에 부정적인 입장이 널리 퍼져 있었던 것은 사실이다. 보상을 기대하고 요구하는 것은 성매매를 전제한 물질적 대가인 양 생각하는 것이었다. 그런데서 물질적 보상을 요구하지 않는다는 정부의 입장에 공감했던 것이었다. 일본 정부는 김 대통령의 입장을 환영하고 생존자 생활 지원을 한국 정부에 의한 보상으로 받아들이면서 이것이 마치 한·일조약에 근거한 보상청구 포기 주장을 뒷받침하는 양 그들에게 유리하게 해석하는 것이었다. 즉 일본이 져야 할 개인적 배상의 책임을 부인하는 입장을 합리화하는 데 역이용했다. 정대협은 김 대통령의 발언에 대해 외무부의 설명과 해명을 요구했다.

외무부의 설명에 의하면, 첫째 생존자들을 위한 생활대책을 특별법 제정으로 지원함으로써 일본에 대해 도의적 우위성을 지닌 입장에서 진상규명을 요구한다는 것, 둘째 보상을 요구하지 않겠다는 것은 한·일간에 외교 문제로서 쟁점화되지 않게 하려는 의도이며 한·일협정에 대한 해석 여부와는 무관하다는 것, 셋째, 개인의 배상청구권은 인정하며 재판이나 민간운동 등을 지원하겠다는 것 등이다. 결과적으로 우리 정부는 배상요구에 대해 한·일협정의 테두리에 묶여 일본 정부의 양심에 맡기겠다는 소극적인 '군자론식 도덕관'을 보인 것이다.

한·일 정부의 이러한 공감대를 기반으로 일본 정부는 배상 문제를 법적 책임이 아닌 도덕적 책임으로 왜곡하여 '보상에 대신하는 조처'로 해결하겠다는 입장을 언론을 통해 시사했다. 이러한 한·일간의 견해가 1993년 11월 호소카와 수상의 방한으로 이루어진 한·일 수뇌회담에서 공론화되었다.

양국 정부의 이러한 정책에 부딪친 배상운동을 타개해나가기 위해 정대협은 일본의 법적 책임을 물질적 보상 차원에 국한시키기보다 범죄자 처벌과 '불처벌을 이유로 하는 배상 의무'라는 국제법상의 의무를 제기하기로 방침을 세웠다.

박원순 변호사는 1993년 12월에 있었던 제2차 한·일 합동연구회에서 「2차대전 이후 제정된 각국의 나치 전범자 처벌법 현황」에 대한 논문을 발표하면서 일본의 전범자 처벌 의무를 주장했다. 박 변호사에 의하면 전쟁범죄와 비인도적 범죄에 대한 규범은 인도적 국제법의 영역에서 발전되었으나 이 법을 집행할 수 있는 영구적 국제재판소가 설치되지 않았다. 따라서 서양의 여러 국가들은 일시적인 군사재판 이후에도 국내법을 정비하여 범죄자들을 처단했다는 것이다. "일본이나 다른 아시아 여러 나라의 경우 … 연합국들이 주도한 … 군사재판이 끝난 후 전혀 전범과 비인도적 범죄자들의 처벌을 진행한 적이 없다. 특히 일본의 경우 … 국내법 체제를 갖춘 적이 없다"는 것이다.

'군위안부' 생존자들과 정대협이 함께 고소·고발조치를 할 경우 일본의 사법 당국은 국내법의 입장에서 거부할 것이다. 이러한 가능성에도 불구하고 일본이 전쟁중에 범한 비인도적 범죄 관련자들에 대한 처벌 의무를 방기했다는 것 자체가 문제인 것이다. 왜냐하면 "일본은 … 연합국들이 설치 운영했던 모든 전범재판소의 재판 결과를 승복하고 존중하도록 다짐했던 바 이것은 전범과 비인도적 범죄자의 계속적인 처벌의 의무를 자인하고 있음"이라는 것이다. 그리고 일본 헌법 제98조 제2항의 내용은 국제조약과 국제관습법을 존중해야 할 의무를 진다는 것을 의미하며, 범죄자 처벌의무나 공소시효 부적용 원칙 따위의 국제관습법은 그에 배치되는 일본 형법보다 우위에 있어 비인도적 범죄자들에 대한 처벌은 지금도 가능하다는 것이다. 이러한 전문적 해석에 따라 정대협은 고발장을 일본 검찰청에 제출하기로 정하고, 준비를 시작했다.

정대협은 고발인으로서 "'군위안부' 제도를 기획 입안하고 이를 집행하도록 지시, 명령했던 군인 지휘자들, 이들 '군위안부'를 폭행 및 협박 모집하는 데 큰 역할을 했던 군인, 군속, 민간업자들 그리고 위안소를 관리, 운영한 부대의 책임자들"을 피고발인들로 규정하여 고발장을 작성했다. 이에 해당하는 많은 범죄자들이 이미 사망하거나 고령의 노인들일 것이다. 그러나 세월의 경과로 인한 이러한 현실은 정상참작의 사유가 될지언정 처벌의 면책사유는 될 수 없기에 고소·고발을 할 수밖에 없었다.

1994년 2월 6일 정대협 대표단은 박원순 변호사와 6명의 할머니들과 함께 고발장을 접수시키기 위해 일본으로 떠났다. 7일 아침 기자회견을 마친 다음 40여 명의 일본인 지지자들과 함께 검찰청을 방문하고 검사와의 면담을 요청했다.

일본 검사는 자신의 이름과 직위를 밝히라는 요구에 응하지 않은 채 방문자들과 대화를 나눈 후 고소·고발장의 접수를 거부했다. 그 이유로 ① 시효 적용의 문제, ② 범죄 사실의 불특정화, ③ 피고발인의 불명기, ④ 일본측 법률조문의 불특정화 등을 제시했다. 이러한 거부는 기대했던 바였으며 대표단은 이에 항의하는 집회를 검찰청사 앞에서 치르고 시가행진을 했다. 귀국 후 일본 검찰청과 법무부에 접수 거부에 대한 항의문을 발송했다.

1994년 유엔 인권위원회에서 국제우호협회(IFOR)는 정신대 문제와 관련하여 '불처벌을 이유로 하는 배상 의무'라는 새로운 주장을 제기했다(도츠카 에쓰로 변호사, 특별기고 「국제연합의 심의과정에 나타난 일본군 위안부에 관한 국제법상의 논점」 참고).

이 문건은 호소카와 수상 앞으로도 우송되었다는 것이다. 지금까지 일본 정부는 유엔 인권위원회에서의 답변에서 보상에 관한 한 1965년 한·일협정으로 해결되었다는 입장을 견지해왔다. IFOR의 새로운 제의는 "한·일협정에 의해 해결된 범위 내에 속하지 않는다"는 것을 주장한 것이다. 한·일조약은 '재산·권리 및 이익'에 관한 것으로 재산적 가치를 갖는 문제에 국한되며 "범죄에 관한 처벌 의무가 해결되었다고 할 수 없는 것은 자명한 일이다"라는 주장으로 일본의 범죄 처벌의무는 미해결 상태임을 제기한 것이다. '범죄의 불처벌을 이유로 하는 배상 의무'는 정신대 문제와 관련해 새롭게 제기된 것이지만 국제법상으로는 2차대전 이전부터 제기된 여러 사례가 있다는 것이다. 1926년 미국-멕시코 일본청구위원회에 의한 제인스(Janes) 사건의 중재판결이 첫 사례이며 그 이후 수많은 판례가 있다. 유엔에서의 이러한 주장이나 일본 정부에 대한 문제 제기에 대해 일본 정부는 지금껏 묵묵부답이다.

정대협의 고소·고발장 접수가 거부당한 이후 유엔 인권위원회에서의 이러한 국제법의 적용 문제가 제기된 것을 주목하면서 앞으로의 배상 요구운동 방향을 논의하기 위한 정책회의를 가졌다. 기획위원회는 4월 4일, 법률 전문위원들과 함께 그동안의 경과에 비추어 정대협의 7개 요구가 어떻게 진행되고 있는지를 함께 점검하고 평가했다. 특별히 이 모임에서 국제중재재판소(Permanent Court of Arbitration)에 제소할 것인가에 대한 논의가 있었다. 뒤이어 4월의 실행위원회에서는 제소를 구체적으로 검토하기 위한 특별위원회 구성을 토의하고 결정했다. 그

리고 유엔 인권위원회의 불처벌 문제 특별보고관인 주아네(Joinet) 박
사를 초청하여 이 관계 국제법에 관한 우리의 이해와 국내 홍보를 꾀
하며 그가 정신대 문제에 관심을 갖도록 하자는 데 의견을 모았다. 주
아네 박사의 초청은 성사되지 않았지만 국제중재재판소에 제소하는 것
은 심각하게 고려되기 시작했다.

한편 생존자 할머니들은 신고한 지 3년이 경과했으나 일본 정부가
해결을 미루고 이미 신고자들 중 5명이 사망함에 따라 점점 깊은 절망
감에 빠져들어갔다. 정대협은 새로운 단계로 운동을 전개해나가기 전
에 일본 정부에 해결을 촉구하는 면담을 외무성에 요구하기로 했다. 6
월 6일 유족회의 보상청구재판이 개정되는 것을 계기로 정대협 방문단
을 구성하여 재판을 참관하고 유족회의 항의시위에 참여한 후 일본 외
무성을 방문했다. 하타 스토무 내각의 외정(外政)심의관과의 면담이 예
약됨에 따라 정대협은 질의내용을 준비했다. 1993년 8월 일본 정부가
2차 진상조사 보고서를 발표한 후 문제 해결을 위한 어떠한 공식 입장
을 발표하지 않았으므로 다음과 같은 내용의 질의서를 작성했다.

첫째, 적극적인 진상조사와 제3차 보고서 제출의 계획, 둘째, 국회
차원의 사죄 결의와 피해자 개인들에게 사죄 편지를 보내는 것, 셋째,
피해자와 유족에 대한 개별적 보상, 넷째, 국제법에 따른 책임자 처벌
의 의무 등에 관한 것이었다. 그리고 6월 30일까지 서면으로 답변해
줄 것을 요구했다.

우리를 만난 관리는 구두답변에서 이 문제에 관한 한 개인적으로 참
으로 곤혹스러움을 표시하면서 일본 정부가 해결을 위해 고민하고 있
다는 것이었다. 그러면서도 개별 보상은 분명히 거부하는 정부의 입장
을 표명했다. 국제법에 의한 범죄자 처벌에 대해서는 국제법에 대해
아는 바 없으므로 대답을 유보한다는 것이었다. 6월 30일까지 서면으
로 답해달라는 요청에 긍정적인 반응을 보였으나 1994년이 지나도록
일본 정부는 답변을 보내오지 않았다.

일본 자민당의 분열로 하타 내각은 짧은 집권으로 끝나고 7월에는

사회당이 연립내각을 구성하여 무라야마(村山) 당수가 수상으로 집권하게 되었다. 그는 사회당의 진보적 입장을 반영하듯 취임 초에는 문제 해결에 적극성을 보이는 듯했다. 그러나 곧 '보상에 대신하는 조처'라는 기존의 정부방침을 답습하는 방향을 나타냈다. 그리고 일본 언론들은 국민모금을 통해 '아시아 여성평화 우호기금'을 조성하여 생존자들에게 위로금을 지불할 것이라는 정보를 보도하기 시작했다. 그리고 8월 31일 무라야마 총리는 1995년 전후 50주년을 맞는 일본 정부의 입장을 발표했다.

'군위안부' 문제의 해결방안으로서 '평화우호 교류계획'을 간략하게 설명했다. 이것은 일본의 역사를 직시하기 위한 역사연구 지원사업, 그리고 청소년 교류를 촉진하기 위한 사업을 위해 기금을 조성함에 있어 "폭넓은 국민 참여의 길을 함께 탐구해 나가고 싶다"라는 것이었다. 즉 국민기금안을 시사하는 애매모호한 발표였다. 이러한 공식발표에 생존자 할머니들과 정대협은 분노했으며 무라야마 정권에 대해 실망했다.

일본 정부가 범죄를 시인하고 이에 대한 법적 책임을 져야 함에도 불구하고 국민들에게 그 부담을 떠넘김으로써 문제의 성격을 왜곡하고, 법적 책임을 회피하는 것이다. 우리는 즉각 이에 대한 공식 항의와 반대성명을 발표했으며 일본에서도 민간단체들의 항의와 반대행사들이 잇달았다.

1994년 가을부터 정대협은 국제중재재판소(PCA)에 제소할 것을 적극적으로 검토했다. 도츠카 변호사를 통하여 PCA의 성격과 접근방법, 절차 등에 대해 정보를 입수했다. PCA는 네덜란드 헤이그에 있는 국제재판소로서 민간단체나 개인이 인권침해로 인한 손해배상 청구소송을 국가 상대로 제기할 수 있는 곳이다. 그러므로 PCA에의 제소는 정부 상대의 합의를 전제로 한다. 일본 정부를 설득시켜 이에 합의하도록 하는 과제를 일본 변호사 집단이 담당하겠다고 자청함으로써 이들과의 협력으로 제소를 준비하기 시작했다.

PCA에 제소하는 이유는 첫째, 일본 정부가 이 문제에 대한 범죄성을 인정하지 않기 때문이며, 둘째, '보상에 대신하는 조처'를 받아들일 수 없기 때문이며, 셋째, 일본 국내법에 의한 민사소송은 국내법상 승소 가능성이 없으며 그리고 1965년 한·일협정에는 형사적 문제에 대한 배상책임과 개인배상청구권이 포함되어 있지 않기 때문이다.

일본 내에서도 우리와 연대해온 일본의 전쟁책임자료센터, 우리여성네트워크, 민주여성회 등은 정부의 민간기금안에 항의하고 반대하는 홍보 활동 등 모임을 계속하면서 '국제중재재판을 실현하는 모임(가칭)' 준비회의를 가졌다. 이들은 전후 보상운동을 하는 여러 단체들과 함께 '아시아·태평양 전후보상 국제포럼 '94'를 개최하여 500여 명이 참석하는 대집회를 가졌다. 대한변호사협회 인권위원회를 대표해서 최영도 변호사가 참석했으며 한·일 변호사들 사이에서 PCA에 제소하기 위한 연대를 논의하기 시작했다. 그리고 9월에는 국제중재재판을 '실현하는 모임'을 '성공시키는 모임'으로 개칭하여 정대협과 한국 변호사들을 초청하여 한·일 변호인단 위임식을 가졌다. PCA에 제소하기 위한 지원 활동의 방향과 내용을 확정하고, 일본 정부를 설득하는 일을 일본측 변호인단이 담당했다. 일본 변호인단은 이를 위해 중재합의서를 작성해야 하며 정대협과 피해자들 11명은 이들에게 합의서 작성을 위임했다.

그 이후 정대협은 우리 외무부 동북아국장을 면담, PCA 제소 결정과 그 과정을 알리고 한국 정부의 지지를 요청했다. 대한변협 변호사들은 PCA특별위원회를 구성했으며 한·일 변호인단과 공동으로 PCA 제소에 관한 토론회를 갖기로 했다. 11월 28일 '일본군 위안부 문제의 국제법적 해결을 위하여'라는 주제로 서울 서초동 변호사회관 대회의실에서 토론회를 개최했다. 일본 변호인단과 민간단체에서 15명이 참석했고, 그리고 많은 한국 변호사들의 참석이 있었다. 정대협에서는 지은희 기획위원장이 PCA 제소의 의미와 방향에 관해 그리고 한·일 변호사들 중에서는 개인배상청구권과 중재재판소 제소의 유효성에 관해 발표했다. 스즈키 히로시 변호사는 일본 변호인단의 활동경과 보고에서 68명의 변호사가 참여했음을 밝히고 변호인단이 일본 국회의원

들을 상대로 PCA 제소의 중요성을 설명했다는 것이다. 그리고 정대협
과 피해자들의 위임을 받아 중재합의서를 작성하여 11월 22일 일본
내각 외정심의실에 제출하고 일본 정부가 이에 응할 것을 재촉하고 있
다고 보고했다. 아이타니 구니오 변호사는 PCA의 유효성에 관한 발표
에서 일본 재판소가 공정한 판단을 내릴 것이라는 기대를 할 수 없는
상황에서 국제법 위반에 관한 재판은 PCA를 통할 수밖에 없다고 생
각한다는 것이다. 일본 정부가 "국제법 위반에 대한 손해배상을 요구
하는 국제법상의 수속이 없다"라는 답변으로 이것을 거부하겠지만 "소
송절차를 국제법상 인정하게 만듦으로써 배상에 대한 … 그러한 의무
를 인정하게 만드는 중요한 계기가 될 것으로 생각한다"는 것이었다.
그리고 일본 내에서는 PCA 제소를 위해 40개 사회단체가 지원하고
있으며 국회의원들을 상대로 로비활동과 서명운동, 홍보 활동 등을 강
화하고 있음을 발표했다. 일본 정부의 합의를 끌어내기 위해 일본 변
호인단은 적극적으로 활동했으나 일본 정부는 1995년 1월 24일 PCA
제소 합의를 거부하는 입장을 공식 발표했다. '보상에 대신하는 조처'
를 취한다는 입장을 그대로 견지했을 뿐이다.

국제법률가협회(ICJ: 제네바에 본부를 둔 강력한 인권단체)는 1993
년 4월 2명의 조사단을 파견하여 남북한, 필리핀, 일본에서 '군위안부'
문제의 실상을 조사하게 했다. 이에 대한 특별조사보고서를 1994년 11
월에 발표했다. 그리고 여기에 일본의 법적 책임과 배상 의무에 대한
국제법적 근거 그리고 일본 정부에 보내는 권고 등을 첨가하여 함께
공개했다(International Commission of Jurists, 1994. 11). ICJ는 일본
정부의 배상 의무를 강하게 주장하면서 더욱이 개인배상청구권은 한일
조약으로 해결된 것이 아님을 명확히 설명했다. 그리고 범법자 불처벌
의 책임으로서 배상 의무가 있다는 근거 등도 제시했다. 일본 정부에
대한 7개 권고는 정대협이 주장하는 진상규명과 배상요구의 내용과 일
치하며 그 외에 6개월 이내에 희생자들의 요구를 듣고, 이에 대처할
수 있는 '행정적 포럼'을 설치할 것과 희생자들의 원상회복을 위한 임

시 조처로서 4만 달러를 당장 지급할 것 등을 권고했다. 일본이 이러한 원상회복 조처를 하지 않을 경우 국제중재재판정을 개설해야 함을 지적했다. ICJ가 이 보고서를 일본 정부에 보냈음에도 일본 외무성이나 정부 대변인은 아무런 공식적 반응을 보이지 않고 있다.

1995년에는 일본 정부가 이미 발표한 '여성을 위한 아시아 평화 국민기금'(이하 국민기금)을 모금하기 위해 정계, 학계, 법조계 등 사회적으로 영향력 있는 일부 인사들이 '국민기금' 창설을 공포하여 조직적으로 국민들의 참여를 촉구했다. 이 기금의 성격은 법적 배상에 대한 일본 정부의 책임을 부인하고 도덕적 책임만을 전제한 국민 주도의 재정모금으로 생존 피해자들에게 위로금을 지불한다는 것이다. 정부는 행정적 비용과 의료 및 복지 부문의 서비스를 담당하는 비용만을 충당하므로 관과 민이 협동한 형태의 해결방안이 된다. 아시아 각국의 피해자들과 이 문제 해결을 촉구하는 민간단체들은 즉각 일본 정부의 이러한 기만적인 해결을 거부하고 반대하는 입장을 발표했다. 일본 내의 수많은 단체들도 국민기금안을 반대하며 정부 차원의 배상을 요구하는 연대활동을 펼쳐오고 있다.

1995년 7월에는 유엔 인권위원회가 임명한 성폭력에 관한 특별조사 보고관 라디카 쿠마라스와미(스리랑카 법률가) 박사가 한국을 방문했다. 전쟁중에 집단적으로 성노예를 강요당한 피해자들의 실태조사를 위해 남북한과 일본, 필리핀 등을 상대로 조사를 실시하여 그 해 개최될 유엔 인권위원회에 정식 보고서를 1996년 2월 6일에 제출했다. 이 보고서에는 특히 일본 정부 상대의 법적 책임에 관한 권고안이 제시되었다. 앞서 지적한 ICJ 보고서의 권고안이나 우리 운동이 일본 정부에 주장해온 국제법상의 배상책임과 일치하는 권고안을 제시한 것이다. 이에 대해 일본 정부는 즉각 관방장관을 통하여 "법률적으로 우리나라가 받아들일 여지가 없는 것이다"라고 거부 입장을 표시했다. 이러한 일본 정부에 계속 대응하기 위해 정대협은 아시아 피해국들과의 연대를 더욱 강화하여 일본 정부가 쿠마라스와미 보고서의 권고안을 받아

들이도록 국제적인 압력을 높이기 위한 활동을 준비하고 있다. 유엔
인권위원회가 이 보고서를 정식으로 채택하여 일본 정부에 법적 해결
을 권고하도록 로비하는 활동을 하는 한편, 일본 국회를 상대로 법적
배상을 실현하기 위한 특별법 제정을 촉구하는 운동을 일본 민간단체
들과 연대하여 전개하려는 것이다.

5. 민족운동으로서의 정신대운동

남북 여성들이 화해를 이루며 민족 동질성을 확인하려는 첫 만남에
정신대 문제가 주요 과제로 떠올랐다. 1991년 5월 31일~6월 2일 일본
도쿄에서 개최된 제1차 '아시아의 평화와 여성의 역할' 토론회에 남북
여성들이 일본 여성들과 함께 처음으로 만났다. 주최측 일본 여성들은
식민지 지배의 사죄와 청산을 주장하는 데 있어 정신대 문제가 "조선
여성의 성과 인권을 철저히 유린한" 심각한 범죄임을 인식한다는 입장
을 표명했다. 남북 여성들은 이 모임에서 분단은 식민지 지배의 연장으
로서 자주적 통일을 이루지 못하게 했다는 데 공감하는 민족적 연대를
확인했다. 더욱이 윤정옥 교수가 정신대 문제의 실상을 폭로하는 발표
를 하여 가해국 일본 여성의 문제 해결을 위한 책임을 촉구하는 한편,
남북 여성과 재일동포 여성들은 이 문제의 공정한 해결 없이 식민지 지
배의 청산과 자주성 회복이 이루어질 수 없음을 공감하는 자리였다. 정
신대 문제는 그 이후 계속해서 국제적 여성운동과 인권운동의 중심과제
로서 남북 여성의 공동참여와 공동대응의 계기를 이루어 왔다.
1992년 9월 제3차 '아시아의 평화와 여성의 역할' 평양 토론회는 30
여 명의 남한 여성들이 일본 여성들 및 해외교포 여성들과 함께 참가한
회의로서, 이때 북한 정신대 할머니들의 증언을 들을 수 있었다. 이복
녀, 이경생, 김영실, 김대일 씨 등 70대의 생존자들이 일본 군인들의 잔
인무도한 만행에 짓밟혔던 자신들의 경험담을 고통스럽게 토로했다. 남

쪽의 정신대 생존자들에게서 들은 울분의 증언과 대체로 일치하는 성노예 피해자들의 증언에서 분단의 장벽과 세월의 간격은 있을 수 없었다.

남북의 생존자 할머니들이 처음으로 서로 대면하고 함께 성노예의 범죄성을 고발하는 계기는 1992년 12월 9일 도쿄에서 있었다. 일본 민간단체들이 주최한 '일본의 전후 보상에 관한 국제공청회'에 필리핀, 중국, 대만, 네덜란드 등의 피해자들과 함께 증언자로 초대되었다. 남한의 강순애 할머니, 북한의 김영실 할머니의 증언은 분단으로 억눌렸던 피해자들의 고통과 분노의 울부짖음으로 폭발하여 국제회의장을 뒤흔들었다. 남한에서 참석한 황금주, 김학순 할머니는 북한의 할머니를 끌어안고 통곡했다.

남북 여성들이 함께 참여한 제4차 '아시아의 평화와 여성의 역할' 도쿄 토론회에서는 '일본의 식민지 지배, 전쟁책임과 전후 보상: 일본군 위안부 문제를 중심으로'가 주제로 채택되어 민족 문제로서 인식을 심화시키며 공동대응의 폭을 넓혀갔다. 정신대 문제는 일본 천황이 주체가 된 성차별과 식민지 조선의 민족 말살을 꾀한 인종차별의 성격을 지닌 것이어서, 국제여성운동으로서는 성차별의 문제가 보편적 쟁점으로 부각되는 한편 남북 여성들 사이에서는 성과 인권이 유린당한 것뿐만 아니라 민족 말살정책 수단으로서의 문제 인식이 강조되었다. 10만~20만 명으로 추산되는 젊은 여성들에게 가해진 개인적 및 집단적 강간행위일 뿐 아니라 여성의 재생산 기능을 파괴하려는 민족 말살 그리고 집단유기와 학살에 의한 종족 말살(genocide)을 기도한 범죄의 성격도 부각되었다. 이것은 국제협약상에서 금하는 "어떤 국적, 인종, 종족 또는 종교집단을 전부 또는 부분적으로 파멸시키려는 의도 아래 저질러지는" 종족 말살의 범죄임을 지적했다. 필자는 발표에서 일본군 위안부 문제를 흔히 볼 수 있는 점령군에 의한 부녀자의 강간이 아니라 일군의 최고 통수 지휘부에서 기획 입안하여 시행된 것으로 장거리 전선까지 광범위한 지역을 강제 이동하면서 성노예화한 국가제도이며, 인류 전쟁사에서 전례가 없는 일제의 조선 말살정책의 일환임을 강조했다.

북측의 최금춘 대표는 "식민지 지배의 불법, 무효성을 인식"해야 한다고 주장했다. 1905년의 '을사 5조약'의 위조성과 '정미 7조약'의 불법성을 지적하면서 식민 지배를 통한 인적·물적 자원의 약탈적 범죄행위를 제기했다.

그리고 한·일간에 체결된 1965년 조약을 "조선민족에 대한 모독이며 정의와 인류의 양심에 대한 우롱"이라고 비판했다. "일본 정부의 사죄와 보상을 요구하는 문제는 조선 민족 전체의 이익에 관한 문제로서 … 여기에는 북과 남이 따로 없다. 우리는 남과 함께 공동으로 이 문제 해결에 전력을 다할 것"이라고 강조했다.

남북 여성들은 이렇듯 식민지 지배의 청산과 배상 문제 해결에 대한 공감대를 형성했다. 그리하여 그 해 6월 비엔나에서 개최된 유엔 인권대회에서 필리핀 여성들과 공동으로 개최한 아시아 여성포럼에 남북 피해자 할머니들이 참여했다. 그리고 9월에 독일 베를린에서 재독 동포 여성들과 일본 여성들이 공동개최한 '전쟁과 여성 문제'에 관한 국제회의에 남북의 정신대 할머니들과 정대협 실행위원들이 초청되어 일제 군국주의에 짓밟힌 여성들의 인권과 성노예라는 반인도적 죄악을 폭로했다.

북한 정부는 1991년 1월 평양에서 개최된 제1차 조·일 정부 간담회에서 식민지 지배의 피해로서 "100만여 명의 인명 피해와 600만여 명의 강제연행 피해자 문제 등 인적 피해 문제의 한 부분으로서 '종군위안부' 문제도 제기하고 해당한 보상조치를 취할 것을 일본측에 요구했다"는 것이다. 이에 대해 일본 정부는 인적 피해 문제와 관련하여 "당시로서는 실정법에 따른 것"이기 때문에 보상의 책임을 질 수 없다는 일반적 주장을 하는 한편, '종군위안부' 문제는 "재산청구권의 테두리 안에서 토의에 응할 용의가 있다. 그러나 사실관계를 확인하는 입증 책임은 보상을 청구하는 측에 있다"는 입장을 견지했다는 것이다. 그래서 "41년에 걸친 일본의 강점 통치기간에 발생한 인적 및 물적 피해 그리고 정신 문화적 피해 등 모든 피해들을 전면적으로 조사해야 할 필요성을 절감하게 되었다"면서 1992년 5월 정부 관계자들과 역사학자, 국제법 학자, 인권 문제

전문가, 변호사 등 개별 인사들로 구성된 '조선강점 피해 조사위원회'를 조직했다는 것이다(일제의 조선강점 피해 조사위원회, 1993. 8).

이 위원회는 그 후 1년 동안 '종군위안부' 범죄사건의 진상을 조사하는 과정에서 1993년 6월 30일까지 131명의 피해자 신고를 받았으며 그 중에 34명이 공개증언에 동의했다는 것이다. 피해조사위원회는 생존자들의 자료와 국내외에서 입수한 공적 자료들과 보도자료들에 의거하여 중간보고서를 8월중에 발표했다. 그리고 '종군위안부' 및 태평양전쟁 피해자 보상대책위원회'를 설치했다. 이 대책위원회는 그 해 11월에 '일본의 전후처리 문제에 관한 평양 국제토론회'를 개최하여 정대협의 윤정옥, 이효재 공동대표를 초청했다. 당시는 북한의 NPT 탈퇴 위협과 핵 문제로 인한 북미간의 공방으로 긴장이 고조된 시기여서 남북 정부관계도 냉각되어 있었다. 그럼에도 불구하고 통일원은 정대협 공동대표의 참석을 허용했다. 판문점 통과가 아닌 제3국을 통한 평양행이었으나 민간인으로서 정부 수행원이 동행하지 않은 첫 사례가 되었다.

일본의 전후 문제 처리에 관한 국제회의는 평양 인민문화궁전 대회의실에서 있었으며 북측, 필리핀, 남측, 일본측 등 24명의 발표자 외에 김일성대학과 사회과학원 역사연구소에서 관심 있는 분들이 많이 참여했다. 북측에서는 을사조약의 무효화, 일본군 위안부 및 식민지 시대 강제연행과 피해 전반에 대한 발표를 하였다. 김길신(김일성종합대학 강좌장)의 「1905년 을사조약은 불법, 무효이다」라는 발표에 "을사조약은 일제 침략자들이 무력적 강제와 협박의 방법으로 조작 공포한 것일 뿐 아니라 나라의 최고 주권자(고종과 일본 천황)의 비준을 받지 못한 것으로 … 불법 무효의 허위문서이다. 이것을 근거로 삼아 조선을 강점하고 연이어 조작 공포한 정미 7조약이나 합병조약 그리고 각종 법, 지령 문서들도 근원적으로 불법 무효이다"라고 단호하게 식민지 지배의 불법성을 밝혔다. 그리고 "일제의 조선 강점과 식민지 통치의 비법성을 묻어둔 채 1964년 남조선과 일본 사이에 체결한 조약 역시 비법이며 그것은 반드시 재검토되어야 한다"라고 강조했다.

그리고 전영률 사회과학원 역사연구소장은 「일제가 감행한 100여 만 명의 조선인 학살만행은 인권 인도에 대한 대죄」라는 주제의 발표를 했다. 그는 의병과 독립군을 위시하여 강제연행, 수감자 학살 그리고 기타 식민통치로 인해 사살당한 자를 모두 1,005,000명으로 제시했다. "제국주의적 식민지 약탈과 민족차별 멸시에 기초한 정치적인 반인륜적 박해 행위로서 인도에 반하는 범죄"임을 지적했다. 더욱이 일본이 참여한 1925년의 제네바협정 「가스 및 세균학적 수단을 전쟁에 사용함을 금하는 의정서」 위반을 위시하여 1949년 전쟁 피해자보호에 관한 제네바협정과 1977년 제네바협정에서 정한 점령지역에서의 주민 학대, 학살에 관한 전쟁범죄와 인류에 반하는 죄로서 100만 명의 인명피해를 강조했다. 그리고 사회과학원연구소 리종현 교수는 600여만 명의 강제연행 노예노동과 관련하여 그 당시 전체 인구의 25% 또는 1가구당 1.5명으로 추산했으며 특히 이들이 청장년층임을 강조하여 민족 말살을 목표로 한 노예화를 주장했다. 따라서 그는 1965년의 한·일협정을 비판하면서 "협정은 '재산 및 청구권' 문제 해결과 '경제협력에 관한 협정'이지 40여 년간 일제강점 시기의 인적·물적 피해보상에 관한 전후처리를 위한 협정이 아니"라고 단정했고 일본이 인적 피해 문제를 배상청구권 범위에서 논의할 것을 고집한다는 입장을 지적하고 강력하게 비판했다.

평양 국제토론회에 참가한 일본, 필리핀 참가자들은 우리와 함께 "조선을 비롯한 아시아 나라들을 침략하고 무고한 인민들을 학대하고 이르는 곳마다에서 집단학살과 파괴, 약탈, 방화, 강제수용, 포로병 학대 등 수다한 전쟁범죄를 저지른 사실들을 부인할 수 없는 역사적 사실"들로서 논증했다. 이와 관련하여 참석자들은 일본 정부가 지금까지 이러한 범죄들을 숨겨왔으며 그러한 사실이 드러난 후에도 진상조사, 자료공개, 사죄 그리고 보상 등을 전혀 하지 않았으므로 성실한 전후 처리 배상을 일본 정부에 촉구했다(「일본의 전후 처리 문제에 관한 평양 국제토론회 보고서 요약」, 평양, 1993. 11. 8).

북한 정부는 이렇게 국제적 민간단체들과의 연대활동을 중요시하는 한편 일본 정부를 상대로 남북 정부의 공동대응을 촉구해왔다. 1992년 2월 제6차 남북 고위급회담 때 식민지 지배하의 민족 피해에 대한 공동대응책을 협의하자고 제의했다는 것이다. 그리고 그 해 3월에는 일본군 위안부 문제 해결을 위한 민족공동위원회 구성을, 6월에는 이에 관한 공동결의문 채택을 제의하는 등 남한 정부에 대해 공세적이었다. 남한 정부는 1965년 조약에 구속당한 채 정신대 문제를 외교적 현안으로 삼지 않겠다는 소극적 입장에서 민족적 공동대응 요구에 냉담했다.

최근 남한 사학자들 사이에서 새로운 한·일관계를 위해 한·일협정을 재검토할 필요성을 제기하기 시작했다. ≪역사비평≫(1995년 봄호)의 한·일협정 체결 30년 특집과 관련해 발표한 서중석 교수의 「박정권의 대일 자세와 파행적 한·일관계」라는 논문에서 이를 위한 민간 차원의 노력을 강조함을 볼 수 있다. "한·일간의 호혜평등한 선린관계를 세우기 위해서는 과거 청산이 진지하게 이루어져야 한다. 이러한 과거 청산은 먼저 정부 차원에서 이뤄지는 것이 바람직하다. 그러나 정신대 종군위안부 문제만 하더라도 두 정부가 외면하는 상태에서 그것을 기대하기는 쉽지 않다. 따라서 한국에서는 민주화가 새로운 보폭을 가져야 할 것이며 일본에서는 인본주의적인 평화세력의 영향력이 커져야 할 것이다. 일본인들 사이에 과거를 청산하기 위하여 교과서 왜곡을 바로잡기 위해 정신대 종군위안부 문제의 바른 해결을 위하여 적지 않은 노력이 있었던 것은 한·일관계의 정상화를 위해 고무적인 역할을 수행했다"(≪역사비평≫ 1995. 봄호: 56). 이것은 그동안 한·일간 민간운동이 해온 노력을 평가하며 새로운 한·일관계를 위해 중요함을 강조한 것이다. 그리고 이 특집에 기고한 이종석 박사의 논문 「북에서 본 한일협정과 '조일회담'」의 결론에서, 우리 민족과 일본의 진정한 화해와 새로운 한·일관계의 정립을 앞으로 체결될 조일수교와 관련해 전망한 의미 있는 결론을 읽을 수 있다. "조일수교 없는 우리 민족과 일본과의 화해는 불구적인 것에 불과하다. … 한반도와 일본간의 화해를 위한 마지막 법적 조치인 조일수교 협상에서 정중한 사과와 진지한 용서가 교환되어 우리 민족과 일본 간에 새로운 관계를 열어갈 수 있는 전기가 마련되기를 기대해 본다"(≪역사비평≫ 1995. 봄호: 69).

그의 이러한 기대는 분단극복과 민족통일의 과제가 새로운 한·일관계의 정립과 맞물려 있음을 지적한 것이다. 정신대 문제를 위시한 식민지 지배의 청산과 전후 배상 문제는 1965년 한·일조약 체결로 은폐당하고 있음을 의미하는 것이다. 그런데서 정신대운동이 이것을 폭로하는 민족운동으로서 기여해온 것을 다행스럽게 생각한다. 더욱이 남북 여성들이 생존자들의 한맺힌 폭로와 고발을 국제적으로 함께 제기할 수 있다는 것은 우리 스스로 분단을 극복해 가는 과정인 것이다. 민족 수난의 가장 밑바닥에서 희생을 강요당하며 피해를 당한 여성들이 분단극복과 통일의 역사를 이루는 데 주인으로 나선 것이다. 일제 침략의 피해가 분단으로 인해 파묻혀 있는 상황에서는 공동체의 일체감을 남북이 함께 형성할 수 없다. 정신대 문제 해결을 위해 일본에 대응하는 여성들의 자주성과 역량은 통일을 향한 남북 여성들의 공동체적 사명과 운명을 더욱 공감하게 하는 것이다.

6. 생존자 지원 활동

1) 할머니들을 위한 첫 위로행사

정대협은 1991년 9월 18일, 정신대 신고전화 개설 이후 1992년 5월 2일 이전까지 신고한 생존자 할머니들을 초청하여 5월 1~2일, 1박 2일 동안 위로행사를 가졌다. 이때 참석한 할머니들은 37명이었으며, 전라남도, 경상남도 등지에서부터 서울을 비롯한 수도권 지역에 각각 흩어져 있던 할머니들이 처음으로 함께 만나는 기회가 되었다.

이 모임을 통해서 정대협은 할머니들의 어려운 생활을 알게 되었다. 비닐하우스 일을 하면서 고압전기가 흐르고 있는 물탱크 속에 동네 청년들이 방을 만들어 주어 살고 있는데, 그나마 곧 철거된다는 할머니, 또 매일 새마을 취로사업을 나가서 일을 하지만 올라가는 월세와 물가를 따라잡을 수 없어 살길이 막막하다는 걱정, 위안부 후유증으로 몸이 아파 힘들지만 큰돈이 없으니 생활보호대상자 의료보험카드로 임시방편으로 병원에서 약이나 타서 진통을 견뎌간다는 이야기 등이었다. 할머니들에게 당면한 문제는 가장 기본적인 의식주 그리고 병원치료 문제였다.

2) 정부의 일본군 위안부 생존자 생활대책을 위한 특별법 제정촉구

정대협이 가장 먼저 서둘렀던 것은 우리 정부가 생존자들을 위한 생활구호조치 특별법을 제정하도록 하는 것이었다. 1992년 1월 27일, 정대협의 향후 대책방안에 대한 기자회견을 하면서 한국 정부에 피해 여성에 대한 응급 생활보호조치를 취할 것을 촉구했다. 이후 외무부에서 정신대실무대책반 일을 맡고 있는 담당자들과 만나 할머니들의 생활상을 알리고, 할머니들의 어려운 상황은 한국 정부에도 큰 책임이 있다는 것과 정부로서 당연히 생존자들을 보호할 수 있는 특별법을 제정해야 한다고 요구했고 청와대에 민원 서신을 접수하기도 했다.

이러한 끊임없는 정대협의 요구와 국내외 여론의 영향으로 한국 정부는 '일제하 군위안부 피해자 생활안정지원법'을 제정하고, 1993년 5월 임시국회에서 통과, 그 해 8월부터 일시불 500만 원과 월 15만 원 생계비 지원, 의료혜택, 영구임대주택 입주권 부여 등의 내용으로 된 법이 시행되었다. 현재 한국 정부에 등록된 170여 명의 피해자들이 이 특별법의 혜택을 받고 있으며 인천, 성남, 대구, 서울 등 수도권 지역에 살던 20여 명 정도의 피해자들은 영구임대주택에 입주하여 살고 있다. 1995년에는 매월 20만 원이 정부에 의해 지원되었으며, 1996년에는 25만 원의 생활비가 지원되고 있다.

3) 정신대 할머니 생활기금모금 국민운동본부 발족

정대협은 위와 같은 입법화운동과 아울러 국민을 대상으로 한 모금
운동을 시작하기로 결의하고, 1992년 12월 1일 정대협 기구와 별도로
'정신대 할머니 생활기금 모금 국민운동본부'를 발족했다. 이 운동본부
는 서영훈, 윤정옥 씨를 공동의장으로 하고, 강성구 문화방송 사장, 강
원용 크리스천아카데미원장, 공덕귀 윤보선 전 대통령 부인, 김준엽 전
고려대 총장, 작가 박경리, 송월주 스님, 오익제 천도교 교령, 이태영
가정법률상담소 소장, 정의숙 이화여대 이사장, 홍남순 변호사, 박병배
전 국회의원 등이 고문으로, 이수성 당시 서울대 법대학장이 운영위원
장으로 참여했다. 이 외에도 운영위원으로 이우정 민주당 국회의원을
포함하여 70여 명이 참여했고, 1,000인 공동회의 위원으로 강만길 고
려대 교수 외에 465명이 참여했다.

운동본부는 발족 취지문에서 "'보상에 상응하는 조치' ⋯ 이런 식으
로의 해결은 우리 민족이나 피해자들에 대한 또 한 번의 모욕일 뿐이
며, 일본 국민들에게도 '한국 사람들이 돈을 받으려고, 과거 문제를 들
고 나왔다'는 잘못된 인식을 심어줄 뿐이다. ⋯ 우리가 진상규명이나
사죄 없이 주는 돈을 반대하려면, 우선 우리 정부와 국민이 나서서 할
머니들의 생계를 돕고 위로하는 일을 벌이는 것이 도리라고 생각한다.
이러한 뜻에서 우리는 '정신대 할머니 생활기금 모금 국민운동본부'를
발족하기로 했다"고 밝히고 있다.

운동본부는 사무실을 종로5가 기독교회관 307호에 내고 사무처장으
로 이미경 당시 정대협 총무를 선임하여, 총 10억 원을 목표로 모금을
실시했다. 운동본부의 발족은 때마침 일본 정부에서 언론을 통하여 피
해자들에게 배상은 할 수 없으나 현재 생존해 있는 피해자들의 생활이
몹시 어려우므로 보상에 대신하는 조처로 위로금을 지급하겠다는 등의
방침을 내비치고 있던 상황이어서, 위로금은 우리 국민이 주어야 한다
는 국내 여론을 조성했고, 동시에 일본 정부에는 큰 압력이 되었다. 이

러한 상황에서 운동본부는 법조계, 정계, 학계, 재야, 종교계, 문화예술계, 여성계 등을 총망라하여 구성된 것이다.

이 모금활동에는 국내뿐만 아니라 해외교포들과 학생들까지 동참했다. 그러나 애초 10억 원을 목표로 하고 운동본부가 출발했으나 1993년 6월 말까지 모금된 총액은 1억 5,000만여 원 정도에 불과했다. 그래서 1993년 7월 26일 정신대 할머니 62명에게 250만 원씩을 지급한 후 해체했다.

4) 기타 생존자 복지활동

정대협은 할머니복지위원회를 조직하여 할머니들의 병원 알선, 주택문제, 장례절차, 위로행사, 교회 및 지역사회단체와 할머니들의 자매결연 등의 활동을 진행해왔다.

복지위원회에서 진행하고 있는 사업 중에는 의료지원사업이 있다. 정대협은 첫 증언자인 김학순 할머니의 지병인 천식이 심해지자 1992년 2월 18일 적십자병원에 입원을 시키고, 대한적십자사 총재에게 김학순 할머니를 무료로 입원, 치료해 줄 것을 요청하여 퇴원할 때까지 무료치료를 받았다.

뿐만 아니라 박두리 할머니도 적십자병원에서 치료할 수 있도록 입원절차와 행정적인 조처를 취했으며, 강덕경 할머니가 신장병이 악화되었을 때 경희의료원에 입원시키고 병원측의 협조로 병원비를 할인받을 수 있었다. 1993년에 사망하신 전금화 할머니, 부산의 김복동 할머니, 울산의 윤두리 할머니, 성남의 심미자 할머니 등에게 정대협은 병원에 입원하는 경우 입원비 보조와 위로비를 지급해왔으며, 장기적으로 병원 치료를 할 경우 치료보조비를 지급해왔다.

또한 천호한의원과 연결하여 할머니들을 무료 진료하고 침, 물리치료, 한약 제공 등 한방 치료를 받을 수 있도록 했다. 그리고 서울중앙병원을 비롯한 아산재단 산하 전국의 9개 병원에서는 정신대 할머니들에게 1995년부터 평생 무료진료를 받을 수 있는 진료카드를 배부하고 진료를 시작했다. 40여 명의 할머니가 이미 치료를 받기 시작했다.

정대협은 또한 1992년 5월 2일 첫 위로행사를 시작으로 하여 여러 단체의 후원하에 할머니들을 위로하는 행사를 실시해왔다. 1992년 10월 30일 한국교회여성연합회가 주관하는 할머니 위로행사에 할머니들과 함께 참여했다. 이날 할머니들은 충북 단양에서 단풍 구경을 한 후, 한국교회여성연합회 실무자들이 손수 준비해온 점심으로 식사를 하고 충주 수안보에서 온천욕을 했다. 그리고 저녁에 서울로 돌아와 식사를 한 후 마쳤다.

1993년 5월 9~10일에는 1박 2일 기간으로 불교인권위원회에서 할머니들을 초청하여 설악산 관광을 했으며, 1994년 10월 24~25일, 정대협이 한국기독교장로회 서울 남성교회의 협조를 얻어 할머니들을 모시고 대전 계룡산으로 1박 2일, 단풍놀이 및 온천욕을 다녀왔으며, 1995년에는 11월 23~24일에 내장산으로 단풍놀이와 유성온천을 다녀오기도 했다.

그리고 정대협 회원단체인 여성교회에서는 1993년부터 매년 5월중 하루를 택하여 할머니들을 초청하여 음식을 대접하고 함께 예배하며 노래와 춤으로 가슴의 응어리를 푸는 행사를 실시해왔다. 이 외에도 어버이날, 송년회, 명절 등에는 각 회원단체에서 할머니들을 방문하여 함께 삶을 나누는 행사들을 실시해 오고 있다.

정대협은 또한 할머니들의 장례절차를 맡아오고 있다. 지금까지 본회에 신고해오신 분들 중 최정례, 전금화, 배영자 할머니 3명이 사망했고 장례식에 참석하여 유족에게 위로금으로 100만 원씩을 드렸다. 그 외에도 정대협에 신고는 하지 않았지만 한정언 할머니가 돌아가셨을 때 장례비로 200만 원을 드리고, 할머니들과 정대협 실행위원들이 장례식에 함께 참여했다.

정대협의 회원단체 중 하나인 불교인권위원회 여성위원회는 1992년 6월 22일 오갈 데 없는 정신대 할머니들의 생활터전인 '나눔의 집' 건립추진위원회를 구성하고, 불교도들과 뜻 있는 국민들을 대상으로 모금운동을 전개했다. 모금액으로 총 2억여 원이 모였고, 현금 외에 집을 지을 수 있는 땅을 기증받기도 했다.

그리고 1992년 10월 31일, 나눔의 집이 완전히 건립되기 위해서는 많은 시일이 걸리므로, 당장 생활터전이 필요한 할머니들을 위해 서교동에 전세로 임시 거주처인 '나눔의 집'을 마련하여 6명의 할머니들이 입주했다. 1994년 1월 나눔의 집은 혜화동으로 이사했고, 현재는 경기도 광주에 나눔의 집이 건립되어 8명의 할머니가 입주하여 함께 살고 있다. 또한 나눔의 집에 살고 있는 할머니들을 중심으로 그림교실, 한글교실, 수지침교실이 운영되고 있는데, 자원봉사자들이 일주일에 한 번씩 맡아서 할머니들을 가르치고 있다. 특히 그림교실의 경우 할머니들이 일본군 위안부 시절의 아픈 이야기를 그린 그림 30여 점이 일본과 국내외에 전시회를 통해 공개되어 일본군의 만행을 폭로했다.

'광야기획'이라는 기독교 복음성가 가수들 몇이 모여 조직한 기획사는 정신대 할머니들을 위로하기 위한 콘서트를 1995년 후반부터 1년 동안 100개 교회를 순회하며 열기로 결정하고, 현재 10여 교회 정도 진행을 했다. 이 콘서트는 노래만 하는 것이 아니라 일본군 위안부 문제와 관련된 슬라이드 필름을 영상화하여 보여줌으로써 기독교인들에게 일본군 위안부 문제를 통한 민족의식을 심어주는 운동을 함께 하고 있다.

7. 대중 홍보 활동

정신대 문제를 대중들에게 홍보하고 교육하기 위한 정대협의 활동은 몇 가지로 나눌 수 있다. 첫째는 문건을 통한 홍보이고, 둘째 대중 강연 활동 등을 통한 홍보 및 교육, 셋째는 수요시위로 대표될 수 있는 시위 형태를 통한 홍보 활동이며, 마지막으로 문화 활동을 통한 홍보 등이다.

1) 문건을 통한 홍보 활동

정신대 문제를 대중에게 가장 널리 교육하고 현 상황에 대해 알리는 매체는 활동소식지이다. 활동소식지는 1992년 11월 15일 창간호를 낸 후 1993년 2월에 제2호, 1993년 4월에 제3호, 8월에 제4호, 1994년 4월에 제5호, 1995년 1월에 제6호, 1995년 11월에 제7호가 나왔으며, 1996년 1월에 8호가 발간되었다. 이 소식지는 회원단체는 물론이고 여성단체, 사회단체, 정부기관, 후원회원, 대학생, 교회 등으로 발송된다.

소식지에는 주로 한·일의 현 정세와 국제 여론, 정신대 문제의 대책 활동 상황, 할머니들 소식 등이 게재되어 있다. 이것은 영어로도 발간된다.

정대협은 매년 정기적으로 자료집을 발간하고 있는데, 이 자료집은 정신대 문제에 대한 실태와 역사적 조명, 법적 조명, 여성학적 조명, 운동의 과정과 방향 등에 대해 상세히 수록하고 있다.

현재 정신대자료집은 제6집까지 발간되었다. 제1집은 1992년 2월에 발간되었는데, 주로 정신대 문제에 대한 기초적인 내용을 수록하고 있다. 그 동안의 정신대 문제에 관한 강연자료로 윤정옥 공동대표의 「정신대, 무엇이 문제인가?」와 일본의 여성학자인 스즈키 유코 씨의 「종군위안부 문제와 일본 여성」이라는 글을 수록했고, 역시 윤정옥 공동대표의 「정신대 원혼 서린 발자취 취재기」를 수록했다. 그리고 '우리는 정신대 문제를 이렇게 풀어왔습니다'라는 제목하에 지금까지의 활동일지와 피해자 신고상황, 그리고 성명서 및 신문자료를 수록했다.

제2집은 '왜, 우리는 지금 이 문제에 도전하고 있는가?'라는 제목하에 「정신대 문제의 올바른 해결을 위한 우리의 입장」(정대협)과 「일본 군대의 성노예로 강제로 끌려간 한국 여성들 '정신대 문제'」(정대협), 「정신대 문제에 대한 국제법적 책임」(김찬규 경희대 교수), 「일본 법정에서의 정신대 문제에 대한 법률적 검토」(안상운 변호사), 「한국 태평양전쟁 희생자 문제에 대하여」(양순임 태평양전쟁희생자유족회 공동대표), 「국회에서의 일제 피해—정신대 청원심사 질문,(이수인 민주당 의원), 「정신대 문제의 실상」(정진성 정신대연구회 회장), 「천황제, 군국주의, 여성」(정진성), 「'정신대 규명' 일본 정부에만 맡길 수 없다」(정진성), 「왜, 우리는 지금 이 문제에 도전하고 있는가?」(정진성), 「정신대 문제 해결운동의 전개과정과 앞으로의 과제」(윤미향 정대협 간사) 등 지금까지의 강연자료와 잡지 및 신문에 기고한 원고 내용을 엮어서 발간했다.

제3집은 1992년 8월 10~11일까지 서울에서 열렸던 제1차 정신대 문제 아시아연대회의의 보고서로 발간했다. 그 내용으로는 아시아연대회의 취지문과 한국 피해자 할머니의 증언 그리고 한국측 발제로 「'종군위안부' 문제와 아시아 여성의 과제」(윤정옥 정대협 공동대표), 「천황제, 군국주의, 여성」(정진성 정신대연구회 회장), 「정신대 문제 해결운동의 전개과정」(윤미향 정대협 간사)이 수록되었다. 다음 일본측 보고로 「'종군위안부' 문제와 일본 여성」(스즈키 유코), 「일본에서의 활동」(다카하시 기쿠에), 「일본 국회에서의 활동」(시미즈 스미코 일본 사회당 의원), 「재판투쟁에 관한 보고」(후쿠시마 미쓰오 변호사)가 수록되었고, 재일교포측 발제로 「일본 '우리여성 네트워크'의 입장 및 제안」(박윤남), 「재일 한국민주여성회 활동보고」(박미좌자), 「조선인 '종군위안부' 문제를 생각하는 모임 활동보고」(고순자)가 수록되었다. 또한 필리핀 보고로 「필리핀 위안부 문제에 관한 첫 보고서」(넬리아 산초)와 「정신대 문제 아시아연대회의 필리핀 보고서」(필리핀 정신대 대책위원회) 등이 수록되었다.

그리고 대만의 「대만 위안부에 관한 첫 보고서」와 타이의 보고로 「타이-버마 철로의 노역근로대와 위안부」가 수록되었고, 마지막 부분에 아시아연대회의의 결의문과 사진들이 수록되어 있다.

제4집에는 '강제 종군위안부 문제와 일본의 법적 책임'이라는 제목 하에 「일본의 전쟁 책임은 끝났는가?」(박원순 변호사), 「강제 종군위안부 문제에 대한 한·일 양 정부 입장의 문제점」(배금자 변호사), 「강제 종군위안부 문제에 대한 일본의 책임 이행방안」(정인섭 방송통신대 교수), 「중대한 인권침해의 희생자에 대한 배상」(반 보벤 유엔 인권소위원회 전문위원), 「종군위안부, 강제연행 문제와 유엔」(도츠카 에쓰로 변호사), 「종군위안부 인권 침해에 대한 국제적 차원에서의 해결방안」(이장희 외국어대학 교수) 등이 수록되어 있고, 기록사진 및 활동일지, 주요 성명서들이 수록되어 있다.

제5집은 1995년 2월 27일~3월 1일까지 서울에서 있었던 제3차 일본군 위안부 문제 아시아연대회의 보고서로서 '전후 50년, 일본군 위안부 문제는 왜 해결되지 않았는가?'라는 제목으로 필리핀, 대만, 일본, 한국, 북한 대표와 피해자의 '민간위로기금안을 왜 반대하는가?'와 '해결을 위해 무엇을 할 것인가?'에 대한 발표들이 수록되어 있다.

제6집은 국제중재재판소(PCA) 제소를 위한 한·일 변호인단 토론회 보고서로 발간했다. 이 자료집은 '일본군 위안부 문제의 국제법적 해결을 위하여'라는 제목하에 「PCA의 운동적 의미와 정대협의 향후 계획」(지은희 정대협 기획위원장), 「일본에서의 지원 활동에 관하여」(이시카와 이츠코), 「일본에서의 일본군 위안부 문제의 진전 경위와 PCA의 유효성에 대하여」(아이타니 구니오 변호사), 「한일협정과 PCA」(배금자 변호사), 「UN에서의 일본군 위안부 문제의 진전 경위와 PCA의 유효성」(도츠카 에쓰로 변호사), 「일본군 위안부 희생자들에 대한 배상소고, 배상액, 배상방식과 관련하여」(박원순 변호사), 「일본 정부의 중재 수락에 관한 정세와 앞으로의 전망」(오자키 준리 변호사) 등이 수록되어 있고, 김원웅 민주당 의원과 신각수 외무부 동북아 1과장의 논평, PCA 한·일 변호인단 공동선언문, 중재합의서, 신문자료 등이 수록되었다. 그 외 부록으로 PCA 및 정대협 활동자료가 수록되어 있다.

  2) 대중 강연 활동

제1차 강연회로서 1991년 5월 28일, 종로 5가 기독교회관에서 윤정옥 공동대표의 '정신대, 무엇이 문제인가?'라는 제목의 강연회가 있었다. 이 강연에서는 일본 여성학자로서 정신대 문제를 연구하고 있는 스즈키 유코 씨가 '종군위안부와 일본 여성'이라는 제목으로 강연을 했다.

다음으로 정대협은 1992년 4월 22일, '정신대 문제와 한·일 정부의 책임'이라는 제목으로 공청회를 개최했다. 이 공청회에서 김찬규 경희대 교수가 '정신대 문제에 대한 국제법적 책임'이라는 제목으로 발표를 했고, 안상운 변호사가 '일본 법정에서의 정신대 문제에 대한 법률적 검토'라는 제목으로, 양순임 태평양전쟁희생자유족회 대표가 '한국 태평양전쟁 희생자 문제에 대하여'라는 제목으로 발표를 했다. 이 공청회에서 김찬규 교수는 정신대 문제는 성적 노예 문제로서 마땅히 일본은 국제법적 책임을 져야 한다고 밝혔다. 그는 또한 정신대 문제는 인도에 반한 죄이고 기본적 인권에 대한 침해임과 동시에 강제매춘 금지에 대한 위반이므로 일본은 마땅히 국제법적 책임을 져야 한다고 지적했다. 안상운 변호사는 일본은 정신대 피해자에 대하여 배상할 책임이 있음을 지적하고, 단 이 범죄행위를 일본법에 따라 일본 법정에서 재판하는 일은 사전에 철저한 실태조사와 증거 확보, 법률적 쟁점에 대한 검토가 선행되어야 하는 등 역사적 진실을 밝혀내기에 많은 어려움이 있음을 인정하면서 이를 위해서는 정부 및 국민들의 성원이 필요하다고 발표했다. 태평양전쟁희생자유족회의 양순임 대표는 발표를 통해 유족회측의 요구가 공식 사죄, 생사 확인, 사망자 명단 공개, 유해 송환 문제, 보상 등임을 밝혔다.

1992년 6월 7일에 정대협은 한국태평양전쟁희생자유족회와 공동주최로 '전후 배상·보상 실현을 위한 한·일 심포지엄'을 개최했다. 이 심포지엄은 주로 한·일 국회의원들이 발표하고 피해자들의 증언을 듣는 행사였다. 이 심포지엄에서는 노청자 할머니와 태평양전쟁 피해자의 증언이 있었고, 태평양유족회의 도쿄 재판을 담당하고 있는 일본의 다가키 겐이치 변호사가 '일본의 전후 보상에 대해서'라는 제목으로, 오가자키 도미코 일본 사회당 의원이 '전후 보상 문제에 대한 활동'이라는 제목으로, 한국의 박상천 민주당 의원이 '민주당에서의 활동과 앞으로의 과제에 대해서' 그리고 김진영 국민당 의원이 '전후 보상 문제에 대한 입장'을 발표했다.

1992년 7월 29일에는 반핵평화운동연합, 한국기독청년협의회, 한국민주청년단체협의회, 한국정신대문제대책협의회 등이 '일본의 군국주의 부활과 동북아의 평화 문제'라는 공청회를 공동으로 개최했고, <남경대학살>이라는 영화를 상영했다. 이 공청회에서 김창수 평화연구소 연구원이 일본의 군국주의와 동북아시아 안전보장체제에 대해서, 김명식 AARARI한일관계자료센터 소장이 일본의 자위대와 한국군 해외 파병의 구도에 대해서, 태평양유족회의 양순임 회장이 태평양전쟁 희생자 문제에 대해서 발표했다.

그리고 정대협 회원단체 중 하나인 전국여대생대표자협의회가 1992년 하반기 주요 사업으로 정신대 문제를 결정하자, 각 대학 총여학생회로부터 강연 및 증언집회 요청이 잇달았다. 이 요청에 따라 정대협은 할머니들과 함께 제주대, 진주 경상대, 부산대, 대구 효성가톨릭대, 천안 단국대 등 지방대학은 물론이거니와 서울의 경희대, 서울여대, 숙명여대, 상명여대, 외국어대, 고려대, 이화여대, 성신여대 등으로 순회하면서 정신대 문제의 실상과 중요성을 강조하는 내용의 강연을 그 해 8월 말부터 10월 말까지 계속했다.

1993년 7월 5일 정대협은 대한변협과 공동주최로 '강제 종군위안부 문제에 대한 국제법적 접근'이라는 제목으로 공청회를 개최했다. 이 공청회에서는 정대협 법률전문위원회 위원들이 1여 년 동안 연구해온 결과를 발표했다. 배금자 변호사가 '강제 종군위안부 문제에 대한 한·일 양 정부의 입장의 문제점'이라는 제목으로, 한국방송통신대학의 정인섭 교수는 '강제 종군위안부 문제에 대한 일본의 책임 이행방안'이라는 제목으로, 외국어대학의 이장희 교수가 '종군위안부 인권침해에 대한 국제적 차원에서의 해결방안'이라는 제목으로 각각 발표했고, 이 발표에 대한 토론으로 강창일 배재대 교수와 안상운 변호사, 김찬규 경희대 교수가 각각 발표했다.

1994년에는 주로 일본 정부의 법적 책임 부분을 중심으로 활동을 전개했다. 일본 정부가 피해자 개인에게 법적으로 배상할 수 없고, 민간 모금에 의한 위로금을 지급할 방침을 발표하자, 이에 대한 반대 여론을 국내외에 형성하기 위하여 8월 29일, 종로 5가 기독교회관에서 '일본군 위안부의 민간위로금이 과연 해결책인가?'라는 제목으로 토론회를 가졌다. 이 토론회에는 정대협측에서 권희순 당시 총무가 '정대협의 운동과 일본 정부의 반응'이라는 제목으로 발제를 했고, 토론으로 법학계에서 이장희 외국어대 교수가, 정계에서는 김원웅 의원이, 여성계에서는 정숙자 여성교회 목사가 참석하여 각계의 입장을 발표했다. 또한 김학순, 강덕경 할머니도 참석하여 민간위로금을 받을 수 없는 피해자의 입장을 발표했다.

또한 일본 정부의 법적 책임을 논의하기 위해 정대협은 11월 28일, 국제중재재판소 제소를 위한 한·일 변호인단과 공동주최로 서울 변호사회관에서 '일본군 위안부 문제의 국제법적 해결을 위하여'라는 제목으로 토론회를 개최했다. 이 토론회에는 한·일 변호사들과 정대협, 일본의 개인배상 실현을 위한 국제중재재판연락회 회원들이 참석했다. 또한 이날 토론회에는 국회 김원웅 의원과 외무부 동북아 1과 신각수 과장이 논평으로 참가했다.

국내의 강연 외에 국제적으로 정신대 문제가 알려지기 시작하자 1993년 초부터는 국외에서도 강연 및 증언 요청이 빈번했다. 1993년 2월, 윤정옥 공동대표가 캐나다, 미국 그리고 하와이 등지의 교포단체의 초청으로 정신대 순회강연을 한 달 동안 했으며, 1993년 9월, 김경희 당시 기장여신도회전국연합회 총무와 황금주 할머니를 캐나다 교포교회 여성들이 초청하여 순회 증언집회를 하여 미주 지역에 정신대 문제에 대한 실상을 널리 홍보했다.

1995년 광복 50주년은 국내에서 일본군 위안부 문제가 큰 이슈로 부각되는 해였다. 특히 국내에서는 각 대학의 여대생들이 이 문제에 적극적으로 참여했던 한 해였다. 제주도를 비롯하여 지방부터 서울까지 전국의 거의 모든 대학에서 총여학생회 주최로 일본군 위안부 생존

자 초청 증언집회 개최, 활동가 초청 강연회 개최, 역사사진 및 활동사
진 전시회 개최, 영화상영, 비디오상영 등 일본군 위안부 문제와 관련
한 갖가지 행사를 개최했다.

특별히 매주 수요일 12시에 일본대사관 앞에서 전개되는 수요 정기
시위에 여대생들이 조직적으로 참여하기 시작했으며, 이는 할머니들과
정대협 실무자들에게 큰 힘이 되고 있다.

3) 미주 지역 정대협의 조직과 활동

윤정옥 공동대표와 김경희 씨, 황금주 할머니의 미주 지역 집회를
계기로 해서 미주 지역에 살고 있는 교포들이 중심이 되어 정신대문제
대책협의회들이 조직되었다. 미 동부지역 한국정신대문제대책협의회,
워싱턴 정신대대책위원회, 캐나다 정신대대책위원회, LA 정신대대책협
의회, 미네소타 주의 '일본군 성노예의 정의와 인권회복을 위한 회' 등
이 그것이다. 이 단체들은 한국에서 정신대 할머니를 초청하여 증언집
회를 하기도 하고, 미국인들과 함께 집회 개최, 사진 전시회 및 미주
지역에 정신대 문제의 실상을 알리고, 일본 정부의 무책임한 태도를
규탄하는 등의 활동을 하고 있다. 이들 단체 외에도 엘리스 최 하와이
대학 교수가 개인적으로 연구 활동 등을 통해 하와이 지역에 정신대
문제를 홍보하는 활동을 하고 있다.

4) 시위형태를 통한 대중 홍보 활동

정대협은 1992년 1월 8일부터 시작하여 매주 수요일 정오 12시에
일본대사관 앞에서 일본군 위안부 문제의 해결을 위한 시위를 실시하
고 있다. 시위 시작 첫해인 1992년에는 정대협 사무국과 회원단체에서
만 주관을 하고, 몇몇 할머니들이 참여했는데, 수요시위가 국내외에 많
이 알려지기 시작하자 1993년부터는 40여 개의 국내 시민, 인권단체에

서 1년에 1~2회씩 수요시위를 주관하고 있다. 시위는 보통 일본대사관 앞에서 민족의례로 시작하여 한·일 정세보고 및 정대협 활동보고와 규탄사, 성명서 낭독, 할머니 발언 등의 순서로 진행되고, 대사관 앞에서 순서가 끝난 후 대사관 주변 사람들에게 정신대 문제를 알리는 거리홍보전을 한 후 정리하고 마친다. 이 시위는 1996년 3월 6일로 206차에 이르고 있다.

정대협은 또한 특별한 상황에 따라 국내 민간단체와 연대하여 다음과 같은 시위를 해왔다.

1992년 8월 12일에는 8·15를 맞이하여 일본대사관 앞에서 100여 명의 시민, 학생, 정대협 회원들이 모인 가운데 '일본의 군국주의 부활 저지와 전쟁범죄 배상촉구를 위한 시민대회'라는 제목하에 일본의 전쟁범죄를 규탄하고, 군국주의 부활을 저지하기 위한 규탄집회를 가졌다. 이 집회에는 마침 서울에서 열린 제1차 정신대 문제 아시아연대회의에 참석한 아시아 피해국의 대표들도 함께 참여했다.

1992년 12월 23일에는 제50차 수요 정기시위를 맞이해서 일본대사관 앞에서 100여 명이 참여한 가운데 '정신대 만행 진상규명 촉구 범시민대회'를 개최했다. 이 집회에는 정대협 회원단체와 반핵평화운동연합, 4월혁명연구소, 일본문제대책연구협의회, 반일연대회의, 한국민주청년단체협의회, 평화연구소 등의 회원들이 참여했다.

또한 '일본의 전쟁범죄 진상규명과 군국주의 부활 저지를 위한 3·1 국제연대집회'를 개최했는데, 1993년 3월 1일, 정대협은 제74주년 3·1절을 맞이하여 일본문제대책연구협의회, 부산극일운동시민연합, 태평양전쟁희생자유족회, 민주주의민족통일전국연합, 전국노동운동단체협의회, 한국기독청년협의회 등의 단체와 함께 연대하여 탑골공원에서 집회를 개최했다. 그리고 부산극일운동시민연합의 주관하에 부산역 광장에서도 같은 시간에 같은 주제로 집회를 가졌다.

이 집회는 국내뿐만 아니라 외국에서도 진행되었는데, 뉴욕의 정대협과 워싱턴의 정신대대책위원회에서도 집회를 가졌고, 필리핀에서도 우리 민족의 3·1절에 대한 의미에 공감하고, 마닐라 일본대사관 앞에서 동시에 집회를 개최했다.

1993년 12월 22일, 정대협은 정신대 문제 해결을 위한 제100차 수요시위를 일본대사관 앞에서 가졌다. 추운 겨울 꽁꽁 언 손과 발을 동동 구르면서도, 더운 여름 뜨거운 뙤약볕 아래의 끈적거림 속에서도 연로하신 정신대 할머니들을 부축해가며 민족적 양심을 걸고 싸워온 수요 정기시위가 100돌을 맞이한 것이다. 제100차 수요시위에는 정대협 회원단체 전체가 참여했으며, 불교인권위원회 진관 스님과 민주주의민족통일전국연합 이창복 상임의장, 한국기독청년협의회에서 참석하여 규탄 발언을 했고, 한두레의 풍물과 김경란 씨의 살풀이춤이 있었다. 이 외에도 민가협과 NCC 인권위원회, 기장여신도회전국연합회, 일본문제대책연구협의회가 참석했고, 일본에서 온 일본의 전쟁책임자료센터 회원 6명이 함께 참석했다. 일본대사관 앞에서 시위를 마친 후, 참석자들 모두가 탑골공원까지 거리홍보전을 하며 행진한 후 마쳤다.

1994년 7월 6일, 정대협은 한국민주청년단체협의회, 민주주의민족통일전국연합과 공동주관으로 100여 명이 모인 가운데, 일본에서 극우세력들에 의해 재일동포 여학생들의 치마저고리가 찢기고, 돌멩이에 눈을 다치는 등 심각한 인권침해가 자행되고 있는 것과 관련하여 집회를 가졌다. 이 집회에서 참석자들은 재일동포에 대한 테러행위를 규탄하고, 일본 정부에 재일동포들에 대한 인권 탄압을 중지할 것과 테러행위에 대한 법적 대응을 요구했다.

5) 문화 활동을 통한 홍보

정신대 할머니 추모제 '정신대 아리랑'

1992년 10월 17일, 정대협은 한국여성단체연합의 주관과 여성예술문화기획의 기획으로 일본군에 의해 강제로 끌려가 성노예가 되었다가 전쟁터에서 혹은 전쟁이 끝난 후 귀향길에서 희생된 할머니들을 추모하는 추모제 '정신대 아리랑'을 개최했다. 탑골공원에서 300여 명이 모인 가운데 진행된 추모제는 피해자 할머니들과 정대협 회원단체, 탑골노인회 등 각계에서 참석하여 함께 추모했다. 이미경 당시 정대협 총무가 주도하여 제사를 드렸고, 할머니 대표로서 김학순 할머니가 돌아가신 분들께 드리는 글을 올렸다.

추모제는 일본군에 의해 짓이겨진 할머니들의 넋을 표현하고, 그 한을 푸는 배 가르기 춤과 갈라진 배를 김경란 씨와 정신대 할머니들이 함께 하나로 잇는 춤에서 절정을 이루었다.

'소리 없는 만가' 연극 공연

연극을 통한 홍보 활동으로 정대협은 놀이패 한두레 주관하에 1993년 4월 3일부터 25일까지 소극장 한마당에서 정신대 문제를 주제로 한 <소리 없는 만가(輓歌)> 공연을 개최했다. 또한 5월부터 3개월여 동안의 일정으로 대학교를 순회하며 공연을 했고, 9월부터는 한 달 동안 일본 민간단체의 초청으로 순회공연을 했다. 그리고 11월 한 달 동안 2차 공연을 한마당에서 가졌으며, 이후 한두레는 고등학교 등지를 순회하면서 공연을 계속하고 있다.

정신대 할머니 생활기금 모금 국민운동본부 거리문화 한마당

1993년 5월 22일, 명동 상업은행 앞 거리에서 정신대 할머니들의 생활기금을 모금하기 위해서 거리문화 한마당을 개최했다. 이 거리문화 한마당에는 '새하늘 새땅'이라는 노래팀이 참석하여 노래했고, 대중가수인 이선희 씨가 참석하여 노래했다. 이때 모금한 액수는 598만 2,140원이었다.

'정신대 할머니 돕기 문화의 밤' 개최

1993년 6월 25일, 정신대 할머니 생활기금모금 국민운동본부에서 주최하는 '정신대 할머니 돕기 문화의 밤 행사'를 개최했다. 이 행사에는 <서편제>에 출연했던 배우 오정해, 김명곤 씨가 참석하여 창을 했고, 강혜숙 춤패가 공연을 했다. 이 문화의 밤에서 서영훈 공동의장은 본 문화의 밤 행사를 마지막으로 정신대 할머니 생활기금모금 국민운동본부를 해체할 것임을 발표했다.

다큐멘터리영화사 보임의 <낮은 목소리> 영화 제작 및 극장 상영

변영주 씨가 감독으로 있는 다큐멘터리 영화사 보임은 1993년 7월부터 1995년 1월까지 1년 8개월 동안 나눔의 집 할머니들과 정대협 수요시위 현장을 오가며, 그리고 일본군이 중국으로 끌고 가 전쟁이 끝난 후 버려두어 지금도 그곳에 그대로 살고 있는 우한(武漢)의 할머니들을 두 차례 방문하면서 <낮은 목소리>라는 기록영화를 촬영했다. 1995년 4월 2~3일에 첫 시사회를 가진 후 4월 29일 서울 종로 3가에 있는 피카소극장과 강남 뤼미에르극장, 대학로 동숭시네마텍 극장에서 상영에 들어갔다. 동숭시네마텍에서는 영화상영과 함께 그동안 할머니들이 그려온 그림전시회도 함께 가졌다. 극장 상영이 끝난 후에는 각 대학 순회상영을 계속하여 많은 대학생들이 이 영화를 통해 일본군 위안부 문제에 관심을 갖는 계기를 만들어 주었으며, 일본군 위안부 문제를 해결하기 위해 몸소 운동에 뛰어든 할머니들의 힘들고 무거운 발걸음에 젊은이들이 동참해야 한다는 것을 충분히 느끼게 해주었다.

이 영화를 본 관객은 1만 명이 넘었으며, 관객층도 주부, 학생, 노동자 등 다양했다. 보임은 극장에서 영화를 보고 나온 사람들에게 소감을 적게 했는데, 대체로 할머니들의 투쟁을 보면서 이 문제에 무관심했던 자신들의 모습을 반성하고 앞으로 이 문제에 더 많은 관심을 갖도록 하겠다고 다짐하는 내용들이 많았다고 한다.

이렇게 국내에서 많은 관심을 불러일으켰던 <낮은 목소리>가 제4회 야마가타(山形) 국제다큐멘터리영화제, 스위스 니옹 국제다큐멘터리영화제, 이탈리아 포폴리영화제, 암스테르담 국제다큐멘터리영화제, 호주 다큐멘터리 컨퍼런스, 1996년 베를린영화제 영포럼 부문 등 경쟁

부문에 출품, 초청되어 국제 영화계에 일본군 위안부 문제를 알리는 중요한 계기가 마련되었다.

그리고 보임은 이미 <내가 다시 세상을 바라볼 때>라는 다큐멘터리영화 촬영에 돌입했다. 이것은 <낮은 목소리>에 이어 일본군 위안부 문제에 대한 내용을 다룬 영화라고 한다.

강덕경, 김순덕 할머니의 그림을 전국 주요 도시와 일본 각지에 전시

나눔의 집에 거주하고 있는 강덕경, 김순덕 할머니의 그림이 1995년 2월 27일~3월 1일에 서울에서 열린 제3차 아시아연대회의 때 처음으로 전시되어 공개된 이후 1995년 광주 안티비엔날레에서 대구, 부산 등지의 미술인단체 초청으로 전시회를 가져 일본군 위안부 문제를 알리는 데 큰 역할을 했다. 1995년 10월에는 예술의전당에서 민족미술인들의 그림과 함께 할머니들의 그림이 약 30점 전시되었는데, 우리 민족이 겪은 고통의 역사가 그림으로 표현되어 많은 사람들의 관심을 끌어냈다. 이 외에도 일본 도쿄, 나가사키, 후쿠오카, 나고야, 마쓰야마 등지에서도 할머니들의 그림이 전시되었다.

8. 맺음말

정대협이 전개한 정신대운동의 목표는 우리 민족 여성 및 아시아 여성들이 일본의 성노예로서 짓밟힌 인권을 회복하며 한·일관계의 잘못된 역사를 바로잡아 새로운 관계로 발전시키며 그리고 인류 전쟁사에서 여성들에게 강요된 성노예와 집단 강간의 만행이 재현되지 않게 하려는 것이다. 이러한 목표 아래 한국 정부 및 일본 정부 상대의 진상규명과 법적 배상을 요구하는 활동을 전개했다. 그리고 피해자들의 생활안정과 복지를 위한 정부와 사회의 관심을 불러일으키기 위한 활동을 했다.

더욱이 이 문제의 초점이 전쟁시 여성들에게 가해진 일본 군부의 성폭력과 성노예적 범죄이기에 이것은 아시아 전역의 수많은 여성들이 피해자가 됨으로써 국제적 연대운동으로 발전했다. 일본 정부가 이에 대한 관여와 책임을 시인했음에도 불구하고, 법적 배상의 책임을 부인하고 해결을 회피했기 때문에 이 문제는 유엔 인권위원회를 상대로 국제인권운동의 과제가 되었다.

사실상 지난 5~6년 동안의 이러한 정대협의 활동에도 불구하고 우리가 처음부터 일본 정부를 상대로 제기한 주요한 주장과 요구들은 완전히 해결되지 않고 있다. 만행의 전모를 밝히기 위한 진상규명을 위시하여 법적 배상과 위령비 건립 등의 요구는 받아들여지지 않고 있다. 그러나 정대협이 줄기차게 진행해온 활동들은 아시아 여성의 연대와 국제인권운동으로 발전함으로써 여성이 주체가 된 국제운동의 가능성을 보여주었다. 전쟁시에 여성들이 당하는 성폭력과 성노예적 범죄를 국제인권규약과 인도에 반하는 범죄 및 전쟁범죄로 규정하며 피해자의 법적 배상을 요구할 수 있는 권리를 주장하는 인권운동의 선례를 세운 것이다.

국내적으로는 1965년 한·일조약으로 식민지 지배하에 자행된 모든 피해가 해결되었다는 정부의 입장에 도전하면서 억눌렸던 민중 여성의 피해를 폭로하며 일본 정부에 배상을 요구하여 민족사를 바로 세우려는 노력에 기여한 것이다. 개인의 불운과 수치로 여겨 오랫동안 침묵을 지키며 고통당한 생존자들이 용기를 얻어 피해의 진실을 증언함으로써 이 운동의 주체자로 참여한 데서 정신대운동은 더욱 활기를 띨 수 있게 되었다. 앞으로 남은 과제는 이 문제의 진실과 실상을 역사적 사실로서 계속 연구하여 그 전모를 밝히고, 역사적 사실과 실천운동이 차세대를 위한 산 교육의 자료가 될 수 있기 위해 사료관을 설치하고 전시, 보존하여 각 예술 분야에서 문화운동으로 활성화하는 것이다.

이미 우리 민족이 일제 지배에서 해방된 지 50년이 지났다. 일본이 아시아 태평양전쟁에서 패전한 지 50년을 넘어섰다. 이제 세계의 경제대국으로 성장한 일본은 핵강대국으로 발돋움하며 세계의 정치대국을 노리고 유엔 안전보장이사회 상임이사국의 지위를 차지하려고 노력하고 있다. 그러나 일본은 한반도 지배와 아시아 침략에 대한 진정한 뉘우침과 과거 범죄에 대한 정의로운 해결 없이는 아시아와 국제사회에서 신임과 존경을 받을 수 없을 것이다.

여성의 인권을 짓밟고 여성을 성노예화한 범죄를 시인하고 이에 대한 법적 책임을 절감하는 입장에서 법적 배상으로 과거를 청산하지 않는 한 일본은 인권, 정의, 평화를 존중하는 현대 민주국가로서 신임을 받을 수 없을 것이다. 더욱이 한일관계는 이 문제의 올바른 해결 없이 진정한 우호 선린의 새로운 관계로 발전할 수 없을 것이다.

참고문헌

고순자. 1992. 8, 「조선인 종군위안부를 생각하는 모임」, 『정신대자료집 III』.

다카하시 기쿠에. 1992. 8, 「일본에서의 활동」, 『정신대자료집 III』.

시미즈 스미코. 1992. 8, 「일본 국회에서의 활동」, 『정신대자료집 III』.

박선영·류 바오 춘, 1995, 『나는 나를 죽일 수 없었다』, 깊은 사랑.

이토 다카시. 1994, 『흰 옷고름 입에 물고』, 눈빛.

일제의 조선강점 피해 조사위원회, 1993. 8, 「일제가 감행한 '종군위안부' 범죄사건에 관한 진상조사 중간보고서」, 평양.

한국교회여성연합회. 1992. 4, 「'종군위안부' 발자취를 따라서, 정신대 문제 자료집」.

한국정신대문제대책협의회 편. 1991. 5, 『정신대자료집 I』.

_____. 1992. 8, 「왜, 우리는 지금 이 문제에 도전하고 있는가?」, 『정신대자료집 II』

_____. 1992. 10, 「제1차 아시아연대회의 보고서」, 『정신대자료집 III』.

_____. 1993. 9, 「강제 '종군위안부' 문제와 일본의 법적 책임」, 『정신대자료집 IV』.

_____. 1995. 3, 「제3차 일본군 위안부 문제 아시아연대회의 보고서」, 『정신대자료집 V』.

_____. 1995. 1, 「일본군 위안부 문제의 국제법적 해결을 위하여」.

_____. 1992. 12. 12, 「국제인권협약과 강제 '종군위안부' 문제」.

한국정신대문제대책협의회·정신대연구회 편. 1993, 『강제로 끌려간 조선인 군위안부들』, 한울.

_____. 1995, 『중국으로 끌려간 조선인 군위안부들』, 한울.

國際公聽會發行委員會 編. 1993, 「從軍慰安婦等國際公聽會の記錄」, 日本, 東京.

國際人權硏究會 編. 1992. 11, 「日本の戰爭責任戰後補償を問い直す國際的視覺」, 本岡昭次參議院 議員會館 502號.

_____. 1992. 11, 「國際法從軍慰安婦强制連行問題正す·國連が審議した日本の戰後補償」, 本岡昭次參議院 議員會館 502號.

東京シンポジウム 實行委員會 編. 1993. 4. 24.~29, 「弟4回アジアの平和と女性の役割東京シンポジウム 報告集」, 日本, 東京.

アジアの平和と女性の役割實行委員會. 1991. 5. 31~6. 2, 「國際シンポジウム アジアの平和と女性の役割第1回報告集」, 日本, 東京.

International Commission of Jurists. 1994, *Comfort Women: Report of a Mission*, Geneva: Switzerland.

The Korean Council for Women Drafted for Military Sexual Slavery by Japan. 1995, *True Stories of the Korean Comfort Women*, Cassell, London.

4
한국 성매매추방운동사
'성 사고 팔기'의 정치사, 1970~98

민경자

1. 들어가는 말*

누구나 다 알지만 아무도 큰 소리내어 이야기하지 않는 주제가 있다. 이제 더 이상 방치할 수 없다는 것을 매일매일 듣고 있지만 아무도 문제제기를 하지 않는 주제가 있다. 바로 남성이 여성의 몸을 사고, 여성이 남성에게 돈을 받고 몸을 파는 성매매이다. 매춘여성은 '타락한 여성'의 상징으로 존재한다. 그러나 그들이 실제 누구인지, 어떻게 살고 있는지 대부분의 사람들은 관심이 없다.

* 이 글을 쓰는 데 많은 분들이 도와주셨다. 먼저 관점 정립에 도움을 주신 '매매춘 문제 해결을 위한 연구회'(매해연)의 원미혜 씨에게 감사한다. 그는 부족한 필자를 인내심을 가지고 이끌고 격려해주었고, 많은 시간을 내어 기꺼이 토론에 응해주었다. 또한 초고를 꼼꼼하게 읽고 많은 부분을 지적해주어 논문의 질을 높이는 데 많은 도움을 주었다. 그리고 초면임에도 불구하고 소중한 자료를 믿고 빌려주신 한국교회여성연합회 조미리 전(前)총무님과 정현숙 간사께도 진심으로 감사한다. 이 밖에 인터뷰에 응해주신 이옥정 한소리회 회장님, 윤영애 한국교회여성연합회 전 총무님, 김강자 충북 옥천경찰서장님, 유태희 한소리회 사무국장님, 효성여대 손덕수 교수님 그리고 매해연의 이효희 씨와 백재희 씨께 감사드린다. 한소리회와 매해연이 공동으로 6회에 걸쳐 진행한 성매매 문제 연속 세미나도 필자에게 유익한 학습의 장이 되었다. 초고를 읽고 코멘트 해주신 윤영애, 유태희, 두 분과 매해연 회원 여러분께 감사드린다. 끝으로 이 글을

성매매가 어느 정도로 이루어지고 있는가? 한국여성민우회는 정부 통계와 기타 단체의 통계를 비교 분석해보고, 현재의 성산업 종사자의 숫자를 추정해 본 결과 우리나라의 향락업소를 313,991개 업소로, 성 산업 종사자를 1,208,865명으로 추정하기로 결론을 내렸다(정은숙, 1996: 12). 매춘여성은 드러난 숫자보다 비가시화된 여성이 현저히 많 고 또 앞으로 계속 유입될 가능성까지 고려하면 그 수는 대단히 증가 할 것이다. 성매매 문제는 국가정책, 자본주의의 성산업, 가부장적 성 규범과 매춘여성에 대한 사회적 낙인과 착취고리 그리고 매춘여성의 인권 문제 등이 복잡하게 뒤엉켜 얽힌 실타래처럼 좀처럼 풀리지 않고 있다. 더구나 10대 여성들의 성매매가 소위 '영계'문화로 자리잡고, 성 매매가 다양한 형태로 진전됨에 따라 이 문제를 어디서부터 손을 대야 할지 더욱 더 암담해지고 있는 실정이다.[1]

성매매는 최근까지 온갖 편견으로 왜곡 기술, 평가되어 왔고 성매매 에 대해서 매춘여성에게만 책임이 전가되어 왔다. 또한 국가의 처벌주 의적 정책과 매춘여성에 대한 사회적 편견으로 인해 매춘여성들의 인권 과 생존권은 무시되어 왔다. 성이 매매되고 있는 현상 자체의 사회적 문제보다는 흥미거리로 다루어지거나 정치적 목적으로 이용되곤 했다. 이러한 과정에서 매춘여성은 한편으로는 사회적 관심 밖에 존재하면서 온갖 죄악의 상징으로 희생양이 되고 있으며 다른 한편으로는 '성적 존 재'로서 여성의 이미지를 지속시키면서 가부장제를 떠받치는 한 축이 되고 있다. 이 글은 늘 존재해왔고 이미 일상이 되었지만 가려져 있는 성매매에 관련된 다양하고 복잡한 이슈가 어떤 수준에서, 또 어떤 방식 으로 운동적 차원에서 문제시되어 왔는가를 살펴보기 위한 글이다.

이 작업은 성매매에 관한 사회구조적이며 여성주의적인 관점에서 진 행된다. 즉 성매매의 문제는 특정 여성 개인의 문제가 아닌 국가정책,

---

쓰라고 맡기면서 격려와 채찍을 아끼지 않았고 마지막 글 다듬는 일까지 해주 신, 이 책의 기획·편집자인 정희진 씨에게 깊은 감사를 드린다.
1) 성매매의 다양한 유형에 대해서 한국여성개발원(1998: 48) 참조

성산업 구조 그리고 여성에게 불리한 가부장적 가족과 성문화의 문제로 보아야 한다. 이렇게 가부장제 사회의 성별(gender)체계 속에서 성매매 문제를 이해해야 한다는 관점이 이 작업의 배경이다. 즉 이 글은 가부장제 사회의 불평등한 남녀관계와 남성중심적인 성문화로 인해 성매매는 가능한 것이고, 성매매는 이러한 권력구조의 산물이며 매춘여성의 존재는 여성을 주변인으로서의 정체성을 유지시켜 남녀간의 권력관계를 재생산한다는, 여성주의적 관점을 취하고 있다. 또한 성매매 문제는 매춘여성들의 인권 문제인 동시에 '여성' 전체의 인권 문제이기 때문에 여성의 입장에서 성매매는 근절되어야 하고, 이를 위해서는 운동의 대상과 전략 지점, 비판점이 매춘여성이 아니라 성매매를 가능하게 하는 정책과 매매 구조 그리고 남성이어야 한다는 주장에 동의하고 있다.

그러면 어떤 개념으로 성 사고 팔기의 정치사를 정리할 것인가? 설명하고자 하는 현상을 어떻게 개념화하고 어떤 용어를 쓸 것인가는 정치적인 행위이다. 왜냐하면 개념 규정에는 개념화하고자 하는 현상에 대한 이해와 해결을 위한 대안이 내포되어 있기 때문이다. 개념화 자체가 바로 운동의 과정이 되는 것이며 개념의 변천은 운동사의 근간이 된다.

돈을 매개로 이루어지는 성행위를 종래에는 윤락(淪落) 혹은 매춘(賣春)행위라고 했다. 물론 아직도 '공식적인' 법체계는 이렇게 표기하고 있고 대부분의 사람들도 이렇게 인식하고 있다. 여기서 말하는 '윤리가 떨어진 행위'는 물론 성을 파는 행위[賣春]를 일컫는다. 성을 사는 행위에 대해서는 문제삼지 않는다. 이에 용어에 내포된 성의 이중 규범을 문제삼고 또 이러한 현상이 성을 사는 사람에 의해 유지되고 있다는 인식에서, 사는 쪽을 강조하여 '買春'으로 쓰기를 주장하기도 한다.[2] 또 이와 흡사한 맥락에서 여성의 성을 착취하는 고객, 자신의 몸

---

2) 아직 우리 사전에는 '賣春'이라는 단어는 있어도 '買春'이라는 단어는 없다. 이는 바로 우리 사회가 몸을 사는 남성보다 몸을 파는 여성에 초점을 맞추고 있음을 반영한다고 보겠다. 고미리암 수녀는 보다 포괄적인 규정은 '구매자가 자신의 성적 욕구를 충족시키기 위하여 돈을 주고 일시적으로 다른 사람의 신체를 사용하는 것'이 될 것이라고 주장하고 있다(고미리암, 1996: 18)

을 착취하는 여성, 호객꾼, 포주 등 여성의 성매매를 통해 돈을 버는 모든 사람들을 포괄하는 성적 착취라는 말이 매춘이라는 말보다 더 적합하다고 하는 견해도 있다(고미리암, 1996: 20). 그러나 현재 가장 널리 쓰이는 개념은 사는 쪽과 파는 쪽을 동시에 강조하는 '매매춘'(손덕수, 1987; 이미경, 1987; 한국여성단체연합, 1988; 강영수, 1989; 박선숙, 1990; 조형·장필화, 1990; 한국여성개발원, 1998)과 '매매음'(김엘림, 1990: 86, 야마시다 영애, 1992: 1)이다. 그러나 이 두 개념은 최근 들어 비판받기 시작하였고 새로운 개념으로 대체되기에 이른다.

종래의 '매매춘'이라는 용어사용은 그 용어가 일본식 표기라는 것이 문제이기도 하려니와 사고 파는 행위의 대상인 '성'을 자연적인 현상을 암시하는 '봄(春)'에 비유하여 성욕을 필연적이고 고정적인 것으로 포장함으로써 성을 사고 파는 행위에서 발생하는 문제들을 감추게 될 위험이 있다(원미혜, 1999: 178). 일반적으로 성을 나타내는 용어로 '춘'을 쓰고, 성을 산 대가로 지불하는 돈을 '화대'라고 한다. 이렇듯 남성들의 성적인 행위를 '봄'이나 '꽃'에 비유하여 표현하는 것은 그들의 행태를 미화하는 것이다. 이에 대해 어느 전직(前職) 매춘여성은 '빌어먹을 무슨 춘(春)이냐? 자궁 주위에 울혈(鬱血)이 고이는데'하며 반발했다고 한다. '화대' 역시 여성을 한낱 꽃으로 대상화하는 용어이고 성을 사는 행위에 대한 일종의 면죄부 역할을 하는데, 여성의 성을 사는 대가를 '꽃값'이라고 표현함으로써 행위를 미화하고 합리화하고 있는 것이다(손덕수와의 전화 인터뷰중에서). 이 모든 용어들이 성을 사는 사람 또는 가부장제 성문화에서 남성의 관점만을 반영하고, 성을 파는 사람 혹은 여성의 입장은 간과하고 있다는 점에서 성차별적일 뿐 아니라 여성비하적이다.

또한 '매매음'이라는 용어의 '淫'은 음탕하다는 뜻으로 도덕적 평가를 기반으로 한 용어이기에 문제가 있다(원미혜, 1997: 10). 이에 대한 대안적 용어로 이러한 현상이 일어나는 맥락인 성의 상업화와 성산업을 강조하고 거래적인 측면을 부각시키기 위하여 '성매매'라는 개념이 소개되었다(원미혜, 1999: 178). 이 개념은 성을 사고 파는 행위 자체에

천착하는 종래의 보수적 관점에서 벗어나 이런 행위가 일어나는 구조와 여성의 인권이 고려되지 않는 다층적 구조에 초점을 맞춤으로써 성매매 현상의 복잡함과 여성 억압성을 부각하는 효용성을 지니고 있다. 이러한 이유로 이 글에서는 '성매매'라는 용어를 사용하기로 한다.[3]

이 글을 통해서 여성인권의 관점에서 성매매를 반대하거나 근절하기 위한 집단적인 노력들(이하 성매매반대운동 혹은 성매매근절운동)의 흐름을 살펴보고 현 시점에서 무엇이 이루어져야 하는가를 모색해보겠다.

이 글의 연구 범위는 1970년부터 1998년까지이다.[4] 이 시기의 성매매관련운동을 분석하기 위해 주로 문헌연구와 여성운동가에 대한 심층 인터뷰에 의존하였다. 지역의 성매매반대운동의 자세한 현황과 현장 매춘여성들의 일상적이고 자조(自助)적인 투쟁의 흐름은 여기서 적극적으로 다루지 못했다. 이는 이 글의 한계이며 이후 연구자들의 작업으로 남겨둔다. 우리나라의 성매매관련운동의 역사에서 빠질 수 없는 부분이 기지촌 여성들의 인권운동인데 이 부분은 따로 분석하고 이 논문에서는 기지촌운동을 제외한 성매매관련운동에 집중하였다(이 책의 제5장 참조)

---

3) 또한 성을 사는 남성은 '남성 손님'으로 성을 파는 여성은 '매춘여성'으로 지칭한다(원미혜, 1999: 179). 이 글에서는 종래 '매춘'이나 '매매춘'으로 쓰던 것을 모두 '성매매' 혹은 문맥에 맞게 다른 용어로 바꾸었다. 예를 들면, '매춘지역'은 '사창가'로, '매춘시장'은 '성산업'으로, '매춘 문제'는 '성매매 문제'로 바꾸었다. 단, 인용한 부분에서는 그대로 썼다.

4) 해방 정국까지의 성매매운동에 대해서는 문경란(1989), 박선숙(1990), 박종성(1994: 61-81) 참고

2. 기생관광 정책과 성매매반대운동5)

해방 후 성매매의 공간은 미군의 진주와 한국전쟁 후 미군기지의 주둔, 그리고 남북분단으로 인한 3년간의 군복무 의무화 등으로 확고히 형성되었다. 40여 년간 미군이 주둔하면서 양산한 소위 '양공주'들은 무려 25~30만에 이른다(박종성, 1994: 92). 미군한테 '서비스를 해야' 우리나라를 잘 지켜준다는 생각으로 정책적으로 기지촌을 형성한 것이다(서울의 용산, 동두천, 의정부 등과 부산의 서면 일대 하야리아 부대, 해운대 탄약 부대, 제3부두 근방의 수송부대, 보급창 주변의 범일동, 초량 주변). 또한 분단으로 인한 3년간의 군복무 등으로 용산, 청량리 588, 천호동, 영등포 등에 소위 '윤락가'가 형성되었다.

우리나라의 성매매는 동남아 등지와 마찬가지로 제3세계의 근대화 정책과 깊게 연결되어 있다. 1960년대 한국 경제는 수출주도형 대외지향적 성장전략으로, 국내 자본에 바탕을 둔 자립경제가 실현되지 못하고 외자를 주축으로 해외시장을 대상으로 한 수출지향적 산업구조가 성립되었다. 이같은 근대화 정책은 농촌의 희생을 전제로 한 것이었고, 이농한 농촌의 여성들은 공장으로 많이 유입되었지만, 여성의 노동에 대한 대가가 워낙 빈약하여 많은 여성들이 자신과 가족의 생존을 위하여 성산업으로 유입되었다.

또한 대외의존적인 경제정책으로 인해 기형적인 산업구조가 형성되면서 2차 산업의 기초 없이 3차 산업이 발달하게 되었고 이에 따라 접객 서비스 업종이 기하급수적으로 늘어났다.6) 3차 산업의 발달은 향락

---

5) 이 글에서 사용된 약칭은 다음과 같다. 방지법(윤락행위등방지법), 교여연(한국교회여성연합회), 여성의전화(1997년까지는 한국여성의전화, 1998년 이후에는 한국여성의전화연합), 여연(한국여성단체연합), 한소리회(매매춘 근절을 위한 한소리회), 대책협의회(경기도여자기술학원 사건대책협의회), 매해연(매매춘 문제 해결을 위한 연구회), 자녀안심운동(자녀안심하고 학교보내기운동), 청보위(청소년보호위원회), 성문화대책위(청소년 성문화 대책위원회), 딸 아들지키기(IMF시대 향락산업으로부터 딸, 아들 지키기)

6) 한국의 산업화와 성매매의 관계에 대하여 강영수(1989: 30-36) 참조.

산업의 확장으로 이어지면서 성매매의 확산을 가져왔다. 앞서 언급한 기지촌이나 '윤락가'에서 행해지는 성매매는 '전통형' 성매매에 속하는 반면 3차 서비스 업종 혹은 행정적으로 서비스 접객업이라고 불리는 식품 접객업소, 위생 접객업소, 안마시술소 등에서 본래의 서비스 이후에 이루어지는 성매매는 '산업형' 성매매에 속한다.

외국자본에 의존적인 경제구조는 외화를 절대적으로 필요로 하게 했고 기술이나 자본의 투자 없이 쉽게 달러를 벌 수 있는 방법으로 정부는 관광산업을 장려했다. 정부는 '윤락행위등방지법'(이하 방지법)에 명시된 처벌주의와는 모순되게 섹스관광을 육성하기 위해 법적·제도적 장치를 마련했다. 해외관광객을 적극적으로 유치하기 위해 관광산업진흥법을 제정하고(1961) 국제관광공사를 설립하였으며(1962) 교통부에 관광국을 신설하고(1963) 국무총리 직속으로 관광정책 심의위원회를 구성하여 관광사업에 관한 주요 종합정책을 심의결정하고 관광진흥을 위한 관계부처간의 업무조정을 기하도록 하였다(1965)(강영수, 1989: 37 재인용). 이러한 관광정책은 1960년대의 노동집약적 경공업 위주의 수출지향적 고도성장 정책이 70년대 초 세계불황의 여파로 수출부진, 외자관련기업 부실 등을 겪으면서 난항에 부딪히자 외환위기 극복 방안으로 더욱 더 적극적으로 추진되었다. 이미 1962년부터 특정지역 내의 성매매나 특수 관광호텔에서의 외국인 상대 매춘여성은 원칙적으로 방지법의 적용을 보류했었다. 1973년부터는 관광기생들에게 허가증을 주어 호텔출입을 자유롭게 했고 통행금지에 관계 없이 영업을 할 수 있도록 했다. 또한 이들에게 국가경제, 안보교육 그리고 자신들이 국가경제를 위해 얼마나 중요한 일을 하는가에 대한 교양교육을 실시하여 외국인에게 최대한 서비스를 하도록 독려했다. 교육내용은 일제시대 정신대를 독려하였던 독려사와 너무 흡사하여 '신판 정신대 결단식' 같았다(교여연, 1983: 24).

이렇게 여성들은 이미 인간으로서가 아니라 상품, 더 나아가 '천연자원'이나 '부존자원'처럼 쓰여지고 팔려갔다(손덕수, 1987: 54). 1970

년대 초반부터 시작된 기생관광은 1978년에는 이미 외국인 관광객 '1 백만명 탑'을 세울 정도였고 1980년대에는 국내인까지 대상으로 하면서 공공연히 이루어졌다(교여연, 1983: 5; 한국여성개발원, 1998: 4). 국가주도의 기생관광정책 속에서 많은 매춘여성들이 일본인들에게 인간적인 수모를 당하고 심지어 변태적 행위로 인해 상해까지 입었으며 죽는 경우도 있었다. 매춘여성의 인권유린에 대해 시정을 촉구하면 정부는 외화를 벌기 위해 참아야 한다는 말만 되풀이 했다(이우정, 1985: 11-12). 또한 특정 지역을 섹스관광지로 선정 개발하여 소위 '기생관광'을 본격화하였다. 한국 여성의 인권은 무참히 유린되었고, 한국은 '창녀의 소굴: 코리아'로 국제사회에 널리 알려졌다.

정부의 비호 아래 1970년대 말부터 팽창한 3차 서비스 산업은 자본에 의해 더욱 더 확산되었고 80년대에 이르러 정부의 소위 '3S(섹스, 스포츠, 스크린)정책'과 올림픽 유치로 인해 번창일로에 있었다. 소위 요정, 디스코 카페, 룸살롱 등의 성산업이 확산되었던 것이다(한국여성의전화, 1989). 또한 관광산업을 건전하게 쇄신하겠다는 약속에도 불구하고 정부는 경제적인 문제(외채, 무역에서의 만성 적자 등)를 해결하기 위해 국가적인 사업으로 대규모 관광단지를 개발하여 섹스관광을 더욱 더 정교하게 부추겼다.

정부의 외화획득 전략은 매춘여성의 희생은 물론 에이즈의 확산까지도 담보한 것이었다. 1987년에 만들어진 '후천성면역결핍증예방법안'의 초안에는 외국인 입국시 항체 검사에 관한 규정이 있었는데, 이 규정은 88올림픽 관광객유치 및 수출정책에 방해된다는 이유로 외무부, 체육부, 교통부가 공동 요구하여 삭제되었다. 또한 정부는 올림픽 외국선수단에게까지 에이즈 항체 검사를 실시하지 않기로 했다. 이러한 정책에는 매춘여성의 희생과 에이즈 문제에 대한 매춘여성에의 책임 전가가 이미 전제되어 있었다.

성매매에 대한 수요가 급증하자 사회는 전반적으로 성적인 문란과 폭력으로 얼룩지게 되었고 이러한 문란과 폭력은 80년대 중반부터 극성을 부리며 우리 사회를 공포의 도가니로 몰고 간 인신매매로 귀결되었다.[7] 인신매매가 성산업에서 부족한 여성을 공급하는 수단으로 등장했던 것이다(한국형사정책연구원, 1993: 18-19).

1970년대와 80년대 성매매 확산을 조장한 국가의 관광정책과 향락산업 정책에 대해 가장 치열하게 저항한 집단은 교회여성들이었다. 70년대 당시 여성운동단체는 이 문제에 관심이 없었고, 1980년대 중반부터 생기기 시작한 여성운동단체들은 생존권 투쟁과 민주화운동에 집중하고 성매매 문제에는 크게 관심을 갖지 못했다.

1) 한국교회여성연합회와 성매매반대운동

해방 후 본격적인 성매매반대운동은 기독교 여성운동에서 시작되었다. 기독교 여성운동은 70년대 당시 낙후된 사회경제적 상황에서 태동하여 여성노동자 투쟁, 기생관광반대운동, 에이즈퇴치운동, 정신대 문제 대책활동, 원폭 피해자 지원 활동 등을 전개하였고 이러한 이슈를 우리 사회에 처음으로 제기하고 여성 문제로 구체화했다.[8] 이중에서도 성매매를 추방하기 위한 활동은 무엇보다도 괄목할 만한데, 이 운동은 한국교회여성연합회(이하 교여연)를 중심으로 전개되었다.

1960년대 교회 간의 반목을 극복하고 교회 일치의 정신이 고조되던 때, 한국교회여성들은 세계기도일운동과 적은돈운동을 통해 미약하나마 연합과 일치의 정신을 익혀왔고 이를 통해 초교파연합운동을 시작

---

7) 1980년대 중반 이후부터 중앙의 일간신문은 물론 지방지에 인신매매사건이 간간이 보도되었고 특히 1988년에서 1990년의 3년 간에는 거의 매일 보도되었다(한국형사정책연구원, 1993: 21).

8) 이러한 활동에도 불구하고 교회여성운동은 여성운동사에서 주목받지 못했다. (정희진, 1999). 이는 기존의 여성운동사가 여성 문제 중심으로 서술되기보다 이념과 여성운동단체중심으로 기술되었기 때문이 아닌가 한다. 교회여성운동에 대한 연구는 앞으로 여성운동사 기술의 대안 모색에 커다란 자극이 될 것이다.

했다(이현숙, 1992: 28-30). 이러한 토대 위에 한국 교회 갱신과 현대
사회 선교 그리고 여성 문제 해결과 세계평화의 과제 수행을 위해,
1967년 예장, 감리교, 기장, 여성지도자들의 헌신적인 노력으로 한국
교회사에 여성초교파연합운동의 이정표가 될 한국교회여성연합회가 창
립되었다.9)교여연은 8개 교단의 여전도회(여선교회, 여신도회)의 연합
체로서 교회여성의 일치와 여성들의 힘의 증진을 위해 힘썼다. 특히
교회의 여성지도자들은 여성들이 힘을 기르기 위한 공간이 필요함을
역설해왔다. 교여연의 창립 배경에는 이런 교회 여성지도자들의 여성
의식이 자리하고 있었다. 교여연은 여성운동단체가 아직 만들어지지
않은 시기에 유신시대 소외된 여성들을 위한 여성운동의 중심체로서
역할을 했던 것이다. 이런 맥락에서 교여연은 창립될 때부터 매춘여성
에 대해 깊은 관심을 갖게 되었다.

교여연은 1960년대 농촌을 떠나 도시로 몰려든 젊은 여성들이 '식모'
나 버스차장, 또는 공장노동자로 일하면서 열악한 노동 조건과 남성들
의 성폭력에 시달리는 모습을 보고 소외된 여성들에 관심을 갖게 되었
다. 이들이 절대 빈곤 속에서 성산업으로 유입되는 것을 보고 이 가난
한 여성들의 문제가 성매매의 문제와 연결되어 있다는 것을 발견하고는
성매매 문제에 집중하게 된 것이다(윤영애와의 인터뷰 중에서). 교여연
의 성매매에 관한 관심은 일찍이 1960년대 말에 정신여고에서 매춘여
성 현황에 대해 강의한 사실에서 잘 나타나 있다(1969. 1. 20).

교여연은 성매매반대운동의 당위성을 성매매의 반(反)성서적인 성격
에서 찾는다. 즉 사람은 하느님의 형상대로 창조된 것이기에, 사람이
부당한 대접을 받는다는 것은 하느님을 모독하는 것이다. 그런데 성매
매에서는 사람이 사람 대접을 받지 못하고 인간 이하의 취급을 당하고
있고 또 성매매는 하느님의 선물인 성을 악용하는 것으로서 기독교 윤
리에 위배되는 것이기 때문에 마땅히 없어져야 하는 것이다(교여연,

9) 한국교회여성연합회의 창설 배경과 과정에 대해서는 이현숙(1992: 31-34) 참조.

1983: 3; 1988a: 1; 1988b: 73). 성매매와 관련하여 교여연이 벌인 운동은 '윤락여성 미연방지사업', 기생관광반대운동, 에이즈추방운동, 향락퇴폐문화추방운동, 상담운동 등이다.[10)

2) 윤락여성 미연방지사업

1960년대 중반부터 추진된 수출지향적인 경제개발 5개년 계획 속에서 피폐화된 농촌을 떠나는 농민의 수는 증가하였고, 농촌의 미혼여성들도 소위 '무작정 상경'하게 되었다. 서울역에 도착한 이들을 포주나 브로커들이 데리고 가서 성산업으로 유인하는 경우가 많아지게 되자, 교회여성단체들이 이를 미연에 방지하기 위해 노력하게 되었다. 기독교부녀구원상의소가 가장 먼저 이 사업에 관심을 가지고 적극적으로 활동을 벌였으며 교여연도 창립과 더불어 '윤락여성' 발생을 미연에 방지하는 사업을 전개했다. 우선 '윤락여성'에 대한 정보와 자료를 수집하고, 재정마련을 위해 매춘여성 선도사업을 위한 자금을 모으기 위해 무궁화 조화, 배지 2,000개를 만들어 판매하였다(1971. 3) 또한 기독교부녀구원 상의소에 매춘여성 미연방지사업으로 간사를 상담원으로 파송하고 서울역에서 상경하는 소녀들에게 포주들에게 속지 말 것과 갈 곳이 없을 경우 찾아오라는 전단을 배포하였다. 이들이 상담한 여성들은 기독교 부녀구원상의소가 1963년에서 1969년 사이에 11,311명, 1970년에 1,927명이었고 교여연의 간사가 상담한 건수는 1971년 7월에서 1972년 5월까지 1,317명이었다(이현숙, 1992: 43). 이렇듯 많은 여성들을 만나고 이들을 교육하며 갈 곳 없는 여성들에게 숙식을 제공한다는 것은 교회여성 특유의 헌신성과 인간에 대한 사랑이 없으면 불가능한 일이었다. 이 일은 후에 상담센터 및 쉼터운동으로 이어

---

10) 교여연의 성매매관련 활동에 대해서 한국교회여성연합회, '한국교회여성연합회 기생관광반대 및 매춘여성을 위한 활동경과'와 이현숙(1992: 40-43; 82-94; 251-278; 384-385) 참조.

지고 있으며 역시 종교적인 사랑이 그 바탕이 되고 있다.

이러한 헌신적인 노력에도 불구하고, 현재의 관점에서 본다면 이 운동은 그 방법에서 개인적인 접근을 취하고 있다. '요보호' 여성을 찾아가 이 여성들이 성산업에 빠지지 않도록 미연에 방지한다는 것이었다. 이러한 접근은 다음과 같은 한계를 드러내는데, 첫째는 성을 파는 여성에 초점을 맞추어 성매매를 개인의 문제로 보고 사회구조의 문제로 보지 않았다는 것이다. 또한 기존에 사용했던 '윤락여성'이라는 용어를 무비판적으로 씀으로써 성매매의 책임을 여성에게 전가하고 매춘여성에게 사회적 낙인을 찍는 결과를 초래했다. 이러한 한계는 다음에 전개될 기생관광반대운동에서 부분적으로 극복되고 있다.

3) 기생관광반대운동

서울역에서의 상담선도 노력에도 불구하고 매춘여성의 수는 70년대 들어 급증했는데 이는 1965년의 한일 국교정상화 이후 일본인 관광객이 늘기 시작했다는 것과 위에서 서술한 외화획득을 위한 정부의 관광 정책에서 기인한다. 이리하여 1960년대와 1970년대에 우리 사회에는 소위 '기생관광'이 자리잡게 되었다.

교여연의 기생관광반대운동은 마침 서울에서 열리고 있던 한일(韓日) 교회협의회에서(1973. 7. 2~5) 이우정 대표가 기생관광 문제를 거론하면서 시작되었다. 기생관광 문제를 다루어 달라는 이우정 대표의 건의는 즉각 받아들여졌고, 두 달 후 일본 NCC 여성위원회는 성명을 통해 일본인 기생관광에 대한 문제제기는 합당하다고 주장하며 일본인 관광객과 관광업체의 반성과 자제 그리고 한일간의 교류방법의 개선을 촉구하였다. 이를 계기로 한일 양국의 교회여성들은 연대활동을 강화하게 되었고 양국의 교회여성들을 중심으로 일본인 섹스관광의 실태와 매춘여성들의 인권유린에 대한 조사가 실시되었고 여론화되었던 것이다(이현숙, 1992: 85-89).

　　기생관광반대운동은 1970년대 초반에 크게 일어났는데 정치적 탄압
으로 인해 중단되었다가 1980년에 들어 재개되었다. 제1차 기생관광반
대운동은 1973년 가을부터 1974년 봄까지 한일 양국에서 치열하게 전
개되었다. 교여연은 1973년 늦가을부터 본격적으로 기생관광반대운동
을 전개했다. '관광객과 윤락여성 문제에 대한 세미나'를 통해 대응방
안을 토론하고(1973. 11. 30) 교통부 장관과 보건사회부 장관에게 섹스
관광의 시정과 건전한 관광사업책의 강구를 요구하는 건의문을 발송하
였으며(12. 3)『매춘관광의 실태와 여론』이라는 소책자를 만들어 배포
하기도 하였다. 이러한 교회여성들의 운동은 대학생에게 영향을 미쳐
이화여대, 한신대, 서울대 학생들의 섹스관광 반대시위로 이어졌다. 한
편 일본에서도 22개 여성단체가 연합하여 일본인의 한국 내 섹스관광
반대운동을 전개하였다. 이들은 관계기관을 방문하여 한국 내 관광회
사에 항의할 것을 촉구하는가 하면 공항에서 시위도 하고 또 섹스관광
반대대회를 개최하기도 하였다. 이러한 빗발치는 항의에 한국관광협회
는 기생관광 사실을 시인할 수밖에 없었고 앞으로 기생파티는 관광코
스에서 제외하고 건전한 관광을 실시하겠다는 약속을 하였다(1974. 2).

　　교회여성들에 의해 섹스관광의 문제가 여론화되자 다른 여성단체도
이에 동참하게 되었다. 여성단체들이 공동으로 개최한 기생관광반대
강연회(1974. 2. 26)에서 이우정은 정부의 퇴폐적인 관광정책을 신랄하
게 비판하다 당국의 감시와 협박에 시달려야 했고, 결국 '유신과업 수
행을 가로막은 반정부 행위'로 간주되어 연행되기에 이르렀다. 이우정
의 연행을 계기로 기생관광반대운동은 전과 같이 활발하게 진행되지는
못했지만 그래도 지속되었다. 교여연의 활발한 운동으로 1973년 전체
관광객의 80%에 육박했던 일본인 관광객이 1974년부터 1977년까지는
60%대로 감소했다.

　　1970년대 들어 전개된 일련의 활동들은 섹스관광에 내포된 강대국
남성에 의한 약소국 여성의 성유린 실태를 고발하고 군사정부의 여성인
권유린에 대해 문제제기하는 계기가 되었다. 또한 신종 산업형 성매매

문제를 여성운동의 새로운 과제로 설정하게 되었다. 70년대 교회여성들의 활동이 성매매반대운동사에서 갖는 의미는 이 운동이 성매매에 대한 50, 60년대의 개인적 접근을 탈피하여 문제의 초점을 남성과 권력 그리고 자본에 두기 시작했다는 데서 찾아볼 수 있다(이현숙, 1992: 94).

유신정권이 끝나자 그동안 잠잠했던 기생관광반대운동은 다시 활기를 띠게 되었고 교여연도 기생관광반대운동을 재개하였다. 1980년대에 교여연이 추진한 제2차 기생관광반대운동은 4개 지역 기생관광 실태조사와 88올림픽을 대비한 일련의 성매매반대 및 에이즈 예방활동을 중심으로 진행되었다.

기생관광 실태조사는 제주, 서울, 부산, 경주를 중심으로 1980년 2월에서 5월까지 3달에 걸쳐 진행되었고 결과는 1983년 자료집 ≪기생관광≫으로 발간되었다(교여연, 1983). 이 조사는 기생파티의 현장은 물론 관광요정의 실태 및 관광기생의 일상적인 생활, 매춘기생들의 인권유린, 착취구조 등을 처음으로 생생하게 드러낸 의미 있는 작업이었다. 조사과정에서 기생관광은 '신(新)정신대'라는 인식이, 조사를 담당했던 당시 해직 기자들 사이에서 생겼다. 일제시대에 일본의 정치적·군사적인 힘에 의해 한국의 젊은 여성들이 성적으로 유린된 것이 '정신대'라면 기생관광은 일본 자본의 힘 앞에 여성들이 성적으로 유린되는 '신정신대'라는 것이다(윤영애와의 인터뷰 중에서). 또한 이런 조사를 통해 관광사업을 개선하겠다는 정부의 약속이 애초부터 기만이었음을 통감하며 당국에 기생관광의 시정을 촉구하는 건의문을 제출하였다(1983. 5. 13). 이 건의문에서 '윤락여성'에 대해 공공기관에서 제도적으로 점검하여 정확한 실태파악을 할 것과, 미성년자를 유인하는 밀매조직 및 성매매행위의 근절을 위한 제도적 방안을 마련하고 실시할 것 그리고 탈매춘을 방해하는 각종 착취고리와 폭력, 감금 그리고 관계기관과의 얽힌 이해관계의 요인을 제거하기 위해 철저한 대수술이 있어야 할 것 등을 촉구했다. 기타 섹스관광을 장려하는 정책을 바꾸고 제주도 종합관광개발계획이 새로운 '사창가의 종합화'가 되지 않도록 신중하게 진행할 것 등을 촉구했다(교여연, 1983: 58).[11] 이 실태조사는 성매매에 대해 본격적으로 사회구조적인 접근을 시도한 최초의 노력이라는 점에서 의의가 있다.

교회여성 및 여성의전화, NCC여성위원회, 한국여성신학자협의회 등 여성단체들은 1985년부터 88올림픽 한국 유치를 앞두고 본격적인 기생관광반대운동을 전개했는데 그 계기는 일간지에 실린 외국잡지의 기사였다. 즉 서울올림픽조직위원회는 거액의 돈을 들여 《더 스포팅 뉴스 (The Sporting News)》지에 올림픽관련 한국 특집을 실었는데 여기에 한국 여성들이 외국 손님옆에서 시중드는 모습과 애교를 부리는 모습이 실려 다시 한번 여성단체와 교여연을 분노하게 했다. 여성단체는 공개질의서를 통해 여성을 이용해 관광수입을 올리려는 정부를 비난하며 정부당국과 서울올림픽조직위원회의 해명, 사과를 요구하고 올림픽 정책의 시정을 요구했다(이현숙, 1996: 25). 교여연은 외화획득이라는 미명하에 성의 상품화를 조장하고 여성을 우롱하고 있는 정부를 비난하며 이 기사에 대한 진상 해명을 촉구했다(1985. 11)(교여연, 1988a: 56-57).

교여연은 올림픽 유치를 위해 기생관광과 기생파티를 조장하려는 숨은 의도를 간파하고 대책 마련에 나섰다. 교여연은 '매춘 문제와 여성운동'주제의 세미나를 개최하여(1986. 10. 14) 기지촌 여성들의 현장증언, 제주도에서의 기생관광 실태와 매춘여성의 인권유린 현장, 동남아의 성매매와 여성인권 유린현실의 심각성을 공유하였다. 이 세미나에서 우리나라 성매매반대운동 사상 처음으로 개념 정의가 다루어졌다. 이 세미나에 참석한 손덕수와 이미경은 종래의 '매춘'이라는 용어가 잘못되었다고 지적했다. 손덕수는 우리나라에서 처음으로 '매춘은 몸을 파는 사람과 몸을 사는 사람이 있을 때 성립하므로 賣春婦와 買春夫가 똑같이 문제가 되어야 한다. 그러므로 매춘을 매매춘(賣買春)이라 부르는 것이 마땅하다'고 하며 용어의 정확한 사용을 촉구했다(교여연,

---

11) 여성단체들도 제1회 한국여성대회(1985. 3. 8)에서 신제주에서 공식화된 섹스관광을 고발하며 관광기생 정책 철폐, 향락산업을 유발시키는 제주도 관광단지 개발정책은 중지되어야 한다는 선언문을 채택했다(《베틀》 8: 11).

1987: 39). 이미경 역시 같은 논리에서 사는 남자쪽을 강조하면서 '賣買春' 혹은 '買春'으로 쓰기를 주장했다. 성을 사고 팔고 하는 행위에 대해서 여성 개인에 초점을 맞추지 말고 사회구조적인 접근을 해야 한다는 주장에도 불구하고 오랫동안 성을 파는 여자쪽만을 강조해온 용어상의 성차별에 쐐기를 박은 일대 사건이었다.[12]

서울에 있는 여성운동단체들(한국여성의전화, 한국여성민우회, 한국여성노동자회)도 올림픽을 앞두고 기승을 부릴 기생관광의 문제를 사회여론화하기 위해 연극 '꽃다운 이 내 청춘'을 무대에 올렸다(1988. 4. 17~18). 연극을 통해 매춘여성의 문제를 자본주의의 성산업과 국가정책과 연결시킴으로써 성매매에 대한 기존의 통념을 깨고 성매매에 대한 사회구조적 시각을 심어주었다. 또 연극이라는 형식을 통해 소외여성의 고통과 국가정책의 부조리에 대한 일반대중의 공감을 유도했다.

80년대 말 기생관광반대운동은 제주지역 실태조사와 조사결과를 발표한 국제세미나로 모아졌다. 제주도는 정부에서 외화획득을 위하여 계획적으로 개발을 추진한 지역으로서 올림픽을 앞두고 지역민들의 우려와 불만을 무시하고 개발에 박차를 가했던 지역이다.[13] 이에 교여연은 당시 총무 윤영애를 중심으로 온갖 고난을 겪으면서 1986년 12월에서 1988년 1월까지 제주도 기생관광 실태조사를 실시하였다. 실태조사를 위해 제주지역의 운동가인 오옥만, 문순애, 송정미는 직접 닭장집(부엌 달린 방들이 여러 개 붙어 있는 집)에 세들어 생활하였다. 매춘여성들에게 가까이 가기 위해 가라오케 경리, 다방 레지, 카페 주방장으로 일했다. 매춘여성들과 인간적으로 접촉하고 신뢰받아야만 그들의 적나라한 실태를 알 수 있고 그들의 고민과 고통을 함께 나누어야 문제의 본질을 알 수 있을 거라는 생각에서였다(교여연, 1988b: 52-61).

---

12) 성매매 문제를 매춘여성에게서 비롯된다고 보는 보수적 관점은 성매매 행위에 관한 국회 발언 중 매춘여성('윤락여성'으로 지칭됨)에 대한 내용이 압도적으로 많이 나타나는 데서도 잘 드러나고 있다(조형·장필화, 1990: 87).
13) 제주지역의 관광개발정책과 문제점에 대해서는 교여연(1987: 28-38; 1988a: 8-20) 참조.

실태조사의 결과는 ≪여성과 관광문화≫로 발간되었다. 이 조사는 제주도 기생관광의 현장조사, 심층면접 등을 통해 관광요정의 모습, 기생파티의 현장, 관광기생들의 모습을 구체적으로 드러내고 관광기생을 바라보는 정부의 입장 등을 분석함으로써 섹스관광의 심각성과 관광기생들의 삶, 착취구조등을 밝히는 데 커다란 역할을 하였다.

이 실태조사 결과는 88올림픽 전에 발표해야 한다는 결정에 따라 1988년 4월에 제주도에서 열린 '여성과 관광문화' 국제세미나에서 발표되었다. 이 세미나는 9개국의 대표여성과 한인 교포여성, 국내 유관단체 대표 등 120여 명이 참여했다. 이 세미나는 여러 면에서 괄목할 만한 성과를 이루어내었는데, 성매매 부분만을 본다면 무엇보다도 이 세미나를 통해 우리나라의 관광산업과 성매매 문제가 국제적인 논의 수준으로 이끌어 올려졌다는 것이다(이현숙, 1992: 269). 또한 최초로 전직 매춘여성과의 직접적인 공개 만남을 통해 그들과 중산층, 교회여성들 간의 정서적 유대가 형성되어 교회가 매춘여성들의 문제에 적극 개입해야 한다는 결의가 생겼다는 점이다.

어렵게 강연을 수락한 한 전직 매춘여성은 일반사람들이 성매매에 대해 또 매춘여성에 대해 갖고 있는 생각이 얼마나 잘못된 것인가를 설득력 있게 증언하였다. 또 가부장제 사회에서 성을 파는 것이 여성이 처한 현실임을 과감하게 말하며 소위 '일반여성'과 매춘여성과의 차이의 허구성을 폭로하고 여성들간의 일치를 촉구했다. 그는 이렇게 말했다. "사실 제가 이런 말씀을 여기서 드리면 어떻게 생각하실지 몰라도 여러 사람한테 적은 돈을 받고 매춘부가 몸을 팔았다면 우리 가정에 있는 여성들, 한 가정의 아내들 어머니들은 한 사람 상대해서 매춘을 했다고 저는 그렇게 말하고 싶습니다"(교여연, 1988b: 41). 또 이 전직 매춘여성은 매춘여성들이 처해 있는 각종 착취구조와 그들이 가족과 사회 그리고 교회에서조차 소외당하고 있음을 알렸다. 이에 청중석에 앉아 있던 중산층 주부들인 교회여성들은 매춘여성들이 산업화의 희생물이라는 사실을 몰랐다는 것에 대해, 또 자신들이 손가락질함으로써 그들이 사회구성원으로서 살아가기 힘들게 했다는 점에 대해 스스로를 가해자라고 자책하고 눈물을 흘렸다고 한다.[14] 이 세미나에서 중산층 교회여성들은 매춘여성들과 진한 자매애를 느꼈고 이러한 자매애 형성이 교회여성들로 하여금 매춘여성들의 인권과 권익보호를 선교적 과제로 채택하게 만든 계기가 되었다(교여연, 1988b: 29-46).

또한 이 국제세미나에 참가한 사람들은 제주도에 매춘여성을 위한 공간 마련이 시급하다는 데 뜻을 모으고 모꼬지 후원회를 결성하여 모금한 결과 1991년 5월 14일 제주도에 상담센터를 개설하게 되었다. 또한 10개국의 130명이 함께 '매춘 문제에 대한 기독여성 선언문'을 발표하였다는 것도 하나의 성과라고 하겠다(교여연, 1988b). 이 선언문은 성매매 현상에 대한 교회여성들의 최초의 입장표명이라는 점 이외에 성매매를 전세계적인 경제구조의 문제, 전세계 여성의 문제로 보는 거시적 안목과 구조적 관점이 공식적으로 채택되었다는 점에서 그리고 성매매를 도덕적 타락으로만 규정하고 이 문제를 도외시했던 교회가 이를 반성하고 신학대학의 교과목에 여성신학을 필수과목으로 선정해야 한다고 주장한 점에서 주목할 만하다. 이 밖에도 현행 방지법 개정 요구, 매춘여성들의 인권을 짓밟고 탈매춘을 방해하는 중간 착취구조에 대한 강력한 대처, 매춘여성들에 대한 복지제도 개선, 매춘여성들을 위한 공간마련 등을 과제로 선정했다는 것이 커다란 성과라고 하겠다(교여연, 1988b: 71-73).

제주도의 기생관광 문제는 교회여성들뿐 아니라 지역의 여성단체들도 관심을 가지고 활동을 전개했다. 제주여민회는 기생관광에 대해 조사하고 그 결과를 발표하였으며 성매매를 주제로 한 연극 '꽃다운 이 내 청춘'을 공연하여 지역민들에게 정부의 관광정책의 잘못된 점을 알리고 기생관광의 문제점을 공유(1988. 7)했다(제주여민회 김효선 상담부장과의 전화 인터뷰 중에서). 또한 제주대학교 총여학생회와 함께 그

---

14) 그때의 분위기는 마치 성서에 나오는 마가다락방의 역사가 그대로 재현된 듯했다고 한다(윤영애와의 인터뷰 중에서).

당시 제주 지방법원에서 진행되고 있었던 악덕 관광요정 업주에 대한 재판이 제대로 이루어지도록 다양한 활동을 전개했으며 이들을 비호하는 경찰과 정권의 각성을 촉구하고 현행 방지법의 개정을 촉구하였다(≪민주여성≫ 7: 27-28).

우리나라 기생관광 문제는 아시아적 맥락에서 다큐멘터리로 영화화되기도 하였다. 일본 관광객을 상대하는 매춘여성을 인터뷰하면서 시작되는 아시아국제 성매매기록영화 <아시아에서 여성으로 산다는 것>(변영주 감독)은 한국의 기생관광, 태국의 성매매 현장을 취재하고 성매매에 관한 일반인들의 인터뷰를 그 내용으로 하고 있다. 이 영화는 푸른영상이 제작하고 교여연이 코디네이트하여 시사회를 개최했다(1993. 6).

또한 여성단체와 교회여성들 그리고 시민단체들은 성매매 문제와 관련하여 에이즈 추방에도 관심을 기울여 운동을 전개하였다. 한국 여성의전화(이하 여성의전화)는 올림픽개최 몇 개월 전에 발행한 소식지에서 88올림픽 개최가 굴욕적인 '매춘관광 산업정책'을 동반할 것을 예견하고 외국인 입국시 에이즈 검사필증을 휴대하게 할 것을 촉구했다(여성의전화, 1988: 2-3). 이 밖에 여성단체와 교회여성들 그리고 시민단체들은 에이즈 비상 공동대책위를 결성하였고(1988 7. 26), 에이즈 추방을 위한 범시민 대토론회를 개최했는가 하면(1988. 9. 3) 에이즈와 관련하여 보사부와 한미연합사령부에 항의방문했으며(1988. 9. 14.) '미국의 도색매춘문화 및 에이즈 추방결의대회'를 개최하여(1988. 10. 12; 10. 22) 에이즈 예방법 개정안이 국회를 통과하는 데(1988. 12. 16) 커다란 역할을 하였다(자세한 것은 이현숙, 1992: 271-275; 1996: 26-27). 시민사회단체도 향락문화의 확산을 우려하며 운동을 전개했는데 YMCA의 향락문화추방과 건전시민문화 가꾸기 시민운동(1988)이 바로 그것이다.

4) 인신매매반대운동

여성의전화는 1985년 3월 당시 인신매매 조직이 대거 검거되자 이

문제를 사회 문제로 여론화하기 위한 작업으로 '인신매매를 고발한다'
는 제목의 공개토론회를 처음으로 개최하였다. 여성에 대한 모든 폭력
을 '성폭력'으로 개념화하고 있는 여성의전화는 인신매매 과정 속에서
여성이 성적인 도구로 전락된다는 점을 강조하며 인신매매를 성폭력의
한 형태로 보았다(여성의전화, 1985: 2). 토론회는 인신매매의 유형 사
례 발표에 이어 당시 교여연에서 성매매반대운동을 전개하고 있던 이
우정이 성매매의 비인간성에 대해, 지은희가 '매춘의 사회구조적 원인'
에 대해, 그리고 박인덕이 '매춘여성 문제를 여성의 힘으로' 해결하자
는 취지의 발제를 했다. 한국여성단체연합(이하 여연)도 1987년 창립
이후 1988년부터 인신매매를 규탄하고 정부에 대책을 수립할 것을 촉
구하였다. 1989년에는 노동부, 보사부, 내무부, 치안본부에 자료를 요
청하는 한편, 치안본부와 검찰청의 담당자를 면담하고 대책마련을 촉
구하였다. 또한 여성운동가 출신 국회의원 박영숙과 인신매매 대책에
관한 간담회를 갖기도 하였다(여연, 1998: 176).

미군 기지와 퇴폐향락업소가 몰려 있는 전북지역의 전북민주여성회
도 특별위 형태의 소위를 구성하여 대책활동을 활발히 전개하였다. 우
선 지역의 여성단체를(교회여성, 여대생, 여성단체협의회 소속단체 등)
결집하여 '인신매매와 성폭력 근절을 위한 전북여성 공동대책위원회'
(이하 공대위)를 결성하였다(1989. 4)(≪민주여성≫ 7: 29-30). 공대위
는 7월에 여연 이우정 회장과 박영숙 평민당 부총재를 초청해 강연회
를 개최하였다.15)

교회여성들도 인신매매 문제에 관심을 가져 세계기도일 행사 후 인
신매매 근절을 위한 성명서를 발표하고 인신매매 반대 피켓시위를 하
고 어깨띠를 두르고 가두행진을 하였다(1989. 3. 7). 교여연의 총무 윤
영애는 서울 YWCA에서 인신매매의 심각성을 강연한 후 인신매매 신
고전화 개설을 제의했고 이 제의에 따라 서울 YWCA에 인신매매 신

---

15) 당시 공동위원장이었던 박상희(당시 전북민주여성회장)와 전화인터뷰 중에서

고전화가 개설되었다.

5) 1970~80년대 성매매반대운동에 대한 평가

1970~80년대 성매매반대운동은 여성주의적 관점에서 볼 때 다음의 몇 가지 한계를 드러내고 있다. 다음에 열거하는 처음 세 가지 문제는 교여연 활동에서 나타나는 한계점이고 마지막 문제는 교여연과 여성운동단체 공통으로 나타나는 문제이다.

첫째, 문제의 원인을 사회구조에 돌리면서도 성을 파는 일에 종사하는 여성을 '윤락여성'으로 지칭하고 있다. 이러한 용어사용은 성을 파는 여성들을 윤리적으로 문제가 있는 여성으로 보는 한계를 드러내고 있다(교여연, 1983: 4, 22-23). 이것은 성을 사고 파는 행위를 '매춘'으로 개념화하여 파는 쪽(여성)에 책임을 전가했던 한계와 일맥상통한다. 이 관점은 1988년 국제세미나에서 전직 매춘여성의 증언으로 흔들리게 될 때까지 지속되었다.[16]

둘째, 기본적으로 여성이 성을 파는 문제를 '정조'의 훼손으로 보는 한계를 드러내고 있다. 교여연이 1973년 12월에 발표한 성명서는 "우리 선조는 빈곤을 사는 슬기와 여성의 절개를 물려 주었다"로 시작하며 성의 상품화로 인한 여성의 인권유린을 정조의 유린으로 보고 있다. 이는 전통적인 여성관을 반영하며 사회 전반에 흐르고 있는 여성에 대한 정조 이데올로기를 반영하는 것으로 볼 수 있다(교여연, 1988a: 55). 매춘여성들의 문제가 성의 상품화와 자아와 육체의 분리라는 점에서 문제가 되는 것이 아니고 "낙화암을 수놓은 정절의 여인들, 진주 남강의 논개의 얼을 이어받은 우리의 딸들이 이국인들에게 몸을 팔아야 하는 억울한 이 현실"이라는 맥락에서 이해되고 있는 것이다(교여연, 1983: 4). 기생관광이 여성 문제로 인식된 것은 우리나라 여성들에게는

---

16) 비록 이러한 용어상의 문제를 겉으로 드러내고 논의하지는 않았지만 내부적으로 문제제기는 있었다고 한다(윤영애와의 인터뷰 중에서).

"다른 나라 여성들에게서 일찍이 찾아 볼 수 없는 정절사"가 있는데 "오직 돈을 벌 목적으로 외국 남성의 성쾌락의 도구로 이 땅의 여성의 정절이 바쳐짐으로써 이제 기생으로 불리워지게 되었기 때문이다"(교여연, 1983: 5; 1988b: 5).

셋째, 여성관에 있어서 여전히 전통적인 관념에서 벗어나지 못하고 있다. 매춘여성들이 '여성'이 아닌 '밤의 꽃'이라든가 '이 땅의 어머니들이 될 꽃다운 우리 어린 딸들' 혹은 '이 땅의 딸'로 그려지고 있어 전통적인 여성에 대한 통념과 가정적 존재로서의 여성관을 벗어나지 못하고 있음을 볼 수 있다(교여연, 1983: 4, 22-23; 1988a: 1).[17]

넷째, 성매매 문제에 대한 사회구조적 접근에서 여성주의적 시각이 미흡하다. 교여연의 인식 즉 '기생관광의 문제는 인간의 사회적 소외, 인간관계의 문화, 성의 상품화, 여성의 저임금, 취업기회의 제한 등의 사회적 문제와 외화획득을 목표로 한 국가의 정책적 지원 및 제국주의의 수탈 등이 맞물리면서 나타나게 된 사회구조적 문제'(교여연, 1988b: 43)라는 인식에는 인간 전반의 문제, 정책의 문제, 제국주의의 문제, 노동자로서의 여성의 문제만이 있을 뿐 성별(gender) 문제는 부각되지 않고 있다. '오직 돈을 벌 목적으로 외국 남성의 성쾌락의 도구로 이땅의 여성의 정절이 바쳐질 때 민족적 수치심과 더불어 또 다른 제국주의적 침탈의 한 현상을 보게 되는 것'(교여연, 1988b: 5)이라고 하여 성매매 문제를 일차적으로 제국주의적 침탈로 인한 '민족' 문제로 인식하며 '여성' 문제는 '민족' 문제가 있기 때문에 생기는 문제로 인식하고 있다. 즉 성매매가 문제가 되는 것은 일차적으로 그것이 '민족의 수치'이기 때문이고 '여성의 인권침해'는 그것이 민족의 수치와 연결되기 때문에 문제가 되는 것이다. 이 점에 있어서 여성운동단체도 별로 다르지 않다.

여성운동단체로서 인신매매 문제에 관해 최초의 토론회 '인신매매와

---

17) 이러한 교여연의 반여성적인 성윤리와 여성을 독립적 개체로 보기보다 남성과 가족에 의존적인 존재로 보는 관념은 90년대에 여성신학의 영향으로 많은 변화를 겪게 되었다(교여연·여성의전화, 1996: 7-10).

매춘여성'을 개최한 여성의전화는 개인의 윤리적 타락여부가 아닌 사
회구조적 문제임을 확신하면서 매춘여성 문제를 여성의 저임금, 고용
문제와 연결시키고 있다(여성의전화, 1985: 2). 이 토론회에서 이미경
은 성매매 문제에 대한 여성운동적 접근방법을 '매춘 문제의 원인이
무엇인가를 정확히 파악하고 매춘을 통해서 착취당하고 있는 모든 여
성들이 인격을 회복하고 권리를 회복할 수 있도록 만드는 이론 및 접
근방법'이라고 규정하고 있다(이미경, 1987: 63). 여기서 이미경은 성매
매에 대한 가장 설명력 있는 요인으로 산업구조의 왜곡과 지역사회 해
체라는 거시적인 사회경제적 요인을 들고 있다(67쪽). 그는 성매매가 문
제가 되는 것은 '여성' 전반의 정체성의 문제라기보다 '가난한 여성'의
성이 착취되기 때문이라고 하며 성매매 운동의 방향도 당시 여성운동의
방향과 마찬가지로 계급문제 타파 쪽으로 역량을 기울여야 함을 주장하
고 있다. 이미경에게 가부장제의 성의 이중적 규범은 성을 구매하도록
충동하는 요인에 불과하다. 성의 이중규범의 영향이 단지 남자로 하여
금 성을 사게끔 하거나 성매매를 합리화하는 데 그치지 않고 매춘여성
의 성매매 시장으로의 유입과 그들에 대한 통제 그리고 그들이 탈매춘
을 하지 못하게 하는 데 중요한 역할을 함으로써 성매매 자체를 가능하
게 하는 주요 요인이라는 것을 고려한다면 경제구조중심의 거시적 접근
은 성매매를 설명하는 데 충분하지 않다고 할 수 있다.

　이러한 관점은 80년대 여성운동권의 전반적인 경향과 시대적 한계를
반영하는 것이라고 볼 수 있다. 이는 당시 막 태동하여 여성운동의 중심
세력으로 부상하고 있던 여연의 입장에서도 잘 나타나 있다. 여연은 '제
국주의 성침탈과 여성'이라는 특집을 통해 성매매의 원인을 개인적 타
락, 개인적 기질과 품성 문제로 돌리는 것은 문제의 본질을 은폐시키고
희생자들에게 책임을 전가시키고자 하는 지배집단의 논리라고 주장하며
성매매는 여성과 남성 간의 성윤리적 차원의 문제로 '국한되지 않고'
사회구조적 원인에 의해 발생되어 유지되고 있다고 보았다. 여연은 성
매매의 문제는 일차적으로 계급문제이며 이차적으로 계급으로 인해 발

생한 여성에 대한 남성의 지배에 기인하는 것으로 인식하였다. 특히 우리 사회의 경우는 계급 문제와 더불어 제국주의의 문제가 중요한 원인이라고 인식하였다(≪민주여성≫ 5: 13). 이러한 인식으로 인해 1980년대 여연의 활동은 '민족민주운동'과의 연대나 여성노동자 문제에 집중되었고 인신매매와 섹스관광에 대해서는 상대적으로 소홀한 편이었다.

1970년대와 80년대에 전개된 성매매운동에 내포된 '인권'의 개념에는 성인지적 관점(gender perspective)이 결여되어 있다. 여성의 성이 돈으로 거래되는 것을 여성인권의 침해로 보고 있으나 이 때 사용한 '인권' 개념은 여성의 특수한 사회적 위치(성체계에서의 상대적 위치)를 고려하지 못했다. 사적(私的) 영역이라고 간주되는 영역(성, 가족 등)에서의 여성억압에 대한 고려 없이 이루어진 추상적이고 보편적인 개념이었다. 결국 민족운동과 민주화운동의 일환으로 진행된 성매매에 대한 저항운동에는 역사적으로 차별받고 억압받아온 '여성'이 크게 부각되지 못하였다.

요약하면 70~80년대의 성매매운동의 초점은 정부의 정책과 경제구조 및 향락산업에 과도하게 집중되어 있었고, 가부장제의 모순, 남녀간의 성별 권력관계, 성을 사는 남성과 매춘여성 두 주체는 크게 부각되지 못했다. 또한 성매매 문제와 여성 문제 전반의 연결 고리가 매우 허약했다. 이러한 한계는 1990년대 성매매운동의 과제로 남겨졌다.

그러나 교회여성들을 중심으로 한 활동은 우리나라 성매매반대운동사에 커다란 의의를 지닌다. 일단 문제를 사회적으로 드러냈다는 것 자체에 큰 의의가 있다. 구체적으로 살펴보면 첫째는 성매매에 대한 기존의 개인적 접근이 극복되고, 사회구조적 접근이 자리잡게 되었다는 것을 들 수 있다. 비록 경제구조중심의 거시적 접근이 그 자체로는 성매매를 설명하고 해결의 대안을 제시하는 데 불충분하지만 이런 접근은 앞으로 성매매관련 이론과 실천의 방향을 모색하는 데 중요한 기초를 제공했다고 할 수 있다. 둘째, 성을 사고 파는 행위를 기존에 파는 행위에만 초점을 맞추어 '매춘'으로 부른 것에서 점차 사는 행위까지도 포함하는 '매매춘'으로 명명하게 된 것을 들 수 있다.[18] 용어 사용에 있어서 이런 변화는 성매매에 대한 인식의 변화를 의미하며 이런 변화가 앞으로의 성매매운동의 초석이 되었다. 셋째, 여성간의 연대에 물꼬를 트게 된 것이다. 교회가 여성들의 삶에 중요한 자리를 차지하고 있는 우리 사회의 특수성에 비추어 볼 때, 교회여성과 매춘여성들 간의 자매애적 관계는 우리나라의 성매매 근절운동에 큰 힘이 되었다. 이는 다음에 언급할 매춘여성인권운동에서도 여실히 드러나고 있다. 네째, 군사독재 시대에 정부의 정책에 대항하여 싸운 전통을 창출함으로써 성매매에 대한 국가의 이중정책에 저항하는 모델이 되었다.

3. 성매매여성인권운동

교회여성들을 중심으로 전개된 70, 80년대의 치열한 운동에도 불구하고 성매매는 전혀 수그러들지 않았으며 성매매 문제를 '윤리적으로 타락'한 매춘여성의 문제로만 보는 일반인들의 시각도 지속되었다. 이는 운동의 효과가 없어서라기보다는 전통과 관습, 사회구조, 절대 빈곤, 그리고 점점 정교해지고 있는 직업소개소 등으로 성산업이 점차 확산되기 때문이다. 매춘여성에 대한 사회적 편견도 전혀 수그러들지 않아 매춘여성들은 사회적 냉대에서 오는 좌절감과 소외감에 시달려야 했다. 매춘여성에 대한 구조적인 착취와 현장에서 일어나는 폭력으로 매춘여성들의 인권은 무참하게 유린당하고 있다. 이런 중첩된 억압과 착취의 구조 속에서 매춘여성들의 삶은 비참함에서 한 발자국도 벗어나지 못하고 있다. 매춘여성들의 인권 문제가 현장운동가들을 중심으로 제기되면서 성매매반대운동의 또 하나의 물결인 매춘여성인권운동이 전개되었다.

---

18) 교여연의 경우에도 1988년 국제세미나를 할 때까지 성을 사고 파는 행위를 '매춘'으로 개념화했다.

1) 쉼터운동과 한소리회

쉼터운동의 시작은 1984년 가톨릭 수녀연합회 모임에서 계획한 성매매에 관한 현장교육에 미국인인 문애현 수녀가 참석하여 용산에서 일하고 있는 이옥정을 만나면서 시작되었다. 그동안 매춘여성 문제에 관심도 없었고 자기와는 무관한 문제라고 믿고 있었던 문애현은 이들의 진솔한 삶의 이야기를 듣고 감화되어 이옥정과 함께 매춘여성들을 위한 최초의 쉼터인 '막달레나의 집'을 시작하게 되었다(문애현, 1996: 4). 이후 매춘여성을 위한 쉼터는 증가하여 1988년에 사마리아의 집이 생겼고 현재는 이 두 쉼터 외에 쏘냐의 집, 정다운 집, 두레방, 새날을 여는 청소녀 쉼터 등이 있는데 주로 서울과 경기지역에 집중되어 있다. 쉼터에는 가출청소녀와 매춘여성이 있고 그 밖에 미혼모와 성폭력 피해자도 있다.

쉼터는 일차적으로 도망나온 매춘여성에게 머물 곳을 제공하고 위로하며, 그들이 새 삶을 시작할 수 있도록 도와주고 있다. 이옥정은 "언제나 저희들이 필요하는 데는 달려가는데, 가장 중요하다고 생각하는 것은 다른 어떤 것보다도 정말로 천대받고 멸시받고 가족들한테 외면당하는 고통받고 외로운 그 사람들한테 정말 외롭지 않게 친구가 될 수 있는 일 그런 일이 아닌가 합니다. … 울 때 옆에서 크리넥스 한 장 집어 주고 눈물 닦을 수 있게 도와주는 그런 역할만 해도 그 사람들한테 큰 위안이 됩니다"라고 말하고 있다(교여연, 1988b: 29, 33). 또한 쉼터는 가출한 여성들이 갈 곳 없이 방황하다 성산업으로 빠지는 것을 막는 일을 하고 있다. 이 밖에 쉼터에서는 쉼터 운영 이외에 호적, 결혼, 법률, 자녀 교육 상담 등 생활상담, 의료상담, 직업상담, 여성들에게 공부를 가르쳐주는 여성교실 운영, 경조사 참석 등의 활동을 하고 있다(이옥정, 1996: 22).

쉼터운영은 여러 가지 어려움을 내포하고 있다. 그 일상은 뚜렷한 변화도 없고 그러나 늘 화약고를 안고 있는 듯한 그런 생활이라는 것이다.(윤영애, 1996a: 6). 더구나 지원과정에서 일어나는 경찰과의 마찰, 오랜기간 자존감을 상실한 채 살아온 매춘여성들이 보여주는 합리적이지 못한 태도 등은 매춘여성들의 운동성을 갉아먹고 운동가들을 지치게 하고 있다. 또 결과가 축적되는 일도 아니기 때문에 종교인들의 '종교적인 심성'이나 '하나님의 특별한 소명의식'이 없으면 하기 힘든 일이다. 성매매에 대한 사회적 인식이 희박한 가운데 쉼터운동단체들은 재정적인 어려움과 인력의 어려움을 면하지 못하고 있다.

이러한 어려움에도 불구하고 쉼터는 매춘여성의 인권보호를 위해 중요한 역할을 하고 있다. 쉼터는 매춘여성들이 직면하고 있는 문제를 지원하고, 상담과 공동체생활을 통해 그들에게 필요한 것이 무엇인가를 파악하여 이를 바탕으로 여성인권을 수호하고 복지를 증진시키기 위한 대안을 모색하고 있다. 현행법상 매춘여성들은 '범법자'이기 때문에 정부의 보호를 전혀 기대할 수 없고 매춘여성에 대한 정부의 사회복지 서비스는 거의 없다. 더구나 일부 경찰, 지역유지, 조직폭력배, 일부 관련 공무원 등이 성매매 조직과 연결되어 있는 상황에서 매춘여성들이 기댈 수 있는 곳은 비공개적으로 활동하는 쉼터뿐이다. 이런 의미에서 현재 쉼터는 매춘여성들의 인권을 보호하는 데 절대적이라고 할 수 있다.

매춘여성의 인권과 복지를 위해 일하는 쉼터들이 각자의 현장에서 일하면서, 성매매 문제를 사회에 제기하고 매춘여성들을 효율적으로 지원하고 국제연대를 강화하기 위해서 한소리회라는 연합체를 구성하였다. 한소리회는 1986년 필리핀 착한 목자 수녀회 소속의 사람들이 한국에 방문했을 때, 매춘여성 문제를 토론하기 위해 여러 지역에서 같은 일을 하고 있던 숨은 일꾼들이 모이게 된 것이 시작이 되었다(≪한소리회≫ 2: 3). 한소리회는 '매매춘 근절을 위한 하나의 목소리 혹은 매춘여성들의 한(恨)의 목소리'라는 두 가지 의미를 지니고 있다. 한소리회는 1986년 각 지역의 쉼터와 개인의 비정기적 모임으로 시작되었고[19] 1998년 독립적인 사무실을 마련하면서 명칭을 '매매춘 근절을 위한 한소리회'

---

19) 한소리회가 만들어지는 데 교여연이 큰 역할을 하였다. 교여연은 쉼터들이 상담에만 전념할 수 있도록 대정부 투쟁을 맡아주면서 울타리 노릇을 했던 것이다(윤영애와의 인터뷰 중에서).

(이하 한소리회)라고 변경하였다. 10여 년간 한소리회 모임이 지속되면
서 '매매춘 문제'에 대한 여론화를 보다 적극적으로 해야 한다는 문제
의식이 내부적으로 있었다. 이런 문제의식하에 '열린 전화' 개설을 계기
로 사무실을 마련하게 된 것이다(유태희 사무국장과의 인터뷰 중에서).

한소리회는 강한 운동성을 바탕으로 성매매의 문제를 사회구조적으
로 접근하고 있다. 일상적으로 24시간 상담전화를 운영하며, 매춘여성
을 위한 상담활동을 통해 그들이 당면한 문제를 지원하고 매춘여성 인
권을 위해 활동하고 있다. 상담의 대부분은 빚 문제로 인해 탈매춘을
못하고 있음을 호소하는 내용으로 한소리회에서는 개별 쉼터와 연계하
여 관계기관에 탄원서를 제출하는 일, 포주의 빚 포기 각서를 받는 일,
빚을 청산하여 주는 일 등을 하고 있다. 또한 상담활동을 통해 그들의
인권유린 문제를 사회에 알려내고 있다. 이러한 일상적인 활동들을 통
해 한소리회는 궁극적으로 성매매를 근절하고 매춘여성들의 인권을 보
호하며 그들이 사회에 복귀할 수 있도록 지원하고 성매매 문제를 공론
화하며, 정부의 성매매에 관한 정책을 비판하고 대안을 제시하고 있다
(≪한소리회≫ 1: 6-7).

한편, 교여연은 그동안 쉼터운동에서 지속적으로 제기되었던 상담에
대한 요구에 부응하여 '가출소녀와 매춘여성에게 열린 전화'를 개소하
였다(1977). '열린 전화'는 개별 쉼터가 해오던 상담과 지원을 조직적으
로 수행하고 현장과의 연결을 보다 체계적으로 해결하기 위해 개설된
것이다.[20] 상담을 요청한 여성들의 문제는 복합적이다. 그들의 문제에
는 가출과 성매매, 폭행이 공존했고 특히 가출소녀나 매춘여성들의 구
직 문제도 점차 중요하게 대두되고 있다. 교여연은 1998년 11월 '가출

---

20) 상담건수는 개소부터(1997. 11. 5) 1999년 3월 말까지 160건이다. 열린 전화
1주년 기념토론회 자료집에 실린 「열린전화 1주년 상담보고」에는 개소부터
1998년 9월까지 상담건수가 211건으로 나와 있으나(교여연, 1998: 11) 이는
잘못 기재된 것이다(정현숙과의 전화인터뷰 중에서). 초기부터 야간상담은 한
소리회에서 받았다. 한소리회가 사무실 개소를 하면서 상담전화를 받기 시작하
고 1999년 들어 24시간 상담을 받자, 현재 교여연은 주간상담만 하고 있다.

소녀와 매춘여성에게 열린 전화 1주년 기념토론회'를 개최하여 열린
전화 1주년 상담보고를 했고 '청소년의 매매춘 현황'과 '상담처리에 있
어서의 법적 한계점'에 대해 토론했다(교여연, 1998).

한소리회는 현재 막달레나의 집, 사마리아의 집, 쏘냐의 집, 정다운
집, 새날을 여는 청소녀 쉼터, 새움터, 두레방, 다비타의 집, 은성원, 한
국교회여성연합회, 주한미군범죄근절운동본부, 햇순여성센터, 새삶을
일구는 사람들 자립지지공동체, 다일공동체, 여성이야기 공동체와 크리
시21)라는 개인으로 구성되어 있다.

쉼터와 한소리회의 활동을 통해서 이루어지고 있는 매춘여성인권운
동은 성매매 현상을 개인여성의 문제가 아닌 매매구조의 문제로 보고
따라서 '윤락'이라는 용어 대신에 '매매춘'이라는 용어를 쓰고 있다는
점에서 앞서 진행된 1970, 80년대 성매매반대운동을 계승했다고 볼 수
있다. 그러나 매춘여성인권운동이 성매매반대운동사에 의미가 있는 것
은 이 운동이 본격적으로 성매매 문제를 매춘여성의 관점에서 재조명
했다는 데 있다. 매춘여성의 삶의 진실된 모습을 드러내어 그들이 자
발적으로 매춘을 하고 있다는 사회적 통념의 허구성, 그들에 대한 사
회적 낙인의 부당함을 폭로했다. 또한 매춘여성을 통제하는 메커니즘
을 드러내어 탈매춘이 왜 불가능한가를 밝힘으로써 성매매반대운동의
대안 마련에 큰 역할을 했다.

1980년대 중반에 시작된 쉼터운동은 이제 한소리회를 통해 보다 조직적
인 매춘여성인권운동으로 발전하고 있다. 쉼터운동이 '절박한 여성'들에 대
한 지원에 초점을 맞추어 매춘여성 인권 문제를 제기하고 있다면 한소리회
는 상담과 쉼터운동을 통해 드러난 매춘여성의 인권 문제를 사회이슈화시
킴으로써 성매매 전반의 문제와 매춘여성들의 인권과 복지를 위한 운동으

---

21) 크리시는 성골롬반 평신도 외국인으로서 현재 광주 사창가에서 살며 사창가
   방문 및 상담활동을 하고 있다(유태희와의 인터뷰 중에서).

로 나아가고 있다. 쉼터가 매춘여성 개인의 탈매춘을 통해 다른 매춘여성들에게 도망갈 수 있는 가능성을 보여주어 탈매춘을 유도하고 있다면, 한소리회는 개별적인 탈매춘을 어렵게 하고 있는 거대하고 복잡한 성매매 구조를 변화시켜 성매매 자체를 근절하려는 노력을 하고 있다.

쉼터운동과 한소리회의 매춘여성인권운동이 아직은 스스로를 적극적으로 '여성운동'이라고 표명하지는 않고 있다. 이것은 성매매의 문제를 가부장제 사회에서의 '여성'의 맥락과 더불어 '착취당하고 소외당하는 인간'을 구원한다는 종교적인 맥락에서 보기 때문이다. 개별 쉼터의 차원에서는 후자의 관점이 더 강하게 작용하고 있고, 한소리회의 차원에서는 전자의 관점이 좀더 크게 부각되고 있다. 그러나 매춘여성인권운동 전체로 볼 때 성별 관점은 분명하게 드러나지 않고 있고 실무자들도 자신들을 '여성운동가'로 정체화하지 않고 있다. 이러한 한계는 한소리회의 활동을 통해 점차 극복되고 있다. 한소리회가 '매매춘 합법화 주장에 맞서 매매춘 근절이라는 입장을 천명하고 향후 여성운동진영 내에 통일된 목소리를 대사회적으로 표방하기 위해 활동할 것을 표명'하는 데서 잘 나타나 있다(≪한소리회≫ 1: 6). 한소리회는 현재 회원단체들의 종교적인 접근과 어떻게 여성운동이 접목될 수 있을까를 고민하고 있다.

2) 경기도여자기술학원 방화사건과[22] 매춘여성인권의 여론화

매춘여성의 인권문제를 여론화하는데 계기가 된 사건은 매춘여성과 가출소녀들의 재활기관인 경기도여자기술학원에서 일어난 방화사건이다(1995. 8. 21). 국가가 운영하는 여성수용시설에서 불이 난 것은 이때가 처음이 아니다. 이 사건 이전인 1994년 1월에도 원생들이 교육기간 단축, 구타 근절, 및 흡연 허용을 요구하며 기숙사에 불을 질러 방 2개가 탄 적이 있다. 같은 해 7월에는 원생 4명이 탈출한 적이 있으며

---

22) 이 사건에 대한 일지 및 기타 자료가 교여연(1996a)에 있다

이 사건이 나기 이틀 전에도 2명의 원생이 탈출하는 사건이 있었다. 1994년에도 서울시립여자기술학원에서 화재가 났었다. 그러나 이 사건의 피해는 너무나 참혹하였다. 원생 40명이 사망하고 12명이 부상했던 것이다(김칠준, 1996: 105).[23] 교여연과 한소리회는 사건 다음 날인 8월 22일 '경기도여자기술학원 사건대책협의회'(이하 대책협의회)를 결성하고 8월 25일 서울역에서 사건의 진상규명과 조속한 대책마련을 촉구하는 집회를 개최했다.[24] 대책협의회는 수차에 걸쳐 경기도청 관계자를 면담했고, 유가족을 지지 방문하였으며 항의시위와 재판 및 화재 참사 합동위령제에 참가하였다(대책협의회, 1996a). 현주건조물 방화혐의로 기소된 원생 17명에 대한 결심공판에서 원생 전원은 소년부 송치라는 판결을 받았다. 이 사건을 계기로 매춘여성들을 수용하는 직업보도 시설에 얽힌 비리와 파행적 운영이 폭로되었고 관계부처의 무사 안일주의와 무책임성, 이를 방치해온 법의 문제가 제기되었다. 특히 매춘여성의 인권 문제가 크게 부각되었다(대책협의회, 1996c; 1996d).

이 방화사건으로 직업보도시설이 사실은 '교육'이라는 미명하의 강제수용시설로서 그 안에서 비인간적인 대우와 인권유린이 자행되고 있다는 것이 드러났다. 당시 신문들은 일제히 이 시설을 '교도소', '감옥', '생지옥' 등에 비유하면서 이 사건을 인권 차원에서 크게 다루었다(교여연, 1996a에 있는 신문자료 모음 참조). 이 사건 결심공판에서(1996. 1. 29) 증인으로 나온 원생들은 '…밥을 먹다 남기면 청소를 해야 하고 떠들다 걸리면 청소를 해야 합니다. 6명이 할 몫을 혼자서 다 해야 했습니다. 선생님들은 저희들 얘기에 하나도 귀기울여 주지 않았습니다.' '…실장이 청소 검사를 하는데 머리카락 한 개마저도 찍혔습니다. 2시

---

23) 사건 당시에는 37명이 사망하고 16명이 부상당했으나 점차 사망자가 늘어났다(경기도 가정복지과, 1995: 115).

24) 경기도여자기술학원 사건대책협의회에 참가한 단체는 다비타의 집, 두레방, 다일공동체, 막달레나의 집, 사마리아의 집, 쏘냐의 집, 양지공동체, 참사랑쉼터, 주한미군범죄근절을위한운동본부 여성인권위원회, 한국교회여성연합회이며 대부분이 한소리회 회원단체들이다.

간 동안 청소를 해도, 아니 3시간 동안 청소를 해도 용납되지 않았습니다.' 등 울면서 지옥 같은 기술원 생활을 토로했다(수원지방법원, 1996). 원생들의 탈출을 막기 위해 저녁식사를 마치면 현관을 잠그는 등 시설의 구조와 운영 또한 감옥과 다를 바가 없었다. 이 사건은 이같은 수용상황의 결과였다. 밖에서 문을 잠그지만 않았어도 혹은 수위실에서 버튼을 눌러 현관문을 열 수 있게만 되었어도 그렇게 많은 인원이 죽거나 다치지 않았을 것이다(경기도의회 보사환경위원회, 1995: 126; 김칠준, 1996: 107). 이 사건에 대한 보도를 듣고 한 기지촌 여성은 '차라리 감옥이 낫다'며 울었다.25)

이 사건은 성매매와 매춘여성의 인권에 대한 정부의 무사안일한 태도와 국민의 무관심을 극명하게 보여주었다. 정부는 모순 투성이의 방지법과 대규모 강제수용시설만으로 매춘여성을 위한 복지정책이라고 내세우고 있고 일반 국민들은 거론조차 하지 않고 여성운동단체조차 침묵에 가까운 소극적인 태도를 보여왔던 것이다.

대책협의회는 이 사건을 계기로 직업보도시설을 철저히 감사하여 비리를 밝혀낼 것과 선도대책에 관해 새로운 관점에서 연구하고 지원할 것을 요구했다(대책협의회, 1996b; 1996c). 특히 현재의 기술원 제도로는 매춘여성을 상담하고 '선도'할 수 없다는 것을 지적하고 성매매 지역에 민간단체들이 소규모로 센터를 운영하여 활동하고, 정부는 민간단체들이 할 수 없는 의료지원, 성병치료, 정신질환치료 등을 지원하는 형태가 되어야 한다고 주장하였다. 그리고 현 기술원과 같은 격리수용은 알콜중독자나 마약중독자, 정신질환자 등과 같이 어쩔 수 없는 경우에 한정되어야 한다고 주장하였다(대책협의회, 1996c).

또한 기술원의 법적 근거가 되어 온 '윤락행위등방지법' 개정이 제기되었다(대책협의회, 1996b; 1996c). 대책협의회는 보사부가 마련한 개정안에 대해 몇 가지 문제를 제기했는데 대책협의회가 문제삼은 부

---

25) 기술원의 인권유린 사례에 대하여 김현선(1996) 참조.

분은 법의 관점 자체가 성차별 이데올로기를 그대로 따르고 있는 점과 개정안이 기술원과 관련해서 지금까지의 문제들을 해결할 수 없는 점이다. 특히 기술원의 인권보장 조항도 인권이 어떻게 보장되어야 한다는 구체적인 내용과 이를 어길 때의 처벌이 나와 있지 않으므로 선언에 그칠 뿐임을 지적하였다. 대책위는 개정안에 봉제나 미싱, 수예 등의 저임금 기술교육의 개선책이 제시되지 않은 점과 직원자격 규정에서도 비전문가라고 판단되는 사람들이 여전히 기술원에 취업할 수 있도록 되어 있는 점을 지적하였다(대책협의회, 1996c).

방화사건 이후 국가의 매춘여성 정책은 혼란에 빠지고 소강상태에 들어갔다. 기존 제도의 문제가 드러났으나 대안이 마련되어 있지 않았던 것이다(방화사건 이후 기술원은 경기도여성발전센터로 바뀌었다). 한편, 이런 국면은 매춘여성의 인권에 대한 사회적 관심을 환기시키는 계기가 되어 이에 대한 활발한 토론과 이들의 인권을 보호하는 정책에 대한 논의로 이어졌다.

방화사건 이후 성매매와 '요보호 여성'의 문제에 처음으로 눈을 돌린 여성운동단체는 인천여성의전화였다. 인천여성의전화는 매춘여성 문제가 여성운동의 이슈가 되어야 함에도 그동안 소외당하고 있었던 현실에 대한 반성과 함께, 그들을 여성운동이 지향하는 자매애의 울타리에 들어오게 하자는 취지로 '매매춘 토론회'를 개최하였다(인천여성의전화, 1995). 성매매 문제가 언제나 매춘여성을 대상시하는 지식인들에 의해서 다루어진 점을 극복하고자 매춘여성의 관점에서 이 문제를 바라보고 그들의 입장을 역설해 줄 논자를 구하여 토론회를 개최하였다. 토론회에는 비록 현직 매춘여성은 참여하지 못했지만 전직 매춘여성과 현장운동가가 참여하여 매춘여성들의 삶을 생동감 있게 전달하였다. 매춘여성의 인권 문제는 법 개정 과정에서 이미 논란이 된 바 있으며 개정법에 대한 여론화 과정에서 지속적으로 제기되었다.[26]

4. 법 개정운동과 합법화논쟁

1961년에 쿠테타를 통해 국가권력을 장악한 박정희 군사정부는 정통성을 부여할 목적으로 사회악을 근절시킨다는 차원에서 '윤락행위등방지법'을 제정, 공포하였다. 정부는 이듬해인 1962년 4월에 '인신매매금지 및 타인의 매춘행위에 의한 착취금지에 관한 유엔협약'에 서명했다.(김엘림, 1990: 90). 이는 성매매를 근절하겠다는 정부의 입장표명이라고 할 수 있다. 그러나 법은 법대로 사문화(死文化)되었고 정부의 정책은 애매모호하고 이중적이라서 성매매를 근절시키기는커녕 오히려 조장, 확대하는 결과를 초래하였다.

1) 윤락행위등방지법 개정운동

방지법과 관련하여 가장 많이 제기되는 문제는 애매한 법조항으로 인해 여성들이 강제로 인신구금을 당하는 현실이다. 위에 언급한 경기도 여자기술학원 같은 매춘여성 수용시설에 매춘여성, '요보호여성'들을 강제 입소시킨 것과 관련해 위헌시비가 일어났고 그 안에서 일어나는 인권유린 문제가 제기되었다. '상습적인 윤락행위자나 윤락행위의 우려가 있는 자는 선도보호를 위해 필요할 경우 보호지도소 등에 임시 수용할 수 있다'는 조항이 다분히 주관적이고 자의적인 해석이 가능하여 매춘여성은 물론 가능성이 있다고 판단되는 여성들도 강제로 수용되는 일이 비일비재하게 벌어졌던 것이다. 이 조항에 의해 강제수용된 여성들이 '영장 없는 사실상의 구금'이라고 잇단 소송을 제기하는 등 매춘여성에 대한 '보호처분'이 불법이라는 논란이 있었다(≪동아일보≫ 1994. 4. 6).

---

26) 광주여성의전화 부설 광주성폭력상담소도 개소 2주년을 맞아 기념강연회 '청소년 성 문제의 이해: 10대 매매춘 및 성폭력 가해자 실태를 중심으로'를 개최하였다. 이 강연회에서 현장활동가 변리나가 매춘여성 일반의 생활에 대해 강연하여 매춘여성에 대한 사회적 관심을 끌어내었다(광주여성의전화부설 광주성폭력상담소, 1997).

또한 방지법은 처벌규정이 타 법령에 비해 약할 뿐 아니라 성매매에 참여한 남성과 여성에 대한 처벌에 있어서 차별적이다. 중간 착취자에 대한 처벌 규정이 미흡하며 매춘여성에 대한 복지대책 규정이 미흡한 것도 문제로 지적되었다. 처벌 규정의 미흡함과 성차별성으로 법 자체의 실효성에 대한 문제가 끊임없이 제기되었고 성을 사고 파는 행위는 법은 있으되 사실상 처벌받지 않는 행위로 간주되기에 이르렀다. 방지법은 매춘여성의 인권유린을 조장하고 성매매를 더욱 음성적으로 확대하는 역할을 하고 있어 오랫동안 개정의 필요성이 제기되었다.

먼저 여연은 기관지인 ≪민주여성≫에 '민족자주화와 여성운동'이라는 특집을 마련하고 현행법의 개정을 요구했다. 매춘여성만을 범죄자 취급하는 방지법은 개정되어야 하고 성을 사는 남성에 대한 처벌이 따라야 성매매는 축소될 수 있을 것이라고 주장하며, 법령의 명칭 역시 '매매춘 방지를 위한 법'으로 바꿀 것을 요구했다(≪민주여성≫ 5: 17).

교여연은 매춘여성들의 호소와 증언을 근거로 1988년 기독교여성선언문에서 법의 전면 개정을 촉구하였고 '윤락행위방지법개정연구모임'을 여성운동단체, 국회의원, 현장 실무자 등의 전문가들을 중심으로 한시적으로 구성하여(1988. 10. 16) 개정의 필요성, 내용, 시기 등을 논의했다. 1992년 한소리회 실무자 간담회에서 법 개정의 필요성이 제기되었고 매춘여성들에 대한 권리나 인권이 철저히 보장되어야 한다는 데 의견이 모아졌다(교여연 ≪20차 총회 보고서≫ 1991~93). 교여연은 현행법의 비현실성을 비판하면서 한소리회 회원을 대상으로 방지법 개정을 위해 직업여성 현황조사를 위한 설문조사를 하였다(1993. 2~ 1994. 5)(김기원, 1996). 인천여성의전화도 상담을 통해 성매매 문제가 간과할 수 없는 사안이라고 생각하여 1994년에 '윤락행위등방지법 개정안'에 대한 의견서를 제출하였다.

법 개정을 위한 노력은 정부 차원에서도 이루어졌다. 1980년대 말 인신매매 및 향락문화가 성행하자 이에 대한 정책의 부재를 비판하는 국민 여론이 거세졌고 보사부는 법을 개정하여 방지대책을 강화할 목적으로 독자적인 개정 초안을 마련하였다. 이 초안은 현행법의 미비점을 다소 보완한 면도 있으나 문제의 본질에 대한 인식이 없고 이중적인 성윤리 기준의 적용 등 현행법의 문제점을 그대로 가지고 있었다(김엘림, 1989; 1990). 한편 보사부로부터 법 개정안에 대한 연구를 의뢰받은 한국여성개발원은 보사부가 단독으로 개정초안을 마련하자 나름대로 법 개정안을 마련하여 '매매음 방지법안'을 작성하였다. 또한 공청회를 통해 각계의 의견을 수렴하고 이를 바탕으로 개정안을 보완하여 보사부에 송부하였다(1989. 7). 그러나 이러한 노력들은 문제에 대한 인식이 적고 보수성이 강한 관련 부처의 반대에 부딪혀 더 이상 진전되지 못했다(김엘림, 1990: 92).

몇 년 후 보사부를 중심으로 불합리한 정책을 시정하기 위한 움직임이 일어났다(1994). 보사부는 매춘여성을 강제 입소시킬 수 있는 법적 근거와 보호기간 설정에 대한 타당성 마련에 중점을 두고 개정안을 마련하였고 이를 검토하기 위한 공청회를 열었다(1994. 7. 6). 이 날 공청회에서 보사부 관계자는 '윤락행위자에 대한 선도보호를 추가해 사회복지법으로의 성격을 뚜렷이 할 방침'이라고 말했다(《여성신문》 1994. 7. 22). 이 공청회에서 남성 토론자들은 성매매를 필요악으로 보고 현실적으로 인정하는 방향으로 법 개정을 수정하자는 의견이 지배적이었다. 즉 이들은 금지 정책이 실효가 없을 뿐 아니라 오히려 성매매를 음성적으로 확대하고 있다는 것을 강조하며 차라리 금지정책 자체를 폐기하고 특정 지역에 한해 성매매를 허용하여 이를 철저히 관리 감독할 것을 주장했다. 이에 반해 여성 토론자들은 법이 실효를 거두려면 먼저 개정안에 깔려 있는 성차별적인 사고부터 바꾸어야 한다고 주장했다. 성을 파는 자만이 아니라 성을 사는 자에 대한 선도도 필요하므로 남성 손님도 선도시설에 입소시켜 사회치료를 받게 해야 한다고 주장했다(《동아일보》 1994. 7. 8). 이러한 공방 속에서 보건복지부는 단독으로 개정안을 마련하였고 국회에서 이를 통과시켜 1995년 1월 5일 방지법이 개정되었다. 이어 1995년 11월 30일에 시행령이 마련되었고 1996년 1월 5일에는 시행규칙이 제정, 공포되었다.

새로 개정된 법의 특징은, 쌍벌 규정과 처벌의 강화,27) 성매매 행위 알선자에 대한 처벌규정,28) 그리고 미성년자에 대한 조항의 강화를 들 수 있다.29) 또한 개정법에서 성매매 행위자의 선도보호와 사회복귀를 위한 방안이 강조되었다. 즉 매춘여성에 대해서는 지금까지 1년 동안 의무적으로 보호시설에 입소시켰으나 개정법에서는 자신의 희망에 따라 입퇴소를 결정할 수 있게 했다. 몇 가지 발전된 모습에도 불구하고 개정된 방지법은 성매매 문제의 본질에 대한 올바른 인식이나 접근이 결여되어 있다.

법 개정 이후 여성계는 이 개정이 성상품화에 대한 사회적 분위기를 쇄신하는 차원에서 의미가 있다고 보면서도 그 실효성에 의문을 제기하고, 이 법이 소규모 향락업소에만 타격을 줄 뿐 오히려 음성화를 부추길 것이라고 우려의 시각을 표명했다. 법 시행 이후 인천여성의전화, 한소리회, 매해연은 공동으로 실효성 있는 법실행을 정부당국에 촉구하는 성명서를 발표하였고(1996. 2. 16), 두레방도 개정된 법에 대한 입장을 발표하였다(두레방, 1996: 77-86참조).

문제로 지적된 개정법의 한계는 첫째, 법의 명칭에서 나타나는 바와 같이 '윤락 행위'라는 용어를 그대로 사용하고 있고 둘째, 법의 목적이나 금지 행위, 선도 보호자 등에서 이중적인 성윤리 기준을 그대로 답습하고 있다. 성매매 행위를 '성을 파는 행위'에 국한하고 남성 손님을 '상대자'로 규정하여 성매매의 주체에서 제외시키고 있다. 개정된 방지법에서도 매춘여성만이 '윤락 행위자'이고 '요보호자'이며 처벌 대상자라는 것이다. 셋째, 여전히 범죄 유형과 처벌 규정이 너무나 단순해서

---

27) 성매매 행위 당사자들에게는 개정 전 3만 원 이하의 벌금, 구류 또는 과료에서 1년 이하의 징역 또는 1백만 원 이하의 벌금으로 강화되었다.
28) 포주, 장소 제공자에 대해서는 개정 전 3년 이하의 징역 또는 50만 원 이하의 벌금에서 5년 이하의 징역 또는 2천만 원 이하의 벌금으로 처벌이 강화되었다.
29) 미성년자에게 성매매를 강요한 사람에 대해서는 처벌조항을 신설하여 무기 또는 5년 이상의 징역에 처할 수 있게 하였다.

성매매와 관련된 범죄자들을 제대로 처벌할 수 없다. 넷째, 매춘여성을 선도하는 데 대한 실질적인 내용을 담고 있지 못하다. 다섯째, 보호시설에 대한 법적 근거를 마련하고 보호시설 운영자의 의무를 강화하여 매춘여성들의 인권보장을 꾀한 점은 긍정적으로 보지만, 어떻게 인권을 보장할 것이며 이를 어길 경우 어떻게 처벌할 것인가에 대한 정확한 규정이 없다. 그 밖에 미성년자에 대해 법이 금지하는 행위를 한 자에 대해 가중 처벌조항이 마련되어 있지 않다. 여성계는 또한 법 개정시 매춘여성들의 요구사항들이 받아들여지지 않은 점을 지적하였다.

이러한 구체적인 문제를 거론하지 않더라도 이 법이 시행되기도 전에 법의 실효성이 의문시된 것은 정부가 근본적으로 법을 집행할 의지가 없다는 인식과(신혜수, 1995: 34), 법적인 장치가 현실과 너무나 거리가 멀고, 일을 집행하는 관리들의 안일함과 부패가 너무 강고하다는 인식이 깔려 있기 때문이다(윤영애, 1996a: 14).

여성계는 법이 성매매 현실을 변화시키기 위해서 우선 성을 사고 파는 행위를 '윤락 행위'로 보는 개념 규정을 시정하기를 촉구하고 있다. 특히 성매매가 '윤락 행위'로 개념화되면, 탈매춘을 유도하기가 어렵다는 점을 지적하고 있다(김예숙, 1996a: 43). 여성계는 또한 매춘여성뿐만 아니라 남성 손님 그리고 성매매를 유지하고 확장시키는 포주, 펨프, 업주, 인신매매범, '기둥서방'도 당연히 '요보호자'로 규정되어 선도 대상이 되어야 한다고 주장하고 있다. 또한 정부 당국이 매춘여성에 대한 중간착취구조의 단속을 강화하고 전문적이고 현실성 있는 매춘여성 사회복귀 프로그램을 마련할 것과 에이즈 및 성병에 대한 적극적이고 지속적인 홍보를 실시할 것 그리고 성매매를 조장하는 퇴폐향락산업체계를 근절할 것을 강력하게 요구하고 있다. 법 운용의 문제가 제기되기도 하였다. 법에는 매춘여성에 대한 사회복귀 방안으로 상담, 재활교육 등에 관한 조항이 들어 있지만 이런 부분들은 외면되고 오직 '처벌'조항만이 강조되고 있는 현실을 비판하며 처벌보다 매춘여성들의 인권보호와 재활, 사회복귀 대책으로 힘을 모아야 한다는 의견도 제시되었다(원미혜, 1996a). 이 때 여성운동단체들이 이제까지 해온 매춘여성에 대한 상담프로그램의 전문성을 국가가 높이 평가하고, 활용해야 한다(정희진, 1999).

법 개정 직후 서울 시내만 해도 80여 곳이 문닫을 정도로 손님이 끊겼고 짐을 싸는 여성도 수두룩할 정도여서 개정법이 실효를 거두는 듯했다(≪중앙일보≫ 1996. 1. 7; ≪한겨레신문≫ 1996. 3. 11). 그러나 이는 처벌을 강화한 법 조항 때문이 아니라 단속을 철저히 했기 때문이라는 것이 곧 드러났다(≪뉴스메이커≫ 176: 52-54). 몇 달이 지나 단속도 형식적인 검문에 그치고 남성 손님도 가벼운 벌금형의 처벌로 끝나는 사례가 이어지면서 개정법은 다시 사문화되기 시작했다. 개정법으로 양편 모두 처벌을 받게 되었지만 이 행위를 '범죄'라 여기는 사람은 아무도 없다. 정부의 법집행 의지가 없다면 법도 의미가 없다. 강화된 처벌 조항에도 불구하고, 경찰이나 공무원 등 관계자들은 개정법을 실효성 없는 법률로 생각하고 있고 기존의 체계(처벌과 규제주의적 요소의 혼합)를 유지하고 있다.[30]

2) 성매매 정책 논의

개정법에 대한 논의를 계기로 여성운동단체 및 성매매관련단체는 매춘여성의 인권에 대한 사회여론화 작업에 집중하게 되었다. 인천여성의전화, 한소리회, 매해연은 '매춘여성의 인권 문제와 사회복귀를 위한 정책토론회'를 개최하여 매춘여성의 현실 및 민간단체들의 지원상황, 매춘여성의 사회복귀를 위한 개정안의 운영방향, 매춘여성의 사회복귀를 위한 실질적 방안 등을 논의했다(1996. 4). 이 토론회는 매춘여성의 인권을 처음 공론화하는 자리로서 의미가 있다(≪목회자신문≫ 1996.

---

30) 한국여성민우회는 개정 방지법시행 이후 개정법의 실효성에 관한 연구를 실시하였다(1996). 조사결과는 11월에 열린 윤락행위등방지법의 실효성에 대한 토론회에서 발표되었다(한국여성민우회, 1996b).

5. 4). 토론회에서 성매매 문제 해결을 위해 국가적인 전문센터가 설립되어야 한다는 주장이 제기되었다. 또 매춘여성들에게 삶의 대안을 확보해주지 않고 '일반' 사회로 진출시키는 것은 문제가 있다는 것으로 지적되었다(≪한겨레신문≫ 1996. 4. 27). 한국여성민우회는 '매매춘 알선, 그 실태와 진단'이라는 주제의 정책토론회를 개최하여(1996. 8) '매매춘 실태와 그 동기', '매매춘 원인분석과 대책', '매매춘 문제에 대한 사회복지적 개입', '매매춘 체계에 대한 사회통제 기제의 법적·제도적 실태와 정책방안' 등을 논의했다(한국여성민우회, 1996a). 교여연도 '매춘여성의 현실과 사회복귀를 위한 토론회'를 개최하여 매춘여성의 현실과 사회복귀를 위한 대안책, 매춘여성을 위한 정부 민간단체의 현실과 전망 그리고 청소년 가출예방과 사회의 책임에 대해 논의했다(1996. 12)(교여연, 1996b).

일련의 정책토론회를 통해 공통적으로 제기된 문제는 정부 정책의 성차별적 이중성이다. 또 내용적으로 '정책'이 거의 존재하지 않는다는 것이다.[31] 성매매 근절에 대한 정부의 무관심은 이 법을 만들고도 시행령은 8년이 지나서야 만들었고 시행규칙은 이 법이 개정된 1995년까지도 만들지 않았다는 데서 극명하게 드러나고 있다. 처벌주의 원칙에도 불구하고 실제로는 금지와 허용(특정 지역에 대한 법집행 보류, 보건증 제도, 관광 정책 및 선도, 보호정책 등 불법적인 규제)이 동시에 존재하고 있다. 이중 정책은 매춘여성에 대한 처벌과 성매매에 대한 묵인으로 귀결되어 성매매 문제를 해결하지도 못하면서 오히려 매춘여성들을 통제하는 장치가 되고 있는 것이다. 일례로 보사부가 실시하는 상담과 성병검진 등 의료서비스를 받은 이른바 '등록'된 매춘여성들이 어느 날 단속에 걸려 법적 처벌을 받고 있는 모순이 일어날 수밖에 없는 것이다(박정은, 1994: 68-72).

이같은 현실에서 토론자들이 내놓은 대안은 첫째, 매춘여성들과 가

---

31) 성매매 문제가 정책적으로 방치되어 왔다는 것은 국회 속기록 분석에서도 잘 나타나 있다(조형·장필화, 1990: 87).

출소녀의 인권과 복지를 위한 방안을 마련해야 한다는 것이다. 즉 매춘여성을 위한 직업보도시설을 가출소녀, 성인여성들을 위한 시설로 전화하며 인권침해에 노출된 여성들을 위한 상담시설을 확충하고 그들이 휴식할 수 있는 공간을 마련해야 한다는 것이다. 둘째, 성을 사는 남성을 문제삼아야 한다는 것이다. 남성 고객명단을 직장에 통보하거나(신혜수, 1995: 34), 남성 수요자들에게도 수용소 생활을 하게 하는 것(윤영애, 1996b: 34) 등이 제시되었다. 셋째, 매춘여성을 둘러싸고 있는 착취구조에 대한 처벌을 강화하고 매춘여성이 그 구조에서 나왔을 때 업주에 대한 처벌과 이후의 단속이 지속되어야 한다는 것이다. 넷째, 업주와 경찰의 깊숙한 연결고리를 끊기 위한 '특단의 조처'가 마련되어야 한다는 것이다. 정부는 이제 법을 제정하는 것만이 아니라 실질적으로 재원을 투자하여 실행할 의지, 즉 복지서비스의 개선 의지가 있어야 한다(《함께하는 교회여성》 27: 6). 또한 여성인권에 민감한 검찰과 경찰이 도입되어야 한다는 것이 지적되었다.

3) 합법화 논쟁

매춘여성의 인권유린 문제가 제기될 때마다 대안으로 성매매의 합법화가 논의되었다. 성매매 합법화란 매춘을 직업으로 인정하고 공창을 설립하여 국가가 이를 철저하게 관리하는 것을 말한다. 이는 방지법 자체에 대한 완전부정이다. 이 대안은 여성단체의 반대에도 불구하고 지속적으로 거론되어 왔다.[32]

일찍이 1985년 여성의전화에서 '인신매매를 고발한다'라는 공개토론회를 열었을 때도 합법화 논쟁이 있었다. 공창을 인정해 차라리 생활보장이라도 해주는 편이 낫다는 의견에 대해 공창제도를 만들자는 것은 성매매를 창출하는 구조에 대한 우리의 인식과 공격을 약하게 만

---

32) 매춘여성의 인권 문제를 중심으로 한 한국 사회에서의 성매매 합법화 논의에 대해서는 원미혜(1995; 1997)참조

들고 성매매의 존재를 묵시적으로 인정하는 것이기 때문에 운동적 차원에서 문제가 있다는 의견이 팽팽히 맞섰다(이동철, 1985; 지은희, 1985). 공창 논의가 공식적인 자리에서 거론된 것은 정부측의 개정 시안을 검토하기 위해 마련된 공청회에서 였다(1994. 7. 6). 공창 논쟁이 본격적으로 일어난 것은 1995년 인천여성의전화의 '매매춘 토론회'에서였다. 토론자로 참석한 정치학자 박종성은 정부의 이중적 정책과 여성계의 '강화된 금지주의' 주장을 모두 비판하며 현실적 대안으로 '사창의 공창화' 방안을 제시했다. 즉 '매매춘 없는 사회는 원천적으로 기대할 수 없기 때문에 인간들의 원초적 본능을 생화학적으로 통제하거나 법적으로 구속하지 않는 한 매매춘 없는 사회를 구상하기란 쉽지 않고, 또 과거의 무의미한 단속이 주는 폐해를 더 이상 방관하거나 무책임하게 외면할 수만은 없다'는 이유에서 '대안적 공창'을 주장한 것이다. 이 대안에는 성매매를 공식적인 '직업의 일종'으로 인식할 것과 직업으로 인정받은 매춘자원들이 일정한 지역에서 제한적으로 그 업에 종사할 수 있도록 행정권력과 경찰력이 인정 보호·관리하는 제도적 방안이 포함된다(박종성, 1995).[33] 이러한 제안에 대해 신혜수는 합법화될 경우 분명히 생기게 될 무허가를 둘러싼 경찰의 착취구조와 합법화의 반(反)인간해방성을 들어 공창제도를 반대하였다(신혜수, 1995). 이 토론회는 논쟁의 포문을 열었다는 점에서 의미가 있다.

법개정 이후 성매매가 더욱 확산되자 공창 논의가 다시 고개 들기 시작했다. 성매매는 "남자와 여자가 존재하는 한 완전히 없앨 수는 없으니까 그저 한쪽 귀퉁이에 보이지 않게 자리잡아야 사회에 피해를 주지 않는다"는 견해가 여기저기서 나왔다(≪뉴스메이커≫ 176: 54). 공창 논쟁은 교여연이 1996년에 개최한 '매춘여성의 현실과 사회복귀를 위한 토론회'에서도 재연되었다. 매춘여성을 위한 정책대안을 발제한 다비타공

---

33) 박종성은 이런 논지를 '매춘사회 한국의 비상구 만들기'라는 개념으로 정리한 바 있고(1994: 295-331) 개정 방지법에 대한 비판과 더불어 그의 '합법화 대안'을 보다 정교하게 발전시키고 있다(1996: 317-373).

동체대표 전우섭은 인간의 본성이 악한 이상, 자본주의적 물질만능주의
가 사라지지 않는 한 성매매는 사라지지 않을 것이기 때문에 이런 상황
에서 최선은 성매매를 줄이는 것이며 이를 위해서 현실성 없는 정책을
과감하게 없애고 발전적인 프로젝트가 나와야 한다고 주장하며 조심스럽
게 '매매춘 실명제'를 주장했다. 이에 대해 윤영애는 매춘여성들의 인권
유린 문제를 고민해온 현장활동가로서 합법화의 유혹을 떨쳐버릴 수 없
다는 것을 고백하면서 그래도 선뜻 동의하지 않는 것은 합법화가 성매매
시장의 감소를 보장하지 못하기 때문이라고 했다(윤영애, 1996b).

 '합법화' 주장은 여성의 입장에서 성매매를 연구해온 여성연구자들
에 의해서도 조심스럽게 제기되고 있다. 손덕수는 성매매의 전면 통제
는 최종목표이기는 하지만 단기적으로 불가능하므로 성매매의 부분적
허용, 즉 '엄격한 국가관리'라는 조건에서 '공창의 합법화'를 주장하고
있다. 이 길만이 과도기적인 해결책이라고 주장하고 있다(손덕수,
1998). 한국여성개발원도 전통형뿐 아니라 산업형 성매매에서도 여성
의 몸을 매개로 이와 관련된 제반 기관과의 착취고리가 연결되어 있기
때문에 이들이 향락산업에서 착취당하는 구조를 개선하여 건전한 향락
산업이 정착될 수 있도록 법개정을 통해 부분적으로 양성화하는 것도
고려해야 할 것이라고 주장하고 있다(한국여성개발원, 1998: viii).

 매춘여성들의 인권을 위해 일하고 있는 한소리회는 이러한 합법화에
대해 강력한 반대의 입장을 취하고 있다. 성매매의 합법화는 매춘여성
을 둘러싼 착취구조와 인신매매 등을 불식시키기보다 정교하고 다양한
착취구조를 발달시킬 것이 분명하며 또 남성중심의 성문화와 '배설'구
조를 정당화하고 성을 구매하는 행위에 도덕적인 면죄부를 주게 될 것
이기 때문이다(≪한소리회≫ 1: 6).

 그렇다면 매춘여성들의 입장에서 가장 현실적인 대안은 무엇인가?
대안 선택에서 고려해야 할 것은 매춘여성들의 생존권을 보장하면서도
이들이 탈매춘할 수 있게 하는 방안일 것이다. 그들이 성매매를 하면
서도 착취당하지 않고 인권이 유린당하지 않으며 탈매춘을 용이하게

하기 위해서는 성매매 행위가 비범죄화될 필요가 있다는 의견이 여성
운동가, 여성연구가, 변호사에 의해 제기되고 있다(신혜수, 1995: 33;
원미혜, 1997: 100-107; 정연순, 1998: 52).

5. 성매매를 여성 문제로 바라보기

1) 성매매에 대한 여성학적 논의

여성학에서 성매매에 관한 논의는 다른 분야에 비해 관심을 덜 받았
다. 1983년 이화여대에 여성학 석사과정이 개설되면서 성담론이 활성
화되었는데도 성매매에 대한 논문은 문학작품 분석을 통한 연구(김미
경, 1987)와 한국 근대 공창제도에 관한 연구(야마시다 영애, 1992)가
있을 뿐 현장연구를 통한 본격적인 연구는 1990년대 중후반에 와서야
이루어졌다.[34]

성매매에 대한 '여성'의 입장에서의 접근은 여성학에서 진행되어 온
성담론의 영향을 받았다. 한국여성학회가 '한국여성학의 보편성과 특
수성'이라는 주제로 5회에 걸쳐 학술대회를 개최하였는데, 1989년 제5
회 학술대회에서 이영자의 「성일탈과 여성」이 발표되어 처음으로 성매
매의 문제가 가부장제의 이중적 성윤리의 문제로 접근되었다(이영자,
1989). 또한 성매매의 문제를 한국의 성문화 특히 남성의 성문화를 통
해 조명한 연구논문이 장필화, 조형에 의해 발표되어 성매매에 대한 여
성주의적 관점을 공고히 했다(장필화·조형, 1991). 조형은 자본주의에서
의 남성지배문화 위기의 문제로 성산업과 향락산업의 번성을 설명했다
(조형, 1995: 42). 이러한 일련의 여성학자들에 의한 담론 형성과 더불
어 이화여자대학교 아시아여성학센터가 1, 2차에 걸쳐 진행한 아시아여

---

34) 성매매에 관한 사회학적인 연구와 성매매 정책에 관한 사회사업적 측면의
   연구는 있었다(강영수, 1989; 박선숙, 1990).

성학워크숍은 성매매운동에 여성주의적 시각을 제공하는 중요한 역할을 했다.[35)]

여성학계에서 성매매를 본격적으로 다룬 것은 원미혜의 석사논문 (1997)을 통해서이다. 원미혜는 성매매옹호론에 반대하는 현실적 근거를 마련하고 매춘여성의 탈매춘을 위한 정책적 대안을 모색하기 위해 매춘여성의 현실과 이들에 대한 사회적 통제와 착취구조를 분석하였다. 이효희(1998a)는 유흥업소에서 일하는 10대 여성에 대한 기존의 논의방식에 문제를 제기하면서 10대 여성의 성적 서비스 경험을 분석하여 이들의 성매매가 왜 심각하게 반대되어야 하는지에 대한 이론적 근거를 마련했다. 또 이들이 유흥업소에서 일하는 것을 그만두거나 지속하게 되는 요인을 밝힘으로써 유입 혹은 재유입의 고리를 끊을 수 있는 실천적 방안을 모색할 수 있도록 하였다. 이 두 논문은 성매매의 문제가 매춘여성의 삶뿐만 아니라 여성 일반의 삶과 분리되어 있지 않다는 것을 부각했다는 점에서 의의가 있다. 이 두 논문은 매춘여성에 대한 사회적 인식이 매춘여성을 공공의 성적 대상으로 간주하고 그들의 기본적인 시민권을 부정하는 상황과 10대 여성이 성적인 존재로 남성들간의 협상과 매매의 대상으로 사물화되고 비하되는 상황을 분석했다. 이들은 성매매 문제가 여성 일반의 인권 문제와 깊게 연결되어 있음을 보여주었다.

2) 매해연과 여성 문제로 성매매 보기[36)]

이런 여성주의 맥락에서 성매매에 관심을 가지고 있던 이화여대 여

---

35) 제1차 워크숍은 '여성·성·건강'이라는 주제하에 에이즈와 성매매에 관한 국내 학자들의 토론으로 진행되었다(1996. 8. 31). 이 워크숍에서 원미혜(1996b)와 변리나(1996)가 성매매에 관해 주제발표를 했다. 제2차 워크숍에서는 엘리슨 재거(Alison M. Jaggar)와 앤 퍼거슨(Ann Ferguson)이 '매매춘에 대한 서구 여성주의 시각'과 '도덕적 위험부담, 매매춘'이라는 강연을 했다(1996. 11. 2).
36) 이 부분은 원미혜, 이효희와의 인터뷰, 매해연 소식지 그리고 이들의 활동이 보도된 신문기사에 의존하였다.

성학과 재학생과 졸업생들은 현장활동가를 만나고 성매매 현장을 직접 답사하면서, 그동안 '책상 앞에서의 여성학'이 얼마나 관념적이었는가를 깨닫게 되었다. 이들은 매춘여성들의 문제가 단순한 성 문제가 아니라 여성노동, 가족 등의 문제가 얽힌 여성 문제의 결정판이라는 인식에 도달하게 되었다. '매매춘 문제가 해결되지 않는 이상', 혹은 '매매춘 여성들이 거기 그렇게 존재하는 한' 다른 그 어떤 여성 문제의 해결도 잠정적이거나 부분적일 수밖에 없다는 인식에 이르게 된 것이다. 이런 깨달음이 바탕이 되어 '매매춘 문제 해결을 위한 연구회'(이하 매해연)가 결성되었다.[37)]

이들은 1대 1로 여성들을 구제하는 방식은 매춘여성 하나를 탈매춘하게 하는 데는 의미가 있지만 성매매 체계와 조직이 건재하는 이상, 아니 여성억압이 존재하는 이상 성매매 문제는 계속 나타날 것으로 보고 '제도에 대한 도전'을 운동방안으로 채택하였다(≪매해연소식≫ 1: 4). 매해연의 중요한 화두는 매춘여성의 인권을 보호하면서 성매매 제도에 반대하는 것이다. 이에 접근하기 위해 매해연이 정한 목표는 크게 성매매 문제 공론화 및 올바른 관점 정립, 매춘여성의 존재 부각 및 이들의 삶 재조명, 성매매 문제를 통한 여성인권 재조명이다.

매해연의 활동은 실천과 학습이라는 두 축으로 구성되어 있다. 실천 면에서 제일 먼저 한 일은 당시 막 시행되기 시작한 개정 방지법이 다시 사문화될 것을 우려하며 다른 단체와 공동으로 성명서를 발표하고 토론회를 개최한 일이다.

매해연의 실천활동 중 가장 두드러진 것은 언론활동이다. 매해연은 인식의 변화를 문제삼지 않는 현재의 성매매 논의를 비판하면서 인식의 변화가 대책모색보다 선행되어야 함을 강조하였다. 이런 관점에서 이들

---

37) 이 모임은 1996년 1월 10일 '매매춘을 걱정하는 모임'으로 시작하여 다섯 번의 모임을 거쳐 여섯 번째 모임인 2월 7일에 '매매춘 문제 해결을 위한 연구회'로 공식적인 명칭을 정하면서 출발하였다. 매해연의 결성배경에 대해서 ≪매해연소식≫ 1호를 참고하였다.

은 이 시대를 살아가는 여성의 모습을 여성의 언어로 담아내는 일에 착수하였다. 성매매에 대한 저항의 시발로서 성매매에 대한 기존의 담론을 비판하는 작업의 일환으로 성매매 사건에 대한 언론보도에 적극적으로 대응했다(≪매해연소식≫ 1: 9-14).38) 또한 TV와 신문의 10대 성매매와 성산업에 관한 보도를 모니터하고 각 신문사에 문제점을 투고하였다. 언론보도가 문제의 초점을 성적 서비스 제공자에게 돌리고, 성매매를 청소년탈선 문제로 규정하고 그 해결방안을 가족의 문제라는 사적 영역으로 귀결시켜 버림으로써 거시적이고 구조적인 차원의 가부장제적 지배체제의 문제를 은폐하고 있는 것을 사회에 알리려고 하였다(≪매해연소식≫ 1호; 4호). 이 밖에 매해연은 각 대학의 여성학 강사를 대상으로 '학생들에게 매매춘에 대해 어떻게 강의할 것인가'에 대한 워크숍을 한소리회와 공동으로 개최하였다(1999. 2. 26)(한소리회·매해연, 1999).

실천 겸 이론화 작업의 일환으로 이들은 현장을 답사, 현황을 분석하고 대안을 제시했다. 먼저 성매매가 사건화되어 사회문제화될 때마다 현장(미아리, 가리봉, 천호동 등)을 방문하여 업주, 종업원, 관계 공무원과 경찰을 인터뷰하기도 하고 항의하거나 격려 지지하는 등의 작업을 했다. 관광산업의 일환으로 특정 지역이 관광특구로 지정된다는 보도가 나면(동두천, 대구의 자갈마당, 이태원) 그 지역의 상황과 여론을 조사해보기 위해 직접 가서 현장답사를 하고 공무원, 경찰, 상가번영회, 지역 신문기자, 동두천 시민회, 일반시민 등을 인터뷰하면서 특구로 지정되게 된 배경, 지역의 여론 등을 수집하고 항의전화를 하는 등의 활동을 했다(백재희·정금나, 1997).

---

38) 이 밖에도 ≪한겨레21≫(1997. 3)의 동두천 외국인 상대 매춘여성에 대한 기사의 선정적 보도와 ≪매일경제신문≫(1997. 4)의 「매춘가격과 신발값에 대한 비교론」에 문제를 제기하여 독자투고를 보내는 등 항의했다. 천호동 단속에 대해 그 실효성을 문제제기하고 있는 신문의 보도에 맞서 인터뷰(≪문화일보≫ MBC 아침뉴스)를 통해 지지발언을 했다. 또한 10대 여성의 성매매를 보도하는 언론보도의 문제점을 지적하면서 언론에 여론화하였다(≪한겨레신문≫ 1998. 7. 22).

연구작업으로는 이화여대 대학원 학생회 학술제에서 성산업에 대한 연구를 발표하였고(1998. 10) 성매매에 대해 급진적 관점을 제시하고 있는 페미니스트 캐슬린 배리(Kathleen Barry)의 *The Prostitution of Sexuality*(New York Univ. Press, 1995)를 번역(미간행)하였다. 그 밖에 성매매에 관해 강의를 하고 있다. 세계기독학생회총연맹(WSCF), 아시아태평양지역위원회 소속 일본, 대만, 홍콩 등 여대생들에게 한국의 성매매 현실과 매춘여성의 인권 문제에 대해 설명하고 각국 회원들과 자국의 현실에 대해서 서로 의견을 나누었으며 이들과 함께 청량리 사창가를 방문하였다(1998. 11. 10).

처음에는 현장학습 및 언론항의 등을 계획하고 실제로 활동을 전개했으나 현재는 대학원생이 주 멤버인 모임의 한계와 특성을 고려하여 자신들의 위치에 맞는 '연구'에 집중하고 있다. 현재는 제3세계 성매매와 인신매매에 관한 연구작업을 하고 있다.

이들의 활동은 기존의 운동단체에 비해서는 소규모적이지만 성매매 논의를 성별 관점으로 한 단계 끌어올렸다는 점, 성매매에 대한 습관적 언어, 사고에 대해 도전했다는 점에서 큰 의의가 있다. 이들의 '필요악 신화'와 '자발적 선택 신화'에 대한 이들의 투쟁은 기존의 여성관, 기존의 성과 남녀관계에 관한 규범을 뒤흔드는 것이다. 또 이 모임은 성매매 연구를 촉진하였다.

3) 성산업의 확대와 성매매근절운동

강화된 법에도 불구하고 성매매는 줄어들기는커녕 더욱 다양해지고 광역화되고 있다. 이벤트 회사나 결혼상담소를 가장한 성매매, 티켓다방, 전화방 성매매, 고속도로 성매매, 보도방을 통한 성매매 등 끝모르게 전개되는 성매매는 법을 비웃고 있으며 여기에 외국여성들과 10대 여성, 그리고 매춘(賣春)남성까지 가세하고 있다.

이에 대응하여 90년대 후반에 성매매관련단체나 여성운동단체가 벌인 성매매 반대활동을 살펴보면 1996년에 한소리회, 교여연, 내일신문 여성문화센터가 퇴폐와 향락풍조의 온상 터키탕 규제완화에 대한 반대 집회 등의 활동을 벌였고 교여연이 룸살롱식 단란주점 '프라자'의 유해 전단에 대해 진정서를 제출하는 등의 활동을 전개했다. 또한 지난 몇 년간 빠르게 확산되고 있는 10대 여성 성매매에 대해 반대운동을 벌였다. 한국성폭력상담소와 한국여성민우회는 1998년 12월 초에 '10대 매매춘 근절을 위한 거리 퍼포먼스'를 지하철역에서 5회에 걸쳐 진행하여 서울 시민들에게 10대 성매매의 심각성과 근절의 시급함을 알렸다. 한국여성의전화연합도 향락산업에서 청소녀를 지키기 위한 다양한 사업을 1998년 성폭력추방주간에 전국 14개 지부를 중심으로 전개하였다.39) 한국교회여성연합회는 '가출청소녀 불법고용업소와 불법고용매체 고발문화 확대 캠페인'을 교회를 대상으로 전개했다. 청소년을 위한 내일여성센터도 1999 IMF시대, 향락산업으로부터 딸 아들 지키기 연속토론회 '10대 매춘 상대자 신상공개를 위한 집담회'를 개최하였다(1999. 3. 30). 이 토론회에서 '10대 매춘 상대자' 신상공개의 필요성과 이들에 대한 외국의 처벌 사례, 신상공개에 대한 법률적 검토가 이루어졌다.

　1990년대 후반 10대 성매매를 중심으로 전개되고 있는 성매매반대 운동은, 성매매관련운동단체나 여성운동단체에 의해 주도적으로 제기된 것이 아니라, 국가의 청소년보호정책의 일환으로 제기된 것이다. 활동의 대부분이 국가주도 청소년보호운동의 일환으로 계획되거나 후원되었다. 따라서 1990년 후반의 성매매반대운동에 대한 평가는 국가주도운동에 대한 평가와 더불어 이루어져야 한다.

　청소년에 대한 국가의 관심은 학교 주변의 폭력과 유해환경에서 자녀들을 보호하기 위해 출범한 법무부주도 '자녀안심하고학교보내기운

---

39) 캠페인[강릉, 강화, 대구, 부산, 서울(강서, 양천), 전주, 인천, 익산, 거리 퍼포먼스(광주), 인형극(안양) 시민대토론회(청주) 거리전시 및 문화행사(창원, 군산)가 다채롭게 진행되었다.

동'(1997년 9월에 출범, 이하 자녀안심운동)과 국무총리 산하의 청소년 보호위원회(이하 청보위)의 활동에서 시작되었다. 자녀안심운동의 일환으로 학교주위의 위해 유해업소를 점검하다 10대 여성들이 향락업소에 대거 몰려 있는 것을 발견한 것이 계기가 되어[40] '사창가 해체'가 선언되는 등(1997. 9. 29) 국가에 의해 10대 성매매에 대한 전쟁이 선포되었다.[41] 청보위도 '청소년 성문화대책위원회'(이하 성문화대책위)를 발족하여 정부의 '10대 매춘과의 전쟁선포' 연장선상에서 10대 여성들의 향락산업 유입에 관심을 갖고 10대 여성 성매매 근절운동을 전개했다(1998. 9) 성문화대책위는 한 달에 한 번씩 'IMF시대, 향락산업으로부터 딸, 아들 지키기'(이하 딸아들지키기운동) 연쇄 토론회를 개최하고 있으며, '딸 아들 사고파는 향락문화 추방 선포식'을 열고 '아버지 감시단'을 결성하였다. 폭력적 성문화 추방에 앞장설 것을 선포하고 유흥업소의 10대 청소년 고용행위를 적발해 당국에 신고하는 활동을 전개하고 있다. 이런 분위기에서 1998년 9월 '가출, 윤락 청소녀를 위한 청소녀 상담소 쉼자리 전국협의회'가 창립되었다.[42]

이러한 일련의 조처를 전면적인 성매매 근절운동으로 보기에는 한계가 있다. 먼저 국가에 의한 '사창가 폐쇄' 조처는 주대상이 주택가 밀집지역이라는 점, 동기가 가출청소년 찾기에 있다는 점, 윤락행위등방지법보다 '식품위생법'이 적용되었던 점, 또한 성거래가 이루어지는 업

---

40) 10대 청소년들의 성매매 현황에 대해서 이재순(1998a, 1998b), 이미경(1998) 참조.

41) 1997년 10월 서울 신길동 일대 사창가를 일제 단속, 관련 업소를 폐쇄조치했다. 검찰의 이런 조치 외에도 몇몇 경찰서와 자치단체는 관할 지역안에 있는 사창가 폐쇄를 강력하게 추진했다. 이러한 경찰의 노력은 사창가 폐쇄에만 국한되지 않고 지방의 소위 '티켓다방' 단속에 까지 미치고 있다. 예를 들면, 옥천경찰서는 10대 청소녀들이 빚을 감당하지 못하여 도망가는 모습을 보고 이들을 보호하기 위하여 티켓 다방 검거에 나섰다(김강자 서장과의 인터뷰).

42) 이 단체의 목표는 가톨릭 정신에 따라 가출소녀를 보호하고 중장기 선도보호시설과의 연계를 통해 가정, 학교 등으로 복귀시키는 것이다. 소녀협은 10대에 맞는 다양한 프로그램을 가지고 가출청소년을 위한 일을 하고 있지만 성산업에 유입된 여성을 '윤락 청소녀'로 개념화하는 한계를 드러내고 있다(이효희, 1998b).

소에 대한 단속만 할 뿐 단속 후 10대 여성에 대한 사후 조치는 전혀 강구되지 않고 있었다는 점 등의 한계를 지니고 있다(≪매해연소식≫ 3: 4). 또한 딸아들지키기운동도 몇 가지 점에서 문제가 있는데 10대를 딸과 아들로 명명하는 것에서도 나타나듯 부모와 가족의 피보호자로서의 10대, 양육과 돌봄의 대상으로서의 10대를 설정함으로써 '여성 문제'가 아닌 '청소년 문제' 혹은 '가족 문제'로 접근하고 있다(이효희, 1998b). 이 운동은 우리 사회에 팽배한 가족 이기주의에 호소하며 오로지 가족의 보존과 아들, 딸의 안녕에만 관심이 있고 매춘여성 일반이 갖고 있는 문제에 대해서는 아무런 관심도 나타내지 않고 있다. 국가주도의 자녀안심운동과 딸아들지키기운동은 공통적으로 성인 성매매와 10대 성매매를 분리하는 문제점이 있으며 이는 이 운동들이 가진 성매매 자체에 대한 무관심을 반영한다고 할 수 있다.

이러한 문제는 여성운동단체의 활동에서도 드러나고 있다. 기존 여성운동단체들이 진행한 행사들은 국가 주도 10대 성매매 근절운동의 한계를 크게 벗어나지 못하고 있다. 그 원인은 성매매 문제에 대한 진지한 고민과 장기적인 계획이 없는 상태에서 정부의 프로젝트를 받아 한시적으로 진행한 '행사'였기 때문으로 생각된다. 또한 여성단체들의 '중산층적' 경향은 10대 매춘여성의 문제를 성매매 문제보다는 자녀 문제로 이해하는 데 작용했을 것이다.

이러한 한계로 인해 딸아들지키기운동은 그 규모와 영향력에도 불구하고 성매매에 대한 사회적 논의가 확산되는 계기가 되지 못하고 있다. 국가가 주도한 10대 성매매 근절운동 과정에서 다시 고개들기 시작한 공창 논의와 가족 이데올로기로 인해 이 운동들이 전개되는 동안 매춘여성의 인권 문제는 관심 밖으로 밀려났고 이 기간에 성매매에 관한 어떤 이벤트도 없었다. 이런 면에서 볼 때 국가 주도 운동은 그동안 어렵게 성장해온 성매매반대운동을 어떤 면에서는 위축시키는 결과를 초래했다고도 할 수 있다.[43]

그러나 이런 한계에도 불구하고 국가 주도 10대 성매매 근절운동은 다음의 몇 가지 측면에서 의미를 지닌다. 먼저 자녀안심운동의 사창가 폐쇄 조치의 의미를 살펴보면 첫째, 성매매 단속에 검찰이 나선 것은 이번이 처음이고 이 운동에서 일선 검사들이 매춘여성 문제를 본격적으로 다루어보겠다는 단호한 의지를 보였다는 것이다. 한 경찰서장의 단호한 의지가 '그 화려했던 도시(천호동)를 암흑으로' 바꾸어 버린 점, 지나가던 남자에게 신분증 검사를 한 점 등은 국가가 의지가 있으면 얼마든지 성매매 문제를 해결할 수 있다는 실증이 되고 있다(≪매해연 소식≫ 3: 1-6). 둘째, 이런 단속이 여성들이 성산업으로 유입되는 것을 막는 가장 효율적인 예방책이 될 수 있다는 것을 보여주었다(≪매해연 소식≫ 3: 5). 셋째, 이 운동으로 특정한 10대만이 아니라 많은 청소녀들이 성산업에 유입되고 있고 10대 남성들도 10대 여성 못지 않게 성산업에 (주로 '삐끼'로) 유입되고 있다는 것이 드러났다.

성문화대책위원회의 딸아들지키기운동은 이미 자녀안심운동으로 사회여론화된 10대 여성들의 성매매 문제를 한층 더 사회 문제로 부각시키는 데 큰 역할을 하였다. 비록 10대 청소녀에게 한정되긴 했지만 성을 사는 성인 남자가 사회적으로 지탄받게 되었다는 것도 큰 변화이다. 전에는 남성 손님에 대한 비난이 없었는데 이 운동이 확산되면서 영계 찾는 남자들에 대한 비난이 공공연해진 것이다. 향락산업에 대한 문제가 드러났고 경찰과의 유착관계가 드러났다. 또한 이 운동으로 여성단체가 10대 매춘여성들의 문제에 관심을 갖게 되는 계기가 되었고 이들의 활동으로 10대 성매매에 대한 여론화가 활발해졌다. 따라서 비록 위에서 열거한 여러 가지 한계가 있지만 성매매에 연루된 집단의 다양성과 각각의 특수성을 고려할 때 10대 성매매 문제의 여론화는 다른 집단의 성매매 문제를 해결하는 데도 도움이 되리라고 본다. 이런 점

---

43) 어느 주부 대상 상담원교육강의에서 성매매에 대해 강의를 하는데 성매매 그 자체에 대해서는 별로 반응이 없다가, 청소녀들의 성산업 유입에 대해서 이야기 하니까 주부의 반응이 활기를 띠었다고 하는데 이는 그동안 대중매체를 통해 여론화된 10대 성매매 문제가 일반인들에게 어떻게 전달되었는가를 잘 반영한다고 하겠다(이효희와의 인터뷰 중에서).

에서 성산업의 확산과 국가 주도의 10대 성매매 근절운동은 성매매반
대운동에 대한 도전이며 동시에 발전의 계기라고 할 수 있다.

6. 성매매관련운동의 성과와 과제

지금까지 1970년부터 1998년까지 성매매관련운동의 흐름을 살펴보
았다. 이 시기 성매매 운동의 흐름은 크게 세 갈래라고 할 수 있다. 첫
번째는 한국교회여성연합회를 중심으로 이루어진 기생관광반대운동과
인신매매반대운동이고 두번째는 매춘여성들을 위한 쉼터와 한소리회를
중심으로 전개되고 있는 매춘여성인권운동이며 세번째는 성매매를 여
성주의적으로 접근하고 있는 매해연의 성매매반대운동과 여성학에서의
논의이다. 첫번째 물결은 70~80년대 활발히 진행되다가 90년대 들어
두번째 물결과 합류하여 현재는 두번째 물결이 성매매반대운동의 주류
를 이루고 있다.

30년 동안의 성매매반대운동을 통해 성을 사고 파는 현상이 사회구
조의 문제로, 또 가부장제의 성문화의 문제로 이해되는 성과를 거두었
고, 법적인 통제와 사회적 낙인으로 억압과 착취 그리고 사회적 단절
속에 살고 있는 매춘여성들의 입장에서 재조명되기 시작했다. 또한 운
동의 전략 지점이 정부, 성매매 구조, 남성 손님,[44] 매춘여성 등으로
확대되는 성과를 이루어내었다.

그러나 이러한 성과에도 불구하고 법체계나 대중의 인식은 아직도
매춘여성을 '윤락여성'으로 부르면서 성매매 문제의 책임을 이들에게
전가하고 있다. 아직도 성매매와 매춘여성들의 이슈는, 10대 매춘여성
을 제외하고 사회적 합의를 도출해내지 못하고 있다. 성매매 문제의
가장 심각한 점은 성매매가 일상화되어 있는데도 대부분 사람들이 이

---

44) 김예숙(1996)은 남성들이 왜 성을 사려고 하는지에 대해 질문하고, 양육과정에
서의 남성의 심리 내적 과정을 분석하여 이에 대한 심리학적 설명을 시도했다.

를 문제삼지 않을 정도로 이 문제는 가시화되어 있지 않다는 것이다. 청소년과 가족의 문제가 아닌 여성 문제로서의 성매매는 아직도 사회적으로 관심을 끌지 못하고 있다. 성매매 문제가 은폐된 가운데 매춘여성들의 인권 문제가 제대로 다루어질리 없다.[45)

성매매 근절과 매춘여성의 인권보호라는 두 과제가 어떻게 함께 갈 수 있을지에 대해서는 아직 이론적인 논의도 미흡하다. 전반적으로 성매매반대운동은 성매매의 심각성에 비추어, 또 여성운동의 다른 분야에 비하여 부진한 편이다. 1970~80년대에는 한국교회여성연합회중심으로 당시의 반정부투쟁 분위기 속에서 크게 일어났는데 90년대 와서는 여론화작업이나 대정부활동 측면에서 활발하지 못하다.

성매매가 점점 더 광역화, 일상화되어 가는 현실에서 우리는 '이런 심각한 상황에도 불구하고 왜 운동이 저조한가'에 대한 논의를 해야 한다. 이런 논의를 통해 기존의 활동을 재검토하고 성매매에 대한 정책과 운동의 대안을 마련해야 하기 때문이다. 성매매 운동이 저조한 이유로 여러 가지를 생각해 볼 수 있다. 첫째는 성매매 이슈가 워낙 복잡하고 해결을 위해 사회 전반의 변화가 요구되기 때문에 성매매의 해결은 마치 '이상을 꿈꾸는 것' 같다(정현숙, 1998: 19). 이와 더불어 성산업의 확산이 너무 급격히 이루어져 여성들의 운동만으로 감당하기 힘든 점도 있다. 더구나 남성 성문화에 대한 도전은 불가피하게 남성과의 투쟁을 포함하게 되는데 이 부분이 부담되는 측면도 있다.

성매매 운동이 활성화되지 못하고 있는 또 하나의 이유는 운동주체에게서 찾아볼 수 있다. 현재 성매매를 반대하는 여성운동가들은 모두 서울지역에 편중되어 있고 활동 여건이 매우 열악하여 운동의 지속을 운동가들의 희생과 헌신에 전적으로 기대고 있는 상황이다. 그나마 인

---

45) 이 원고를 막 마무리 지을 즈음 부산 구세군여성복지관에 수용되어 있는 15명의 청소녀들이 복지관의 폐쇄적인 운영과 가혹행위 및 비인간적인 대우에 불만을 품고 농성을 벌이다 창문들을 부수고 집단 탈출을 시도한 사건이 발생했다(1999. 5).

적·재정적 자원이 있다고 할 수 있는 한국교회여성연합회가 90년대 들어 사업의 중심을 평화통일운동으로 옮기면서 성매매 문제는 주요 사업이 되지 못하고 있다. 성매매관련운동단체들은 조직적인 측면에서, 대사회적 교섭력에서 다른 여성운동단체에 비해 상황이 좋지 못하다. 이는 우리 사회의 성매매에 대한 인식을 그대로 반영하는 것이다. 또한 당사자인 매춘여성 자신들이 사회적 낙인·정신적·육체적 상처로 인해 운동의 주체로 나서기가 어려울 뿐 아니라 너무 소외되고 주변적이며, 존재 자체가 가려져 있다는 점이다. 이들의 목소리는 너무나 드러나기 어렵다. 이러한 특수성으로 인해 성매매반대운동은 다른 운동과 방법에 있어서 차별적일 수밖에 없다. 운동가와 운동의 주체가 되어야 할 피해자가 너무 분리되어 있어 다른 여성운동과는 달리 운동단체들이 운동의 대상으로부터 힘을 받지 못하고 있는 점 또한 성매매운동이 활성화되기 힘든 요인이 되고 있다.

성매매운동이 활성화되지 못한 또 하나의 중요한 요인은 기존의 여성운동단체가 성매매 문제나 매춘여성들의 인권 문제에 대해 진지한 관심을 갖지 않았고 이에 대한 운동도 토론회 수준에서 머물면서 전반적으로 볼 때 적절한 대응을 하지 않았으며 현재도 상황이 크게 다르지 않다는 것이다(여연, 1998: 178). 여성운동단체의 운동영역이 80년대의 노동, 민족, 민주화에서 90년대 성, 가족 문제로 확장되긴 했지만 아직도 주변적인 여성그룹(매춘여성, 동성애여성, 장애인여성 등)의 인권 문제는 다루지 않고 있다. 많은 여성운동가들이 이 문제에 대해 관심만 많이 가지고 있을 뿐 실제 해결하기 어려운 문제라는 생각 때문에 '개인적으로 고심'하는 단계에 머물면서 '몸을 사고 파는 행위는 안 된다'라는 당위적 얘기만 되풀이하고 있다. 신혜수는 '여성운동의 그동안의 성과에 비하여 매매춘 문제에 대해서는 문제의 심각성과 어려움 때문에 이에 뛰어들 용기를 내지 못하고, 열성적인 일부 활동가들의 운동에 의존해왔다'고 솔직하게 토로하고 있다(신혜수, 1996: 13).

이 분야의 운동이 저조한 것에 대해 여성운동권 내부의 반성이 요구

된다. 즉 앞만 보고 달려온 여성운동단체들의 성과 위주의 활동, 80년
대 노동중심의 활동, 대중성 확보라는 부담 속에서 '대중적이지 못한
이슈'를 피하려는 경향, 중산층 회원의 눈치 보기, 여성운동가 스스로
매춘여성을 '여성' 범주에서 소외시키려는 경향 등이 혹시 작용하지는
않았나 반성해 볼 시간이 된 듯하다. 마른 풀에 불 번지듯 확산되어 가
는 다양한 형태의 성매매에 여성운동단체가 적극적으로 대처하지 않으
면 여성들의 인권이 중대한 침해를 받을 것이며 그동안 힘들게 이룩해
온 여성운동의 성과가 빛을 발하기 어려울 것이다.

성매매는 점점 더 복잡한 구조와 다양한 형태로 우리의 일상생활을 침
범하고 있다. 이 문제를 해결하기 위해서는 보다 정교하고 다양한 접근
이 필요하다. 30년 운동의 전통과 축적된 경험을 바탕으로 다각도로 이
슈를 개발하고 대상에 맞는 방법을 모색하는 것이 필요하다. 그러기 위
해서는 우선적으로 기존의 성매매관련운동단체의 활성화와 기존 여성운
동단체의 성매매 이슈에 대한 보다 적극적인 자세, 이 두 단체들의 세력
화 그리고 연대가 절실히 필요하다. 끝으로 성매매운동의 새로운 시작을
촉구하는 다음 글을 인용하면서 성매매 근절의 희망을 나누고자 한다.

'매매춘 문제가 해결될 수 없는 전지구적인 현상인 것처럼 보이는 현실은 사
실이지만, 다른 한편으로 그 문제를 해결하려는 끝없는 노력들은 매매춘이 사
라질 것이라는 희망을 발견하는 시작점이 되기도 한다'(≪매해연소식≫ 4: 40).

참고문헌

강영수. 1989, 「한국사회의 매매춘에 관한 연구: 용산역 주변 매춘여성을 중
    심으로 한 사례연구」, 이화여자대학교대학원 석사학위논문.
경기도 가정복지과. 1995, 「경기도여자기술학원 운영현황과 화재발생 및 조
    치사항」, 한국교회여성연합회, 매매춘과 윤락행위등방지법(1996).

경기도여자기술학원 사건대책협의회. 1996a, 「사건일지」, 한국교회여성연합회, 매매춘과 윤락행위등방지법.

_____. 1996b, 「경기도여자기술학원화재사건 현장방문보고」, 한국교회여성연합회, 매매춘과 윤락행위등방지법.

_____. 1996c, 「보건사회부 항의방문 및 국장면담 보고서」, 한국교회여성연합회, 매매춘과 윤락행위등방지법.

_____. 1996d, 「결의문」, 한국교회여성연합회, 매매춘과 윤락행위등방지법.

경기도의회 보사환경위원회. 1995, 「경기도여자기술학원 화재참사에 관한 행정사무조사결과 보고서」 한국교회여성연합회, 매매춘과 윤락행위등방지법(1996).

고미리암. 1996, 「매매춘과 여성인신매매」, 제2차 동아시아 여성포럼, 한소리회, 《한소리회, 매춘여성과 함께한 10년》에 재수록.

광주여성의전화부설 광주성폭력상담소 1997, 「청소년 성문제의 이해; 10대 매매춘 및 성폭력 가해자 실태를 중심으로」.

김기원. 1996, 「매춘여성 사회재활을 위한 정책적 제언: 윤락행위등방지법 개정을 위한 매춘여성 실태조사 보고」, 한국교회여성연합회, 매매춘과 윤락행위등방지법.

김미경. 1987, 「매춘을 통해서 본 성통제구조 일고찰: 문학작품 분석을 통하여」, 이화여대 여성학과 석사논문(미간행).

김엘림. 1989, 「윤락행위등방지법 개정의 필요성과 방향」, 한국여성단체연합, 《민주여성》 8호.

_____. 1990, 「윤락행위등방지법 개정을 위한 연구」 한국여성개발원 《여성연구》 제8권 1호(통권 26호).

김예숙. 1996. 11/12, 「부재중인 성윤리와 박탈당한 인권」, 한국여성의전화, 《여성의 눈으로》 7호.

_____. 1996a, 「탈매춘을 위하여: 매춘여성 입장에서 바라본 방지법」, 한국여성민우회, 정책토론회 2 《진단! 윤락행위방지법》.

김칠준. 1996, 「최후변론」, 한국교회여성연합회, 매매춘과 윤락행위등방지법.

김현선. 1996, 「경기여자기술학원 화재사건을 통해 본 매춘여성 문제」 한국교회여성연합회, 매매춘과 윤락행위등방지법.

두레방. 1996, 「윤락행위등방지법의 문제점」, 한국교회여성연합회, 매매춘과 윤락행위등방지법.

문경란. 1989, 「미군정기 한국여성 운동에 관한 연구」, 이화여자대학교대학원 석사학위논문.

문애현. 1996, 「하나님 나라를 찾았다」 한소리회, 『한소리회, 매춘여성과 함께한 10년』.

민가영. 1998. 10, 「동두천의 '동두천'을 본다」, ≪매해연소식≫ 4호.

박선숙. 1990, 「여성의 성성(Sexuality)을 중심으로 본 매매춘정책에 관한 연구」, 이화여대 사회사업학과 석사논문(미간행).

박정은. 1994, 「윤락여성의 사회복귀를 위한 지원방안 연구」, 한국여성개발원 ≪여성연구≫ 42, 봄.

박종성. 1994, 『한국의 매춘』, 인간사랑.

_____. 1995, 「한국의 정치권력과 매매춘시장: 비상구는 보이는가」, 인천여성의전화, 매매춘토론회 자료집.

_____. 1996, 『권력과 매춘』, 인간사랑.

백재희·정금나. 1997. 4, 「관광특구 지정을 통해서 본 국가정책의 여성억압적 성격: 경기도 동두천시의 사례를 중심으로」, ≪매해연소식≫ 2호.

변리나. 1996. 8. 31, 「성산업의 현실과 매춘여성의 삶」, 이화여자대학교 아시아여성학센터 아시아여성학워크숍 자료집.

손덕수. 1987, 「성(性): 제국주의의 희생자들, 동남아 매춘관광의 실태」, 한국교회여성연합회 교육자료 제3집 『매춘 문제와 여성운동』.

_____. 1998, 「산업사회에서의 향락산업과 매매춘」 대구효성가톨릭 대학교 한국여성문제연구소, ≪여성문제연구≫ 제23집.

수원지방법원. 1996, 「경기여자기술학원 방화사건 결심공판」, 현주건조물방화사건 95-787호, 수원지방법원 형사11부 110호형사대법정, 1996. 1. 29.

신혜수. 1995, 「여성학의 관점에서 본 매매춘 문제」 인천여성의전화 매매춘토론회 자료집.

_____. 1996, 「매춘여성의 현실과 사회복귀을 위한 대안책」, 한국교회여성연합회, 매춘여성의 현실과 사회복귀를 위한 토론회.

야마시다 영애. 1992, 「한국 근대 공창제도 실시에 관한 연구」, 이화여자대학교대학원 석사학위논문(미간행).

원미혜. 1995, 「한국매매춘의 합법화논의에 관한 소고: 매매춘의 인권 문제를 중심으로」, 인천여성의전화 매매춘토론회 자료집.

_____. 1996a, 인터뷰 ≪한겨레신문≫ 1996. 3. 11.

_____. 1996b. 8. 31, 「한국 사회의 매매춘과 여성」, 이화여자대학교 아시아여성학센터 아시아여성학워크숍 자료집.

_____. 1997, 「한국 사회의 매춘여성에 대한 통제와 착취에 관한 연구」, 이화
    여대 석사학위논문(미간행).

_____. 1999, 「우리는 왜 성매매를 반대해야 하는가」, 한국성폭력상담소(엮
    음), 『섹슈얼리티강의』, 동녘.

윤영애. 1996a, 「한소리회와 매매춘」, 한소리회, 『한소리회, 매춘여성과 함께
    한 10년』.

_____. 1996b, 「매춘여성을 위한 정부 민간단체의 현실과 전망」, 한국교회여
    성연합회, 매춘여성의 현실과 사회복귀를 위한 토론회 자료집.

이동철. 1985, 「사례발표: 인신매매의 유형」, 여성의전화 공개토론회 보고서,
    '인신매매와 매춘여성'.

이미경. 1987, 「매춘 문제에 대한 여성운동론적 접근」, 한국교회여성연합회
    교육자료 제3집, 『매춘 문제와 여성운동』.

_____. 1998, 「청소년의 매매춘 현황」, 한국교회여성연합회, 가출소녀와 매
    춘여성에게 열린전화 1주년 기념토론회.

이영자. 1989, 「성일탈과 여성」, ≪한국여성학≫ 제5집.

이옥정. 1996. 12. 5, 「매매춘현실과 교회여성의 책임」, 한국교회여성연합회,
    한국여성의전화 공동주최 강연회, '교회여성의 사회적 책임'.

이우정. 1985, 「더불어 평화롭게 사는 사회」, 한국여성의전화, 공개토론회 보
    고서, '인신매매와 매춘여성'.

이재순. 1998a, 「향락산업의 청소년 고용실태와 알선 매개고리 실태」, 청소년
    보호위원회, 제1차 IMF시대, 향락산업으로부터 딸 아들지키기 연속토
    론회(1998, 9, 22), '청소년을 사고 파는 향락산업, 어떻게 할 것인가'.

_____. 1998b, 「가출소녀 매매춘 현황」, 한국교회여성연합회 소식, ≪함께
    가는 교회여성≫ 가을.

이현숙. 1992, 『한국교회여성연합회 25년사』, 한국교회여성연합회.

_____. 1996. 9/10, 「성을 유린하는 국가정책에 대항하여: 관광정책과 여성」,
    한국여성의전화, ≪여성의눈으로≫ 6호.

이효희. 1998a, 「10대 여성의 성적서비스 경험에 관한 여성주의적 접근: 유
    흥업소 경험을 중심으로」, 이화여대 석사학위논문(미간행).

_____. 1998b. 10, 「특별한 도움이 필요한 10대 여성, 어떻게 도울 수 있
    나?」, ≪매해연소식≫ 4.

이화여자대학교 아시아여성학센터. 1996. 8. 31, 「여성·성·건강」, 아시아여성
    학워크숍 자료집.

인천여성의전화. 1995, 매매춘 토론회.

장필화·조형. 1991, 「한국의 성문화: 남성 성문화를 중심으로」, 이화여대 한국여성연구소 《여성학논집》 제8집.

재거, 앨리슨·앤 퍼거슨. 1996, 「매매춘에 대한 여성학적 접근」, 이화여자대학교 아시아여성학센터.

정연순. 1998. 11. 5, 「매춘 여성의 탈매춘과정에서 발생하는 법적 문제점과 어려움」, 한국교회여성연합회, 가출소녀와 매춘여성에게 열린전화' 1주년 기념토론회.

정은숙. 1996, 「윤락행위등방지법 실효성에 관한 연구」, 한국여성민우회, 정책토론회 2, '진단! 윤락행위등방지법'.

정현숙. 1998. 11. 5, 「열린전화 1주년 상담보고」, 한국교회여성연합회, 가출소녀와 매춘여성을 위한 열린전화 1주년 기념토론회.

조형. 1995, 「남성지배문화: 오늘의 위기」, 《또 하나의 문화》 4호.

조형·장필화. 1990, 「국회 속기록에 나타난 여성정책 시각: A. 매매춘에 대하여」 이화여대 한국여성연구소, 《여성학논집》 제7집.

지은희. 1985, 「매춘의 사회구조적 원인」, 한국여성의전화 공개토론회 보고서, '인신매매와 매춘여성'.

한국교회여성연합회. 1983, 기생관광: 전국 4개 지역실태조사 보고서.

_____. 1987, 『매춘 문제와 여성운동』, 한국교회여성연합회 교육자료 제3집.

_____. 1988a, 「여성과 관광문화: 제주지역중심으로」.

_____. 1988b, 「국제세미나: 여성과 관광문화」.

_____. 1996a, 매매춘과 윤락행위등방지법.

_____. 1996b, 「매춘여성의 현실과 사회복귀를 위한 토론회」.

_____. 1998. 11. 5, 「가출소녀와 매춘여성에게 열린전화, 1주년 기념토론회」.

한국교회여성연합회, 한국여성의전화. 1996, 《교회여성의 사회적 책임》.

한국여성개발원. 1998, 『산업형 매매춘에 관한 연구』.

한국여성단체연합. 1988, 「제국주의 성침탈과 여성」, 《민주여성》 5호.

_____. 1998, 『열린희망: 한국여성단체연합 10년사』, 동덕여자대학교 한국여성연구소.

한국여성민우회. 1996a, 「정책토론회1: '매매춘 알선, 그 실태와 진단'」.

_____. 1996b, 「정책토론회 2: '진단! 윤락행위방지법'」.

한국여성의전화. 1985, 「인신매매와 매춘여성」, 공개토론회 보고서.

_____. 1988. 4, 「올림픽을 앞두고 다시 생각하는 에이즈와 매춘여성의 문제」,

≪베틀≫ 26호.

_____. 1989. 1, 「인신매매, 무엇이 문제인가: 3S 우민화 정책과 매춘산업 조
　　　장한 당국에 책임 있다」, ≪베틀≫ 34호.

한국형사정책연구원. 1993, 「인신매매의 실태에 관한 연구」.

한소리회. 1996, 「한소리회: 매춘여성과 함께한 10년」.

한소리회, 매매춘 문제해결을 위한 연구회. 1999, 「여성학 강사와 함께 하는
　　　매매춘 워크숍 자료집」.

기타 자료: 신문, 소식지, 총회보고서, 잡지.

≪뉴스메이커≫ 176호.

≪동아일보≫ 1994. 4. 6.

≪매해연소식≫(매매춘 문제해결을 위한 연구회, 1~4호).

≪목회자신문≫ 1996. 5. 4.

≪민주여성≫(한국여성단체연합, 5호, 7호.

≪베틀≫(한국여성의전화, 8호, 26호, 34호.

≪여성신문≫ 1994. 7. 8, 7. 22.

≪중앙일보≫ 1996. 1. 7.

≪한겨레 21≫ 1994. 4. 7, 1998. 7. 22.

≪한겨레신문≫ 1996. 3. 11, 4. 27.

≪한소리회≫(매매춘근절을 위한 한소리회, 1~2호.

≪함께가는교회여성≫(한국교회여성연합회, 27호.

≪20차 총회보고서≫(한국교회여성연합회).

5
죽어야 사는 여성들의 인권
한국 기지촌여성운동사, 1986~98

정희진*

1. 들어가며

1958년 한 일간 신문은 당시 우리나라의 매춘여성이 30여만 명이라고 보도하였다. 그 중 내국인을 상대하는 매춘여성이 40.9%, 유엔군을 고객으로 하는 소위 '양공주'가 59.1%를 차지하고 있다(≪경향신문≫ 1958. 8. 11). 현재 시점에서 보면, 외국군 상대 매춘여성의 비율에 놀라지 않을 수 없다. 미군이 주둔한 지 50년이 넘는 지금 기지촌은 어떻게 변모하였으며 기지촌여성과 기지촌여성운동의 상황은 어떠한가.

해방 이후 가족법 개정 투쟁을 제외하면, 우리 사회에서 여성운동이 '전체' 민족민주운동과 차별성을 가지고 본격적으로 여성의 고유한 문제를 드러내기 시작한 것은 1980년대 중반부터라고 할 수 있다. 우리 사회의 여성문제를 성별적(gender)인 관점에서 해결하고자 하는 독자적인 여성운동 조직체들이 1980년대 초, 중반에 창립되었다(1983년 여성

---

* 이 책의 기획, 편집자로 서강대 종교학과를 졸업하였고 한국여성의전화에서 5년간 일하였다. 현재는 이화여대 여성학과 석사과정을 수료하고 기지촌여성공동체 새움터 운영위원, 여성과인권연구회 간사로 활동하고 있다. 여성사, 폭력, 여성상담론, 여성학 방법론에 관심이 많다.

의전화/여성평우회, 1984년 또 하나의 문화 창립) 한국 사회에서, 전체 사회운동의 구도 속에서 여성 문제를 제기하는 데에는 많은 어려움이 있어왔다. 한국의 여성운동가들은 이제까지 '여성운동은 민족민주운동의 분열 혹은 기껏해야 전체 운동의 부분이며, 부차적인 사회 문제, 여성운동은 중산층 부르주아 운동'이라는 비판에 끊임없이 시달려왔다. 게다가 민주화운동(사회운동) 내부의 성별 분업과, 전체 운동도 하고 여성운동도 해야 하는 이중 부담은 여성운동가들의 어깨를 더욱 무겁게 하였다.

이러한 상황에서 매춘여성운동은 여성운동 내부에서도 주변적이다. 그간 한국의 여성운동은 매춘 문제에 대한 관심, 여력이 거의 없었다고 해도 과언이 아니다. 매춘여성운동은 '주변부의 주변부'로서 매우 열악한 상황에 있다(이 책 제4장 민경자의 매춘여성운동사 참조). 어느 여성운동가의 고백대로, "우리는 페미니스트이면서 직장 여성, 이혼 여성, 성폭력 피해 여성일 수는 있어도 매춘여성일 수는 없었다."[1]

이 글에서 기지촌여성이란 주한미군 주둔 지역에 살고 있는 여성들 중 매매춘업에 종사하는 여성들을 말하며(뒤에 상술), 기지촌여성운동이란 현장출신 여성운동가를 포함하여 기지촌여성운동가들의 기지촌여성을 위한 제반 활동을 말한다. 매매춘 산업 중에서도 가장 천시되어 맨 나중에 하게 되는 매춘이라는 뜻인 '막창 인생'의 기지촌여성들에 대해서는 일반(국내) 매춘여성들조차 우월감(?)을 갖는다. 외국 군대에 몸을 파는 '양갈보'로서, 우리 사회의 성원권(成員權)을 가질 수 없었던 기지촌여성의 삶은 그래서 더욱 오랜 기간 정치화, 사회운동화되지 못했다. 사실 기지촌에서 '운동'이 전개될 수 있다고 믿는 사람은 거의 없었다.

기지촌여성운동은 매매춘 문제 자체의 복잡성과 해결의 어려움, 외국군의 주둔, 분단, 군축, 인종, 지역, 계급 문제, 사회운동권의 무관심

---

1) 이화여대 대학원 여성학과 내의 연구 동아리 '매매춘 문제 해결을 위한 연구회' 소식지 창간호(1996. 여름).

이라는 겹겹의 어려움을 안고 있다. 기지촌은 군사주의와 매매춘, 외국 군대의 주둔과 분단의 핵심 코드이다. 분단 상황은 군사주의를 정당화하고 그것을 기반으로 가부장적 성별 이데올로기를 강화한다. 1998년 추경(追更)예산을 기준으로 우리나라 국방 예산은 전체 예산의 21.3%(96년에는 22%)였다. 국가 예산의 1/5 이상을 군사비로 쓰고 있는 것이다. 이에 비해 여성관련(부녀) 복지 예산은 전체 예산의 0.01%(92년)~0.02% (93~95년)에 불과하고 크게 나아지지 않고 있다. 군사주의, 전쟁과 증오, 분단은 여성 억압을 기초로 유지되고 있다. 군사주의는 폭력적인 남성성을 미화하며 성적인 이미지(sexual image)를 가지고 있다. 이처럼 기지촌은 한국 사회뿐만 아니라 현재 인류가 직면하고 있는 모든 모순과 억압을 응축한 공간이다. 기지촌여성운동은 인권과 평화라는 새로운 세기의 화두를 어떤 방식으로 고민하고 해결해야 하는가를 실천적으로 보여주며, 여성인권에 대한 성찰 없이 인권문제는 해결될 수 없음을 일깨워준다.

다른 부문의 사회운동이 대부분 남성들의 주도, 지도로 이루어진 반면, 기지촌(지역) 운동의 경우는 애초부터 여성들의 주도로 시작되어 기지촌여성의 이슈를 중심으로 활발히 일어났다. 기지촌여성운동의 본격적인 시작을 두레방이 개원한 1986년으로 본다면, 전두환 정권시절인 86년 당시 우리 사회에서 반미나 미군기지 문제를 언급한다는 것은 매우 어려웠다. 또 남성중심적인 반미운동은 기지촌이라는 구체적인 공간을 중심으로, 그 속에서 가장 고통당하는 여성을 중심으로 접근하지 않기 때문이다. 기지촌운동은 여성운동에 의해 먼저 시작되었고, 여성주의 시각에서 접근했기 때문에 가능했다. 이제 우리 사회에서 기지촌운동은 곧 기지촌여성운동을 의미하게 되었다. 이는 기지촌이라는 말 자체가 이미 매매춘 지역이라는 성차별적(gender)인 공간을 의미하기 때문이며, 기지촌 지역운동을 하는 남성운동가들은 대체로 자신을 기지촌 활동가라기보다는 반미운동가, 지역운동가라고 정체화하기 때문이다. 또한 다른 매매춘(국내 매춘) 현장 중에서 가장 열악한 기지촌에서 매춘여성운동이 가장 활발히 일어난 것도 평가할 만한 부분이다.
이 문제는 한국 사회에서 여성운동이 소위 민족민주운동과 맺는 관계
를 설명해준다(뒤에 윤금이 사건에서 상술). 남녀를 불문하고 기지촌여
성운동에 관심을 갖는 사람들은 기지촌 문제를 여성 문제라기보다는
반미 문제로서 인식한 경우가 많기 때문이다.

　이 글은 기지촌여성운동이 조직운동의 차원에서 시작된 1986년부터,
현재(1999년 4월)까지의 운동사이다. 미간행 원고를 제외하면, 그간 기
지촌여성운동에 관한 글은 주로 윤금이 사건을 다룬 것으로서 남성 시
민운동가 이교정(1995), 재미(在美) 페미니스트 김현숙(1998)과 문형선
(캐더린 문, 1998)의 연구가 있다. 기지촌여성을 소재로 한 소설로는
안일순의 『뺏벌』(1995)이 있다. 안일순은 1992년 윤금이 사건을 계기
로 기지촌여성의 삶에 관심을 갖게 된 여성주의 작가로서 그들의 이야
기를 시, 소설 등 문학작품으로 형상화하고 각종 매체에 글을 기고하
고 있다. 안일순은 기지촌여성운동가 김연자와 함께 군사주의와 여성,
군대와 매매춘관련 국제 세미나에 참가하기도 하였다. 이교정은 한국
과 같이 사회적 억압이 심한 사회에서는 시민운동조차 민족민주운동이
될 수밖에 없다면서, 그 예로 윤금이 사건을 동두천시 시민운동과 같
이 언급했다. 김현숙은 기지촌여성운동에서 기지촌여성, 중산층 페미니
스트, 남성 민족주의자의 정치학이 같지 않음을 주장하면서 기지촌여
성이 '스스로 말하게 하라'고 주장한다.

　이 글은 현장에서 활동하는 기지촌여성운동가의 입장에서 쓰여진 것
으로서, 현장(매춘여성) 출신 운동가들의 고민을 반영하고 있지 못하다.
1986년부터 기지촌에서 활동해온 여성운동가들은 대학을 졸업한 여성
들로서 현장에 투신한 경우이다. 이 글은 이들 여성운동가의 관점에서,
이들의 기지촌여성운동에 대한 고민과 문제의식을 중심으로 서술되었
다. 때문에 기지촌 현장에서 일상적으로 투쟁하고 있는 매춘여성 출신
현장활동가들의 목소리를 거의 드러내지 못한 한계가 있으며 이는 이
후의 연구과제로 남겨 둔다.

이 글은 많은 여성운동가들의 참여와 도움으로 가능했다. 그들은 인터뷰, 논평, 필자와 회의, 토론, 엠티, 아이디어와 자료제공, 수 차례에 걸친 워크숍 등으로 이 글이 완성되는 데 전적으로 기여했다. 그런 의미에서 이 글은 공동창작이며 필자는 대표 집필자의 역할을 맡았을 뿐이다.

현장 운동가들의 목소리는 다양했다. 같은 사안에 대해 서로 다른 관점에서 인터뷰한 내용이 많았기 때문에 필자의 입장에서 취사, 선택하고 해석하는 작업이 쉽지 않았음을 밝혀둔다. 유영님(두레방 원장), 윤영애(전 한국교회여성연합회 총무, 전 한소리회 회장, 서울여대 생활관장), 김현선(전 두레방 사무국장, 새움터 대표), 정유진(전 두레방 간사, 주한미군 범죄근절 운동본부 사무국장), 박진아(전 참사랑 쉼터 간사, 새움터 전문상담원, 한국여성의전화연합 정책부장), 정선영(전 두레방 간사, 이화여대 여성학과 석사과정), 서민옥(전 새움터 간사), 엄상미(전 두레방, 새움터 간사, 한소리회 간사), 이지영(전 한국교회여성연합회 간사, 시온성 교회 담임 전도사), 남충지(전 한국여성의전화 홍보부 차장), 최희섭(전 민주주의민족통일전국연합 자주통일위원회 부장, 경희대 연구원), 새움터 상근자 여러분(김주영, 김미숙, 강옥경, 정강실), 이화여대 여성학과 소모임 피스 메이킹(Peace making), 이대 여성학과 김은실 교수님, 여성과인권연구회 회원 여러분께 감사드린다. 특히 사진, 유인물, 해외 인쇄물 등 구하기 어려운 자료를 제공해준 주한미군 범죄근절 운동본부의 정유진 사무국장과 수 차례에 걸친 인터뷰에 성실하고도 열정적으로 응해준 새움터 김현선 대표, 훌륭한 아이디어와 의미 있는 제안을 많이 해준 박진아에게 특별히 감사한다.

2. 기지촌, 다시 나올 수 없는 곳

현재 남한에 주둔하고 있는 미군 기지가 어느 곳에 몇 개인지 정확히 알기는 매우 힘들다. 1992년 '주한미군의 윤금이 씨 살해사건 공동

대책위원회'가 모태가 되어 만들어진 '주한미군 범죄 근절 운동본부'
와, '우리 땅 미군 기지 되찾기 전국공동대책위원회' 등 관련단체들조
차 미군기지 실태를 정확히 파악하지 못하고 있다. 국가기밀, 군사기밀
에 해당한다고 하여 정부나 주한미군 관계 당국으로부터 자료를 구할
수 없기 때문이다.

   1998년 현재 이남의 미군 기지는 서울, 부산, 대구, 광주, 인천 등
전국 주요도시와 충남 당진의 망일산, 경기도 화악산, 제주도 송악산
등 총 96여 곳으로 추정된다. 주한미군은 지속적인 감군(減軍)으로 지
금은 36,450명의 미군이 근무하고 있고 미군 기지와 기지 시설 면적은
총 8.034만 평에 이른다(정유진·김동심, 1997). 이는 1997년 '주한미군
범죄 근절 운동본부'가 국정감사 자료에 근거하여 밝힌 것이다. 1990
년 동아일보 특별취재반의 자료로는, 남한의 미군기지 면적은 약 1억
만 평으로서 이는 임야, 전답을 제외한 대지 면적으로만 보면 전체 남
한 땅의 17.7%에 해당하는 크기이다. 한국인의 주거 면적(1억 2, 800
만 평)에 버금가는 땅을 한국 정부의 경제적 지원 아래 미군이 무상 점
유하고 있는 것이다(부산민족민주연합 외, 1991). 1960년대부터 미국
의 베트남 전쟁 패배, 미국 내 반전운동, 소련 핵 전력의 증강, 미국 경
제력의 상대적 악화 등의 영향으로 주한미군 철수설이 나돌았다. 1969
년 7월 25일 당시 미국의 닉슨 대통령은 '괌 독트린'(닉슨 독트린)을
발표, 박정희 정권을 불안에 몰아넣었다. '아시아의 방위는 아시아인의
힘으로'라는 말로 압축되는 괌 독트린은 주한미군의 철수를 예고하는
것이었다. 1960년대 말에 약 6만 2천 명이던 주한미군은 71년 3월, 2
만여 명이 철수하고 이후 지속적으로 감군과 보강(1980년대 레이건 정
권 때)을 거쳐 오늘에 이르렀다(강성철, 1988).

   어느 시대, 사회에나 매매춘과 매매춘 집결지는 있었다. 그러나 한국
사회에서 현재와 같이 매매춘이 구조화, 정책적으로 번창하게 된 것은
일제 시대의 식민지 정책과 한국 전쟁, 미군의 주둔 때문이다. 외국 군
대의 주둔은 국가가 정책적으로 매매춘 지역을 만들고 관리하게 되는

계기가 된다. 근대 한국 매매춘의 역사적 뿌리와 대중화는 일본 제국
주의의 공창(公娼) 정책이다. 일본은 조선을 침입하면서 자국의 매춘여
성을 데려와 조선사회에 유곽을 형성하고 점차 확대시켰다. 이에 국가
는 1910년 '유곽법 창기 취체 규정'이라는 매매춘에 관한 법을 만들어
공창을 인정하기 시작했다. 이후 1916년 일제는 경무총감부령으로 '유
곽업 창기 단속 규정'을 실시하였다(강영수, 1988). 일본의 대(對)조선
공창제도의 핵심은, 매춘업 국가허가(公許)제와 매춘여성에 대한 성병
검사제도 실시이다. 일제는 자국 내와 조선 내 일본인 거류지에는 따
로 유곽을 설치했지만, 조선에는 주택가에 산재한 매춘업소를 공인함
으로써 결국 조선사회 전반에 매매춘을 확산시키는 데 결정적 역할을
하였다(야마시다 영애, 1992).

공창제도 확립과정에서 매춘여성에 대한 성병 검사가 일관되게 중요
시된 것은 성병 예방이나 매춘여성의 건강을 위한 것이 아니었다. '성
적 도구'의 안정성을 확보하고 동시에 매춘여성에 대한 사회적 낙인과
통제를 용이하게 하려는 데 있었다. 현재 기지촌여성에 대한 성병 검사
제도도 이와 같은 맥락이다. 성을 사는 사람에게는 성병 검사를 하지
않고 파는 사람에게만 검진을 의무화, 강제하는 것은 실제 성병을 전혀
예방할 수 없다. 이같은 성병 정책의 이중성은 미군의 AIDS 예방책에
서도 그대로 드러난다. 기지촌여성들은 에이즈의 원인이 아니라 결과일
뿐이다. 그러나 매춘(買春)을 하는 남성들에 대한 성병 검사는 세계 어
느 나라에도 없다. 미군 당국과 한국 정부가 기지촌여성의 에이즈 검사
를 확인하듯이, 기지촌여성들도 남성들에게 검진을 요구할 권리가 있다.

해방 후 미군이 새로운 점령군으로 주둔하면서 기지촌에는 미군과
기지촌여성, 그들을 고객으로 하는 서비스산업이 어우러져 상권을 형
성하였다. 외국인 전용 술집, 미군부대에서 흘러나오는 물건을 거래하
는 블랙 마켓(black market), 암달러상, 포주, 미장원, 세탁소, 양복점,
양품점, 사진관, 기념품점, 초상화점, 당구장, 국제결혼 중개업 사무소,
번역소 등을 무대로 기지촌 문화가 정착하였다(김현선 외, 1997).

부산의 서면 일대의 소위 '히야리아 부대'(Camp Hialeah)와 해운대의 탄약부대, 범일동의 미 55보급창, 초량동 지역과 군산의 아메리카 타운, 평택군 송탄읍 신장리(현재는 시), 부평 등은 대표적인 후방의 기지촌 도시였다. 포천, 동두천, 의정부의 뺏벌, 파주의 용주골, 문산의 선유리, 서울 용산의 미 8군 기지, 이태원, 후암동 등도 기지촌으로 유명한 곳이다. 특히 뺏벌은 기지촌을 상징적으로 표현한다. 뺏벌은 '한 번 들어가면 다시는 나올 수 없는 곳'이라는 뜻으로 경기도 의정부시 스탠리 부대(Camp Stanley) 주변의 기지촌 매매춘 집결지를 말한다. 뺏벌은 의정부 시내버스를 타면 정거장 이름으로도 표지가 되어 있는, 이 지역에서도 공식화된 지명이다. 현재 지방의 옛 기지촌들은 단속이 심한 서울을 피해내려간 국내 매매춘 업주들이 정착하면서 국내 매매춘 집결지로 유명해졌다. 매매춘 업소가 한 곳에 모여 있는 것은, 포주들은 매춘여성을 감시·통제하기 쉽고 행정당국은 단속하기 쉽기 때문이다. 매매춘 집결지는 다른 사회와 구분되어 매춘여성들에 대한 사회적 낙인을 강화한다.

기지촌여성들의 증언에 의하면, 기지촌여성들에 대한 한국 정부와 미군 당국의 통제는 1950, 60년대보다 70, 80년대가 더 심했다고 한다. 50, 60년대 한국 정부는 기지 내 매매춘 문제를 일차적으로 미국의 문제로 보았다. 70년대처럼 국가와 국가 간의 문제로 여기지 않았다. 게다가 전후의 극심한 가난은 한국 정부나 일반 국민들이 기본적으로는 매춘여성을 비난했지만 일정 정도 공감하고 동정할 수 있는 사회적 배경이 되었다. 60년대 한국의 베트남 참전은 한국이 미국과의 관계에서 유리한 고지를 점하는 계기가 되었고 베트남 전쟁에서 한국 정부의 지원이 필요한 미국은 주한미군에 관한 협상에서 한국 정부의 입장을 무시할 수 없었다(Moon, 1998).

그러나 베트남과 아시아의 전쟁상황으로부터 미국의 이탈을 의미하는 닉슨 독트린과 아시아 주둔 미군의 지속적인 감소는 상황을 역전시켰다. 주한미군의 감군은 곧 박정희 군사독재 정권의 위기를 의미했다. 주한미군은 한국 정부에게 기지촌의 환경개선을 당당하게 요구할 수 있게 되었다. 미군간의 흑백 갈등, 미군과 한국인 간의 인종적 갈등, 미군 병사들에게 만연한 성병, 기지촌 시설의 비위생적인 상태, 밀수 등에 공동대처하기 위해 주한미군과 한국정부는 1971년부터 1976년까지 '군기지 정화 운동'을 벌이게 된다. 1971년 여름 미군들끼리 인종차별로 인해 싸움이 났을 때, 미군 당국이 이를 중재하는 과정에서 미군들의 불만이 터져나왔다. '기지촌 여자들이 매우 더럽다. 우리는 한국을 구하러온 VIP들인데 대접이 너무 소홀하다'는 것이다. 이때부터 한국 정부는 적극적으로 기지촌여성들을 관리하게 된다. 기지촌마다 성병진료소를 만들고 매주 정기적으로 성병 검사를 받게 하였다. 기지촌여성에게는 보건증이 주민등록증과 같은 역할을 하게 된 것이다. 한국 정부가 기지촌 매춘을 직접 관리, 단속하게 되면서 정부는 기지촌여성을 대상으로 '민들레회'와 같은 관제 자치기구를 조직한다(김현선, 1998).

정부가 매매춘을 불법으로 규정하고 있으면서도 한편으로는 미군의 건강을 위해 기지촌여성들을 관리, 통제하는 것은 매매춘에 대한 이중정책을 그대로 드러내는 것이다. 기지촌여성들을 '가장 더러운 여자들'로 낙인찍으면서도 동시에 '외화를 버는 애국자들', 심지어 '민간 외교관'이라고 칭송(?)하기도 하였다.

기지촌 매춘 여성의 정확한 숫자를 파악한다는 것은 거의 불가능하다. 기지촌 매춘 여성 중 클럽에서 일하는 성년 여성들만 성병 검사 대상이기 때문에, 이들만 공식 통계에 포착된다. 일명 '뜨내기'(국내 매춘을 겸하는 유동적인 매춘 여성), '전화받이'(여관 등에 대기하다가 전화로 호출받고 매춘하는 여성), 미성년 매춘여성, '히빠리'(나이 들어 매춘업소에 고용되지 못하고 거리에서 직접 손님을 잡아 매춘하거나 구걸로 생계를 이어가는 여성), 미군과 계약 동거하는 여성의 숫자를 모두 파악하기는 힘들다. 해방 후 기지촌 매춘 여성의 총인구를 25만에서 30만 명으로 추산하기도 한다(김현선, 1998). 현재는 보건소에 등록된 여성들의 경우 최소 5,000여 명에서 최대 18,000명으로 추정하며 그 외 약 9,000명의 여성들이 클럽 바깥에서 매춘을 하고 있다고 본다(한국여성개발원, 1992; Margo, 1997; Sturdevant & Stoltzfus, 1995; The Coalition Against Trafficking in Women Asia Pacific의 연도불명 자료)

3. '현장' 출신 기지촌여성운동가들

조직적 차원에서 기지촌여성운동의 본격적인 시작은 1986년 3월 17일 의정부시 가능동에 '두레방'이라는 단체가 생기면서부터이다. 하지만 기지촌여성운동은 1970년대부터 송탄과 군산 기지촌에서 활동해온 김연자로부터 시작되었다고 봐야 한다. 김연자는 1964년부터 89년까지 25년간을 기지촌 매춘 여성으로 살아온 소위 '현장' 출신의 여성운동가이자, (이제까지 알려진 바로는) 최초의 기지촌여성운동가이다. 그동안 각종 여성인권대회, 학술대회를 돌아다니며 자신의 삶을 증언하였다. 그녀는 그동안 한 번도 가시화되지 않았던 기지촌 매매춘의 실태와 기지촌여성들의 삶을 세상에 알렸다. 현재 알려진 대부분의 기지촌여성관련 증언과 생애사(life history)는 김연자의 증언과 두레방 활동에서 채록된 상담기록에 의한 것이다. 정신대 문제의 최초의 증언자가 고(故)김학순 이었다면 '현대판 정신대'라는 기지촌에 있어서는 그녀가 최초의 증언자이다.

그러나 그녀의 활동은 '증언자'적 존재를 넘어선다. 그녀는 한국 사회에서 기지촌여성이 다루어지는 다양한 방식에 대해 문제를 제기한다. 기지촌여성을 '인간 이하'로 보는 것, 동정하는 것, 반미의 상징으로 이미지화하는 것, 제국주의 침략의 가장 큰 희생자로 보는 것에 모두 반대한다. 오히려 그녀는 한국 사회 내부의 가부장제와 계급 문제를 비판한다. 사회운동권과 여성운동세력에 대해서도 비판적이다. 그녀는 스스로 말하고자 하고 기지촌여성도 한국 사회의 일원으로 주체화되기를 원한다.

내가 기지촌에서 25년을 살아왔지만 단 한 번도 그들이(여성운동가) 찾아온

적이 없었어요. 현장의 목소리, 현장을 와보지 않고 어떻게 여성문제를 풀어갈
수 있겠어요. 여성운동. 나는 그것이 뭔지 모르지만 주연은 여성운동가고 조
연, 엑스트라는 현장여성들인 것 같아요. 우리는 임상실험용 개구리나 자료거
리가 아니예요. 기지촌여성들을 연구 자료에 쓰려고만 하지 정작 중요한 개선
책에는 얼마나 노력해주었나요?[2]

그녀는 우연히 기지촌여성들에게도 조직이 있다는 것을 알게 되었
다. 그러나 기지촌여성 자치회가 실제 기지촌여성들의 권익을 대변하
기는커녕 '합법적인 착취기구'라는 것을 깨달으면서 자치회를 개조하
기 위해 직접 나서게 된다. 자치회는 양면적인 성격을 가지고 있다. 직
선제로 운영되는 경우도 있고 포주 등에 의해 만들어진 경우도 있다.
기본적으로는 정부의 자금 지원하에 운영되어 지역 유지와 포주들이 기
지촌여성들을 용이하게 통제하기 위한 기구였지만, 조직구성원의 성격,
회장이 누구냐에 따라 기지촌여성들의 진정한 자치기구가 될 수도 있었
다. 70년대 동두천 지역의 자치회에서는 기지촌여성들을 위한 직업훈련
을 조직화하기도 했고 기지촌여성자치회 전국회의가 열리기도 했다.[3]
  1971년 송탄에서 미군들이 화대와 기지촌 물가가 비싸다며 신발과
쇼트 타임(short time) 화대를 5불로, 롱 타임(long time) 화대를 10불
로 인하할 것을 요구하는 유인물을 배포한 적이 있었다. 그녀는 미군
들의 화대 떼먹기와 화대 인하요구에 대항하였다. 천 명이 넘는 동료
매춘여성들을 조직하여 '우리는 신발이 아니라 인간이다(We are not
shoes! We are human beings!)'를 외치며 미군부대 앞에서 데모를 벌
였다. 살벌했던 유신시절, 기지촌여성들의 작은 권익을 찾기 위한 노력
조차 '북한과의 연계'로 몰려 그녀는 경찰서에 끌려갔다. 이때 당한 협
박, 구타, 고문의 경험은 그녀에게 더욱 큰 좌절과 울분을 안겨주었다.
그녀는 오랜 기간 자치회 활동을 하면서 포주와 미군들의 잔인한 폭력,

---

2) 안일순, 「기지촌 생활 25년 김연자 씨의 본격 증언: 내가 겪은 양공주, 미군
  범죄의 세계」, 《말》 1993. 12.
3) 이 내용은 기지촌여성운동가인 엄상미의 증언이다.

살인사건이 아무런 처벌 없이 지나가는 것을 직접 지켜보았다.

1976년부터 그녀는 군산의 아메리카 타운에서 일하게 되었는데 군산은 송탄이나 동두천의 기지촌과는 달리 기지촌여성에 대한 통제가 심했던 곳이었다. 민간인과 기지촌여성이 한 동네에 살았던 다른 기지촌과는 달리, 기지촌여성들을 방 번호가 붙은 소위 '닭장 집'에 집단 수용해 놓고 집 근처에는 높은 담을 치고 경비가 지켰다. 일명 '실버타운'이라고 불리는 이곳은 정부가 새마을사업의 일환으로 50%를 지원하고 포주가 50%를 투자한 실제 주식회사 형태의 '여자 파는 회사'였다. 그녀는 그 때 수많은 동료들의 죽음을 지켜보았는데, 그녀들이 바로 드러나지 않은 '윤금이'들이었다.

1977년 6월 12일 동료 이복순(당시 25세)은 목에 안테나 줄이 감긴 상태에서 불에 타 숨겼으며, 한달 뒤 옆방에 살던 이영순(당시 28세)이 칼에 찔려 숨졌다. 당시 자치회 회장을 맡고 있던 김연자는 이복순이 죽었을 때 증거를 확보하지 못해 범인을 못 잡았다고 생각했다. 그래서 이영순의 시체를 발견하자마자 문을 걸어 잠그고 경찰에 신고하였다. 그때까지 수많은 기지촌여성들이 미군에 의해 비참한 죽음을 맞았음에도 제대로 드러난 적이 없었다. 범인은 미 공군 스티븐 워렌 타워맨(Steven Warren Towerman, 당시 20세) 일병으로 이복순과 이영순을 연이어 살해한 것으로 밝혀졌다. 스티븐은 이영순 살해만 인정하고 이복순 사건에 대해서는 끝내 부인하였다. 그는 주한미군으로는 처음으로 한국 법정에서 무기징역을 선고받았다. 이후 타운 안의 여자들이 물에 빠져죽고, 연탄가스에 중독되고, 불에 타죽는 등 열 명 이상이 연달아 죽음을 맞이하였다.

동료들의 줄이은 죽음에 충격을 받은 그녀는, 면도날과 맥주병으로 자해를 일삼던 홍순덕(가명, 당시 24세)과 함께 있는 돈을 모두 털어 타운 근처 공터에 천막을 치고 일종의 쉼터를 만들었다. 그녀는 천막 안에 '백합선교회'를 만들어 매일 밤 기지촌여성들을 모아 하나님께 기도하고 서로 고통을 나누었다. 마을주민들이 여자들의 통곡소리가 시끄럽다고 경찰에 신고하여 경찰이 천막을 철거하라고 압력을 가했으나 끝까지 버텼다. 이후 그녀는 전북신학교에 들어가 본격적으로 신학 공부를 하고 전도사가 되어 1989년, 송탄에 '참사랑 선교원'이라는 기지촌여성 쉼터를 마련한다. 혼혈아동들을 위한 공부방, 어머니 영어교실과 한글교실, 선교 활동 등을 준비하다가, 92년 8월 학생운동가와 두레방 자원 활동가 출신들과 결합하여 '참사랑 쉼터'라는 이름으로 정식 개원하게 된다. 김연자는 앞으로도 기지촌여성과 혼혈아동을 위해 여생을 보내고자 하며 지금도 강연과 증언 활동을 계속하고 있다.

1980년대 후반 경기도 의정부 뺏벌 지역의 S클럽에서 일하던 서정아(가명, 당시 20대 후반)의 활동은 기지촌여성들의 주체성과 능동성, 기지촌여성에 의한 기지촌여성운동의 가능성을 보여준다. S클럽은 의정부에서도 가장 악명 높은 곳으로 유명하였다. 주로 학력이 낮고 청각 장애가 있는 여성들을 고용하여 다른 클럽보다 훨씬 적은 월급을 주면서 이중 장부를 만들어 착취하였다. 서정아는 포주의 폭력에도 굴하지 않고 동료들을 설득하여 이중 장부에 대해 포주에게 항의하였다. 또한 다른 여성들과 함께 빚갚기 계를 조직하였다(기지촌여성들이 탈매춘하는 데 있어 가장 큰 어려움은 빚과 건강 문제이다). 자신은 먹을 것을 아껴가면서 돈을 모아 10명이 넘는 여성들의 빚을 갚아주었다. 이후 여성들이 전업(轉業)하거나 결혼할 때 다른 여성들과 함께 도와주었다(김현선 외, 1997).

일부에서는 김연자나 서정아의 활동을 기지촌여성들의 '자생적' 투쟁으로 평가하기도 한다. 그러나 이같은 평가는 자생적인 투쟁을 '목적의식적인' 투쟁과 대립·분리시키거나 혹은 목적의식적 투쟁의 전(前)단계로 보는 사고방식에서 나온 것이다. 1980년대 한국 사회운동 일부에서는 사회운동을 자생적 투쟁과 목적의식적 투쟁으로 분리하여 목적의식적 투쟁의 우월성, 중요성을 강조하는 경향이 있었다. 물론 여성주의는 이러한 사회변혁 모델 자체가 남성중심적이며 여성의 참여를 봉쇄하고 드러내지 못하게 하는 관점이라고 비판해왔다. 공적 영역을 중심으로 한 기존의 사회운동이론은 여성, 장애인, 동성애자 등 사회적 주변인의 일상적 투쟁을 운동의 주요 영역에서 배제시켜왔기 때문이다.

기지촌여성 중에는 이름은 알려지지 않았지만 서로 돕고 고통을 나누면서 자신의 매춘환경에 대해 일상적인 저항을 해가고 있는 제2, 제3의 김연자, 서정아가 많이 있다. 이들의 투쟁을 기존의 '주류' 여성운동권이 어떻게 평가, 연대, 지원해야 할 것인지 고민해야 한다.

4. 두레방의 시작

1986년 3월 17일, 두레방은 문혜림과 유복님에 의해 개원했다. 두레방은 '품앗이, 두레'할 때의 두레로 여성들이 서로 돕는 곳, 쉼터라는 의미이다(영어 명칭은 My Sister's Place). 문혜림은 원래 미국인으로 미국에 유학 간 한국 남성과 결혼하여 한국에서 살게 된 여성이다. 그녀는 남편(민중신학자 문동환 박사)이 민주화운동관련으로 구속되자, 아르바이트로 미 8군에서 국제결혼한 여성들을 상담한 것이 계기가 되어 두레방을 열게 되었다. 한국인과 결혼한 미국여성으로서, 여성운동가로서 기지촌 문제에 관심이 많았던 그녀는 외국교회단체의 지원금을 받아 본격적으로 이 일에 뛰어들었다. 문혜림은 91년 12월 미국에 돌아가서도, 미군과 결혼하여 미국으로 건너온 한국여성들을 위해 일하였고 송종순 사건(이 글 제8절 '기지촌여성의 아메리칸 드림: 송종순 사건' 참조) 때도 헌신적으로 활동하였다. 그녀의 종교인(기독인)으로서의 품성과 여성을 사랑하는 마음은 많은 기지촌여성운동가들에게 깊은 영향을 주었다.

당시 문혜림은 같이 일할 상근자를 구하려고 여기저기 사람을 알아보았다. 주위에서 모범생 스타일의 여성들을 추천했으나 문혜림은 이를 모두 물리치고 현장 여성들과 친화력이 뛰어난 유복님을 선택하였다. 유복님은 한신대 출신으로 70년대 민중신학의 영향을 받은 교회활동가이자 뛰어난 여성운동가였다. 두 사람의 상근자를 갖춘 두레방은 한국기독교장로회

(기장) 여신도회 전국연합회 산하의 특수선교센터로 출발하게 된다.

한국 여성운동사에서 교회여성들의 투쟁과 노력은 잘 드러나지 않거나 소홀히 다루어지는 경향이 있다. 교회 여성들은 70년대부터 정신대, 매매춘, 여성노동운동, 빈민운동, 반전·반핵 운동, 통일운동에 주도적으로 참여하였다. 특히 정신대, 매매춘 문제는 교회여성들의 선구적 노력에 의해 확산된 경우다.[4] 두레방 역시 교회여성운동의 힘으로 시작된 단체이다. 두레방은 기지촌 매춘여성들과 국제결혼한 여성들이 스스로를 해방하며, 하나님이 주신 본래의 인간다운 삶을 살아가도록 돕는 것을 선교적 사명으로 하였다(회지 창간호에서 인용). 초기 후원자들은 거의가 교회여성들이었다. 개별 교회, 지방 여신도회 회원들과 이우정, 이희호, 김경희, 박순금, 박용길 등 당시 교회여성운동의 지도자들이 거의 모두 참여하였다.

여러 교단 중 특히 한국기독교장로회는 민중신학의 근거지로서 진보적 교단으로 유명했다. 그때까지 어느 누구도 매춘여성을 '선교의 대상'으로 생각한 교회는 없었다. 기지촌에서 교회를 운영하는 대부분의 (보수적인) 목회자들은 매춘여성을 회개해야 할 죄인으로 취급하고 죄의식과 열등감을 설교하였다. 심지어는 어떤 목사는 매춘여성은 가장 죄를 많이 지은 인간이므로 가장 많은 헌금을 내야 한다며 가난한 매춘여성들에게 십일조 헌금을 강요하기도 하였다.

두레방을 의정부 지역에 세운 것은 의정부와 동두천이 대표적인 기지촌으로 기지촌여성의 수가 가장 많았기 때문이다. 또 서울에서 가깝기 때문에 인적·물적 자원의 확보가 용이할 것이라고 생각했다. 두레방은 처음부터 선교적 사명과 동시에 매춘여성운동, 제3세계 인권운동, 여성운동으로서의 성격을 분명히 했다.

---

4) 교회여성운동에 관한 자세한 내용은 이현숙, 『한국교회여성연합회 25년사』(1992)와 한국여성단체연합, 『열린 희망: 한국 여연 10년사』(1998), 중 권미경·김신아·심미영의 「교회여성운동」과 한명숙의 「통일·평화운동」을 참조.

기지촌여성들의 문제는 그들만의 문제가 아닌 모든 여성의 문제 … 우리나라 여성들뿐만 아니라 미국의 여성들도 손잡고 노력해야 … 한국과 미국의 교회 교육이 필요합니다. 제3세계 인권 문제, 특히 매춘여성 문제에 관심을 가진 외국인, 특히 미군기지가 있는 제3세계의 운동가들과 자료를 주고받으며 공동 대처하고자 합니다. … 무엇보다도 현장출신의 실무자 양성을 위해 애씁니다. 자신의 뼈저린 경험을 통하여 의식화된 여성 실무자야말로 이 일을 가장 잘 도울 수 있다고 믿기 때문입니다(두레방 회지 1호 중에서).

두레방의 주요 사업은 상담, 영어교실, 공동식사, 탁아, 탈매춘을 위한 전업(轉業) 사업, 기지촌 활동이었다. 그동안 대부분의 기지촌여성들은 자신의 사연을 털어놓을 만한 대화 상대자가 없었다. 이들을 '인간'으로 존중하며 동등한 처지에서 얘기할 수 있는 사람은 많지 않았다. 기지촌여성들이 무시와 천대, 감시, 주눅, 자기 학대, 자포자기 속에서 자신을 드러낼 여유와 공간을 갖기란 쉬운 일이 아니었다. 두레방 활동 초기에는 두레방을 찾아오는 기지촌여성들을 포주들이 가두어 놓고 때리거나 협박했기 때문에 기지촌여성들은 길거리에서 두레방 활동가를 만나도 일부러 모르는 척하기도 하였다.

두레방의 프로그램 중 특히 상담은 기지촌여성들이 자신을 객관화하고 상처를 치유하는 데 많은 도움이 되었다. 상담을 통해 인간적인 관계와 교류의 의미를 알게 되었고, 자신의 경험에 대한 재해석이 가능했다. 자신의 한 많고 기구한 인생이 순전히 자신의 탓만은 아니라는 것을 깨닫게 되고 이들은 자기 존중감을 회복할 수 있었다. 무엇보다도 일단 자기도 타인에게 애정과 관심의 대상이 될 수 있다는 것 자체가 이들에게는 새로운 경험이었다. 두레방의 회원들은 일반 여성운동단체처럼 회비를 내고 활동하는 회원이 아니라 두레방과 연계를 맺고 도움을 주고받는 여성들이다.

영어교실은 영어를 몰라 미군들에게 화대를 떼이는 등 불이익을 방지하고, 국제결혼한 여성들이 남편과 대화할 수 있도록 돕는 것이었다. 미군들을 위한 한국어 교실도 시도했으나 호응이 없었다. 공동식사는 생계가 막연하거나 식사를 제때 못하는 기지촌여성들과 함께 식사 준비와 식사를 하는 프로그램이다. 이 밖에 혼혈아동들을 위한 공부방, 놀이방 운영과 대학생들의 기지촌 활동, 전업 프로그램으로서 두레방 빵 사업, 기지촌여성의 삶을 알리는 각종 강연과 회지 발간 등이 있었다.

5. 기지촌여성의 이야기

두레방은 상담을 통해 기지촌여성의 삶을 구술하거나 수기를 회지에 실었는데, 그 내용은 실로 충격적이었다.

어느 날 포주가 잘만하면 한 달에 300(만 원)을 벌 수 있다고 했다. 빚 때문에 포주에게 꼼짝못하고 있던 나는 포주를 따라 포항으로 내려갔다. 한 겨울이었는데 언덕배기에 천막을 친 가건물에 들어가 하루 20~30명을 상대했다. 옛날 큰 훈련(팀스피리트) 있을 때 그런 식으로 미군들의 훈련장소를 따라다니며 장사를 했다. 나는 그 와중에 임신을 하고 자연유산을 해서 심하게 하혈을 했지만 매춘을 계속했다. 그때 몸을 많이 망쳤다(김현선 외, 1997: 61-62).

내 어렸을 때의 첫번째 기억은 걸레를 짜서 먹던 일이어요. 나를 낳자마자 우리 친부모는 나를 고아원에 보냈는데 저녁밥을 먹고 나면 보모들이 물을 안 주는 거예요. 물을 먹이면 밤에 오줌을 싼다나요. 내가 여섯 살 때부터 고아원에서 한 일은 갓난 젖먹이들에게 우유를 먹이는 일이었어요. 보모들이 우유통을 주고 나가면 아기들이 물고 있던 우유 꼭지를 얼른 떼서 내 입에 넣었지요. 나는 항상 배가 고팠어요. 내가 국민학교 3학년 때 전라도의 어느 교감 선생님 집으로 입양되었는데 오빠들만 넷인 집안이었어요. 내가 그 집에 가자마자 일하던 가정부와 머슴을 내보내고 모든 집안일을 내게 시켰어요. 학교에 가는 것은 불가능한 꿈이 되었어요. 고아원 때 다닌 국민학교 3학년 1학기가 지금까지 내 학력의 전부예요. 남의 집 일도 많이 해주었어요. 그래야 우리 집 일을 할 때 이웃집 일손을 빌릴 수 있으니까요. 뽕나무 회초리로 수없이 맞았어요. 나는 스물 일곱 먹은 지금까지 몸을 새우처럼 꾸부리고 자요. 방이 많은 집이었는데 나에게는 방이 없었어요. 지금도 반듯하게 누우면 불편해서 잠이 안 온답니다. 스무 살이 되던 해에 나는 (양)아버지에게 강간당했어요. 엄마가

눈치를 챈 것 같은데 저만 죽일 년 잡듯이 족치는 바람에 서울로 와서 잠바 만드는 공장에 취직했어요. 그때 둘째 오빠가 제 월급에서 2,000원만 빼고 다 가져갔어요. 나는 20살이 되어서야 월경을 했어요. 2,000원은 생리대 값이었어요. 3년 동안 열심히 일했지만 돈은 한푼도 저축하지 못했어요. 그 공장 사장님이 나를 기특하게 보아 자기 운전수랑 결혼시켜 줘서 그때 처음으로 주민등록증을 만들었어요. 알고 보니 그 남자는 이미 동거하던 여자가 있었어요. 그리고 걸핏하면 저를 두들겨 패고 뜨거운 국물을 얼굴에 붓고 … 저는 갈 곳이 없어 울기만 했어요. 남편은 왜 돈을 벌어오지 않느냐며 성화여서 임신한 몸으로 약을 먹어가며 공장일을 했어요. 잔업에 철야를 하니까 너무 잠이 와서 약을 많이 먹었는데 정박아 아기가 태어났어요. 남편의 매는 더욱 심해지고 병신 아이를 낳은 나는 고개를 들 수 없었어요. 두 달 동안 집에서 부업한 돈 10만 원을 아기 옆에 두고 무작정 울며 집을 나섰어요. 여성 월간지에서 본 광고에 잠도 재워주고 월급도 후하다기에 연락하니 어떤 아줌마가 와서 저를 다른 남자에게 넘기더군요. 그렇게 해서 가게 된 곳이 문산, 기지촌이었어요(두레방 회지 3호, 「빌리 엄마 힘냅시다」중 발췌).

원래 그녀는 방송대까지 다녔고 영어도 브로큰이 아니라 제대로 했기 때문에 클럽에서 미군들에게 인기가 많았어요. 고등학교 때 가출을 반복했던 사고뭉치 친오빠가 부모님이 없는 사이에 그녀를 강간했어요. 고등학교 졸업 후 깨끗하지 못한 자신을 숨길 수 있는 곳, 자기를 아무도 모르는 곳을 찾다가 기지촌까지 오게 되었어요. 기지촌에 와서는 클럽보다도 두레방 사람들과 더 친하게 지냈고 직접적인 매춘은 하지 않았어요. 그러다가 미군 병사를 만나 사랑에 빠져 혼인신고까지 했어요. 그런데 그 미군은 부대를 그냥 나와서 불법 체류자 비슷하게 되었고, 돈도 벌지 않고 늘 그녀 없이는 못산다고 매달리는 사람이었어요. 그때부터 그녀는 서울로 나와서 악착같이 돈을 벌었어요. 야무지고 생활력이 강했던 그녀는 이러다가는 평생 그 미군을 먹여 살려야 할 것 같아서 미국에 있는 시어머니에게 전화해서 도와달라고 했어요. 시어머니가 자궁암에 걸렸다고 거짓말로 아들을 설득해 귀국하도록 했어요. 그녀는 다시 친정집으로 들어갔는데 아버지는 앓아 눕고 엄마가 생계를 꾸려가는데 아파트 분양금, 빚이 많아서 집안형편이 어려웠어요. 어느 날 아버지가 그녀를 부르더니 돈을 벌어오라고 소리를 지르면서 '어차피 너는 그런 몸 아니냐'며 다방을 나가든지, 술집에 가라고 했어요. 그녀는 그날로 집을 나와 다시 기지촌으로 들어와 매춘을 시작했어요. 거기서 미군 유부남을 만나 동네가 떠들썩하도록 연애를 했는데 물론 그 미군은 이혼하겠다고 늘 그녀를 안심시켰지요. 그녀는 미군들 사이에서 누구의 여자로 찍히면서 돈을 벌 수 없게 되었어요. 문제는 그 미군이 한국을 떠나면서 그녀에게 절교를 선언한 거예요(기지촌 활동가와의 인터뷰에서).

클럽에서 일하는 동안 가장 큰 문제는 피임이다. 한 번은 8개월째에 낙태를 한 적도 있었는데 그 아이를 보니 사람의 형태를 다 갖추고 있어서 무척 마음이 아팠다. 나는 낙태를 열여섯 번 정도 했다. 하지만 낙태를 하는 것보다 더 괴로운 것은 임신중에는 물론이고 낙태한 다음 날에도 다시 매춘을 하는 일이다(김현선 정리, 「나의 살아온 이야기」, 『위대한 군대, 위대한 아버지』, 정유진·유태희 공편, 미간행, 1995).

기지촌여성들의 낙태 문제는 심각하다. 한국여성개발원의 조사에 의하면 조사 대상(877명) 기지촌여성 중 인공 임신중절 경험이 없는 경우는 23.5%, 1회가 40.9%, 2회가 29.1%, 3~4회가 20.5%, 5~10회가 7.6%, 10회 이상이 1.9%이다(한국여성개발원, 1992). 어떤 여성은 무려 25회의 낙태를 했는데, 그 이유는 '튀기'(기지촌에서는 혼혈아동을 'half-person'이라 부른다)를 이 세상에 데려오고 싶지 않았기 때문이라고 했다(Margo, 1997).

혼혈아의 엄마인 김신자 씨(가명, 38세)는 동두천의 D클럽에서 18만 원의 월급을 받아 10만 원은 탁아소에 내고 8만 원을 가지고 어렵게 생활하는 매춘여성이다. 그녀는 1994년 5월 29일 4시에 미군 지프 차에 치이는 사고를 당했다. 그녀는 몇 분간 기절했는데 운전을 하던 미군은 그녀가 깨어나자 손에 약 30불(2만 원)을 쥐어주고 그냥 가버렸다. 그녀는 넘어지면서 머리를 다쳤고 온몸에 타박상을 입었다. 그녀는 자신이 술을 마신 상태였기 때문에 자신의 잘못이라고 생각하고 가해 미군 찾는 것을 포기했다. 두레방은 사고 낸 미군을 찾고자 했으나 그녀는 거부하였다. 그동안 기지촌에서는 클럽의 매춘여성들이 미군 범죄를 신고하면, 미군들이 신고한 여성들을 칼로 찌르거나 구타, 강간하고 클럽의 장사가 안 되도록 보복해왔다. 여성들이 당해도 포주들은 여성들의 편이 되는 것이 아니라 장사를 망친다고 정신적·육체적으로 괴롭히거나 다른 기지촌에 팔아버렸다. 김신자 씨는 이런 상황을 너무도 잘 알고 있었다(≪두레방 회지≫ 13호, 「교통사고도 신고할 수 없다니…」 중 발췌).

20대 초반에 가출한 후 클럽에서 일했다. 같은 클럽의 여성들과 미군 손님을 서로 뺏고 뺏기는 갈등이 있어서 힘들어 하다가, 술에 취한 포주에게 구타당한 다음날 도망쳤다. 빚 때문에 다른 쉼터의 도움을 받을 수 없어서 상담자(기지촌 활동가)와 함께 여관을 전전했다. 이후 제과점 등에서 일했으나 새로

운 직업에 적응하지 못하고 한 달을 채우지 못했다. 결국 지금은 한국 술집에
서 일하고 있다. 힘든 노동을 무척 두려워 한다. 상담하는 동안 '다른 사람들
은 부모 잘 만나서 힘든 일 하지 않고도 놀면서 사는데 나는 왜 그럴 수 없느
냐, 나도 그런 사람들처럼 살고 싶다'는 말을 많이 하였다. 그녀는 자신이 매
춘한다는 사실을 인정하지 않았다. 그래서 매춘을 통해 관계하는 미군들과 연
인관계로 믿고 싶어했다. 미군들은 이런 심리를 알고 화대를 지불하지 않고
동거하면서 그녀를 이용했다. 끊임없이 상담자와 자신을 비교하면서 열등감에
시달린다. '대학을 졸업했다, 부모가 부자였다' 등의 거짓말로 자신을 다른 기
지촌여성과 구별하고자 한다[1997년도 새움터 사업평가자료(미간행) 중에서].

그들의 인생 역정은 한국 사회의 거의 모든 억압을 드러냈다고 해도
과언이 아닐 정도로 모순의 총집약이었다. 그들의 삶은 기지촌여성운
동이 여성운동이자 매매춘근절운동, 성폭력 반대운동, 지역운동, 빈민
운동, 탁아운동, 노동운동, 군축, 반미, 통일운동, 혼혈인의 인권운동이
라는 다양하고 복잡한 과제를 동시에 안고 있음을 보여주었다. 하지만
그들의 생생한 목소리를 자세히 들어보면 기본적으로 여성문제라는 것
을 인식하게 된다. 한국 사회에서 고정된 여성의 역할(gender)과 이중
적인 성(sexuality)윤리가 이 여성들에게 얼마나 착취와 고통을 주는가
를 여실히 보여준다.

6. '기활': 기지촌여성운동과 학생운동

기지촌여성운동의 기틀을 마련하고 지속적으로 재정적·조직적 도움
을 주었던 세력이 교회여성운동이라면, 사안을 확산시키는 데에는 (여)
학생운동과의 연대가 큰 역할을 했다. 두레방 활동 중 가장 주목할 만
한 것은 기지촌 활동(이하 기활)과 탈매춘을 위한 전업(轉業) 사업이다.
기활은 농활(농촌 활동), 빈활(빈민 활동), 공활(공장 활동)처럼 대학생
들이 직접 기지촌을 방문, 기지촌여성단체(두레방, 새움터)의 활동 프
로그램에 참가하는 학생운동의 연대 사업을 말한다. 기활은 1990년 여

름 이화여자대학교 학생들이 처음 시작하여, 92년부터는 서울지역여대
생대표자협의회(서여대협)에서 '반미사업'의 일환으로 공식 참가하였다.
이후 전국 각지의 대학으로 확산되어 총학생회, 총여학생회 사업으로
진행되었다. 1990년부터 98년까지 9년 동안 남녀학생 연인원 2,000여
명이 참가하였다.[5]

기활은 기지촌 문제를 대학가에 알리는 계기가 되었고 이는 곧 기지
촌여성운동의 대중적 확산과 가시화의 중요한 계기가 되었다. 이때부
터 두레방에는 대학생 상대의 원고 요청이나 강연 요청이 물밀듯 들어
왔다. 기활을 통해 기지촌여성운동은 두레방 빵 판매망과 자원 활동가,
후원회원을 모집할 수 있는 중요한 네트워크를 마련할 수 있었다. 현
재 기지촌여성운동가들도 대부분 기활을 통해 기지촌여성운동을 결심
하게 된 경우이다.

문혜림, 유복님에 이어 90년부터 기지촌여성운동을 해오고 있는 김
현선(새움터 대표, 전 두레방 사무국장)은 87학번으로, 1980년대 학생
운동의 전형적인 세대에 속하면서도 기존 학생운동권과는 다른 문제의
식을 가지고 있었다.

> 4학년 때 저는 학생운동을 정리하려고 했어요. 그때는 5학년, 6학년 운동
> (졸업 후에도 학생운동에 남아 후배들을 지도하거나 서총련, 전대협 등 상층
> 학생회에서 일하는 것)이 유행이었는데 4학년 시작하자마자 활동을 그만두니
> 굉장히 욕먹었죠. 저는 선배들이 졸업 후에 말과 행동을 달리하면서 사는 데
> 많이 실망했어요. (노동)현장 들어갔다가 금방 나오고, 금방 아무 생각 없이
> 시집가고 … 저는 평생 할 수 있는 운동을 찾아야겠다고 생각했어요. 그래서
> 꼽아보니까 아무래도 여대 다니다 보니, 여성운동이 어떨까 싶었어요. 4학년
> 봄에 우연히 ≪한겨레신문≫에서 김미경 기자가 쓴 두레방에 관한 기사를 보
> 았고, 억압받는 여성들이 희망을 갖고 산다는 데 너무 감명을 받았습니다. 그
> 래서 두레방에 찾아가서 자원활동을 했고 그 해 여름에 학생회 라인을 이용해
> 서 복님 언니랑 의논해 5주 동안 기활을 처음 시작한 거예요. 당시에는 여대
> 인데도 여성 문제에 관심 있는 애들이 별로 없었어요. (여성운동은) 시시하다.

---

5) 두레방과 새움터의 기활을 합친 수치이다.

321 왜 노동운동을 해야지 그런 걸 하냐는 거죠. 학생운동하면서 여성 문제에 관

왜 노동운동을 해야지 그런 걸 하냐는 거죠. 학생운동하면서 여성 문제에 관심 있는 애들, 운동권은 아니지만 착하고 양심적으로 살려는 애들이 주로 참가했고 호응이 대단했어요.

기활에 참가하게 된 학생들의 동기와 과정을 정확히 파악하는 데는 다소 어려움이 있다. 여학생과 남학생, 대학의 소재 지역, 각 대학 기활의 역사, 여성의식에 따라 다양한 차이가 있다. 기활에 참가하기 전에 학생회 차원에서 실시하는 사전 교육은 전반적으로 반미에 대한 내용이 강조된다. '숟가락이 부러져도 미국 때문'이라는 식으로 모든 문제를 미국탓으로 돌리는 경향이 강하다. 교육자료집을 만드는 사람들은 학생 운동가인 반면에 실제 기활에 참가하는 학생들은 소위 일반 학우들인 경우가 많다. 학생운동에서 반미운동은 지극히 추상적이고 선언적이기 때문에, 사실 기지촌이라는 구체적인 현장을 통해 반미를 고민하는 학생운동가들 자체도 극소수이지만 아이러니컬하게도 동시에 학생들은 반미의 차원에서 기활에 참여한다. 때문에 학생들은 같은 매춘운동단체지만 '한소리회'에 활동에 대해서는 거의 무관심하다. 하지만 기활에 참가하는 학생들 대다수가 여학생들이고 남학생들은 주류 학생운동권이 아닌 상대적으로 착하고 순한 '여성적인' 학생들이다. 이들은 모두 여성 문제에 관심이 많은 경우이다. 이들은 반미 문제 외에는 기지촌 매매춘 현장에 접근할 어떤 개념틀을 가지고 있지 못하기 때문에 자신들이 기활에 참가하는 이유를 제대로 정식화시키지 못한 것으로 보인다. 그러나 최근에는 여자대학과 기활 경험이 많은 대학을 중심으로 기활을 바라보는 기존의 시각에 대해 스스로 문제제기하는 학생들이 많이 나오고 있다. 이들은 일상적인 문제와 정치적인 것, 여성 문제를 분리하지 않으면서 90년대 초반과는 다른 모습을 보인다고 한다.

농활에 비해 기간은 짧지만 기활은 참가학생들에게 많은 영향을 끼쳤다. 그들은 우리 사회의 '가장 낮은 곳'에서 바로 자신의 모습을 보게 되었다. 이제까지 창피한 것으로만 생각했던 성(sexuality)이 기지촌에서

는 적나라한 일상이 되고 공론화되는 것을 경험한다. 남녀 학생 모두 기지촌여성들 앞에서 위선적인 자기 모습을 발견하고, 성폭력(피해, 가해) 경험 등 이제까지 성과 관련한 자신의 경험을 재해석하게 되는 것이다. 이들은 기지촌여성들에 도움을 주려고 혹은 교육하러 왔다가 오히려 자신과 우리 사회의 모습을 배우고 여성 문제에 대해 생각하는 일종의 여성의식향상을 경험하게 된다. 기활 프로그램은 우리 사회의 성문화와 여성 문제를 생각하게 하는 대중운동이 되었다. 기활에 참여한 많은 학생들에게 기활은 대학생활 중 가장 인상적이고 충격적인 경험이었다.

사실 우리 사회의 반미운동, 민족주의운동에서 기지촌이라는 현장은 별로 중요하게 간주되지 않는다. 미군 범죄에 대한 관심조차 '거시적인 것, 본질적인 것'을 놓쳐버리는 사소한 것으로 취급된다. 이러한 이유 때문에 80~90년대 대학가에서 그토록 치열하고 열정적으로 반미운동, 통일운동이 전개되었음에도 불구하고 그 운동의 성과가 기지촌여성운동의 역량 강화로 이어지지 못한 것이다. (사실 1980년대 학생운동세력은 두레방의 존재조차 몰랐다) 그래서 기지촌여성운동의 현장은 반미운동이 활발했던 1980년대에도, 소위 '여성운동이 떴다'는 90년대에도 여전히 열악하다. 이러한 관점은 여대생들도 크게 다르지 않았다. 90년대 초 중반 들어 여학생운동을 학생운동이라기보다는 대학 내 '여성'운동으로 규정하는 새로운 주체들이 등장하고 있으나, 아직 전국적이지는 못하다.

여학생운동은 부분 계열 운동 … 45년 이후 미제가 남한을 강점하면서 지배를 용이하게 하기 위해 분할 통치를 고안했고, 이 중 하나가 여성을 구실로 하여 순종적이게 하는 이데올로기를 만들어냈고 … 여학생들은 20대 초반이기 때문에 양키 퇴폐문화의 부산물인 인신매매, 성폭행의 위협에 노출되어…6)

우리는 종종 우리 사회가 미국에 의해 정치, 경제, 문화적으로 좌지우지 당하는 식민지임을 잊게 되지만 기지촌 사람들은 그렇지 않습니다. 기지촌 사람

6) 필자미상, 「자주적 여학생운동이란 무엇일까요?」, 충청지역총여일꾼수련회자료집(미간행), 1998.

에 대한 애정어린 눈길에서 출발해 민족사랑의 마음을 배워 오고 주한미군들의 악랄한 만행을 통해 미국놈들의 본질과 반미가 왜 이 시대 최고의 애국인지를 배워옵시다(전남대·조선대기지촌탐방단준비위원회, 1996: 3).

이들처럼 아직도 일부 학생운동세력은 (여성학이 대학 내에서 어느 정도 대중성을 확보하고 있는 90년대 후반에도) 한국 사회의 가부장제, 인신매매, 성폭력이 '미 제국주의' 때문이라고 생각하고 있다. 이 문제는 1992년 윤금이 사건 진행과정에서도 첨예하게 드러났다.

『한국전쟁의 기원』으로 널리 알려진 미국의 저명한 한국학자 브루스 커밍즈(Bruce Cumings)는 1967년 평화봉사단원 자격으로 한국을 방문하였다. 당시 그는 '미국 남자'의 당연한 권리로서 '한국 여성'의 성적 서비스를 권유하는 한국 사회의 분위기를 묘사하면서 그런 상황을 거절하느라 애를 먹었던 경험을 기술하였다(Cumings, 1995). 호텔에 투숙할 때, 영어강사 할 때, 미군 부대를 방문할 때, 연구를 위해 현지조사 갈 때 등등 가는 곳마다 "여자가 필요하지 않느냐, 여자를 불러다 주겠다"는 한국인, 미군들의 강권을 받았다. 그는 유교적 형식주의(Confucian formalism)가 강한 한국에서 왜 그토록 향락·외설 문화가 번창하는지 이해할 수 없다고 하였다. 그는 한국과 미국의 종속관계를 남녀의 성적 종속관계에 비유했다. 미군이 철수하면 한국과 미국은 서로 존중하는 관계가 될 것이며 '언제든지 돈만 주면 살 수 있는 한국 여성(available women)'을 놓고 미국과 일본의 남자들이 더 많은 화대를 지불하겠다고 경쟁하지 않아도 될 것이라고 보았다. 강대국은 남성이고 약소국은 여성이기 때문에, 두 나라가 평등해진다면 매매춘은 없어질 것이라는 것이다. 동양, 제3세계, 약소국을 여성화(feminize)하는 이같은 견해는 진보적 남성들이 기지촌매춘을 바라보는 일반적인 시각을 대변한다.

그러나 기지촌여성운동가, 기지촌여성들의 증언은 위와 같은 관점을 정면으로 반박한다.

민족 모순이 없다는 게 아니라 문제는 통일이 되면 이 여성들(기지촌매춘여성)이 혜택을 보겠느냐, 매춘이 없어지겠느냐입니다. 반미에만 초점을 맞춘 (남자)학생들이 적극적으로 참여해서 우리가 도움받은 것도 많지만 저는 기본적으로 기지촌여성운동이 '매춘운동'이라고 생각합니다. 기지촌매춘과 국내매춘의 차이가 점점 없어지고 있어요. 필리핀 사람들이 미군기지반환운동을 열심히 해서 기지가 없어진 대신 더 큰 향락산업이 생겼는데 저는 우리도 이럴 수 있다고 생각해요. 미군이 철수한다고 이 여성들이 사라지는 것은 아니죠. 70년대 미군철수반대 데모를 기지촌여성들이 벌인 것도 당장에 이 여성들은 미군이 철수하면 생존의 근거지를 잃게 됩니다. 기지촌여성 문제는 우리 사회의 매춘 문제부터 해결해야 돼요(기지촌여성운동가와의 인터뷰에서).

그녀는(김연자) 반미 주장에 기지촌여성을 연결시키는 사람들을 대할 때 흥분한다. '미군은 나쁘고 양공주는 불쌍하다' 그러한 단세포적 시각으로 미군 범죄를 보면 논리의 비약을 가져온다. … 공녀로, 데이신따이로, 닷지로, 아이코로, 티나로 여자들을 이민족에게 바치는 동안 조선의 사대부들은 안방에서 처첩을 거느리고 아내를 때리지 않았는가? 자신들은 군대가기 전에 딱지 뗀다고 사창가로 몰려가면서 첫날밤 신부의 처녀막을 의심하는 사람들은 누구인가? 영계니, 회춘에 몸보신에 극성인 남자들, 딸이고 처제고 어린이고 가리지 않고 겁탈하는 그들의 정력 … 조금 잘살게 되었다고 태국으로 괌으로 국제매춘의 대열에 선 남자들 … 기지촌을 배태시킨 구조적인 문제에 앞서, 케네스 마클(윤금이 살해범)에게 돌을 던지기에 앞서 나는 이 나라 남자들이 먼저 눈뜨기 바란다.[7]

7. 빵과 허브: 탈매춘전업사업

두레방은 1989년 10월부터 기지촌여성들의 탈매춘을 위한 전업사업으로 빵 사업을 시작한다. 매춘여성운동의 중요한 목표 중의 하나는 매춘여성이 매춘을 그만 두고 다른 직업을 가지도록 돕는 것이다. 매춘업(賣春業) 자체를 죄악시하고 매춘여성에 대한 사회적 낙인을 강화하면

---

7) 안일순, 「기지촌 생활 25년 김연자 씨의 본격 증언: 내가 겪은 양공주, 미군 범죄의 세계」, 《말》 1993, 12.

서 여성들을 강제수용하는 기존의 정책은 탈매춘정책이 아니라 매춘여
성 처벌정책이었다. 『윤락여성의 사회복귀를 위한 지원방안 연구』(한국
여성개발원, 1992), 이 제목은 우리 사회의 매춘여성에 대한 일반적 통
념을 그대로 함축하고 있다. 매춘업(賣春業)을 윤락(淪落)으로 표현, 도
덕적 기준으로 가치평가하면서 탈매춘을 사회복귀로 보고 있다. 매춘여
성을 사회로 '복귀'시킨다는 의미는 이미 매매춘 지역을 우리 사회의
한 부분으로 보지 않는다는 것을 의미한다. 매매춘 지역은 사회가 아닌
것이다. 매매춘 지역을 우리 사회로부터 단절하고 그러한 직업에 종사하
는 사람(여성)들에게 사회적 성원권을 부여하지 않는 것이다. 이는 곧 매
매춘 지역에서는 아무리 끔찍한 인권유린사태가 일어나도 '사회'와 똑같
은 기준으로 개입할 수 없다는 논리가 숨어 있다('그 여성들은 그런 걸
각오하고 사는 게 아니냐', '거기는 원래 그런 일이 일어나는 곳'이다).

  기지촌여성운동가들은 탈매춘에 대한 기존의 입장을 비판한다. 두레
방은 빵 프로그램에 당시 40대 후반의 기지촌여성을 노동자로 고용하
고 이후 현장여성 3명을 더 고용했다. 순우리밀로 만든 무방부제 빵과
과자를 교회와 학생회를 중심으로 판매하였다. 우리 사회 최초의 매춘
여성 전업(轉業) 프로그램이었다. 상근 실무자들은 공동식사, 상담, 공
부방, 놀이방 등 일상 프로그램을 진행하면서 직접 빵을 들고 수요자
를 일일이 찾아다니며 판매망을 개척했다. 주로 교회에 판매했기 때문
에 일요일도 없었다. 안정적인 판매망을 확보하는 것이 가장 큰 문제였
다. 매춘여성들이 만든 빵이니까 더럽다고 안 먹겠다는 사람도 있었다.

  당시 두레방은 노태우 정권의 사찰과 상근자들에 대한 구속위협, 야
간수색 등 탄압을 받고 있었는데, 그 표면적인 이유는 빵공장이 불법(식
품위생법 위반)이라는 것이었다. 그리고 경찰은 빵 만드는 현장출신 여
성에게 금품을 주어 정보를 캐내는 이른바 프락치 활동을 시켰다. 경찰
은 '두레방 실무자들이 통일에 대해 말하지 않았는가, 미국이 나쁘다고
말하지 않는가'를 묻고, '대학생들이 와서 무슨 일을 하고 가는가' 등을
조사하였다. 이후 이 여성은 두레방 상근자들과 신뢰가 생기면서 프락치

활동을 그만두었지만 이같은 사찰은 김영삼 정부 때까지 계속되었다.

오랫동안 기지촌에서 매춘을 해온 여성들이 기지촌을 떠나는 것은 쉽지 않다. 그나마 기지촌 밖에서 이 여성들은 사회적 성원권이 없다. 이런 점 때문에 기지촌여성운동은 더 열악할 수밖에 없다. 왜냐하면 문제가 생겼을 때 쉽게 다른 여성단체의 도움을 받을 수 없기 때문이다. 기지촌여성들은 자신이 남자들에게 구타당할 때 아무리 기지촌여성단체의 공간이 좁아도 서울에 있는 여성단체의 쉼터로 가려고 하지 않는다. 1998년 여름 경기도 북부지역에 수해가 났을 때도 이 여성들은 다른 지역으로 피난가지 못하고 15평 공간의 새움터 사무실에서 20명이 함께 지냈다. 매춘여성이 탈매춘하는 데 어려움은 빚과 포주로부터 쫓김(폭력, 협박), 사회적 낙인, 경제적 자립기반 없음, 건강 문제 등이다. 혼혈아동이 있을 때 기지촌을 떠나는 것은 더욱 어렵다. 결혼이나 전직 등으로 탈매춘에 성공했을 경우라도 기지촌에서 알았던 사람들을 만나는 것을 가장 두려워한다. 과거의 '손님'을 만나지 않을까 하는 두려움이 국내 매춘여성들의 공포라면, 기지촌여성들은 자신이 기지촌에 있었다는 것, 자신의 매춘 사실을 아는 사람들을 만나게 될까 두려워 한다. '기지촌' 자체가 너무나 큰 사회적 낙인이기 때문이다. 이들은 탈매춘 이후에도 늘 조마조마하게 지내게 된다. 자신의 과거를 아는 남자와 결혼생활에 성공한 예는 거의 없다.

비록 많은 수의 현장 여성들을 고용하지는 못했지만 두레방의 전업사업은 매춘여성정책에 분명한 대안을 제시했다. 당연히 정부가 해야 할 일을 정부의 감시와 탄압까지 받아가면서 민간 여성운동단체가 매춘여성 전업 프로그램을 제시한 것이다. 1995년 경기도여자기술학원의 방화 사건에서 극명하게 드러났듯이 이제까지 국가의 매춘여성정책은 강제수용, 처벌의 수준을 크게 벗어나지 못했다. 두레방의 빵 프로그램은 매춘여성들에게 대안만 주어진다면 얼마든지 탈매춘이 가능하다는 것을 보여주었다. 물론 어느 기지촌여성운동가의 표현대로 '만일 10년을 매춘했다면 그 경험을 극복하는 데에는 30년이 걸릴 정도'로 매춘 특히 기지촌매춘은 극단적으로 소외된 노동이다. 그 만큼 탈매춘의 과정은 지난할 수밖에 없다.

빵 프로그램은 최초의 전업 프로그램이었다는 점에서 다른 매춘여성운동과 국가의 매춘정책에 훌륭한 모델을 제공했다. 그러나 국가의 체계적 지원과 매춘여성에 대한 낙인이 전혀 개선되지 않은 상황에서 개별 단체의 전업사업은 상징적 의미를 벗어나기 어려웠다. 특히 전업 프로그램은 어느 정도 경영 마인드가 필요한 '사업'이기 때문에 사회경제적 자원이 빈약한 여성운동의 힘만으로 풀어가기에는 어려움이 많았다.

두레방은 의정부에 이어 1990년 동두천시 보산동에 사무실을 내고 두 곳을 운영했으나 95년 재정적인 어려움으로 동두천 두레방은 폐쇄하게 된다. 이 과정에서 두레방의 활동 주체의 두 축이라고 할 수 있는 교회여성 출신과 학생운동 출신의 활동가들이 갈등을 빚게 된다. 이는 운동 노선상의 갈등을 포함하여 지도력 부재, 개별 활동가들의 경험과 개성, 사업 방식, 정서적 차이 때문이다. 크지 않은 조직에서 개인의 문제는 종종 조직의 존폐 여부를 결정짓기도 한다.

학생운동 출신의 젊은 실무자들은 더 이상 두레방에서 기지촌여성운동을 하기 어렵다고 판단하여 1995년 12월부터 새로운 기지촌여성운동체 '새움터'를 창립하기 위한 준비에 들어간다. 새움터는 두레방 활동가 중의 딸의 이름인 '새움'이를 딴 것인데, '새움(새싹)이 돋는 곳'이라는 의미이다. 새움터는 동두천에 사무실을 두고 몇 가지 운영원칙을 정했다. 기존의 일부 여성운동조직처럼 명망가나 소위 '어른'을 이름만 빌려 대표로 하지 않는다. 실제 일하는 활동가를 대표로 두어 일하는 사람과 이름내는(?) 사람을 분리시키지 않는다. 또 운영비를 확실히 내고 현장 여성운동의 경험이 있는 사람을 운영위원으로 하여, 일부 단체처럼 운영위원이 사업의 지원자이기보다는 실무자들의 업무만 가중시키는 구조가 되지 않도록 한다는 것 등이었다. 그 결과 당시 29세의 김현선을 대표로 하고, 참사랑 쉼터, 두레방, 여성의전화 등 일선에서 일했던 젊은 활동가들을 운영위원으로 선정하였다.

새움터는 1996년 가을 동두천시 생연동에 있는 약 15평 정도의 가정집에 전세로 입주하면서 새로운 사업을 시작했는데 그것은 밤 보육과 전업 프로그램인 허브(herb) 사업이다. 다른 취업여성들과 달리 기지촌여성들은 주로 밤에 일하기 때문에 자녀(주로 혼혈아)가 있는 여성들은 아이를 맡길 곳이 없었다. 아이를 클럽에 데리고 가거나, 문을 잠가놓고 가두거나, 아이를 옆에 재워두고 혹은 아이가 보는 앞에서 매춘을 하는 경우도 많았다. 이같은 상황에서 밤 보육 프로그램은 기지촌여성들에게 실질적인 도움을 주는 프로그램이었으나 2년 정도 운영하다가 현재는 잠시 운영을 멈춘 상태이다. 상근자들이 이 프로그램을 운영하기 위해서는 24시간 근무를 해야 했기 때문이다. 새움터 상근자들은 급여는 월 20만 원 정도인데 그나마 체불이 많아서 새움터 근무를 하면서 서울과 동두천을 오가며 아르바이트를 하는 경우가 많았다. 아르바이트와 일상 프로그램을 운영하면서 밤 보육을 지속하는 것은 기본적으로 체력의 한계를 가져왔다.

새움터는 1998년 '시민운동지원기금'(500만 원)과 '대통령 직속 여성특별위원회'로부터 탈매춘을 위한 전업 프로그램 사업으로 지원금(900만 원)을 받아 98년 9월 26일 동두천에 허브 가공 가게를 열고 현장출신 여성 1명을 고용하였다. 이 가게는 지역에서 '여성센터'라고 하는데 허브 화분, 종이꽃, 향기나는 주머니 등을 직접 만들어 팔고, 전시한다. 이후 '실업극복국민운동본부'라는 민간단체로부터 '기지촌 지역 실직여성 다시 서기 일 공동체'라는 프로젝트로 기금(61,462,500원)을 지원받아 현장 여성 10명(상근 5명, 반상근 5명)을 고용하였다. 물론 위의 지원금은 새움터 활동가들의 급여 지급이 불가능할 뿐 아니라 허브 가게를 지속적으로 꾸려가기에도 턱없이 부족한 액수였다. 그러나 어쨌든 새움터의 전업 프로그램이 여성특별위원회로부터 지원 액수 1위 사업으로 선정된 것은, 몇 년 전 정부로부터 사찰을 받은 것과 비교하면 매우 큰 변화이다. 현재 김대중 정부는 기지촌여성운동단체를 '반미 단체'보다는 '불우여성 복지시설'로 인식하고 지원금을 주거나, 여성특별위원회의 담당사무관이 '수해 피해는 없었느냐'고 안부전화를 할 정도로 상황이 변했다. 정부나 학계는 기지촌여성, 매춘여성을 위한 상담 프로그램이나 전업 프로그램을 실시해 본 경험이나 전문성이 없기 때문에 정부가 여성운동의 성과를 배우고 지원해야 하는 상황이다. 일시적인 지원금 지급이 아니라 매춘여성에 대한 정책 자체가 기존의 처벌 위주에서 전업을 지원하는 방향으로 획기적인 전환이 있어야 한다. 여기서 기지촌여성운동에서 해왔던 전업사업은 중요한 모델이 될 수 있을 것이다.

지역사회의 분위기는 서울에 비해 정권이 바뀌었다고 해서 금방 바뀌지 않으며, 기지촌여성운동단체는 여전히 지역 유지(주로 포주들)와 긴장 관계에 있다. 하지만 어쨌든 정부의 사업지원금을 받으면서 정부가 인정한 단체라는 이미지는 지역 사회에서 기지촌여성운동을 원활하게 하는 요소임에는 틀림없다.

새움터는 기지촌여성들의 삶을 담은 기록영화 <이방의 여인들>(감독: 박혜정·J.T.다카키/ 1995년 제작, 60분)과 <캠프 아리랑>(감독: 이윤경·다이아나 리/ 1995년 제작 완성, 25분)을 제작하는 데 같이 참여했고 현재 한국 상영권을 가지고 있다. <이방의 여인들>은 1996년 미국 공영 TV PBS로 미국 전역에 방송되었고 1996년 제1회 서울인권영화제에 출품되었다. <캠프 아리랑>은 1995년 마가렛 미드 다큐멘터리영화제에 출품되었다. 새움터는 흑인 혼혈 뇌성마비 시인 이영철의 시집 『나는 바보가 좋다』(개마서원, 1997)를 출판하기도 하였다. 새움터는 기지촌여성들의 삶의 기록과 활동 내역을 자료화하고 출판하는 데 많은 관심을 가지고 있다.

두레방으로서는 그간 중심이 되어 일해왔던 젊은 활동가들이 그만두면서 많은 어려움을 겪고 있다. 기활을 통해 확보되었던 자원 활동가와 학생운동과의 네트워크는 물론 각종 활동 프로그램의 노하우가 활동가의 이동과 함께 모두 새움터로 이동했기 때문이다. 현재 두레방은 문혜림, 이성혜 원장에 이어 유복님의 언니 유영님이 수고하고 있다.

8. 기지촌여성의 아메리칸 드림: 송종순 사건

1992년은 송종순 사건과 윤금이 사건이 연이어 터지면서 기지촌여
성운동이 우리 사회에 대중적으로 알려짐과 동시에 매우 치열하게 전
개된 해이다. 매춘여성에 대한 사회적 낙인이 덜(?)하고, 존재의 익명성
이 보장되는 미국으로 (미군과 결혼하여) 가는 것은 많은 기지촌여성들
의 꿈이자, 스스로 기지촌에 들어오게 하는 가장 강력한 이유이다. 그
러나 매춘여성에 대한 경제적·문화적 처벌이 미국이라고 해서 크게 다
르지 않음은 국제결혼한 기지촌여성들의 삶에서 그대로 증명된다. 언
어가 통하지 않고 특별한 기술이 없고 아는 사람도 없는 기지촌여성이
이국 땅에서 할 수 있는 일이란 많지 않다. 게다가 미군이었던 남편이
마약중독이거나 생활무능력자, 구타자인 경우가 많다. 사회적 연결망이
전혀 없는 아내의 약점을 잘 아는 미국인 남편들의 학대와 매춘으로
돈을 벌어오라는 강요는 다시 여성들을 매춘으로 몰아넣는다.8) 대부분
기지촌여성의 국제결혼은 이혼으로 결말을 맺고 미국에서 이혼당한 한
국여성들은 절대적인 빈곤 상태에 놓이게 된다.

송종순 사건은 기지촌 출신 여성의 국제결혼 실태를 극명하게 보여
주었다. 송종순은 어려서 부모가 잇달아 사망하자, 오빠의 생계를 덜어
주고자 오빠와 동생들을 위해 기지촌으로 오게 되었다. 그녀는 영국군
과 결혼하여 아이를 하나 낳았으나 영국군은 아이만 데리고 돌아갔다.
그후 평택 기지촌에서 만난 미군을 따라 19살에 미국으로 건너갔다.
그 미군과는 미국에 온 지 2년만에 이혼당했다. 이후 다른 미국인과
결혼하여 모세, 에스더라는 이름의 두 남매를 낳았는데, 미국의 사회제
도와 영어를 몰라서 아들을 뺏긴 경험을 했던 그녀는 아이를 집에서
낳고 출생신고도 하지 않았다. 1987년 남편의 구타와 가난을 견디다

---

8) ≪국민일보≫ 「NYT지 보도: 미국 안마시술소 한인(韓人)여성고용 변태영업」,
   1995. 5. 30; ≪한국일보≫, 「한국여성 뉴욕에서 매춘 성행: 상당수가 남편에
   게 버림받은 주한미군부인」, 1995. 5. 30.

못한 그녀는 두 아이를 데리고 가출하여 북부 캐롤라이나의 잭슨빌(Jacksonville)이라는 마을 술집에서 일하게 되었다. 두 아이를 맡길 돈이 없었기 때문에 밤이 되면 여관방에 아이를 가두고, 다른 사람들이 아이들 소리를 못 듣도록 TV를 크게 틀어놓고 출근하곤 했다. 그러기를 두 달여, 새벽에 일을 마치고 귀가한 송준순은 세 살 짜리 아들 모세가 TV가 넘어져 깔려 죽어 있는 것을 발견하였다. 경찰과 보도진이 여관에 들이닥쳤을 때 그녀는 제정신이 아니었다. 계속되는 질문공세와 아들을 잃은 충격으로 자포자기 상태가 된 그녀는, "내가 자식을 죽인 에미입니다. 모두 내탓이어요(my fault!)"라는 말을 반복하였다. 한국의 희생적인 어머니 문화를 이해하지 못하는 미국 재판정에서 그 말은 '살인에 대한 자백'으로 처리되었다. 이국 땅에서 통역도 없이 5일 동안 속성으로 진행된 재판에서 그녀는 징역 20년형을 선고받고 북부 캐롤라이나 랄리 교도소에 수감되었다.

이 어처구니없는 사건이 1990년부터 교포사회에 알려지면서 랄리 시와 뉴욕 시를 중심으로 후원회와 석방대책위원회가 꾸려졌다. 당시 미국에서 살고 있던 두레방 창립자 문혜림과 여금현 목사, 민경숙, 박혜정, 김혜선, 유춘자 등은 거의 결사적으로 석방운동에 참가하였다. 청문회를 열어 이 사건의 억울함을 알릴 기회를 얻기 위해 진상조사위원회에 수 차례 찾아가 상황을 반복하여 설명하였다. 92년 두레방에 이 사건이 알려지면서 송종순 씨에게 편지 보내기, 성금모금(5천 달러를 모금하여 송금), 주지사에게 편지 보내기, 한국후원회 조직, 석방을 위한 서명운동, 언론홍보 등 구명운동을 펴게 된다. 그 결과 이 사건은 당시 한창 인기 있었던 TV방송 프로그램에 소개되기도 하였다.[9] 그녀는 그 프로그램에서 인터뷰 도중 자신을 학대한 남편에게 "그 분이 저를 때리셨어요"라고 말해 많은 사람들을 가슴 아프게 했다.

송종순은(만 31세) 92년 12월 31일 오후 2시 수감된 지 6년만에 석방

---

9) SBS TV, <그것이 알고 싶다> "최후의 항소-재미교포 송종순 여인 아들 살인사건"(1992년 9. 13 방영).

되었다. 무죄 사면 운동을 벌였으나 가석방 조치로 풀려났다. 대책위가 뉴욕 시에 있는 여금현 목사[10]가 운영하는 국제결혼한 한인 여성들의 쉼터 '무지개의 집' 보호 아래 2년 동안 둔다는 서약서를 제출하였다.

언어 장벽과 문화적 차이, 죄책감, 불안과 공포, 지역 사회의 보수적 분위기 속에서 통역관도 없이 진행된 재판은 국제결혼한 한국여성의 실상을 그대로 드러냈다. 이전에도 이와 비슷한 사건은 수없이 많았지만, 송종순 사건은 기지촌여성의 '아메리칸 드림'의 실상을 세상에 널리 알렸고 이후 김분임 사건[11] 처리과정에도 많은 영향을 주었다.

9. 윤금이를 둘러싼 정치학

1) 처참한 죽음

일반인들도 기지촌여성 문제하면 윤금이를 떠올릴 정도로 윤금이 사건은 '희생자로서 기지촌여성', '민족 수난의 상징으로서 윤금이' 문제를 우리 사회에 대중화시켰다. 윤금이는 자신의 죽음으로 '주한미군 범

---

10) 여금현 목사의 활동은 ≪한겨레신문≫ 「동포여성 멍든 가슴 사랑으로 달랩니다」(1996. 10. 25) 참조.

11) 미군과 국제결혼하여 이민 간 김분임과 그녀의 두 남매가 1994년 6월 13일 오후 2시 20분경, 미국 플로리다 주 포트 월튼 소재 자택에서 시체로 발견된 사건이다. 당시 김씨의 시신은 생선회처럼 난자되어 있었고 3구의 시체는 선혈이 낭자하여 욕조에 쳐박혀 있었는데 수사를 담당했던 경찰은 18년간의 근무 중 보아온 사건현장 중 가장 참혹하다고 표현했다. 집안에서는 범행도구라고 짐작되는 60센티 미터가 넘는 칼이 발견되었다. 경찰은 김 씨의 남편 에드워드 쟈크레브스키 공군중사를 범인으로 지목하고 전국에 수배령을 내렸다. 1962년 경남 진주에서 태어난 김 씨는 진주전문대학을 졸업하고 1982년 영어를 배우면서 어울렸던 미군과 결혼한 후 미국으로 건너갔다. 미국으로 간 직후 바로 이혼하였고 쟈크레브스키를 만나 재혼하였다. 쟈크레브스키는 술과 마약중독자였으나 김 씨의 도움으로 대학까지 마치고 김 씨에게 고맙다는 얘기를 자주 했다고 한다. 정유진·김동심 공편, 「우리의 권리를 되찾기 위하여: 주한미군 범죄 자료집」(미간행), 1997, 9-10쪽.

죄사의 전태일'과 같은 존재가 되었다. 또한 이 사건은 해방 후 거의 최초로 한국의 사회운동세력이 미군 범죄를 문제화·정치화한 사건이었고 국제적으로도 널리 알려졌다. 유엔의 '여성에 대한 폭력' 특별보고관인 라디카 쿠마라스와미(Radhika Coomaraswamy)는 유엔에 제출한 1998년 1월 26일자 '무력 갈등시 여성에 대한 폭력(Violence Against Women In Times Of Armed Conflict)' 보고서에서 아이티, 보스니아, 티벳, 르완다 등의 사례와 함께 윤금이 사건을 다루었다.[12] '두레방'과 '새움터', '주한미군 범죄 근절 운동본부'는 여성인권관련 국제회의가 있을 때마다 윤금이 사건을 소개하고 연대를 호소하였다.[13]

그러나 윤금이 사건이 기지촌여성 문제, 매춘여성 문제가 아니라 민족 문제와 미군 범죄의 문제로 일반화된 것은, 이 사건을 둘러싼 우리

[12] 아래는 보고서의 원문이다. United States of America: the case of Yoon Keum E.(미국: 윤금이 사건)

56. Kenneth Markle, a private in the United States Army stationed in the Republic of Korea, battered Yoon Keum E. to death with a coke bottle and then stuffed it into her vagina, and shoved an umbrella into her anus. In order to eliminate evidence of her murder, he spread soap power over her body. Lastly he stuffed matches her mouth. (주한미군 케네스 마클 이병은 윤금이를 코카콜라 병으로 구타하여 살해한 후 콜라병을 그녀의 질 속에 쑤셔넣고, 항문에는 우산을 밀어넣었다. 살인 증거를 없애기 위해 그녀의 몸 위에는 세제 가루를 뿌렸다. 마지막으로 그녀의 입에 성냥을 꽂아놓았다)

57. The Korean Supreme Court sentenced Private Markle to 15 years' imprisonment. Abuses committed by foreign military personnel, including United Nations peacekeeping forces, have raised some important issues. Questions arises as to which courts should try them and whether humanitarian law applies. There is a need for the international community to deal with this issue in a more systematic manner, especially if there continues to be a need for international peacekeepers. (한국의 대법원은 마클 이병에게 징역 15년형을 선고했다. 유엔의 평화유지군을 포함하여 외국 군대에 의해 저질러진 폭력은 그간 중요한 이슈로 제기되어 왔다. 각국의 법이 이 문제를 어떻게 해결할지와 인도주의적인 법적용 여부가 문제점이다. 특히 국제적인 평화유지 활동이 지속되어야 한다면, 국제 사회가 이 문제를 좀더 조직적인 방식으로 다룰 필요가 있다)

[13] 《동아일보》「아시아주둔 미군 성범죄 동경서 청문회 열려」, 1994. 3. 14; 《조선일보》「아시아주둔 미군 성범죄 동경서 청문회 열려」, 1994. 3. 14; 《한겨레신문》「미군 해외 기지 성범죄 경악」, 1994. 3. 25.

사회의 권력관계를 반영한다. 이 사건은 민족민주운동중심의 사회운동에서 여성 문제가 어떻게 다루어지는가와 여성운동이 다른 사회운동과 맺는 관계, 사회운동 내부의 가부장제를 여실히 보여주었다.

1992년 10월 11일, 자신의 생일 전날 윤금이는 동두천시 보산동 431-50번지 16호 김성출 씨 집으로 찾아와 셋방을 얻었다. 월세 4만 원을 선불로 내고 2평 남짓한, 비슷한 처지의 '양색시' 14명이 함께 사는 '벌집'이었다. 그로부터 17일 후인 28일 윤금이는 바로 이 집에서 시체로 발견되었다. 1966년 전북 순창에서 5남 1녀 중 외동딸로 태어난 그녀는 가난으로 중학교를 제대로 마치지 못한 채 17살 때 서울로 올라왔다. 봉제공장에 취직했으나 생활고를 견디지 못하고 미군을 상대하기 시작했고 평택의 안정리 기지촌까지 흘러들게 되었다. 기지촌을 전전하다 동두천 보산동으로 온 그녀는 사건 발생 2년 전 동거하던 미군에게 버림받은 후 폭음상태에서 각성제를 복용하고 울면서 자주 행패를 부렸다. 그로 인해 미군 상대 클럽들로부터 외면당했고 꽃 장사(최하층의 히빠리들이 하는 장사로서 연인처럼 보이는 매매춘 남녀에게 밤에 길거리에서 한 송이씩 꽃을 파는 것), 구걸, 히빠리로 생계를 이어갔다.

10월 27일 저녁 7시부터 클럽을 술에 취해 전전하다 미군 한 명과 철길을 따라 미 2사단 쪽으로 걸었다. 그는 미 2사단 제20보병연대 5대대 소속의 마클 케네스 리(Markle Kenneth Lee, 1972년 생, 당시 20세) 이병이었다. 집 앞에서 두 사람은 미군 제이슨 램버트(21세) 상병과 실랑이를 벌였다(램버트의 공범 여부에 대해 수많은 의혹이 제기되었으나 검찰은 진상규명 의지가 없었고 재판을 조속히 종결하는 데에만 급급했다). 램버트는 전날 밤 윤금이와 잤는데 그날 다른 기지촌여성과 가격 문제로 티격태격하다가 '어젯밤 여자'가 다른 미군의 품에 안긴 것을 보고 시비를 걸어왔다. 새벽 1시 30분 계속 귀찮게 하는 램버트와 한바탕 싸운 마클은 윤금이의 머리채를 휘어잡고 방안으로 들어갔다. 마클은 콜라병으로 금이의 이마를 여러 차례 힘껏 후려쳤다(의정부 경찰서에서 발행한 '사건발생사실확인서'에는 4회 가격하였다고 나와 있다).

이마에서 피가 솟구치고 윤금이의 반항이 멈추자 마클은 방안에 있던 우산을 윤금이의 항문으로 쑤셔 넣어 직장 안으로 27cm까지 들어가게 하였다. 그녀의 몸에 뿌려진 세제는 '스파크'였다. 알몸 상태로 피살된 그녀의 온몸은 피멍이 들어 있었고 자궁 속에는 맥주병 2개가, 질 밖으로는 콜라병이 1개 박혀 있었다. 사체 부검 때 맥주병에서 발견된 지문은 범인검거에 결정적인 증거가 되었다. 윤금이의 사인(死因)은 '전두부(前頭部) 열창(裂脹)에 의한 실혈(失血)'로 밝혀졌다. 사망 시간은 28일 새벽 2시로 판정되었고 10월 28일 오후 4시 30분경 주인 김성출 씨에 의해 발견되었다. 경찰은 윤금이의 시신을 가족입회하에 10월 31일 화장하였으며 미 2사단 연대장은 위로금으로 60만 원을 전달하였다.

윤금이 사건을 세상에 알려지게 하고 범인을 검거한 것은 동료 기지촌여성이었다. 김성출 씨 외에 최초의 발견자는 김윤자(가명, 당시 30대 초반) 씨로 윤금이가 사는 '벌집'에 놀러왔다가 경찰들이 몰려와서 사진을 찍고 웅성거리는 것을 보고 동두천의 기지촌여성, 아동들의 쉼터인 '다비타의 집' 전우섭 목사에게 알렸다. 사건 발생 1주일 후에야 이 사실이 '동두천민주시민회'에 알려졌고 '동두천민주시민회'는 두레방으로 연락하였다. 경찰에 접수한 사건신고서에는 신고자가 집주인 김성출 씨로 되어있으나 실제 경찰에 신고한 사람은 'ㅇ감찰'[14]이라는 50대 초반의 기지촌여성이었다. 자신이 '떳떳지 못한' 기지촌여성이기 때문에 집주인 이름을 빌려 신고한 것이다.

기지촌여성자치회 '민들레회'의 말단 직책을 모두 감찰이라고 하는데 사람들은 그녀를 성씨와 합쳐 'ㅇ감찰'로 불렀다. 그녀는 오랜 기지촌 생활을 통해 매춘여성이 미군에게 죽어도, 수사를 하거나 미군이 처벌받지 않는다는 것을 직감적으로 알고 있었다. 이 사건은 그런 식으로 묻혀서는 안 된다고 생각했다. 그녀는 미 2사단[15] 앞에서 마클을 기다

---

14) 이 글에서 그녀의 성(姓)을 밝히지 않기로 한다.

15) 주한미군의 주력 부대인 미 2사단은 미군 범죄를 가장 많이 일으키는 부대이다. 미 2사단의 표어는 출생은 우연(Live by Chance), 사랑은 선택(Love by

렀다. 마클의 흰 반바지에 피가 묻어 있었는데도 경비 헌병은 마클을 들여보내고 그녀를 막았다. 덩치가 컸던 그녀는 순식간에 달려들어 마클의 멱살을 잡고 나와 경찰에 넘겼다. 그녀는 전날 윤금이와 마클이 싸우는 것을 직접 보았고, 마클이 범인이라는 데 결정적인 단서를 제공했다.

그러나 이후 ○감찰은 행방불명되고 만다. 경찰에서 '입다무는' 조건으로 돈을 받았다, 포주와 연결된 깡패들이 죽였다는 등 소문은 무성한데 어쨌든 이후로 동두천에 나타나지 않았다. 그러나 그녀의 집에는 쓰던 물건이 그대로 있는 것으로 보아 스스로 연락을 두절시킨 것 같지는 않다고 한다.

2) 18개월간의 투쟁

이후 사건의 진행과정은 투쟁 주체들이 '자유란 영원한 감시의 대가'라는 말을 그대로 체험한 기간이었다.16) 케네스 마클의 유죄가 확정됨에 따라 94년 5월 17일 한국 정부가 마클의 신병을 미군 당국으로부터 인도 받아 천안 소년교도소에 수감하여 사건이 일단락되기까지 18개월 동안 싸우지 않으면 되는 일이 하나도 없었다. 대법원까지 진행된 재판마다 '주한미군의 윤금이 씨 살해사건 공동대책위원회'(이하 윤금이 공대위)는 매회 300~1,000명의 방청객을 조직하였다. '살해 미군 구속 처벌과 공정한 재판권 행사를 위한 범국민 서명운동'을 벌여 사건발생 후 5개월 동안 매주 토요일 오후 서울역에서 집회를 가졌고, 사건을 전국적으로 여론화하였다. 그 외에도 미국 정부와 미군 당국, 한국 정부, 한국 검찰에 항의 편지 보내기, 전화, 단식 농성, 배상금 청구 등 다양한 활동을 전개하였다.

동두천민주시민회를 중심으로 동두천시 택시기사들이 '미군 승차거

Choice), 살인은 직업(Kill by Profession)이다.
16) 사건의 자세한 전개과정은 정유진·조재학 공편, 「주한미군의 윤금이 씨 살해사건 자료집」(미간행), 1994를 참조.

부 운동', 상인들이 '미군 손님 안 받기 운동'을 벌였으며 11월 7일 윤 금이 공대위 주최로 시민규탄대회가 경찰의 원천봉쇄를 뚫고 2,000여 명의 동두천 시민[17]이 모인 가운데 미 2사단 정문 앞에서 열렸다. 기지 촌여성, 건달, 혼혈아동 등 가릴 것 없이 참석한 이 시위는 동두천시 유 사 이래 가장 많은 시민이 모인 날이었고 오후 4시에 시작된 집회는 저 녁 늦게까지 계속되었다.

당시 언론은 이렇게 대중적인 호응과 분노가 큰 이유를 너무 참혹한 사건이었다는 점과 한국 경찰의 비굴한 태도가 주원인이라고 보도하였 다. 사건 관할서였던 의정부경찰서는 피의자신문 조서도 받지 않은 채 마클을 미군범죄수사대(CID)로 인도하였다. 현행 한미행정협정은 재판 종결 이전까지는 미군 범죄자의 신병을 미군 당국의 관할하에 두게 되 어 있다. 주한미군 피의자를 체포하면 한국 경찰이 먼저 피의자신문 조서작성 등 기초 조사를 마친 뒤, 미군에게 범인의 신병을 넘겨주기 로 되어 있으나 한국 경찰은 이 권리마저도 포기한 채 미군에 마클을 넘겨준 것이다.

당시의 신문보도들은 모두 이 두 가지 문제를 중점적으로 다루었다.[18] 특히 1991년 부분적으로나마 개정된 한미행정협정[외무부의 공식 명칭 은 '한미 주둔군 지위 협정', SOFA(Status Of Forces Agreement)]으로

---

17) 1990년도 11월 1일 당시 동두천시의 전체 인구는 71,448명이었다.
18) ≪국민일보≫ 「미병사 한국여성 잔혹살해 파문: 동두천 시민 분노 물결」, 「철저 수사: 재판권 행사 요구, 경찰조서 안 받고 미군 측에 넘기자 발 단」 1992. 11. 5; ≪한겨레신문≫ 「미군 범죄 왜 수사 못합니까?」(1992. 11. 6); 「개정 행정협정 뒷받침 의지 보여야: 동두천 미군병사의 잔혹범죄에 대한 정부 책임」(1992. 11. 7); 「한겨레 논단: 피지도 못하고 갔구나」(최일 남, 1992. 11. 7); ≪국민일보≫ 「살해미군, 법정구속되나 안되나」(1993. 2. 15); ≪조선일보≫ 「윤금이사건공대위, 공개재판 요구」(1993 2. 15); ≪한 겨레신문≫ 「범죄 잔혹성 여부 핵심 쟁점: 공대위, 민족 자존심 걸렸다 공 정판결 촉구」(1993. 2. 17); ≪중앙일보≫ 「잔혹 행위 증거 확보가 열쇠」 (1993. 3. 25); ≪국민일보≫ 「마클 일병 오늘 대법원선고: 형확정 땐 '한 국' 수감」(1994. 4. 29); ≪동아일보≫ 「한국에 신병 넘겨주지 말라: 마클 이병 미 대법에 청원, 재판과정에서 생명위협 느낀다고」(1994. 5. 15).

한국 정부가 미군 범죄에 대해 초동 수사권을 행사할 수 있었는데도 그것을 모두 포기하고 미군의 눈치를 본 것에 대해 국민들이 분노하였다는 것이다. 사건발생에서 대법원에서 판결까지 18개월 동안 핵심적인 쟁점은 '공정한 수사'였고 이는 한국의 민족적 자존심과 제3세계에서 미국의 패권주의가 갈등하는 양상으로 전개되었다. 이같은 사태는 1993년 7월 10일 빌 클린턴 미국 대통령의 방한을 맞아 절정에 달했는데, 윤금이 사건과 미국의 쌀개방 압력이 맞물리면서 전국 곳곳에서 반미시위가 일어났다.19) 그러나 윤금이 사건 이후에도 많은 기지촌여성이[이기순, 강운경, 차혜선, 허주연, 정종자, 전지나, 박순녀(환전상), 신차금 씨 등] 미군에 의해 강간, 살해되었다.20)

3) 윤금이, 양공주에서 민족의 상징으로

윤금이 사건에 대한 평가는 두 가지 측면에서 가능하다. 하나는 반미운동으로서의 민족담론이 여성운동을 압도하여 여성 문제를 비가시화 시켰다는 것이고, 다른 하나는 기지촌여성운동의 성과를 강조하는 시각이다. 즉 이제까지 수많은 기지촌여성들이 미군에 의해 살해되었지만, 그간 기지촌여성운동의 성과로 인해 윤금이 사건이 '드러날 수 있었다'는 것이다. 기지촌여성운동가들은 기존의 추상적인 반미운동을 '현장'으로 끌어내렸고, 남성 반미운동가들을 미군의 주둔으로 가장 고통받는 구체적인 인생들의 — 기지촌여성 — 삶에 직면시켰다. 이 사건을 계기로 여성운동가들은 일반시민과 재야운동가들에게 기지촌여성운동과 기지촌여성의 존재를 알렸고, 재야운동가들이 기지촌 문제를 보는 관점을 변화시켰다. 또한 윤금이 투쟁 때 학생들이 갑자기 참여하게 된 것이 아니라 그 전에 기활이나 대학생을 대상으로 한 교육 등을 통

---

19) ≪한겨레신문≫(1993. 7. 11); ≪중앙일보≫(1993. 7. 10).
20) 이 중 박순녀, 신차금 씨의 경우는 범인이 미군인지 한국 남성인지 밝혀지지 않은 미해결 사건이다.

해 기지촌여성운동이 학생운동을 견인했다.

하지만 전반적으로 윤금이 사건은 기지촌여성의 인권 향상으로 이어
지기보다는 미군 범죄, 민족 자존심의 문제로 집중되었다. 윤금이 사건
에 참여한 운동주체들이 강조한 것은 매춘여성 인권유린 문제가 아니
었다. 피해자의 인권침해 사실이 중요하기보다는, 가해자가 우리(민족)
을 억압하는 미군이었다는 점이 이 사건의 주요한 의미였다. 그들이
강조한 것은 기지촌여성의 존재와 그들이 그간 우리 사회에서 어떻게
간주되어 왔는가가 아니라, 해방 이후 발생한 미군 범죄가 약 10만여
건이었다는 점, 미군 범죄에 대한 한국 정부의 1차 재판권 행사율이
0.7%에 불과(필리핀은 21%, 일본 32%, NATO는 52%)했다는 점이었
다. 즉 이 사건은 우리 민족이 미국의 식민지임을 가장 극명하게 보여
주는 사례가 되었다.

결국 윤금이 투쟁은 남성중심적인 민족주의 운동의 대표적인 사건이
되었다. 미군기지 문제를 주권이나 영토침해를 중심으로 사고하는 것
은 그 안에서 여성에게 일어나는 문제를 비가시화시킨다. 이러한 접근
에서 여성은 민족의 주권을 상징하는 존재일 뿐이다(Enloe, 1989). 기
본적으로 기지촌은 성차별이 없다면 성립할 수 없는 공간이다. 군대와
기지가 성공적으로 유지되기 위해서는 가부장제 사회가 요구하는 전형
적인 남성성과 여성성에 기반한 성의 정치가 필수적이다. 기지촌에 우
연히 매매춘이 존재하는 것이 아니라 가부장제 사회의 매매춘 자체가
기지촌을 가능하게 하는 것이다.

남성중심적인 민족주의 운동가들에게 기지촌매매춘은 민족주권의 상
실을 상징한다. 외국군에게 몸을 파는 여성들의 존재는, 그 여성들을
'보호'해야 할, 지켜야 할 재산으로 간주하는 남성들의 정체성에 상처
를 준다. 남성중심적인 민족주의 운동가들은 기지촌 문제를 매매춘의
문제로 보지 않는다. 이들은 기지촌 매매춘의 가부장적 성격을 파악하
지 못한다. 기지촌매춘여성의 문제가 윤금이 사건에서는 '기지촌'에만
방점이 찍힘으로서 매춘여성의 인권유린 현실이 조명되거나, 이 사건

이 여성인권운동으로 인식될 여지는 매우 적었다. '화대'지불이라는 명목으로 기지촌여성들이 '남성 손님', 포주, 지역 깡패, 경찰, 클럽 주인 등 한국 남성들로부터 당하는 강간과 폭력은 전혀 문제화되지 않았다.

　　(절대로) 여성운동을 깔봐서가 아니라 솔직히 이 사건을 여성중심으로 몰고 갔다면 그렇게 크게 될 수 없었다고 봅니다. 이 사건이 민족 문제니까 그나마 그렇게 대중화된 겁니다. 내가 여러 가지 운동단체 일을 많이 해보았지만 이 사건처럼 시민들의 호응을 받은 적은 없었어요. 이 사건이 여성 문제가 아니라는 게 아니라, '본질'은 사회구조적인 문제이고 (그러니까 민족 문제라는 말이죠?), 그렇죠! 그것이 구체화된 '현상'이 윤금이를 통해 나타난 거죠. 거시적인 문제가 미시적으로 드러난 것입니다. 물론 내가 여성운동가들하고 일한 것은 처음인데 배운 게 많아요. 나는 그 여성들이 그렇게 사는지 정말 몰랐거든요(당시 '윤금이 공대위'에서 주도적으로 활동했던 재야단체 활동가와의 인터뷰에서).

민족 문제가 '본질'이고 여성 문제는 그 본질이 외화되는 형태일 뿐이라는 생각, 미시적인 것과 거시적인 것을 분리하는 이 활동가의 사고방식은 당시 윤금이 사건에 참가했던 거의 모든 활동가들의 의식이었다. 몇몇 여성운동가들은 그렇게 생각하지 않았지만 어쩔 수 없었다. 여성운동이 언제나 전체 운동의 부분 운동으로 취급되는 분단국가에서, 민족주의자이자 여성운동가로 자신의 정치학을 실현하는 것은 매우 어려운 일이었다.

　　원래 우리는 이 사건 실무자를 꾸릴 때 재야나 학생운동 애들을 부르지 않았어. 근데 어떻게 알았는지 우리 사무실로 먼저 찾아 왔더라구. 한마디로 '건수' 잡았다 이거지. 나는 경험상 학생운동출신 남자들에 대해 좋지 않은 인상을 가지고 있었어. 왜 알잖아. 아침에 늦게 나오면서 어깨 힘들어 간 거. 그런데 걔네들이 실제 사람동원을 다했고 '병력'이 되기 때문에. 근 2년 동안 전대협(1992년까지 전대협, 1993년부터 한총련 – 필자 주)에서 동원은 다했으니까. 일주일이 멀다 하고 집회를 하는데 학생들 없으면 불가능하지. 우리(여성운동가)는 (동원)역량이 안되고 일단 사람들이 '우리 나라 여자가 이렇게 당했다'는 것에 관심을 가지니까('윤금이 공대위'에 파견된 여성단체 활동가와의 인터뷰에서).

당시 이 사건에 대한 각계의 반응은 청년학생의 경우 반미 투쟁의 촉발점으로(그것도 총여학생회중심, 총학생회는 1992년 말 대통령 선거투쟁에 주력), 종교계는 인권, 민족주권의 문제로, 시민운동세력은 반미, 민족주권의 문제로 여성계는 여성인권, 성폭력의 문제로 바라보았다. 물론 공통적인 것은 잔인한 살해에 대한 분노였다. 한편 공무권, 경찰, 보수적인 일부 시민들은 '양공주 하나 죽었다고 세상이 왜 이리 시끄럽냐, 하찮은 여자 죽음으로 한미 관계에 금이 가게 할 수 없다, 그런 여자는 어느 정도 각오하고 사는 것 아니냐, 창피한 일이므로 떠벌려서는 안 된다'는 반응을 보였다.[21]

사회운동권의 민족자주의 시각과 '여자 하나 때문에 우방을 불편하게 해서는 안 된다'는 논리는 내용상으로는 상반되지만, 여성이 이 사건의 주체가 되지 못한다는 측면에서는 같은 논리이다. 그럴수록 윤금이는 '순결한 희생자'로 자리매김되어야 했다. 이에 대해 한 기지촌여성운동가는 매우 분개하면서, '그때까지 기지촌여성의 존재 자체도 몰랐을 사람들(재야운동가와 일반시민)이 평소 양공주라고 천시하던 기지촌여성을 민족의 딸이라고 서슴없이 호명하는 데 기가 막혔다'고 말했다. 그동안 기지촌여성은 민족과는 상관없는, 도저히 민족의 성원이 될 수 없었던 사람들이었다. 역설적으로 말하면, '죽어야 사는 여성들의 인권'이라는 이 글의 제목대로 기지촌여성은 '양키'에게 살해당해야만, 죽어야만 비로소 민족의 성원이 될 수 있었다. 기지촌여성은 살아서는 인간으로 간주되지 못했고 우리 사회가 부정하고 싶은 그리고 실제로 부정된 존재였다. 그러나 그녀의 죽음을 민족주권의 상실로 상징화하려는 세력에 의해 생전과는 반대로 민족의 정수(精髓, essence)가 되었다. 죽어야만 사는 여성들에게 인권이 있다고 할 수 있을까?

애국 ○○ 시민여러분! 우리의 딸이 처참하게 살해되었습니다. 범인은 미군

---

21) '여성과인권연구회'(대표 김은실, 김성례, 김현미)주최 여성인권 세미나에서 정유진의 발표문(「미군 범죄와 여성」)에서 발췌(1994. 5. 15).

병사입니다(○○지역총학생회연합, 여대생대표자협의회 유인물 제목).

우리의 딸, 금이는 이렇게 처참하게 죽어갔습니다(○○대학교 총학생회, 총
여학생회 유인물).

누이의 주검이 민족의 가슴에 던지고 간 한과 분노의 씨앗은 … 윤금이 누이
의 한이 너무도 깊은 탓이라. … 50년 전 우리 누이들이 왜놈들에게 당한 수모
를 잊을 수 없듯이 윤금이 누이를 이대로 눈감게 할 수는 없다(○○대 유인물).

윤금이에 대한 '누이, 딸'이라는 호명은 이 사건의 주체가 누구인지
를 분명하게 보여준다. 현재는 불황 때문에 내국인을 받는 기지촌유흥
업소(클럽)가 늘고 있긴 하지만, 대부분의 클럽 출입문에는 '내국인 출
입금지' 팻말이 걸려 있다. 클럽에서 일하는 한국 여성들은 내국인이
아닌 것이다. 그들은 '국적을 할례(割禮)당한' 여성들이다. 이처럼 그동
안 우리 사회 어느 누구도 인간으로 취급하지 않았던, 우리 사회의 시
민이 아니었던 기지촌여성 윤금이는 갑자기 순결한 딸, 강대국에 핍박
당하는 '조국의 온 산천', 우리 민족의 몸 자체가 되어버렸다.

이번 재판에서 한국 당국이 '공정성'의 잣대를 '민족의 자존심'과 '국가의
자주권'에 맞추기를 강력히 요구한다. 복수를 다짐하는 민족 ○○대의 선봉장
백두대(○○대 유인물에서).

윤금이씨! 김국혜씨! 그들은 우리 조국의 모습입니다. 조국의 자궁에는 미
국의 문화 콜라병이 깊숙이 꽂혔고 조국의 머리는 … 시퍼렇게 피멍이 들어
있으며 … 그리고 무엇보다 조국의 온 산천은 이러한 모든 것을 감추려는 듯
희뿌연 세제가 뿌려져 있습니다(전국여대생대표자협의회 유인물).

피해자 윤금이의 사진은 너무도 끔찍했는데 사진을 공개해야 한다는
입장과 공개하지 말아야 한다는 입장이 공대위 내부에서 대립하였다.
공개해야 한다는 입장은 '이 사건은 말로 설명해서는 공감할 수 없으
며, 대중의 분노를 촉발시키기 위해서는 꼭 사진이 필요하다, 이철규

(1989년 조선대생 납치고문치사 사건)때도 사진이 없었으면 안 될 싸움이었다'는 의견이었다. 공개를 반대하는 입장은 '유가족도 살아 있는데 곤란하다, 그것은 고인을 두 번 죽이는 일, 너무 끔찍해서 오히려 역효과가 나고, 공개 안 해도 사안이 워낙 심각해 시민들이 분노할 것이다'라는 의견이었다. 결국 공개하기로 결정하기는 했으나, 공개하자는 입장 안에서도 고인이 여자이기 때문에 대중들에게 어떤 성적인 이미지를 불러일으킬까봐 우려했다. 남성운동가들에게 윤금이의 시신은 대중의 분노를 촉발시키는 촉매제가 되기도 했지만, 동시에 '우리' 여성의 벗은 몸, 살해당한 몸은 민족의 상처, 수치였기 때문이다. 자국 여성에 대한 외국 군대의 강간과 매매춘은 남성의 민족주의적 동기를 부추기는 데 중요한 요인이 되기 때문에 기지촌여성은 '민족'이라는 이름 아래 통제되어야 했다.

윤금이 사건에서 여성은 주체가 아니라 대상이었다. 윤금이 투쟁에서 기지촌여성들은 실질적인 주체, 적극적인 참여자였음에도 불구하고 운동의 주체로 사고되기보다는 '피해자'로 간주되었다. 어떤 공동체가 외부의 침략에 노출되었을 때, 공동체 내부의 여성에 대한 암묵적 가정들이 있다. 그것은 ① 여성은 공동체나 민족의 가장 가치 있는 재산이며, ② 전체 공동체의 가치를 다음 세대로 이전하는 수단이며, ③ 공동체의 미래 세대의 재생산자이고, ④ 억압적인 외부 통치자에 의한 폭행과 착취에 상처받기 쉬운 구성원이며, ⑤ 외부 세력에 흡수, 동화(同化)되기 쉬운 집단이라는 것이다(Enloe, 1989). 이같은 생각은 필연적으로 여성이 운동의 주체가 되는 것을 가로막는다.

운동의 대상인 여성은 운동 주체의 의지대로 통제되어야 했다. 남성은 민족의 주체이지만 여성은 민족의 성원이 아니라, 단지 민족수난을 상징하는 표식이다. 여성이 특정 집단의 성원이 아니라 그 집단의 재산, 힘과 권위를 상징하는 일들은 주변에 무수하다. 정신대 문제를 제기할 때 한국의 일부 남성들의 "우리도 당했으니 이제 일본여자들을 강간해야 한다"는 반응이나 윤금이 3주기 추모제 때 모 대학 교정에 걸렸던 플래카드 "주한미군 여러분, 범죄는 모국에서" 같은 표현이 대표적이다.

인권은 개인의 존엄성을 중심으로 사고한다. 침해당한 개인보다 그 개인이 속한 집단을 중심으로 생각해서는 안 된다. 많은 사람들이 개인 간의 폭력은 나쁜 것으로 생각한다. 물론 그것도 그 개인이 남성이냐 여성이냐에 따라 다르다. 남성과 남성 간의 폭력은 갈등이고 투쟁이지만, 남성이 여성에게 행하는 폭력은 연애나 성적인(sexual) 문제가 되어 '자연스러운 것'이 된다. 어쨌든 개인의 폭력은 나쁜 것이라고 생각하는 반면, 국가와 민족의 이름으로 행해지는 집단적 폭력은 능력으로 생각하는 경향이 있다. 정복자, 침략자는 남성성을 과시하여 영웅이 되고 그가 속한 집단의 자부심이 된다. 그러한 폭력은 '사람에 의한' 폭력이라기보다 집단에 의한 폭력으로 인식되고 책임은 분산되거나 없어진다. 무리에 의한 폭력은 익명성을 띠기 때문이다. 개인도 이기적이지만 집단은 더 이기적이고, 개인의 이기심보다 더 쉽게 합리화된다. 어느 사회에나 집단을 대표하는 논리는 언제나 남성중심적이다. 국가나 민족집단 내부의 남성에 의한 여성억압은 드러나지 않고, 여성의 권리는 남성중심적으로 개념화된 '전체' 국가 이해(利害)라는 이름으로 남성들에게 포괄, 전유(專有)된다. 때문에 개인적 차원의 가해자와 피해자는 드러나지 않은 채 여성인권침해가 집단간의 힘겨룸으로 인식될 때 여성은 이중의 피해자가 된다. 인권은 사람(개인, 인간)의 권리이지 민족이나 국가의 권리가 아니다. 특히 여성에 대한 폭력이 그녀가 속한 집단의 명예나 도덕에 관련된다면 피해자는 집단의 명예를 위해 자신의 피해사실을 드러내기 어렵다. 또 집단간의 보복에서 여성은 언제나 일차적인 희생자가 되기 쉽다. 여성을 인권을 가진 개인으로 보는 것이 아니라 남성집단의 권력 겨룸을 매개하는 일종의 교환물, 재산으로 보는 이러한 관점은 현재 보스니아, 르완다, 동티모르 등지에서 벌어지고 있는 여성에 대한 집단 성폭력의 근거가 되고 있다(Van Boven, 1998).

이같은 관점에서 여성 문제는 언제나 민족모순으로 환원되고, 우리 사회 내부의 성차별과 성폭력은 문제화되기 힘들다. 이 문제를 매춘여성의 인권 문제를 중심으로 접근했다면 이 운동에 참가한 가부장적인 남성들에게 자기 분열을 가져왔을 것이다. 이러한 시각은 특히 '윤금이 공대위'보다 학생운동권에서 발행한 유인물에서 더욱 두드러졌다.

4) 윤금이 투쟁의 성별 분업

당시 윤금이 공대위를 구성한 단체[22]는 모두 50여 개였고 민자당, 민주당, 통일국민당 3개 정당의 여성위원회가 결합하였다. 이들은 크게 동두천시 대책위원회와 종교단체, 여성단체, 학생운동, 노동운동단체로 나눌 수 있다. 여성단체는 총 23단체(정당까지 합하면 26개)로 전체 구성의 50%을 넘었다. 사무실은 종로 5가에 있는 한국교회여성연합회에 두었고 초기 공대위 실무자는 거의 여성단체에서 파견된 사람들이었다. 한국교회여성연합회 이지영 간사, 한국여성의전화 남충지 간사, 한국여성단체연합 산하 성폭력특별법제정특별위원회(성특위) 박계현 간사였다. 당시 여연은 성폭력특별법 제정운동을 활발히 벌이고 있던 중이어서 성특위 간사를 실무자로 파견하였다. 여연 측 실무자는 1차 공판이 끝나면서 공대위가 '주한미군 범죄근절 운동본부'로 전환하자 참가단체

---

22) 가톨릭여성복지위원회, 가톨릭여성신학연구소, 메리노수녀회여성분과위원회, 민주주의민족통일전국연합자주통일위원회/ 인권위원회, 서울지역총학생회연합(서총련), 여성교회, 이화여대민주동우회, 전국노동운동단체협의회, 전국대학생대표자협의회(전대협), 전국여대생대표자협의회(전여대협), 정신대문제대책협의회(정대협), 한국교회여성연합회, 한국기독교교회협의회(KNCC)여성위원회/ 인권위원회, 한국여신학자협의회, 민자당여성대책위원회, 민주당여성특별위원회, 통일국민당여성위원회, 동두천대책위원회(동두천민주시민회, 동두천시대학생회, 전교조동두천양주지회, 덕계노동자사랑방, 전국택시노련경기북부동두천지역택시노조, 한겨레신문동두천지국북부노조, 동두천광암동청년회, 민주연합청년동지회동두천시지부, 민주주의민족통일경기북부연합회), 한국여성단체연합성폭력특별법제정특별위원회(거창여성회, 광주여성의전화, 기독평화여성회, 경제정의불교시민연합, 대구여성회, 부산여성회, 전북여성의전화, 장애우권익문제연구소, 한국성폭력상담소, 한국여성민우회, 한국여성의전화), 한소리회(두레방, 다비타의집, 양지공동체, 향유선교회).

에서 탈퇴하였다. 여성단체를 주축으로 하는 실무진에 재야·학생운동세력으로 전국연합 최희섭 부장, 여대협 대표로 당시 서울대 총여학생회장 이정희와 서울시립대 총여학생회장 이승아, 전대협 투쟁국장 강대오(가명), 서총련 반미특위장 조재학이 결합하여 헌신적으로 활동하였다.

많은 여성운동가들이 윤금이 투쟁의 주체였음에도 불구하고 이 문제가 최초 여성단체들의 주장대로 여성인권 문제로 조명되지 못한 데에는 여러 가지 분석이 있을 수 있다. 처음 이 사건이 두레방에 알려지고 두레방은 이를 한소리회(매춘운동 활동가들의 모임)에 알렸다. 한소리회에 참가하는 한국교회여성연합회가 당시 같은 건물(한국기독교연합회관)에 있던 여성운동단체들을 모아 첫 모임을 가졌다(한국교회여성연합회, 한국여성의전화, 한국여신학자협의회, NCC여성위원회).

당시는 여성운동단체조차 매춘여성 문제, 더구나 기지촌여성 문제에 관심이 없었기에 "매춘 문제를 들고일어나도 괜찮을까?", "혹시 그 여자가(윤금이) 술이나 마약을 한 상태가 아니었나?" "국민의 공감을 얻을 수 있을까?" 등 이 사건에 대한 여론의 향배와 대중성, 탄압에 대한 걱정과 회의가 많았다. 여성운동 내에서도 매춘운동은 주변적이어서 처음에 어느 정도 망설임이 있었던 것이다. 그러나 전체적으로 여성운동 내의 갈등은 크지 않았다.

가장 큰 문제는 사회운동 내부의 성별 분업이었다. 이는 여성운동, 매춘여성운동의 열악한 현실과 맞물리면서 더욱 정당화되었고 운동이 대중화, 주류화되기 위해서는 '남자가 나설 수밖에 없다'는 악순환을 합리화했다. 왜 두레방이 공대위 활동에서 주도적이지 못했는가라는 질문에 당시 두레방 상근자들은 다음과 같이 말했다.

일단, 그런 회의에는 어른이 가서 좀 말발을 세워야 하는데 당시 우리는 그럴 만한 사람이 없었어요. 그리고 저부터도 그런 연대회의 같은 데 나가서 일하기보다 현장에서의 일상적인 활동이 더 중요하다고 생각했어요. 지금 생각해보면 나서면 욕먹는다는 그런 강박(관념)도 강했고 … 그리고 무엇보다 너무 힘들었어요. 저는 윤금이 공대위 활동으로 이후 두레방 일을 9개월 정도

쉬었어요. 그 때 일로 과로로 쓰러졌거든요. 아침에 두레방 가서 밥하고 빵 주
문 받고 언니들(기지촌여성)하고 애기(상담)하고 오후에 동두천에서 서울까지
내려와서 (공대위)사람들이랑 회의하고 정말 힘들어서 내가 두 가지를 다 할
수 없다는 생각도 하고 ….

우리는 일상적인 활동을 계속 해야 하니까 그렇게 사회적으로 나서고 매스
컴 타고 경찰과 협상하고, 원봉(원천봉쇄)뚫고 그런 일은 남자들이 하는 게 더
낫겠다 싶었죠. 물론 그 사람들이 여성의식은 없었지만 어차피 윤금이 일이
여성의식만 가지고 되는 것이 아니고 워낙 (미군)범죄 자체가 심각한 건 사실
이고 … 그리고 현실적으로 학생들이 없으면 힘든 투쟁이었기 때문에 …. 남
자들은 우리처럼 일상적으로 하는 활동이 없고 그런 일만 하면 되니까. (직업
운동가 같은 거요?) 일종의 그렇죠. 오히려 잘 되었다고 생각했어요. 그리고
왠지 공대위 일은 내 일이 아닌 것 같더라구요. 그 다음부터는 그 사람들이
알아서 하겠지 했고, 여대협에서 학생들이 오긴 했는데 남자들과 똑같았어요.

윤금이 사건때뿐 아니라 지금도 그래요. 기지촌여성 살인사건이 나서 우리
가 가면 경찰서에서 '아, 고운 아기씨들이 왜 이러시나?', '선생님께서는 집에
가시지, 이런 험한 데는 올 곳이 아니잖아' 이런 식으로 우리를 무시하고 아예
상대를 안 해줘요. 농담 따먹기나 할라고 하고. 그래서 우리는 남자들을 앞에
내세울 수밖에 없어요. 우리가 나서면 이슈화가 안되니까요. 사건이 묻힌단 말
이어요(현재 기지촌에서 활동하는 여성운동가와의 인터뷰에서).

일상적인 운동은 여성들이 하고 그것을 사건으로 사회문제화하는
일은 남성들이 해야 한다는 성별 분업논리는 노동현장, 가족, 지식생
산 현장[23]과 마찬가지로 사회운동에도 있었다. 여성운동가가 외부회의
나 연대회의에서 주도권을 잡으려면 임금노동에 진출한 기혼 취업여
성처럼 이중의 역할을 감당해야 했다. 그러나 이같은 상황은 협소한
매춘여성운동의 입지와 기지촌운동의 열악한 환경 속에서, 기지촌여성
운동가들에게는 불가능한 일이었다. 또한 여성운동가 스스로 뒷바라지
하는 일에 익숙하고 지도자가 되거나 '나서는 일'에 대한 두려움, 거

---

23) 남성 지식인은 전체 문제만 연구해도 되지만, 여성 지식인은 여성 문제도 연
   구하고 전체 문제도 연구해야 한다는, 연구 활동에 있어서의 성별 분업과 여
   성의 이중부담을 말한다. 조순경(1992) 참조.

부감도 문제였다. '현장'을 지키는 것은 나의 일이지만 그것이 정치화되어 사회적 이슈로 등장했을 때는 내 일이 아니라 남의 일(남자들의 일)로 되는 것이다. 이렇게 해서 기지촌여성운동가들은 윤금이 공대위 활동에서 빠지게 되었다.

사실, 윤금이 사건에 대한 당시 기지촌여성운동가들의 관심은 '매춘여성의 인권을 옹호하자, 기지촌여성의 현실을 알리자'에 있지 않았다. 당시 기지촌여성운동가들이 가장 두려워한 것은 이제까지 이름 없이 죽어간 수많은 기지촌여성들처럼 이 사건이 묻혀버리는 것이었다. 기지촌여성들이 당하는 폭력과 죽음에 대한 사회의 무관심은, 이후에도 계속 미군들에게 살인 면허장을 주는 것과 마찬가지이기 때문이다. 사건을 드러내는 것 자체, 반드시 미군이 처벌되어야 한다는 것이 이들의 투쟁 목표였다. 한국 사회의 가부장제나 매춘 문제를 드러내기에 그들의 힘은 너무 약했고, 윤금이 운동에 남성들의 주도적인 참여를 통제할 수 없었다.

윤금이 투쟁에서 빠질 수 없는 주체가 교회운동세력이다. 당시 교회운동세력(한국기독교교회협의회, 한국교회여성연합회)은 윤금이 유가족이 배상금을 받아내는 데 중요한 대외 협상력을 발휘했다. 1993년 8월 미국 정부는 윤금이 씨 유족에게 7,100만 원을 지급하였다. 이 사실 자체는 미군 범죄사에서 매우 획기적인 일이었다. 또한 교회운동세력은 '과격한' 재야, 학생운동에 대한 일종의 방패막이 역할과 사회적 자원을 동원하는 데 결정적인 역할을 하였다. 한국기독교교회협의회 인권위원회 사무국장이었던 김경남 목사, 한국교회여성연합회 윤영애 총무가 특히 애를 썼다. 언론 중에서도 기독교계인 《국민일보》가 가장 많은 지면을 할애해 윤금이 사건을 기사화하였다.

윤금이가 죽은 지 1주기가 되는 1993년 10월 26일, 이지영, 조재학 등 실무자들이 적극적으로 주장하여 교회계, 재야지도자의 주도로, '윤금이 공대위'는 미군 범죄에 대처할 상설조직이 필요하다는 인식 아래 '주한미군 범죄근절 운동본부'로 전환하게 된다. '주한미군 범죄근절 운동본부'(이하 '운동본부')는 기지촌여성운동 출신의 여성 실무자와 학생운동 출신의 남성 실무자가 같이 일하게 되었다. 미군기지 문제를 바라보는 남성과 여성의 시각 차이가 '운동본부' 활동에서도 두드러지게 나타났다. '운동본부' 산하에 여성인권위원회를 두는 문제와 사업의 방향을 미군기지 반환, 한미행협 개정을 중심으로 할 것인가 아니면 범죄 피해자 지원을 중심으로 할 것인가를 놓고 갈등을 겪게 된다. 여성에 대한 미군의 폭력을 둘러싼 성별적(性別的)인 갈등은 필리핀과 일본 오키나와의 미군기지에서도 똑같이 나타났다.

오키나와 현은 일본 전국토의 0.6%밖에 안되지만 일본 내 미군기지의 75%가 집중되어 있다. 1995년 3명의 미군이 오키나와 소녀를 강간했는데, 이 사건에 대해 여성들이 '여성에 대한 폭력'이라고 분노하자, 남성들은 '이 사건을 여성 문제로 축소하지 말라. 이 사건은 일본과 미국의 문제'라고 야유하였다. 이에 대해 여성들은 '이 사건은 여성인권 문제인 동시에 안보의 문제입니다'라고 말했다. 여성들에게는 정치의 문제냐, 여성인권의 문제냐라는 이분법적인 질문은 의미가 없었다. 개인적인 것은 정치적인 것이고, 여성 문제가 바로 정치적인 문제이기 때문이다. 여성들은 그렇게 사고하지 않는다(다케시타 사요코, 1998).

10. 기지촌여성운동의 미래

기지촌여성운동가들은 대부분 1980년대 학생운동의 성장과 함께한 사람들이다. 거의가 소위 민족해방계열(NL)의 학생운동 경험을 가지고 있다. 민족해방 계열이 반미와 분단 문제를 주요 이슈로 했기 때문에 기지촌 문제에 관심을 갖게 된 경우이다. 반미운동을 하려고, 학생운동 관련으로 수배생활 중에 읽은 두레방 회지가 너무 감동적이어서, 여성운동을 '현장'에서 가장 억압받는 '민중'과 함께 하고 싶어서, 이보다 더 최악인 여성들은 없을 것 같아서, 아무도 관심을 안 갖는 분야라고 생각되어서 등 기지촌여성운동에 인입하게 된 계기는 다양하다. 대학

재학중 경험했던 기활이 이들에게 가장 큰 영향을 미쳤다. 이들은 공통
적으로 1980년대 학생운동에서 반미운동이 활발했음에도 불구하고 '반
미의 가장 전진기지'인 기지촌 문제가 우리 사회에 크게 부각되지 않은
것은 그만큼 반미운동이 남성중심적이었다는 문제의식을 가지고 있다.
　현재 기지촌여성운동의 가장 큰 어려움은 1～2명을 빼고 대부분 현
장에서 2년 이상을 '버티지' 못한다는 것이다.

　　한 마디로 나의 인권과 그 여성들의 인권이 대립한다는 생각이 들었어요.
　나도 내 생각이 있고 욕구가 있는데 그걸 모두 눌러야 하고 … ○○언니가 계
　속 버티는 이유는 그 여성들과 자신을 동일시하기 때문이어요. 근데 저는 그
　게 도저히 안 되더라구요(2년 근무 현장 활동가).

　　맨 처음 의욕은 대단했지만 너무 외롭고 누구랑 의논할 사람도 없고 (사회로
　부터) 고립되었다는 생각 … 같이 지내는 사람과 문화가 틀리다는 게 그렇게 힘
　든지 몰랐어요. 그리고 육체적으로 심했어요. 우리 집이 ○○동이었는데 동두천
　까지 왔다갔다 6시간 걸렸어요. 매일말이죠. 월급은 차비로 다나가고 …(1년
　9개월 근무 활동가).

　　이렇게 일상적인 일이 운동인가 싶었어요. 신문 볼 시간도 없고, 하루종일
　하는 게 설거지, 식사 준비, 공동 식사담당이었거든요. 그렇게 1년을 지내다가
　운동이 무엇인가? 근데 이게 1～2년 해야 하는 일이 아니고 이 운동의 본질이
　이런 일의 반복이라는 것을 알았을 때 그만둘 수밖에 없었어요(1년 6개월 근
　무 활동가).

학생운동 출신이 생각하는 사회운동의 일반적인 모델은 '일상적인
활동을 기반으로 자신들이 하는 일이 사회적·정치적인 이슈가 되어,
문제가 해결되는 역동을 보이는 변화'이다. 그리고 이것은 이제까지 사
회운동론이 정의한 보편적인 사회운동의 개념이기도 하다. 그러나 이
들은 기지촌에 들어와서, 기지촌여성의 삶은 다른 사회운동과 같은 경
로를 밟지 않는다는 것을 깨닫게 된다. 일상을 조직화해 나가는 것, 아
니 일상을 견디는 것 자체가 힘겨운 운동임을 깨닫게 된다. 이처럼 기

지촌여성운동은 기존 사회운동의 틀에서 보았을 때는 운동이 되지 않을
것 같고, 운동이 아닌 것 같다. 다른 운동처럼 운동을 계속하여 조직이
확대되고 '명망가'가 되는 것까지는 바라지도 않는다. 기본적인 급여와
활동시간이 보장되지 않고(저임금 장시간 노동), 자기 충전이 안 되는
소모전과 과로, 무보상, 일상노동의 지겨움은 '나'(활동가)와 '언니들'
(기지촌여성)의 인권이 대립하는 게 아닌가 하는 갈등에 빠지게 한다.

다른 여성운동은 운동의 주체와 대상이 일치한다. 나를 위한 여성운
동인 것이다. 그러나 기지촌여성운동은 아무리 누구를 위한 운동은 아
니라 해도, 기지촌 활동가가 기지촌매춘여성은 될 수는 없는 것이다.
이에 대해 현재 9년째 기지촌 현장 활동을 해오고 있는 활동가는 이렇
게 말했다.

> 흔히 일반적인 여성운동, 사회운동의 방법, 목표, 마인드를 가지고 기지촌
> 여성운동을 하기는 힘들다고 봐요. 많은 사람들이 제가 하는 일이 운동이 아
> 니라 종교사업 같다고 해요. 우리 일이 너무나 일상적이기 때문에 보통 생각
> 하는 사회운동의 이미지—정책 모니터하고 이슈 화이팅 하는 것—가 우리와
> 맞지 않는 것이지요. 물론 기지촌여성들을 '도와준다'와 '같이 한다' 사이에
> 끝없는 갈등이 있어요. 그들과 신뢰를 쌓는 것 자체에 실패하기가 쉬워요. 쉬
> 운 일이 아닙니다.

기지촌은 변하고 있다. 기지촌매매춘과 일반 매매춘의 경계가 사라
지고 있고, 생계형 매춘에서 전화발이, 맛사지 걸 등 다양한 형태의 매
춘을 겸업하는 여성들이 늘고 있으며 미군과 즐기기 위해 영어를 배우
기 위해 '제발로' 기지촌을 찾는 젊은 여성들이 늘고 있다.[24] 지속적인
감군과 범죄예방, 달러화 하락으로 인해 88년대 후반부터 미국은 해외
기지에 여군을 배치하고 가족과 동반하여 거주하게 하는 등 미군 주둔

---

24) 《경향신문》「송탄 미군 클럽 여대생 물결: 술값 싸고 이국 분위기 만끽」,
1995. 2. 10; 《조선일보》「동두천-기지촌이라 부르지 마세요」(1998. 7. 28).
《한겨레신문》「조해일의 아메리카: 치욕 상흔 양공주 그늘진 삶 조명」,「소
설 무대 '동두천' 예전활기 흔적 없어」(1996. 8. 31)

환경 자체가 변모했다.

최근 기지촌의 가장 큰 변화는 동남아 등지에서 온 외국 매춘여성들의 등장이다. 불법체류하던 외국인 여성노동자들이 기지촌으로 유입되거나 '한국특수관광업협회' 주도로 동남아 등지에서 여성들을 직접 '수입'하고 있다. 그들은 한국 여성보다 대체로 더 젊고(어리고) 영어가 유창하며 무엇보다 통제가 쉽다.

1998년 2월 초 군산 아메리카 타운의 한국 기지촌여성들은 다음과 같은 내용의 유인물을 군산대학교 학생과 택시 기사들에게 직접 배포하면서 집단적인 '데모'를 벌였다.

> 학생여러분! 이 글을 쓴 우리는 바로 학생들 뒤켠에 상주하며 외국인을 상대하는 여성들입니다. 우리가 학생들에게 펜을 든 이유는 한국인으로서 분노를 느끼는 일이 있어 학생여러분이 도움을 주십사 하는 바람이 있어서입니다. 업주들은 얄팍한 상술로 필리핀 여성들을 고용하여 한 푼이라도 벌어들여야 할 외화를 외국여성에게 선불로 주며 우리 내국여성에게는 선불 이자를 받는 파렴치한들입니다. (달러를 벌어) 애국하겠다는 우리에게 필리핀 여성들을 고용하여 외화를 방출하는 업주들의 행태는 애국입니까? 매국입니까? 우리는 이 나라 경제를 살리고 싶습니다. 우리는 필리핀 여성들 때문에 애국할 기회를 빼앗기고 있어요. 만납시다. 부탁합니다.[25]

외국인 매춘여성과 경쟁을 벌이면서, '애국'의 차원에서 생존권을 호소하는 이들을 여성주의자들은 어떻게 이해해야 하는가? 여성주의는 이제까지 매매춘은 필요악이 아니라 사회악이라고 반대해왔다. 매춘에 대한 이러한 기본 입장과 매춘여성들의 생존권 투쟁은 어떠한 연관을 가질까? 이 문제에 관한 기지촌여성운동가들의 견해는 앞으로 기지촌여성운동에 대한 중요한 전망을 시사한다.

저는 그들의 논리가 옳고 그름을 떠나서 그들의 목소리를 존중해야 한다고

---

25) 오연호, 「충격 잠입 인터뷰: 주한미군 기지촌에 수입된 필리핀 여성들」, 《말》 1998. 5월호; 《한겨레신문》 「미군 기지촌여성들의 딱한 호소」, 1998. 2. 21.

봐요. 그들의 생존권을 옹호한다는 것과 매춘을 옹호하는 것은 다른 차원의 얘기입니다. 어쨌든 그들 스스로의 움직임이 중요합니다. 그들의 목소리가 처음부터 매춘 폐지로 나오기는 힘들어요. 매춘여성의 자기 존중감은 자기 스스로의 투쟁을 통해서만 가능하다고 봅니다.

　좀 우습지만 이런 움직임이 나오기를 기대했다고 할까요? 두레방이랑 새움터가 해왔던 기지촌여성운동은 전체 기지촌여성운동의 일부분이라고 생각합니다. 기지촌여성운동에 대한 다양한 그룹들, 다양한 의견이 많이 나와서 토론하고 충돌하기를 바랍니다.

　기지촌여성이 스스로 자기 목소리를 내고 그들이 자기 문제를 해결하기 위한 운동의 주체가 되는 것이 바로 이후 기지촌여성운동의 전망일 것이다. 기지촌여성운동은 매춘여성운동의 중요한 모델이다. 그간 기지촌여성운동은 한국 사회에서 최초로 매춘여성의 목소리를 드러낸 점, 철저하게 현장 여성을 중심으로 한 운동방식, 전업사업 프로그램 제시, 군대와 매춘 문제 등 우리 사회 운동의 소중한 이슈를 제기해왔다. 그러나 기지촌여성운동은 이들이 실제 이룩한 성과에 비해서 적극적으로 평가되거나 드러나지 못한 아쉬움이 있다. 특히 탈매춘을 위한 전업 프로그램과 매춘여성을 위한 상담사업의 전문성은 정부, 학계, 다른 매춘운동세력이 그들로부터 배우고 연구해야 한다.

　평화와 인권은 새로운 세기에 인류가 지향해야 할 가장 절실한 가치이다. 한국 사회에서 기지촌여성운동은 이 화두를 풀 수 있는 핵심적인 열쇠일지도 모른다. 기지촌여성운동은 매매춘 자체의 근절과 함께 군축, 통일, 평화, 반미 문제에 관한 새로운 시각과 통찰을 요구한다. 이제까지 평화는 전통적으로 전쟁 개념과 함께 존재했다. 평화를 위해서는 전쟁이 불가피하다거나 평화는 전쟁 전후(前後)에 있다는 것이다. 그래서 늘 평화는 정적(靜的)이고 고정화된 상태로 이미지화되어 왔다. 전쟁이 능동적, 영웅적, 남성적인 이미지라면 평화는 이런 자극적인 것들의 부재로 여겨진다. 그러나 여성주의는 이런 이분법에서 벗어난다. 여성주의자들에게 평화란 여성이 자신의 삶에 대한 통제권을 갖는 상태를 말한다(Enloe, 1993). 여성이 자신의 삶에 대한 통제권을 갖는 것, 한국 기지촌여성운동의 궁극적인 목표도 이와 같다.

참고문헌

강성철. 1988, 『주한미군』, 일송정

강영수. 1988, 「한국 사회의 매매춘에 대한 연구」, 이화여대 석사학위논문.

김은실. 1994, 「민족담론과 여성」, 한국여성학회, ≪한국여성학≫ 제10집.

_____. 1996, 「시민 사회과 여성운동」, 한국학술단체협의회 주최 심포지엄 발표문(미간행).

김현선. 1998, 「기지촌 매매춘의 분석과 가능한 정책적 대안」, 고려대 석순편 집위원회, ≪석순≫ 14호.

김현선 외. 1997, 「기지촌, 기지촌여성, 혼혈 아동 실태와 사례」(미간행).

다케시타 사요코. 1998, 「여성에 대한 일상적 폭력과 인권」, 제주 4·3 제50주년 기념 국제학술대회 자료집, 동아시아 평화와 인권 한국위원회(미간행).

동아일보 특별취재반. 1990, 『철저 해부 주한 미군: 90년 한국기자상 수상작』, 동아일보사.

매매춘 문제 해결을 위한 연구회. 1996, ≪매해연 소식≫ 1호(미간행).

박석분·박은봉. 1994, 「윤금이: 현대판 '정신대'로 지다」, 『인물여성사: 한국 편』, 새날.

박종성. 1994, 『한국의 매춘』, 인간사랑.

반 보벤. 1998, 「군사적 분쟁시 여성의 인권」, 한국여성의전화 외, 『아시아의 여성인권: 무력 갈등과 성폭력』(미간행).

백재희·정금나. 1997, 「관광특구 지정을 통해서 본 국가정책의 여성억압적 성격: 경기도 동두천 시의 사례를 중심으로」, ≪매해연 소식≫ 2호, 이 화여대 여성학과 대학원 매매춘 문제해결을 위한 연구회(미간행).

부산민족민주연합 외. 1991, 『너희가 물러나야 우리가 산다』, 힘.

야마시다 영애. 1992, 「한국 근대 공창제도 실시에 관한 연구」, 이화여대 석 사학위논문.

서울지역여학생대표자협의회. 1989, 『외세의 성 침탈과 매춘』(미간행).

안일순. 1997. 3, 「기지촌 문제, 한국은 왜 침묵하나: 프론트라인 페미니즘

여성대회 참관기」, ≪말≫.

_____. 1995, 『뻣벌』, 공간미디어.

_____. 1996, 「몸값 10달러짜리 여자의 인권」, ≪여성의 눈으로≫ 7호, 한국여성의전화.

5기 서울지역여대생대표자협의회기지촌활동추진위원회. 1996, 「5기 기지촌 활동 자료집」(미간행).

오연호. 1990, 『더 이상 우리를 슬프게 하지 말라』, 백산서당.

_____. 1989, 『식민지의 아들에게』, 백산서당.

유복님(연도 미상), 「기지촌 매춘여성: 분단 조국의 속죄양」.

유영님. 1998, 「아브라함의 하나님, 사라의 하나님」, 한국기독교장로회여신도회전국연합회, ≪여신도회≫ 104호.

유춘자. 1993, 「송종순 씨의 석방과 그를 위해 활동한 대책위원들의 고백」, ≪한국여성신학≫ 제13호, 한국여신학자협의회.

유철인. 1996, 「어쩔 수 없이 미군과 결혼하게 되었다: 생애 이야기의 주제와 서술 전략」, ≪한국문화인류학≫ 29~32호.

윤영애. 1996, 「한소리회와 매매춘」, 한국교회여성연합회, 『함께 가는 교회여성』.

원미혜. 1997, 「한국 사회의 매춘여성에 대한 통제와 착취에 관한 연구」, 이화여대 석사학위논문.

이교정. 1995, 「진보적 시민운동의 이해를 위하여: 동두천 민주시민회의 실천 경험을 중심으로」, 『시민사회와 시민운동』, 한울.

이삼성. 1998, 『20세기의 문명과 야만』, 한길사.

_____. 1992, 『미국의 대한반도 정책: 한국 안보와 남북한 통일 문제를 중심으로』, 민족통일연구원.

이석우. 1995, 『한미행정협정연구』, 민.

이현숙. 1992, 『한국교회여성연합회 25년사』, 한국교회여성연합회.

장필화·조형. 1992, 「한국의 성문화: 남성 성문화를 중심으로」, ≪여성학논집≫ 제8집 이화여대 한국여성연구소.

전남대·조선대기지촌탐방단준비위원회. 1996, 「기지촌 탐방단 자료집: 너희가 물러나야 우리가 산다!!」(미간행).

정유진. 1998, 「미군 범죄 피해자 배상에 관한 연구」, 『민주사회를 위한 변호사 모임 창립 10주년기념 인권논문상 공모 수상작품집』, 민변 펴냄.

정유진·조재학 공편. 1994, 「주한미군의 윤금이 씨 살해사건 자료집」(미간행).

정유진. 1997. 6, 「오키나와 미군기지 주변은 출산율도 낮다: 여성, 군국주의, 인권 오키나와 국제회의 참관기」, 《말》.

정유진·김동심 공편. 1997, 「우리의 권리를 되찾기 위하여: 주한미군 범죄 자료집」(미간행).

조순경. 1992, 「여성학의 발전과 한국 사회학의 변화」, 《여성학논집》 제9집, 이화여대 한국여성연구소.

조순경·김혜숙. 1995, 「민족민주운동과 가부장제」, 광복 50주년기념논문집 8. 『여성』, 광복50주년기념사업위원회, 한국학술진흥재단.

주한미군의 윤금이 씨 살해사건 공동대책위원회. 1993, 「우리들의 금이」(미간행).

참사랑 쉼터. 1994, 「94 송탄 여름 기지촌 활동 자료집」(미간행).

편집부 편. 1989, 「외세의 성 침탈과 AIDS」, 『사랑의 품앗이 그 왜곡된 성』, 등에.

필자미상. 1998, 「자주적 여학생 운동이란 무엇일까요?」, 충청지역총여일꾼 수련회자료집(미간행).

한국교회여성연합회. 1987, 『매춘 문제와 여성운동』.

＿＿＿＿. 1996, 「매춘여성의 현실과 사회복귀를 위한 토론회 자료집」.

＿＿＿＿. 1996a, 매매춘과 윤락행위등방지법.

한국여성개발원. 1992, 「윤락여성의 사회복귀를 위한 지원방안 연구」.

한국여성단체연합. 1998, 『열린 희망: 한국 여연 10년사』, 동덕여대 한국여성연구소.

＿＿＿＿. 1998, 「수입이 완전 보장된 에이즈」, 《민주여성》 합본호 중 《민주여성》 5호.

한국여성의전화. 1985, 「인신매매와 매춘여성」.

홍춘희. 1998, 「주한미군 기지촌여성들의 '애국'과 '매국'에 관하여」(미간행).

《경향신문》 1958, 8. 11.

＿＿＿＿. 1995, 2. 10.

《국민일보》 1992, 11. 5.

＿＿＿＿. 1993, 2. 15.

＿＿＿＿. 1994, 4. 29.

＿＿＿＿. 1995, 5. 30.

《동아일보》 1994, 3. 14.

＿＿＿＿. 1994, 5. 5.

_____. 1995, 2. 10.

≪말≫ 1993, 12.

_____. 1997, 3/6.

_____. 1998, 5.

≪시사저널≫ 1999, 1. 7, 「기지촌여성과 허브가 만났을 때」.

≪여성신문≫ 1998, 12. 25. 「여성운동하는 사람들 6: 김현선 새움터 대표」.

≪조선일보≫ 1993, 2. 15.

_____. 1998, 7. 28.

≪중앙일보≫ 1993, 3. 25.

_____. 1993, 7. 10.

≪한겨레신문≫ 1992, 11. 6.

_____. 1992, 11. 7.

_____. 1993, 2. 17.

_____. 1993, 7. 11.

_____. 1996, 8. 31.

_____. 1996, 10. 25.

_____. 1998, 2. 21.

≪한국일보≫ 1995, 5. 30.

SBS TV. 1992, <그것이 알고 싶다>, '최후의 항소: 재미교포 송종순 여인 아들 살인사건'(1992. 9. 13 방영).

≪두레방≫ 1991, 「'91 기지촌 활동 자료집: 기지촌의 조국」(미간행).

≪두레방 회지≫ 1~19호.

≪새움터 회지≫ 1~16호.

새움터 운영위원회 회의록

Cumings, Bruce. 1995, "Silent But Deadly: Sexual Subordination In The U.S-Korean Relationship," 「위대한 군대, 위대한 아버지: 주한미군에 의한 여성과 어린이의 인권유린에 관한 보고」, 정유진·유태희 공편(미간행).

Cho, H. J. 1993, "The Women Question in the Minjok: Minju Movement: A Discourse Analysis of A New Women's Movement in. 1980's Korea," Hyoung Cho & Pil-Wha Chang(eds.), *Gender Division of Labor in Korea*, Ewha woman's University. Press.

Chomsky, Noam & Edward. S. Herman. 1973, *The Washington Connection and Third World Fascism*, 『미국대외정책론: 제3세계 정책을 중심으로』, 임

채정 옮김(1985), 일월서각.

Coomaraswamy, Radhika. 1998, *Violence Against Women In Times of Armed Conflict.*

Enloe, C. 1989, *Bananas Beaches & Bases: Making Feminist Sense of International Politics*, Univ. of California Press.

_____. 1993, *The Morning After: Sexual Politics at the End of the Cold War*, Univ. of California Press.

Kim, H. S. 1998, "Yanggongju as an Allegory of the Nation: Images of Working-Class Women in Popular and Radical Texts," Elaine Kim & C. M. Choi(ed.), *Dangerous Women: gender and Korean nationalism*, Routledge.

Moon, H. S. Katharine. 1998, "Prostitute Bodies and Gendered States in U.S.-Korea Relations", Elaine Kim & C. M. Choi(ed.), *Dangerous Women: gender and Korean nationalism*, Routledge.

Margo, Okazawa-Rey. 1997, "Amerasian Children of GI Town: A Legacy of U. S. Militarism in South Korea", *AJWS* vol.3 no.1 Ewha woman's University Press.

Stoler, L. A. 1997, "Carnal Knowledge and Imperial Power: Gender, Race and Morality in Colonial Asia", Lancaster & Leonardo(ed.), *The Gender/Sexuality Reader: Culture, History, Political Economy*, Routledge.

Sturdevant, Saundra & Brenda Stoltzfus, 1995, "Tongduchun: The Bar System," 「위대한 군대, 위대한 아버지: 주한미군에 의한 여성과 어린이의 인권유린에 관한 보고」, 정유진·유태희 공편(미간행).

6
한국 레즈비언 인권운동사

이해솔*

1. 서론

1990년 이후 한국 사회는 계급적·민족적 정체성에 대한 관심이 상대적으로 약화되면서 성적 주체성의 문제가 주요하게 대두되었다. 물질적 욕구를 바탕으로 한 노동사회를 넘어 자율적 생활양식을 추구하는 문화사회로 전환이 모색되고 있다. 1990년 중반 한 게이(gay)[1] 지

---

* 여성 동성애자이자 인권운동가이다. 한국 여성 동성애자 인권모임 '끼리끼리'의 3대 회장(1995. 8~1996. 7)을 역임했으며 현재 편집부장으로 활동하고 있다. 1995년부터 레즈비언 커뮤니티에 참여하여 문화·출판 운동에 활동의 중심을 두고 있다. 1995년 10월 이대학보를 통해 처음 사회적으로 커밍아웃한 이후 ≪시사저널≫ ≪우먼센스≫ ≪한국일보≫ ≪SBS TV≫ 등을 통해 자신의 삶과 레즈비언 활동가로서의 모습을 공개한 바 있다. 「한국 동성애자 인권모임의 생성과정과 활동 그리고 전망」(또다른 세상 1호), 「동성애에 대한 언론보도의 편파성」(또다른 세상 4호), 단행본 『레스보스, 그 섬으로의 여행』을 기획·공동 집필하였다.

[1] 원래 게이라는 말은 자랑스러운, 건강한, 즐거운 등의 긍정적인 의미를 내포하고 있는 형용사이다. 포괄적으로 여남 동성애자 모두를 지칭하는 말이지만 여성 동성애자를 지칭하는 말로 레즈비언이 쓰이면서 게이는 보통 남성 동성애자를 지칭하는 의미로 쓰인다. 여남 모두를 의미할 때는 게이 피플(gay people)로 불렀지만 레즈비언 고유의 이해와 독자적 입장을 위해 여남 모두를 지칭할 때는 'lesbian & gay'라고 쓴다. 이는 레즈비언이 게이에 편입되는 것을 거부하고자 한 데서 시작되었다(윤가현, 1997).

식인에 의해 제기된 동성애(homosexuality) 담론은 1990년대를 대표하는 문화현상 중의 하나로 부각되었다.

동성애 담론은 성애를 공적으로 언급하는 것 자체가 억압되어 온 한국 사회에서 큰 파장을 일으켰다. 이제까지 동성애자들은 서구 '쓰레기'문화의 유행으로 치부되기도 했고 성도덕 타락의 표상으로 질병화되거나, 세기말의 징후로 간주되기도 했다. 그러나 한편 가부장적 질서가 팽배하고 이성애 제도만이 유일하다고 믿는 한국 사회의 성 지형을 흔들어 놓는 결과도 가져왔다. 그로 인해 동성애를 해체되어 가는 가족주의의 새로운 대안으로 칭송하는 사람까지 나타났다. '이성애 제도'는 이성애가 사회 구성원 대다수의 성적 성향이라는 의미를 벗어나 하나의 지배권력으로 위치하여 사회 전반에 이데올로기로 작용하고 있음을 의미한다. 이성애는 행위가 아닌 제도로서, 이성애자들은 사회적·법적 권리와 혜택을 누리고 있다.

동성애 담론이 우리 사회에 던진 가장 큰 파장은 단순히 성적인 행위로만 간주되었던 동성애를 성(sexuality)의 정치학으로 인식하게 한 점이다. 동성애자들은 인간의 성은 역사적 구성물이며 사회적·정치적 이데올로기를 수반하고 있다고 주장한다. 1990년 중반 한국 사회를 강타한 동성애 담론은 1990년대가 끝나가는 지금, 그 뜨거운 냄비는 차갑게 식어 버린 채 내동댕이쳐져 있다. 가족주의와 신보수주의에 떠밀려 담론 자체를 억압당하고 있고 더욱이 1998년 겨울, 차갑게 불어닥친 IMF와 대량실업의 상황은 동성애 담론을 다시 은밀한 화장실과 뒷골목에만 존재하게 했다.

언제나 그렇듯이 우리 사회에서 성 담론은 일시적이고 단편적이다. 이는 성에 관한 지속적인 담론의 형성이 부재한 지형에서부터 기인한 것이지만 지속적인 담론을 끌어갈 만한 노력과 의지가 부족한 것도 사실이다. 단지 이슈 파이팅에 불과한 논란만 존재해온 것인데 이 역시 이성간의 성/ 부부간의 성/ 성인의 성이 아닌 성적 소수자, 집단, 성향에 대해서 끝내는 입을 꼭 다무는, 성에 대한 보수성에서 출발한다.

그렇기 때문에 우리 사회가 인식하고 있는 동성애는 아직도 성적 지향성(sexual orientation)이 아니라 성행위(sexual behavior)에 머물러 있다. 더욱이 동성애 문제를 개인적인 것으로 몰고 가거나 말초적인 관심을 끌어내리려는 동성애의 상품화 경향은 동성애 인권운동의 걸림돌이 되고 있으며 본질을 왜곡, 변질시킨다. 이렇게 동성애 담론의 제기와 그에 대한 일시적인 관심 그리고 부정적인 모습 등 1990년대 일련의 과정에서 한국 사회 레즈비언(lesbian)2)에 대한 인식과 위치는 어떠한가? 소외와 억압의 재현에 불과했음을 지적하지 않을 수 없다. 그동안 동성애자는 게이로 대표되었고 레즈비언의 존재는 비가시화되어 왔다. 레즈비언은 여전히 신화 속에 숨어 있거나 성애가 배제된 우정과 자매애로 신성화되고 있다. 레즈비언 이슈가 제기될 때마다 서구의 레즈비어니즘(Lesbianism)과 서구 활동가의 사례만이 등장하고 있는 것이 한국 레즈비언의 현실이다. 아시아인으로서 레즈비언, 한국인으로서 레즈비언은 존재하지 않는다. 이 문제는 한국 사회에서 얼굴을 드러내고 대외적인 활동을 하는 레즈비언 활동가가 없기 때문만은 아닐 것이다. 모든 사회에서 여성은 부차적인 존재였듯이 동성애 담론에서도 레즈비언은 부차적인 존재였다. 이는 여성의 성애를 인정하지 않는 데 그 원인이 있다. 성의 주체와 소유는 언제나 남성들만의 것이었다.

그렇다고 레즈비언을 억압받고 소외된 여성의 범주에 포함하고 인식하고 있는가? 사정은 그렇지 못하다. 우리 사회에서 여성은 기본적으로 이성애자로 전제된다. 때문에 레즈비언은 게이와 동일한 집단으로 간주되어 여성으로서의 사회적 위치와 조건이 고려되고 있지 않다.

이렇게 한국 레즈비언의 역사는 여성의 범주와 동성애 범주 모두에서 주변화, 소외, 비가시화되어 온 질곡의 역사이다.

---

2) 레즈비언은 여성 동성애자를 지칭하는 말로서 고대 그리스 에게 해 동부에 위치한 레스보스라는 섬의 여인이라는 뜻으로 그 섬의 수도였던 미틸렌에 거주하던 여성들의 동성애에서 유래되었다. 이 글에서 레즈비언은 같은 동성인 여성에게 감정적·성적·정치적인 사랑을 느끼고 에너지를 쏟는 사람을 말한다.

이 시기에 한국의 레즈비언들이 자신의 문화와 커뮤니티(community)3)를 어떻게 형성시키고 발전시켜왔는지를 정리해보는 작업은 의미 있는 일이다. 또 그 내용을 여성운동진영과 함께 이야기해봄으로써 그간 상호불신과 거부감을 극복할 수 있는 인식의 변화를 기대해본다. 이는 향후 연대를 위한 작업의 초석이 될 것이다. 그러나 조심스럽고 부담스런 작업이라는 것은 솔직히 고백해야겠다. 한국 레즈비언의 커뮤니티가 생성되고 운동이 시작된 지 얼마되지 않았고, 레즈비언들의 목소리가 안에서, 또 안에서 밖으로 얼마만큼 드러나고 서로 이야기되었는지 장담할 수 없기 때문이다. 이 글은 한국의 레즈비언 인권운동 활동가가 레즈비언의 입장에서 자신의 커뮤니티를 바라보고 해석하는 글로서 나름대로 의미를 가질 수 있다고 생각한다. 이 원고를 위해 인터뷰와 논평에 많은 시간을 내준 레즈비언 활동가 여라, 여신, 김송혜숙, 옹달샘 님께 감사드린다. 또 이름을 열거할 수는 없지만 많은 레즈비언들의 인터뷰와 글이 원고를 완성하는 데 큰 힘이 되었다. 이 글은 '끼리끼리' 학술부 교육자료와 토론자료의 도움을 많이 받았다. '끼리끼리' 학술부 여러분 특히, 지혜님께 감사한다.

이 글은 크게 두 가지로 나누어진다. 먼저 한국의 레즈비언들이 남성중심의 가부장제와 이성애제도가 굳건한 한국 사회에서 어떤 방식으로 자신의 커뮤니티를 형성하고 발전시켜왔는지를 살펴보는 것이다. 보수적인 성문화가 지배하고 있는 한국 사회에서 여성으로서, 동성애자로서의 삶에 고민과 갈등을 겪은 후 모여들기와 자기발견을 통해 사회운동, 정치운동을 펴나가는 한국 레즈비언 커뮤니티의 모습을 발견할 수 있을 것이다.

다음은 한국 레즈비언 인권운동의 그간의 성과와 한계들을 정리하고 살펴보는 것이다. 그를 통해 향후 한국 레즈비언 인권운동의 방향성을

---

3) 공동체 공간, 영역이란 뜻이다. 이 글에서는 성적 소수자인 레즈비언들의 개인적·사회적·문화적·정치적 만남과 교류 그리고 표출의 공동체 공간이라는 뜻으로 사용하겠다.

모색해보고 독자적인 위치를 갖는 사회운동으로 성장하기 위한 조건을
탐색하고자 한다. 이 작업은 한국 레즈비언 커뮤니티의 새로운 희망
찾기 작업으로 요긴하게 활용될 것이다.

2. 한국 레즈비언 커뮤니티의 생성과 발전과정

1) 1990년 이전 한국 레즈비언 커뮤니티

조선 세종 때 폐세자빈이 되었던 봉 씨는 유일하게 정사(正史)에 기
록되어 있는 동성애 행위를 한 사람이다.[4] 그러나 그녀가 동성애 행위
를 한 색광, 변태라는 기록은 있지만 그녀가 레즈비언이라는 묘사나
기록은 없다. 역사 이래 여성들의 동성애는 있었겠지만 증거를 제시할
만한 어떠한 '객관적'인 자료는 없다. 여사당에서 사당패간에, 궁궐에
서 궁녀들간에 동성애 관계가 있을 것이라는 추측 역시 심증은 가나
뒷받침되는 증거나 자료는 만날 수 없다.

단지 남녀유별이 엄격하고 여성의 정절이 규범화되고 외간 남자를
접할 수 없었던 조선시대의 여인들이 '허벅지를 찌르는 대신' 여성간
의 동성애가 성행했을 것이라고 예상할 수 있다. 모든 것이 남자 대신
여성을 선택한 행위쯤으로 간주되고 있다. 예컨대 남자들만 있었다면
여성의 동성애는 없었을 것이라는 것이다. 폐세자빈 봉 씨 역시 남편
이었던 문종과의 관계가 소원했기 때문에 허전한 마음을 달래기 위해
동성애를 한 것으로 묘사되고 있다. 이는 여성 동성애, 동성애자란 애
당초 존재하지 않는 것이며 비정상적 행위로서 여성 동성애가 존재했
다는 주장이다. 즉 동성애자는 없고 동성애 행위만이 있다는 것이다.
그 당시 지배담론과 남성중심의 역사관은 여성 동성애에 대한 은폐와

---

4) 세종 18년(1436년) 음력 10월 24일의 이조 실록에 세종의 며느리에 관한 기
   록이 있다. 윤가현(1997) 참조.

왜곡에 별다른 문제제기를 하지 않고 있다.

종속적 산업화로 인해 사회경제적인 급격한 변화가 일어나고 정치적으로는 독재체제가 강화된 1970년대는 자본주의와 성의 획일화, 이성애주의가 굳건해진 시기이다. 한국 사회에서 최초의 공동체적인 여성 '이반'5)의 커뮤니티로 간주할 수 있는 '여자택시운전사회(이하 약칭 여운회)'가 만들어진 것은 1970년대이다.

여운회6)는 택시운전을 하는 여성들의 모임이었지만 실제는 자신의 성적 성향에 대해 알게 된 레즈비언의 모임이었다. 단지 외부의 시선 때문에 직업적인 친목모임의 이름을 빌리거나 독신자회라는 외형적인 울타리를 만들었다. 여운회는 10년 가까이 유지되어 온 친목모임으로 서울을 비롯 대전, 대구, 광주, 부산 등 지방의 지회까지 둘 정도로 광범위하게 확산되고 조직화되었다. 뿐만 아니라 단순한 친목모임으로 안주하지 않고 자신의 목소리를 내고 합법적인 인정을 받으려고 노력 했던 것으로 보인다. 성전환 수술을 한 다음 주민등록 변경 같은 법적 인정을 받으려고 집단적인 민원을 청구한 적이 있지만 거절당했다고 한다. 또한 가족애를 중시 여겨서 회원들의 대소사(생일, 결혼, 회갑, 장례식) 등을 조직적으로 돕고 해결하기도 했었다. 또 법적으로 보장받을 수 없는 제도 밖의 모습이긴 하지만 함께 동거를 하거나 결혼을 하고 또 이혼을 하기도 했다. 어떤 사람들은 자녀를 입양해서 키우기도 하며 상속도 했던 것으로 알려진다.

여운회에서 만들어진 언어가 '바지씨'와 '치마씨'이다. '바지씨'는

---

5) 이반은 영어 퀴어(queer)의 의미로 성적 소수자를 일컫는다. 1995년 게이 커뮤니티에서 영어에 의존된 동성애의 개념을 한글말로 개발, 표현하자는 취지에서 이반이라는 단어를 만들었다. 이반은 일반인(common people)이 아니라는 의미이다. 여성 이반은 레즈비언을 비롯해 여성 양성애자(兩性愛者), 여성 성 전환자, 여성 복장 도착자 등 성적 소수자를 모두 아우르는 의미이다. 1970년대 당시에는 성 정체성에 대한 인식과 구분이 명확하지 않았고 그 개념 또한 모호했기 때문에 모두가 여성 동성애자(lesbian)으로 통칭되었다.

6) 전해성, 「레즈비언 커뮤니티의 다양성」 《또다른 세상 3호》, 끼리끼리 발행, 1996 가을.

남성 역할, '치마씨'는 여성 역할을 하는 사람을 일컫는 말이다. 남자 역할의 '바지씨'는 자신을 잘못 태어난 사람으로 규정하고 있다. 가능하다면 이 사회에서 남성으로 살고 싶어한다. 의식은 물론이고 육체적 조건 그리고 사회적 위치까지 남성을 동경한다. 성전환 수술을 하는 사람도 있고 그렇지 않더라도 남성 복장을 하며 생물학적인 여성의 성을 거부하고 자신을 남성과 동일시한다. 트랜스 젠더(trans-gender)[7]의 정체성을 가지고 있는 것이다.

여자역할을 하는 '치마씨'는 자신을 동성애자로도, 성적소수자로도 인식하거나 규정하지 않는다. 자신이 좋아하는 사람이 우연히 '그 여자'일 뿐이지 다른 여자였다면 사랑하지 않았을 것이라고 말한다. 그리고 사랑의 대상이 생물학적으로는 여성이지만 역시 남성과 동일시한다.

이렇듯 당시 여운회 회원들은 성 역할의 구분이 뚜렷했던 것으로 알려진다. 그러나 이 시기의 레즈비언들은 남자의 부재로 동성애가 이루어지는 것이 아님을 알 수 있다. 남성과 교제하고 결혼할 선택이 있음에도 여성을 선택한 것이다. 그 대신 이들의 동성애는 여성을 남성과 동일시된 여성으로 인식함으로써 성별보다는 감정적 교류가 중요한 사랑의 모습이다. 그리고 그 기반은 이성애주의로, 제도 밖에서의 또 다른 이성애이다.

그들에게 있어 동성애는 이성애와 같은 모습이며 이성애주의의 바탕 아래 단지 생물학적인 여성과 여성이 사랑을 나누는 것이다. 또한 자신의 정체성을 변태와 색광이라는 성애적 요소보다 규범과 질서에서 이탈되어 있는 비정상으로 간주하여 잘못 태어난 팔자, 제3의 성으로 정의하고 인식하는 경향이 지배적이었다. 여운회는 1980년대 중반까지 10년 정도 지속되다가 회장 선출로 인한 회원간의 분쟁, 회원간의 빈부격차, 사회의식의 차이 등을 이유로 유야무야 해체되었고 이후에는

---

7) 트랜스 젠더란 타고난 생물학적인 성을 다른 성으로 바꾸길 소망하는 사람을 말한다. 생물학적인 성을 유지하지 않고 수술을 통해 바꾸는 성 전환자가 있고 성 전환을 하지 않더라도 사회적인 성(gender)을 바꾸길 바라는 사람이 있다. 1990년 중반까지 한국에서는 동성애자를 모두 트랜스 젠더의 개념으로 인식해왔다.

모임의 성격을 떠나 삼삼오오 친분 관계로 남아 있다고 한다.8)

1980년대는 군사독재체제의 경직된 정치, 문화적 상황이었지만 꾸준히 약진하고 있었던 여성운동의 성과에 힘입어 권위적 가부장제의 규약과 가치관의 터부가 서서히 깨지고 있었던 시대이다. 한편으로는 미국에 의존하는 신식민주의와 한국의 관광산업, 세계화의 물결로 서구 문물이 대거 이입되는 과정에 있었으며 한국에서 서구문화의 집결지라 할 수 있는 이태원을 중심으로 동성애 커뮤니티가 활성화되고 있었다.

이태원의 레즈비언 커뮤니티는 1970년대의 여운회 구성원들과는 단절되어 있었다. 하지만 여운회와 마찬가지로 이성애주의 아래 성 역할이 뚜렷하고 고정화되어 있는 경향은 비슷했던 것으로 전해진다. 당시의 레즈비언들은 이태원의 게이바를 통해 게이 커뮤니티에 합류하게 된다. 이미 형성되어 있던 게이 커뮤니티에 자연스레 이입되기가 용이했을 것이고 별다른 레즈비언의 커뮤니티가 없었기 때문이다. 하지만 또 레즈비언과 게이는 같은 운명의 공동체라는 생각이 더 크게 지배했던 것으로 전해진다. 이태원에서 레즈비언 커뮤니티를 구성하고 있는 레즈비언들의 직업은 패션 디자이너, 문화예술계, 향락업에 종사하고 있는 사람들이 대부분이었으며 게이를 비롯해 성적 소수자들과의 친분과 교류가 돈독했던 것으로 알려진다.

레즈비언들끼리 별도의 모임은 없었으며 남성 이반들과 함께 한 달에 한 차례씩 북창동의 고급 중국음식점에서 모였다고 한다. 많게는 150여 명까지 모인 적이 있는데 그 중 레즈비언들은 10~15여 명 정도였다고 한다.9) 이들은 대개 고소득 계층의 사람들로 한 번씩 모임이 있을 때마다 음식점, 나이트클럽, 단란주점 등에서 과다한 소비를 하며 즐긴 것으로 전해진다. 이렇게 6개월 정도 정기모임이 지속되다가 모임 안에서 애정 관계가 얽혀 분쟁이 잦았으며 결국에는 해체되고 말았다고 한다.

경제적 자립과 재생산, 공동체적인 가족주의를 지향한 여운회와는

---

8) 1998년 11월 여운회 회원과의 인터뷰에서.
9) 1998년 11월 당시 이태원 커뮤니티에서 활동했던 레즈비언과의 인터뷰에서.

달리 이태원의 레즈비언 커뮤니티는 소비문화의 경향이 짙고 공동체에 대한 고민과 노력의 흔적은 없었던 것 같다. 단지 개별적인 사람들이 모였다가 흩어지는 산발적인 모습을 지니고 있다. 이는 또 레즈비언 커뮤니티에서뿐만 아니라 게이 커뮤니티에서 더 지배적인 경향이었다. 자신의 부정적인 정체성에 대한 고민을 제기하고 공동체적으로 풀어내려는 노력보다 현실에 안주하고 순응하면서 이태원 커뮤니티의 문화를 향유하는 데 그친 것으로 해석된다.

한편, 1980년대는 '에이즈(AIDS)=동성애자의 병'이라는 지배이데올로기의 대대적인 공세가 시작된 시기이다. 에이즈(후천성 면역결핍증)는 HIV 바이러스에 의해 감염된다. 남성 동성애자의 항문 섹스로 AIDS 감염비율이 높기는 하지만 실제 세계보건기구(WTO)의 통계에서 따르면 에이즈 감염자 75%가 이성애자이다. 그러나 사회적 규범에서 이탈된 동성애자를 낙인찍고 부정하기 위해 동성애자를 에이즈의 주범이라는 식으로 왜곡, 오도하는 정책을 펴오고 있는 것이다. 그로 인해 동성애자, 양성애자, 트랜스 젠더 등 성적 소수자 모두가 경멸과 혐오의 의미를 담고 있는 '동성연애자'로 낙인 찍혔으며 뿐만 아니라 사회 안에서 존재해서는 안 될 암적인 존재로까지 부정당해왔다. 이로 인해 이태원의 커뮤니티는 더욱 은밀하고 음지화되고 개별적일 수밖에 없었다.

1980년대 이태원 커뮤니티를 중심으로 본 당시의 레즈비언들은 게이와 자신을 동일시하며 좌절감을 겪고 지배담론에 순응하는 모습이었다. 레즈비언 고유의 독자적인 위치와 조건들을 배제하고 애써 동성애자라는 공동의 카테고리에 함께 좌절하고 순응했던 것이다. 1970년대 여운회와 1980년대 이태원의 레즈비언 커뮤니티가 단절되어 있었듯이 1990년대 레즈비언 커뮤니티 역시 1980년대와 일정 정도 단절된 상태에서 시작된다.

2) 레즈비언의 모여들기

1990년대에는 기존의 질서와 이데올로기를 거부하고 억압적 상황들을 극복하고자 하는 레즈비언에 관한 새로운 담론체계가 형성된다. 이는 색광, 비정상, 에이즈의 주범이라는 낙인 속에 스스로를 비하하고 자신의 정체성을 제3의 성(남성도, 여성도 아닌 중성 혹은 새로운 개념의 성이란 뜻)으로 간주한 1970, 80년대와는 다른 모습이다.

1990년대의 레즈비언들은 동성애자에 대한 부정과 경멸을 성적, 정치적 억압으로서 이해하고 나아가 레즈비언에 대한 독자적인 정체성을 발전시켜나간다. 이는 레즈비언이 사회 속에서 어떠한 위치와 조건 속에 있는가에 대한 탐색과 인식을 포함하며 그러한 조건을 변혁하고자 하는 열망으로 발전했다. 또 그것은 개인적·집단적 저항의 필요성과 실천으로 이어진다.

이들은 서구의 페미니즘과 레즈비어니즘 이론을 접하면서 자신들의 경험을 정치화하고 확장, 발전시켜나간다. 성 지향성과 성 행위, 부치(butch, 레즈비언 커플에서 남성 역할을 하는 사람)와 팸(femme, 레즈비언 커플에서 여성 역할을 하는 사람), 이성애 제도(heterosexual institution)와 이성애주의(heterosexism), 성적 레즈비언(sexual lesbian)과 정치적 레즈비언(political lesbian), 퀴어 이론(queer theory)과 페미니스트 레즈비어니즘(lesbian feminism), 급진주의(radicalism)와 분리주의(separatism) 등 레즈비언에 관한 여러 이론 및 실천양식을 접하면서 다양한 레즈비언에 대한 정의와 범주에서 고민하고 또 이론적 혼란과 갈등을 겪기도 하였다.

이는 1990년대 초부터 활발하게 진행되었던 페미니즘 운동으로 다양한 방식의 성 담론이 제기되면서 여성의 주체성이 확보되고 더불어 민주사회를 향한 진보적 담론들이 지배담론 속에 자리매김되면서 가능해진 일이기도 하다. 그러나 무엇보다 1990년대 중반 레즈비언 커뮤니티가 형성되는 데 결정적인 역할을 한 것은 선구적인 레즈비언들의 커밍아웃(coming out)이다. 커밍아웃이란, 밖으로 모습을 드러낸다는 뜻으로 동성애자에게 있어서는 다른 사람들에게 자신이 동성애자임을 밝히는 행위이다. 그러나 그것은 갑자기 형성된 것도, 의도적으로 서구의 문화를 답습하고자 했던 것도 아니며 공동체적인 레즈비언 커뮤니티를 통해 끊임없는 자기 발견과 드러내기를 시도하면서 병행된 자기 모순의 발견과 자아실현 그리고 실천으로 얻어진 값진 결과이다.

1990년 이후 형성된 레즈비언의 커뮤니티는 20대의 레즈비언들이 하나둘 모여들면서 시작되었다. 이는 1970년대부터 시작되어 1980년대 양적 팽창을 가져 온 게이 커뮤니티를 기반으로 형성된 것이다. 한국 레즈비언 커뮤니티 형성기반이 된 삽포(Sappho)[10]는 주한 외국인 레즈비언과 양성애자의 모임이다. 자국에서 레즈비언 커뮤니티의 문화를 경험한 이들은 한국에서 레즈비언들이 만나고 모이는 공간이 없음을 알고 '삽포'라는 모임을 만들어 주한 외국인 레즈비언과의 친목을 도모하고자 한다. 직장생활을 위해 한국에 온 토니는 게이바에서 알게 된 두 명의 레즈비언과 함께 삽포를 만들었다.[11] 1991년 11월의 일이다. 토니는 U.S.O(주한 미국인에게 도움이나 정보를 제공하는 곳)와 코리아 타임즈, 코리아 헤럴드 같은 영자신문을 통해 레즈비언 모임을 알린다. 그 광고를 보고 찾아온 사람이 8명 정도이다. 그들은 한 달에 한 번씩 집이나 카페에 모여 수다를 떨며 놀기도 하고, 자국의 레즈비언에 관한 정보를 교환하며 토론을 하기도 하고, 지속적이지는 않았지만 페미니즘과 레즈비언에 관한 스터디를 갖기도 했다.

당시 '삽포'는 비공개화된 모임이었다. 나라마다, 문화마다 동성애에 관한 인식과 처벌이 다르다는 것 그리고 한국은 특히 가부장제가 강한 전통적인 유교국가이기에 동성애자로 드러났을 경우 위험하다는 것을 알았기 때문이다. 삽포는 사회적으로는 비공개화되었지만 게이 커뮤니티를 통해 자신의 존재를 드러내고 사람들을 모으기 시작했다. 이때 삽포의 존재를 알게 된 한국의 레즈비언 세 명이 참여하게 된다. 하지

---

10) 기원 전 6세기경 레스보스 섬에서 태어나 여성을 흠모하고 동경하는 서사시를 아홉 권 발표했던 그리스 최대의 여류 시인 삽포(Sappho)의 이름을 딴 것이다.
11) 이해솔, 「한국 동성애자 인권모임의 생성과정과 활동 그리고 전망」, ≪또다른 세상 1호≫ 끼리끼리 발행, 1996, 봄.

만 언어소통의 어려움과 문화적인 차이로 인해 삽포의 분위기는 한국 레즈비언들에게 이질적이었다. 삽포는 한국에서 생성되기는 했지만 한국인을 위한 모임이 아니었기 때문에 한국의 레즈비언에 대한 고민과 의사소통에 대한 노력이 없었다.

한편 삽포를 통해 알게 된 한국의 레즈비언과 여성주의자들은 대학가나 여성단체의 여성주의 소모임을 통해 레즈비언에 관한 토론모임을 가진 바 있으며 몇몇 레즈비언과 게이들은 한국의 동성애 인권운동모임에 대한 의견을 나누기도 하였다.[12] 한국에서 동성애자모임의 가능성과 전망을 타진해 본 그들은 동성애자 인권운동의 필요성에 동의하고 활동할 의지가 있는 사람들을 규합한다. 그 결과 레즈비언 세 명, 게이 세 명이 모여 1993년 11월에 한국인 최초의 동성애자모임인 '초동회'(草同會)를 결성하게 된다.

'초동회'는 레즈비언과 게이가 함께 구성된 모임으로 주로 왜곡된 동성애자의 이미지를 바로 알리고 오도된 에이즈 운동을 비판하는 데 주목적을 두었다. 유일한 홍보수단으로 제작된 소식지는 에이즈 예방과 스스로 하는 안전한 섹스(safe sex)에 대한 홍보, 동성애 정체성에 대한 계몽과 정보전달이 주요 내용을 이루었다. 종로나 이태원의 게이 커뮤니티에 배포되었다.

'초동회' 멤버였던 당시의 레즈비언들은 활동 경험을 통해 레즈비언 독자조직의 필요성을 느낀다. 동성애자 커뮤니티가 형성되었다는 점은 레즈비언의 존재를 알리는 데 용이한 측면이 있었지만 그들을 통해서는 레즈비언을 위한 활동이 어렵다는 것을 느꼈기 때문이다.

즉 동성애자로서는 같지만 한국에서 여성과 남성이 갖는 조건의 다름으로 인해 활동방식과 내용이 다를 수밖에 없음을 인식하게 된 것이다. 또한 짧은 활동경험 속에서 게이들로부터 남성들의 가부장성에 회의를 느끼게 되었다. 예를 들면, 기금 마련을 위한 행사를 할 때 재정이

---

12) '초동회' 멤버였던 김송혜숙과의 인터뷰에서

주로 게이바를 통해 모금되기 때문에 게이 대중을 위한 사업이 우선시 되면서 레즈비언에 관한 사업이 배제되는 일이 있었던 것으로 전해진 다. 뿐 만 아니라 재정 마련이 힘든 레즈비언들에게 무력감, 열등감을 느끼게 하는 의사소통이나 일하는 방식 등도 레즈비언들을 힘들게 했 다. 그 결과 '초동회' 멤버들은 레즈비언과 게이 조직의 분리를 절감하 게 되고, 해체를 결정한다. 초동회 결성 이후 두 달만의 일이다. 이후 게 이들은 1994년 1월에 남성 동성애자 인권모임 '친구사이'를, 레즈비언들 은 같은 해 11월에 여성 동성애자 인권모임 '끼리끼리'를 만들게 된다.

초동회에 참여했던 레즈비언들은 레즈비언의 독자조직과 정치조직 화시킬 단체의 필요성을 느낀다. 하지만 문제는 독자적인 레즈비언 조 직의 기반이 될 만한 어떤 문화나 토대가 조성되어 있지 않다는 것이었 다. 그렇다고 게이 커뮤니티처럼 신당동, 낙원동, 이태원 같은 특정 지역 에서 상업적인 가능성과 맞물려 자연발생적으로 형성될 기미도 보이지 않았다. 초동회 멤버였던 전해성[13]은 당시 레즈비언들을 모이게 하려고, 먼저 발족한 친구사이 소식지를 통해 '레즈비언은 연락 주세요'라는 광 고를 내고, 친구사이 사무실에 레즈비언 전화가 오면 자신의 연락처를 알려주도록 하였다. 그렇게 해서 1994년 1월부터 11월까지 모여든 사람 이 5명이었다. 5명이 모이는 데 무려 1년여의 시간이 필요했던 셈이다.

당시에 레즈비언들이 모이기가 용이하지 않았던 데는 몇 가지 이유 가 있다. 우선 동성애자가 공적 영역 밖의 존재라는 인식 때문에 사적 인 영역 밖에서는 모습을 드러내지 않으려는 데 그 원인이 있다. 드러 냄으로써 겪게 될 경멸과 편견이 두렵기 때문이다. 또한 일그러지고 왜곡된 게이 커뮤니티의 이미지가 레즈비언들에게도 거부감을 준 것이 다. 이는 변태, 비정상이라는 혐오의 낙인을 자신과 동질화시키고 싶지 않는 데서 기인한다. 즉 동성애자에 대한 호모포비아(homophobia, 동

---

13) 초동회 멤버였고 끼리끼리의 1994년 초대회장, 95년 편집부장, 97년 회장을 역임했다. 레즈비언 커뮤니티 건설을 위한 주역이었으며 TV, 잡지 등을 통해 커밍아웃하여 레즈비언 존재를 사회적으로 가시화하는 데 큰 공헌을 했다.

성애 공포증)가 스스로에게도 내재되어 있는 것이다.

레즈비언의 존재는 더욱 비가시화되고 모이기가 어려우며 레즈비언 커뮤니티의 형성이 쉽지 않게 된다. 그러나 끼리끼리의 초대회장인 전해성은 일부 선정적인 호기심과 왜곡된 관점으로 접근하려는 언론의 동성애에 대한 비하적인 관점에도 불구하고, 잡지나 신문을 통해 자신의 존재, 레즈비언의 존재를 알리는 데 주력했다. 당시의 잡지나 신문은 '레즈비언 수기'라는 형식을 빌어 비정상적이고 평범하지 않은 삶을 살아 온 레즈비언을, 이성애자가 아닌 동성애자로서 겪은 불행과 고난의 이미지로 주로 담아냈다.

뒤이어 끼리끼리가 사무실을 마련하고 레즈비언 활동가들이 언론을 통해 커밍아웃한 뒤에는 보다 많은 레즈비언들의 모여들기가 가능해졌다.

이들 레즈비언의 커밍아웃은 단체를 통한 섭외로 가능했다.[14] 개별적인 레즈비언들을 만나기 힘든 언론매체들은 공개된 단체를 통해 레즈비언들을 만날 수 있었고, 단체에서 활동하는 레즈비언들은 레즈비언의 존재와 커뮤니티의 활동들을 알리기 위한 목적으로 언론 앞에 '드러내기'를 한다. 개인들의 커밍아웃은 단체 자체의 대외 활동과 홍보 활동보다 더 많은 관심과 이슈를 불러일으켰다. 이는 한국의 레즈비언들이 자신의 정체성을 드러내지 않고 이성애자로 가장하며 사적인 영역에서만 동성애자로 살아왔던 이중적 삶에 대한 대중의 선정적 호기심과 관심이 크기 때문이었다.

한편 사적인 영역 안에서만 머물러 있던 레즈비언들은 자신과 같은 레즈비언이 존재한다는 것조차 모르고 있거나, 설령 막연히 알고 있다고 해도 만날 수 있는 경로를 모르고 있었기 때문에 커밍아웃한 이들을 통해 새로운 희망을 갖게 된다. 우선 커뮤니티가 존재한다는 것을

---

14) 전해성, 이해솔, 박하늬, 옹달샘, 장민아, 정누리(이상 끼리끼리) 오현주(당시 하이텔, 현재 인천 한우리) 황의숙, 이세영(이상 버디)이 당시 언론을 통해 커밍아웃한 레즈비언들이다.

알게 된 것이 큰 희망이었고, 자신을 대신해 남들 앞에서 동성애자로
서의 당당함을 보여주는 것에 감격해했다. 그로 인해 많은 레즈비언들
이 커뮤니티에 참여하게 되었다. 그 결과 끼리끼리가 발족될 당시 5명
이던 회원은 여러 차례의 언론 공개를 통해 2년 후인 1996년 11월에는
회원수가 200여 명까지 이르게 되고 회원으로 가입하지 않았지만 레즈
비언 커뮤니티에 찾아온 사람만도 500여 명에 이른 것으로 추정된다.

　여기서 주목할 것은 단체의 활동보다도 레즈비언 개인의 커밍아웃이
더 많은 관심과 집중을 받는다는 것에 있다. 이는 애초부터 한국의 언
론이 성적 소수자로 동성애를 이해하고 교류시키려는 의도보다 시청자,
독자들의 호기심과 프로그램의 선정성을 우선순위로 두었기 때문이다.
이 때문에 레즈비언 커뮤니티에서는 언론의 오보와 왜곡 기사에 항의
하고 정정을 요구하는 일이 빈번해졌다. 단체의 후원금 모금 행사장에
서 단체의 활동내용과 모임의 성격을 취재한다고 하면서 '섹스용품 진
열장'이라는 머릿기사를 내보내는가 하면(1995년 ≪일요신문≫), 레즈
비언 운동가의 삶을 취재한다고 하면서 커플의 섹스 관계에만 기사를
집중시키기도 하고(1996년 ≪우먼센스≫), 여성주의 시각으로 여성음
악을 재해석한 행사 '보지다방'을 취재도 하지 않고 변태적이고 추잡
한 행사로 게재했고(1998년 ≪뉴스플러스≫), 레즈비언 카페에 대한 선
정적 호기심을 유발시키기 위해 실재 존재하지 않는 사례를 만들어 파
행적인 섹스를 즐기는 음침한 곳으로 정형화시킨(1996년 ≪연예영화신
문≫)15) 사례가 대표적이다.

　이에 레즈비언 단체들은 항의 서한을 보내 사과, 정정 보도를 요구
하기도 하고 사안의 심각성에 따라 언론중재위원회에 고소하는 등 언
론 모니터 활동을 하지만 하루에도 수없이 쏟아지고 게재되는 모든 언
론에 대한 모니터링은 사실 불가능한 일일 수밖에 없다. 언론을 통한

───────────

15) 끼리끼리가 ≪연예영화신문≫을 허위 기사, 왜곡 보도, 초상권 침해의 이유
　　를 들어 언론중재위원회에 고소한 사건으로, ≪연예영화신문≫은 1997년 2월
　　자사 신문을 통해 정정 보도문을 게재하였다.

레즈비언 드러내기가 많은 레즈비언들을 모여들게 했지만, 레즈비언에 대한 공격과 왜곡도 그만큼 증가하였다.

1995년까지 한국의 레즈비언들은 일차적으로 '끼리끼리'라는 공간을 통해 모여들었다. 그리고 뒤이은 대학가의 동성애자모임, PC통신상에서 온라인모임들이 만들어지면서 레즈비언 커뮤니티의 지형은 양적으로 급격한 팽창을 보인다.

연세대의 '컴투게더', 서울대의 '마음 001(지금은 마음 006 이다)', 고려대의 '사람과 사람' 등 대학가에서 동성애자모임이 만들어지면서 언론과 사회의 집중적인 관심사로 떠오르고 그로 인해 사회적 이슈로까지 담론이 형성되었다.

그러나 실제 대학모임에서는 레즈비언을 가시화하거나 모여들게 하는 데는 큰 성과를 거두지 못한다. 이는 학교라는 공간 자체가 집단적이고 교육적인 소속감을 부여하는 공적 영역이기 때문이다. 또 1~2명의 레즈비언이 합류한 적이 있지만 게이 중심의 집단에서 겪는 소외와 주변화로 오래 참여하지 못한 것으로 알려진다. 그 대신 대학가의 동성애자모임은 성정치 담론과 이슈화를 통해 사회단체인 친구사이와 끼리끼리보다 사회적으로 더 알려지고 공개화되어 있어 레즈비언들을 커뮤니티에, 각 단체에 소개하고 인도하는 역할을 톡톡히 하게 된다.

1995년부터 결성되기 시작한 PC통신의 온라인 동성애자모임은 짧은 활동기간에도 불구하고 가장 기하급수적인 회원수를 기록하고 있다. 천리안의 '퀴어넷(Queer net)'을 시작으로 하이텔의 '또 하나의 사랑', 나우누리의 '레인보우(Rainbow)', 유니텔의 '거아사'(거칠은 땅의 아름다운 사람들의 약칭) 같은 4대 통신의 동성애자모임은 모두 1995년에서 1996년까지 일년 사이에 만들어졌다.

통신모임은 모두 레즈비언과 게이의 혼성모임이기는 하지만 각 통신모임마다 레즈비언 모임방과 모임지기가 별도로 구축되어 있다. 각 모임에 회원으로 가입해 있거나 참여하고 있는 레즈비언들은 300~400여 명에 이르는 것으로 추정되며 통신사의 복수 가입자를 제외하더라도 4대 통신을 모두 합해 1,200여 명에 가깝다. 통신을 통해 많은 레즈비언들이 참여하게 된 이유는 익명성과 편리함 때문이다. 얼굴을 드러내지 않고도 커뮤니티에 합류하거나 참여하여 집단에 소속될 수 있으며 통신을 통해 원하는 정보를 얻거나 제공할 수 있다. 서울 중심의 커뮤니티의 한계를 극복하고 컴퓨터와 단말기만 있으면 지방 어디에서라도, 어느 장소에서라도 쉽게 접속할 수 있는 편리함이 있다. 또 커뮤니티에서는 나이에 따른 불편함이 있는데, 통신에서는 나이가 많고 적음을 불문하고 누구나 접속할 수 있는 장점 때문에 모여들기가 활발하다.

　레즈비언의 모여들기를 가능하게 했던 곳은 운동모임, 대학모임, 통신모임뿐만이 아니다. 1995년 10월부터 개설된 전화동아리 153 사서함의 영향도 컸으며 뒤이어 1996년 5월 오픈한 레즈비언 바(bar)의 영향 역시 매우 컸다. 96년 레스보스에 이어 라펠, 쇼너, 라브리스, 한계령, 해커II, R&B, 퀸스우먼이 생겨났다. 라펠, 쇼너, 라브리스, 한계령은 폐업하였고 현재는 레스보스, 해커II, R&B, 퀸스우먼이 영업중이다. 특히 레즈비언 바는 단순한 카페나 술집의 의미에서 벗어나 많은 레즈비언들이 커뮤니티에 입문하는 장으로 활용됐다는 점은 주목할 일이다. 레즈비언 바는 운동모임, 대학모임, 통신모임 등이 주로 10~30대 연령층의 레즈비언들이 주를 이루고 있는 것에 반해 40, 50대의 레즈비언들이 자유롭게 사람을 만나고 친목을 다지는 데 큰 역할을 한다. 이들은 1970, 80년대의 문화 속에 살았던 사람으로 1990년대의 레즈비언들을 만나면서 세대차를 느끼며 이질감을 갖는다. 한편으로는 향후 레즈비언 운동의 주체가 될 젊은 세대를 만나면서 든든한 후원자가 되어주기도 한다. 하지만 무엇보다 중요한 것은 단절된 역사 속에 살았던 한국의 레즈비언들이 레즈비언 바를 통해서 만나고 교류하는 연속성의 역사를 찾게 되었다는 점이다.

　현재 40, 50대의 레즈비언들의 모임 활동은 적은 편이지만, 모임을 통해 소개받고 인도되면서 같은 세대들끼리 그룹을 형성하고 있다. 그 수는 대략 100여 명에 이른다. 끼리끼리의 소모임으로 30대 이상의 레즈비언들이 모이는 '그루터기'가 있으며 정식 소모임으로 활동하지 않더라도 지역별, 친목별 소그룹들이 다수 형성되어 있다.

이렇게 한국의 레즈비언들은 1993년 이후 다양한 방식과 경로를 통해 모여들게 되었다. 그리고 커뮤니티 속에 공존하면서 나 아닌 다른 레즈비언들은 통해 자기 발견을 하게 된다. 이는 자기 발견을 통해 레즈비언 커뮤니티가 형성되고 단체나 모임이 생성된, 서구의 레즈비언 운동과는 다른 방식이다.

3) 레즈비언의 자기 발견

커뮤니티가 형성되면서 혹은 잡지나 방송을 통해 소개되는 레즈비언 커뮤니티의 담론을 접하면서 레즈비언들은 자기정체성에 대한 확인과 새로운 발견을 한다. 물론 여전히 호모포비아의 시각으로 자신을 비정상 내지는 의사(pseudo) 남성으로 분류하기도 하며, 사적인 공간에 자신을 은폐시키기도 한다. 또는 자기를 부정적으로 생각하면서 커뮤니티에 들어와 다른 레즈비언 개인, 레즈비언 집단의 부정적인 모습을 발견하고 커뮤니티를 이탈하는 사람도 있다.

한편으로는 자기 존재에 대해 심한 자괴감과 경멸을 가지고 있다가 커뮤니티에 들어와 동료들을 통해 자기정체성을 긍정하게 되는 경우도 있다. 또 시대와 문화에 따라 성 담론과 동성애 담론이 달라졌듯이 동성애에 관한 고정적이고 규범적인 정의나 본질은 없음을 인식하게 된다. 그리고 동성애자가 강압적인 이성애제도의 희생자임을 인지하게 된다. 나아가서는 이성애중심 사회에서 자신이 성적 소수자로서 주변적인 존재임을 깨닫고 그로 인해 기존사회의 주류에 편승하지 않고 사회를 보는 인식이 달라지는 사례도 있다. 자신을 여성이자 성적 소수인 동성애자로서 인식하고 위치지음으로써 레즈비언의 개념을 보다 정치적인 개념으로 확장, 발전시키게 된다. 그리고 그것은 곧 개인적·집단적인 커밍아웃으로 이어지게 된다.

4) 드러내기 운동

학교교육, 언론, 대중문화를 통해 유포되고 인식된 동성애자의 이미지는 왜곡, 고정되어 있다. 특히 성적 소수자 모두를 트랜스 젠더로 인식하고 있는 사회는 단편적인 앎으로 전체를 왜곡하고 있다. 성적 소수자 모두를 '동성연애자'라는 통칭으로 이름붙이며 변종, 변태, 비정상으로 인식하게 하고 동성애자에 대한 경멸과 혐오감을 표출한다. 이에 동성애자들은 자신의 존재를 드러내고 알릴 필요성을 느낀다. 경멸과 혐오의 근원, 그것이 체계화되고 유지되는 원인이 이성애중심 제도와 권력에 있음을 밝히고 그에 저항을 하고자 한다. 또한 자족적이고 이성애 문화 속에 안주하기를 거부하고 동성애자의 권리를 위한 실질적인 운동과 대안의 삶을 모색하고 제시하고자 한다. 이는 단체결성의 목적과 활동의 주된 방향이 된다.

한국의 여성 동성애자들의 개인적, 사회적, 정치적 커밍아웃은 집단적 커밍아웃이 시작된 이후 본격적으로 가능해졌다. 이제까지 월간지나 신문 귀퉁이의 가십거리로 등장한 레즈비언, 게이의 정체성과 동일시되었던 레즈비언의 참모습은 바로 집단의 커밍아웃을 통해 드러났다. 레즈비언 단체로 가장 먼저 커밍아웃한 '끼리끼리'는 신문, 잡지, 방송, 대학가 등을 통해 여성 동성애자의 존재를 드러냈다.

뒤이어 결성된 대학가의 동성애모임은 섹슈얼리티에 대한 담론이 적극적으로 표출된 1990년 중반에 이성애 제도에 대해 문제를 제기하였고 레즈비언과 게이의 섹슈얼리티에 이르기까지 '차이의 정치학'에 기반한 성담론을 일으켰다. 그리고 이것은 대중언론들에 의해 유포되고 이슈화되었다. 특히 서동진16), 이정우로 대표되는 게이 활동가의 커밍아웃으로 단번에 언론의 집중과 관심을 불러일으켰다. 그러나 이러한 대학가의 움직임이 레즈비언의 가시화와 레즈비언의 독자적인 이해를 드러내지는 못

---

16) 서동진은 연세대의 컴투게더 활동 당시 커밍아웃하였고 뒤이어 서울대 마음 001의 이정우가 커밍아웃하였다.

했다. 이는 대학가의 동성애자모임이 게이 중심이기도 하지만 성별적인 관점을 배제하는 퀴어 이론에 기반을 두고 있다는 사실에 더 기인한다.

한편 PC통신상의 온라인 동성애자모임은 대사회적인 공개와 드러내기는 아니지만 수많은 사람들이 접속하는 통신상에서 자신의 정체성과 성적 소수자로서의 억압적 삶을 구체적으로 드러낸다. '끼리끼리' 같은 운동단체들이 포괄적 의미로 대(對) 사회적인 발언을 했다면 통신상에서 온라인모임들은 삶의 경험 속에 우러나온 작은 목소리로 드러내기를 일상화한다. 더욱이 이들 통신모임들은 통신에 올리는 글을 통해 레즈비언의 성애를 구체적으로 드러낸다. 이들은 레즈비언이 순수한 자매애이거나 색광일 것이라는 기존의 이분법적인 고정관념과 터부를 깨는 데 기여했다.

초동회 이후 남성 동성애자 인권모임 '친구사이', 여성 동성애자 인권모임 '끼리끼리', 연세대의 '컴투게더', 서울대의 '마음 001', 고려대의 '사람과 사람', 하이텔의 '또 하나의 사랑'은 1995년에 6월에 막 생성되기 시작하고 드러내기를 시작한 여러 동성애자 인권운동단체들을 활성화시키고 보다 힘있는 동성애자 인권운동을 위해 '한국동성애자인권운동협의회(이하 동인협)'를 발족시키게 된다. 동인협을 통해 한국의 동성애자들은 커밍아웃 이후 차별철폐와 동등권을 요구하는 대사회적인 목소리를 내고 있다.

동성애자 단체, 모임들의 커밍아웃으로 사회적 반향이 다양하게 일어났다. 우선 언론매체를 통해 동성애자운동이 알려지면서 변태적인 부류로만 간주되던 동성애자에 대한 일반대중의 이해가 넓어졌다. 그리고 레즈비언 당사자들이 거창하게 모임을 통해, 언론을 통해 자신을 커밍아웃하지 않더라도 주변 친구에게, 친밀한 가족에게 자신의 성향을 드러내는 일이 잦아졌다. 또한 동성애와 동성애자를 알기 위한 집단, 모임들의 발길이 잦아졌다. 대학생 혹은 사회운동단체가 주류를 이루었으며 그들은 스스로의 편견과 터부를 깨고 동성애자의 인권운동을 위한 지지세력 혹은 공존의 인정이라는 변화된 모습을 보인다.

역효과 또한 만만치 않았다. 동성애자의 드러냄을 동성애자의 늘어남으로 인식하는 일부 시각 때문에 도덕주의와 가족주의가 더욱 공고히 된다. 동성애자의 드러남을 성의 문란함과 종족번식의 단절로 인식하여 반동성애주의, 순결주의가 득세를 했다. 또한 동성애의 상품화현상이 일어났다. 동성애관련 영화나 연극들이 수입되거나 공연되고, 직접적인 방법은 아니지만 동성애를 주제로 한 광고가 등장했다. 이는 동성애자의 정체성과 그 존재 자체의 이해나 배려 없이 이슈에 따라 선정성과 말초적 호기심으로 사회의 이목을 받고자 한 것이다.

하지만 동성애자단체의 활동과 드러내기의 운동은 동성애 담론을 증가시켰고 이로써 우리 사회에 동성애가 애초부터 없었던 일, 동성애자 부재 담론을 극복하고 사회문화적 현상으로 자리매김시켰다. 또한 오랜 시기 부정과 왜곡의 역사였던 한국의 동성애는 동성애가 사회에 알려지고 그에 관한 연구자료와 내용들이 커뮤니티에 전달되면서 전반적으로 동성애자에 대한 사회의 인식을 변화시키는 데 긍정적인 효과를 가져왔다.

이러한 사회인식의 변화는 여성 동성애자 개개인이 자신에게, 사회관계에서, 정치적으로 커밍아웃을 하게 하는 계기가 된다. 여성 동성애자에게 있어서 가장 힘든 일은 자신을 동성애자라고 인정하고 그 사실을 자신이 받아들이는 일이다. 비정상적인 존재로 인식되고 있는 동성애자에 대한 이미지와 자신의 경험을 일치시키지 않다가 레즈비언 개념을 통해 비로소 자신의 정체성을 인정하는 것이다. 이 과정에서 많은 레즈비언들은 힘겨움과 고통을 겪는다. 자신을 동성애자로 인정한다는 것은 단순히 성 정체성의 자각을 벗어나 제도 밖에서 동성애자로서 다른 삶의 계획과 방식으로 살아갈 준비를 의미하기도 한다. 여기에서 레즈비언들은 타인과 다르게 살아가야 하는 사회적 조건에 대한 불안과 두려움이 있다. 실제로 '끼리끼리'를 통한 상담 중에 자신이 정말 레즈비언이 맞는지 아닌지를 물어오는 사례가 많다. 자신의 경험과 성적 취향을 통해 자신의 정체성을 확인해보려는 이런 노력 역시 호모포비아에 의해 부정된 레즈비언들의 심리가 드러난다. 이중에는 '끼리끼리'를 통해 자신은 레즈비언이 아니기를 애써 확인받으려는 사람도 있다.

그러나 대부분의 레즈비언들은 공적인 영역에서는 불가능하지만 사적인 영역에서만큼은 자신의 정체성을 드러내고 커뮤니티와 교류하려 한다. 이는 오랫동안 혼자라는 고립과 소외에서 벗어나고자 하는 행위이다. 또한 커뮤니티를 통해 자신 외에 타자를 보면서, 타자의 긍정적인 정체성을 보며 자신을 서서히 인정하게 되는 경우도 있다. 사회적 커밍아웃은 개인의 영역에서 확장된 개념으로 가족에게, 친구에게, 동료에게 자신을 동성애자라고 말하고 드러내는 것을 의미한다. 이는 개인적 커밍아웃의 단계를 지나 긍정적인 정체성을 발견한 사람들이 사회적 커밍아웃을 시도하지만 소수는 자신의 정체성에 대해 부정하면서도 사회적 커밍아웃을 하는 사례도 있다.

동성애자에 대한 혐오와 편견이 만연한 일반 이성애자에게 드러내기를 함으로써 레즈비언들은 자신의 사회적 위치를 자각하게 된다. 주변 사람에게 커밍아웃하여 종종 심한 굴욕감과 소외, 고립감을 느끼게 된다. 특히 청소년의 경우 집단 따돌림당하거나 가족으로부터 버림받고 자살을 고민하거나 실제 자살시도를 한 사례들도 있다. 이성애자와 결혼한 기혼 레즈비언의 경우는 더욱 문제가 심각하다. 그녀는 대책 없이 이혼당하거나 곧장 이탈자, 도착자로 취급된다. 직장에 다니는 레즈비언들은 직장 동료에게 커밍아웃한 후 따돌림과 비아냥을 당하기도 하며 간접적인 방법(본인 스스로 사표를 내게 하는 방식)으로 해고당하기도 한다.

때문에 레즈비언들은 사회적 커밍아웃을 할 때 많은 고민과 갈등, 혼란을 겪는다. 이미 관계가 형성되어 있는 사람에게도 그렇지만 레즈비언 커뮤니티에 처음으로 발을 디딜 때도 그렇다. 공포가 만연해 있는 상태이다. 처음 레즈비언 커뮤니티에 들어온 사람들의 90%가 가명, 닉네임을 사용하고 있다. 동성애자는 사실을 드러내는 순간부터 언제라도 아우팅(outing)될까봐 불안하고 염려하는 것이다. 아우팅은 스스로 동성애자임을 밝히는 커밍아웃과 달리 본인의 의사와 상관없이 타인에 의해 자신이 동성애자라는 사실이 드러나는 것을 의미한다.

그러나 긍정적인 정체성이 확립되고 레즈비언 커뮤니티에 대한 신뢰가 형성된 사람들은 사회적 커밍아웃의 영역을 넓혀 나간다. 이는 동성애에 대한 사회인식의 변화에 영향을 받은 것이기도 하다. 정치적 커밍아웃은 아직 소수에 불과하다. 몇몇 언론에 자신의 존재를 알리고 공개된 레즈비언들은 개인적인 차원이 아닌 주로 단체나 공적인 활동을 위해 커밍아웃하는 경우가 대부분이다. 그녀들은 자신의 개인적인 삶보다 공적인 활동을 드러내기 위해 커밍아웃하는 것이다. 이들은 드러내지 않아서 불편하기 때문에 커밍아웃하는 것이 아니라, 불이익을 감수하고서라도 커밍아웃하여 레즈비언 커뮤니티에 헌신하기 위해서이다.

커밍아웃한 레즈비언들은 직장을 잃거나 가족에게 버림을 받거나 친구로부터 따돌림당한다. 더구나 레즈비언 활동이 전업적(專業的)이지 않은 상황에서, 대외 활동을 하는 레즈비언들이 직장을 구하는 일은 쉽지 않다. 활동 대가가 없는 무보수의 자원활동인 만큼 경제적인 생계는 개인의 몫이다. 이 때문에 레즈비언 활동가들은 정치적인 커밍아웃을 하고도 오랜 활동을 유지하기가 힘들다. 이는 한국 레즈비언 인권운동의 어려움이기도 하다.

사적인 영역에서든 공적인 영역에서든 존재 자체를 부정당하는 현실에서 살아가는 사람이 그 억압적 힘을 인식하면서도 자신을 드러내는 일은 쉽지 않다. 그것 자체가 정치적인 저항이며 운동이라 할 수 있다. 그런 의미에서 한국 레즈비언들이 진행하고 있는 사적·공적인 영역에서 펼치고 있는 커밍아웃은 모두가 인권운동이며 정치적인 활동이다.

5) 게이와의 연대, 여성과 남성의 같음과 다름

1993년 초동회 이후 여러 동성애자단체와 모임이 생성, 발족하게 되면서 이들 단체들은 공개 활동을 시도하게 된다. 그리고 각 단체들이 안고 있는 열악함을 극복하고 상호교류와 지원을 위한 협의체로 '동인협 1995~1997년'과 '한국동성애자단체협의회(이하 한동협으로 약칭 199

8~현재까지)'를 만들어 대사회적인 공동발언과 활동을 위한 세력화 작업을 진행하고 있다. 1980년대 신우익이 대거 등장하면서, 에이즈를 동성애자만의 질병으로 병리화하는 제도적 전략에 어떤 식으로든 비판과 저항이 필요했는데 이는 동성애자 전체의 공동요구이기도 했다. 1995년 동인협 결성 당시 소속단체는 6개 단체에 불과했으나 1998년 이름을 개칭하여 다시 결성된 한동협의 현재 소속단체는 30개[17]에 이른다. 커뮤니티의 생성 이후 동성애자층이 연령별, 취향별, 세대별, 정치성별로 다양해졌고 그를 충족하고 표현하고 지향하는 방식 또한 다양하기 때문이다.

1995년 동인협의 결성 당시에는 주로 대사회적인 발언을 통해 동성애자의 왜곡된 모습과 차별을 철폐하라는 주장을 해왔다. 구체적으로 동인협과 한동협에서 펼친 대외 활동을 보면 다음과 같다. 1996년 8월 ≪한겨레 21≫을 항의 방문하여 최초로 대언론 항의 활동을 시작하였다. 오랫동안 언론으로부터 비인간적인 대우를 받아온 동성애자들이 집단의 힘으로 항의운동을 펼쳐 반박문 게재를 쟁취했다. 1997년 1월에는 왜곡된 언론의 보도와 에이즈 정책에 대항하는 '범동성애자 추진위원회'가 구성되어 동성애자들을 에이즈의 주범으로 왜곡한 것에 항의했다. 1997년 2월에는 노동법, 안기부법 개악에 반대하는 동성애자들이 노동법 파업연대투쟁에 참여하여 처음으로 공개집회에 레인보우 깃발을 휘날리며 정치성을 드러낸다. 이는 성적인 행위자로만 간주되어 온 동성애자들이 노동자로서 커밍아웃을 한 것이다. 1997년 6월에는 중·고등학교 교과서의 동성애자의 차별적 내용을 개선하고 보건복지부의 에이즈 정책의 올바른 시행을 촉구하는 교과서개정 집회를 가졌다. 이때 몇몇 국내 진보적 단체들과 개인들의 후원이 이루어졌으며, 처음으로 국가권력에 대한 직접적인 비판과 투쟁을 전개하였다.

---

17) 퀴어넷/레인보우/또 하나의 사랑/거아사/끼리끼리/친구사이/동성애자 인권연대/버디/퀴어영화제 사무국/동성애자 의료인모임/마음 006/컴투게더/사람과 사람/하나로/퀴어프렌드/서울 로뎀나무 그늘/ 인천지역 남성 동성애자모임/한우리/같은마음/안전지대/우리마네/와이낫/대경회/빛동인/너와나/제주 거아사/원주 거아사/한울타리/대전 로뎀나무 그늘/청주·충북 거아사 총 30개 단체.

일본 동경에 있는 레즈비언 앤 게이(lesbian & gay)단체인 오커(OC-CUR)가 단체회원들의 워크숍을 위해 시에서 운영하는 유스호스텔을 이용하려다 동성애자라는 이유로 숙박을 거부당한 것에 항의해 소송을 제기한 사건이 있었는데(1998년 오커의 승소로 판결) 한국 동성애자들은 1997년 6월에 일본 대사관 앞에서 오커를 지지하는 시위를 가지기도 했다. 1997년 6월에는 영화 <해피 투게더>가 공윤심의에서 수입 불가 판정을 받은 것에 항의하는 시위를 가졌다.

1998년 6월에 동인협을 이은 한동협이 새롭게 출범하여 현재 다양하게 팽창하고 생성된 커뮤니티에 대한 파악과 향후 운동성에 관한 모색 작업을 진행중이다. 한동협은 1998년부터 국가인권기구와 관련 공동추진위원회에 참여해 인권법 제정에 대한 논의를 진행하고 있다.

이처럼 동인협과 한동협으로 이어진 연대활동은 활발하였다. 이를 통해 음침하고 퇴폐적인 동성애자의 이미지를 거리에서 당당히 내보였으며 다양한 연령, 계층, 의식의 동성애자들이 존재함을 보여준 것이기도 하다. 뿐만 아니라 동성애자의 권리를 '인권의 문제'로 부각시킨 것 역시 큰 성과이다. 초보적이긴 하지만 대외활동을 통한 타 단체와의 연대활동도 매우 고무적 현상이다. 그러나 대외적인 활동이 한국의 동성애자 전체의 의식과 역량이라기보다 몇몇 단체의 소수 활동가에 의해서만 주도되는 한계가 있다. 이는 한동협 소속단체들이 고른 역량을 갖추고 있지 못하고, 친목을 위한 모임이 많다보니 대외적인 활동을 할 만한 단체가 인권운동을 위한 몇몇 단체에만 한정되는 데서 기인한다.

또한 대외 활동이 주로 이슈 파이팅에 그치는 경우가 많아 활동의 성과가 단편적이고 일시적일 수밖에 없다. 교과서 관련 집회 같은 경우 내부적으로 연구와 검토가 충분하지 않은 상태에서 다분히 이슈 파이팅을 위한 갑작스런 행사였기 때문에 내부 구성원들간에 공유가 부족했다. 대의적인 명분이나 정치에 함몰되어 일상에서 꾸준히 변화하고 인식되어야 할 운동은 간과되고 있는 현실이다. 대외 활동이 게이 중심의 조직에서, 게이의 인권을 위한 활동이 주를 이뤘기 때문에 여성 동성애자의 이익과 요구를 개진할 수 없는 어려움이 있었다. 이는 모든 단체나 조직이 공동의 이익을 위해 '한 목소리'를 내야 한다는 당위성에 집착하여 여성 고유의 입장과 정치성이 배제된 것이다.

이는 한국의 동성애자 운동이 퀴어 연대에 방점을 두면서 레즈비언의 욕구와 이해가 배제되기 때문이다. 여성관련 사안, 이를테면 정신대, 성폭력, 직장 내 여성차별 같은 사안에 대해서는 한동협의 이름으로 성명서를 내거나 지지 성명을 내지 않는다. 내부적으로도 막 생성되고 활성화되기 시작한 동성애 커뮤니티에서 우리는 한 가족이라는 퀴어 이론을 중심으로 화합과 연대를 지향하는 행사나 내용들이 주를 이뤘다. 동인협에서 1997년까지 해마다 여름에 개최했던 '여름인권학교'은 각 단체 회원들간의 친목과 활동가 양성을 위한 프로그램이었다. 1995년에는 동성애자의 자긍심을 모토로 한 <퀴어 스마일>, 1996년에는 레즈비언과 게이의 연대를 모토로 한 <우리는 한 가족>, 1997년에는 퀴어 활동가들을 위한 프로그램으로 <이반의 눈으로 바라 본 세상>이 그러하다. 이 역시 하나된 입장과 목소리의 주창을 요구하고 있는 것인데, 여성 동성애자들은 게이 중심의 조직과 활동방향에 종종 회의를 느끼게 되었다. 게이와 레즈비언이 서로 무엇이 다르고 각자 어떤 이해가 있는지를 토론해보지 않고, 여성 동성애자들을 남성중심적인 성적 소수자들의 보편적 이해에 편입시키려 했다. 또한 함께 일하는 과정에서 레즈비언들은 게이의 여성비하적인 발언과 태도를 경험한다. 1997년 끼리끼리 대외정책부장이 대구·경북지역 이반모임인 대경회에 방문했다가 나이 많은 남자 앞에서 담배를 피우고 어른을 공경하는 자세를 보이지 않았다는 이유로 여성비하적인 발언을 들어야 했다. 이에 끼리끼리는 대경회에 항의서한을 보냈고 충분한 답변을 듣지 못했다고 판단, 1997년 여름에 개최된 여름인권학교에 대경회와 함께 참여한다면 행사의 주최는 물론 참가도 하지 않겠다는 의사를 표명했다. 이에 동인협 차원의 회의를 통해 대경회가 불참한다는 조건으로 '끼리끼리'는 여름인권학교를 공동주최하였다.

게이들이 여성억압과 차별경험에 대한 의식이 없는 경우가 많았으며, 고민을 공유하거나 실천을 모색할 만한 어떠한 기반도 갖고 있지 못함을 레즈비언들은 깨닫게 되었고, 이는 게이와 연대하는 데 장애로 작용했다. 결국 한국의 레즈비언 커뮤니티는 게이 커뮤니티를 기반으로 확장, 발전한 것은 사실이나 함께 연대하고 활동하면서 남성으로서의 게이와 여성으로서의 레즈비언의 차이를 인식하게 된다. 이후 여성주의 레즈비언들은 분리주의의 필요성을 느끼게 되었고 레즈비언만의 독자조직과 활동을 펼치게 되었다.

6) 페미니스트와의 연대, 이성애 여성과 동성애 여성의 같음과 다름

한국에서 레즈비언 담론 출현은 서구와 많은 점에 차이가 있다(지혜, 1998b). 서구에서는 급진적 여성해방론자들의 주장으로 이성애 제도의 문제를 제기하고 그것의 대안으로 레즈비어니즘을 내놓았다. 레즈비언 담론이 페미니즘과의 상호작용 속에서 구성되고 분화되어 온 것이다. 그러나 한국의 여성운동은 레즈비언에 대한 담론이 없었다. 공식적 연결망을 통해 여성운동가들과 상호작용을 가져본 경험이 거의 없다. 때문에 여성주의적인 레즈비언 담론은 그 기반이 약한 편이다. 이는 이제까지 우리 사회의 여성운동이 노동운동중심이었기 때문에 성 문제가 주요 관심사가 되지 못한 데서 기인한다. 또한 현재 우리 사회의 여성운동은 이성애 제도를 기반으로, 이성애 관계 속에서 평등과 대안을 찾는 데에만 매몰되어 있기 때문이기도 하다. 이런 여러 가지 이유로 레즈비언과 여성운동단체 간에 교류가 없었다.

그러나 1980년대 이후 여성운동은 여성문화매체의 양적 팽창을 통해 가부장적 문화 타파와 새로운 여성주의 문화창조를 위한 노력이 활성화되고 있다. 과거 여성운동이 개인적·집단적으로 남성이 누리는 권리를 동등하게 향유하기를 주장하던 것에서 나아가 가부장제 문화 자체에 대한 문제제기와 성적인 억압에 도전하는 여성운동단체의 활동이 활발해지고 있다. 그 결과 또 하나의 문화, 여성의전화, 성폭력상담소

같은 단체들이 억압된 성(sexuality)에 관해 법제도적으로 문화적인 저항을 시도하였고, '또 하나의 문화'에서 초보적이나마 레즈비언에 관한 논의를 하게 된다. 그러나 이성애 제도 안에서의 레즈비언에 관한 논의는 추상적이며 자의적이다. 레즈비언은 성애적이거나 급진적이라는 이분법적 사고방식이 많이 작용한다. 이 때문에 초창기 자신의 운동 기반을 여성운동에 두었던 레즈비언들은 이성애 제도 안에서는 레즈비어니즘 담론이 개입하기 어렵다는 것을 깨닫는다.

뿐만 아니라 여성운동 진영에서도 호모포비아가 만연해 있어서, 여성운동가들은 레즈비언이 '순수한' 이성애자들의 여성운동을 훼손시킬 것이라고 우려하고 때로는 노골적인 거부감을 표현한다. 레즈비언을 여성의 범주에 포함시키지 않고, 게이 중심의 동성애자 집단 속에 있는 것으로 보는 것이다. 물론 한국의 여성 동성애자들이 모두 여성주의자들은 아니다. 그렇다고 모두가 반페미니스트도 아니다. 페미니스트들도 모두 급진적인 해방론자들이 아니듯 레즈비언들도 모두 페미니스트는 아닌 것이다. 페미니스트들이 다층적이고 복수적인 집단이듯 레즈비언들도 동질적인 집단이 아니다. 한국의 레즈비언들은 대체로 여성으로서의 정체성보다 동성애자로서의 정체성에 더 많은 고민과 갈등의 시기를 보낸 사람들이다. 이는 여성으로서의 정체성보다 동성애자로서의 정체성을 갖는 것이 더 억압적이기 때문이다. 일부 급진적 페미니스트들은 '정치적인' 선택으로 레즈비언이 되기도 한다. 이는 정치적인 선택으로서 성애가 배제되어 있는 경우가 있는데 이들은 종종 '성애적인' 레즈비언에 대해 거부감을 갖고 있다. 그래서 공개적인 레즈비언 커뮤니티에 합류하려하거나 일체감을 느끼려 하지 않는다.

이들 모두가 레즈비언의 인권을 여성해방운동에 포함시키지 않기 때문이다. 레즈비언의 고민이, 레즈비언의 성이, 레즈비언의 권리가 여성의 권리로 인식되고 있지 않은 것이다. 그러나 1996년부터 '끼리끼리'의 여성주의 레즈비언들에 의해 초보적인 수준에서 페미니스트와의 연대를 꾀하려는 노력이 진행되고 있다. 이들은 '또 하나의 문화'에서 주최하는 '페미니스트 캠프'(1996년 2월, 97년 2월)에 참가하기도 하고, '끼리끼리'에서 주최하여 페미니스트 카페인 '고마'에서 열린 '페미니스트와 레즈비언과의 만남'(1997년 9월)이라는 세미나를 갖기도 하였다. 여성문화예술기획에서 주최한 '여성주의 문화 심포지엄'(1998년 10월)에 패널로 참가하기도 했다. 또한 개인적으로 위안부 할머니, 성매매, 기지촌여성, 성폭력 문제, 여성실업 문제 등 자신의 관심 분야와 지향성에 따라 페미니스트로서, 레즈비언으로서 고민하고 실천하는 노력을 하고 있다. 어떤 레즈비언들은 급진적 페미니즘에 따라 분리주의를 실천하는 사람도 있다. 이들은 동성애 커뮤니티에 분열을 초래한다는 기우와 비판에도 불구하고, 레즈비언간의 연대와 레즈비언과 페미니스트의 연대를 더 중요한 실천으로 생각한다.

그러나 아직 페미니스트와 레즈비언들은 쉽게 연대하지 못하고 있다. 서로의 이해와 인식이 부재하기 때문이다. 레즈비언에 관한 고정관념과 정형화가 페미니스트 진영에서도 별다르지 않게 자리잡고 있다. 레즈비언은 남성적, 지나치게 성애적이라고 간주하는 호모포비아 때문이다. 실제로 '끼리끼리'는 '한국여성단체연합(이하 여연으로 약칭)'에 가입을 희망한 적이 있지만 정식으로 가입신청서를 넣기도 전에 비공식 통로를 통해 여연에서 가입을 꺼린다는 이야기를 들은 바 있다.[18] 이유는 동성애자인 레즈비언들을 여연에 가입시킬 경우 듣게 될 비방과 가입승인 자체가 동성애자 지지라는 식으로 외부에 보여지는 것이 두렵기 때문이다.

레즈비언 커뮤니티에서도 여성주의 정체성이 부족하고 보편화되지 않고 있는 실정이다. 레즈비언 커뮤니티에서 가부장적 문화의 답습과 게이 중심의 남성문화가 보여지기도 한다. 이 때문에 페미니스트들이 레즈비언에 대한 거부감을 가질 수도 있다. 하지만 '객관적인' 레즈비어니즘과 페미니즘이 존재하지 않는다면, 특정한 위치에서 특정한 담론을 펴고 특정한 실천을 하는 페미니스트와 레즈비언의 연대와 만남

---

18) 1997년 끼리끼리의 대외정책부장이었던 장민아와의 인터뷰에서

은 모색해보아야 할 일이다. 연대의 가능성은 다양한 곳에 열려 있다.

7) 레즈비언 커뮤니티의 다양성

레즈비언에 대해 보편적으로 동의된 정의나 설명은 없다. 어떤 사람은 그것을 후천적인 선택이라고 하고 어떤 사람은 선천적으로 주어진 것이라고 한다. 레즈비언과 그 연구자들은 레즈비언을 다양하게 정의하지만, 기본적으로 레즈비언이란 자신의 감정적, 심리적, 성적, 사회적, 정치적 관심이 여성을 향해 있는 여성을 말한다는 데에 대체로 동의한다. 레즈비언은 이성애자와 결혼했을 수도 있고, 동성과 같이 살 수도 있고, 혼자일 수도 있다. 레즈비언은 섹스 경험이 있을 수도 있고, 아예 없을 수도 있다. 아이가 있을 수도 있고, 없을 수도 있다. 레즈비언은 이성애적 경험을 가질 수도 있고, 이성애적인 삶을 살고 있을 수도 있다. 경험과 성적 지향은 다를 수도 있고 같을 수도 있다. 모든 레즈비언이 의식적으로 여성으로서 주체성을 찾는 것도 아니며 레즈비언으로서 받는 억압의 해결을 위해 노력하는 것도 아니다. 레즈비언의 정체성을 찾게 된 경로도 다르며 레즈비언으로서 살아가고자 하는 삶의 방식 또한 다양하다.

이렇게 커뮤니티를 구성하고 있는 레즈비언들은 다양한 경험과 입장의 차이를 가지고 있다. 뿐만 아니라 커뮤니티의 지형 역시 다양하다. 먼저 활동방식이 다양해졌다. 인권운동을 표방하며 대외적인 활동과 회원간의 토론 활동을 전개하고 있는 오프모임이 있고,[19] PC통신상에서 동호회를 개설하여 활동하고 있는 통신모임이 있으며,[20] 전화기 한 대로 상호교류가 가능한 153전화사서함 동아리가 있고,[21] 그리고

---

19) 끼리끼리/인천의 한우리/부산의 안전지대/대구의 와이낫
20) 천리안의 퀴어넷, 하이텔의 또 하나의 사랑, 나우누리의 레인보우, 유니텔의 거아사 등.
21) 우리끼리(서울), 또래끼리(서울), 한우리(인천), 거아사(원주), 한울타리(대전, 충남), 로뎀나무 그늘(대전, 충남), 거아사(청주, 충북), 안전지대(부산, 경남), 같은마음(부산, 경남), 우리마네(서부경남), 와이낫(대구), 빛동인(광주, 전남),

1998년부터 두각을 나타내고 있는 인터넷상의 모임과[22] 전문적으로 잡지나 웹진(webzine)을 만들면서 문화 활동을 전담하고 있는 모임도 있다.[23] 모임에 참여하고 있는 레즈비언들 중 일부는 여성 동성애자들만 모이는 그룹에 속해 있고, 일부는 남녀 동성애자들이 함께 모이는 그룹에 속해 있으며 더 많은 무수한 레즈비언들은 특정한 모임에 소속되어 있지 않은 채로 레즈비언 커뮤니티를 구성하고 있다. 레즈비언 단체 중에서도 어떤 모임은 여성 동성애자/이성애자 모두에게 열려 있고 어떤 모임은 특별히 여성 동성애자만 회원으로 선호하기도 한다.

서울중심의 활동에서 벗어나 다양한 지역모임들이 생성되었다. 이들은 PC통신과 인터넷 그리고 153전화사서함을 적극적으로 활용한다. 별도로 지역별 모임을 갖고 있는 모임은 인천의 '한우리', 부산의 '안전지대', 대구의 '와이낫'으로 이들은 서울중심의 활동에서 겪는 지역적인 불편함과 소외감을 극복하고자 자체적인 모임을 결성하게 되었다. 커뮤니티를 구성하고 있는 세대도 다양해졌다. 10대 후반에서 30대 초반이 주 연령층을 이루고 있다가 레즈비언 바를 통해 30대 중반 이상의 연령층이 대거 커뮤니티에 참여하게 되었다.

레즈비언 커뮤니티 다양성의 핵심은, 지향의 다양성이다. 이는 레즈비언 억압을 해석하는 차이, 사회문화적 삶의 방식의 차이 그리고 정치적 차이의 다양성을 일컫는 말이다. 즉 커뮤니티 안에는 부치, 팸의 성역할을 극복해야 한다는 사람과 성 역할의 고정이 필요하다는 사람이 함께 공존하고 있고, 연장자주의(ageism, 나이주의)를 깨야 한다는 사람과 나이에 따른 위계질서가 필요하다는 사람이 한 단체에서 활동하고 있기도 하다. 어떤 이는 조직 활동을 통해 레즈비언 인권운동을 하며, 어떤 이는 개별적인 소모임을 통해 활동하며, 또 어떤 이들은 개인의 삶 속에서만 노력하고 변화를 꾀한다. 활동의 영역뿐만 아니라 활동방법,

---

너와나(전주, 전북), 거아사(제주)

22) 니아까/탱크걸

23) ≪버디≫(동성애자 전문잡지), ≪또다른 세상≫(레즈비언 전문 무크지)

내용 역시 다양하다. 어떤 이는 레즈비언 독자조직의 건설을 위해 조직 활동을 하고, 어떤 이는 공개적인 공간에서 강의나 세미나를 펼치기도 하며, 글이나 통신으로 자신의 논지를 지속적으로 펼치는 이도 있다.

레즈비언 억압의 근원을 보는 입장에도 차이가 있기 때문에, 자신의 정치적 활동의 기반이 되는 이론적 실천도 다양하다. 현재 한국의 레즈비언 관련 이론은 세 가지 유형으로 설명될 수 있다. 바로 사회주의 연대, 퀴어 이론, 여성주의 레즈비어니즘이다.

사회주의 연대는 마르크시즘에 기초하여 여성억압의 뿌리와 동성애 억압의 근원을 계급 문제, 자본주의에 두고 있다. 때문에 동성애자 인권 운동을 하나의 부문 운동으로 생각하고 자본주의 타파를 위해 동성애자 운동은 부문 운동으로 복무해야 한다고 말한다. 동성애자만의 운동으로 그칠 때 상당한 한계를 지닌다고 판단하여 이성애자와의 지지세력과 연대를 중요시한다(콜린 웰슨·수잔 타이번, 1998). 독립적인 동성애자 조직 자체가 목적이 되면, 이성애자들을 동성애자 해방투쟁에 끌어들일 수 없음을 우려하고 독립적인 동성애자 조직이 동성애자 분리주의 조직이 되는 것을 두려워한다. 이성애자들이 동성애 해방투쟁에 기여할 수 있고, 동성애자는 그로 인해 덕을 볼 수 있다는 것이다. 사회주의 연대는 성 정체성과 성 지향성보다 정치적 이해관계로 결집을 추구한다.

퀴어 운동은 동성애자 시민운동의 자유주의적 타협과 동화적(同化的) 정치학에 반대하면서 카니발, 위반(違反), 패러디 등을 통해 기존 질서를 해체, 탈중심화, 재전망하는 것을 지향한다. 또한 비규범적 성적 실천에 대한 적극적인 지지와 인정을 표방하면서 동성애자, 복장 전환자, 성 전환자, 양성애자, 사도마조히스트 등 다양한 성적 법외자들의 연대를 꾀한다(지혜, 1998a). 퀴어 운동은 성적 소수자 내부의 차이를 동등한 주체들의 다양성으로 해석하고, 게이와 레즈비언을 퀴어로 정의함과 동시에 남녀 이분법과 대립구도를 희석시키기도 한다.

남녀의 대립구도를 전제하지 않는 퀴어 이론은, 성적 소수자들의 보편적 이해에 동일시하도록 함으로써 레즈비언의 성별성과 특수성을 말

소하게 만든다. 여성주의적 레즈비어니즘은 이성애 페미니즘과 게이
운동의 양 진영으로부터 자신의 활동과 정치학을 단절시키고 여성주의
적 노선을 전개하고자 한다. 즉 페미니스트와 게이 운동가들을 협력자
로 설정하고 레즈비언만의 고유 독자조직과 노선을 갖고 분리되어야
한다는 주장이다. 여성주의 레즈비어니즘의 입장은, 가부장제 타파를
위해 여성운동에 복무하라는 압력과 이성애 제도 타파를 위해 동성애
운동에 복무하라는 이중의 압력을 받고 있는 레즈비언이 어느 노선에
도 편입되거나 함몰되지 않으면서 레즈비언만의 고유한 이해와 활동을
펼 수 있는 방법이라고 말한다.

한국의 레즈비언들은 자신의 활동경험을 통해 각각의 이론과 실천방
향을 더욱 발전시켜나간다. 노동운동 활동가들은 사회주의 연대를, 여
성운동 활동가들은 여성주의의 경향을 갖고 있으며 활동의 경험이 전
무했던 레즈비언 커뮤니티의 대다수는 1990년대 중반에 제기된 동성
애 담론과 성 정치학에 의해 영향을 받아 퀴어 운동의 경향을 따르고
있는 실정이다. 한국 레즈비언 커뮤니티에서 이들 세 경향은 서로 충
돌하며 분쟁을 일으키기도 하지만 입장 차이를 인식하고, 다양성을 존
중하자는 암묵적 합의를 가지고 있다.

8) 이성애 제도와 레즈비언 인권

이성애가 아닌 이성애 제도를 문제삼는 것은, 말 그대로 이성애가
제도로서 구조화되고 체계적으로 유지되기 때문이다. 제도는 국가나
사회 혹은 집단의 일정한 규범과 질서로서, 그 안에 있는 사람들에게
는 권리와 혜택이 부여되고 제도 밖의 사람들에게는 불이익과 차별을
주는 인위적으로 구성된 이데올로기이다.

레즈비언은 남성중심의 가부장제도 아래 여성으로서 억압받고, 이성
애 제도 아래 동성애자로서 억압받고 있다. 여성이 억압받고 있다고
인식하고 그에 대한 변혁의 열망을 갖고 운동을 시작한 지는 오래되었

다. 근대 이후 본격적으로 여성운동의 노력과 투쟁으로 많은 발전과 성과를 거두고 있으며 최근에는 제도권 안에서 합법적으로, 시민운동의 보편성으로 자리매김되고, 널리 인정되고 있다. 하지만 동성애자로서의 억압에 대한 인식은 그리 오랜 역사를 가지고 있지 못하다. 따라서 조직적인 또는 개인적인 저항과 운동의 역사 또한 길지 않다.

호모포비아란 동성끼리 사랑하고 성적으로 욕망하는 것에 대한 비합리적인 혐오와 공포를 일컫는다.24) 사회는 교육과 언론미디어, 문화예술을 통해 사회 구성원이 동성애자를 경멸하고 비난하도록 만든다. 이로 인해 사회 구성원이 동성애자를 물리적으로 공격하기도 하고 욕설, 비난 등으로 부정하고 차별하도록 만든다. 무엇보다 호모포비아는 직접적인 이성애자의 비난이나 차별 없이도 동성애자 스스로가 자신을 통제하고 검열하게 함으로써 정체성을 포기하게 하고 부정하게 만드는 데 더 큰 문제가 있다. 스스로가 겪는 고립감, 죄의식, 숨막힘, 권리 없음, 신경전과 이성애자로 연기하기, 숨기기, 결혼에 대한 압력, 가족으로부터의 탄압과 소외, 경제적 문제와 살아남기, 모든 사회복지혜택 박탈당하기, 언론과 미디어에서 다루어지는 동성애자에 대한 굴욕적인 묘사를 견뎌내기 등의 고통을 주면서 이성애 제도로의 편입을 요구하고 강제한다. 이는 온전한 인간으로서, 시민으로서의 권리를 포기하게 하고 무기력하게 만드는 비인권적인 행위가 아니라고 할 수 없다.

호모포비아에 이어 동성애자에게 가해지는 억압과 차별의 실상은 커밍아웃을 통해 드러난다. 이성애자는 이성애가 제도로서 규범화되어 있기 때문에 굳이 자신을 이성애자라고 드러낼 필요가 없다. 자신을 이성애자라고 드러내는 행위, 즉 이성의 애인과 교제를 한다거나 결혼을 한다거나 하는 커밍아웃은 오히려 자랑거리가 되고 축하받을 일이다. 또 그것은 합법적으로 많은 혜택과 복지가 주어지는 일이기도 하다. 그러나 동성애자의 커밍아웃은 경멸과 공격과 차별의 대상이다. 자신을 동

---

24) 지혜, 「레즈비언과 호모포비아」, ≪또다른 세상 5호≫, 끼리끼리 발행, 1997년 겨울.

성애자라고 드러낸 몇몇 활동가들은 학교 진학에 어려움을 겪기도 했으며 해고되고, 주변사람들의 따돌림과 경멸로 심리적 상처를 받은 경험이 있다. 부당 해고로 인한 법적인 소송은 아직 우리 사회에서 일어나지 않고 있다. 이는 그러한 억압과 차별이 존재하지 않아서가 아니라 동성애자 개개인이 그에 맞서 싸울 힘과 자신감을 갖고 있지 않기 때문이다. 개인을 지원해주고 함께 싸워줄 만한 조직력과 단체의 역량 그리고 커뮤니티 전반의 의식이 고조되지 않았기 때문에 스스로 포기하는 것이다.

자신의 존재를 드러내고 표현하는 것에서부터 동성애자는 억압을 받고 있는 것이다. 또 이성애중심적인 사회는 드러내기를 애초부터 박멸하기 위해 오랜 시기 이성애 제도의 이데올로기를 체계화·지속화시키면서 호모포비아를 생산한다.

1997년에 상영불가판정을 받은 영화 <해피투게더> 사건은, 구체적인 사례를 통해 우리 사회가 동성애를 어떻게 법적으로 규제하고 차별하고 있는지를 잘 보여준다. 영화 <해피투게더> 상영불가와 퀴어 영화제 개최불가에 대한 공개질의서의 답변에서, 동성애자는 수간(獸姦), 윤간과 함께 변태적 성행위자로 거명되었고 '우리 정서에 맞지 않는다'는 이유로 동물이나 범죄자로 격하되었다. 동성애자는 '우리의 정서'라고 말할 때 '우리'에 포함되지 않는 것이다. 이를 보도하는 언론들은 <해피투게더>는 '동성애 영화'가 아니라 단지 '인간의 사랑을 다룬 영화'임을 주장하며 공연윤리위원회와 검열 제도를 비판하기도 했다. 동성애는 인간의 사랑으로 인식되고 있지 않았다. 이 사건은 동성애자가 한국 사회에서 사회적 구성원이나 법적 주체가 아니라는 사실을 명확하게 했다. 모든 인간은 이성애자여야 한다는 전제에서 동성애자는 존재 자체를 위협받고 금지당한다. 동성애는 가족과 사회의 문란, 도덕적 타락의 징표로, 있어서는 안 될 사회적 악덕으로 취급되고 있다.

공연윤리위원회가 강조하는 '우리 정서에 맞지 않음'은 바로 이성애자의 맞지 않음이다. 소수자에 대해 권리가 인정되고 있지 않은 것이다. 사회에는 다양한 비주류, 소수 집단이 있지만 동성애자만큼 존재 자체를 부정당하는 집단은 없을 것이다. 불법 행위인 이성애자 남성의 성매매 행위와 강간은 보호, 묵인되는 반면 동성애자는 서로간에 동의가 있는데도 동성간의 성관계라는 이유로 도덕의 위반자, 성도착, 질병을 옮기는 질환자로 분류되고 있다.

1997년 12월 '끼리끼리'는 당시 이회창, 김대중, 이인제, 권영길 네 명의 대통령 후보들에게 동성애에 관한 공개질의서를 보낸 적이 있다.[25] 유일하게 답변이 온 국민회의 김대중 후보는 동성애자의 문제를 보호되어야 할 인권의 개념으로 본다고 밝힌 바 있다. 그러나 최근 진행되고 있는 국가인권법의 제정에 있어서 차별금지 조항에 '성 지향성으로 인해 차별받지 않는다'라는 동성애자들의 요구는 받아들여지지 않고 있다. 역대 대통령 중에 가장 인권의식이 높다는 김대중 정부가 들어서도 사정은 크게 달라지지 않았다. 김영삼 대통령 시절에 수입불가 판정을 받은 영화 <해피투게더>가 상영되고, 무산되었던 퀴어 영화제가 문화관광부의 지원 아래 개최된 것은 변화임에 틀림없다. 그러나 성 지형의 별다른 변화 없이, 동성애자에 대한 인식의 변화 없이 본질적으로 달라지는 것은 아무 것도 없다.

3. 한국 레즈비언 인권운동의 평가와 방향 모색

1) 레즈비언 인권운동의 성과

한국 레즈비언의 인권운동의 역사가 언제부터인지 정확하게 가늠할 수는 없다. 운동이라는 개념이 집단이 조직화되고 사회적 발언을 하는 것만을 의미하지는 않기 때문이다. 여성 동성애자에 대한 개인의, 집단의 역사가 은폐되고 드러나지 않는 것도 레즈비언 역사를 추정하는 데

---

25) 편집부, 「대선 후보에게서 동성애를 듣는다」, ≪또다른 세상 5호≫, 끼리끼리 발행, 1997년 겨울.

어려움을 준다. 자신을 동성애자로 드러낸 사람, 조심스레 여성 동성애자로서 사회적 발언과 저항을 했던 이도 있었을 것이다. 때문에 한국 여성 동성애자의 인권운동의 역사는 1990년 훨씬 이전으로 돌아가야 한다.

그동안 레즈비언 커뮤니티에서 전개되어 왔던 인권운동의 성과를 정리하면 다음과 같다.

첫째, 레즈비언의 존재를 확인하고 정체성을 자각하게 된 점이다. 과거 역사에서도 나타났듯이 레즈비언은 다른 성 지향성과 정체성을 가진 사람으로 분류되지 않고 그저 동성애적인 행위를 하는 변태쯤으로 여겨지고 존재 자체를 부정당해왔다. 레즈비언의 존재가 가시화되었을 때도 왜곡, 변질되어 남성과 동일시된 이미지로 인식되어 왔다. 그러나 자기 모색과정과 커뮤니티 안에서 상호간의 탐색으로, 지배권력에 의해 학습되고 유포되었던 부정성을 극복하고 레즈비언의 정체성에 대해 자각하게 된 것이다.

둘째, 레즈비언에 대한 억압을 가시화한 점이다. 억압이란 물리적인 폭력에 의한 희생만을 지칭하지는 않는다. 억압이란 물리적 폭력에 의해서도, 심리적 고립에 의해서도, 자신의 정체성과 지향성을 드러낼 수 없는 강압적인 상황에서도 존재하는 것이다. 한국의 법 제도에서는 구체적으로 동성애자를 차별하는 조항이 명확하게 제시되어 있지는 않다. 그렇기 때문에 억압받고 있지 않다고 생각하는 사람도 있다. 이 때문에 초기 레즈비언 단체들은 레즈비언에 대한 억압을 가시화하는 데 주력했던 경향도 있었다. 억압의 인식이 바로 운동의 계기가 되기 때문이다. 커뮤니티 형성 이후 5년이 지난 지금 한국의 많은 레즈비언들은 동성과 결혼할 수 없는 것, 동성 파트너에게 상속권이 없는 것, 레즈비언으로서 자유롭게 커밍아웃할 수 없는 것, 사회 전반에 만연되어 있는 호모포비아 등 이 모든 것이 억압이라고 생각한다. 이는 커뮤니티의 중요한 성장이며 변화이다.

셋째, 레즈비언 고유의 이해를 가진 독자적인 조직을 모색하기 시작했다는 점이다. 1994년에는 '끼리끼리' 한 곳에 불과했던 레즈비언 모임은 현재 통신모임, 지역모임, 전화사서함153모임, 문화모임까지 합하면 10여 개가 넘는다.

숫자의 개념을 떠나 초창기 게이 커뮤니티에 편입되거나 동질화되었던 레즈비언들이나 페미니스트 진영에서 자신의 정체성을 개입시키려 했던 레즈비언들이 차츰 레즈비언 고유의 입장과 이해를 위한 독자모임의 필요성을 가진 것이다. 이는 사회에서 레즈비언이 갖고 있는 위치와 특수성을 인식하면서 레즈비언을 위한 운동은 결국 레즈비언 스스로의 힘으로만 가능하다는 인식을 수반하는 것이다. 1998년 12월에 처음으로 '한국 레즈비언 송년의 밤'을 통해 레즈비언 단체간의 연대와 교류의 기틀을 다진 것은 매우 고무적인 일이다. 레즈비언바 레스보스에서 열린 이 날 행사는 끼리끼리, 한우리, 와이낫, 니아까가 공동주최하였고 그루터기, 레인보우, 우리끼리, 또래끼리 등의 소모임이 참여했다. '레즈비언 송년의 밤'이 열리기 전, 각 단체대표자들은 한국에서의 ALN 공동주최와 레즈비언 여름캠프를 통한 레즈비언 연대와 교류에 대한 논의를 한 바 있다.

넷째, 초보적인 수준이기는 하지만 국제연대와 교류가 시작되었다는 점이다. 1998년 12월 초에 필리핀에서 열린 제4차 'Asian Lesbian Network(이하 약칭 ALN)' 대회에서 한국이 제5차 대회 주최국으로 선정되어 현재 국내 여론을 수렴중이다. 한국은 대만에서 열린 제3차 대회부터 참가한 경력이 있다. ALN의 기조는 서구 백인 레즈비언들과 다른 근대 식민지적 경험과 문화적 전통을 지닌 아시아 인근지역 레즈비언들끼리 더욱 긴밀한 정치적 이해관계를 형성하고 지원체제를 확장시켜가는 데 있다. 한국보다 앞서 레즈비언 커뮤니티를 형성한 인근국가(태국, 일본, 대만, 필리핀 등) 레즈비언들로부터 4년 안에 이러한 대회를 주최할 만큼의 역량을 길렀다고 인정받고 ALN에 새로 가입한 국가들(중국, 말레이시아 등)로부터 선망의 대상이 된 것은 자랑스런 일이다. 또한 'International Gay and Lesbian Human Rights Commission(이

하 약칭 IGLHRC)'에서 국제동성애인권 향상에 기여한 단체나 사람에
게 주는 필립파(Fillipa) 상을 '끼리끼리'와 '친구사이'가 함께 수상하였
다. 두 단체는 1998년 10월쯤 IGLHRC에서 후보로 올랐다는 연락을
받았고 1999년 2월 초, 수상자로 확정되었다. 국제적으로 동성애자 인
권 문제에 가장 권위를 지닌 IGLHRC는 99년 5월 두 단체 대표를 미
국으로 초청하여 필립파 상을 수여할 예정이다. 이를 계기로 한국 레즈
비언 커뮤니티는 한국인으로서, 아시아인으로서 레즈비언 인권운동의
필요성을 알리게 되었고 이로써 향후 국제적인 교류와 협력, 지원을 도
모하는 일이 보다 용이하게 되었다.

2) 레즈비언 인권운동의 어려움

한국 사회에서 레즈비언 인권운동의 가장 큰 어려움은 굳건한 가족
중심주의의 가치관과 장자(長子)중심주의의 가부장 제도이다. 이성애
제도의 이데올로기 아래 여성성/남성성이라는 성 역할의 구분을 고착
시켜, 여성적이지 않거나 남성적이지 않은 취향, 성향에 대해 노골적인
적대와 경멸을 보낸다. 이는 또 획일적인 문화를 강요하고 성적 소수
자, 다원주의를 말살한다. 이러한 풍토에서 성적 소수자의 사회적 지위
는 열악할 수밖에 없다. 뿐만 아니라 레즈비언 조직이 타단체의 지원
과 연대를 이끌어내기 힘든 이유도 가족중심주의의 가치관에서 기인한
다. 동성애자는 기본적으로 가족제도를 깨뜨리는 반인륜적인 집단으로
범죄자화 되어 있기 때문이다.

또 다른 어려움은, 한국 사회의 성은 사적인 영역에만 머물러 있다
는 데에 있다. 성의 문제를 공적인 영역으로 끄집어내기를 두려워하며
민망해한다. 이 때문에 국가적·사회적으로 혹은 제도적인·문화적인 영
역에서 성에 대한 논쟁은 대단히 단편적이며 추상적이다. 동성애/동성
애자를 이해하기 위해서는 성의 본질과 역사적 구성을 이해해야 한다.
그리고 사적인 성이 사회적이며 정치적이라는 이해를 배제하는 한 어

떠한 본질도 파악해내기 어렵다. 이 때문에 한국에서의 동성애에 대한 이해는 아직도 개인적이며 은밀한 영역에 남겨져 있다.

　레즈비언 커뮤니티 안에서 인권운동을 전개하는 데는 다음과 같은 어려움이 있다.

　첫째, 커뮤니티 안에서 친목과 인권운동을 분리하는 이분법적 사고가 있다. 많은 단체와 모임의 구성원들이 인권운동이 우선이냐, 친목도모가 우선이냐를 놓고 갈등하고 혼란을 겪는다. 친목과 인권운동은 분리되어서도, 무조건 동일시되어서도 안 되는 것이다. 커뮤니티의 구성원들간에 친목을 도모하는 과정에서도 인권을 위한 작은 움직임과 활동들이 전제되어야 하기 때문이다. 다시 말해 상대방의 차이를 존중하는 것, 고집과 독선으로 상대방의 의견을 무시하지 않는 것, 나이가 많다고 타인에게 복종을 강요하지 않는 것 등은 레즈비언으로서뿐만 아니라 인간으로서 지켜야 할 덕목이다. 이는 친목도모활동의 전제이자 자신이 가진 작은 권력으로 타인을 희생시키지 않는다는 의미에서 소중한 인권운동이다. 친목은 무조건 친하게 노는 것, 인권운동은 밖에서 정치활동이라는 식의 이분법적 사고가 생활과 운동을 분리시키는 오류를 가져온다.

　둘째, 레즈비언 활동가의 부재이다. 현재 커뮤니티에는 다양한 활동가들이 있다. 조직 활동가, 이론 활동가, 문화 활동가가 있으며 굳이 활동가라는 이름을 붙이지 않더라도 자신의 삶 속에서 꾸준히 여성으로서, 레즈비언으로서 저항하는 개인들이 다수 있다. 또 대외적으로 알려진 사람들도 있고 내부에서만 활동하는 사람도 있다. 이들은 어떤 때는 뭉치고 어떤 때는 각기 다른 입장으로 단절되어 있기도 하다. 활동가의 부재는 활동가가 성장할 수 있는 토양의 문제와 직결된다. 자신의 활동 내용을 떳떳하게 공개할 수 없는 동성애자로서의 낙인과 그로 인한 경제적 생계 문제가 가장 큰 어려움이다. 이 때문에 활동가의 장기적인 활동을 예측할 수 없고 1~2년 왕성한 활동을 펼치다가도 생계 문제 해결을 위해 다시 직장생활을 해야 한다. 이 문제는 장기적이고 연속적인 활동과 사업추진을 불가능하게 한다. 이 때문에 현재 레즈비언 커뮤니티에 존재하는 활동가가 소수에 한정되는 악순환이 계속된다. 꾸준히 활동가를 양산해내고 키워야 하는 시점에서, 커뮤니티 지형의 근본적인 변화 없이는 상황이 그리 희망적이지 않다.

현재 활동가들이 억압받은 레즈비언 대중을 위해 마음을 편하게 해주고 자활 능력을 키워주는 것 이상의 제도적 차원의 해결 능력을 갖고 있지 못한 것도 역시 활동가 부재에서 기인한다. 또한 레즈비언 고유한 이해와 입장을 밝히며 담론을 이끌 만한 대외적인 활동가가 부재하다는 것도 레즈비언 운동의 어려움이다. 다른 시민단체처럼 법정 소송 등을 통해 공동의 이익을 대변해 줄 수 있는 활동가가 없는 것도 큰 어려움이다.

셋째로는 레즈비언 스스로의 호모포비아이다. 이것도 인권운동의 큰 장애이다. 자신에게 내재되어 있는 호모포비아는 단순히 긍정적인 정체성을 확보하고 있지 못하다는 차원을 떠나, 레즈비언으로서 차별을 받았을 때 혹은 모멸감을 느꼈을 때 정당한 저항과 문제제기를 할 수 없는 무력감을 양산해낸다. 실례로 지난 1998년 6월, 한동협의 출범식 장에서 모 신문사 기자로부터 초상권을 침해받았을 때 피해자로서 기자에게 따지거나 사과를 받아내지 못하고 오히려 굴욕적인 입장을 취한 것은 호모포비아의 영향이 크다.[26] 스스로 당당하지 못하고 동성애자는 정당한 권리를 행사해서는 안 되는 사람이라는 자기 인식을 극복하지 못하면 레즈비언 인권운동은 불가능하다.

3) 향후 방향성 모색

한국의 레즈비언 운동이 독자적인 위치와 영역을 확보하고 여성운동, 시민운동으로 성장, 발전하기 위해 전제되어야 할 일들이 있다.

첫째, 성에 대한 공론화와 이성애중심의 성 담론에 대한 문제제기가

---

26) 김송혜숙, 「시민운동으로서의 동성애 인권운동을 타진하며」, ≪또다른 세상 6호≫, 끼리끼리 발행, 1998년 가을.

있어야 한다. 동성애는 성의 문제이며 동성애 억압은 성 억압에서 기초한다. 다양한 성 담론의 제기와 공론화가 없이 단편적, 돌출적으로 제기되는 동성애 담론은 오히려 동성애자 억압에 기여한다.

특히 억압된 여성의 성을 해방시키려는 노력이 필요하다. 한편으로 성별 이분법에 기반한 '제도로서의 이성애'에 대한 문제제기를 통해 이성애가 강압적인 권력이며 이데올로기임을 밝혀야 한다. 한국 사회의 성 지형을 변화시킬 수 있어야 동성애에 대한 인식의 변화 또한 기대할 수 있다.

둘째, 레즈비언 조직의 독자적인 조직화 작업이다. 한국의 사회운동 어디에도 독자적인 레즈비언의 위치를 인정해주는 곳은 없다. 성 논쟁에 의해 레즈비언과 페미니스트들이 분화하고, 젠더에 대한 분석을 통해 퀴어 이론과 페미니즘이 대립하고 있는 실정이다. 레즈비언 고유의 이해와 입장을 전개시킬 수 있는 집단은 사실 레즈비언 당사자뿐이다. 이에 꾸준히 레즈비어니즘을 계발하고, 지속적으로 활동가가 양성, 배출되어야 하며 레즈비언 각 단체간의 연대와 교류가 이루어져야 한다.

셋째, 다른 사회운동에 부차적으로, 주변적으로 편입되지 않으면서 레즈비언의 다양한 이해에 맞는 연대의 끈을 형성하여야 한다. 한국의 레즈비언들은 여성으로서, 동성애자로서, 노동자로서, 청소년으로서, 피억압자로서의 다양한 조건에서 살아 가고 있다. 이에 여성운동, 동성애 운동, 학생운동 등 여러 경로를 통해 다양한 방식의 의사소통이 이루어져야 하고 연대와 지지도 역시 다양한 포지션에서 탐색되어야 한다. 특히 페미니스트와 게이와의 연대를 통해 레즈비언 고유의 포지션을 통한 성해방운동이 전개되어야 하며 장애인여성, 성매매여성 등 소수자들의 연대 작업도 모색되어야 한다.

넷째, 무엇보다 한국의 레즈비언 운동이 성장하고 발전하기 위해서는 레즈비언에게 성적 정체성에 대한 자존심을 줄 수 있는 다양한 지원 사업을 전개하고 문화를 형성하는 일이 중요하다. 여성으로 산다는 것, 레즈비언으로 산다는 것의 즐거움과 자긍심을 줄 수 있는 문화 활동들이 일상적 삶 속에서 전개되고 그 속에서 한국의 레즈비언 인권운동, 문화운동이 탐색되고 실천되어야 한다. 이 과정을 통해 운동가로서의 레즈비언과 대중으로서의 레즈비언이 분리되지 않고 운동하는 것과 생활하는 것이 분리되지 않아야 한다.

4. 결론에 대신하여

한국 사회의 레즈비언 인권운동이 본격적으로 가시화된 1993년부터 현재까지 5년여의 짧은 시간 동안 장족의 발전을 이루었다고 생각한다. 단순히 많은 모임이 생겨나고 많은 레즈비언이 커뮤니티에서 활동한다는 의미를 넘어, 자기정체성을 찾고 커밍아웃을 통해 레즈비언 존재를 드러내고 레즈비언의 억압을 가시화시킨 것은 한국의 레즈비언들에게 새로운 희망을 주었다.

한국 사회에서 레즈비언 운동이 가능했던 것은 사실 한국여성운동의 발전사와 무관하지 않다. 1993년 '초동회'와 1995년 '끼리끼리'의 회원들은 당시 또 하나의 문화, 한국여성민우회 같은 민주적, 자주적 여성운동단체들에서 활동한 성원들이었으며 그들의 여성운동 활동과 경험은 이후 레즈비언 운동의 훌륭한 밑거름이 되었다. 여성단체, 모임뿐 아니라 급진적 페미니스트들의 레즈비언 담론에 대한 고민과 문제제기는 드러나지 않은 한국 레즈비언 운동의 씨앗들이다. 하지만 아직도 많은 페미니스트, 페미니스트 단체들이 한국 사회에 만연되어 있는 동성애자에 대한 낙인 때문에 지지와 연대의 손길을 내밀지 못하고 있음은 아쉬운 일이다.

한국 사회에서 레즈비언 커뮤니티가 생성된 이후, 성에 대한 논의가 급진적으로 발전해온 것은 레즈비언 인권운동이 여성운동사에 끼친 중요한 영향 중의 하나이다. 예를 들어 레즈비언의 성적 실천과 이론들은 한국 여성들을 옥죄고 있는 순결 이데올로기를 이제까지와는 전혀 다른 차원에서 해체한다. 레즈비언은 여성억압과 불평등의 기원이 이성애 제도임을 제기하고, 여성해방은 진정한 성해방의 기초 아래 가능함을 주장하면서 현재의 결혼, 가족제도하에서는 어떠한 성평등도 이루어질 수 없다고 주장해왔다. 이는 레즈비언 인권운동이 한국 여성운동에 던져주는 중요한 메시지들이다.

이제까지 많은 레즈비언 페미니스트들은 개인적인 연계를 통해 여성운동 진영에 레즈비어니즘 가치들을 전파하고 확장시켜왔다. 그것은 때로 분노나 적대감으로 표출되어 돌아오기도 하고 때로는 진지한 논의와 새로운 관계 찾기로 피드백되기도 하였다. 페미니스트와 여성운동단체들이 레즈비언 인권운동의 성과와 가치를 인정한다면 한국의 레즈비언 운동은 새로운 성의 해방 시대를 맞이할 수 있을 것이다. 성애는 역사적 구성물이고 한국 여성의 성애는 필연적으로 한국의 역사와 사회의 구성물이라면, 이제 한국 레즈비언이 전개하는 다양한 레즈비언의 담론과 실천들이 현재 한국의 성 지형을 변화시킬 수 있음을 우리는 잊지 말아야한다.

참고문헌

끼리끼리 편집부, 1996년 가을, ≪또다른 세상≫ 3호.
_____. 1996 봄, ≪또다른 세상≫ 1호
_____. 1996. 여름, ≪또다른 세상≫ 2호.
_____. 1997. 봄, ≪또다른 세상≫ 4호.
_____. 1997. 겨울, ≪또다른 세상≫ 5호.
_____. 1998. 가을, ≪또다른 세상≫ 6호.
끼리끼리 편집부에서 소장하고 있는 각종 토론, 교육자료
끼리끼리 학술부. 1998, 「레즈비언 앤솔로지」(미발행).
도노번, 조세핀 저. 1993, 『페미니즘 이론』, 문예출판사.
윌슨, 콜린·수잔 타이번 공저. 1998, 『동성애자 해방운동의 역사』 연구사.

윤가현. 1997, 『동성애의 심리학』, 학지사.

지혜. 1998a, 「레즈비언·페미니스트 관점에서 본 서구 레즈비언 이론의 발전
　　　과정과 역사적 의의에 대한 연구」, 이화여대 여성학과 석사논문.

＿＿＿. 1998b. 「한국 레즈비언 운동의 전망」, 끼리끼리 학술부의 토론자료,.

최 안드레아 저. 1997, 『터부에서 상식으로의 전환』, 아미.

한국여성연구회 저. 1991, 『여성학 강의』, 동녘.

7
정상성에 도전하는 여성들*
한국 장애여성운동사

김은정**

장애여성에게 영향을 미칠 수 있는 의제들은 장애에 관한 문제들만은 아니다. 그것은 지구상의 모든 사람들이 직면한 도전이다. 우리들 중 어느 누구도 그 목적을 달성할 때까지 포기할 수 없다.[1]

'장애여성'[2]이라는 정체성의 역사는 아주 짧다. 정체성이 구성되는

---

* 이 글은 1980년대부터 1998년 11월까지의 역사를 다룬 것이다. 이 글을 위해 인터뷰에 응해주신 김미연님, 박숙경님, 박옥순님, 이낙영님, 이희경님, 임은자님, 장향숙님, 허혜숙님, 홍명희님, 이 글에 대해 논평해주신 김미연님, 박영희님, 배복주님, 정형옥님, 홍성희님 여러 가지 도움을 아끼지 않은 장애여성공감의 회원들에게 감사드린다.

** 이화여대 특수교육학과를 졸업하고 동대학원을 졸업했다. 석사논문으로 「장애여성의 몸의 정치학: 직업경험을 통해 본 몸의 다름의 의미」가 있다. 현재 '장애여성공감' 회원으로 활동하고 있으며 전 '빗장을 여는 사람들' 운영위원이었다. 필자는 장애를 가진 여성들의 동지로서, 페미니스트로서, 장애여성운동 커뮤니티의 일원으로서 장애여성의 역사를 기술하고자 한다.

1) 한국의 장애여성들이 참여한 '97년 국제장애여성 리더십 포럼'(≪포럼뉴스≫ 6. 16)

2) '장애여성'이라는 말은 장애우권익문제연구소가 처음 사용한 '여성장애인', '여성장애우'라는 말과 혼용되고 있다. 그 이전에는 장애여성이라는 말이 사용되었으며, 여성장애인이라는 말 대신 '장애여성'이라는 용어를 사용하자는 문제제기가 1997년 8월 ≪빗장소식≫ 창간호에 실렸다. "여성장애인은 의사, 학생 등의 단어에 여성이라는 수식어가 붙어 여의사, 여학생이라는 말이 만들

것, 어떤 범주의 집단이 형성되는 것은 자기 자신을 그 집단의 일원으로 정의하고, 자신과 사회와의 관계를 파악하는 운동의 맥락과 맞닿아 있다. 따라서 장애여성이라는 범주, 정체성의 역사가 짧은 것은 바로 장애여성운동의 역사가 짧기 때문이다. 그러나 오래 전부터 장애를 가진 여성들은 다양한 방법으로 생존해왔고, 부산히 움직여왔으며, 일상 속에서 투쟁하고 있다. 이들은 다양한 사회의 모순들 속에서 살아가면서 몸이 아프거나, 가난하며, 갇혀 있고, 배척당하며, 폭력과 고통을 당하고 있다. 동시에 이들은 매우 힘있게 서로 다른 모습으로 다양한 공간에 존재하고 있기도 하다. 이들은 '살아갈 가치가 없다'고 간주되는 사회의 편견 속에서 '존재하고 있다는 것' 그 자체로 사회 시스템에 도전하고 있는 것이다. 이 도전이란 시스템에 맞지 않는 자신들이 문제가 아니라 자신들을 장애화하는 사회의 시스템이 문제라는 것을 제기하고 자신들에 맞는 새로운 기준을 개발하는 것이다.

지금까지의 장애여성운동에 대한 평가는 다양하다. '장애여성운동의 역사는 없다'라고 말하는 사람도 있고 저급성을 면치 못하고 있다는 지적(≪장애복지 21≫, 1998. 3. 23)도 있다. 사람들에게 낯설게 혹은 신선하게 느껴졌던 '장애여성'들의 등장은 1995년 장애여성문제와 함께 여성운동계에 알려진 '장애우권익문제연구소'의 전략적인 사업의 성과라고 보여지기도 했다. 장애계에서든 여성계에서든 이들은 너무나 낯설고, 어떻게 손대야 할지 모르는 문제로 여겨졌고 그것은 지금도 마찬가지라고 할 수 있다. 이러한 평가들과 혼란은 장애여성이 가진 문제의 성격을 잘 보여주고 있으며, 사회의 여러 가지 시스템 속에서 장애여성의 위치를 설명해 준다. 장애여성은 장애를 가졌기 때문에, 그리고 여성이기 때문에 이중적인 차별에 직면해 있으며 어느 곳에도 완

어진 것처럼 보통 남성만을 지칭하는 단어 앞에 여성이라는 것을 강조하기 위해 첨가시킨 것이다. 우리는 장애를 … 본질적인 범주로 나누는 기준으로 보거나, 불변하고 영속적인 특성으로 보는 것이 아니라, 한 상태로서 제한점인 '장애'를 가지고 있다는 점에서 '장애를 가진 여성'으로 불리기를 원한다. 이러한 제한점은 상대적으로 환경에 따라 다르게 평가될 수 있다."

전히 속하지 못하는 불분명한 위치에 있다.

이 글은 다음과 같이 구성된다. 첫째, 장애여성운동의 역사를 기술하기 이전에, 장애여성이라는 범주의 성격을 설명하고자 한다. 이는 여성과 장애인이라는 두 가지 범주와 장애여성 사이의 혼란을 피하기 위해서이다. 두번째로 장애여성운동의 본격적인 출현을 설명하기에 앞서 장애인운동의 흐름과 개략적인 역사를 소개할 것이다. 장애인의 영역은 일반 사회와 철저히 분리되어 있기 때문에 사회적 이슈로 등장하지 못했다. 장애인운동에 대한 인식과 이슈들에 대한 여성운동의 인지도도 매우 낮다고 할 수 있다. 장애인운동 안에서 제기되었던 장애여성 문제와 1980년대 장애인운동의 전선에서 활약했던 여성들에 대해 다룰 것이다. 세번째로 장애여성문제가 제기된 과정과 계기, 단체의 결성, 다루어졌던 주된 이슈들을 살펴볼 것이다. 네번째, 장애여성운동을 둘러싸고 일어나고 있는 현재의 움직임들을 살펴보고, 다섯번째, 역사를 통해 지속적으로 제기되어 왔던 장애여성 독자조직의 필요성을 살펴볼 것이다. 마지막으로 현재까지의 운동방향과 한계, 장애여성운동이 여성운동, 장애인운동과 어떻게 관계 맺으며 자리잡아 나갈 것인가에 대한 활동가들의 의견과 전망을 살펴본다.

1. '장애여성'이라는 범주의 이해

장애여성운동의 역사를 쓰기 위해서는 다양한 것들이 먼저 정의되어야 한다. '장애여성', '운동' 그리고 '역사'가 바로 그것이다. 무엇이 역사에 기록될 만한 자격이 있는 것인가. 그리고 역사를 쓰는 사람의 위치는 과연 객관적인가에 대한 문제제기는 이미 고전적인 것이 되었지만 여전히 많은 사람들이 역사에 쓰여진 것은 진실이라고 믿고, 역사는 반드시 객관적으로 서술되어야 한다고 생각한다. 그러나 운동과 역사에 대한 정의는 그것을 말하는 사람들의 관점에 따라 많은 차이를 보인다. 따라서 운동사는 운동을 어떻게 정의하느냐, 어떤 입장에 서 있느냐에 따라 서로 다르게 정리될 수 있다. 이 글은 운동사를 대표하거나 객관적인 사실을 나열하는 글이 아니라 페미니스트의 시각에서 장애여성들의 움직임과 조직들 간의 관계, 장애여성문제의 특성을 설명하며, 운동에 대한 또 다른 정의를 시도하는 글이 될 것이다.

기존의 성과중심, 사건중심의 운동관(運動觀)으로는 주변화된 집단으로서, 자신의 문제를 언어화할 수 있는 도구를 체계적으로 박탈당한 장애여성들의 다양하고 특수한 움직임들을 잡아낼 수 없다. 장애여성운동은 장애여성들이 자신의 모습을 드러내는 것 자체가 가장 중요한 지점으로 기술되어야 한다. 장애여성들은 완전히 분리되고 격리되어 있는 개인, 혹은 온전한 개인으로도 간주되지 않는 의존적인 존재로 여겨졌기 때문이다. 비록 지금까지 장애여성들이 가시적으로 주체적인 목소리를 만들어내지 못했을지라도, 바로 그러한 것을 불가능하게 했던 사회적인 조건들을 비판하고 변화시키는 것 자체가 바로 장애여성운동의 중요한 목표이다. 장애여성들의 다양한 삶을 이해하고 그들을 주체적 행위자로서 역사 속에 위치짓는 역사 쓰기 작업은 새로운 언어의 지평을 열어 가는 것이고 동시에 사회변화의 역동적 주체들을 만들어 가는 담론 생산에 참여하는 것이다.[3]

이 글에서는 자신의 경험을 말할 기회와 수단을 박탈당해왔던 장애여성들의 역사가 페미니스트의 시각에서 기술될 것이다. 이것은 곧 성과와 업적, 사회 문제화된 이슈들보다는 장애여성들의 움직임 하나하나를 중요하게 평가하여 운동사를 기술하는 것을 의미한다.

'장애여성'에 대해 정의하기 위해서는 '장애인'과 '여성'이라는 두 가지 정체성의 갈등에 대해 살펴보는 것이 필요하다. 사실, 개인의 정체성이 분리될 수 있는 부분들로 이루어진다는 생각은 잘못된 것이다 (Spelman, 1997). 즉 장애여성을 장애인인 부분과 여성인 부분으로 나

---

3) 윤택림, 「사회운동의 주체에 대하여1: 밑으로부터의 역사 쓰기」, 『사회운동과 나』, 또 하나의 문화, 1994 참조.

누어 생각할 수 없다는 것이다. 중요한 것은 이들은 분명히 장애를 가진 여성들이며, 여성인 장애인이라는 것이다. 그러나 동시에 이들은 여성으로도, 장애인으로도－장애인은 남성으로 대표된다－불리지 않는다. 따라서 장애여성의 문제는 비장애여성이 겪는 억압의 문제로도, 장애남성이 겪는 억압의 문제로도 환원될 수 없다(김은정, 1999). 마찬가지로 장애인으로서의 억압과 여성으로서의 억압, 둘 중의 어떤 것이 장애여성들에게 보다 우세하거나 보다 본질적인 것이라고 말할 수 없다. 장애여성의 문제는 장애인으로서 겪는 차별과 여성으로서 겪는 차별, 가난한 계급으로서 겪는 차별들의 단순한 합이 될 수 없다. 다양한 억압과 차별의 결과와 양상들을 그런 틀로 구분하는 것은 매우 어렵다. 만약 그렇게 구분하려고 한다면, 장애여성의 문제는 일반적인 장애인 문제와 구분되는 여성으로서의 특수성을 강조한 성폭력, 가정폭력, 임신과 출산 문제로 이해될 수밖에 없으며, 다른 문제들은 장애인 문제가 해결되면 자연히 해결될 수 있다고 가정될 것이다. 그간 인간의 개념에서 제외되었던 여성이라는 집단에서조차 장애를 가진 여성들은 배제된다. 페미니스트들이 사용하는 여성이라는 단어조차도 비장애여성만을 지칭해왔다. 또한 장애인이라는 말은 대부분의 용어가 그러하듯 그 집단에 해당하는 남성만을 일반적으로 칭하고 있다.

장애를 가진 여성들이 어떤 범주에 우선적으로 속해 있는가에 대한 갈등은 관념적인 수준의 논의가 아니라 정치적이고 현실적인 문제에서 다양한 양상으로 드러난다. 예를 들어 장애여성의 문제는 장애인운동의 영역인가 여성운동의 영역인가, 장애여성의 고용을 여성고용에서 그 비율을 할당하여야 하는가, 장애인 고용 비율 중 여성의 비율을 할당할 것인가 하는 논의에서 장애여성의 주변적인 위치는 어느 곳에서도 권익을 확보하지 못하게 한다. 여성운동에서 장애여성들이 고용되지 않는 문제를 어떻게 다루어야 하는가에 대한 논의는 존재하지 않았다. 장애여성이 고용되기 어려운 우선적인 원인은 장애인인 것에 있다고 가정되기 때문이다. 그것은 실제로 ‘장애’라는 조건에서 비롯될 수 있다. 그러나 장애인 고용의 문제를 다루는 데 있어서도 장애여성들의 고용은 부차적인 것으로 여겨진다. 이는 장애여성이 노동시장에서 배제되는 것은 성별적인 요인에 의해 크게 영향을 받는다는 것을 의미한다. 따라서 장애여성운동은, 장애여성을 이해하는 데 장애인과 여성이라는 틀에 끼워넣으려 하지 않아야 하며 또한 이들의 문제를 어느 것과도 관련 없는 것으로 지나치게 특수화하는 오류 또한 경계하여야 하는 과제를 동시에 가지고 있다.

2. 장애인운동

장애여성운동이 장애여성들에 의해 이루어진 운동이라는 측면에서 본 장에서는 장애여성들이 활발하게 참여한 1980년대 장애인운동의 과정을 살펴보고자 한다. 장애인운동에서 활동하던 여성들에 의해 장애인운동은 많은 성과를 거두었고, 장애여성 문제는 그 안에서 일찍부터 제기되어 왔다.

1) 장애인운동의 흐름과 의제

대부분의 사람들은 '장애인운동'이라는 말에 낯설다. 어느 사회운동사를 보아도 장애인운동이 하나의 범주로 자리잡고 있는 것은 없고 체계적으로 정리된 장애인운동사도 없다. 주로 구술과 신문자료, 자료집 등을 통해 얻어낸 사실들을 정리해보면, 장애인운동은 1986년을 장애해방원년으로 선포하면서 시작되었다. '전국지체부자유 대학생연합'에서는 장애인운동을 시작한 연도를 1986년으로 규정하고 그동안의 친목, 동아리중심의 모임에서 벗어나 장애인운동을 선포하고 심신장애인복지법 개정투쟁, 장애인고용촉진법 제정을 위한 투쟁을 벌였다. 이후 1987년 대선을 기점으로 정책 대안들이 활발히 제기되었다. 1988년에는 장애인올림픽(paralympic) 개최반대운동을 전개하였다. 장애인의 현실과 복지와는 너무나 유리된 전시적인 올림픽이 우리나라 장애인의 지위를 포장하고 미화하는 기만적인 것이라고 보았기 때문이다. 또한 비리 장애인 시설과 단체장들을 고발하고 퇴진을 요구하는 활동과 장애인 대중에 기반한 운동을 지향하는 흐름이 존재했다. 당시 장애인운동에는 대학 내의 특수교육학과, 사회복지학과, 장애인 봉사동아리의 비장애인들이 많이 결합하였다. 주로 활동한 단체로는 '울림터', '전국지체부자유대학생연합', '장애인청년연합', '장애우권익문제연구소', '전국장애인한가족협의회', '성인장애인연합', '장애인노점상연합', '전국지체장애인연합' 등이 있다.

1993년에는 앞에서 언급한 장애인단체들과 '전국특수교육과연합회', '전국수화동아리연합회'가 함께 '특수교육진흥법' 개정운동을 벌였다. 장애아동의 의무교육 면제제도를 철폐하고 장애아동의 의무교육 보장을 실현하기 위한 것이었다. 또한 대학에 들어갈 수 있었던 장애인이 대부분 소아마비 장애인에 국한되었던 당시, 소아마비의 출현율이 줄자 대학에 들어가는 장애인의 수가 줄어들게 되었고, 이를 개선하기 위한 장애인 특례입학제도를 추진하였다.

장애인 문제를 노동 문제로 접근했던 당시 장애인운동론은, '신체적 이상을 지니고 있는 장애인은 자본주의 체제 내에서 노동 상품성을 인정받지 못하므로, 사회정의 개념 또는 도덕 관념이 그 문제를 해결해 주지 못하는 이상 비자립적 인간으로 규정되기 쉽다(김동호, 1988)'는 이론이 주된 시각이었다. 따라서 빈민 장애인의 생존권보장 문제를 이슈화하였으며, 장애인의 실태를 파악하기 위한 '장애인 등록제' 실시를 요구하였고, 군가산점을 장애인에 대한 차별로 보아 이의 폐지를 주장하게 된다. 1989년, 정점에 이른 '장애인 복지법', '장애인 고용촉진법' 제정운동은 1990년 양 법안의 제정으로 결실을 얻게 되나, 다시 이의 실효성 있는 시행을 요구하는 운동으로 변화하였다.

지금까지의 장애인운동의 변화 과정을 설명한 김한배(1989)에 따르

면, 장애인운동의 변화는 첫째, 개인적 운명으로 장애를 받아들여 순응
하고 자기자신을 합리화하는 '나는 이런 몸이니까'하는 식의 단계에서
둘째, 개인적 차원에서 성장하려는 노력이 역력히 보이는 단계로서 아
주 저급한 수준의 의식이지만 개인적 성공으로서 장애인의 시각을 바
꿔보려는 단계였다. 셋째, 단체적 성격을 나타내기 시작한다. 여러 명
의 장애인들이 모여서 단순히 아픔을 같이 나누는 친목적 성격으로 국
한되는데 일반인들에게는 일정 정도 장애인에 대한 인식의 변화를 가
져온다. 그러나 어디까지나 인식 변혁만으로는 장애 문제가 해결되지
않음을 철저하게 깨달은 단체들이 태어나기 시작한다. 네번째 단계는
전반적인 장애를 정부와의 투쟁으로서 해결하려는 움직임이다. 제도적
·법적인 틀에 의해 장애인의 권리를 보호받으며 가장 기본적인 수준을
요구하는 단계로서 비로소 운동의 성격을 나타내기 시작했다고 볼 수
있다. 즉 장애발생의 책임을 전적으로 정부가 지고 그에 대한 다각도
의 노력을 취해야 한다는 것이다(김한배, 1989).

　위와 같은 단계를 거쳐 다섯번째 단계에서는 장애인들을 국민으로
동등하게 인식하고 사회 전반에 퍼져 있는 장애인들에 대한 시각 교정
을 대대적으로 실시하고 그와 함께 담당 부서를 신설하여 교육, 직업,
의료, 연금 등을 정부가 해결해야 한다는 주장이 제기되었다. 위와 같
은 변화 과정을 거친 장애인운동은 현재 '사회복지시설 공동 모금법',
'임산부 및 노약자, 장애인을 위한 편의시설 증진법', '장애인 복지 기
본법' 등 사회복지법령과 밀접한 관계를 맺고 이를 제정, 개정하는 데
많은 에너지를 투여하고 있다.

　이러한 장애인운동 안에는 장애를 가진 여성들이 많이 활동하고 있
었다. 주로 활동한 여성들은 허혜숙, 최난희, 홍명희, 김정임, 위문숙,
문희, 전결숙, 이희경 등이었으며 장애인운동의 전반에서 힘있는 투쟁
에 참여해왔다. 1980년대 후반까지는 여성들이 더 많거나 남녀가 거의
동등한 비율로 참여해왔다. 그러나 운동단체들이 조직화되고 나름의
영역과 이익을 확보하고 있는 현재는 초창기 장애인운동에 적극적으로

참여해왔던 장애여성들이 활동을 그만두게 된 경우가 많고, 장애인단체장 중 여성은 거의 없다. 기획에서 실무까지 모든 일을 장애여성들이 도맡아 하였으나 발언권을 가지거나 대표하는 사람들은 장애남성이었다는 점은 장애인운동 내부의 성별 분업의 문제를 보여준다. 다른 사회운동과 마찬가지로 장애인운동도 기반을 잡아나가면서 다양한 이유로 여성들은 배제되었다.

장애인운동을 장애여성운동과 분리시킨다면, 그 안에서 활동하였던 여성들의 역사를 잃어버리게 된다. 장애인운동이 거두어낸 성과와 투쟁들 속에서 활동했던 여성들의 역사가 바로 현재의 장애인운동의 역사이며 장애여성운동의 역사는 그곳에서부터 이어지고 있다. 그러나 장애여성운동의 대두는 이러한 장애인운동에서 활동하던 여성들과 단절되어 나타나는 것 또한 사실이다. 장애여성들은 1980년대 말 활발하게 이루어진 여러 가지 투쟁에 참여했지만, '장애여성'으로서 자신들을 정체화하지 않았고, 장애여성들의 문제를 전면에 대두시키지 못했다. 다음 절에서 이에 대해 살펴보고자 한다.

2) 장애인운동 안에서의 장애여성 문제

(1) 장애여성에 대한 성폭력 문제의 제기

장애인운동에서 가장 이슈가 되었던 장애여성의 문제는 성폭력이다. 장애여성에 대한 성폭력은 시설에서 장애여성을 대상으로 가해지는 사건들이 드러남으로써 그 사태의 심각성이 알려지게 되었다. 시설 내 성폭력의 가장 큰 특징은 피해자가 자기방어 능력이나 범죄인지 능력이 약한 장애여성 혹은 장애를 가진 여아이며, 가해자 대부분이 피해자들이 이전부터 알고 있는 시설장, 특수학교 교장, 목사 등과 같은 사람들로 피해자에 대해 막강한 위력을 행사할 수 있는 자라는 사실이다 (박숙경, 1995).[4]

1987년 초 전북 H학교, B원 교장이 장애여아들을 강간하는 장면이 교사들에게 목격되었고, 교사들이 교장에게 폭언, 폭행을 당하자 교사 중 한 명이 인권탄압을 폭로하게 되었다. 다음 해 6월 공동대책위원회가 결성되었고 전북 H학교 총동문회, NCC장애인운동위원회, 전국교사협의회로 구성된 공동대책위원회는 성폭력뿐만 아니라 아동유기, 살인, 재정비리 등에 대한 지속적 투쟁을 전개하였다. 1991년에는 전북 J학교, 전북 B원 교장의 아들이 원생들을 상습적으로 성폭행한 사실이 확인되었고, 피해여성은 성폭행 때문에 낙태를 했다는 사실이 드러났다. '학교 정상화를 바라는 전북 J학교 교사 일동'의 진정서가 전라북도 교육청에 접수되어 공동대책위원회가 꾸려졌으나, 성폭력 문제는 증거 불충분으로 해결되지 못했다. 1992년 충북 S원 사건은 입소해 있던 19세 여성이 재활원 황과장에 의해 강간을 당하여 그 여성의 어머니가 고소를 하면서 드러나게 되었다. 그러나 후에 어머니는 고소를 취하하였고, 4월 공동대책위원회가 결성되어 아버지와 함께 재고소를 준비하였으나, 재고소를 하지 않음으로써 처벌되지 않고 마무리되었다. 이 밖에도 1988년 충남 Y원, 88년 전북 M원, 90년 서울 O원, 90년 경기 S원, 91년 충북 S원, 90년 경북 Y원 사건[5] 등이 장애인단체, 장애인 봉사동아리, 특수교사, 부모 등에 의하여 문제제기되었다.

최근에는 에바다 농아원 사태로 인하여, 농아원 원생과 학부모, 교사, 대학생들로 구성된 공동대책위원회를 중심으로 투쟁이 전개되고 있는 중이다. 에바다 농아원에서는 1억원 대의 국고 횡령범죄 및 각종 시설비리, 인권유린이 자행되었으며, 농아원생으로 추정되는 10대 소녀가 숨진 채 발견되고 이 곳에서 자원봉사하는 미군은 청각장애여성을 성폭행하였다.

시설 장애여성에 대한 성폭행은 폐쇄적인 운영, 행정 관청의 감독 부재, 사건 은폐, 시설장(長)들의 사유화(私有化) 등 각종 비리와 함께

---

4) 장애여성에 대한 성폭력 대처과정의 문제점에 대해서는 박숙경, 「성폭력과 여성장애우」, 『한국 사회의 여성장애우 문제와 해결책』, 장애우권익문제연구소(1995)를 참조
5) 위의 책, 부록 4: 복지시설의 성폭행 백서 참조

발생한다. 때문에 장애인계에서 이러한 문제는 장애여성에 대한 폭력
과 성범죄로 인식되기보다는, 시설 내의 장애인의 인권에 대한 복합적
이고 심각한 위협으로 간주되었으며, 운영 비리를 중심으로 투쟁이 전
개되어 시설에 대한 전반적인 개혁과 종합적인 문제해결을 요구하는
가운데 성폭력의 문제와 피해자보호는 전문적으로 다루어지지 못하는
한계를 보였다. 게다가 성폭력은 장애여성 문제에서 매우 중요한 부분
임에도 불구하고 아직까지 장애여성운동단체들이 이러한 사건들을 사
회 문제로 이슈화하고, 적극적으로 피해자를 옹호하며, 체계적으로 대
응하는 방식을 개발하지 못하고 있다. 앞으로 여성운동단체들과의 공
동대응과 연계가 필요한 부분이라고 할 수 있다.

(2) 장애여성 문제의 인식

1990년대 중반 장애여성그룹들이 생겨나기 이전 장애여성의 문제를
전반적인 여성 문제 속에서 바라보아야 한다는 문제제기가 1991년 '전
국지체부자유대학생연합'(이하 전지대연)이라는 장애인 조직에서 나타
났다. 1991년 전지대연 동계수련회 자료집에 실린 홍명희의 「장애여성
의 현실」이라는 글에는 다음과 같이 실려 있다.

> 장애여성은 성(sex)과 장애로 인한 이중의 고통을 겪고 있다. … 가부장적 가
> 족구조를 유지하면서 여성의 노동을 착취하고, 장애를 빌미로 더욱 장애여성을
> 사회와 격리시키는 사회구조적 모순을 파헤쳐 장애 문제 중 장애여성 문제의
> 연구를 활성화시켜, 장애운동이 사회변혁운동으로서 제 모습을 갖추는 데 일조
> 할 수 있도록 장애여성 분야를 전문화시키는 데 전력을 다해야 할 것이다.

장애인운동 내에서 가장 심각하게 여겨졌던 장애여성 문제는, 정신
지체인 수용시설에서 빈번하게 일어났던 정신지체 여성에 대한 성폭력
이었다. 그러나 앞에서 살펴본 바와 같이 1980년대 후반 드러나기 시
작한 시설 비리들과 다른 장애인 문제들로 인해, 성폭력은 장애여성의
문제로 이슈화되지 못했다.

당시 '전지대연'에서 활동했던 장애여성 이희경 씨는, 다음과 같이 언급한다.

　　당시의 장애여성 문제는 지금처럼 특화된 것이 아니라 오히려 자연스러운 하나의 부분이었다. 그러나 너무나 시급한 문제들, 예를 들어 법제화, 시설의 비리, 인권의 문제 등 시급한 문제들이 많아서 잘 다루어지지 못한 것은 사실이다. 그러나 1980년대 장애인 문제를 통해서 장애여성 문제가 제기될 수 있었던 것이다.

　　장애여성운동의 대두는 장애인운동의 발전과 움직임으로부터 가능했으며, 이후 장애인단체들이 분화, 세력화, 정착되면서 이슈의 다양화를 꾀하는 과정에서 제기되었다. 그러나 장애인운동 내에서 장애여성의 문제는 94년 장애우권익문제연구소 '빗장을 여는 사람들'에 의해 제기되기 전까지, 장애여성의 문제로 인식되지 못했다. 또한 시급함에 있어서도 언제나 우선 순위에서 밀려나는 전형적인 성별의 문제를 안고 있었다. 1980년대 말에서 시작된 이러한 운동이 90년대 초반 어느 정도 성과를 거두면서 장애인단체들이 계열화되고 살아남거나 도태되는 과정을 거치게 된다. 장애여성운동가들은 장애인 조직 내부의 남성중심성과 더불어 장애인 조직들의 정치적인 통폐합 과정[6]의 부조리를 견뎌내지 못했던 것으로 보인다. 또한 장애인 조직의 권위적이고 위계적인 구조는 친밀성과 인간관계를 중요시하는 장애여성들의 지속적인 활동을 가로막는 요소였다. 시위와 가두투쟁, 단식투쟁, 삭발, 점거농성 등을 위주로 한 남성적인 장애인운동방식, 결혼과 생계부양, 양육의 조건 또한 여성들이 지속적으로 운동하는 것을 어렵게 했다.

---

　6) 이러한 장애인 조직들의 분열과 파벌형성은 98년 현재 장애우권익문제연구소가 추진하고 있는 한국장애인단체 총연맹과 이를 반대하는 한국지체장애인협회, 한국장애인단체총연합회와의 갈등상황에서도 드러난다. 일각에서는 한국장애인단체총연맹이 다른 장애인단체들을 와해시키고 장애인단체를 관변단체화 한다는 혐의를 두고 있다(≪장애인복지신문≫ 1998. 11. 6 참조)

3. 장애여성운동

1) 장애여성단체의 결성과 그 맥락

장애여성운동은 1994년 '빗장을 여는 사람들'의 결성으로 표면화되었다. 그 이전에 생겨난 단체로는 1976년 설립된 시각장애여성들의 조직인 한국맹인여성회가 있다. 이 절에서는 장애여성운동의 내용을 단체들의 활동을 중심으로 서술할 것이다.

(1) 최초의 장애여성단체 한국맹인여성회

장애여성의 이름으로 설립된 단체는 지금까지 수집된 자료로는 '한국맹인여성회'가 처음이다. 1976년 1월 12일, 12명의 시각장애여성에 의해 발족된 한국맹인여성회는 '회원 상호간의 친목과 단결을 돈독히 하고 회원들의 복리증진에 힘쓰며 건전한 맹인 사회의 발전에 기여함'[7]을 목적으로 회원 확보와 기금 조성을 위해 화장품 및 각종 생활필수품을 방문판매하였다. 1978년, 1981년에는 저소득층 시각장애여성 자녀 장학금 마련을 위한 음악회를 열기도 하였다(빗장을 여는 사람들, 1996). 많은 책들을 점자로 번역하기에는 엄청난 시간, 노력, 자금이 필요하기 때문에 시각장애여성들이 문화에 뒤떨어지거나 정보를 얻을 수 없는 어려움을 극복하기 위해 녹음 도서를 제작하여 대출해주는 녹음 도서관을 최초로 운영하였다. 또한 매년 바자회를 열어 보다 불우한 사람들에게 도움을 주는 활동을 벌였다. 그 밖에 영어회화, 요리, 꽃꽂이 교육, 예절 교육 등을 통해 시각장애 여성들이 사회에 통합될 수 있도록 노력하였다(이낙영, 1997). 한국맹인여성회는 1982년 사무실을 매입하였으나 이후 몇 년간은 자금 부족으로 침체기를 맞았다. 그러나 1992년 현 회장인 이낙영 회장이 취임하고 대폭적으로 임원진이 개선된 이후 활발한

---

7) 한국 맹인여성회 정관(미간행).

활동을 전개해오고 있다. 시각장애의 특수성을 고려하여 회원들간의 정보교류 방안으로 '소리여성'이라는 테이프를 회지로 발간하기도 하였다.

일찍이 시각장애여성들의 단체가 생겨날 수 있었던 것은 시각장애의 특수성에 기인한다. 대부분의 장애여성이 성인이 될 때까지 다른 장애인을 만나지 못하고 고립되어 생활하는 것에 반해 시각장애의 경우, 맹학교 교육을 받은 여성들이 '안마업'8)에 집단적으로 종사하면서 서로의 경험을 공유하고 집단화할 수 있는 상황에 있었기 때문이다.

장애를 가진 여성들의 대부분은 초등학교 이하의 학력을 가지고 있으며(권선진 외, 1996), 직업생활의 기회가 차단되어 있고, 가정에 격리되어 있는 경우가 많아 같은 장애를 가진 여성들과 경험을 공유하기 어렵다. 장애여성들이 주체가 되어 결성된 단체의 역사가 짧고 그 수가 많지 않은 것은 이와 같은 조건들에 기인한다.

(2) 빗장을 여는 사람들

UN을 비롯한 국제기구들은 1980년대 초부터 각국에 장애여성 문제에 대한 해결책을 마련할 것을 촉구하는 노력을 해왔다. 1980년 UN 주최 '여성을 위한 10년 세계회의', 1981년 세계장애인의 해, 1985년 나이로비 세계여성발전 전략, 1990년 DPI(Disabled Peoples' International)세계회의에서 장애여성의 문제를 고민하고 이들의 권리와 인권의 보장에 대한 조항과 요구가 채택되었다. 이후 '유엔 아시아태평양 경제사회위원회(ESCAP)'의 아태 장애인 10년 1993~2002(Decade of Disabled Persons in Asia and the Pacific Region)의 진보평가를 위한 1995년 6월 26~30 일간의 회의에서 '아태 장애인 10년을 위한 행동강령 시행의 성별(gender) 차원에 대한 권고사항'이 채택되었다. 한국에서 장애여성의 문

---

8) 1913년부터 침, 구, 안마업이 시작장애인의 주된 직업으로 보장되었고 현재 안마사 자격증은 시각 장애인에게만 발급되고 있다. 여성안마사는 1960년대 초에 최초로 안마원에 취업하였으며 이후 꾸준히 증가하고 있다. 김부순 (1998) 참조.

제가 최초로 소개된 문건은 1986년 한국 DPI(Disabled Peoples' International)가 장애여성의 세계적인 추세를 알린 것이었다(이은경, 1997).

이러한 국제적인 맥락 하에서, 본격적으로 장애여성 문제에 대한 의식을 가지고 운동을 표방한 그룹은 '빗장을 여는 사람들(이하 빗장)'이었다. 장애여성의 문제는 주로 빗장의 이름과 함께 알려져 왔다. '장애우권익문제연구소(이하 장권연)'는 1994년 인권에 관한 세미나를 실시하면서, 그 주제 중의 하나로 장애여성에게 빈번하게 일어나는 성폭력과 가정폭력의 문제 등을 토론하였고 이 과정에서 여성단체에 강의와 자문을 구하는 등의 접촉을 가졌다. 그 후 '한국여성의전화연합' 이상덕 부회장과 신혜수 회장의 권유로 '장권연' 간사였던 박옥순과 당시 ≪장애복지 21≫ 기자였던 김미연, 권호혜가 1994년 9월 제1차 동아시아 태평양 여성 포럼에 참여하게 되었다. 여기서 세계 장애여성들의 움직임을 만나고(≪장애복지 21≫ 3. 23) 난 뒤, 같은 해 12월, 한국 사회의 장애여성 문제의 심각성을 공유한 장애여성 4인(김미연, 송지분, 배복주, 권호혜)과 비장애여성 박옥순이 '빗장'[9]의 시작을 결의하게 된다. 1994년 11월 제1회 동아시아 태평양 여성포럼 보고대회 및 제4차 북경세계여성대회 준비모임에 참석한 장애여성들은 한국 여성 NGO 위원회 세계여성대회 준비모임분과 중 장애여성분과를 만들 것을 제안하였고 북경대회를 준비하는 과정에서 빗장의 활동은 본격화되었다. 이러한 과정을 통해 1990년대 중반 장애여성 문제가 본격적으로 사회에 대두되는 데에는 여성운동의 문제의식과 적극적인 도움이 있었다.

'빗장'은 1994년 12월 발기모임 당시에는 장권연에 소속된 모임이 아니었다.[10] 그러나 후에 장권연과의 관계설정에 있어서 성원들 간의

---

9) '빗장을 여는 사람들'이라는 명칭은 후에 정해진 것이다.

10) 당시 참여하였던 배복주 씨, 김미연 씨와의 인터뷰에서 얻어진 내용이다. 이에 대해서 장권연에서는 원래부터 빗장은 장권연이 여성장애인분과를 설치하기로 미리 계획(장애우권익문제연구소 여성분과 '빗장을 여는 사람들', 북경세계여성대회 참가 보고대회 자료집, 1995: 72)한 것이며, 장권연 측이 적극적으로 사람들을 섭외해서 이루어졌다(장권연 박옥순 씨와의 인터뷰에서 얻어진

구체적인 토론을 거치지 않고,[11] 95년 4월 '장권연'에 여성분과가 설치된 후 '빗장'과 여성분과는 동일시되었다. '빗장'은 발기인들에서 그 규모가 확대되어 장애인계 신문 여기자모임이었던 '세초회' 성원들과 다양한 단체의 사람들[12]이 가입하여 활동하였고, 1995년 4월 7일 '한국 사회의 여성장애우 문제와 해결책'이라는 주제로 장애여성에 관한 첫번째 공청회를 개최하였다. 공청회는 장애여성 문제를 파악하기 위한 실태조사를 토대로 이루어졌다. 실태조사는 95년 3월 한달 간 15세에서 78세까지 다양한 연령층의 지체장애, 시각장애, 청각장애, 정신지체, 왜소증, 척추장애 등 총 121명의 장애여성을 설문 조사하였는데, 장애남성에 비해 매우 낮은 교육, 결혼, 취업, 의료혜택 등에 대한 문제가 제기되었다. 또한 빈번히 일어나는 시설 내 장애여성 성폭력에 대한 사례를 수집하여 발표해 문제의 심각성을 일깨우는 계기를 마련하였다. 장애여성 문제를 해결하는 것이 곧 장애인의 문제를 종식하는 것이라는 인식 하에 해결 방안이 모색되었다. 공청회를 통해 장애여성 문제가 제기되자 장애운동계에서는 장애여성 문제의 특화를 우려하는 시각들이 존재했다고 한다. 즉 '장애인 문제도 심각하고 해결하기도 어려운데 또 장애여성 문제를 명명한다는 것은 장애인운동의 분열을 낳는 것 아니냐, 장애인 문제가 해결되면 장애여성 문제도 해결될 것이다'라는 주장이다. 이은경(1997)에 따르면, "'장애 문제에도 성차가 있는가? 현재 장애 문제의 해결조차 요원한 이 마당에 장애여성 문제를 특화시켜야 할 이유는 무엇인가?' 이것은 장애여성활동가들이 흔히 부딪치는 난제이다"라고 하였다. 이러한 문제제기는 각 부문에서 여성운

내용임)는 이견을 보이고 있다.

11) 김미연에 따르면, '빗장'의 모임에서 모든 사람이 참석하지 않은 상황에서 '장권연' 소속 여부가 구체적인 토론 없이 거수에 의한 다수결로 결정되었다고 한다. 당시 '장권연'이 '빗장'의 결성에 결정적인 역할을 했고, 실질적인 도움을 제공하고 있었기 때문에 이러한 결정이 이루어진 것으로 보인다. 그러나 이는 후에 '장권연'으로부터 독립하기 위한 '빗장'의 움직임으로 이어진다.

12) 권호혜(전 장애인복지신문 기자), 이은하(청음회관 소속), 박숙경(한국지체장애인협의회 간사), 홍윤희(점자도서관 간사), 지민희(장애아동지원센터 소속).

동이 직면했던 과정과 다르지 않다.

이후 1995년 6월 '한국여성의전화'가 상담내용 중 장애여성의 상담 사례만을 모아 소개하여 장애여성 문제를 다시 한번 여론화하는 계기를 마련하였다(≪장애복지 21≫ 1998. 3. 23: '장애여성운동일지').

2) 장애여성 문제의 등장

장애여성운동은 북경에서 열린 제4차 세계여성대회 이후 본격적으로 알려지기 시작했다. 그 이후 한국에서 열린 제2회 동아시아 태평양 여성포럼, 제1회 여성장애인 대회, 빗장운영위원회의 결성, 국제장애여성 리더십 포럼, 대구 여성장애인 복지회의 창립의 연대기적인 순서를 따라 장애여성들의 움직임을 살펴보자.

(1) 북경세계여성대회와 제2차 동아시아 태평양 여성포럼

여성운동단체들의 적극적인 후원을 토대로 장애여성들은 북경세계여성대회 참가준비위원회에서부터 참여하였다. 1995년 4월 '빗장'은 참가비를 마련하기 위한 일일호프를 여는 등 북경세계여성대회에 장애여성을 참가시키기 위해 노력을 기울였다. 그러나 많은 장애여성들이 참가하지 못하고, 여성단체에서 주선한 국제기금을 통해 같은 해 8월 제4회 북경세계여성대회에 '빗장'의 김미연이 단독으로 참가하였다. 북경여성대회 비정부기구 포럼에서 장애여성들의 교류의 장은 그 어느 영역의 워크숍보다도 주목을 받았다(김미연, 1995). 이전의 세계여성대회가 장애여성의 이중적 차별을 간과해온 것과는 달리, 북경대회에는 다양한 형태의 장애를 가진 여성들이 참여하여 장애여성의 이슈를 주장하였다. 시각장애, 청각장애, 정서장애, 의사소통장애, 학습장애를 가진 여성들, 근육/인지 장애를 가진 여성들과 그 옹호자들에 이르기까지 많은 사람들이 심포지엄에 참여하였다(Lewis & Sygall, 1997). 전세계에서 200여 명의 장애여성이 한 자리에 모였다는 것만으로도 감격적인 순간이었다고 한다. 그러나 이들은 북경대회측의 장애인의 편의시설과 접근권 보장에 대한 몰인식으로 많은 어려움을 겪어야 했다. 이를 계기로 장애여성들은 '비정부기구 포럼장의 편의시설과 정보접근권 보장'을 위한 집회를 열고 휠체어 대여료 돌려받기 서명운동을 벌였다. 또한 프레스센터를 찾아가 각국 언론을 향한 맹렬한 활동을 전개함으로써 전세계언론의 관심을 끌어 장애여성의 권리를 세계에 알리는 기회를 마련하였다(빗장을 여는 사람들, 1995: 14).

대회기간 중에 쟁점이 되었던 사건은 포럼의 셋째날 일어났다. 장애여성들과 친구들이 '장애여성과 발전'이라는 제목의 워크숍 진입로에 들어섰을 때, 회의장은 계단을 거쳐야만 갈 수 있는 고층에 위치하고 있었다. 이것은 장애여성에 대한 모욕이었다. 장애여성들은 즉각적인 시위를 벌였고, 분노한 전세계의 장애여성들은 자신들의 목소리를 높였다. 곧 이에 동조하는 여성들이 평등과 접근권을 위한 노래와 구호를 함께 외쳤다. TV를 포함한 국제 언론들은 NGO 포럼에서 처음으로 일어난 가시적이고 즉각적인 시위를 취재하기 위해 몰려들었다(Lewis & Sygall, 1997: 18).

이 대회를 계기로 한국에서도 세계 장애여성들의 '자기 목소리 내기' 외침과 김미연을 언론이 대거 보도하면서 '빗장'이 알려지게 되었다. 이에 따라 장애여성의 존재가 가시화되고 장애여성 문제에 대한 사회적인 관심이 확산되었다. 그 후 유엔은 북경세계여성대회에 제출된 보고서를 토대로 'Hidden Sisters'(숨겨진 자매들)이라는 제목으로 아시아 태평양 지역 장애여성의 실태를 드러내는 자료집을 발간하였다. 북경에서 만난 장애여성들은 이후 북경에서 결의된 사항에 대한 지속적인 노력을 위해 W.I.L.D(Women's International Linkage on Disability)라는 이름의 장애여성들의 비공식적인 연결망을 조직하였다(Lewis & Sygall, 1997: 14).

당시 북경세계여성대회를 준비하면서 작성된 한국의 나이로비 여성 발전전략 이행 국가보고서에서는 장애여성에 대한 정책적 노력, 이행 사항이 전무한 현실에 대해 문제가 제기되었고 '2천년대 미래 장애여성

발전전략'이 제안되었다. 실무 NGO 준비위원회에서 장애여성이 하나의 주제로 채택된 것은 장애여성의 문제를 포함시키고자 하는 여성운동의 협조로 이루어진 것이었다. 김미연에 따르면, 당시 여성운동단체에서는 장애여성이 북경세계여성대회에 참가할 수 있도록 국제 기금을 주선해주었으며, 북경에서 언론들이 관심을 가질 수 있도록 적극적인 홍보를 하였고, 참가자가 여성운동가들과 만나 교류할 수 있도록 도움을 주었다.

같은 해 11월 '빗장'은 '북경세계여성대회 참가 보고대회'를 개최하고 북경에서 수집된 자료를 번역하여 소개하는 자료집을 발간하였다. 여기에서 장애여성의 접근권, 선택권, 안전권, 권력, 노동권, 건강권, 가족권, 자조자립권을 내용으로 하는 스웨덴의 장애여성의 권리가 소개되었다. 그러나 북경세계여성대회 이후 발간된 문헌들(한국여성개발원, 1995a; 1995b)에서는 '장애(disability)'를 '신체적 불구'로 잘못 표기(한국여성개발원, 1995b)하였으며, '장애여성'을 '여성장애자,'[13] '여성장애인', '장애자여성', '장애여성' 등으로 표기하는 혼란이 나타나고 있다. 이는 '장애여성'이 아직까지 하나의 중요한 여성의 범주로 규정되지 않았다는 것을 보여주고 있으며, 여성계의 장애에 대한 인식부족을 보여주는 사례라고 할 수 있다.

이듬해 1996년 6월 한국에서 열린 제2차 동아시아 태평양 여성포럼에 '빗장'이 참여하여 '인권' 파트에서 한국 사회의 장애여성 인권의 실태와 문제점을 발표하였으며, 장애여성 인권향상을 위한 10가지 방안을 마련하였다. 당시 '빗장' 간사였던 박옥순에 따르면, 동아시아 포럼 준비회의에서 정부 보고서가 '심신장애자 복지법'이라는 용어를 사용하고 있는 것에 대해 문제를 제기하였다고 한다. 이 법은 1990년 '장애인 복지법'으로 개정되었으나 정부 보고서에는 '심신장애자 복지법'으로 기재되어 있는 것은 장애인 문제에 대한 관심 부족과 무지에서 나온다는 것이다.

---

13) 이미 '장애자'라는 말은 그 어감상의 편견으로 인하여 쓰이지 않고 있으며, '장애인'이라는 말로 대체되어 표현되고 있다.

'빗장'에서 활동했던 김광이, 박영희, 윤미경 등의 장애여성들은 가정에 있는 장애여성들에게 전화를 걸어 '왜 집을 나와서 장애여성들이 함께 만나야 하는가'를 한 사람 한 사람에게 설득하는 작업을 진행하였다. 다른 사람의 도움이 없이는 이동하기 힘든 장애여성들은 이러한 행사에 참가하는 것 자체가 매우 어려운 일이었기 때문에 이들을 함께 만나자고 설득하는 작업은 매우 힘든 일이었으며, 사명감 없이는 불가능한 일이었다. 이러한 노력으로 함께 만날 수 있었던 장애여성들은 대회 당시 주제발표를 맡은 '빗장'의 채은하 위원장과 함께 자신의 경험을 나누고 많은 토론과 고민을 하는 기회를 가졌다.

박영희는 그 때를 다음과 같이 회고한다.

> 그 후 아시아의 장애여성들과 함께 만나야 한다는 의식을 가지게 되었고, 우리의 작은 움직임이 아시아의 다른 나라에 있는 여성들과 연결되어 있고 우리들만의 문제가 아니라는 생각이 들었다.

이러한 국제적인 연대 속에서 국제대회에 장애여성들이 직접 참가하여 존재를 드러냈던 활동들은 장애계, 여성계와 사회 각계 각층에 '한국사회의 장애여성의 존재'를 알리는 계기가 되었다(김미연, 1997a). 비장애남성, 비장애여성, 장애남성에 의해 대신 말해져왔던 장애여성의 문제가 장애여성에 의해 직접 이야기된 것은 매우 뜻깊은 일이라고 할 수 있다. 그 때의 '스스로 외침'의 생명력은 장애여성들의 세계적인 연대구축을 가능하게 했고 지구 저편에 같은 문제를 안고 사는 같은 시대의 장애여성들을 동료로서 인식하게 하는(김미연, 1997) 중요한 경험이었다.

(2) 제1회 전국여성장애인대회

이러한 여세를 몰아 '장권연'에서는 1996년 9월 제1회 전국여성장애인대회를 2박3일의 일정으로 남부 장애인종합복지관에서 개최했다. 주제는 '여성장애인과 가정'으로 ① 실태조사를 통해 본 한국 사회 여성장애인의 가정 내 차별양상을 드러내고, ② 한국 사회의 가정 내 여성차별 원인과 문제점 및 대안을 모색하며, ③ 한국 시각장애여성의 가정환경과 발전 방향(한국맹인여성회 참가)을 제시하였다. 장애여성의 차별과 인권유린에 관한 사례발표도 이루어졌으며 대회기간 중 장애여성을 위해 개조된 주방 모델하우스가 전시되었고, 장애여성의 임신과 출산, 성에 관한 세미나가 열렸다. 또한 여성장애인 대회를 맞아 공모하여 당선된 수기를 모은 여성장애인 수기집 『빗장을 여는 사람들』이 발간되었다.

그러나 처음으로 치러진 '여성장애인대회'는 그 주제를 가정, 임신, 출산, 성 등의 영역으로 초점을 맞춤으로써 20~30세 미혼율 72.8%(비장애여성 50%), 30~40세 미혼율 25%(비장애여성 4.1%)(한국보건사회연구원, 1995), 배우자가 있는 장애여성이 34.4%인 현실에서 장애여성 문제의 본질을 왜곡하고 간과했다는 지적(김미연, 1997)을 받게 된다. 기존의 여성의 역할에 장애여성들을 복귀시킴으로써 장애여성을 정상화시키려는 의도를 가지고 있었기 때문이다. 장애여성이 가사노동을 못하고 자녀를 출산, 양육하지 못한다는 기존의 편견을 깨려는 시도가 마치 장애여성의 문제의 해결이 비장애여성의 전통적인 성역할을 수행하도록 지원하는 데 있는 것처럼 국한되었다. 또한 성(sexuality)의 문제를 다루는 데에도 장애남성의 성적 재활에 중심을 두고 토론이 이루어지는 문제점을 낳았다.

장애여성의 심각한 문제는 이들이 사회로부터 완벽하게 격리되어 가정 내에 숨겨져 있거나 시설에 수용되어 있는 것임에도 불구하고, 이러한 주제로 '여성장애인대회'가 개최된 것은 참가한 사람들에게 많은 아쉬움을 남겼다. 결혼하지 않은 대부분의 장애여성들에게 '여성장애인대회'는 결혼이라는 목표를 향한 재활이 강조되었으며 가정을 여성의 영역으로 규정하였다. 이 대회는 가정 문제에 주목하였음에도 불구하고, 장애여성들이 결혼을 통해 가족으로부터 독립할 수 있는 가능성이 적어 성인기에도 가족에게 의존해야 하기 때문에 발생하는 어려움에 대한 문제제기가 미흡했다.

주최측의 이러한 시각의 한계에도 불구하고 '여성장애인대회'를 준비하기 위해 많은 노력을 아끼지 않았던 장애여성들은 일을 해냈다는 성취감을 경험하였고, 장애여성들이 함께 만날 수 있었다는 것만으로 감격적인 순간이었다고 기억하고 있다. 당시 제작되었던 '여성장애인대회' 포스터에 '장애우권익문제연구소'가 크게 주최로 부각되고 '빗장을 여는 사람들'이 부차적인 것으로 거의 보이지 않게 기재된 것, 플래카드에 '장권연'의 이름만 기재된 것에 대해 장애여성들은 '장권연' 측에 적극적으로 반발하는 등 '빗장'의 주체성 확보를 위해 적극적인 모습을 보였다. 동사무소에서 장애인 명부를 구해 장애여성들에게 일일이 전화를 걸어 초대하고, 의도를 알리는 작업과 함께 대중교통을 이용할 수 없는 대부분의 장애여성들을 위해 차량봉사를 연결하는 일, 수기집 발간을 위해 장애여성들에게 자신의 삶과 경험을 글을 써보도록 격려하는 일들을 적극적으로 진행해나갔다.

이즈음 '빗장'은 매달 정기모임을 통해 회원들이 함께 만나 장애여성이 주인공으로 등장하는 영화를 보고 토론하는 등, 여성들의 조직활동 참여에 중요한 역할을 하는 친밀감과 서로에 대한 지지를 함께 나누려고 노력하였다. 주간모임에서는 장애여성의 상담 사례를 즉흥 역할극으로 꾸며 그 사례의 심각성과 고민을 함께 나누고 토론하는 등의 활동을 전개해나갔다. 대회기간 중에는 함께 2박3일을 보내며 처음으로 자신의 장애와 삶을 드러내는 기회를 가진 장애여성들도 많았다.

'제1회 여성장애인대회'는 결혼이라는 장에서 일어나는 장애여성에 대한 폭력과 인권유린, 장애인의 성생활, 임신과 출산 등의 문제를 알리는 데 기여했다. 1997년 3월에는 한국여성단체연합에서 주최한 세계여성의 날 행사에서 '빗장'이 여성운동의 '디딤돌상'을 수상하여 여성운동 내 장애여성운동의 존재와 그 이름을 알리게 된다.

(3) 빗장 운영위원회의 결성
'빗장'은 여성장애인대회를 마치면서 시각차가 있었던 장애우권익문제연구소로부터 어느 정도의 의사결정권과 독립성을 담보하기 위하여 1997년 3월 '운영위원회'를 발족한다. 당시 이를 적극적으로 준비한 사람들로는 강복희, 김광이, 김은정, 김진옥, 배복주, 박순천, 박영희, 서정아, 안은자, 윤미경, 정영란, 홍성희를 들 수 있고, '빗장'의 위원장이었던 채은하도 이러한 움직임에 함께 하였다. 이전까지 '빗장'은 '장권연'의 여성분과 담당간사와 빗장에 참여하는 장애여성들로 구성되어 있었다. 실무와 기획 등의 일은 간사가 하고, 나머지 일들은 시간할애와 이동이 가능한 장애여성들, 자원활동하는 비장애여성들, 비장애남성들이 담당하는 구조로 이루어져 있었다. 이러한 구조 속에서 장애여성의 자질 개발과 리더십 개발이 어렵다고 판단한 장애여성들은 연구소와의 시각차와 의견을 조율하고 장애여성들의 목소리를 관철시키기 위한 기구가 필요하다고 생각하게 되었다.

'빗장' 운영위원회는 자체적으로 연구부, 홍보부, 회원관리부, 교육부, 총무를 두고, 장권연 내부에 존재하지만 자치성을 담보하기 위한 활동을 기획하였다. '빗장'의 결성을 통해 집에 있던 장애여성들이 나와서 일을 맡고 활동을 하는 등의 변화를 이루어냈지만, 여전히 활동의 많은 부분을 '장권연'의 기획과 섭외에 의존하고, 중요한 일에는 장애여성들이 전시적으로 동원되어 왔던 관행을 개선하고 장애여성들 스스로 자신이 한 일을 가치평가하고자 하였던 것이다.

'빗장'은 북경여성대회 이후 언론에 많이 보도되었고 장애여성운동을 홍보하는 데 주력하였기 때문에 활동을 열심히 하던 많은 회원들은 지쳐있는 상태였다. 따라서 운영위원회는 외부활동을 자제하여 내실을 기하고 장애여성의 문제를 체계적으로 정리하고자 하는 욕구를 가지고 있었다. 그러나 이러한 운영위원회체제는 본격적인 활동을 시작하기 전에 해체되었다. '빗장' 운영위원회를 둘러싼 장애인운동단체와 장애여성의 시각의 충돌에 대해서는 다음 장에서 자세히 논의할 것이다.

(4) 제1회 국제장애여성 지도자연수와 리더십 포럼

1997년에는 95년 북경에서 만난 세계의 장애여성들이 그 후속작업으로 제1회 국제장애여성 지도자 연수와 국제장애여성 리더십 포럼을 개최한 해였다. '빗장'과 '한국맹인여성회', 장애여성으로서 최초로 수녀가 된 수녀님이 속해 있는 '작은예수회', 개인 자격의 연구자, 활동가들 12인이 일부 정부 지원을 받아 참여하였다. 참가자는 김광이, 김미연, 박영희, 배복주, 윤미경, 윤석인, 이낙영, 이은경, 정영란, 정형란과 자원활동자인 김민지, 김선옥, 신형순이었다. 참가단을 미국에 보내는 기금을 마련하기 위해 빗장은 일일호프를 열고, 배지를 판매하는 등 적극적인 활동을 벌였다.

MIUSA(Mobility International USA)에서 주최하여, 미국 오레건 주 유진(Eugine)에서 열린 국제장애여성 지도자 연수는 김미연이 6월 1일에서 14일까지 참여하였다. 이 연수는 북경세계여성대회 이후 장애여성이 리더가 되어야만 장애여성운동이 가능하다는 인식 아래 비장애인, 장애남성에 의해 대리되어 왔던 장애여성의 권리를 스스로 외치기 위해서 전세계에서 장애여성들이 다시 모인 것이었다. 이 지도자 연수를 통해 WILD(Women's Institute On Leadership and Disability)가 조직되었고, 장애여성들의 지속적인 논의과 교류의 장을 마련하게 된다. WILD로 조직된 28개국 35명의 장애여성들은 국제장애여성 리더십 포럼에 합류한다.

이어 장애여성 13인이 참가한 국제장애여성 리더십 포럼은 6월 15일에서 20일까지 미국 워싱턴(Washington D.C)에서 열렸다. 전세계 82개국에서 모인 614명의 장애여성들은 성명서를 통해 장애여성들과 장애를 가진 소녀들이 장애인 및 여성권익운동에 참여하는 모든 자매들에게 자신들의 가능성을 포함하도록 하는 신호를 보내고자 하였다.[14] 장애여성들의 국제회의가 단독으로 개최된 것은 이번이 처음이었다. 이 대회의

---

14) 제1회 국제장애여성 리더십 포럼 자료집(1997: 59)

의의는 서로 다른 장애여성들이 장애인으로서 또 여성으로서 살며 겪어 온 이야기를 나누며 '다양성 속의 일체성(unity in diversity)'을 찾을 수 있었다는 것이다(이은경, 1997). 주로 논의된 것은 리더십, 조직개발, 기획, 장애여성 문제의 정책화, 재원확보, 매스미디어 활용전략, 뉴스레터 등을 이용한 홍보전략, 건강과 성, 직업과 고용, 인터넷을 통한 네트워크 구성 등이었다. 전세계의 장애여성 614명이 참가한 국제장애여성 리더십 포럼은 교육, 가족 및 건강, 직업훈련과 고용, 환경과 정보통신, 리더십의 다섯 가지 이슈를 가지고 장애여성의 문제를 쟁점화하였다.

더불어 전쟁과 내전으로 인해 여성과 소녀들이 가난과 장애 속에 있음을 알리고 전쟁과 갈등상황에 있는 국가의 의사결정자들이 여성과 소녀들의 재활에 완전한 책임이 있음을 촉구하였다. 또한 여성폭력에 관한 유엔보고서가 장애여성과 그들의 단체와 완전한 협력관계를 이루어 장애를 가진 여성과 소녀들에 대한 폭력이 절박한 문제임을 인식하고 이에 대해 언급할 것을 요청하였다.[15] 성명서는 인권과 폭력, 교육, 고용, 건강관리, 성(sexuality), 통신 및 기술 접근권, 유엔헌장의 항목으로 구성되어 있다.[16]

박영희를 참가단장으로 한 국제장애여성 리더십 포럼 참가단은 미국에서 돌아와 1997년 8월 국회의원회관 소회의실에서 보고대회를 개최한다. 어느 한 단체의 이름이 아닌 참가단의 이름으로 장애여성들이 자주적인 보고대회를 개최했다는 것은 매우 의미 있는 일이었다. 처음으로 장애여성들 스스로 주도하여 치러냈던 행사였기 때문이다.

이 자리를 통해 장애여성의 주체적인 목소리의 중요성이 강조되었고, 참가한 장애여성들은 '한국의 장애여성 권리'를 채택하였다. 그러나 이러한 성과에도 불구하고 여성운동진영이나 장애인계에서 이슈화

---

15) 이 외에도 성명서에 따르면, "우리는 장애여성과 소녀들의 의견이 유전공학, 생명윤리, 보장구 디자인, 와우각 이식과 같은 인간공학, 장애를 근거로 한 낙태, 안락사, 자살(assisted suicide) 그리고 모든 우생학적 관행과 관련한 토론과 정책에 명백히 반영될 것을 요구한다"고 주장하고 있다.

16) 제1회 국제장애여성 리더십 포럼 자료집(1997: 59-65).

되지 못했다는 아쉬움을 남겼다. 이는 장애여성들의 자조적(自助的)인 움직임이 조직적인 기반을 갖추지 못했기 때문이다. 참가단의 후속적인 작업 또한 뒷받침되지 못하였는데, 이는 장애여성이 리더가 되기 위해서는 조직결성에서부터 장기적인 계획과 지원이 필요함을 일깨워 준다.

3) 법률제정, 개정 운동

장애여성 문제를 해결하기 위한 노력은 장애여성 문제를 법제화하기 위한 노력으로 이어졌다. 성폭력특별법과 가정폭력방지법이 그것이다.

(1) 성폭력범죄의 처벌 및 피해자보호 등에 관한 법률

여성운동단체들이 성폭력 범죄의 처벌 및 피해자보호 등에 관한 법률(이하 성폭력특별법)을 제정하는 과정에서 현재 '장권연' 소장인 김정열과 현재 국민회의 국회의원인 이성재가 함께 결합하여 장애여성에 관한 조항을 마련하였다. 이같은 노력 끝에 1994년 제정된 성폭력특별법 제8조(장애인에 대한 준강간)에는 "신체장애로 항거불능인 상태에 있음을 이용하여 여자를 간음하거나 추행한 자는 형법 제297조(강간) 또는 제298조(강제추행)에 정한 형벌로 처벌한다"고 규정하여 장애여성에 대한 성폭력을 보다 엄격하게 다루도록 하는 성과를 거두었다 (1997년 개정안에는 장애인에 대한 성폭력은 가중 처벌하도록 함).

그러나 '신체장애'라는 용어 때문에, 정신지체여성에 대한 성폭력은 이에 해당하지 않는다는 판례가 나타나면서 이러한 문제를 해결하기 위해 이후 1997년 8월 개정법에 신체장애에 정신장애까지 포함되도록 요구하여 다음과 같이 개정되었다.

제8조 "신체장애 또는 정신상의 장애로 항거불능 상태에 있음을 이용하여 여자를 간음하거나 사람에 대하여 추행한 자는 형법 제297조(강간) 또는 제298조(강제추행)에 정한 형으로 처벌한다."

또한 제22조 3항 "18세 미만의 사람을 보호하거나 교육 또는 치료하는 시설의 책임자 및 관련 종사자는 자기의 보호 또는 감독을 받는 사람이 제5조 내지 제10조, 형법 제301조(강간 등 상해·치상) 및 제301조의 2(강간 등 살인·치사)의 범죄의 피해자인 사실을 안 때에는 즉시 수사기관에 신고하여야 한다"는 조항이 신설되어 장애인 수용시설에서 일어나는 성폭력에 대해 감독이 강화되었다고 평가할 수 있다.

(2) 가정폭력방지 및 피해자보호 등에 관한 법률과 기타 정책

1997년 당시 '빗장'은 당시 여성운동의 주요한 과제였던 가정폭력방지법의 제정 노력에 함께 참여해왔다. 빗장의 담당간사가 법 조항에 장애여성에 관련된 것을 명시하자는 안을 가지고 여성운동측과 협의하는 활동을 벌였다.

1997년 12월 제정된 '가정폭력방지법' 법안에 장애여성을 명시하고 장애여성에게 일어나는 가정 내 감금, 무시 등을 문제화하고자 노력하였으나 법 조항에는 장애여성에 대한 폭력으로 따로 명시되지는 않았다. 그러나 장애를 이유로 가족에게 의존상태에 있는 것을 이용한 무시와 모욕을 처벌하기 위해 '모욕'에 관한 조항이 삽입되었다. 당시 '빗장' 간사였던 박옥순은 다음과 같이 말한다.

> 한 두 번 정도는 열이 올라서 막 소리도 지르고 했지만 (중략) 참여하신 분들이 장애인 문제는 잘 모르지만 뭔가 어려움이 더 클 것이다라는 데 동의했기 때문에 이런 조항이 들어갔다. 사실 거의 죽음에 이르는 구타는 여성장애인이나 일반여성들이나 똑같은 문제를 안고 있다. 그러나 일반여성들이 감금 당하거나 무시, 언어폭력 이런 것까지는 지적하지 못한 부분을 우리가 제기했다. 예를 들면 밥을 안 주는 것(혼자 가사일 할 수 없는 구조일 때), 가둬놓는 것, 아니면 '저, 병신 같은 게' 이런 말을 하는 것, 또 무슨 집안 행사가 있으면 안 데리고 간다거나, 무시하는 것, 이러한 것들이 하나의 폭력으로 거기에 삽입됐다는 게 성과이다.

그 밖에 1997년 대선을 기해 '장권연'과 '빗장'은 '장애인 복지법' 개정에 장애여성에 대한 차별을 금지하는 조항을 포함하도록 추진하였

으나 아직 개정이 이루어지지는 않았다. 장애여성운동단체에서뿐만 아
니라 아래와 같이 한국여성개발원, 한국보건사회연구원 등에서 장애여
성에 관련된 정책들이 제시되었으나, 추진하는 힘이 미약하여 제정되
지 못했다.[17)]

장애여성을 위한 정책들을 추진하기 위해서는 정책 개발을 위한 체
계적이고 구체적인 연구들이 반드시 이루어져야 한다. 또한 이를 위해
장애여성들이 주체적으로 단체를 조직할 수 있도록 하는 지원이 시급
하다고 할 수 있다.

4. 현재의 이슈들과 움직임

현재 장애여성들의 모임이라고 할 수 있는 것으로는 1997년 7월 창
립된 대구의 '한국여성장애인복지회', 1998년 11월 창립된 부산의 '부
산여성장애인연대', 1998년 10월에 빗장의 과거 운영위원들이 독자적
으로 조직한 '장애여성공감', 장애우권익문제연구소 여성국 '빗장을 여
는 사람들'이 있다. 각 단체별 1997, 98년 최근의 움직임들을 살펴보자.

1) 한국맹인여성회

1998년 6월에는 '한국맹인여성회' 주최로 세계시각장애여성대회라
고 할 수 있는 제4회 WBU(World Blind Union: 세계시각장애인연합)
동아시아 태평양 지역 정기총회 여성포럼이 서울에서 개최되었다. '한

---

17) 한국여성개발원 정세화 원장은 정부 내 여성정책 전담기구에 장애여성 분
    과를 두고 장애여성에 관련된 발전 계획을 수립해야 한다는 의견을 제시하였
    으며(≪장애복지 21≫ 1995. 12. 11), 한국보건사회연구원 권선진은 경제적
    으로 자립도가 떨어지는 장애여성에 대해 자립기반과 소득지원 측면에서 기
    본적인 생계보조 외에 특별 수당제도가 검토되어야 한다는 의견을 제기하였
    다(권선진, 1996).

국맹인여성회'가 주최하여 국제적인 대회를 치렀다는 점에서 매우 중요한 의의를 가진다. 이 대회에서는 시각장애여성의 복지증진과 사회참여를 주제로 활발한 토론이 있었다. 또한 장애여성들의 상황대처 기술(따돌림 당할 때, 여성을 조롱거리로 만들 때, 여성들과 정보를 공유하지 않을 때, 항상 비난의 대상이 될 때, 비난을 쏟아붓고 모욕을 줄 때)과 여성과 리더십에 대한 제언이 스웨덴의 시각장애여성운동가 키키 노르스트럼에 의해 이루어졌다. 또한 여기에 참가하기 위해 방한한 키키 노르스트럼과 함께 '한국여성의전화연합'의 주최로 '세계장애여성인권향상 간담회'가 개최되어 소규모이지만 북경에서 채택한 행동강령 35개를 바탕으로 국내, 국외 여성단체가 연계해 장애여성의 문제해결방법을 함께 모색하자는 의견이 제시되기도 하였다.

앞으로 한국맹인여성회는 활동의 방향을 다음과 같이 설정하고 있다. 첫째, 직업을 가진 시각장애 주부들이 그 직업에 종사할 수 있도록 탁아를 하는 것이다. 시각장애여성의 직업 중 안마업이 높은 비중을 차지하는데 직업의 특성상 야간 탁아, 장기 탁아가 요구되며 여성들의 이동의 제한으로 일반 탁아소를 이용할 수 없기 때문이다. 둘째, 노인들의 노후문제를 해결하기 위한 양로원 시설, 셋째, 가정상담 및 자녀교육상담, 건안인(健眼人)이었다가 중도에 실명한 중도실명여성들을 위한 재활교육의 활성화, 시각장애여성의 직업의 다양화를 위한 직업개발 및 교육 등의 계획을 가지고 활동하고 있다. 이낙영 회장은 "시각장애를 가지게 된 남성의 경우 배우자인 여성이 보살펴 주지만, 여성이 시각장애가 되면 더 이상 집에서 살 수 없어 집을 나오는 경우가 많다"면서 장애가 여성에게 다르게 경험됨을 보여주었다.

2) 장애우권익문제연구소 여성국과 빗장을 여는 사람들

'장권연'은 장애여성관련 사업추진의 주체를 여성국으로 하고, '빗장'을 여성국의 하나의 프로그램인 장애여성들의 정기적인 모임으로 한정

시키고 있다. '장권연' 여성국은 1997년 12월 여성 장애우 전국실태조
사 발표회를 개최하였다. 전국 재가(在家) 장애여성 719명을 조사하여
장애여성의 실태를 파악하기 위한 노력을 기울였으나 조사상의 한계로
장애여성에 대한 차별이 분명하게 드러나지 못하였다(권선진, 1996). 그
러나 장애여성들의 실생활에서 당면하는 각 부분별 욕구와 생활실태를
파악하기 위한 조사가 처음으로 시도되었다는 점에서 그 의의를 찾을
수 있다(권선진, 1996). '장권연'은 이후 장애여성 문제에 관한 번역서
『빼앗긴 목소리를 찾아서』를 출판하여 장애여성에 관한 도서를 보급하
는 노력을 하였으며, 장애여성을 위한 부정기 간행물을 기획중이다.

한편 '빗장'은 1998년 8월 몽골에서 열린 제3차 동아시아 태평양 여
성포럼에 '빗장'의 대표로 심성은이 참가하여 소외계층 여성차별에 대
한 관심을 모으는 데 노력하였다. 장애여성, 노인여성, 농촌여성, 빈곤
여성, 동성애여성, 성매매여성, 외국인여성노동자, 탈북여성, 양심수와
관련된 여성, 미혼모 등의 여성 문제와 함께 장애여성의 문제를 알리
기 위해 4차 포럼부터 별도의 소외계층 여성 문제를 다루는 워크숍을
열 것을 제안하여 채택되는 성과를 이루었다(심성은, 1998). 이는 장애
여성의 문제가 여성운동에서 소외된 여성들의 문제와 연결되어 있음을
가시화하는 접근이며 이러한 운동들이 함께 연대하여야 함을 보여주는
것이라고 할 수 있다.

1998년 10월에는 96년에 이어 사단법인 '장권연'이 주관하고 '전국
여성장애인 대회조직위원회'가 주최하는 제2회 전국여성장애인대회가
개최되었다. 현재 추진되고 있는 '전국여성장애인 연합'을 준비하며 장
애여성들의 연대의 지평을 열어가고자 하였으며, 장애여성들을 위한
상담프로그램, 장애여성이라는 정체성을 찾기 위한 다양한 프로그램들
이 참여자들을 중심으로 2박3일 동안 진행되었다.

3) 한국여성장애인복지회

1997년 6월 대구에서 '한국여성장애인복지회'가 창립되었다. 대구지역에서는 '대구 장애우권익문제연구소'를 중심으로 '대구 빗장을 여는 사람들'이 10명의 회원으로 95년 6월부터 시작하여, 11월 '대구지역 여성장애인운동의 방향제시를 위한 간담회'를 개최, 북경여성대회 대구 보고대회를 개최하는 등의 활동을 해오다가 해체되었다. 이후 '한국 여성장애인 복지회'는 효성가톨릭 대학교 여성학과 김경화 교수를 회장으로 하여 임은자 사무국장, 배미경 간사를 중심으로 96년부터 장애 여성 문제에 대한 세미나, 재가 장애여성 방문을 통한 사례발굴 등을 해오다가 20여 명의 회원과 함께 97년 6월 창립하게 된 것이다. 사무 실을 어렵게 마련하고 장애여성들을 집 밖으로 끌어내어 문제의식을 공유하는 작업 등을 시도해오다 IMF 이후 사무실을 유지하지 못하고 현재는 구성원들만 남아 있는 상황이다. '한국 여성장애인 복지회'는 1998년을 내실을 기하는 해로 정했으며 여러 가지 어려움에도 불구하고 본격적인 활동을 계획하고 있는 중이다. 현재는 대구 장애인종합복지관과 연계해 장애여성방문상담사업을 추진하고 있다.

4) 장애여성공감

1998년 2월 빗장의 전 운영위원과 회원들을 중심으로 소규모로 구성된 '장애여성공감'이 창립되어 장애여성 5인과 비장애여성 3인으로 이루어진 독자적인 장애여성모임이 생겨나게 되었다. 그러나 조직적인 정비와 재정적인 기반이 부족하여 본격적인 활동을 위한 많은 준비와 지원이 필요하다고 할 수 있다. 장애여성공감에 따르면,

　　다양한 장애를 가진 여성들은 사회의 정상성의 제도와 기준 속에서 여러 가지 억압을 경험하고 있다. 장애여성공감은 장애여성을 배제하는 기존의 제

도와 기준이 가진 문제에 공감하고, 다양성이 인정되는 새로운 기준을 만들고
자 하는 여성들의 모임이다. 장애여성공감은 사회의 주변부에서 장애를 이유
로 분리되어 있는 여성들의 문제를 알리고, 동등한 사회구성원으로서의 권리
를 위한 운동을 벌여나가고 있다(장애여성공감 소개글).

'장애여성공감'은 앞으로 장애여성 문제를 고민하고 경험을 공유하
는 자기표현 프로그램, 사회인식을 바꾸어 나가고 장애여성들의 목소
리를 드러내는 글쓰기, 토론, 강연, 연 2회의 잡지 발행, 각종 정책과
대중매체 모니터, 정보제공, 장애인단체 및 여성운동단체와의 교류 및
연대 등을 주된 활동으로 기획하고 실행해 나가고 있다.

5) 부산여성장애인연대

1998년 11월 부산지역에서 '부산여성장애인연대'가 창립되어 바야
흐로 장애여성들의 모임이 수적으로 확대되기 시작하는 단계에 접어들
었음을 보여준다. '부산여성장애인연대'는 장향숙 회장을 주축으로 하
여 같은 해 5월부터 준비를 시작하였으며, 부산지역의 장애여성들의
욕구들이 모여 만들어졌다. '부산여성장애인연대'는 "부산지역 여성 장
애인 실태에 대해 관심을 가지면서 우리가 속한 지역사회의 실상을 알
리면서 같이 고민해 가는 과정을 가지도록 노력할 것"(≪장애인복지신
문≫ 1998. 11. 20)이라고 밝히고 있다. 이 단체는 현재 추진되고 있는
'전국여성장애인연합'의 건설에 적극적으로 참여하고 있다.

6) 장애인복지관 및 관련단체

사회복지시설들과 복지관들은 장애여성을 위한 프로그램과 지역사회
지원에 필수적이다. 1998년 11월 국립재활원에서 열린 재활 세미나에
서는 장애여성의 권리와 복지정책방향, 장애여성의 사회참여를 위한
재활프로그램 개발에 관한 발표를 통해 장애여성들을 위한 사회복지계

의 노력을 살펴보겠다. 당시 발표자로 나선 김미연은 장애인복지관의
사업지침으로 보건복지부에서 내려온 장애여성관련 사업지침 내용이
다양한 계층의 장애여성의 욕구를 무시하고 획일화하고 있다고 비판하
였다. 긴급피난처의 역할을 하는 쉼터가 토론 및 초청 간담회를 할 수
있는 장애여성들의 공간으로 제시되고 있으며, '기혼 장애여성 가사활
동지원'이라든지, '미혼 장애여성 결혼주선사업' 등이 장애여성을 전형
적인 여성의 역할에 복귀시키는 문제가 있다고 보고, 보다 다양한 욕
구를 가진 장애여성들의 다양한 삶을 지원하여야 한다고 하였다. 이
날 발표된 바에 의하면 현재 우리나라에는 4개의 장애인복지관(서울시
립 북부장애인 종합 복지관, 부산광역시 장애인 종합복지관, 대구시 장
애인 종합복지관, 노틀담 장애인 종합복지관)과 1개 업체(정립전자)가
장애여성을 지원하는 프로그램을 가지고 있다.

7) 전국여성장애인단체연합의 추진

전국여성장애인단체연합은 가장 알려진 '빗장'이 장애여성 조직을
대표할 수 없다는 문제의식과 함께 장애여성을 대표할 수 있는 연대망
을 갖추고자 '장권연' 여성국에서 제안되었다. 현재 부산여성장애인연
대, 대구 '한국여성장애인복지회', '제주지체장애인협회' 내 여성국, 광
주 '샬롬의 집', 원주 '작은 집', 대전 '목소리', '한국맹인여성회' 등의
지역 모임들이 모여 협의하고 있는 중이다. '전국여성장애인연합'은
'장권연'과 분리된 자체적인 협의기구의 성격을 띠고 있으며 참가하는
각 단체들은 장애여성들의 자주적인 기구가 되어야 한다는 것에 모두
동의하고 있다. 그러나 이러한 움직임에 대한 우려도 있다. 그것은 '장
권연'에서 장애여성의 문제를 연구소의 사업에 귀속시키려 한다는 주
장이다. 장애여성 문제가 단체들 간의 정책사업적인 양상을 띤다면, 장
애여성들이 들러리를 서는 행사 위주의 활동이 될 수 있다는 지적이
있었다(≪장애인복지신문≫ 1998. 7. 24). 그러나 아직은 준비 단계에

있는 '전국여성장애단체연합'의 성격을 섣불리 단정하기는 어려운 상황이다. '장권연' 여성국 담당 실무자 박숙경 간사는 이러한 우려에 대하여 "전국여성장애인연합은 연구소와 분리된 장애여성들의 협의기구가 될 것이다"라고 밝히고 있다. 참여단체인 '부산여성장애인연대'의 장향숙 회장은 "연구소(장권연)가 주도하는 것에 대한 우려가 있다. 그러나 우리는 특정 단체의 들러리 설 생각은 전혀 없다. '빗장'이 처음부터 활동해온 업적을 인정하기 때문에 함께 하는 것이며, 연합은 연구소와는 별도의 전국적인 조직이 될 것이다"라고 밝히고 있어 그러한 우려가 현실화될 것인지에 대해서는 지켜보아야 할 듯하다.

그러나 아직 장애여성운동단체들이 제자리와 영역을 찾지 못하고 있으며 장애여성운동을 표방한 모임들이 대부분 창립 1년 미만임을 감안할 때 단체들 간의 동등한 의견교환과 연대가 이루어지기에는 성급한 면도 있다. 또한 연합체가 과연 다른 장애인단체들을 견제하면서 장애여성의 진정한 권익을 대변할 수 있을 것인가에 있어서 여전히 많은 어려움이 따를 것이다. 연합체의 결성을 통해 장애여성들의 조직화가 보다 효과적으로 추진되고 장애인운동과 여성운동과의 활발한 교류가 이루어져야 한다. 또한 장애여성단체들의 연대활동은 연합체 내부 단체들 간의 동등하고 상호적인 의견교환이 전제되어야 한다.

5. 장애여성운동의 특수성

이 장에서는 장애여성운동을 둘러싼 갈등과 긴장을 통해 장애여성운동의 특수한 성격을 조명할 것이다. 장애여성운동은 장애인과 여성이라는 이중적인 지위로 말미암아 이중적인 차별을 운동 영역에서도 경험한다.

1) 장애여성 독자조직의 필요성의 대두

장애여성으로 구성된 독자적인 단체는 장애여성의 목소리를 대표하기 위해 반드시 필요한 과제이다. 이러한 주장이 대두되게 된 배경을 살펴보자.

장애인운동조직인 '장권연' 내에서 자원활동을 하던 '빗장'의 장애여성들은 1995년 북경세계여성대회를 마친 후, 장애인 조직에서 활동하는 한계를 의식하게 되어 몇몇의 장애여성들은 '빗장' 활동을 중단하게 된다. 물론 이들의 활동 중단은 개인적인 이유를 동시에 포함하고 있었다. 초창기 주도적으로 일하던 사람들이 활동을 그만둔 뒤, 남아 있던 장애여성들과 새롭게 활동을 시작한 사람들이 함께 적극적으로 일을 맡아서 하였다. 그러나 이들도 96년 9월에 열린 제1회 여성장애인 대회를 준비하는 과정에서 자신들의 의사가 반영되지 못하는 등 많은 어려움을 경험하였고, 이에 대해 '장권연'에 적극적으로 문제를 제기하였다.

'빗장'에서 활동하는 장애여성들이 실무능력이 부족하고 이동이 자유롭지 못해 빨리 상황에 대처하지 못한다는 이유 때문에 장애여성들을 위한 행사임에도 불구하고 장애여성들은 소외된 것이다. 그러나 실무능력이 부족하거나 이동이 자유롭지 못하다고 말하는 것은, 장애여성이 교육과 사회생활을 경험할 수 있는 기회가 적은 우리 사회의 차별을 인식하지 못한 것이다. 장애여성들이 이동이 자유롭지 못한 것은 그들의 문제가 아니다. 오히려 그들의 '이동의 자유'를 억압하는 건물과 거리 구조가 문제인 것이다.

'장권연'에 고용되지 않은 상태에서, 빗장의 회원으로 활동하는 활동가들은 활동의 주체와 그 명의가 '빗장'이 되어야 한다고 주장했다. '장권연'측은 '빗장'이 연구소의 분과(여성국이 생기기 전이었음)이므로 '장권연'이 주체가 되어야 한다고 주장해, 갈등을 빚게 된다. '장권연'이 장애여성관련 사업을 계획하고 추진하는 과정에서도 이러한 갈등이 나타났다. '빗장'에서 활동하는 사람들은 연구소에 고용되어 일을

하는 것도 아니었기 때문에 발언권이 보장되지 못했고, '빗장'이 단독
으로 사업을 추진할 수 있는 상황도 되지 못했다. 실무능력의 부족과
시간상의 제약을 이유로 기획 과정에서 장애여성들의 욕구와 상황이
고려되지 못했고, 따라서 사업의 기획과 추진을 '빗장'의 장애여성들이
참여하지 않고 '장권연'의 간사들이 맡게 된다.

　이후 '빗장'은 이러한 구조적인 문제를 인식하고, '장권연'과 의사결
정을 하는 데 동등하게 협상하고자 고심하였고, 많은 모임과 비공식적
인 토론을 통해 운영위원회를 만들고자 하였다. 한 달에 한 번씩 열리
는 정기모임을 통해 '운영위원회'를 만들기 위한 준비위원회'를 구성하
여, 참여가 가능한 모든 장애여성들과 함께 운영위원회 준비에 착수하였
다. 주간모임에 주로 참여하여 집중적으로 활동을 해왔던 회원들과 운영
위원회에 관심을 가진 회원들이 함께 운영위의 조직, 회칙문안 작성, 부
서 담당자를 추천하는 작업을 마치고 97년 3월 총회를 통해 이를 회원
들에게 인준받아 '운영위원회'가 탄생하였다. 장애여성들은 '빗장'이 '장
권연'과 분리되어 활동하기를 원했지만(원래는, 하고 있었지만), 자원이
부족하고 실질적으로 활동(할 수 있는) 여건에도 한계가 있었기 때문에,
장애여성들의 역량을 키우기 위하여 운영위원회가 필요했던 것이다.[18]

　그러나 1997년 3월 운영위원회가 만들어지고 난 후, 본격적인 사업
을 시작하지 못하는 상황 속에서 빗장과 연구소 사이의 갈등은 표면화
되었다. '빗장'이 8월에 열린 국제장애여성 리더십 포럼에 참가하고 돌
아온 뒤, '빗장'의 운영위원회에 속해 있던 '장권연' 배복주 간사가 해
고되었다. 배복주 간사는 '장권연'의 직원이면서, '장권연'으로부터 독
립적으로 활동하고자 하는 '빗장'의 운영위원회와 뜻을 같이 한 것이

---

18) 빗장의 독립 문제는 빗장 결성 후 비교적 초기부터 제기되었다. 1995년 공
　　청회 이후 평가하는 자리에서부터 논의되기 시작하여 지금까지도 독립의 문제
　　는 제기되고 있다. 운영위원회가 해체된 이후에도, 빗장이 여성단체연합의 가
　　입을 추진하였으나 연구소의 분과였기 때문에 불가능하였으며, 장권연 측은
　　재정과 역량의 이유를 들어 빗장을 독립시킬 수 없다는 입장을 밝힌 바 있다
　　(≪장애복지 21≫ 1998. 3. 23: 빗장 여성단체 가입 필요성 대두)

문제가 된 것이다.

운영위원회의 일원이면서 '장권연'의 간사였던 배복주는 연구소의 입장을 견지하지 않고 빗장의 일에 너무 많이 관여한다는 지적을 받아 왔으며, '빗장'과 함께 '장권연'의 실무자로 '국제장애여성 리더십 포럼'에 다녀온 후, 업무소홀 등의 이유로 7월에 사직서를 내라는 통보를 받게 되었고, 새로운 직원을 '장권연'에서 뽑는 과정을 거쳐 해고되었다.[19] 운영위원회는 '장권연' 노조측과 협상하여 당시 3개월 전에 미리 통보를 하지 않았기 때문에 부당해고이며, 그 이유가 '빗장'의 입장과 관련되어 있으므로 이는 장애여성에 대한 정치적인 차별이라고 문제를 제기하는 집회를 열었다. '장권연'은 이에 대해 부당해고임을 인정하고 사과하며 배복주를 복직시킬 것을 약속하였다.

그러나 이러한 갈등은 원만히 해결되지 못하고 배복주는 사직서를 내고 자진 사퇴하고, 운영위원 6인과 회원 4인이 '빗장'을 탈퇴하기에 이른다. '빗장' 자체가 '장권연'으로부터 독립되기 어려운 상황이었고, 위원장을 비롯한 회원들이 모두 이러한 움직임에 동의하는 것은 아니었기 때문에, 이러한 상황에 문제의식을 가진 사람들이 '빗장'을 탈퇴하는 것으로 마무리된 것이다. '빗장'의 운영위원회는 성명서[20]를 내

---

19) 연구소 박 모 간사의 증언에 따르면 당시 배 간사의 해고는 빗장의 독립과 관련되어 있음을 말해주고 있다. "이렇게 어려운 상황에서 어떻게 니가 빗장 회원들이 하는 얘기를 이렇게 할 수 있냐, 나는 이미 빠져 나온 상태고 빗장 회원들이 자주 뭉치는 것에 니가 그들을 이해시키고 그래야 하지 않느냐라고 소장이 말하자 배 간사가) '(빗장의) 그러한 문제의식에 나도 동감한다'라고 소장 앞에서 그래 버린 거야. 소장이 그러면 너도 빗장이 독립하는 데 동참하겠다는 거냐? (그랬더니 배 간사가) '그러고 싶다'고 얘기를 해버린 거야."

20) 성명서의 주요 내용은 다음과 같다. ① 장애여성들은 연구소 내에서 자율적인 의사결정을 할 수 없었으며 연구소에서 결정된 사안을 받아들이고 일할 것을 강요받았다. ② 장애여성에 대한 편견으로 역량부족, 실무능력 부족이라는 이유로 일회성, 행사성 사업에 동원되어왔다. 장애여성의 역량 강화에 노력을 기울이지 않은 것은 장애여성운동을 기존의 장애인운동에 귀속시키려는 의도에서 연유하는 것이며, 장애여성들을 계속적으로 소외시키고 무력하게 하는 결과를 낳는다. ③ 장애여성들은 연구소에서 화장실 등의 기본적인 편의시설을 제공받지 못하였으며, 폭언을 듣는 등 인권을 보장받지 못했다. ④ 장애여

고, 이들의 탈퇴와 동시에 운영위원회는 해체되었다.

그 후 명맥을 이어오고 있는 '빗장'은 현재 과거의 활동성을 가지지 못하고 있음을 다음을 통해 알 수 있다. 연구소의 여성국장 이예자에 따르면 "현재 여성장애인대회, 실태조사 등 '빗장' 중심으로 진행되던 여러 가지 사업들을 여성국에서 맡게 되고 빗장을 여성국의 프로그램 중 한 부분으로 여성장애인들의 정기적인 모임의 성격만 가지게 될 것이다"21)라고 밝히고 있어 장애여성들의 리더십 개발이나 활동가 양성, 독자적인 장애여성단체화 등이 불가능한 구조라고 할 수 있다. 1998년 3월 한국여성단체연합이 주최한 '세계여성의 날' 행사에 '빗장'이 참가한 이후, 장애여성들이 이제는 사회적인 활동 범위를 넓혀가야 하며, 그러기 위해서는 일반 여성단체에 소속되어 활동해야 한다는 주장이 제기되었다. '빗장'의 채은하 위원장은 이날 회의 이후 "장애여성의 활동이 더 이상 소모임에 그쳐서는 안 된다"는 뜻을 표명하였다. 한 장애여성은 "행사에 참가는 했지만 책상 한두 개를 갖다놓고 홍보 활동만 했을 뿐 다른 여성단체들처럼 공식적인 프로그램이나 모임 소개의 기회를 갖지 못했다"고 아쉬움을 토로했다. 그러나 '장권연' 이예자 여성국장은 "여성단체에 가입하기 위해서는 '빗장'의 자체 사무실과 직원이 있어야 하는데 연구소는 그럴 만한 재력이 없다"는 연구소의 입장을 전달한 것으로 알려졌다.22)

활동 초기부터 많은 장애여성들이 무엇보다도 장애여성의 독자적인 조직의 필요성을 외쳐왔으며(오혜경, 1997; 윤미경, 1997; 김미연, 1998; 1997), 국제적인 연대를 통해서 독자적인 활동만이 장애여성의 진정한 이익을 대변할 수 있다는 것을 깨닫게 되었다. 1995년 이래로

성을 위한 사업에 장애여성 스스로의 경험과 문제제기가 반영되지 않았다. ⑤ 빗장의 운영위원이자 연구소의 직원인 배복주 간사를 몇 달에 걸친 암묵적인 압력을 통해 더 이상 일할 수 없게 만든 연구소의 행위를 장애여성에 대한 탄압으로 받아들인다.

21) 《장애인복지신문》, 「조직보다 폭넓은 회원구성」 1998. 1. 16.
22) 《장애복지 21》, 「빗장 여성단체 가입 필요성 대두」, 1998. 3. 23.

'빗장'과, 함께 했던 장애여성들을 통해 장애여성의 문제가 사회적으로 알려지게 되었으나, 장애여성의 자기 선택권을 주장할 수 있는 장애여성 지도자가 양성되지 못한 현실은 장애여성의 독자적인 단체의 성립과 성장이 어려운 구조임을 보여준다. 장애여성들은 여전히 운동조직 안에서 보이지 않는 많은 일들을 수행하고 있다. 그러나 장애여성들은 사회적 경험의 기회, 교육의 기회가 박탈되었기 때문에 운동에서도 배제되고 있는 것이다.

2) 비장애남성과 정상성에 기반한 운동조직과 장애여성에 대한 편견

장애여성운동이 여성운동에 단순히 포섭될 수 없는 이유는 다른 소외계층 여성의 문제와 마찬가지로 여성운동의 일반적인 대상이었던 '여성'들의 범주에서 제외되어 왔기 때문이다. 그것은 장애인운동에서도 마찬가지이다. 장애여성운동이 싸워야 할 대상이 장애인에 대한 억압이라면 비장애여성들은 장애인을 소외시키고 억압하는 주체에 해당한다. 또 장애여성운동이 싸워야 할 문제가 여성에 대한 억압이라면 장애인운동의 대부분을 점유하고 있는 장애남성들이 바로 이들을 착취하고 억압하는 주체로 상정되기 때문이다.

'차이'를 주장하는 여성집단의 문제는, 이들이 '여성'이라는 말에 포함되지 않기 때문에 보편적인 여성 억압을 상정하고 모든 여성들이 단결할 것을 요구하는 여성운동에서 배제될 수밖에 없게 된다. 즉 이성애자이고, 결혼한, 중산층인, 비장애인인 여성의 이해를 대변하는 여성운동은 장애여성들의 이해를 수용할 수 없거나 부차적인 혹은 여성 문제와 직접적인 관련이 없는 특수한 것으로 취급하는 구조적인 한계를 가지게 된다. 여성운동에 종사하는 사람들은 대부분 대졸이며 비장애인이기 때문에 장애인에 대한 편견을 수정하고 이들의 능력을 신뢰할 만한 경험을 가지고 있지 못한 것이 사실이다. 이러한 한계로 인해 장애여성의 문제는 장애인의 문제로, 여성의 문제와는 다른 성격의 것으

로 여겨진다는 것이다.

우리 사회에서 편견은 차이에 대한 인식과 관련되어 있으며, 차이를 규정하는 핵심 부분은 비정상을 통해 강화되는 정상성(normality)의 개념이다(Morris, 1991: 15). 앞에서 이 글의 제목으로 던졌던 정상성은 바로 차이를 위계화하는 과정에서 필연적으로 규정되는 개념이다. 어떤 것이 보다 정상적인가에 대한 규정은 어떤 것이 보다 우월한 가치를 지니는가와 관련되어 있다. 차이가 위계를 낳고 이러한 위계는 사회의 가치 체계를 동반한다고 할 때, 다르다고 규정되는 집단은 소외되고 배제되며 무가치하다고 여겨질 수밖에 없는 것이다.

우리 사회에는 장애인을 과잉보호하거나, 아니면 동등하고 평범한 인간이 아닌, 도움을 필요로 하는 사람들로 바라보고 있는 시선이 지배적이다. 이러한 비장애인의 동정적인 시선을 극복하기 위해서는 왜 그러한 시각이 형성되었는가를 인식할 필요가 있다. 사회적으로 제도화된 복지체계를 가지고 있지 못한 우리나라가 사회적 동정을 통해 장애인에 대한 구호(救護)의 자원을 확보했던 역사적인 맥락에서 장애인에 대한 동정과 시혜의 관점이 구성된 것이다.

여성운동을 포함한 진보적인 사회운동진영은 한국 사회에 존재하는 명백한 차별로서 장애 문제를 인식하고, 장애인과 함께하기와 장애에 대한 의식화 작업을 시작하여야 한다. 장애라는 개념에 대한 인식이 없고 장애인과 단 한 번도 평등한 관계를 경험해 본 적이 없는 대부분의 사회운동은 높은 노동 강도와 생산성에 대한 논리로 유지되고 있다. 이는 장애인운동에서도 마찬가지로 나타나는 성향으로, 이러한 상황에서 장애여성들이 비장애인중심으로 구성되어 있는 장애인운동(실제로 장애인운동가들은 대부분 직립보행이 가능한 경우가 많다)에 참여하기 어렵다. 장애여성들의 몸의 조건이 고려되고 이러한 제한성을 지원하는 인식이 없는 한, 장애여성들은 여성운동단체의 일원이 되기 어려우며 여성운동에 장애여성의 경험이 반영되는 것은 어렵다고 할 수 있다. 1997년 5월에 열린 '가정폭력방지법 제정을 위한 시민 대회'를 둘러싸고 일어난 사건은 장애여성에 대한 편견이 여성 문제를 이슈화하는 과정에서 어떻게 강화되는가를 잘 보여주고 있다. 휠체어를 타고 장애를 가진 몸으로 여성 문제에 관한 시위에 동참하는 것은, 늘 이들을 사진 촬영기사에게 둘러싸이게 했으며 주목의 대상이 되게 하는 것이었다. 때문에 장애여성들은 비장애여성들을 포함한 세간의 호기심과 대상화를 경험해야 했다. 그럼에도 불구하고 '빗장'은 여성운동의 이슈들이 자신들과 연결되어 있다고 생각하고 적극적으로 그러한 연대를 구축하기 위해 노력해왔다. 그러한 의미에서 1997년 5월 '가정폭력으로 희생된 여성을 추모하기 위한 가두 시위'에 '빗장'의 몇몇 회원이 참가하였다. 그런데 다음날 ≪한겨레신문≫ 수도권판 5월 22일자 25면에 "…휠체어에 앉아 있던 가정폭력 피해여성들이 눈물을 비치더니 곧 여기저기서 흐느끼기 시작했다"라는 기사가 장애여성들의 사진과 함께 실리게 된 것이다. '빗장'은 이러한 기사가 장애여성을 언제나 피해자로 보는 편견에 의한 것이라고 규정하고 언론중재위원회를 통해 정정 기사를 요구하여, 정정 기사가 보도되는 성과를 거두었다. 장애여성이 여성과 동등한 입장에서 연대하는 것이 어떻게 비춰지는가에 대해 생각할 수 있게 한 사건이었다.

장애를 가진 사람들은 '정상'의 범주가 매우 견고하고, 소위 '정상인'과 다른 삶의 방식과 다른 몸을 허용하지 않는 사회에서 '존재하지 않는 사람들'로 살아가고 있다. 이러한 현실에서 장애여성들의 생산성과 교육 정도, 속도, 몸의 조건을 고려한 운동방식의 개발만이 장애여성을 주변화시키지 않고, 장애여성 스스로 말하는 것을 가능하게 할 것이다.

6. 장애여성운동의 한계와 과제

그동안 살펴본 장애여성운동은 동등한 사회구성원으로서 그 존재조차 알려지지 않았던 장애여성이라는 집단을 가시화하는 가장 역사적인 성과를 이루어냈다. 구체적이고 실질적인 대안들과 권익옹호까지 이르기엔 많은 장벽들과 해결해야 할 어려움들이 산재해 있지만 여성집단에서도, 장애인집단에서도 포함되지 않았던 장애여성들이 그들만의 정체성을 형성해 가고 있다는 것은 매우 중요하다. 왜냐하면 장애여성운동의 출발은 장애여성 문제뿐만 아니라 여성운동과 장애인운동에 많은 통찰과 다양성을 제공해 줄 것이며 나아가 모든 사람들과 관련된 정상성의 기준을 변화시키게 될 것이기 때문이다.

그러나 현재까지 이루어진 장애여성운동은 다음과 같은 과제를 가지고 있다. 첫째 장애여성이 조직화되기 위한 조건의 마련이다. 이것은 앞에서도 많이 지적했듯이 장애여성이 이끌어나가며, 장애여성들의 조건을 고려하여 구성된 조직의 출현은 장기적인 준비를 통해서만이 가능하다. 장애여성운동은 출발점에서부터 장기간 교육의 혜택을 받지 못하고 사회생활의 경험이 전혀 없는 장애여성들에 대한 교육과 의식화작업이 요구된다. '장애'라는 범주로 일반화시켜 장애여성 내부의 차이를 무화시키지 않고, 완전한 상호보조와 이동능력, 의사소통수단(수화, 점자 등), 몸의 조건을 고려한 전혀 새로운 방식의 운동방식과 조직화가 필요하다. 장애여성조직이 여성운동과 연대하는 것이 효과적인가, 장애인운동과 연대하는 것이 효과적인가 하는 양자택일의 관점에서 벗어나 각기 다른 방향에서 많은 시도를 통해 발견될 문제점들을 해결해 나감으로써 연대가 가능해지리라 본다.

둘째, 장애여성들의 다양성을 어떻게 담보할 것인가이다. 장애여성들 간의 차이는, 장애여성과 비장애여성과의 차이보다도 더 광범위하며 그 특수성이 매우 여러 가지 수준에서 나타난다. 장애정도와 이를 상대적으로 경감시킬 수 있는 계급적인 위치, 가족배경, 교육, 지역별 편차에 따라 장애여성은 서로 다른 상황에서 다른 욕구를 가지고 있다. 현재까지 빗장을 비롯한 모임들이 대부분 지체장애와 시각장애를 중심으로 이루어지고 있어서 청각장애여성과의 의사소통의 문제, 시각장애여성들의 정보접근성 보장, 정신지체여성의 권익옹호에 관한 문제 등장애영역별로 각기 다른 여성들의 문제를 해결하려는 방향의 모색이 시급하다고 할 수 있다.

셋째, 장애여성의 문제를 접근하는 데 여성주의적인 시각이 요구된다. 결혼, 가사, 임신, 출산에 있어서 장애여성의 욕구와 자율적인 의사에 따라 이를 지원하는 것은 필요한 일이다. 그러나 가부장적인 맥락에서 여성에게 특정한 형태의 삶을 강요함으로써 장애여성의 정상적인 삶을 규정짓는 것은 잘못된 것이며, 장애여성이 다양한 삶의 방식으로 존재할 수 있도록 하는 접근이 필요하다. 즉 지배적인 규범에 장애여성을 맞추는 방식으로 지원하기보다는 장애여성들이 그러한 규범 자체에서 배제되어 있음을 드러내는 것이 중요하다. 장애여성이 여성들에게 지배적으로 강요되는 규범으로부터 상대적으로 자유로운 것은 이들이 사회로부터 분리된 존재라고 간주되기 때문이다. 장애여성이기 때문에 이러한 규범에서 벗어나 있지만, 모순적으로 모든 여성이 임신과 출산을 해야만 하며 그래야 인간답고 여성으로서 주어진 제 역할을 다하는 것이라고 보는 사고는 장애여성에 대한 차별을 강화시키고, 이들을 가치 없는 존재로 낙인찍는다.

넷째, 장애여성운동은 여성운동이나 장애인운동이라는 기존의 사회운동에 귀속되는 대신 장애여성의 경험을 축으로 하는 독자적인 이론과 기반을 구축하려는 노력을 해야 한다.

다섯째, 소외된 계층의 다양한 여성들의 운동과 연대를 모색하여야한다. 기존의 여성의 범주에서 소외되어 온 여성들이 가시화되고 있는 흐름에서 이러한 소수의 운동들이 주류 여성운동에 적극적으로 목소리를 내어야 한다. 즉 장애여성, 성매매여성, 레즈비언, 빈민여성, 탈북여성, 외국인 여성노동자에 관한 운동들이 함께 연대를 모색하여야 그 영향력을 넓힐 수 있다.

여성운동에서 최근에 '정체성의 정치학'과 '차이의 정치학'이 제기되는 것은 그만큼 여성운동이 독자적 힘을 갖게 되었음을 뜻한다.[23] 이러한 조건을 인식하고 여성운동은 비주류, 소외되어 있는 여성들의 문제에 귀를 기울이고 이것을 주된 이슈로 반영하도록 노력하여야 한다. 비장애인들이 장애인을 장애라는 차이를 무화시키거나 혹은 장애만을 강조하여 접근하는 편견을 수정하기 위해 장애여성들은 보다 적극적으로 자신을 드러내는 노력을 경주하여야 한다.

우리는 장애여부를 떠나서 장애를 보다 폭넓게 이해하고 장애를 가진 여성들의 삶이 페미니스트들에게 어떤 통찰을 주고 있는가를 배워야 하며, 정형화되어 있는 장애여성의 이미지를 변화시키기 위해 노력하여야 한다. 장애여성운동은 여성운동에 차이에 대한 이해와 여성들 간의 위계에 대한 새로운 경험을 제공함으로써 활력을 불어넣어 줄 것이다.

여성운동은 자유주의적인 맥락에서 '여성도 남성과 동등한 인간'이라고 주장한 역사를 가지고 있다. 교육권, 선거권 등 시민으로서의 권리를 주장하는 흐름이 있었고 오늘날 남녀의 능력차를 줄이고, 여성이 보다 능력 있는 집단이 된 것도 이러한 권리를 보장받았기 때문이라고 할 수 있다. 장애여성들의 능력이 부족한 것은 장애 때문에 아니라, 같은 맥락에서 이러한 권리가 박탈되었기 때문이다. 우리나라의 장애여성 인구는 전체 장애인의 45.7%인 47만여 명으로 추정된다(한국보건사회연구원, 1995). 그러나 장애남성 대 장애여성 등록률은 72 : 28[24]로 장애여성은 등록률이 매우 낮기 때문에 드러나지 않은 장애여성들은 훨씬 많을 것이다. 장애인단체에서는 정부가 규정하는 장애인 범주를 좀더 확대하여 세계보건기구(WHO)의 기준인 각 국가 국민의 10%가 장애인이라는 기준에 따라 장애인 450만여 명 중 반수인 250만여 명을 장애여성으로 보고 있다(이은경, 1997). 현재 등록된 장애를 가진 여성의 78. 6%는 초등학교 이하의 교육을 받았고, 전혀 학교를 다니지 않은 경우도 32.5%나 되고 있어서 장애남성보다도 훨씬 낮은 것은 물론 비장애여성과도 현저한 차이를 보이고 있다(한국보건사회연구원, 1996). 장애여성

---

23) Best & Kellner(1991: 205-214). 조혜정(1994: 276)에서 재인용
24) 전국 장애인 등급별 등록 현황(1997. 12. 31 현재), 한국장애인 고용촉진 공단, 유니텔 자료

들은 장애남성들보다 적절한 의료혜택을 받지 못하고 있으며(한국보건사회연구원, 1996) 우생학의 논리에서 피임을 강요당한다.

현재 비장애인인 많은 여성들은 폭력, 질병, 사고, 출산, 노동, 비위생, 적절한 의료혜택의 부재, 영양결핍, 빈곤, 획일적인 미의 기준으로 인해 장애의 가능성을 안고 살아가고 있다. 글머리에서 지적하였듯이 장애여성의 문제는 우리 모두가 당면한 문제이며 함께 해결해 나가야 할 과제이다. 사회를 변화시켜나가는 이러한 과제의 열쇠는 장애여성들이 가지고 있으며 이들의 경험과 생존해온 방식을 통해 우리 모두는 배워나가야 한다.

장애여성활동가 박영희는 "장애여성운동이라는 것이 거창하거나 큰 단체에서 하는 것만이 아니라 바로 내가 변화된 것처럼, 자신의 이야기를 할 수 있게 되는 변화, 자신감을 가지게 되는 것이다. 그것이 바로 운동이다"고 말한다. 장애여성운동은 이처럼 작지만 저절로 얻어질 수 없는 것에서부터 출발하고 있다.

7. 맺음말

장애여성운동의 역사를 장애여성들에게 되돌린다는 것은 결코 쉬운 일이 아니다. 수많은 제도적인 권력들과 운동세력들의 억압적인 구조 속에서 역설적으로 장애여성들은 함께 만날 수 있는 기회를 얻었고, 성취감을 느낄 수 있었다. 장애여성들, 장애인운동조직, 여성단체들에서 일하는 분들을 만나 인터뷰하였지만, 공식적인 기록들을 주된 사료로 삼았기 때문에, 장애여성들이 활동해온 과정을 생생히 서술해내지 못한 것은 이 글이 갖는 중요한 한계라고 할 수 있다. 그리고 필자의 입장과 경험 또한 이 글을 구성하는 데 많은 부분 편견으로 작용할 수 있었을 것이다.

앞으로 장애여성들의 활발한 움직임이 여성운동사에서, 장애인운동사에서 드러나고, 장애여성운동 또한 자리를 잡아 많은 성과들을 거두어 나가기를 기대한다.

참고문헌

국제장애여성리더십포럼. *Daily News Letter*

국제장애여성리더십포럼참가단. 1997, 「제1회 국제장애여성리더십포럼 보고
　　대회 자료집」.

권선진 외. 1996, 「장애인구 대상별 특성과 정책과제」, 한국보건사회연구원.

권선진. 1996. 1, 「여성장애인의 현황과 복지증진」, 한국보건사회연구원, ≪보
　　건복지 포럼≫.

김동호. 1988, 「한국 장애자 운동론」, 장애인문제연구회 '울림터', ≪함성지≫
　　6호.

김미연. 1997a, 「한국 사회의 장애여성에 대한 의제」, 97 국제장애여성 리더
　　십 포럼 보고대회.

＿＿＿. 1998, 「여성장애인의 사회참여를 위한 재활프로그램 개발」, 재활세미
　　나: 21세기 여성장애인 복지와 정책방향, 국립재활원.

＿＿＿. 1997, 「장애여성의 있음에 대하여 장애여성 스스로 말하게 하라」, 국
　　제장애여성리더십 포럼 자료집.

김부순. 1998, 「한국 시각장애여성의 보장된 직업에 대하여」, 제4회 WBU 동
　　아태지역 정기총회 시각장애 여성포럼 50-51쪽.

김은정. 1999, 「장애여성의 몸의 정치학」, 이화여대석사학위논문.

김한배. 1989, 「사회변혁운동으로서의 장애운동과 울림터」, 활동기록집, ≪울
　　림터≫.

또 하나의 문화 편집부 편. 1994, 『사회운동과 나』, 또 하나의 문화.

빗장을 여는 사람들 운영위원회. 1997, 「장애여성을 부당해고하는 장애우권
　　익문제연구소는 각성하라」, 배복주 해고관련 문건.

＿＿＿. 1997, ≪빗장소식≫ 창간호.

＿＿＿. 1997, 운영위원회 해체 성명서.

빗장을 여는 사람들 편집부 편. 1996, 『빗장을 여는 사람들』, 함께걸음.

빗장을 여는 사람들. 1995, 북경세계여성대회 참가 보고대회.

＿＿＿. 1996, 「여성장애인과 가정」, 제1회 전국여성장애인대회 자료집.

＿＿＿. 1996, 「한국 사회의 여성장애인 인권의 실태와 문제점」, 한국 여성
　　NGO위원회, 제2차 동아시아 여성포럼.

심성은. 1998, 「동아시아 여성포럼 참가 보고」, 제2회 전국여성장애인대회 자
　　료집.

오혜경. 1997, 「여성 장애인 실태와 사회복지 대책」, 여성장애인 차별과 사회복지(미간행).

윌머스(Willmuth, Holcomb). 1993, 『빼앗긴 목소리를 찾아서』, 장애우 권익문제연구소 여성특별위원회(편)(1997), 장애우권익문제연구소.

이낙영. 1997, 「한국맹인여성회의 역사와 활동 내역」, 국제장애여성 리더십 포럼 보고대회 자료집(미간행).

이은경. 1997, 「장애여성의 이슈와 전망」, 한국장애인고용촉진공단, ≪장애인 고용≫ 가을호.

장애여성공감 소개글. 1998(미간행).

장애우권익문제연구소 1995, 『한국 사회의 여성장애우 문제와 해결책』(미간행).

장애인문제연구회 울림터, 활동기록집. 1986~1992(미간행).

장애인편의시설촉진시민모임. 1998, 「편의시설 다시보기」, 파라다이스 복지재단.

정기원 외. 1996/1995, 「장애인 실태조사」, 한국보건사회연구원.

제2회 전국여성장애인대회 조직위원회. 1998, 제2회 전국여성장애인 대회.

조혜정, 1994, 『사회운동의 주체에 대하여 2: 내가 살고 싶은 세상』, 또 하나의 문화.

한국 장애인 고용촉진 공단, 전국 장애인 등급별 등록 현황. 1997,. 12. 31 현재 유니텔 자료 go kepad.

한국맹인복지연합회, 「제4회 WBU동아시아 태평양지역정기총회 자료집」, 한국맹인복지연합회.

한국맹인여성회 정관(미간행).

한국보건사회연구원. 1995, 「장애인 실태조사」, 한국보건사회연구원.

한국여성NGO위원회. 1996, 제2차 동아시아 여성포럼.

한국여성개발원. 1995a, 『제4차 세계여성회의 북경선언·행동강령』, 한국여성개발원.

_____. 1995b, 『제4차 세계여성회의 '95, NGO 포럼』, 한국여성개발원.

홍명희. 1991, 「장애여성의 현실」, 전지대연 동계수련회자료집(미간행).

홈. 1995, 『페미니즘 이론사전』, 삼신각.

≪복지연합신문≫. 1997, 9. 1.

≪장애인복지신문≫ 1997. 2. 14.

_____. 1997. 4. 4.

_____. 1997. 6. 6.

_____. 1997. 7. 11.

_____. 1997. 7. 4.

_____. 1997. 10. 17.

_____. 1997. 11. 28.

_____. 1998. 1. 16.

_____. 1998. 2. 6.

_____. 1998. 3. 13.

_____. 1998. 6. 19.

_____. 1998. 7. 24.

_____. 1998. 8. 7.

_____. 1998. 11. 20.

≪장애복지 21≫. 1995, 6. 26.

_____. 1995. 9. 25.

_____. 1995. 12. 11.

_____. 1997. 9. 1.

_____. 1998. 3. 23.

_____. 1998. 8. 28.

≪한겨레신문≫ 1997, 5. 22(수도권)

Best, Steven & Douglas Kellner, 1991, *Post Modern Theory: Critical Interrogations,* London: Macmillan, pp.205-214.

Lewis, C. & S. Sygall(ed.). 1997, *Loud, Proud & Passionate*, MIUSA.

Disability awareness in Action. 1997, *Disabled Woman*, Disability awareness in Action.

Spelman, Elizabeth V. 1997, "Woman: The One and the Many" in *Feminist Social Thought: A reader*, D.T.M(ed.), Routledge.

Thomas, David. 1982, *The experience of Handicap*, London & New York, Methuen.

UN. 1995, *Hidden Sisters*.

Willmuth, Holcomb. 1993, *Women with Disabilities: Found Voices*, The Haworth Press.

Herald Week. 1997, 7. 16.

International Leadership Forum for Women with Disabilities, Statement-Final Draft.

8

여성관련 국제인권협약과 여성운동

신혜수*

여성과 여아의 인권은 양도할 수 없으며 필수불가결하고 불가분한 보편적인 인권의 한 부분이다. 정치적·시민적·경제적·사회적·문화적 생활의 모든 면에서 국가적·지역적·국제적 차원에서 여성이 완전하고도 동등하게 참여하는 것 그리고 성에 입각한 모든 형태의 차별을 철폐하는 것은 국제사회가 우선적으로 추구해야 할 목표이다.   ―비엔나 선언과 행동계획, 1993

1. 머리말

미국에서 유학하는 동안 필자는 1988년에 처음 여성인권의 개념을 학문적으로 접하게 되었다. 현재 국제여성인권운동의 중심인물인 샬롯 번취(Charlotte Bunch)가 내가 공부하고 있던 뉴저지 주립 럿거스 대학교(Rutgers University)에 와서 1년 반 동안 머물며 세미나를 개최하게 된 것이다. 세미나 강좌의 제목은 '국제페미니즘과 인권(Global Feminism and Human Rights)'이었다. 일주일에 한 번, 수요일 오후에 있었던 이 세미나는 내가 다음 시간을 기다려가며 가장 재미있게 공부한 과목이었다. 70여 명 지원자 중 30명으로 한정한 세미나 참가자는 1/3이 교수 및 인근 대학의 여성학 강사들, 1/3이 나와 같은 대학원 학생

---

* 이화여대 영문과와 동 대학원 사회학과를 졸업하고 미국 뉴저지 주립대(럿거스 대학교) 사회학 박사과정을 졸업했다. 박사논문으로 「여성의 성적 서비스와 경제발전: 한국의 종속적 발전의 정치경제학」이 있다. 현재는 한국여성의전화연합 회장이자, 한일장신대 여성복지학 교수로 재직중이다. 또 한국여성단체연합 공동대표이고, 한국정신대문제대책협의회 국제협력위원장을 역임하고 있다. 여성운동이 여성복지, 여성인권향상에 어떻게 기여하는가와 이를 여성주의 시각에서 이론화하는 작업에 관심이 많다.

들, 그리고 나머지 1/3이 여성단체 활동가들이었다.

　세미나 제목이 말해주고 있듯이 이 강좌는 실제 여성의 삶의 현실에 바탕을 둔 살아 있는 공부였다. 우리는 전세계에서 일어나고 있는 여성에 대한 폭력에 대해 토의했는데, 인도의 '데바다시' 성매매여성 문제에서부터 아프리카 여성들에게 가해지는 음핵절개, 아르헨티나의 실종자 어머니들의 운동과 한국의 기생관광에 이르기까지 전세계의 여성들이 당하는 폭력과 인권의 문제들이 우리의 주제였다. 또한 이 과목은 개인의 경험을 토로할 수 있는 시간이기도 했다. 뉴욕에 사는 한 여성학 강사는 밤 늦은 시간에 혼자 빨래방에서 빨래를 하고 있을 때 강간을 당하지 않을까 공포를 느낀다고 한 것이 아직도 기억에 남는다. 이 세미나 마지막 시간의 주제는 '우리 페미니스트들이 정부를 맡는다면 어떤 모습으로 국정을 운영할까?'하는 것이었다. 필자는 이 세미나에서 권인숙 씨 성고문사건에 대해 리포트를 써 냈다. 나중에 권인숙 씨가 럿거스 대학교 석사학위 프로그램에 지원했을 때 이 세미나 과목을 강의했던 담당교수가 필자에게 편지로 "이 권인숙이 그 권인숙이냐?"라고 묻기도 했다.

　예정되었던 체류기간 1년 반이 지나자 샬롯 번취를 붙들어야겠다고 생각한 럿거스 대학의 뜻이 맞는 교수들이 함께 도와 그를 소장으로 한 국제여성지도력센터(Center for Women's Global Leadership, 줄여서 Global Center)[1]를 설립하게 되었다. 이 센터를 설립하기 위한 정책기획위원회가 1989년에 시작되어 교수와 대학원생이 함께 참여하였고, 나도 위원으로 참가하게 되었다. 그리고 우리들이 학장에게 편지를 쓰는 등의 운동을 하여 학사학위밖에 없는 샬롯 번취를 정식 교수로 임용되도록 하였다. 1990년 여름에는 이 센터의 앞으로의 활동계획을 짜기 위한 국제기획회의가 열렸다. 이 회의에서 필자는 20여 명의 세계각국의 유명한 여성인권운동가들을 만나게 되었다. 그리고 이 회의에서 결정한 대로 국제센터는 1991년부터 매년 6월에 2주 동안 여성인권에 관

---

1) 샬롯 번취와 그의 국제여성지도력센터는 현재 국제여인권운동의 중심이다 (Gaer, 1998: 19-20).

한 여름훈련 프로그램을 개최해오고 있다. 참가자를 20여 명만 선발하는 이 프로그램은 설립 첫 해부터 전세계에서 매년 200여 명이 지원할 정도로 인기 있는 프로그램이다. 이 프로그램을 거쳐간 200명 가까운 여성인권운동가들은 현재 각자의 나라에서 여성인권을 증진하기 위한 일에 전념하고 있다. 또한 국제적인 연대가 필요한 사안에는 보조를 맞추어 같이 활동하고 있다. 매년 여성폭력추방주간(11월 25일~12월 10일의 16일간)에 여러 가지 활동을 벌이는 것도 이들이고, 이 네트워크에 속한 사람들이 유엔 인권위원회 회의에 모여 국제적 전략을 짜기도 한다.

필자는 학위를 마치고, 귀국한 1991년 한국여성의전화연합에 '여성폭력추방주간'을 소개하고 한국에서의 첫 기념행사를 가졌다. 그리고 1992년부터는 한국정신대문제대책협의회의 국제협력위원장이 되어 일본군 '위안부' 문제를 유엔 등 국제사회에 제기하는 임무를 맡게 되었다. 이 시기가 마침 글로벌 센터를 중심으로 한 여성인권운동이 유엔에 여성인권 문제를 제기하기 시작한 시점이라서 자연스럽게 각종 유엔 회의에서 만나게 되었고, 일본군 '위안부' 문제는 여성인권의 중요한 한 부분으로서 각국의 인권운동가들에게 인식되게 되었다.

따라서 이 논문에서는 지난 10년 동안 필자가 여성운동의 과정에서 자연스럽게 접하게 된 여성인권과 관련한 사안들을 다루려고 한다. 특히 필자는 1992년부터 매년 유엔 인권위원회 회의에 참석하면서 국제인권협약의 중요성을 절감하게 되었다. 동시에 국제적으로 전개되는 여성인권운동의 역동적인 활동을 소개하고, 그 성과와 한계를 평가해볼 필요성도 느끼게 되었다. 특히 우리나라를 주축으로 한 일본군 '위안부' 문제의 해결을 위한 운동을 국제적으로 전개하면서 유엔을 중심으로, 또 국제인권협약 및 기구를 활용한 운동의 한계를 짚어보면서 앞으로 여성의 인권보장을 위해 우리가 노력해야 할 과제가 무엇인가도 생각해보고자 한다.

2. 여성관련 국제인권협약의 개관

인권 문제에 있어서 모든 역사적 진전은 의도적인 노력의 결과이다. 국제인권협약이나 여성인권에 관한 선언 하나라도 예외가 아니다. 프랑스 혁명 당시 의회에서 통과된 '남성 및 시민의 권리선언'을 '여성 및 여성 시민의 권리선언'으로 고쳐 발표한 올랭프 드 구즈(Olympe de Gouges)[2]는 그 도전을 용납할 수 없었던 당시의 지배세력에 의해 단두대의 이슬로 사라졌다. 여성들의 인권이 신장되는 데에는 사회적 제약을 뛰어 넘으려는 여성들의 개인적인 헌신, 그리고 여성운동의 조직적인 목적지향적 운동이 있었다. 하나의 선언이나 협약이 만들어지기까지는 지난한 여성들의 투쟁, 주장과 청원과 발언과 로비가 있었던 것이다. 따라서 협약을 읽을 때에는 단순히 '어떤 내용의 협약이다'라고만 이해할 것이 아니라 그것이 만들어지기까지 그 뒤에 깔려 있는 사회적 맥락과 모든 사람들의 수고와 노력을 함께 떠올리면서 파악해야 한다.

여성인권이 확립되기 위해서는 세 가지 법적 개념이 전제되어야 한다(Gaer, 1998: 5). 첫째는 국제법상 국가에 대한 개인의 권리, 둘째로 법적 권리를 가진 존재로서의 여성에 대한 인정, 셋째 여성과 남성의 동등한 권리의 인정이다. 전통적으로 국제법은 개인보다는 국가의 권리를 보호하는 것이었다. 즉 국제법상 어느 개인이 살해, 고문, 체포되었을 때, 그 개인의 인권은 어느 국가에 속한 국민일 때에만 고려

---

[2] 올랭프 드 구즈의 'Declaration of the Rights of Woman and the Female Citizen'은 여성의 권리를 주장한 서구여성이 쓴 최초의 공식 문서로 간주된다. 올랭프 드 구즈는 프랑스 혁명정부가 여성과 관련하여 법률을 개정하려는 움직임이 있던 1791년 이것을 썼다. 1789년 8월 27일 프랑스의회에서 통과된 Declaration of the Rights of Man and the Citizen의 내용과 구조를 그대로 하고, 'man'으로 되어 있는 부분을 의도적으로 'woman' 또는 'man and woman'으로 바꾸어서 발표하였다. 드 구즈는 여성의 공적인 역할과 남성과의 동등, 자유의사에 의한 결혼 및 재산권과 상속권을 주장함으로써 당시 가정사에만 국한되어 수동적이고 순종·의존적이어야 했던 여성상을 파괴하려고 시도하다가 1793년 11월 3일 단두대에서 처형되었다. Day-Hickman(1998: 90-91)

의 대상이 되었고, 이때 상처를 입는 것은 국가의 위신, 이해관계와
권리였다. 이러한 전통적인 국가중심의 국제법 개념이 무너지고, 개인
의 인권개념이 도입된 것은 19세기 노예금지협약 제정을 시작으로,
전쟁피해자에 대한 협약 등을 통해서였다. 이러한 협약들은 여성을
직접적으로 언급하지는 않았지만 국제적으로 인권의 개념을 확립하는
데 중요한 계기를 제공하였다.

올랭프 드 구즈에 이어 메리 울스톤크래프트(Mary Wollstonecraft),
엘리자베스 캐디 스탠튼(Elizabeth Cady Stanton)으로 이어지는 18세기
말에서 20세기 초까지의 서구 여성운동가들이 주장했던 것은 평등권이
었다. 그러나 여성에 대한 국제사회의 관심이 명백하게 표현되기 시작
한 20세기 초에 제정된 여성관련 국제협약들은 여성인권이나 평등의
관점에서 제정되기보다는 여성을 보호되어야 하는 존재로 규정했다.
그때까지 여성은 독자적인 법적 권리를 가진 존재로 인정받지 못하였
기에, 재산권, 참정권 등을 가지지 못하였다.

1) 유엔 창립 이전 여성관련 주요 협약3)

1910년~1920년대 국제연맹, 국제노동기구의 창설과 함께 국제적
인 노동기준이 세워질 때에도 여성에 대해서는 평등, 인권의 개념보
다는 보호에 입각해서 국제협약이 제정되었다. ILO협약 중 여성노동
에 관한 가장 초기의 것은 ILO협약 제3호, 여성의 산전산후시 고용
에 관한 협약(1919)4)이다. 모성보호 협약이라고도 불리는 이 협약은
총 12조로 되어 있다. 공·사 영역의 산업 및 상업분야에서 일하는

---

3) 유엔과 ILO의 여성관계조약에 대한 좋은 자료로는 김엘림·최연희·장영아
   (1994) 참조.

4) International Labor Organization: Convention Number 3 Concerning the
   Employment of Women Before and After Childbirth. 1919년 11월 29일 ILO
   총회에서 채택, 1921년 6월 13일 발효. Lockwood, Magraw, Spring & Strong
   (eds.), *The International Human Rights of Women*, 1998, pp.115-119.

여성에게 12주의 출산휴가를 보장하고 있으며, 출산 전 6주, 출산 후 6주의 휴가 중 산후 휴가는 강제적이다. 출산휴가 기간중에는 모자의 생활과 건강을 위한 충분한 혜택과 의료보호, 출산휴가 기간중에 또는 임신으로 인한 질병시 해고금지, 근무중 하루 두 번의 수유시간 허용 등을 명시하고 있다.

1910년대 후반과 1920년대 초에 국제연맹과 ILO를 통해 확립된 여성노동에 관한 국제기준은 여성에게 야간노동, 광산노동 등을 금지하였다. 이는 여성인권의 관점에서 접근하거나 여성에 대한 억압의 원인에 정면으로 대응하기보다는, 오히려 여성에 대한 부정적이고 무능력한 이미지를 지속시키는 결과를 초래하였다(Gaer, 1998: 5-7). ILO 창설 당시 유럽의 노동 및 노동자에 대한 정의를 살펴볼 때, 이러한 여성노동에 대한 '보호'는 너무나 당연한 것이라고 할 수 있다. 즉 노동자는 처자식 부양의 책임을 지고 있는 남성 노동자였던 것이다. ILO의 의무는 당시의 전통적 가치관을 그대로 반영하여, 여성이 집에 머무는 어머니로서의 일차적 역할을 하도록 하기 위해 여성을 직장으로부터 '보호'하는 것이었다. 이는 현재까지도 지속되고 있는 가부장적인 통념으로서 여성이 노동시장에 나오는 이유는 남성의 임금이 적절치 못하기 때문이라고 보았다. 따라서 관련 ILO협약에 설정된 초기 사회보장기준에는 노동자의 권리규범에 있어서 전통적인 성차별이 그대로 나타나고 있다. 2차대전까지 ILO협약은 그 관심대상이 한 가지 유형의 노동, 즉 산업노동이었으며, 한 가지 유형의 노동자, 즉 '남성' 산업노동자였다. 1944년에 가서야 ILO가 필라델피아선언을 채택함으로써 산업노동자만이 아니라 전체 노동자를 보호하도록 ILO의 사명을 넓히게 되었고, 노동권, 노동기준의 존중, 완전고용의 증진을 선언하고 모든 사람이 노동의 의무와 노동의 권리를 다 가지고 있다는 균형적 입장을 취하게 된다.

남성 노동자만 노동자로 간주하던 ILO의 관점은 여성 노동력이 대거 동원된 2차대전 이후에 여성도 노동자로 인정하게 되었다. 1951년에 ILO는 동일가치노동에 대한 남녀 근로자의 동일임금에 관한 협약

제100호[5]를 채택하였다. 이 협약은 줄여서 '동일보수협약'이라고 일컬어진다. 이 협약의 제1조에서 정의하는 '보수'는 보통 기본 또는 최저 임금이나 봉급뿐만 아니라 직접적이건 간접적이건, 또는 현금이건 현물이건 간에 사용자가 노동자에게 지불하는 모든 수당 등이 다 포함된 것이다. 가입국은 동일보수원칙을 위해 국내법 제정, 임금결정을 위한 제도 수립, 사용자와 노동자 간의 단체협약 등을 적용할 것을 규정하고 있다. 동등한 보수의 원칙은 시장에서 여성에 대해 차별을 하지 않음으로써 사회정의를 수립하기 위한 것뿐만 아니라, 이미 상당한 존재인 여성노동력을 효율적으로 활용하고자 하는 인식을 반영하고 있다 (Walsh, 1998: 171-172).

이에 따라 1919년에 제정된 모성보호협약 제3호도 1952년에는 모성보호협약 제103호[6]로 개정되어 보다 더 자세하게 모성보호를 규정하게 되었다. 즉 1919년의 모성보호협약 제3호가 채택된 이후 국가가 보험이나 공공기금을 통해 모성보호비용을 충당하기보다는 사용자에게 그 부담을 전가시켜 결국 여성 노동자의 감소를 가져오게 되었는데, 이를 보완하기 위해 출산휴가, 출산혜택, 수유산모를 위한 설비, 고용보호, 모성건강보호 등 더 넓은 범위와 이슈를 포함시켜 모성보호조항들을 마련한 것이다. 달라진 사회·경제적 여건과 여성 노동의 현실을 반영시켜 새로운 기준을 마련한 것이다.[7] 여성 노동자뿐만 아니라 모

---

5) International Labor Organization: Convention Number 100 Concerning Equal Remuneration for Men and Women Workers for Work of Equal Value. 1951년 6월 29일 제34차 ILO 총회에서 채택.

6) International Labor Organization: Convention Number 103 Concerning Maternity Protection. 1952년 6월 28일 ILO 총회에서 채택.

7) 모성보호협약 제103호는 올해 1999년의 ILO 총회에서 또 다시 개정이 논의되고 있다. 각국의 사회·경제적 발전 정도와 모성보호에 관한 법률 및 관행 등 현실을 고려하여 기준을 보다 유연하게 설정함으로써 협약의 비준을 증진시켜나가기로 1997년 3월의 ILO 이사회에서 합의한 것이다. 1999년 총회에서 1차 논의를 거쳐 2000년에 채택하기를 원하는 새로운 협약의 주요내용은 최소 12주의 출산휴가, 출산 및 추가휴가중 산모와 아동을 위한 현금 및 의료급여 제공, 임신 및 출산 등을 이유로 한 고용차별을 방지하기 위한 적절한

든 노동자에 대해 평등한 기준을 확립하게 된 것은 1958년이다. 고용 및 직업의 차별에 관한 ILO협약 제111호8)는 인종, 피부색, 성별, 종교 등등에 기초한 구별이나 제한을 두지 않고 모든 직업과 취업에 있어서 동등한 기회와 대우를 하도록 규정하고 있다. 그리고 더 나아가 1981 년에는 가족에 대한 책임을 지고 있는 노동자에게도 동등한 기회와 대우를 보장하는 협약을 제정하게 된다. 가족부양책임을 가지는 남녀 근로자의 기회와 대우의 평등에 관한 협약 제156호9)는 남녀 노동자 사이의, 그리고 돌보아야 할 가족이 있는 노동자와 그렇지 않은 노동자 사이의 취업기회가 동등해야 한다는 것을 목표로 하고 있다.

이와 같이 20세기 전반부의 여성에 관한 초기 ILO 국제협약들은 여성의 권리를 주장하는 인권의 관점에서 제정되기보다는 여성을 위험한 노동환경으로부터 보호하고자 하는 측면에서 제정되었다. 당시 제네바에서 사회 문제, 특히 난민, 인신매매, 건강, 교육, 여성의 국적 등의 문제에 관한 활발한 활동을 하고 있던 20여 개 여성단체의 강력한 로비활동으로 제정된 초기 협약들은 그 좋은 의도에도 불구하고 여성억압의 근원을 간과하고 여성에 대한 부정적인 스테레오타입과 여성에 대한 불평등한 대우를 지속시켰다는 비판을 받고 있다(Gaer, 1998: 6).

남녀동등권으로서의 여성의 권리는 국제연맹이 창설된 이후에도 국제사회에서 전혀 고려되지 않았다. 1937년에 가서야 국제연맹총회가 전문가 위원회를 임명하고, 여성의 법적 지위에 관한 국제적 조사를 NGO(비정부기구)와 협의하여 하도록 하였으나 임무를 다 마치지 못한 채 국제연맹은 끝나고 말았다.10) 지역적으로는 미대륙 국가들의 연

조치 강구, 정기적인 노사단체와 협의 등이다.

8) International Labor Organization: Convention Number 111 Concerning Discrimination in Respect of Employment and Occupation. 1998년 3월 1일 현재 130개국이 비준하였다.

9) ILO: Convention Number 156 Concerning Equal Opportunities and Equal Treatment for Men and Women Workers: Workers with Family Responsibilities.

10) 여성의 법적 지위에 관한 국제조사결정은 국제연맹총회의 정식의제로 여성

합인 범미연합(Pan-American Union)의 1923년 제5차 미주국가 국제총
회에서 여성의 권리에 관한 결의문11)이 채택되고, 1928년 제6차 총회
에서는 미주 여성위원회12)가 설치되었으나 이것이 국제적으로 확산되
는 데는 많은 시간이 걸렸다.

따라서 유엔 창설 전까지 여성인권에 대한 개념이나 기준은 일부 지
역에서는 확립되었으나 국제적으로는 세워지지 못하였다. 여성의 권리
와 평등권에 대한 국제적 논의는 1945년 유엔이 창설되고, 유엔헌장과
세계인권선언이 기초되는 과정에서 비로소 논의되었다.

2) 1945년 유엔 창설 후부터 1975년 세계여성의 해 전까지

(1) 유엔 내에서의 인권과 여성인권: 분리냐 통합이냐?

1945년 유엔이 창설될 때, '여성의 권리를 다른 모든 인권의 문제와
함께 한 기구에서 논의하도록 할 것인가?', 또는 '독립적인 기구에서
다루도록 할 것인가?'가 이슈로 부상하였다. 1945년 샌프란시스코 대
회에서 일단의 여성지도자들은 여성지위에 관한 별도의 위원회를 만들
기 원한 반면에, 성평등 문제는 인권위원회에서 모두 한꺼번에 다루어
야 한다는 의견이 대립되었다. 유엔 인권위원회의 본래 설치목적에는
'성에 기반한 차별의 방지'가 포함되어 있었다. 여성에 관한 별도 위원

평등권에 관한 조약을 다루어줄 것을 남미 국가대표들이 요구하고, 여성
NGO들이 이 주제에 관한 증언을 한 노력의 결과이다. 그러나 전문가 위원회
는 단지 세 번밖에 모이지 못했고 따라서 조사는 일부분 밖에 진행되지 못했
다(Gaer, 1988: 7).

11) 과테말라에 의해 제안된 이 결의안은, 당시 아메리카 대륙 18개 국가들의 연
합체인 범미연합(Pan-American Union)으로 하여금 여성에 대한 헌법적·법률
적 제약을 철폐하고 남성들과 같은 시민적·정치적 권리를 획득할 수 있는 방
안에 대한 연구를 앞으로의 총회에서 다루도록 할 것, 그리고 이를 위해 여
성교육의 증진, 법의 개정, 총회 대표단에 여성을 포함시킬 것 등 5개항을 담
고 있다. Bondareff(1998: 120-121) 참조.

12) Inter-American Commission of Women은 처음에 7명으로 구성되었으나 나
중에는 모든 회원국으로 확대되었다. Bondareff(1998: 122-123) 참조.

회가 필요하다는 입장은 별도의 여성위원회가 여성의 권리를 발전시키고, 여성에게 영향을 미치는 문제들에 관해 토의할 수 있는 장을 제공한다는 것이었다. 또한 여성의 문제는 특수하므로 별도로 다루어야지 남성의 권리와 같이 다룬다는 것은 비현실적이며 아카데믹한 것이라고 주장하였다. 그러나 반대편에서는 이러한 별도의 조직은 여성을 고립시키고, '일반적' 인권논의와 동떨어진, 여성을 위한 별도의 권리와 기준을 확립하게 될 것이라는 우려를 표명하였다(Gaer, 1998: 8-9).

유엔 경제사회이사회는 별도기구에 대한 요구를 받아들여 인권위원회 산하에 여성지위 소위원회를 설치하기로 결정하였다. 그러나 3개월 후 소위원회 자체가 위원회로의 격상을 요구하였고, 이는 경제사회이사회에 의해 즉시 받아들여졌다.

인권 문제는 인권위원회로, 여성인권을 포함한 여성 문제는 여성지위위원회로 분리된 것에 대한 평가는 엇갈린다. 인권위원회의 기능에서 성에 기반한 차별방지 문제가 제외된 적은 없었지만, 비엔나 세계인권회의 전까지 모든 여성 문제는 사실상 여성지위위원회에서 다루어 졌었다. 비판적인 쪽은 별도의 위원회를 설치함으로써 여성인권 문제가 주요 국제인권논의에서 배제되었다고 주장한다. 이는 첫째, 유엔내에 여성 문제를 다루는 특별기구를 만듦으로써 주류 인권기구로 하여금 책임을 면하게 하고 여성인권을 더 '낮은' 권리로 대우하는 부정적인 결과를 초래하였고, 둘째, 심각한 사상적, 정치적 갈등이 있는 국가에서도 대부분 성(gender)에 근거한 차별은 용인하거나 묵인하므로, 여성인권에 대한 침해는 평화, 영토주권 또는 국제관계에 있어서 중대한 위협이 아니게 되었다는 것이다. 결국 냉전 기간 동안 인권 문제는 동서간의 전투에 국한되었고, 여성의 억압을 정치적 문제로 보지 못함으로써 성차별과 여성폭력을 인권의 문제에서 제외시키는 결과를 초래하였다.

실제로 여성지위위원회는 기존의 인권에 대한 접근방식과는 다른 방법을 취하였다. 교육, 취업, 건강 문제 등 경제, 사회, 문화에 깊숙이 배어 있는 여성에 대한 차별행위에 대해 문제를 제기하고, 이를 법적

평등에 근거하여 다루었다. 반면, 여성지위위원회의 별도 설치를 옹호
하는 측은 여성지위위원회가 첫째, 여성 동원, 정부와 여성그룹에 대한
정보제공, 규범의 확립 등을 통해 권리를 현실로 바꿀 수 있었고, 둘째,
유엔 내에서 여성이 중요한 비중을 차지하는 유일한 기구이며, 셋째,
여성지위위원회의 본래 목적을 잘 수행하면서 새로운 문제에도 잘 대
응했다고 평가한다.13) 또한 별도의 기구가 설립되지 않았다면 유엔 내
에서 현재와 같은 정도로 여성 이슈가 부각될 수는 없었을 것이라는
평가도 있다.14)

여성지위위원회에서 여성의 권리를 별도로 다루게 된 것에 대해 비
판적이든 긍정적으로 평가하든 간에, 인권위원회에서 다룬 인권사안들
과 여성지위위원회에서 다룬 여성인권사안들이 유엔 내에서 현격한 비
중의 차이를 가지게 된 사실은 명백하다.

인권위원회는 전세계의 인권 문제를 다루는 명실상부한 기구로서 유
엔 내에서 중요한 위치를 차지하고 있다. 1970년을 시작으로 중대한
인권침해를 모니터하는 장치를 다수 발달시켰고,15) 또 비상시에는 (정
기 연례회의 이외에) 추가회의를 개최할 수 있는 고위직의 53개국으로
위원국이 구성되어 있다. 연간 30건 이상의 사실조사를 실시하고, 수천
건의 개인인권침해를 다루고 있다. 그러나 여성인권 문제에 대해서는
인권위원회는 거의 아무 것도 한 것이 없다. 물론 인권위원회가 실종,

---

13) 여성지위위원회의 사무국을 맡고 있는 Division for the Advancement of
Women의 1994년 공식 평가(Gaer, 1998 :9).
14) 전 미국대표였던 마가렛 게리(Margaret Galey)의 평가(Gaer, 1998: 9).
15) 1993년까지 13개국의 문제에 대한 보고관을 임명하였고, 10개 주제(약식 및
임의처형, 강제실종, 임의구금, 고문 및 그 밖의 잔혹한, 비인도적인 또는 굴
욕적인 대우나 처벌 문제, 종교적 편협성, 용병제도, 어린이매매, 표현의 자유,
국내난민 등)에 대한 장치를 발달시켰다. 또한 인권 및 민주적 기구설립과 인
권의식 증진을 위한 기술적 지원 프로그램도 설치하였다. 경제사회이사회의
자문 지위를 갖고 있는 NGO가 150개 이상 인권위원회에 참석하고, 자문지
위가 없는 많은 NGO도 회의를 모니터하고 관심분야에 대해 압력을 넣고 있
다. 인권위원회 등 유엔의 주요 인권기구, NGO와의 관계 등에 대해서는 한
국인권단체협의회·국제인권봉사회(1994)를 참조.

고문, 종교적 박해 등의 여성피해자를 다룬 것은 사실이지만, 여성에게 특별한 관심이 있는 문제, 예를 들면 강간, 강제결혼, 국경을 넘나드는 여성인신매매, 여성에 대한 '명예'범죄, 음핵절개 등에 대해서는 관심을 기울이지 않았다. 고문특별보고관의 보고서에서도 강간이 제외된 것은 인권위원회가 여성인권 문제를 무시한 하나의 예에 불과하다.

반면 여성지위위원회는 유엔 내에서 인권위원회와 같은 정치적 위상을 갖지 못하고 있다. 여성인권침해를 다룰 수 있는 절차도 발전시키지 못하였다. 이는 1960년대 이후 여성지위위원회가 여성의 법적인 지위로부터 국가경제개발에 있어서의 여성의 역할로 관심을 전환한 데도 원인이 있다. 1973년 유엔 내 여성 문제의 책임부서가 당시 인권국(Division of Human Rights)에서 사회개발과 인도주의업무센터(Centre for Social Development and Humanitarian Affairs)로 옮겨졌고 그때부터 유엔기구가 여성 문제를 경제사회개발계획하에서 검토, 인권측면은 무시되었다는 것이다. 따라서 기구의 분리는 '여성 문제'와 '인권 문제' 간의 분리를 심화시키는 결과를 초래하였다. 인권조약의 이행을 모니터하는 독립적인 전문 인권기구인 여성차별철폐위원회조차도 일부사람들은 실질적으로 여성지위위원회의 부속으로 보고 있는 것이 그 단적인 예이다.

(2) UN의 주요 인권협약과 여성

유엔 창립 초기에 여성들은 유엔헌장의 내용에 인권을 확실하게 포함시키고 여성에 대한 차별을 금지하는 조항을 넣는 데 중요한 역할을 담당하였다. 그 결과 유엔헌장은 그 설립목적의 하나로 성의 구별 없이 모든 사람의 인권과 자유의 신장을 목표로 한다는 것을 명시하였다.[16]

---

16) 유엔헌장이 마무리지어진 1945년 샌프란시스코 회의에는 미국의 42개 주요 NGO의 대표들이 미국정부대표단의 공식 자문위원으로 임명되어 참석하였다. 이들은 인권에 역점을 두고 인권위원회의 설립이 헌장에 명시되도록 하였다. 또한 브라질, 도미니카 공화국, 멕시코의 여성 대표들은 NGO들과 같이 협력하여 성에 기반한 차별금지, 유엔 내 남녀 동등한 고용기회의 보장 등이 인권에 포함되도록 하였다(Gaer, 1998: 7).

국제인권협약 중에서 가장 중요한 협약은 세계인권선언(1948),[17] 시
민적·정치적 권리에 관한 국제규약(1966),[18] 경제적·사회적·문화적 권
리에 관한 국제규약(1966)[19]의 세 가지[20]로 이는 권리장전으로 불린다.
여성지위위원회는 그 설립 초기에 여성인권을 국제인권협약에 포함시
키는 데 중요한 역할을 수행하였다. 즉 1948년 세계인권선언이 만들어
질 때 여성지위위원회는 성에 근거한 차별을 받지 않도록 하는 원칙:
결혼·이혼에 대한 여성의 동등한 권리, 가족간의 성중립적인 언어의 사
용 등의 문제에 대해 공식적인 제안을 하였다. 세계인권선언 제1조가
현재와 같이 모든 사람을 포함하는 내용으로 된 것은 여성지위위원회
대표단이 활동한 결과이다. 즉 "모든 인간은 그 존엄성과 권리에 있어
동등하고도 자유롭게 태어났다"라는 문구는 원래 "모든 남자는…"으로
기초되었던 것이 여성들의 반대와 로비활동으로 '인간의 범주에' 여성도
포함하는 것으로 바뀌게 되었다.[21] 또한 성별에 상관없이 동등한 권리에

---

17) 세계인권선언은 협약이 아니며 따라서 법적 구속력이 없다. 이 선언의 채택
   목적은 모든 사람들과 국가가 이룩해야 할 공동의 기준을 선포하는 데 있었
   고, 구체적인 내용을 갖춘 인권협약은 따로 만들어지도록 되어 있었다. 그러
   나 실제로 인권협약이 제정되고 효력을 발생하게 된 것은 1976년이 되어서였
   다. 따라서 세계인권선언은 28년간 광범위한 인권 문제를 포괄한 유일한 국제
   문서로서 활용되었고 여러 나라에서 법원이 기준으로 삼기도 하였다. 따라서
   세계인권선언은 이제 국제관습법을 반영하는 규범적 협약으로 간주되고 있다.
   Murphypp (1998: 137-138) 참조.
18) International Covenant on Civil and Political Rights. 우리나라는 1990년 가
   입했다.
19) International Covenant on Economic, Social and Cultural Rights. 우리나라
   는 이 협약에 1990년에 가입했다.
20) 이 외에 중요한 국제인권협약으로는 인종차별철폐협약(1965년 채택), 여성차
   별철폐협약(1979년 채택), 고문방지협약(1984년 채택), 아동권리협약(1989년
   채택)이 있다. 시민적·정치적 권리에 관한 국제규약, 경제적·사회적·문화적 권
   리에 관한 국제규약과 함께 6개 주요 인권협약으로 꼽힌다.
21) 당시 미국 대표단을 이끌고 있었던 엘리노어 루즈벨트 여사는 처음에 이 제
   의를 반대하였다. 즉 성중립적인 언어는 불어로 번역하기가 어렵고, '모든 남
   자'라고 하는 단어가 모든 인간을 포함한다는 주장이었다. 그러나 여성대표들
   은 굽히지 않고 인권위원회에서 12 : 0으로 불리한 상황을 극복하고 총회의
   분위기까지 바꾸는 데 성공하였다(Gaer, 1998: 9-10).

대한 명시(제2조), 결혼에의 동등한 권리(제16조), 동일노동 동일임금(제
23조 2항), 모성보호(제25조 2항) 조항 등이 여성을 직접 언급하고 있다.

세계인권선언의 내용을 구체적으로 발전시켜 법적 구속력이 있는 협
약으로 만든 것이 시민적·정치적 권리에 관한 국제규약과 경제적·사회
적·문화적 권리에 관한 국제규약이다. 원래는 하나의 규약으로 만들려
고 했던 것이 사회경제적 권리에 대한 서구와 동구권 국가들의 의견차
이로 두 개의 규약으로 갈라지게 되었다.22) 두 협약 모두 1966년에 제
정되어 1976년에야 발효되었다.

시민적·정치적 권리규약은 일명 B규약으로서 소위 '부정적 권리'에
관한 협약이다. 즉 국가가 부적절한 행동, 예를 들면 임의체포나 구금,
종교의 자유에 대한 제한 등을 하지 못하도록 보장하고 있다. 전문(前
文)과 총 53조로 되어 있으며, 모든 조항이 여성에게 동등하게 적용되
지만, 남녀의 동등한 권리나 여성의 권리를 특별히 언급한 조항들도
있다. 즉 모든 시민적·정치적 권리의 향유에 있어 '남성과 여성의 동등
한 권리(제3조)', '임신한 여성에게 사형집행 금지(제6조 5항)', '결혼
중, 또 혼인해소시 남녀의 평등(제23조)', '공적 생활에의 동등한 참여
권(제25조)', '법앞에서의 평등과 차별없는 원칙'은 꼭 시행되어야 하는
권리(enforceable rights)라고 선언(제26조)한 것 등이다. 이 협약을 운용
하기 위한 기구로 인권이사회(Human Rights Committee)가 있다. 협약
당사국은 협약의 이행상황에 대해 4년에 한 번 정기적으로 이 위원회
에 보고서를 제출하면, 위원회는 이를 심의하고 권고안을 낸다. 이 협
약은 또한 선택의정서(optional)23)를 두어 인권침해의 당사자가 인권이
사회에 진정할 수 있는 통로를 주고 있다.

경제적·사회적·문화적 권리에 관한 국제규약은 A규약으로 불리며
'긍정적 권리'에 관한 협약이다. 국가가 수행해야 할 의무, 예를 들면

22) 사회경제적 권리의 중요성에 대한 인식의 정도에 차이가 있었다. Stark(1998:
214-215) 참조.
23) Optional Protocol to the International Covenant on Civil and Political Rights.

모든 사람에게 '적절한 생활수준'을 보장하는 것 등을 명기하고 있다. 이는 적절한 의식주의 보장, 신체적·정신적 건강의 담보 등을 포함하고 있고, 모든 국가는 이러한 권리를 '전진적으로' 이루도록 할 의무가 있다고 규정하고 있다. 이 밖에 교육, 문화생활에의 권리 등 경제·사회·문화의 전 분야에 걸쳐 기본적인 권리를 명시하고 있다. 앞의 협약과 마찬가지로 남녀의 동등한 권리(제3조)를 보장하고 있으며, 모든 노동자에게 공정한 임금, 동일가치노동에 대해 동일한 보수, 특히 여성은 남성이 누리는 것에 빠지지 않는 노동조건의 보장, 동일노동 동일임금(제7조, a항 i), 모성보호, 유급출산휴가 또는 적정한 사회보장혜택이 주어지는 휴가(제10조 2항)가 보장되도록 하고 있다. 이 협약 역시 이행을 모니터하는 위원회[24]를 두고 있다. 그러나 협약내용의 성격상 시민적·정치적 권리협약처럼 협약을 엄격하게 준수하기보다는 점진적으로 경제·사회·문화적 수준의 향상을 도모하도록 하는 것이 묵시적으로 양해되고 있다. 시민적·정치적 권리에 관한 국제협약과는 달리 선택의정서를 두고 있지 않는데, 이는 서구와 동구권 모두 경제사회적 권리에 대해 국제적 감시를 받고 싶어하지 않기 때문으로 풀이되고 있다.

두 인권협약이 제정되는 과정에도 여성지위위원회는 중요한 역할을 했다. 즉 여러 분야에 대해 보고서와 조사결과 등을 제출하여 남성과 여성에게 동등한 권리를 부여해야 하는 이유를 뒷받침할 수 있는 근거를 제공하였다.[25]

(3) 여성의 특정권리에 관한 국제협약

위에서 설명한 국제인권협약이 제정되기까지 여성의 특정권리에 대

---

24) Committee on Economic, Social and Cultural Rights.
25) 부트로스-갈리(Boutros-Ghali)에 의하면 당시 조사된 국가의 1/3이 여성에게 정치적 권리를 부여하지 않고 있었다. 또한 기혼여성의 경우 국적법으로 인한 많은 갈등을 겪고 있었으며, 관습이나 종교적 이유로 여성은 동등한 교육기회를 갖지 못했고, 여성의 문맹률이 더 높았다고 여성지위위원회가 기술하고 있다(Gaer, 1998: 주 33).

한 여러 협약들이 마련되었다. 여성지위위원회가 처음 기초한 국제협약중의 하나로 인신매매금지 및 타인의 매춘행위에 의한 착취금지에 관한 협약(1949)[26]이 있다. 여성지위위원회의 목적은 여성의 지위를 남성과 동등한 위치로 향상시키는 것이었고, 그러기 위해서는 성매매와 여성의 인신매매를 없애는 것이 필요하였다. 그러나 이 협약은 성매매 자체를 금지하지는 않고 있다. 그보다는 성매매에 따르는 인권침해 행위 즉 알선, 중개, 포주업, 매춘의 이용 등을 금지하고 있다. 결과적으로 여성은 보호가 필요한 피해자, 또는 평등을 쟁취하기에는 무기력한 존재로 간주되는 셈이다. 그러나 인신매매를 해악한 것으로 규정하고 성차별을 없애는 데는 중요한 진전을 이루었다고 할 수 있다. 또한 성, 인종을 모두 포함하여 여성뿐만 아니라 소년도 보호되도록 하고 있다.[27]

여성의 정치적 권리에 관한 협약(1953)[28]도 여성지위위원회가 몇 년에 걸쳐 유엔 사무총장에게 협약을 기초해 줄 것을 요청한 끝에 제정된 것이다. 이 협약의 의미를 이전의 특혜나 보호가 아니라 권리에 대한 주장으로 전환한 것으로 해석하는 사람도 있다. 그러나 당시의 분

---

26) Convention for the Suppression of the Traffic in Persons and of the Exploitation of the Prostitution of Others. 1949년 유엔총회 통과, 1950년 3월 21일 서명을 위해 개방, 1951년 7월 25일 발효, 우리나라는 1962년 가입했다.

27) 이 협약은 이전에 체결된 여러 국제협약들, 즉 백인노예매매 금지협약(1910), 여성·아동매매 금지협약(1921), 성인여성매매 금지협약(1933)등의 범주를 더 확대하여 제정한 것이다. 그러나 1949년에 이 협약이 제정된 이후 오히려 매춘은 계속 증대되어 왔고 특히 국제적으로 여성에 대한 착취가 극심한 상황이다. 따라서 이 협약을 다시 개정하려는 운동이 이미 1980년대 말부터 진행되어 왔다. 현재 국제적으로 두 그룹으로 분열되어 각기 다른 운동이 진행되고 있다. Coalition Against Trafficking in Women은 모든 매춘은 여성의 인간화에 위배된다는 입장에서, 성적 착취에 관한 협약(Convention Against Sexual Exploitation)의 초안을 이미 1990년에 마련하여 여러 번 수정하였다. 반면 Global Alliance Against Trafficking in Women은 성인여성의 매춘은 상관하지 않고 어린이매춘을 막는 데 초점을 두자는 입장을 취하고 있으며, 최소한의 기준법칙(Minimum Standard Rules)을 채택할 것을 주장한다.

28) Convention on the Political Rights of Women. 1952년 2월 제정, 1953년 3월 31일 서명을 위하여 개방, 1954년 7월 7일 효력 발생. 한국은 1959년 가입.

위기는 여성의 정치적 권리가 이런 협약의 형태보다는 교육이나 미디어 캠페인을 통해 하는 것이 더 효과적이고 현실적인 방안이라는 것이 사무총장이나 경제사회이사회 위원국 대부분의 의견이었다(DeBehnke, 1998: 181-182 참조). 여성에게 동등한 선거권(제1조), 동등한 피선거권(제2조), 동등한 공직 진출권(제3조)을 보장하고 있다.

이 외에도 여성의 특정권리에 관한 국제협약은 기혼여성의 국적에 관한 협약(1957)[29]이 있다. 여성이 외국인과 결혼했을 때 자동적으로 원래의 국적을 상실하게 되고, 이혼할 경우 무국적자가 되는 문제에 대처하기 위한 협약이다. '결혼, 이혼 또는 결혼생활 중 국적 변경이 아내의 국적을 자동적으로 결정하지 않도록 할 것(제1조), 남편이 다른 나라의 국적을 취득하거나 국적을 포기하는 것에 상관없이 아내가 그 국적을 유지할 수 있도록 할 것(제2조), 그리고 외국인 아내는 특별히 귀화할 수 있도록 한다(제3조)' 등이다.[30] 혼인에의 동의, 혼인최저연령 및 혼인신고에 관한 협약(1962)[31]은 협약의 제목이 나타내는 대로, '결혼에는 당사자의 완전한 자유의사에 의한 동의를 전제로 할 것(제1조), 결혼의 최저연령을 법으로 정할 것(제2조), 모든 결혼은 공식적으로 등록하도록 할 것(제3조)' 등이다.

특정권리에 관한 협약은 매춘협약만 제외하고는 모두 대단히 짧고, 의미가 협소하며, 이행장치가 없어 실제로 여성의 권리를 지켜내는 데 이 협약들이 얼마나 기여했는지에 대해서는 의문이 들기도 하지만, 어쨌든 인권적 측면에서 여성의 권리를 보장한 것은 그만큼 진전된 것임

---

29) Convention on the Nationality of Women. 1957년 제정. 1991년 현재 57개 국이 가입해 있다.

30) 남편에게는 특별귀화절차를 허용하지 않기 때문에 여성에게만 유리한 조항이 아닌가라는 시각도 있지만, 자국에 거주하는 여성이나 그 자녀에게는 경제 부조나 의무교육을 받지 못할 수도 있기 때문에 오히려 부정적인 영향을 미치는 것으로 평가되기도 한다. Karen L. Forman(1998: 185-186) 참조.

31) 1962년 제정. 여성지위위원회가 제정을 추진했던 다른 협약과는 달리, 이 협약은 1956년부터 제정의 필요성을 느낀 경제사회이사회가 여성지위위원회에 초안작성을 의뢰하였다. Ackerman(1998: 211).

은 분명하다. 국적에 관한 협약의 경우 많은 협약가입국의 국내법에 간접적으로 영향을 미친 것은 대단히 긍정적으로 평가되기도 한다 (Forman, 1998: 186).

(4) 여성차별철폐선언(1967)[32]

여성의 특정권리를 다룬 협약들이 여럿 제정되었지만 여성의 권리 전체를 하나의 문서에 담을 필요성을 느끼게 되어 만들어진 것이 여성 차별철폐선언이다. 1963년에 개발도상국들과 동구 국가들이 유엔 총회 에 선언문의 초안을 만들 것을 요청하는 결의안을 제출하였다. 당시 많은 신생독립국들이 유엔에 새로 가입하였고, 이들 개발도상국들은 여성의 권리가 단지 서구만의 이상은 아니라는 것을 강조하였다. 여성 차별철폐선언의 경우에도 역시 여성지위위원회가 선언문 기초위원회 구성을 위임받았고, 1967년 11월 7일 유엔 총회에서 만장일치로 채택 되었다(Furuya, 1998: 245-246 참조).

이때까지 제정된 여성에 관한 협약이 여성을 특별한 계층으로 간주 하여 보호하였고, 그러한 개념이 여성에 대한 차별을 지속시키기도 하 였다면, 여성차별철폐선언은 여성과 남성에 대한 동등한 대우에 초점 을 맞춘 점이 확연히 구별된다고 하겠다. 이 선언은 여성에 대한 차별 은 근본적으로 부당하고 인간의 존엄성을 해치는 것이며, 성차별은 가 족과 사회의 안녕과 상반된다고 하였다. 그러므로 차별적인 관습과 법 률을 철폐하고, 대중여론을 변화시키며 편견을 없앨 수 있는 대책을 촉구하였다. 이전의 여성의 정치적 권리나 국적법상의 권리도 이 선언 에 포함되었다. 또한 동일 임금과 유급출산휴가도 포함하였다.

---

32) Declaration on the Elimination of Discrimination Against Women. 1967년 11월 7일 유엔총회에서 채택.

3) 세계여성의 해와 유엔 여성 10년

1975년 유엔이 정한 세계여성의 해를 시작으로 1985년까지 유엔여성 10년 간 세 번에 걸친 세계여성회의는 여성운동의 성장에 큰 역할을 하였다. 1975년 멕시코 멕시코시티에서의 제1차 세계여성회의, 1980년 덴마크 코펜하겐의 제2차 세계여성회의, 그리고 1985년 케냐 나이로비에서의 제3차 세계여성회의를 거치면서 각국은 여성의 지위를 향상시키기 위한 정부 차원의 대책을 강구할 의무를 지게 되었다. 그러나 대회 자체뿐만 아니라 대회와 병행하여 열린 NGO 포럼은 세계각국의 여성들이 모여 경험을 교환하고, 전략을 논의하며 서로간의 연대망을 조직하는 중요한 장으로 작용하였다. 또한 대회를 전후하여 준비와 후속작업을 위한 세미나 등 여러 부대 행사는 여성운동의 발전에 많은 기여를 하였다.

유엔여성10년은 '평등·발전·평화'라는 목표 아래 진행되었지만, 유엔 초기에 비추어 볼 때 여성의 개인적 권리와 평등보다는 경제적·사회적 발전에 있어서의 여성의 역할로 초점이 옮겨갔다고 본다. 이는 신생독립국가들이 많이 생겨나서 개발 문제가 유엔의 주요관심사가 되었고, 밑으로부터의 개인의 권리를 행사하기보다는 유엔이 위로부터의 정책에 더 의존했던 경향 때문이기도 하다. 냉전시기 미국을 중심으로 한 서방세계가 시민적·정치적 권리에 관한 국제협약중심의 개인적 권리에 집중했다면, 소련과 제3세계는 개인의 권리보다는 경제발전과 평화에의 권리에 더 집중했다고 할 수 있다(Gaer, 1998).

따라서 이 시기에 시민적·정치적 권리 등 개인의 권리침해에 집중했던 일반 인권운동과 여성인권운동과의 사이에 골이 존재하게 되었다. 여성지위위원회는 평등의 추구보다는 여성의 사회참여에 더 관심을 보였고(Gaer, 1998), 여성운동도 경제발전과 여성의 지위 사이의 관계를 연결시켜 보는 관점들이 많이 도입되고, 또 단체도 만들어지게 되었다. 여성과 발전(women in development)의 관점은 여성의 '권리'라는 차원에서 문제를 보기보다는 여성의 '필요'(특히 경제적 필요)의 측면에서

의식주의 기본적 욕구를 충족시키는 경제발전에 더 초점이 주어졌던 시기로 본다(Schuler, 1995: 7).

이 기간 동안의 여성인권증진에 있어서 가장 중요한 사실은 여성차별철폐협약의 제정이다. 1967년 여성차별철폐선언을 채택하기까지 4년간에 걸친 국제적 여론의 형성은 그 후 여성차별철폐협약을 제정하기 위한 기반이 되었다. 1972년 유엔 사무총장은 여성지위위원회에 여성의 인권에 관한 새로운 국제협약에 대한 각국 정부의 견해를 파악해 볼 것을 요청하였고, 이에 대한 긍정적인 반응에 여성지위위원회는 협약의 초안을 작성하겠다는 요청을 경제사회이사회에 하게 된다. 1973년 여성지위위원회는 15인으로 협약 초안작성을 위한 실무 그룹을 임명하였다. 원래 1975년 세계여성의 해에 맞추어 추진하려고 하였으나 수정 작업과 경제사회이사회의 토의, 유엔 총회에서의 논의를 거쳐 다시 전체 실무 회의에서 초안 손질을 한 끝에 마침내 1979년 유엔총회에서 채택되었다(Tomasevski, 1993).

(1) 여성차별철폐협약(CEDAW, 1979)[33]

여성차별철폐선언은 법적인 구속력을 가지는 여성인권에 관한 종합적인 협약으로서 여성에 대한 차별을 방지할 것을 국가의 의무로 하고 있다. 이 협약에서 정의하는 여성차별은 "정치적·경제적·사회적·문화적·시민적 또는 기타 분야에 있어서 결혼여부에 관계없이 남녀동등의 기초 위에서 인권과 기본적 자유를 인식, 향유 또는 행사하는 것을 저해하거나 무효화하는 효과 또는 목적을 가지는 성에 근거한 모든 구별, 배제 또는 제한"을 의미한다(제1조). 그리고 여성에 대한 모든 형태의 차별을 철폐하기 위한 정책으로 성차별적인 법률, 규칙뿐만 아니라 관

---

33) Convention on the Elimination of All Forms of Discrimination Against Women. 1979년 12월 18일 채택, 1981년 효력이 발생했다. 1999년 3월 현재 163개국이 가입하여, 아동권리협약 다음으로 비준국 수가 많은 협약이다. 한국은 1984년에 가입하였다. 여성협약(Women's Convention)이라고도 한다.

습 및 관행, 관념 및 편견까지도 수정 또는 폐지하는 것을 국가의 의무로 규정하고 있다(제2조, 3조, 5조). 그러나 평등을 앞당기기 위해 취하는 잠정적 특별조치, 예를 들면 할당제 같은 조치는 차별로 보지 않는다는 것을 분명히 하였다(제4조).

여성차별철폐협약이 포괄하고 있는 분야는 인신매매 및 매춘에 의한 착취의 금지(제6조), 정치적 및 공적 생활에서의 차별철폐(제7조), 국제기구에 동등하게 참여할 권리(제8조), 국적에 있어서의 여성의 동등한 권리(제9조), 교육에 있어서의 차별철폐(제10조), 고용분야에 있어서의 차별철폐(제11조), 보건(제12조), 금융대부 등에 대한 권리(제13조), 농촌여성의 권리확보(제14조), 법적인 평등(제15조), 혼인과 가족관계에 있어서의 차별철폐(제16조) 등이다.

이 협약의 이행과 관련하여서는 여성차별철폐위원회[34]를 두어 심의하도록 되어 있다. 이는 앞에서 설명한 대로 시민적·정치적 권리에 관한 국제협약의 이행을 심의하는 기구로 인권이사회를 둔 것과 동일하다. 즉 당사국은 협약에 가입, 발효한 후 1년 이내에 첫 보고서를 제출하고, 그 후에는 4년마다 협약이행보고서를 제출한다.[35] 위원회는 보고서에 기초하여 제안 및 일반적 권고를 할 수 있다(제17~21조). 그러나 인권이사회처럼 여성차별철폐위원회로 하여금 개인의 진정을 받도

---

34) Committee on the Elimination of Discriminatin Against Women. 위원회는 모두 23명의 개인 전문가 위원으로 구성되며, 임기는 4년이다. 2년마다 위원의 절반이 새로 선출된다. 각국이 지명한 후보를 놓고 협약 당사국들이 투표하여 최다수표 및 절대 다수표를 획득한 사람이 선출된다. 한국은 1996년 처음으로 김영정씨가 위원으로 선출되어 1997-2000년까지 임기이다. 위원회는 뉴욕에서 모이며, 1996년까지는 매년 1회씩 1월에 회의를 개최하다가 1997년부터 1월과 7월, 연 2회에 걸쳐 3~4주씩 열린다.

35) 우리나라는 협약 가입 후 정기적으로 여성차별철폐위원회에 보고서를 제출하고 심의를 받았다. 그 연도는 다음과 같다. 제1차 보고서: 1986년 제출, 1987년 4월 제6차 여성차별철폐위원회기중 제1차 심의. 제2차 보고서: 1989년 제출, 1993년 1월 제12차 회기중 제2차 심의. 제3차 보고서: 1994년 제출. 제4차 보고서: 1998년 제출, 1998년 7월 제19차 회기중 제3차 보고서와 제4차 보고서를 함께 심의받음.

록 하자는 제안은 그 당시 받아들여지지 않았다(Gaer, 1998: 10).

여성차별철폐협약은 모성에 기초해서 여성을 보호하는 초기의 관점을 버리고 여성의 권리를 강화하였다. 또 한시적 대책을 통해 사실상의 평등을 가져오도록 할 필요성을 인정하였고, 성차별의 정의에서 국가의 책임을 '사적인' 영역인 가족까지 확대하였을 뿐만 아니라 결과적 성차별까지 정의를 확대하였다.

이와 같은 강점에도 불구하고 이 협약은 동시에 약점을 가지고 있다. 그 하나는 유보조항을 둘 수 있도록 한 것이다. 163개국이라는 많은 국가가 협약에 가입했지만, 반면에 유보를 많이 한 것은 협약의 효력을 상당히 감소시키는 요소이다. 가장 많은 나라가 유보하고 있는 조항은 혼인과 가족관계, 국적, 법 등에 있어서의 평등한 권리에 관한 것이다.36) 이러한 문제점 때문에 1995년의 베이징 세계여성회의에서 채택된 베이징선언과 행동강령에는 여성의 인권을 보장하기 위한 기본적 조치로 여성차별철폐협약의 비준과 유보조항의 철회를 강조하고 있다.

(2) 여성차별철폐협약의 보완 장치

여성차별철폐협약의 또 하나의 약점은 여성에 대한 폭력 문제가 포함되지 않았다는 것이다. 이 협약이 제정될 1970년대 중반에는 아내구타나 강간 등 여성폭력의 문제가 국제적으로 제기되지 못하였고, 따라서 협약에도 폭력 문제가 반영되지 못하였다. 이를 보완하기 위하여 여성차별철폐위원회는 여성에 대한 폭력에 관한 일반 권고안 제19호(1992)37)를 채택하였다. 이 권고안의 획기적인 점은 그동안 당연시되었

---

36) 우리나라도 1984년 가입 당시 제9조 국적에 관한 조항과, 제16조 혼인과 가족관계에 관한 조항중 c, d, f, g항을 유보하였다. 그후 가족법 개정으로 1991년 제16조 c, d, f항에 대한 유보를 철회하였고, 국적에 관한 유보도 1998년 국적법 개정으로 철회되었다. 따라서 현재는 제16조 g항, '가족성에 대한 부부로서의 동일한 개인적 권리'가 유보되어 있다. 정무장관(제2)실(1995b: 3) 참조

37) Committee on the Elimination of Discrimination Against Women: General Recommendation Number 19, Violence Against Women. CEDAW/C/1992/L.1/Add.15(1992).

던 여성폭력을 차별로 규정한 것이다. 즉 "여성으로 하여금 인권과 기
본적 자유를 향유하는 것을 저해하거나 무효화하는 여성폭력은 … 협약
제1조에서 의미하는 차별이다"라고 규정한 것이다. 또한 폭력의 행위자
가 누구이든지, 국가, 조직, 기업, 개인을 막론하고 모든 사람의 행위에
다 적용된다는 것을 강조하였다. 이 권고안은 여성폭력에 관한 최초의
국제적 문서로서 여성의 인권신장에 결정적인 기여를 했다고 평가된다
(Kopsidas, 1998: 352 참조). 여성폭력을 차별로 규정한 이 권고안으로
인해, 여성차별철폐협약 가입국이 협약 이행보고서를 여성차별철폐위원
회에 제출할 때 폭력을 종식시키기 위해 어떤 조치를 취했는가도 같이
보고하도록 되어 있다.

여성차별철폐위원회의 권고안 제19호에 이어 1993년에는 유엔 총회
가 여성폭력철폐선언을 채택하였다. 2년에 걸친 전문가 그룹의 초안
작업 끝에 채택된 여성폭력철폐선언은 비정부기구(NGO)가 성에 기반
한 폭력 문제를 해결하려고 할 때 사용할 수 있는 국제협약이 없다는
점에서 그 제정의 필요성이 제기되었다. 또한 국제적으로 증가하는 여
성폭력의 경향, 특히 전 유고슬라비아에서의 집단강간사태에 대한 대
응이기도 했다(Silverman, 1998: 388 참조).

여성폭력철폐선언 제1조는 여성폭력을 다음과 같이 정의하였다. "공
적 생활에서 발생하든 또는 사적인 생활에서 발생하든지 간에, 신체적·
성적 또는 정신적 위해나 고통을 여성에게 주거나 줄 가능성이 있는, 성
에 기반한 모든 폭력행위 및 그러한 행위의 위협·강제, 또는 자유를 임
의로 박탈하는 행위"이다. 또한 제2조에서는 여성폭력의 범주를 가족 내
폭력, 일반사회에서의 폭력 그리고 국가에 의한 폭력으로 구분하고 각각
에서 발생하는 폭력의 종류에 대해 구체적으로 열거하고 있다. 가족 내
에서 발생하는 신체적·성적·정신적 폭력에 포함되는 것으로는 구타, 여
자어린이에 대한 성적 학대, 지참금관련 폭력, 아내강간, 음핵절개 등 여
성에게 고통을 주는 전통적 관습, 착취와 관련된 폭력 등이다. 일반사회
에서 발생하는 신체적·성적·정신적 폭력은 강간, 성적 학대, 직장이나

학교 등에서의 성희롱 및 위협·인신매매 및 강제매춘 등을 포함한다. 그리고 어디서 발생하든지 간에 국가에 의해 자행되거나 묵인되는 신체적·성적·정신적 폭력으로 규정되어 있는데, 여성폭력의 종류가 여기에 열거한 항목의 폭력에만 국한되는 것은 물론 아니다. 이 선언은 비록 법률적 구속력은 없지만 여성폭력 추방에 있어서 국제적인 기준을 분명하게 확립했다는 점에서 대단한 진전이다. 1994년 유엔 인권위원회가 임명한 여성폭력 특별보고관의 보고서도 이 선언의 정의와 범주를 따르고 있다.

(3) 여성차별철폐협약 선택의정서[38]

여성차별철폐협약은 법적 구속력이 있는 국제인권협약인데도 불구하고, 협약에 보장된 권리를 침해받은 개인에 대해 구제할 수 있는 장치가 없었다. 뒤에 설명하게 될 비엔나 세계인권회의와 베이징 세계여성회의에서 고조된 여성인권보장에 대한 요구로 여성차별철폐협약 선택의정서를 만들기 위한 작업이 시작되었고, 1996년 제40차 여성지위위원회에서 초안이 작성되었다(여성특별위원회, 1998b: 32). 이후 4년간의 노력 끝에 1999년 3월 12일 제43차 여성지위위원회에서 통과되었다.

선택의정서는 가입당사국의 여성이 협약에 보장된 권리를 침해받았을 경우 여성차별철폐위원회에 진정할 수 있도록 하고 있다. 즉 자국 내의 모든 방법을 다 거치고서도 차별이 해소되지 않을 경우, 여성차별철폐위원회에 진정을 하면, 이 위원회에서는 해당국가에 설명을 요구하게 된다. 심각한 또는 조직적인 협약위반이 자행되었을 경우에는 조사위원을 파견할 수도 있다. 여성인권에 대한 일종의 국제재판소의 역할을 하게 되는 셈이다.

선택의정서가 4년이나 끌었던 이유는 내용의 강·온을 두고 국가간의 의견 차이가 컸기 때문이었다. 가장 논란이 심했던 부분은 진정자격을

---

38) Optional Protocol to CEDAW. 채택되기까지의 배경과 선택의정서의 내용은 다음의 웹사이트를 볼 것. www.un.org/womenwatch/daw/cedaw/protocol/adopted.htm.

개인에게만 줄 것인가, 집단이나 단체에게도 줄 것인가, 피해자 대신 진정하는 사람의 경우 피해자의 동의를 받도록 할 것인가 아닌가, 유보조항을 둘 수 있도록 할 것인가, 말 것인가 등등이었다. 결과적으로 피해자 개인과 개인들의 집단이 진정할 수 있도록 하고, 유보를 할 수 없도록 결정하였다.[39] 또한 위원회가 당사국에 대해 조사를 실시하는 사안도 '심각한 또는 조직적인(serious or systematic)' 협약위반의 경우로 할 것이냐', 아니면 '심각하고도 조직적인(serious and systematic)' 경우로 할 것인가'를 놓고 줄다리기를 벌인 끝에 다행스럽게도 '또는'으로 낙착되었다.

이 의정서는 1999년 7월의 유엔 경제사회이사회를 거쳐 9월부터 열리는 유엔총회에서 통과되면, 10개국 비준 후 3개월이 경과하고, 발효되게 된다. 선택의정서 실무회의와 여성지위위원회에서 투표를 거치지 않고 전체 합의에 의해 통과된 만큼 모든 절차에서 별 문제가 없을 것으로 보인다. 또 최소요건인 10개국의 비준도 무난할 것이다. 여성차별철폐협약이 제정된 지 20년만에 또 하나의 여성인권 보호장치로서 선택의정서가 채택된 것은 그동안 여성운동의 값진 결실이다.

---

39) 유보를 할 수 있도록 하면 가입 국가는 많아질 수 있지만, 상대적으로 의정서의 효력이 감소되게 된다. 반대로 유보를 할 수 없도록 하면 가입국이 줄어들게 되므로, 이를 막기 위해 전체적으로 내용이 약화되게 된다. 유럽연합(EU)의 경우 다른 부분에서 양보하더라도 유보조항을 둘 수 없도록 하는 부분은 끝까지 고수하였다. 의정서에 대해 EU와 아프리카 국가 등은 적극적 지지를, 중국, 이집트, 쿠바, 알제리, 이라크 등은 적극적 반대를 하였다. 아시아에서 가장 걸림돌로 지적된 나라들은 중국, 일본, 파키스탄, 베트남이 지목되었는데, 우리나라는 상당히 진보적인 입장을 가지고 적극적으로 임하여 NGO들로부터 칭찬을 많이 들었다.

3. 1990년대 여성인권운동과 여성인권 국제기준의 확립

1) 여성인권운동의 국제적 전개

(1) 기존의 인권개념에 대한 문제제기

1980년대까지 각국의 여성운동은 남성중심의 '주류' 인권운동과 별도로 운동을 전개해왔다. 그러나 1980년대 말에 이르러 여성운동가들은 여성인권의 문제를 기존의 국제인권법을 활용하여 제기해야 될 필요성을 느끼게 되었다.[40] 그러나 국제인권법을 활용하려고 보니 기존의 인권에 관한 논의는 실질적으로 여성인권의 문제를 도외시하고 있다는 것을 깨닫게 되었다. 따라서 1990년대의 여성인권운동은 여성인권에 대한 '주류' 인권운동계의 무지와 불감증을 지적하고, 국제인권협약을 활용하여 인권의 개념을 확장해 나가는 과정이라고 할 수 있다.

기존의 인권논의가 여성인권의 문제를 도외시하고 있었다는 것은 대략 다음과 같이 요약된다(Bunch, 1991). 즉 주요 국제인권협약은 모두 성평등을 천명하고 있지만 이는 명목상에 불과하며 실제로는 인권에 관한 논의에서 여성을 배제하여 왔다. 세계인권선언을 비롯하여 유엔에 의해 채택된 30개에 가까운 주요 인권협약, 선언들은 모두 여성을 포함하여 모든 사람의 권리를 보장하고 있지만 유엔 인권위원회는 성(gender)과 관계된 인권유린이나 여성을 차별하는 정부의 법률이나 관습에 대해서는 거의 완전히 무시하여 왔다는 것이다. 시민적·정치적 권리에 관한 국제협약에 보장된 권리를 토의할 때에도 '신체의 자유'나 '생명에 대한 권리' 속에는 여성이 매일 당면하는 폭력의 문제를 언급조차 하지 않고 있다.

---

40) 이러한 접근은 남미 여성들의 경험에서 처음 시도된 것이다. 즉 남미의 독재와 억압에 대항해서 투쟁하던 여성들이 이러한 투쟁의 과정에서 국제 인권운동이 갖고 있는 도덕적, 정치적 힘을 인지하고 여성의 인권 문제에 대해서도 국제법의 용어와 협약과 대회 등을 활용하기로 했다는 것이다(Gaer, 1998: 19).

반면에 유엔의 여성 문제 전담부서나 여성 문제에 관한 국제협약도 여성의 권리증진에 큰 효과를 가져오지 못했다고 지적되고 있다. 즉 유엔 여성지위위원회나 여성차별철폐협약의 존재는 오히려 여성 문제의 존재를 인정하는 하나의 상징으로만 머물게 했을 뿐, 여성 문제가 주변화되는 결과를 초래하였다는 것이다.

인권단체나 정부가 여성인권을 심각하게 다루지 않는 이유를 번취는 네 가지로 지적한다(Bunch, 1991: 5). 첫째, 성차별은 사소하거나 중요하지 않은 문제, 또는 생존의 문제와 같은 더 중요한 문제 다음에나 다루어 질 문제이다. 둘째, 여성학대는 문화적·사적(私的)·개인적 문제일 뿐 국가가 조치를 취해야 할 정치적 사안이 아니다. 셋째, 여성의 권리가 인권 문제 그 자체는 아니다. 넷째, 여성 문제는 불가피하거나 너무 만연된 문제라서 노력해봐야 성과가 나지 않는 문제, 또는 다른 인권 문제를 압도하는 문제이다.

이러한 여성인권 문제의 주변화에 대처하기 위한 전략으로 번취가 제시한 운동방향은 다음의 네 가지이다(Bunch, 1991: 10-16). 그 첫째는 이미 널리 인식되고 있는 '제1세대' 시민적·정치적 자유로서의 인권논의에 여성의 특수한 필요성을 추가하는 것이다. 예를 들면, 여성정치범에게 행해지는 성고문, 난민촌에서 여성에게 식량을 배급해주는 조건으로 성을 요구하는 문제 등이다. 둘째로, 여성이 처한 현실을 '제2세대' 인권논의, 즉 식량, 주택, 의료, 취업 등의 사회·경제적 권리와 연결시키는 것이다. 여성의 경제적 종속, 여성의 빈곤화, 발전의 문제 등을 인권 문제로서 인식하는 것이다. 이는 특히 제3세계 여성의 현실에 적합하나, 반면에 경제주의에 빠질 위험성도 있다. 세번째는 성차별을 제거할 새로운 법적 방안을 창출해내는 것이다. 성차별금지나 성폭력에 관한 국내법, 또 여성차별철폐협약 등의 국제법을 이용하여 여성들이 인권침해에 대해 법적인 대응을 하도록 하고 국가의 책임을 강조하는 방법이다. 네 번째로는 인권의 개념을 여성의 관점에서 변화시켜서 여성의 경험을 대변하게 하는 방법이다. 여성의 권리에 대한 침해를 중심 문제로 놓고 이것이 인권과 어떻게 관련되는가를 질문하는 방식이다. 이러한 접근방식은 출산 등 재생산과 관련된 권리, 성노예, 여성폭력, 강제결혼, 음핵절개 등 여성이기 때문에 당하는 문제에 집중하는 경향이 많다. 물론 위의 네 가지 접근방식은 서로 중첩되기도 하고, 보완적인 측면이 있으므로 사안에 따라 몇 가지 방법을 동시에 활용하는 것이 효과적이다.

이러한 운동방식의 설정에 따라 1990년대 초에 크게 세 가지로 여성인권운동의 흐름이 나타나게 된다. 그 하나는 여성폭력 추방을 위한 국제적 연대운동이다. "여성폭력 추방을 위한 16일간의 행동"으로 이름 붙여진 이 운동은 세계각국에서 매년 11월 25일부터 12월 10일까지의 16일간 집중적으로 여성에 대한 폭력의 문제를 사회적으로 제기했다.[41] 이 캠페인은 매년 참가국과 참가 단체가 증가하여, 근년에는 전세계 모든 대륙에서 이 행사가 진행되고 있다.[42]

또 하나의 흐름은 유엔을 비롯한 국제인권기구에 여성인권의 주류화를 요구하는 운동이다. 이는 여성폭력추방운동에 대한 결의와 함께 결정된 것으로 1991년부터 비엔나 세계인권회의를 겨냥하여 국제적으로 서명운동을 전개하였다. 즉 비엔나 세계인권회의에서 논의되는 모든 인권사안이 여성의 인권을 고려할 것과 여성에 대한 폭력을 중요 인권

---

41) 번취가 소장으로 있는 Center for Women's Global Leadership의 1991년 제1차 여성지도력연수회에서 계획하여 지금까지 매년 실행해오고 있다. 이 연수 프로그램 참가자들이 이 기간을 택한 것은 여성폭력과 인권과 관련하여 여러 가지 상징적 의미가 있기 때문이다. 즉 11월 25일은 남미여성들이 1981년부터 지켜온 여성폭력 추방의 날로, 이는 도미니카 공화국에서 트루히요 (Trujillo) 군부독재에 항거하다 1960년 11월 25일에 살해된 미라발(Mirabal) 세 자매를 기념하기 위하여 제정된 것이다. 캠페인 끝날인 12월 10일은 1948년에 선포된 세계인권선언의 기념일이다. 이 기간 중에는 또 세계 AIDS의 날인 12월 1일, 그리고 '페미니스트'라는 이유로 캐나다의 14명 공대 여학생이 한 남자에게 살해당한 몬트리올 학살 기념일인 12월 6일도 포함되어 있다. Center for Women's Global Leadership(1992: 63) 참조.

42) 한국에는 필자가 1991년에 소개하여, 매년 '(여)성폭력추방주간' 선포식 및 여성폭력 희생자 추모제, 영화상영, 토론회, 거리행진 등이 한국여성의전화 한국성폭력상담소 등을 중심으로 실시되어왔다.

문제로 논의해 줄 것을 요구하는 청원으로, 세계인권회의에 앞서 개최된 지역별 준비회의와 각국의 여성인권운동가들에 의해 서명작업이 전개되었다.[43] 여성인권의 주류화는 이후 1990년대의 여성인권운동의 가장 핵심적인 흐름으로 등장하게 된다. 그리고 뒤에 설명하게 될 유엔 내의 여성인권의 주류화에 앞서, 주요 국제인권단체도 1990년대 초에 여성인권부서를 신설하고 여성운동계의 요구를 수용할 수 있는 조직적 체계를 갖추게 된다.[44] 이들 신설 여성인권부서는 여성에 대한 폭력 문제를 주로 다루지만, 여성노동자에 대한 학대에 고용차별도 포함시키는 등 여성인권의 문제를 포괄적으로 거론하고 있다.[45]

여성폭력에 대한 집중적 문제제기, 여성인권의 주류화 요구와 함께 또 하나의 흐름은 여성차별철폐협약 등 국제법에 대한 관심과 활용이다(APWLD, 1992; APDC, 1993; Tomasevski, 1993; Schuler, 1993; Amnesty International, 1995). 이는 1985년의 제3차 나이로비 세계여성회의 이후 여성 문제를 법적 관점에서 접근하는 단체가 지역별로 창립된 데도 기인한다.[46] 여성의 권리에 대한 법적 관심은 여성차별철폐

---

43) 한국에서도 서명운동에 동참하여 수천 명의 서명을 받아 1992년 3월 13일 부트로스 갈리 유엔 사무총장에게 전달된 1차 서명분 7만 5천 명의 서명단에 포함되었다. 이 서명용지는 23개 언어로 번역되어 전세계 124개국에서 약 50만명 가까이 서명하였다.

44) 국제사면위원회(Amnesty International)의 경우 '여성과 인권 대책반(Women and Human Rights Task Force)'을 신설하고 여성인권 문제에 대처하였다. Elahi(1990) 참조. Human Rights Watch는 '여성인권프로젝트(Women's Rights Project)'를, International Human Rights Law Group은 '법에 있어서의 여성 프로젝트(Women in Law Project)'를 신설하였다. Dorothy Q. Thomas(1993: 123) 참조.

45) 예를 들면 Human Rights Watch의 여성인권보고서는 전쟁무기로서의 강간, 난민여성에 대한 성폭행, 공권력에 의한 폭력, 인신매매 및 강제매춘, 강제결혼, 가정폭력, 출산 및 성에 관련된 인권침해와 더불어 여성노동자에 대한 학대를 포함하고 있다. 여성노동자에 대한 학대에는 쿠웨이트의 아시아인 가사노동자에 대한 학대, 러시아에서의 여성노동자에 대한 차별, 공산주의 이후 폴란드에서의 고용차별을 포함하고 있다. Human Rights Watch(1995) 참조.

46) 아시아에서는 APWLD(Asia Pacific Forum on Women, Law & Development), 아프리카에서는 WiLDAF(Women in Law and Development in Africa)가 그 대

협약의 국가 이행을 촉구하기 위한 보다 전문적인 활동으로 나타나게
된다. 즉 미국 미네소타에 본부를 둔 IWRAW(International Women's
Rights Action Watch)가 1980년대에 창립되었고, 아시아·태평양 지역
에는 IWRAW-Asia Pacific이 1993년에 창립되었다. 이 두 단체는 여성
차별철폐위원회가 여성협약 가입국의 보고서를 심의할 때 제대로 문제
를 파악할 수 있도록 위원들에게 로비하고, NGO로 하여금 민간보고
서[47]를 내도록 독려하며, 여성협약에 대한 훈련프로그램도 실시한다.
국제인권법에 대한 강조는 이후 세계인권회의에서 채택된 '비엔나선언
과 행동계획', 그리고 특히 제4차 세계여성회의에서 채택된 '베이징선
언과 행동강령'에 중요하게 반영되었다.

(2) 세계인권회의: 비엔나선언과 행동계획[48]

1993년 6월 비엔나에서 개최된 세계인권회의는 여성인권의 증진에
있어서 대단히 중요한 위치를 차지한다. 1968년 테헤란에서 처음 세계
인권회의가 개최된 후 25년만에 열린 세계인권회의를 겨냥하여, 여성
운동은 70년대와 80년대에 형성된 조직력과 결속력, 또 기존의 국제인
권운동에 대한 문제의식에서 나온 여성인권의 주류화 요구를 함께 엮
어 괄목할 만한 전기를 마련하였다.

여성들의 요구가 폭발적인 힘으로 분출한 것은 NGO 포럼중 모든
여성들의 관심이 집중된 '여성인권침해에 관한 국제법정'이었다. 이 국
제법정에서는 여성인권침해를 모두 5개 분야로 나누어 각 분야에서의

표적인 예이다.
47) 일명 섀도우 리포트(shadow report)라고 한다. 민간에서 보고서를 제출하기는
하지만 여성차별철폐위원회 회의에 정식으로 보고되지는 않으며 정부보고서
에 대한 참조자료로 활용된다. 한국에서도 한국여성단체연합에서 2명이 1998
년 1월의 IWRAW-Asia Pacific의 CEDAW 훈련프로그램에 참가하고, 7월에
한국정부의 제3차, 4차 보고서가 심의받을 때 민간단체로서는 처음으로 한국
여성단체연합이 섀도우 리포트를 제출하였다.
48) Vienna Declaration and Programme of Action. 1993년 6월 25일 세계인권
회의에서 채택. UN General Assembly, A/CONF. 157/23, 12 July 1993.

인권 피해 사례를 피해자가 직접 나와서 증언하고 이에 대해 국제사회
의 저명한 법률가가 판결을 내리는 방식으로 진행되었다. 다섯 개 분
야는 가정 내 인권유린, 여성에 대한 전쟁범죄, 여성의 몸에 대한 침해,
사회·경제적 권리의 침해, 정치적 억압과 차별 등이었다. 여성인권의
모든 부문을 망라해서 전세계 25개국에서 33명의 피해자가 나와서 증
언하였던 만큼, 1000여 명의 참가자들은 피해자의 증언에 같이 울면서
여성으로서의 공감을 나누었다. 한국에서도 여성에 대한 전쟁범죄로
일본군 위안부제도를 고발하고, 전 위안부 김복동 할머니가 생생한 증
언을 하여 청중들의 심금을 울렸다.49) 이 '법정'의 내용은 정부간 회의
에서의 공식 발언을 통해 전달되었다.

비엔나 대회에서의 여성의 조직력은 또한 여성인권의 주류화를 위한
각종 로비활동으로 표출되었다. 이는 NGO 포럼과 정부대표들이 참석
하는 공식 대회, 모두에 적용되었다. NGO 포럼은 전세계에서 모인 인
권관련 단체들의 입장을 집약하여 궁극적으로 대회에서 채택될 비엔나
선언과 행동강령에 영향을 미치고자 하였다. NGO 포럼에서 토의될 주
요 분야는 ① 인권보호장치의 효용성, ② 소수민족·원주민의 인권, ③
여성의 인권, ④ 인권·민주주의·개발 간의 관계, ⑤ 인권침해의 현 조류
등 다섯 가지였다. 여성들은 여성의 인권보호뿐만 아니라 다른 네 가지
항목에 대해서도 여성들의 관점이 반영될 수 있도록 나누어 참여하고,
이런 모든 문제를 망라해서 여성들의 입장을 밝히는 포지션 페이퍼50)
를 만들었다. 이 문건에서 유엔과 각국 정부에 열여덟 가지 항목을 요
구하였다. 요구사항 중 첫번째는, 인권위원회에 여성인권 특별보고관의
임명이고, 둘째로는 여성차별철폐협약의 이행절차 강화이고, 셋째는 유

---

49) 일본군 위안부제도의 실상에 대해서는 한국정신대문제대책협의회의 정진성
교수가 발표하였다. 증언내용은 Center for Women's(1994) 참조. 비엔나 여성
인권법정의 조직, 국제 캠페인 등에 관한 상세한 내용은 Bunch(1994) 참조.
50) 이 포지션 페이퍼는 Bunch & Reilly(1994)의 "Position Paper of the Working
Group on Women's Rights of the NGO Forum at the World Conference on
Human Rights," pp.135-149에 그 전문이 수록되어 있다.

엔의 모든 인권관련기구가 여성인권 문제를 다룰 것, 넷째는 각국 정부가 여성폭력 문제를 다룰 것 등이다. 또한 성 산업에 의한 여성의 성적 착취 문제, 개발과 민주주의, 인권과의 관계에서 신자유주의 정책과 구조조정이 경제·사회·문화적·시민적·정치적 권리를 침해하는 문제, 인간 재생산 영역에서의 여성인권 문제, 특히 아시아의 NGO들이 제기하는 인권의 보편성이 문화적 다원주의라는 이름으로 부정되는 문제, 평화유지군 등 분쟁지역에서의 대책시 인권적 관점, 여성인권보호대책 마련, 여성정치범의 인권, 난민여성 문제, 이주노동자의 인신매매, 강제매춘, 성적 학대 등의 문제, 여성의 정책결정에의 참여, 유엔 내의 여성의 대표성 제고, 유엔의 특별기구(UNESCO, ILO, WHO, UNDP 등)가 여성인권을 증진하기 위한 조치, 여성인권교육 강화, 전문 NGO의 유엔에의 접근성 증진, 지역 인권기구에 의한 본 권고안의 이행 등이다. 이러한 모든 요구를 한마디로 하면 여성인권의 주류화에 대한 요구이다.

이와 같은 요구가 비엔나선언과 행동강령에 반영되도록 하기 위해 여성들은 로비팀을 조직하였다. 여성로비팀은 서로를 식별하기 위해 보라색 리본을 옷깃에 달기로 하고, 또 '여성의 권리는 곧 인권이다 (Women's rights are human rights)'는 배지도 나누어 달았다. 그리고 매일 아침 모여서 각자의 관심분야에서는 무엇이 문제로 되어 있고, 원하는 내용은 무엇이고, 어느 나라 정부가 어떤 태도를 취하고 있는지 등 여러 상황을 점검·분석하고, 그날그날의 로비전략을 짰다.[51] 또한 유엔 내부에서는 UNIFEM이 정부대표단, 유엔기구대표 중에서 여성들을 조직하여 매일 NGO 여성대표들과 함께 전략회의를 하였다 (Bunch & Reilly, 1994: 102-103).

이러한 조직적이고 다각적인 활동으로 여성의 인권 문제는 비엔나선언과 행동계획의 여러 군데에 포함되었다. 우선 비엔나선언의 전문에서는 "전세계 여성들이 다양한 형태의 차별과 폭력에 계속 노출되어

---

51) 일본군 '위안부' 문제와 관련한 로비활동에 관해서는 신혜수(1997: 383-384) 참조.

있음을 깊이 염려"하고 있음을 밝히고 있다. 이어 "여성과 여아의 인
권은 양도할 수 없으며 필수불가결하고 불가분한, 보편적인 인권의 한
부분이다"[52]라고 선언하고, "여성의 인권은 여성관련 인권기구의 활성
화를 포함한 유엔 인권활동의 핵심부분으로 다루어져야 한다"고 명시
하였다(제1부, 18문단). 또 하나 중요한 주제는 인권의 보편성에 대한
확인이었다. 인권이 전세계적으로 어느 사회에나 똑같이 적용되어야
할 보편적인 것인가, 혹은 각각의 문화적 차이에 따라 특수성을 띨 수
있는 것인가 하는 문제는 세계인권회의 전기간에 걸쳐 중요한 논쟁점
이었다. 인권의 보편성 대 문화적 특수성의 문제는 특히 여성에게는
중요하다. '문화적 전통의 유지와 계승'이라는 미명 아래 행해지는 여
성인권침해가 심각하기 때문이다. 아울러 모든 인권은 "불가분하고, 상
호 의존적이며, 상호 연결되어 있다"는 것도 재천명되었다.

행동계획에 있어서는 '여성의 동등한 지위와 인권'이라는 제목으로
모두 아홉 개 문단에 걸쳐 여성인권 보장을 위해 실천해야 할 사항들을
열거하였다. 특히 공적 및 사적 생활에서의 여성에 대한 폭력, 성적 학
대 및 착취, 인신매매 등의 철폐가 강조되었고, 성차별적인 전통적 관습
이나 문화적 편견, 종교적 극단주의 등에 의한 여성인권침해의 철폐, 전
쟁시의 인권침해―살인, 조직적 강간, 성노예, 강제임신 등―에 대한 특
별한 조치 등에 대해 대책이 필요함이 명시되었다(문단 38). 또한 건강
및 가족계획서비스를 누릴 권리도 포함되었다. 그리고 "여성이 발전과
정에 있어 수혜자 및 기여자로서 차별 없이 완전하게 참여해야 한다"고
하였다(문단 36). 유엔의 인권관련기구와 구조가 여성인권 문제를 체계
적으로 다룰 것, 특히 여성지위위원회와 인권위원회, 여성차별철폐위원
회 등 유엔기구간의 협조와 통합·조정의 중요성도 지적되었다(문단 37).
여성인권보장을 위해 모든 국가가 여성차별철폐협약을 비준할 것과 유
보조항의 철폐, 선택의정서 채택·검토 등도 주문하였다(문단 39, 40).

---

52) 영어 원문은 다음과 같다. "The human rights of women and of the girl-child
    are an inalienable, integral and indivisible part of universal human rights."

또한 각 국가, 지역 및 국제기구들에게 정책결정기구와 정책결정과정에 보다 많은 여성이 참여할 수 있는 조치를 취할 것도 촉구하고 있다. 유엔사무국 내의 여성직원 수를 늘리는 것과 더불어 유엔의 모든 기구에 여성이 평등하게 참여할 수 있도록 노력할 것을 명시하고 있다(문단 43). 이로써 비엔나선언과 행동계획 속에 여성인권은 확실하게 자리잡았고, 유엔과 모든 국제기구 등 인권관련기구와 조약에 여성인권이 주류화되어야 한다는 원칙이 확립되었다. 비엔나선언과 행동계획은 협약은 아니지만 171개국 대표가 참여하여 통과시킨 인권에 관한 국제사회의 합의문서이다. 따라서 여성인권에 관한 모든 사항은 국가가 준수해야 할 의무를 지고 있다. 물론 이는 저절로 되는 것이 아니며 정부가 이를 잘 이행하도록 감시하고 촉구하는 일은 여성운동의 몫이다.

2) 제4차 세계여성회의: 베이징선언과 행동강령[53]

1995년 9월 4~15일에 중국 베이징에서 개최된 제4차 세계여성회의는 여성인권증진에 있어 역사적이고, 획기적인 전기가 마련된 회의였다. 1985년의 제3차 세계여성회의 이후 10년만에 열리는 세계대회였던 만큼, '나이로비 여성발전미래전략'의 이행 정도를 점검하고, 21세기까지 여성의 발전을 위한 국제적 목표와 기준을 마련하게 될 회의였다. 여성의 권익신장에 대해 그 이전에 개최된 세계회의, 즉 비엔나 인권회의와 1994년의 카이로 인구개발회의 그리고 1995년 3월의 사회개발정상회담 등에서 이룩했던 성과를 더욱 다지고, 새로운 확약을 마련하는 기회이기도 했다. 여성들은 그동안 성장한 운동의 역량을 결집시켜 여성의 권익을 신장시킬 수 있는 절호의 기회로 인식했던 만큼 많은 기대를 가지고 대규모로 참석하였다. 8월 30~9월 8일까지 베이징 인근 후아이로에서 개최된 NGO 포럼에는 전세계 181개국에서 3만여 명의 여성이

---

53) Beijing Declaration and Platform for Action. 영어 원문과 한국어 번역은 한국여성개발원(1995a)에 전문이 수록되어 있다.

참가하여 여성들의 요구를 분출시킨, 호소와 분노와 시위와 축제의 장
이었다. 이제 여성들은 각국에서 새로운 사회세력으로 등장하고 있지만,
동시에 여전히 고통과 학대와 불평등을 당하고 있는 존재이기도 했다.

NGO 포럼 인권분야 활동에서 여성폭력의 문제는 어느 지역, 어느
나라를 막론하고 보편적으로 다루어진 사안이었다. 다양한 폭력의 형
태 중 강간, 특히 전쟁 중 강간이나 살해 등의 여성폭력, 아내구타 등
의 가정폭력은 보편적인 것이었고, 음핵절개, 지참금살해 등 지역적인
양태를 띤 것도 있었다. 한국 참가자들이 심포지엄과 시위와 공연 등
다양한 형태로 제기한 일본군 위안부 문제도 전쟁중의 여성폭력으로
부각되었다. 내용면에서 다양한 형태의 여성폭력의 문제들이 각종 크
고 작은 워크숍에서 다루어졌다면, 그 형식과 규모에서는 비엔나 회의
에서의 '여성인권 국제법정'의 성공을 모델로 삼은 모의재판 방식의
큰 규모의 행사가 여럿 있었다는 것이 하나의 특징으로 나타났다. 비
엔나 '여성법정'을 주최했던 여성국제지도력센터가 주최한 '여성인권
의 책임을 묻는 국제법정' 이외에도, '세계여성청문회: 여성재판소에
서,' '젊은 여성 국제법정' 등이 개최되었다.

'여성인권의 책임을 묻는 국제법정'은 여성인권의 현실을 폭로하고
규탄할 뿐만 아니라, 이에 대한 국가의 책임에 초점을 두는 것으로 한
단계 발전하였다. 이때 국가의 책임은 국가나 공권력에 의해 행해지는
인권침해뿐만 아니라, 개인에 의해 저질러지는 인권침해도 해당되는
것임을 분명히 하였다(Reilly, 1996). 이는 여성인권의 개념에 있어서
중요한 확장을 의미한다. 여성인권의 개념에 있어 또 하나의 중요한
진전은 비엔나 대회에서 주창한 '여성의 권리는 곧 인권이다(Women's
rights are human rights)'라는 것이 확실하게 확립되었다는 것이다. 이
는 특히 힐러리 클린턴의 연설에서 강조되어 열렬한 호응을 받았고,
여성인권운동의 캐치프레이즈로 확고하게 자리잡았다.

제4차 세계여성회의에서 채택된 '베이징선언과 행동강령'은 1975년
이후 여성이 이룩한 성과의 집대성이다. 지역별 준비회의 등 여러 번

의 사전 협의를 거쳐 여러 번 손질한 초안을 놓고 다시 토론과 격론을 벌인 끝에 채택된 문서이다. 이 문서도 비엔나선언과 행동계획과 마찬가지로 법률적 구속력을 갖는 국제협약은 아니지만 189개국 정부대표가 국제적으로 지키겠다고 약속한 문서로서 국제적 기준으로 작용한다.

베이징선언과 행동강령은 그 전체에 여성인권적 관점이 강하게 통합되었다. 베이징선언은 그 앞부분에 "남녀의 평등한 권리와 인간으로서의 고유한 존엄성, 유엔헌장 및 기타 국제인권협약"에 대한 공약을 재확인하고 있다(문단 8). 또한 비엔나 대회에서 합의한 대로 "양도할 수 없고, 필수불가결하며 불가분한, 모든 인권의 한 부분으로서의 여성과 여아의 인권과 기본적인 자유에 대한 완전한 이행"을 약속하고 있다(문단 9). 아울러 "여성의 권리는 곧 인권이다"(문단 14)라고 확신하고, "평등한 권리는 … (여성들의) 안녕과 가족의 안녕, 그리고 민주주의를 공고히 하는 데 필수적이다"(문단 15)이라고 천명하고 있다. 아울러 여성들이 자신의 출산을 조정할 권리(문단 17), 여성과 여아가 모든 인권과 기본적인 자유를 완전히 향유할 수 있도록 도모하고, 이러한 권리와 자유의 침해에 대한 효과적인 조치(문단 23), 여성과 소녀에 대한 모든 형태의 폭력의 방지와 철폐(문단 29)와 더불어, 여성과 소녀의 모든 인권을 증진하고 보호(문단 31)하며, 특히 인종, 나이, 언어, 종족, 문화, 종교 등의 요인으로, 혹은 장애인이나 원주민이라는 이유로 인권을 누리는 데 여러 가지 장애를 받는 여성과 소녀들을 위한 노력을 집중할 것을 강조하였다(문단 32).

행동강령은 '전략목표와 행동'이라는 제목하에 12개 관심분야에 있어서 국제사회와 각국 정부, 시민사회가 해야 할 행동을 구체적으로 기술해놓은 부분이 핵심이다. 12개 관심분야는 여성과 빈곤, 여성의 교육과 훈련, 여성과 건강, 여성에 대한 폭력, 여성과 무력분쟁, 여성과 경제, 권력 및 의사결정과 여성, 여성발전을 위한 제도적 장치, 여성의 인권, 여성과 미디어, 여성과 환경이다. 12개 분야로 나누기는 했지만, 상당히 겹치는 부분도 있고, 또 서로 연결되어 있기 때문에 한 분야만 떼어서 생각하기가 힘든 측면도 있다. 예를 들면 여아의 경우 앞의 11개 분야 모두에 다 관련된다.

행동강령의 문안을 확정하는 과정에서 다시금 노정된 것은 여러 번의 준비회의를 거치면서도 합의를 볼 수 없었던 관점과 견해의 차이였다. 가장 논란이 분분했던 이슈들은 인권의 보편성 여부, 평등이냐 형평이냐, 출산 및 성 등 재생산 권리를 어떻게 볼 것인가 등이었다. 인권의 보편성 여부는 비엔나 대회에서도 문제가 되었던 것으로, 인권이 모든 사회에 보편적으로 적용되어야 하는가, 아니면 그 사회마다 가지고 있는 문화적 전통을 존중하고 상대성을 인정해야 하는 가의 문제이다. 타협의 결과 "국가·지역의 특성과 다양한 역사·문화·종교적 배경의 중요성은 명확히 인지되어야 하는 반면, 모든 인권과 기본적인 자유를 증진하고 보호하는 것은 정치·경제·문화체제와 관계없는 국가의 의무이다"로 정리되었다(문단 9). '평등(equality) 대 형평(equity)' 사이의 논쟁은 절대적 평등을 주장하는가, 아니면 남녀의 보완관계를 설정하는 형평으로 이해하는가의 문제이다. 여아의 상속권에 대해 평등으로 정리는 되었지만, 형평을 주장한 많은 이슬람 국가들이 이 조항에 대해 유보하는 결과를 초래하였다(문단 274d).[54] 성과 재생산에 있어서의 권리 문제는, 여성이 성적 관계에 있어서 강제나 차별, 폭력으로부터 자유롭게 자신의 의사를 결정할 권리를 갖고, 성행동과 그 결과에 대해 동의와 책임 분담을 전제로 하는 것으로 진일보하였다. 그러나 성적 자유를 우려하

---

54) 이 논쟁은 여아에 대해 동등한 상속권을 인정할 것인가에 관한 것이었다. 아프리카 남부 국가들은 딸들에게 상속이 안 되는 현실을 바꾸기 위해 동등한 상속권(equal right to inherit)을 주장한 반면, 아프리카 북부국가들과 이슬람 국가들은 상속권에 대한 동등한 인정(equal access to inheritance rights)을 주장하였다. 후자의 경우 딸에게도 상속은 되지만, 아들과 동등하게는 아니고, 예를 들면 아들의 절반 정도를 상속하게 되어 있다. 이슬람 법률에 의하면 남자는 처자식을 부양해야 할 의무가 있지만, 여자는 남편과 자식을 부양해야 하는 의무를 지고 있지 않다는 것이 상속분에 차등을 두어야 하는 이유로 제시되었다. 여성도 남성과 동등하게 인권과 존엄성을 지니고 있지만, 역할과 책임의 차이가 있으므로 권리에 있어서 형평에 맞게 해야 한다는 것이다(Gaer, 1998: 60-62).

는 이슬람 국가들로 인해 '성 및 재생산의 권리(sexual and reproductive rights)'라는 용어 대신에 '성 및 재생산에 있어서의 건강(sexual and reproductive health)'으로 타협을 보았다(문단 96).

행동강령에서 공통적이면서도 기본적인 것은 각 분야의 여성인권을 보장하기 위해서 법적인 평등과 자원에의 접근권 보장, 결정과정에의 참여 보장, 여성차별철폐협약 등 국제인권협약을 준수하라는 것이다. 그리고 피해를 보거나 불평등한 상황에 있는 여성과 여아들을 위해 필요한 지원체계를 갖출 것을 요구하고 있다. 특히 여성인권의 분야에서는, ① 모든 인권 문서, 특히 여성차별철폐협약의 완전한 이행, ② 법률 및 관습하의 평등과 비차별, ③ 법률문해의 달성 등을 과제로 설정하였다. 여성에 대한 폭력분야에서는, ① 폭력을 예방하고 없애기 위한 통합적 대책 마련, ② 폭력의 원인과 결과, 예방조치에 대한 연구, ③ 인신매매 철폐 및 폭력의 피해자에 대한 지원 등이다. 또한 무력분쟁분야에서는 ① 분쟁해결을 위한 의사결정과정에의 여성참여 증진 및 무력상황하에서 살고 있는 여성에 대한 보호, ② 군비축소, ③ 분쟁상황에서의 인권침해 감소, ④ 평화문화 배양에의 여성참여, ⑤ 난민여성에 대한 보호, 지원 및 훈련제공 등이다. 여성폭력에 대해, 또 무력분쟁상황에서의 여성인권에 대해 베이징 대회는 새로운 기준을 확립하였다. 즉 전쟁시 여성에 대한 강간을 전쟁범죄와 인도에 반한 죄로 규정하고, 인권침해에 대한 보고와 모니터, 범죄자에 대한 조사와 기소 그리고 정부가 이를 방지해야 할 임무 및 책임자를 처벌할 임무를 규정한 것이다. 또한 가해자가 국가 관리이든 개인이든 정부가 이를 조사하고 처벌할 책임이 있으며, 군대나 법조인 등에 대해 성인지적(gender perspective) 훈련을 실시할 것을 요구하고 있다.

이는 적극적으로 여성인권적 관점을 넣으려고 로비활동을 폈던 NGO 여성인권팀의 노력에 힘입은 바 크다. 여성인권팀은 국제적인 연대로 숫자도 많았을 뿐만 아니라, 이미 비엔나 인권회의, 카이로 인구개발회의, 코펜하겐 사회개발정상회담 등에서의 경험으로 축적된 로

비력을 보유하고 있었다. 전체적으로 평가할 때, 베이징 세계여성회의
는 '여성인권에 있어서 역사적인 진전'을 가져온 대회로서, 여성인권운
동이 계속 주창해온 '여성의 권리는 곧 인권'이라는 것을 확실하게 정
립한 회의로 평가되고 있다(Gaer, 1998).

(4) 국제형사재판소(ICC) 설립: 여성에 대한 전쟁범죄

1990년대에 들어서 잦아진 극심한 인종간의 분쟁과 무력갈등 그리
고 대량학살과 여성에 대한 집단강간은 국제사회로 하여금 이에 대한
대책을 모색하지 않을 수 없게 하였다. 전 유고연방에서의 '인종청소'
와 집단강간, 르완다에서의 후투족과 투찌족 사이의 내전의 결과, 각각
의 전쟁범죄를 처벌하기 위한 국제형사재판소를 설치하였고, 현재 진
행중에 있다. 그리고 이러한 계속되는 전쟁범죄는 결국 상설 국제형사
재판소 설치로 이어져 1998년 6~7월에 재판소의 규약을 논의하기 위
한 로마회의를 개최하였다.

전쟁중 여성인권침해에 대해 효과적 대책을 촉구하는 비엔나 행동계
획 그리고 전쟁중 여성강간은 전쟁범죄이며 이를 처벌해야 한다는 베
이징 행동강령은 전 유고연방과 르완다에서의 내전중 행해진 여성에
대한 조직적이고, 집단적인 강간에 대해 전쟁범죄로 처벌하도록 하는
성과를 낳았다. 그러나 이를 위해서는 재판을 담당할 인력, 그 중에서
도 검사나 판사 중에 적정 수의 여성이 포함되어야 하고, 또한 여성폭
력을 이해하는 전문가가 포함되어야 하는 것이 필수적이다.[55]

이러한 인식에서 여성인권팀은 다시 국제형사재판소의 규정을 논의
하는 로마회의에 조직적으로 참가하여 로비활동을 전개하였다. 국제형

---

[55] 그러나 이같은 여성계의 바람은 충족되지 않고 있다. 르완다 전범재판소에
금년 초에 새로 충원된 판사 세 사람 중 한 명이 사임하여 자리가 비었으므로
현재 절대적으로 부족한 숫자인 여성 판사와 여성폭력 문제에 경험 있는 판사
를 추천해 달라는 호소가 여성인권 네트워크를 통하여 e-mail로 전송되었다.
미국 변호사 리 브라우닝(Lea Browning)이 보낸 3월 26일자 e-메일인,
"Urgent: Vacancy at ICTR" 참조.

사재판소의 성적 정의를 위한 여성코커스(Women's Caucus for Gender Justice at the ICC)라는 이름으로 수십 명이 참가하여 재판소의 구성과 범죄의 처벌에 여성인권의 관점이 반영되도록 활동하였다. 국제형사재판소는 60개국이 비준해야 효력이 발생하게 되어 있고, 그 이후에도 7년 간의 유예기간이 있으므로 실질적인 작동이 가능해지는 것은 수 년 후의 일이다. 그럼에도 불구하고, 상설 국제형사재판소를 설립하고, 또 여성의 인권이 중요하게 다루어지게 된 것은 21세기를 앞두고 큰 진전이라고 하겠다.

3) 국제여성인권운동의 성과

(1) 인권의 개념과 영역의 확장

앞에서 살펴본 대로 1990년대에는 활발한 운동으로 여성인권에 있어서 많은 발전이 있었다. 우선 인권의 개념과 영역이 확대된 것을 들 수 있다. 이는 크게 세 가지로 이야기할 수 있다. 첫째로, 그간 공적인 영역에서의 인권침해만을 문제로 삼던 것이 사적인 영역이라고 간주되는 영역, 즉 가정 내에서의 인권침해도 인정하게 되었다. 이는 특히 여성에게 많이 자행되던 구타, 근친에 의한 강간과 성적 학대, 성감별 후의 여아낙태, 음핵절개, 지참금으로 인한 여성폭력 등의 문제를 인권문제로 인식하게 하는 성과를 낳았다.

둘째, 가해자가 국가나 공권력이 아닌, 사사로운 개인일 경우에도 국가가 이를 처벌하고, 방지해야 할 책임이 있는 것으로 기준이 확립되었다. 인권논의의 중심이 되는 시민적·정치적 권리에 관한 국제규약의 경우, 어떻게 하면 국가의 통제와 억압으로부터 인권을 보호하는가가 주관점이다. 그러나 남편과 같이 사사로운 개인이 저지르는 인권침해도 이제는 주요 인권 문제로 인식하게 된 것이다. 그리고 그러한 비국가 행위자에 의한 인권침해도 국가가 이를 방지하고, 조사·처벌할 책임이 있는 것이다.

세번째는 전쟁중(내전 포함)의 강간이 범죄로 규정되고, 이는 처벌되어
야 한다는 원칙이 세워졌다는 것이다. 지금까지 전쟁중의 강간은 당연한
것이거나 어쩔 수 없는 것, 불가피한 것으로 이해되어 왔다. 그러나 이제
이는 범죄행위이며, 처벌되어야 하는 것으로 새로운 기준이 만들어졌다.
여성인권에 있어서의 이러한 발전은 동시에 다른 사회적 약자에 대
한 인권증진과 궤를 같이 하고 있다. 즉 원주민이라든가 장애인, 이주
노동자 등의 인권에도 국제적 관심이 높아가고 있다. 그러나 어느 사
회적 약자 그룹도 여성만큼 획기적인 인권의 진전을 이룩해낸 집단은
없다. 그리고 이는 의심할 여지 없이 운동을 열심히 해온 여성들의 노
력에 기인한다.

(2) 여성인권의 주류화

여성인권운동의 성과는 여성인권의 주류화이다. 이는 몇 가지로 나
타난다. 우선 유엔을 비롯한 국제기구에서 여성인권 문제를 다루는 새
로운 중요 직책을 신설하였다. 그 중 가장 대표적인 것이 1994년 제50
차 유엔 인권위원회의 여성폭력 특별보고관 임명이다. 비엔나 인권회
의에서의 여성들의 요구를 받아들여 신설된 여성폭력 특별보고관은 폭
력의 원인과 결과까지를 포함하여 여성에 대한 폭력을 연구하여 보고
서를 제출하는 것이 임무이다. 스리랑카의 변호사 라디카 쿠마라스와
미가 임명되어, 3년의 임기를 마치고 1997년에 다시 3년간 재임되었
다. 쿠마라스와미 특별보고관은 1995년부터 매년 정기보고서와 함께,
여성폭력의 문제 중 심각한 사안에 대해 직접 조사하고, 이에 대한 별
도의 보고서를 여러 개 제출하였다.56)

---

56) 그동안 발간된 보고서는 다음과 같다. 1995년 제1차 보고서: 여성폭력에 대한
전반적인 문제의 개관(E/CN.4/1995/42), 1996년 제2차 보고서: 가정폭력
(E/CN.4/1996/53), 별도보고서/ 일본군 위안부 문제(E/CN.4/1996/53/Add.1),
1997년 제3차 보고서: 사회에서의 폭력(E/CN.4/1997/47)/ 별도보고서: 폴랜드
의 인신매매 및 강제매춘(E/CN.4/1997/47/Add.1)/ 브라질의 가정폭력(E/CN.4/
1997/47/Add.2)/ 남아프리카의 강간(E/CN.4/1997/47/Add.3)/ 여성폭력사건에

여성인권과 관련해서 인권위원회 산하의 소수민족차별방지 및 보호 소위원회(이하 인권소위원회)에도 특별보고관이 새로 임명되어 그동안 보고서가 제출되었다. 즉 1993년 제45차 인권소위원회에서 '전쟁중 조 직적 강간, 성노예 및 유사 노예에 관한 특별보고관'을 새로 신설하고, 미국인 린다 차베즈(Linda Chavez)를 임명하였다. 그 후 차베즈 특별보 고관이 1997년 사임하고, 게이 맥두걸(Gay McDougall)로 교체되어 1999년 8월까지로 임기가 연장되었다.[57]

여성인권의 주류화를 향한 또 다른 변화는 유엔 내 고위직에의 여성 임명이다. 인권고등판무관에 메리 로빈슨(Mary Robinson)이 1997년에 임명되었고, 사무총장의 여성문제보좌관직을 신설하였다. 이와 더불어, '유엔 직원의 50%를 여성으로 하자'는 목표하에 여성채용을 추진중이 다.[58]

여성인권을 다루는 직책신설과 고위직에의 임명, 여성비율의 제고와

대한 각국정부의대답(E/CN.4/1997/47/Add.4), 1998년 제4차 보고서: 국가에 의한 폭력(E/CN.4/1998/54)/ 별도보고서: 르완다에서의 무력갈등하의 강간과 성폭력(E/CN.4/1998/54/Add.1), 1999년 제5차 보고서: 가정폭력(E/CN.4/1999/ 68)/ 별도보고서: 미국 주 및 연방교도소에서의 여성폭력(E/CN.4/1999/68/ Add.2)/ 인도네시아 및 동티모르의 여성폭력(E/CN.4/1999/68/Add.3)/ 여성의 재생산권리와 여성폭력의 문제(E/CN.4/1999/68/Add.4). 앞으로 낼 보고서는 2000년에 인신매매 문제, 2001년에 국가에 의한 여성폭력 문제를 제기하기로 되어 있다.

57) 이 특별보고관 자리는 한국정신대책협의회를 대표하여 필자가 로비활 동을 한 결과로 신설되었다. 차베즈 보고관은 1995년에 시론(working paper) (E/CN.4/Sub.2/1995/38), 1996년에 예비보고서(E/CN.4/Sub.2/1996/26)를 제출 하였다. 맥두걸 보고관은 차베즈 보고관의 잔여 임기를 채우도록 하고 1997년 임명되어 1998년 제50차 인권소위원회에 마지막 보고서(E/CN.4/Sub.2/1998/ 13)를 제출하였다. 이 보고서는 전쟁중의 조직적 강간과 성노예를 다루고, 부 록으로 일본군 위안부 문제를 분석하였다. 이 보고서를 낸 이후 맥두걸 특별보 고관은 임기가 1년 연장되어, 1999년 8월에는 후속보고서를 제출하게 된다.

58) 1997년 12월 31일 현재 유엔 본부와 다른 유엔기구(UNICEF 제외)의 전문, 고위직 직원 중 여성비율은 31.4%이다. 1999년 제43차 여성지위위원회에서 배포된 자료, "Gender Distribution of Staff in the Professional and Higher Categories in Organizations of the United Nations Common System" 참조.

더불어 더욱 중요한 것은 유엔의 전 시스템을 통한 여성인권의 주류화를 위한 결정과 노력이다. 그리고 그 진행상황은 유엔 사무총장의 공식 보고서로서 발간되고 있다.[59] 이는 첫째, 유엔의 모든 활동에서 여성인권을 통합하는 일, 둘째, 인권위원회와 여성지위위원회, 인권고등판무관실과 여성발전국 간의 협력과 유대의 강화, 셋째, 모든 인권조약기구가 여성의 관점을 도입해서 일을 하고 보고서에 여성인권침해에 대한 분석과 정보를 제공하는 일,[60] 넷째, 인권위원회에서의 여성인권 관련 활동등이다. 이 결과 유엔의 전부서, 모든 기구와 정책, 프로그램 과정에 여성인권과 여성의 관점을 넣으려고 하는 노력이 공식적으로 추진되고 있다. 그리고 1999년부터 인권위원회의 공식의제로 여성인권의 주류화가 상정됨으로써 여성 문제와 인권 문제는 유엔 내에서 분리, 논의되어온 지 53년만에 다시 만나게 되었다.

4. 여성인권보장을 위한 과제

여성들이 겪고 있는 각종 차별과 폭력의 문제는 '여성의 모든 권리는 인권이다'라는 기치를 내걸고 진행해온 여성인권운동에 의해 이제 주요 인권 문제로 부상되었다. 그동안 남성들이 주도해온 국가와 유엔

---

59) 1999년 제55차 인권위원회에 '의제12: 여성인권과 성인지적 관점의 통합'에 대한 토의를 위한 자료로 사무총장의 보고서가 제출되었다. Report of the Secretary-General, The Question of Integrating the Human Rights of Women Throughout the United Nations System, E/CN.4/1999/67 참조.

60) 인권조약기구란 국제협약의 준수여부를 감시하기 위해 구성된 위원회이다. 즉 시민적·정치적 권리에 관한 국제규약을 감시하는 인권이사회, 경제적·사회적·문화적 권리에 관한 국제규약을 위한 경제·사회·문화적 권리위원회를 비롯해, 아동권리위원회, 고문방지위원회, 인종차별철폐위원회, 여성차별철폐위원회 등이다. 여성인권의 주류화를 위해 인권조약기구의 위원장들간의 회의를 갖고, 여성인권 문제에 대한 통합, 여성통계제공, 성중립적인 언어사용, 여성 문제를 다룰 위원을 지정, 위원회의 여성비율 제고 등을 결정하였다.

그리고 주류 인권운동계는 이제 여성인권의 주류화에 대한 여성들의 분출된 요구를 수용하고 이를 국가적·지역적·국제적 차원에서 어떻게 정책과 프로그램으로 실질화시킬 것인가의 과제를 안고 있다. 그리고 이는 여전히 여성들의 계속적이고 효과적인 운동역량여부에 따라 성취 정도가 달려 있다고 하겠다. 지금까지의 여성운동의 성과를 자축하면서 동시에 앞으로 여성인권이 신장되고 보호되기 위해 한국 사회가 풀어야 할 과제를 생각해보는 것으로 결론을 대신하고자 한다.

1) 여성인권개념의 확립과 확대

우선 첫번째 과제는 보다 명확한 여성인권개념의 확립이다. 비엔나 인권대회에서부터 논란이 되었던 인권의 보편성 대(對) 문화적 상대성의 문제이다. 아직도 아시아의 많은 국가들은 인권 문제가 각 나라의 문화적 전통과 가치에 따라 다르게 규정될 수 있다고 주장하고 있고, 이를 '국가주권의 문제'로 제기하고 있다(Schuler, 1993). 앞에서 설명한 대로 베이징 행동강령을 준비하는 과정에서 국가간의 심한 관점의 차이가 노정되었고, 조정과 타협을 통해 행동강령이 채택되기는 하였지만 보수와 진보 간에 아직도 상당한 거리가 있다.

이러한 관점의 차이는 여성의 문제를 다룰 때 가장 첨예하게 나타난다. 음핵절개와 같은 폭력적이고 심각한 문제는 분명한 여성인권유린이며 문화적 전통이라고 하더라도 용납이 안 된다는 입장이 이제는 국제적 기준으로 확립이 되었다. 그러나 보다 덜 가시적인 여성인권의 문제는 아직도 개념적으로 확실하게 확립되어 있지 않다. 예를 들면, 여성의 성및 출산과 관련된 재생산의 문제는 아직도 권리로서 확보되지 않았다.

2) 국제인권협약과 기구의 적극적 활용

국제인권협약과 국제기구는 20세기에 들어와서, 특히 유엔 창설 이후에 지속적으로 발달하여 왔고 또 계속 신장되고 있다. 이미 국제적으로 확립되어 있고 국가가 비준한 인권협약, 기구나 제도는 이를 적극적으로 활용할 때만이 효용성이 있다. 인권이사회, 아동권리위원회 등 유엔의 각종 부서와 기구, 또 인권조약기구를 적극적으로 활용해야 한다. 특별히 여성인권을 위해서는 앞으로 여성차별철폐협약 선택의정서가 발효되면 여성차별철폐위원회가 개인의 진정을 받을 수 있는 권한을 갖게 되므로 이를 적극 활용하여 여성인권의 진전을 가져오도록 해야 할 것이다.

이는 특히 개별 국가나 지역의 인권수준이 국제사회의 수준에 못 미칠 때 유용하다고 본다. 외부의 기준과 자원과 도움은 현재와 같은 정보화 시대의 특성을 잘 활용하면 직접 제네바에 매번 가지 않고서도 얻을 수 있다. 또 기존 인권협약과 기구를 활용하는 과정에서 미비한 점이 발견되고 이를 개선하거나 보완할 수 있는 새로운 시도도 이루어질 수 있다.[61] 그리고 중요한 인권협약이 비준이 안 되었을 경우 이의 비준을 촉구하는 운동을 하고, 그 과정에서 인권에 대한 이해를 확대하는 것이 필요하다.

3) 여성인권교육

기존 인권협약과 기구를 이용할 수 있기 위해서는 무엇보다도 선행되어야 하는 것이 그러한 협약이나 기구가 있다는 것을 우선 인권침해의 당사자들이 아는 것이다. 따라서 인권에 대한 주요 국제협약과 기구에 대한 교육, 여성인권의 개념과 현실, 국내법과 국내 인권보장기구와 제도 등에 대한 교육이 필요하다. 여성들에게 보다 광범위하게 기본 인권교육을 제공하여 법률문해가 이루어져야 하며, 협약이나 기구의 활용을 구체적으로 지원하는 것도 필요하다.

---

61) 일본군 위안부 문제를 해결해나가는 과정에서 유엔 인권소위원회에 새로운 특별보고관을 임명하도록 한 것, 또 인권위원회가 새롭게 임명한 여성폭력 특별보고관을 활용하여 위안부 문제에 대한 조사를 하도록 한 것 등은 좋은 예가 될 것이다.

여성인권교육의 또 다른 측면은 국가의 정책수립과 집행과정에 여성인권을 포함시키도록 하는 것이다. 즉 여성인권의 주류화이다. 이를 위해서는 정부 정책당국자, 입법기관, 법을 집행하는 일선 경찰, 검찰과 법원이 여성인권 문제를 잘 이해할 수 있도록 교육을 실시하여야 한다. 여성인권의 주류화가 유엔의 전부서에서 전면적으로 이루어지고 있는 것처럼, 정부의 모든 부처가 여성인권의 관점을 항상 반영하여 일하도록 하여야 한다. 그리고 이를 위해서는 여성정책전담기구로서의 여성특별위원회 그리고 앞으로 설립되어 인권정책의 점검과 인권교육, 인권침해에 대한 조사 등을 담당하게 될 국가인권기구가 공조체제를 잘 갖추어 일해야 할 것이다.

4) 여성인권 네트워크

지금까지의 여성인권의 진전은 여성운동의 힘이었다. 그리고 앞으로의 여성인권의 보장도 기본적으로 여성운동에 달려 있다고 생각한다. 여성인권개념의 확대나 국제인권협약과 기구의 활용 그리고 여성인권교육과 여성인권의 주류화도 궁극적으로는 여성운동의 몫이다.

그런 점에서 여성운동의 역량을 강화하기 위한 여성 서로간의 연대와 협조는 필수적이다. 사실 비엔나 대회와 베이징 대회를 통해 여성들이 힘을 결집해 낼 수 있었던 것도 여성들 사이의 조직이 공고히 이루어졌기 때문이다. 여성인권운동에서는 이미 국제간, 지역간 네트워크가 상당히 구축되어 있다. 특히 인터넷의 활용으로 이제 하나의 인권사안이 발생하면 전세계로 소식이 금방 전달되고, 이를 위한 서명운동과 토론을 통한 여론형성이 인터넷상으로 이루어져서 행동으로 돌입하는 단계에 이르렀다. 앞으로는 이를 더욱 확대하면서 동시에 정보 네크워크에 포함되지 못하는 여성계층에 대한 배려도 이루어져 여성운동 내부에서도 빈익빈 부익부 현상이 심화되지 않도록 해야 할 것이다.

참고문헌

김엘림·최연희·장영아. 1994, 『UN과 ILO의 여성관계조약과 한국여성노동관
  계법의 비교연구』, 한국여성개발원.
신혜수. 1994, 「여성인권운동의 국제화와 한국화」, 이화사회학연구회 편, 『일
  상의 삶 그리고 복지의 사회학』, 사회문화연구소.
_____. 1997, 「일본군 '위안부' 문제 해결을 위한 국제활동의 성과와 과제」,
  한국정신대문제대책협의회 진상조사위원회 편, 『일본군 위안부 문제의
  진상』, 역사비평사.
여성특별위원회. 1994. 「유엔여성차별철폐협약 제3차 이행보고서(1990~93)」.
_____. 1998a, 「유엔여성차별철폐협약 제4차 이행보고서(1994~97)」.
_____. 1998b, 「제42차 유엔 여성지위위원회 참가보고서(1998. 3. 2~3. 13
  뉴욕)」.
정무장관(제2)실. 1993, 「제2차 여성차별철폐협약 이행심의 보고서」.
_____. 1995a, 「유엔 제4차 세계여성회의 참가보고서」.
_____. 1995b, 「여성관련 국제협약집, 정책자료 95-8」.
한국여성개발원. 1995a, 「제4차 세계여성회의 북경선언, 행동강령」.
_____. 1995b, 「제4차 세계여성회의 95 NGO 포럼」.
_____. 1996, 「유엔여성지위위원회 결의안 자료집(1946~96)」.
한국인권단체협의회·국제인권봉사회. 1994, 「유엔과 인권」, 유엔 인권제도
  교육 자료집.
한국정신대문제대책협의회 진상조사연구위원회 편. 1997, 『일본군 위안부 문
  제의 진상』, 역사비평사.
Ackerman, Erin. 1998, "Introduction to Convention on Consent to Marriage,
  Minimum Age for Marriage, and Registration of Marriages," in *The
  International Human Rights of Women,* American Bar Association.
Asia Pacific Forum on Women, Law and Development. 1992, *Human Rights
  Strategies and Mobilization: A Report of Two Workshops*, Kuala Lumpur.
Asian and Pacific Development Centre. 1993, *Asian and Pacific Women's
  Resource and Action Series: Law*, Kuala Lumpur.
Amnesty International. 1995, *Human Rights Are Women's Right*, London.
Bondareff, Joan Myers. 1998, "Introduction to The Fifth International
  Conference of American States: Resolution on the Rights of Women,"

in *The International Human Rights of Women.*

Bunch, Charlotte. 1991, "Women's Rights as Human Rights: Toward a Re-Vision of Human Rights," in Charlotte Bunch & Roxanna Carrillo, *Gender Violence: A Development and Human Rights Issue,* Center for Women's Global Leadership, New Brunswick.

Bunch, Charlotte & Niamh Reilly. 1994, *Demanding Accountability: The Global Campaign and Vienna Tribunal for Women's Human Rights,* Center for Women's Global Leadership and UNIFEM.

Center for Women's Global Leadership. 1992, Women, "Violence and Human Rights," 1991 Women's Leadership Institute Report, New Brunswick.

_____. 1994, "Testimonies of the Global Tribunal on Violations of Women's Human Rights," New Brunswick.

DeBehnke, Carrie. 1998, "Introduction to Convention on the Political Rights of Women," in *The International Human Rights of Women,* American Bar Association.

Day-Hickman, Barbara. 1988, "Introduction to Olympe de Gouges: Declaration of the Rights of Woman and the Female Citizen," in Lockwood, Magraw, Spring & Strong(eds.), *The International Human Rights of Women,* American Bar Association.

Elahi, Maryam. 1990, "Amnesty International USA Women and Human Rights Task Force, 'A Framework for the Promotion and Integration of Gender-Related Rights into AI's Work At All Levels'," unpublished paper, Amnesty International USA.

Forman, Karen L. 1998, "Introduction to Convention on the Nationality of Married Women," in *the International Human Rights of Women,* American Bar Association.

Furuya, Emiko Amy. 1998, "Introduction to United Nations General Assembly: Declaration on the Elimination of Discrimination Against Women," in *The International Human Rights of Women,* American Bar Association.

Gaer, Felice D. 1998, "And Never the Twain Shall Meet? The Struggle to Establish Women's Rights as International Human Rights," in

Lockwood, Magraw, Spring & Strong(ed.), *The International Human Rights of Women*, American Bar Association.

Human Rights Watch. 1995, *The Human Rights Watch Global Report on Women's Human Rights*, New York, Washington, L.A., London, Brussels.

Kopsidas, Niki. "Introduction to CEDAW: General Recommendation Number 19," in *The International Human Rights of Women,* American Bar Association.

Murphy, John F. "Introduction to Universal Declaration of Human Rights," in *The International Human Rights of Women,* American Bar Association.

Peters, Julie & Andrea Wolper(eds.). 1995, *Women's Rights Human Rights*, New York & London: Routledge.

Reilly, Niamh(ed.). 1996, "Without Reservation: The Beijing Tribunal on Accountability for Women's Human Rights," Center for Women's Global Leadership.

Schuler, Margaret(ed.). 1993, *Claiming Our Place: Working the Human Righs System to Women's Advantage*, Washington, D.C.: Institute for Women, Law and Development.

_____. 1995, *From Basic Needs to Basic Rights*, Washington, D.C.: Women, Law & Development International.

Schuler, Margaret & Sakuntala Kadirgamar-Rajasingham(eds.). 1992, *Legal Literacy: A Tool for Women's Empowerment*, Washington D.C.: Women, Law & Development OEF International.

Silverman, Elisa. "Introduction to UN General Assembly: Resolution 48/104 Containing the Declaration on the Elimination of Violence Against Women," in *The International Human Rights of Women,* American Bar Association.

Stark, Barbara. 1998, "Introduction to International Covenant on Economic, Social and Cultural Rights," in *the International Human Rights of Women,* American Bar Association.

Thomas, Dorothy Q. 1993, "International NGOs and Women's Human Rights: Human Rights Watch," *Claiming Our Place: Working the Human Rights System to Women's Advantage*, Institute for Women, Law and Development.

Tomasevski, Katarina. 1993, *Women and Human Rights*, London & New

Jersey: Zed Books Ltd.

Walsh, Jacquelyn M. 1998, "Introduction to International Labor Organization: Convention Number 100 Concerning Equal Remuneration for Men and Women Workers for Work of Equal Value" in *The International Human Rights of Women*, American Bar Association.

• 유엔문서

Beijing Declaration and Platform for Action of the United Nations Fourth World Conference on Women. 1995, A/CONF.177/20.

Report of the Secretary-General, The question of integrating the human rights of women throughout the United Nations System. E/CN.4/1999/67.

Report of the Secretary-General, Trafficking in women and girls, A/53/409.

Report of the Special Rapporteur on systematic rape, sexual slavery and slavery-like practices during armed conflict.

_____. 1995, Working paper by Ms. Linda Chavez, E/CN.4/Sub.2/1995/38;

_____. 1996. preliminary report by Ms. Linda Chavez, E/CN.4/Sub.2/1996/26.

_____. 1998. Final report by Ms. Gay J. McDougall, E/CN.4/Sub.2/1998/13.

Report of the Special Rapporteur on violence against women, its causes and consequences, Ms. Radhika Coomaraswamy.

_____. 1995, Preliminary Report, E/CN.4/1995/42.

_____. 1996a, Violence against women in the family, E/CN.4/1996/53.

_____. 1996b, Report on the mission to the Democratic People's Republic of Korea, the Republic of Korea and Japan on the issue of military sexual slavery in wartime, E/CN.4/1996/53/Add.1.

_____. 1996c, Domestic Violence Act, E/CN.4/1996/53/Add.2;

_____. 1997a, Violence in the community, E/CN.4/1997/47.

_____. 1997b, Report on the mission of the Special Rapporteur to Poland on the issue of trafficking and forced prostitution of women, E/CN.4/1997/ 47/Add.1.

_____. 1997c, Report on the mission of the Special Rapporteur to Brazil on the issue of domestic violence, E/CN.4/1997/47/Add.2.

_____. 1997d, Report on the mission of the Special Rapporteur to South

Africa on the issue of rape in the community, E/CN.4/1997/47/Add.3.

_____. 1998a, Violence against women as perpetrated and/or condoned by the state, E/CN.4/1998/54.

_____. 1998b, Report of the mission to Rwanda on the issue of rape and sexual violence against women in armed conflicts, E/CN.4/1998/54/Add.1.

_____. 1999a, Violence against women in the family, E/CN.4/1999/68.

_____. 1999b, Report of the mission to the United States of America on the issue of violence against women in state and federal prisons, E/CN.4/1999/68/ Add.2.

_____. 1999c, Mission to Indonesia and East Timor on the issue of violence against women, E/CN.4/1999/68/Add.3.

_____. 1999d, Politicies and practices that impact women's reproductive rights and contribute to, cause or constitute violence against women, E/CN.4/1999/68/Add.4.

Vienna Declaration and Programme of Action of the World Conference on Human Rights. 1993, A/CONF.157/23.

한국여성의전화 발간자료 소개

▌ 자료집
· 「여성의전화 개원기념 자료집」(1983. 6)
· 「25세 여성조기정년제 철폐를 위한 여성단체 연합회 활동 보고서」(1985. 7)
· 「빈곤과 자살 공개 토론회 보고서」(1986. 6)
· 「개원 4주년 기념 보고서: 남녀결합의 불평등 구조」(1987. 6)
· 「개원 5주년 기념 여성상담 사례집」(1988. 6)
· 「성폭력관련법 입법을 위한 공청회」(1991. 5)
· 「개원 9주년기념 아내구타 공개토론회: 매맞는 아내, 깨어진 삶」(1992.6)
· 「쉼터: 소개와 안내」(1994)
· 「가정폭력방지법 추진을 위한 공개토론회: 아내구타, 아동학대, 깨
   어진 가족공동체」(1994. 5)
· 「여성상담 사례집」(1995. 3)
· 「폭력 없는 가정 사회 만들기 시민포럼」(1996. 9)
· 「가정폭력방지법 시안 공청회」(1996. 9)
· 「교사·교수에 위한 학생 성폭력의 실태와 대책토론회」(1997. 6)
· 「매 맞는 여성을 위한 피난처 모델 연구 토론회」(1997. 6)
· 「여성1366 상담매뉴얼」(1998. 6)
· 「여성의 성적주체성에 관한 이야기-혼전 성관계를 경험한 사례를 중심으
   로」(1998. 12)
· 「노인여성인권 긴급공청회: 하루를 살더라도 인간답게 살고 싶다」(1999. 1)
· 「가정폭력 1주년 기념 토론회 -가정폭력방지법, 그 평가 및 대안」(1999. 7)
· 「여중생 성교육 캠프 자료집-딸들을 위한 캠프」(1999. 12)
· 「정당방위 긴급토론회-가정폭력 피해자에 의한 가해자 살해, 정당방위 인
   정될 수 없는가」(2000. 6)

- 「데이트 성폭력 근절을 위한 상담사례 분석과 통념조사 보고서」(2001. 3)
- 「결혼부터 재산관계까지 남녀평등 OK - 예비평등부부 교육」(2002. 5)
- 「反성폭력 운동의 성과와 과제 성폭력특별법시행 10주년 기념토론회」 (2004. 7)
- 「성평등한 부부재산제도 모색을 위한 토론회」(2004. 11)
- 「여성주의적 관점에서 본 방송드라마의 언어폭력」(2004. 11)
- 「가정폭력피해자의 체계적 지원과 자립을 위한 대안적 쉼터 모색을 위한 토론회」(2004. 12)
- 「평등문화를 가꾸는 남성모임 창립 10주년 "평등학교" - Equality 남자가 사는 법」(2005. 5)
- 「활동가 국제역량강화프로그램 글로벌 여성, 더 넓은 세상으로의 전진」 (2005. 11)
- 「청소년 가정폭력 예방교육 프로그램 폭력쫑 대화짱 - 교사용 매뉴얼」(2005)
- 「소녀들을 위한 경제캠프 워크북 – 소녀, 마술경제캠프에 가다」(2006. 8)
- 「여성 재산에 대한 실태와 의식 바로 보기 토론회」(2006. 12)
- 「새로운 이혼담론 만들기 토론회 - 쉬운 이혼은 없다! "이혼당사자 그녀 들의 이야기"」(2007. 3)
- 「'농촌총각 국제결혼 지원 조례·정책 제대로 보기' 토론회」(2007. 4)
- 「방송미디어 여성연예인 성상품화 실태와 개선방안 세미나 - 케이블 TV 방송 프로그램 중심으로」(2007. 11)
- 「쉼터 그 이후의 삶」(2007. 11)
- 「여성의전화 25주년 기념 지역여성운동 심포지엄 - "기억을 추억하고 미 래를 상상하라"」(2008. 6)
- 「한국여성의전화 창립 25주년 기념 국제심포지엄 - 가정폭력에 대한 국 가책임성과 여성인권운동의 역할」(2008. 9)
- 「가족관계등록법 개정을 위한 공청회」(2008. 10)
- 「여성폭력피해자지원단체의 국가복지정보시스템 사용 문제점과 대안 검 토를 위한 토론회」(2009. 6)
- 「아시아 여성 네트워크 포럼」(2009. 11)
- 「한국여성의전화 전화상담을 통해 본 가정폭력 '2차 피해' 사례 연구보고 회」(2011. 11)
- 「세계여성폭력추방주간 기념 토론회 - 살인의 해석 여성폭력피해자의 사 법정의실현」(2011. 12)

· 「세계여성폭력추방주간 기념 토론회 - 여성폭력근절을 위한 제도 점검 및 개선 방안」(2011. 12)
· 「여성폭력피해자의 사법정의 실현을 위한 토론회 - 인권과 정의의 관점 에서 본 가정폭력피해자에 의한 가해자 사망사건」(2012. 5)
· 「가정폭력 범죄, 출동조차 안하면 피해자는 어디로? - 반복되는 경찰의 가정폭력 범죄 미흡 대처, 이대로 안된다! 긴급토론회」(2012. 7)
· 「가정폭력 근절을 위한 움직이는 마을 모델 in 은평 발표회」(2012)
· 「긴급진단 - 여성노인성폭력 토론회」(2012. 11)
· 「청소년을 위한 통합적 인권교육 프로그램 - 폭력 없는 세상 톡톡!」 (2012. 11)
· 「대법원 공개변론에 대한 시민토론 - 무엇이 아내 성폭력인가?」(2013. 5)
· 「가정폭력, 4대악 선정에 즈음한 <가정폭력근절정책의 쟁점과 전망> 토 론회」(2013. 6)

┃ 간행물

1986   조용히 소리 질러라 이웃이 듣는다

1993   그는 때리지 않았다고 한다

1994   쉼터이야기

1997   여성운동과 사회복지

1999   한국여성인권운동사

2003   성폭력을 다시 쓴다

2004   「한국여성인권운동사」 일본판

2005   왜 여성주의 상담인가

2008   여자, 길을 내다

2008   가정폭력-여성인권의 관점에서

2008   여성주의적 가정폭력 쉼터운영의 실제

2012   여성주의상담과 사례 슈퍼비전

※ 한국여성의전화가 발행한 다른 자료를 확인하고 싶다면 홈페이지 www.hotline.or.kr에서 확인하실 수 있습니다.

한국여성의전화 소개

폭력이 없는 세상, 남녀가 평등한 사회를 만들기 위해 1983년 첫발을 내딛은 한국여성의전화는 가정폭력, 성폭력, 성매매 등 여성에 대한 모든 폭력으로부터 여성인권을 보호하고 지원하는 활동을 하고 있습니다. 전국 25개 지부와 1만 명의 회원이 우리와 함께하고 있습니다.

1983년 여성의전화 창립
1984년 25세여성조기정년제철폐를위한여성단체연합회 발족 및 참가
1986년 KBS 시청료 징수원 폭행사건과 시청료 거부운동
        직장 내 여성차별문제 및 성폭력상담을 위한 '여성문제고발창구' 개설
1987년 국내 최초 가정폭력피해여성 긴급피난처 '쉼터' 개설
        가정폭력관련 영화 <굴레를 벗고서> 제작
1988년 성폭력 정당방위사건 최초 대응
1991년 성폭력관련법 입법을 위한 공청회
        제1회 세계 여성폭력 추방주간 행사 '넋은 살아 연꽃으로 피거라' 주관
1992년 아내구타공개토론회 '매 맞는 아내, 깨어진 삶' 개최
1993년 성폭력특별법 제정
        성폭력 교육용 비디오 <성폭력, 그 사슬을 끊고> 제작
1994년 제1회 가정폭력추방주간 행사 개최
        '가정폭력방지법 제정을 위한 전국연대' 결성
1996년 제1회 청소녀 성교육 프로그램 <딸들을 위한 캠프> 개최
        가정폭력방지법 제정 추진 범국민운동본부 발족
        가정폭력 교육 위한 슬라이드 <아주 먼 내일> 제작
1997년 「가정폭력범죄처벌등에관한특례법」 및 「가정폭력방지와피해자보호에관한
        법률」 제정
1998년 '여성폭력긴급전화 1366' 운영시작
1999년 노인여성인권 긴급 공청회 '하루를 살더라도 인간답게 살고 싶다' 개최
2000년 부부재산공동명의운동 시작
2001년 가정폭력예방 애니메이션 <도하의 꿈> 제작
2002년 가정폭력예방을 위한 청소년 영상제 개최
2004년 한일여성인권심포지엄 개최
        성폭력범죄의 재구성 '무고' 토론회 개최

청소년 성문화축제 개최

경찰 직무유기 고소 및 국가대상 손해배상청구소송(황모 씨 사건)

2005년 세계여성학대회 국제 심포지엄 개최

사진공모전 및 전시회 '그녀가 집 안에서 하는 백만 가지 일' 주관

청소년 가정폭력 예방 교육프로그램 개발(<폭력쫑! 대화짱!> CD) 및 교사 워크숍 개최

다큐멘터리 <여자와 돈에 관한 이야기> 제작

10대 여성을 위한 경제교육 <소녀, 마술경제캠프에 가다> 개최

2006년 제1회 여성인권영화제 '여전히 아무도 모른다' 개최

여성과 일 인터뷰 공모전 및 전시회 - "그녀의 25시, 366일" 개최

다큐멘터리 <앞치마> 제작

2007년 베트남, 필리핀 이주여성 친정 나들이 '날자 프로젝트' 주관

제1회 공익 UCC공모전 '아름다운 손을 찾아라' 주관

쉼터 20주년 기념 국제심포지움 '쉼터, 그 이후의 삶' 개최

제2회 여성인권영화제 '친밀한 그러나 치명적인' 개최

2008년 '가정폭력에 대한 국가책임성과 여성인권운동의 역할' 국제심포지엄 개최

제3회 여성인권영화제 '경계를 넘어, 길이 되다' 개최

쉼터 20주년 기념 다큐멘터리 <쉼터를 만나다> 제작

2009년 아시아여성네트워크 포럼

아시아 3개국 데이트폭력 실태조사 실시

여성인권회관 완공

여성가족부 '여성단체 공동협력사업 선정 취소 결정 취소 소송' 승소

2010년 한국여성주의상담실천연구소 개소

제4회 여성인권영화제 '시작했으니, 두려움 없이'

2011년 가정폭력예방 공익광고 및 모바일 홈페이지 제작

데이트폭력 예방 애플리케이션 <데이트UP데이트> 개발

제5회 여성인권영화제 '밝히다'

2012년 여성폭력예방공익광고 <바로지금> 제작

청소년을 위한 폭력예방교육 프로그램 <폭력 없는 세상 톡톡> 개발

긴급진단, 여성노인과 성폭력 토론회 개최

제6회 여성인권영화제 '탐정'

가정폭력근절을 위한 '움직이는' 마을모델 만들기 사업

2013년 반여성폭력 운동의 쟁점과 전망 연속토론회 개최

- 대법원 공개 변론에 대한 시민토론, 무엇이 아내성폭력인가?
- 가정폭력근절 정책의 쟁점과 전망 토론회

● **글쓴이 소개**

신혜수 전 한국여성의전화 대표이자 국가인권위원회 위원, 유엔 여성
차별철폐위원회 위원으로 활동했다. 현재는 유엔인권정책센터 상임
대표로 활동하고 있다.

민경자 1995년 청주여성의전화 초대회장을 지냈다. 충청북도 여성정책
관, 충남여성정책개발원 원장으로 일했으며 여성운동이론의 정립에
애쓰고 있다.

이현숙 여성신학자이자 여성운동가이다. 1983년 한국여성의전화 창립
을 주도했으며 1987년 초대 공동대표를 맡은 이래 1998~1999년에
는 부회장으로 활동했다. 평화를만드는여성회 공동대표를 역임하기
도 했다.

정춘숙 한국여성의전화 상임대표(2009~2014)를 역임했으며, 2016년
20대 국회의원으로 선출되어 여성가족위원회, 보건복지위원회 등에
서 활동하고 있다.

이효재 이화여대 사회학 교수를 지냈고 정신대문제대책협의회 명예대
표로 활동했다.

정희진 이 책의 기획/편집 책임자로 여성학/평화학 연구자이다. 『페미
니즘의 도전』, 『아주 친밀한 폭력: 여성주의와 가정폭력』 외 20여
권의 공저가 있다.

이해솔 여성동성애자이자 인권운동가이다. 한국여성동성애자인권모임
'끼리끼리'의 3대 회장(1995.8~1996.7)을 역임했다.

김은정 이화여대 여성학과 석사, 일리노이 대학(UIC) 장애학과 박사이
다. 미국 위스콘신 매디슨 대학 젠더와 여성학과 조교수로 일했다.

한울아카데미 302

한국 여성인권운동사

ⓒ 한국여성의전화, 1999

엮은이 **한국여성의전화** ｜ 펴낸이 **김종수** ｜ 펴낸곳 **한울엠플러스(주)**

초판 1쇄 발행 **1999년 7월 23일** ｜ 초판 9쇄 발행 **2020년 3월 20일**

주소 **10881 경기도 파주시 광인사길 153 한울시소빌딩 3층**
전화 **031-955-0655** ｜ 팩스 **031-955-0656** ｜ 홈페이지 **www.hanulmplus.kr**
등록번호 **제406-2015-000143호**

Printed in Korea.
ISBN **978-89-460-6881-0 94330**

* 가격은 겉표지에 있습니다.